(p.047) 나무 수도관

(p.048) 파이어플러그

(p.079) 칼라바르콩

(p.049) 서울의 첫 상수도 공사 현장

(p.086) 수성막포 소화약제 테스트

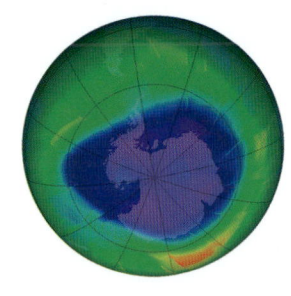
(p.101) 2009년 남극 오존층 구멍

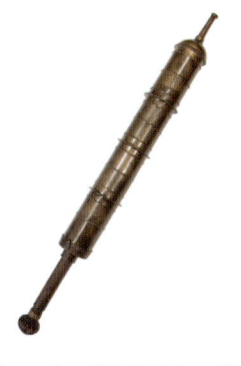
(p.133) 소화용 주사기 스퀴츠

(p.136) 가죽 양동이

(p.139) 핸드 인 핸드 계약자 표식

(p.138) 1666년 런던 대화재 그림

(p.141) 존 킬링의 수동 소방펌프차

(p.142) 뉴샴의 소방펌프

(p.143) 양철 재질 양동이

(p.145) 래틀벨

(p.147) 이름이 적힌 가죽 양동이

(p.152) 그레일의 화약 폭발식 소화 기구

(p.161) 화학 소화기와 투척 소화기

(p.163) 소다산 소화기

(p.166) 원뿔형 미니맥스 소화기

(p.176) 투척 소화기 레드 코멧

(p.180) 페트롤렉스 소화기

(p.182) 피렌의 사염화탄소 소화기

(p.187) 이산화탄소 소화기

(p.190) 카일 파이어의 분말 소화기

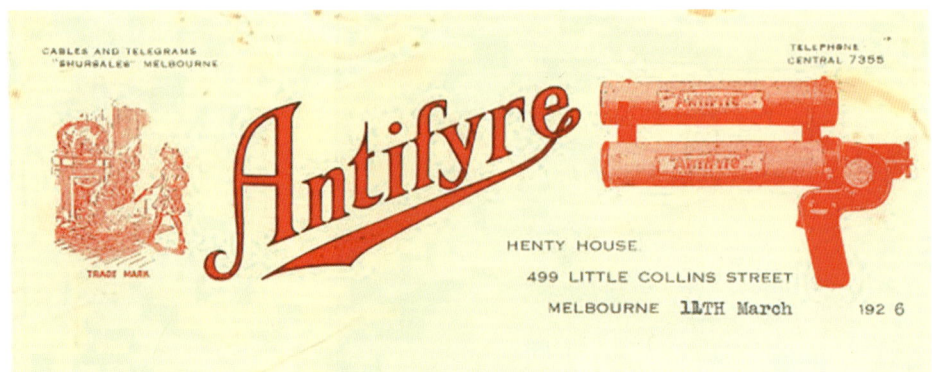
(p.192) 안티파이어사의 권총식 소화기

(p.217) 최초의 펌프 샤두프

(p.219) 나선 양수기 조각품

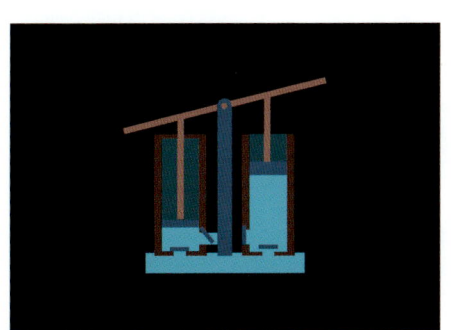
(p.222) 병렬 피스톤 펌프

(p.223) 물오르간 복원물

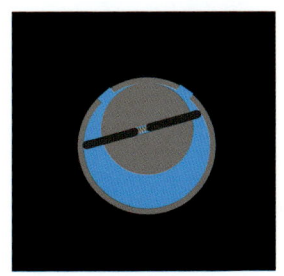
(p.226) 베인 펌프 개념도

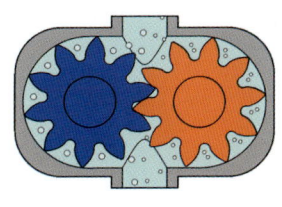
(p.227) 기어 펌프

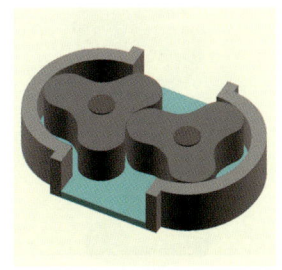
(p.230) 로브 펌프

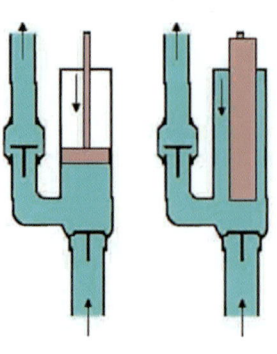
(p.232) 피스톤과 플런저 펌프

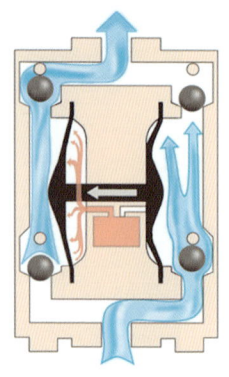
(p.233) 다이어프램 펌프

(p.240) 배수 펌프의 임펠러

(p.241) 아폴드 원심 펌프

(p.245) 17세기 초 수동 펌프가 설치된 안마당

(p.249) 마그데부르크 반구

(p.251) 보일과 훅의 진공 펌프

(p.260) 아이올로스의 공

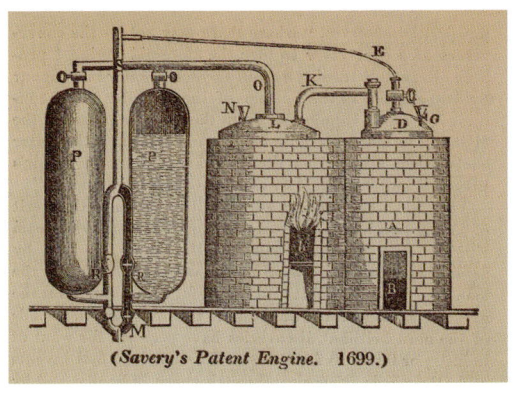
(p.268) 토머스 세이버리의 증기 펌프

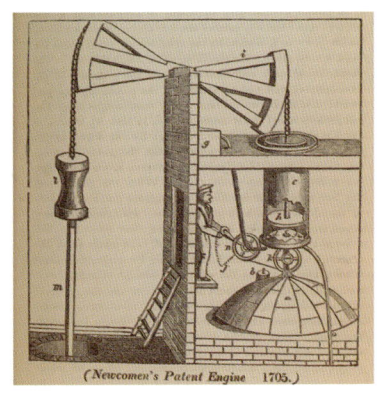
(p.270) 뉴커먼의 증기기관

(p.273) 제임스 와트의 증기기관

(p.276) 퀴뇨의 증기차

(p.278) 트레비식의 증기기관차

(p.283) 르누아르의 가스 엔진

(p.289) 1925년 포드 모델 T 투어링

(p.303) 자크 베송의 논문 속 주사기 펌프 삽화

(p.305) 한스 하우치의 소방펌프

(p.306) 헤이덴의 저서 속 소방펌프와 소방호스

(p.307) 헤이덴이 설계한 소방호스

(p.318) 글렌필드의 소화전

(p.326) 존 킬링의 개선된 수동 소방펌프

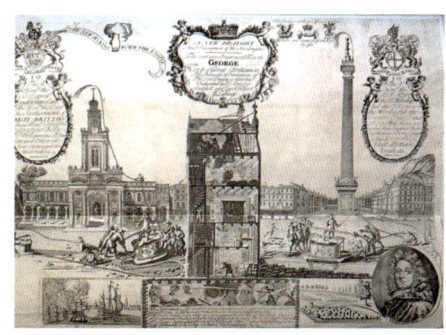

(p.328) 로프팅의 소방펌프와 세 개 보험사 문장

(p.330) 뉴샴의 수동 소방펌프

(p.340) 최초의 수동 소방펌프 석판화

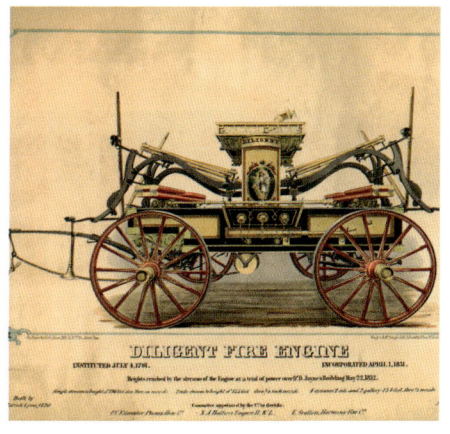

(p.343) 딜리전트 파이어 엔진

(p.349) 위벨의 사다리 차량

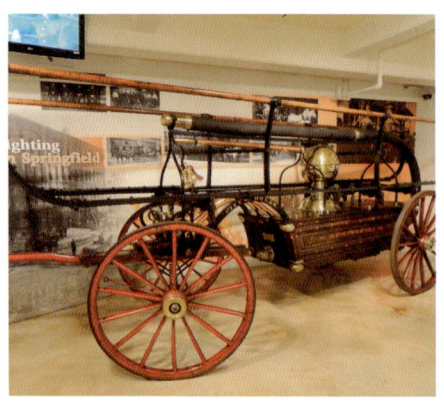

(p.351) 버튼 엔진 웍스의 수동 소방펌프

(p.352) 소방대 하이버니아 파이어 엔진 컴퍼니 넘버1

(p.355) 너새니얼 커리어의 그림 〈소방관의 삶〉

(p.358) 1829년 증기기관차 노벨티

(p.364) 1884년 아렌스 증기 소방펌프

(p.365) 샌드 메이슨의 증기 소방펌프

(p.376) 1912년 아메리칸 라프랑스 왜건

(p.384) 1934년 데니스 소방차

(p.389) 1950년대 바퀴 달린 사다리

(p.391) 마기루스 dl-24

(p.393) 1955년 35 피르쉬 스페어 사다리 100피트 F-110

(p.398) 앨비스 Mk6 샐러맨더

(p.400) 프랑크푸르트 공항의 심바 8×8

(p.401) 1세대 로젠바우어 팬더

(p.402) 3세대 로젠바우어 팬더

(p.405) 내연기관 펌프 발동기 즉통

(p.406) 1974년 지프 차량을 활용한 펌프차

(p.426) 드루리 레인의 로열 극장

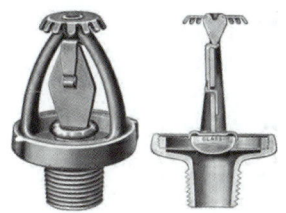

(p.455) 그리넬의 헤드

(p.462) 그리넬 스프링클러 헤드의 변천

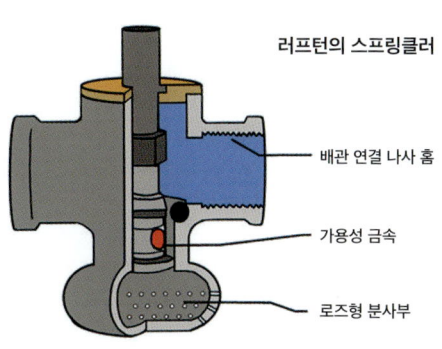

(p.439) 최초의 스프링클러 헤드

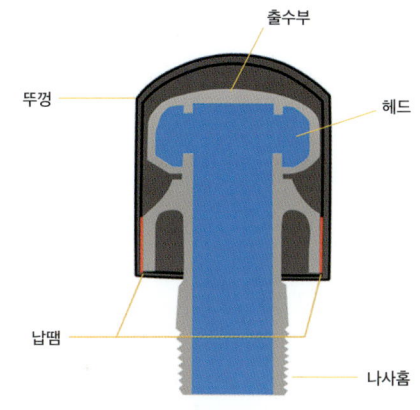

(p.447) 파믈리의 초기 헤드

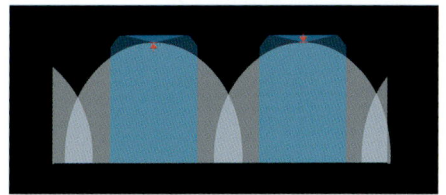

(p.482) 구형 헤드의 방사 범위

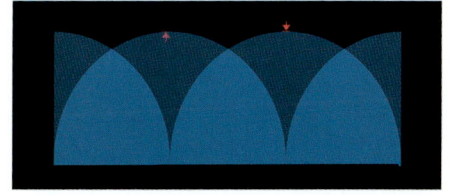

(p.482) 표준 헤드의 방사 범위

(p.486) 1956년 도요타의 지게차

(p.518) 도시 화재경보를 위한 종

(p.520) 라투르의 사이렌 장치

(p.521) 세이렌의 이미지를 차용한 로고

(p.523) 스털링의 M10 모델 사이렌

(p.524) 2차 대전 시 공습 경보 사이렌

(p.526) 우리나라 최고의 사이렌

(p.527) 서천 사이렌 탑

(p.531) 펜실베이니아주 의사당

(p.532) 소방대 식별 모자   (p.536) 스터전의 전자석

(p.543) 보스턴의 화재 알람 박스

(p.546) 전신 화재경보 시스템 단말기

(p.554) 1878년 벨 회사의 전화

(p.569) 심플렉스의 풀다운 스테이션

(p.578) 존 해리슨의 H4 해양 시계

(p.579) 허니웰의 온도 조절 장치

(p.588) 아메리슘 241 사용 연기 감지기

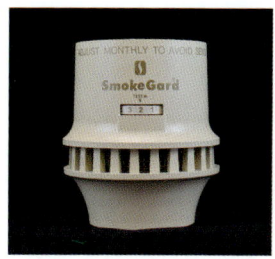

(p.589) 1971년 가정용 연기 감지기 스모크가드

(p.615) 비상구 픽토그램

(p.618) 콜로세움의 보미토리움 계단

(p.622) 빅토리아 홀 내부 모습

(p.623) 빅토리아 홀 사고 모습

(p.625) 패닉 바 문

(p.628) 화재 후 이로쿼이 극장

(p.628) 〈푸른 수염〉 공연 중 화재 발생

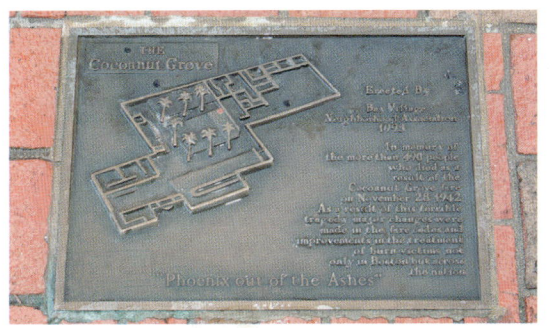
(p.633) 코코넛 그로브 기념비

(p.636) 화염을 피해 뛰어내리는 사람

(p.638) 삼중수소 출구 표지

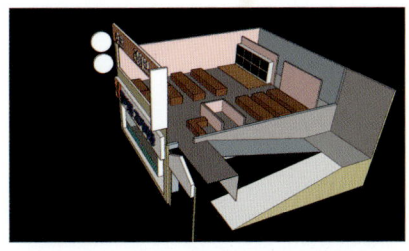
(p.646) 인천 라이브 호프 내부 3D

(p.642) 대연각 호텔 화재

(p.659) 시인성 높은 색상 실험 결과

(p.661) 연기 발생기를 통한 유도등 시인성 실험(50cm, 1m, 1.5m)

(p.668) 1937년 소방관 모자

(p.669) 그레타캡의 소방 헬멧

(p.672) 라쿠르의 공기 호흡기

(p.673) 1908 런던 소방대 소방관

소방의 역사

지은이 **송병준**

인천에서 태어난 인천소방본부 소속 소방관이다. 2006년 소방공무원으로 임용되어 인천소방본부 산하 공단소방서, 남부(미추홀)소방서, 인천소방학교에서 근무했고, 소방청 중앙소방학교에서 교수 요원, 화재 교관으로 3년 근무한 후 다시 인천에서 현장 대원으로 일하고 있다. 2020년부터 2023년까지 중앙소방학교의 교수 요원으로 근무하며 소방공무원 공통 교재의 재·개정에 참여했고, 화재 교관으로 근무하며 실화재 훈련장의 연료 적재 방법 개선 및 사용자 매뉴얼을 작성했다.

기계와 기구 및 사물을 기존과는 다른 시각으로 관찰하고 원리를 파악해 새롭게 만드는 것에 관심이 많으며, 이를 통해 혁신을 추구하고 도전하는 데 적극적이다. 2019년 〈소방 교육·훈련에서의 가상현실(VR)의 매체특성과 부작용 및 사용자 경험 평가를 통한 개선사항 제시〉라는 연구 논문으로 제24회 전국 소방공무원 교육훈련대회에서 전국 1위, 제37회 국가인재원 주관 공공 HRD 콘테스트에서 3위에 입상했다. 2021년에는 행정안전부 주관 재난안전통신망 서비스 아이디어 공모전에 출전해 '단말기 중계 서비스' 아이디어로 사용 기관 부문 최우수상을 수상했다. 새로운 기계 기구에 대한 관심이 자연스럽게 발명의 동기가 되어 현재 3건의 특허를 출원해 〈KR101694132B1-유체의 반발력으로 움직이는 운항체〉 1건은 등록되었고, 나머지 2건은 심사 등 등록 절차를 거치고 있다.

소방의 역사

초판 1쇄 발행 2024년 9월 25일

지은이 송병준 | 발행인 박윤우 | 편집 김송은 김유진 박영서 성한경 장미숙 | 마케팅 박서연 정미진 정시원 | 디자인 이세연 | 저작권 김소연 백은영 | 경영지원 이지영 주진호 | 발행처 부키(주) | 출판신고 2012년 9월 27일 | 주소 서울시 마포구 양화로 125 경남관광빌딩 7층 | 전화 02-325-0846 팩스 02-325-0841 | 이메일 webmaster@bookie.co.kr | ISBN 979-11-93528-14-3 03900

※ 잘못된 책은 구입하신 서점에서 바꿔드립니다.

만든사람들
표지 디자인 양진규 | 본문 디자인 서혜진 이세연 | 조판 양지현 | 편집 장미숙

HISTORY OF FIRE FIGHTING

불과 싸워온 인류사
소방의 역사

송병준 지음

부·키

추천의 말

소방공무원을 꿈꾸거나
관련 자격을 준비하는 길잡이

김형동 인천 영종소방서 소방사

고대 인류가 처음 불을 발견한 이래 인간은 늘 불과 함께했습니다. 말하자면 화재와 소방도 인류 역사와 더불어 발전해 왔다고 할 수 있습니다. 이 책은 이처럼 긴 시간 동안 진화해 온 소방의 역사를 그려 냈습니다.

'소방'이라고 하면 누군가는 불을, 누군가는 물을, 또 누군가는 소방관을 떠올리는 것처럼《소방의 역사》는 하나부터 열까지 유기적으로 얽혀 있는 이야기입니다. 더불어 소화약제, 소화기, 펌프 및 동력기관, 스프링클러와 경보 설비까지 광범위한 내용을 담은 소방의 교과서와도 같은 책이라 할 수 있습니다.

일상생활에서 소방 관련 지식이나 역사, 소방 장비에 대한 정보를 접하기는 어려운 만큼 이 책 한 권으로 소방의 거의 모든 것을 배울 수 있습니다. "과거를 돌이켜보면 미래를 예측할 수 있다"는 말이 있듯이 현직 소방공무원들뿐 아니라 소방공무원을 꿈꾸는 사람들에게 길잡이가 될 것입니다.

요즘 시민들에게 하는 소방 교육은 주로 소화기 사용법이나 화재 시 대피 방법 같은 것입니다. 이런 소방 교육은 다수에게 내용을 전달하기 위해 간소화되어 직접 실상황에 적용하기 전까지는 큰 인상을 주기는 어렵습니다. 하지만《소방의 역사》처럼 현재의 소방이 어떤 과정을 거쳐 이렇게 발전해 왔는지, 발전 과정에서 얼마나 많은 사람의 노력과 희생이 뒤따랐는지를 토대로 교육하고 관련 지식을 실생활에 적용한다면 좀 더 실감 나고 풍부하게 소방을 이해할 수 있을 것입니다.

소방 도구 및 기술의 변화 과정을 담은 이 책이 많은 이들에게 새롭고 흥미로운 교양과 지식을 전해 줄 것이라 생각합니다. 소방 관련 분야에서 종사하는 이들뿐 아니라 소방의 역사라는 말에 이끌려 책을 펼쳐보는 독자들도 이 책을 읽고 나면 늘 옆에 있었던 소화기를 한 번쯤 다시 돌아보게 될 것이고, 가끔 오작동을 일으키는 화재 경보음에 무심히 지나치지는 않게 될 것입니다.

추천의 말

소방 현장의 경험과 지식의 목마름을 해결할 수 있는 책이다

문주용 인천서부소방서 119재난대응과장

인류 문명은 인간이 불을 다루면서 비약적으로 발전했다. 하지만 문명이 번성한 만큼 더 큰 화재가 발생하는 불의 양면성으로 인해 소방의 역사가 시작되었다. 우리나라의 경우 약 1800여 년 전부터 《삼국사기》에 대형 화재의 기록이 남아 있는 것으로 보아 소방의 역사가 꽤 오래되었음을 짐작할 수 있다.

불은 인간에게 따뜻함과 풍요를 주는 고마운 존재이지만 때로 무서운 재앙으로 돌변하기도 한다. 이 책은 불의 발견과 함께 화재를 막기 위해 인류가 그간 어떠한 노력을 기울여 왔는지를 풀어냈다. 물을 저장하고 이동하는 방법, 소화 효과를 높이기 위한 소화약제의 발견, 펌프와 엔진의 개발, 소방차와 소방 시설의 변천 과정 등을 고대에서 산업혁명을 거쳐 오늘날에 이르기까지 원시적 개념 및 과학적 원리를 사진과 그림을 곁들여 정리했다. 또 이에 대한 나라별 특징을 구분하여 체계적으로 분류했다.

이 책에는 화재를 예방하고 극복하기 위한 노력의 결과물인 소화기, 자동화재탐지설비, 스프링클러가 어떻게 발명되었고 개선되어 왔는지도 시대순으로 설명했다. 현재 우리가 생활하는 거의 모든 실내 공간에는 화재로부터 안전을 지키기 위해 이 같은 소방 시설이 설치되어 있고, 우리는 그 안에서 일상을 살아가고 있다.

《소방의 역사》는 과거와 현재를 연결하고, 현대 소방의 모습을 보다 깊이 이해할 수 있도록 그 발자취를 더듬어 간다. 이와 더불어 미래 소방의 발전 방향을 모색하는 데에도 아이디어를 제공하고 있다.

그동안 소방 조직과 행정의 발전사에 관한 책과 교재는 많았다. 하지만 소방 시설의 발전 과정을 이처럼 체계적으로 정리한 책은 없었던 것 같다. 개별적으로 기록되고 알려진 각 소방 시설의 배경지식을 큰 틀에서 정립하였기에 많은 이들이 소방의 역사에 공감할 수 있을 것이다.

한때 소방공무원으로서 다양한 현장 경험을 하고 이를 뒷받침하는 전문지식을 갖추고자 노력했지만 마음속에는 늘 부족함이 느껴지곤 했다. 이런 마음은 '누가 처음 이것을 만들었을까?', '언제부터 이런 시설을 이용하게 되었을까?' 하는 가장 기본적인 궁금증에서 비롯되었다. 돌이켜보면 그동안 뿌리인 소방 시설의 역사에 대해서는 등한시한 채 줄기와 잎을 키우는 데만 집중하지 않았나 싶다. 이런 목마름을 해결할 수 있는 책이 바로 《소방의 역사》라고 생각한다.

밤낮으로 화마와 싸우는 소방공무원들과 소방 관련 업무에 종사하는 이들뿐 아니라 불과 소방의 역사에 관심 있는 분들에게 시대순으로 공부해 볼 수 있는 《소방의 역사》를 한번 읽어 보시라고 추천하고 싶다.

수년 전 글쓴이에게 소방의 역사에 대해 강의를 들은 적이 있다. 짧은 시간 극히 일부분이었지만 그동안 알지 못했던 소방 시설의 변천사를 들었을 때 매우 인상적이었고 스스로를 돌아보는 계기가 되었었다. 그로부터 수년이 더 지나 방대한 자료를 수집하고 분석해 이런 훌륭한 책을 내게 된 것을 소방인의 한 사람으로서 마음 깊이 축하의 말을 전한다. 그동안의 노고에 경의를 표하며 더불어 추천사를 쓸 기회를 주셔서 감사드린다.

추천의 말

소방 실무의 배경 이론을
풍부하게 담고 있는 역사 인문 교양서

이점동 재난과학박사, 소방기술사.
한백에프앤씨 사장. 전 성남소방서장

한 분야의 역사를 이해한다는 것은 지나간 사실이 어떤 오류를 수정하며 현재 상태에 이르기까지 발전해 왔는지를 파악하는 것이다. 이는 앞으로의 발전을 위한 기틀이 되기도 한다.

불은 인류의 의식주를 변화시켰고 이는 수명 연장에도 긍정적 영향을 미쳤다. 하지만 불은 안전하게 다루지 않으면 우리의 생명을 위협하기도 한다.

이 책은 소방 역사의 태동인 인류의 불 사용과 안전한 생활을 영위하기 위한 각종 소방 기구 및 시설의 발자취를 더듬어 간다. 일반적으로 다루어 온 역사서와는 달리 소방 시설에 중점을 두고 그 변천사를 정리해 소방 안전의 기초 지식을 쌓을 수 있게 구성되어 있다.

《소방의 역사》는 화재와 소방을 연구하고 학습하는 소방공무원을 비롯해 소방 공학 연구생에게는 소방 실무의 배경 이론을 이해할 수 있어서 매우 유용하다. 또 화재와 방재 등 안전 분야의 교육을 맡은 이들에게는 이론의 뿌리를 튼튼하게 해 줄 수 있는 풍부한 내용을 담고 있고 강의의 지침서로도 충분하다. 더불어 화재와 안전에 관심이 많은 일반인에게는 인문 교양서로서 손색이 없다고 생각한다.

저자는 현직 소방공무원으로서 화재 대응과 예방 실무, 소방 교육 등의 직무를 수행하는 과정에서 배경지식의 필요가 계기가 되어 그동안 널리 알려지지 않았던 소방의 배경 이론을 찾아내고 체계적으로 정리했다. 소방 안전에 관심 있는 사람이 '어느 책부터 봐야 할까?' 고민할 때 《소방의 역사》는 이정표가 될 것이다. 다년간 소방 업무를 해온 사람으로서 적극 추천한다.

끊임없이 발전하는 소방 환경에서 관련 지식이 잘 정리된 《소방의 역사》를 나침반 삼아 각자 지향하는 꿈을 실현해 나갈 수 있을 것이라 생각한다.

도판 일러두기

* 본문에 사용한 도판 출처 및 상세 정보는 책 뒤쪽 '도판 출처'에서 확인할 수 있다.
* 본문에 실은 도판은 모두 저작권 및 출처 확인 과정을 거쳤다. 다만 저작권 허락이 필요한 도판 중 일부는 저작권자의 회신을 받지 못한 채 게재했다(48쪽/155쪽/237쪽/455쪽/462쪽/583쪽/654쪽). 저작권 허락을 받지 못한 일부 도판에 대해서는 저작권자와 연락이 닿는 경우 저작권 사용 절차를 진행하고 그에 따른 사용료를 지불할 예정이다.

머리말

 흔히 '자율주행차'라고 하면 사람이 하던 운전을 기계가 완전히 대체하는 것이라고 생각한다. 사람들은 '자율주행'을 가능케 하는 수많은 장치의 실제 기능을 알지 못하더라도 점차 이를 신뢰하고 주의와 판단을 기계 장치에 맡겨 버린다. 그러나 현재 자율주행차는 모든 상황에서 완벽하게 작동하지 않는다. 여러 구성 요소는 고유의 한계가 있고, 이들을 유기적으로 연결한 자율주행 시스템에도 문제가 있다. 그 결과 사고로 이어지면 피해는 고스란히 자율주행을 믿고 모든 것을 맡겼던 사람이 지게 된다.

 소방공무원으로 20여 년을 근무하며 지켜본 결과 소방도 마찬가지다. 우리나라에서 '화재 안전'은 법체계 중심으로 만들어져 있다. 사람들은 화재 안전을 가능케 하는 수많은 장치의 실제 기능을 알지 못하더라도 법체계가 만든 화재 안전의 상태를 믿는다. 화재 안전의 구성 요소에 관심을 기울이는 대신 화재 안전을 만드는 법체계 자체를 신뢰하는 것이다. 이 역시 사고가 나면 모든 피해는 법체계를 믿었던 사람의 몫이 된다.

 일상에서 화재로부터 안전은 위험을 막기 위한 여러 장치들 즉 소방 시설, 소방차, 소화 기구, 소화약제, 소방관 등의 실제 기능으로 가능하다. 오랜 시간을 거쳐 현재의 모습을 갖춘 이런 장치는 강력한 기능 이면에 명확한 한계 또한 가지고 있다.

사람들은 사고가 나면 모두 그 원인을 불법에서 찾으려 든다. 하지만 합법의 영역에서 발생한 위험이 참사로 이어진 사례는 끊이지 않고 있다. 화재 위험을 막기 위한 장치가 그에 대해 거는 기대만큼 실제 화재 사고에서 적절하게 기능하지 않을 수 있다는 사실은 간과된다는 말이다.

이런 현상의 더 큰 문제는 사람들의 주의와 판단을 법에 맡겨 버린다는 데 있다. 안전은 소방 시설의 존재만으로 보장되는 것이 아니다. 또 법을 표면적으로 준수하는 것으로 보장되는 것도 아니다. 스프링클러가 전기차 화재를 막을 수 있는지, 유도등이 자신을 안전한 곳으로 이끌 수 있는지 보장해 주지 않는다는 것이다.

그동안 많은 사람의 노력으로 법령이 개정되고 기준이 현실화되면서 여러 부분에서 개선이 이루어졌다. 하지만 오래된 건물은 과거의 법과 기준이 적용되어 있듯이 현실과 법 사이의 부조화는 여전히 존재한다. 법이 현실보다 우위에 있고 일반 사람은 안전에 무관심한 상황이 크게 바뀌지 않았다.

이런 현실은 소방 관련 책만 봐도 알 수 있다. 책은 사람들의 관심을 반영한다. 시중에 나온 소방 관련 책은 에세이 일부를 제외하면 법령 해설서, 관련 자격증을 위한 수험서 등 실무 위주의 책들뿐이다. 화재 안전을 법과 기준의 강제력 중심으로 운영하는 방식은 관련 내용을 익혀야 하는 공무원이나 건축물 관계자 등 이해 당사자들에게만 필요하다. 법령에 등장하는 소방 시설은 실제 소방 시설이 아니다. 심지어 실제와 잘 맞지 않는 용어나 사실이 일정 테두리 안에서 계속 재생산되고 있다. 이런 현실에 대한 의문이 책을 쓰게 된 동기 중 하나이기도 하다.

이 책은 소방 시설, 소방차, 소화약제, 소방관 등 소방과 관련된 것들의 '본질'을 이야기한다. 우리 주변의 거의 모든 것, 특히 기능에 목적이 있는 기계나 도구가 지금까지 사용되고 있다면 그것이 생겨난 이유와 현재의 모습을 갖추게 된 과정을 통해 실제를 더 쉽고 직관적으로 이해할 수 있다. 특히 소방과 관련한 것은 그렇다. 소방 관련 장치는 경제성과는 무관하다. 그래서 늘 사고가 일어난 다음에야 재조명되고 개선되는 후행적 특성이 있다. 따라서 각각의 시작점부터 발전사를 따라가다 보면 과거의 한계를 극복해 온 과정을 생생하게 들여다볼 수 있다. 또 현재의 문제를 더 깊이 이해하고 앞으로의 방향을 가늠하는 데 도움을 얻을 수도 있다.

물로는 끌 수 없는 석유 화재가 일어난 후 그 한계를 극복하기 위해 거품 소화약제가 발명되었고, 물로 끄기 곤란한 통신 장비의 화재에 대응하기 위해 이산화탄소 소화약제가 개발되었다. 그러나 모든 장소 모든 목적에 유효한 소화약제는 아직 존재하지 않는다. 소방차는 화재 규모가 아무리 크더라도 거의 무한대로 공급되는 소방 용수를 계속 뿜을 수 있는 장치다. 하지만 현대 소방력의 상징인 소방차도 도로가 아닌 곳은 멀리까지 갈 수 없다. 화재를 자동으로 감지하고 알리는 경보 설비는 모든 화재 대응의 시작점으로 중요하지만 필연적으로 발생하는 오동작의 가능성을 늘 감안해야 한다.

소방 관련 장치가 수행하는 실제 기능과 한계를 아는 것은 법적 당사자인 일부 공무원이나 의무자뿐 아니라 일반인에게도 의미가 있다. 화재와 관련해 실제로 자신이 어느 정도 안전한지, 더 안전하기 위해 어떤 것이 필요한지 알고 관심을 갖는 데 이 책이 도움을 줄 수 있다고 믿는다.

책을 쓰게 된 주된 동기는 의외로 단순하다. 2020년부터 인천과 중앙소방학교의 교수 요원으로 근무하게 되었다. 신임 소방공무원들에게 좀 더 흥미로운 수업이 되도록 소화기의 연혁을 가볍게 찾아보았다. 그런데 의외로 사실관계가 다른 내용이 널리 퍼져 있었다. 이를 확인하는 과정에서 신뢰할 만한 특허, 논문 및 간행물 자료를 읽고 정리하다 보니 일이 점점 커져 버렸다.

방대한 자료를 시간순으로 살펴보니 소방 관련 장치가 진화하는 과정엔 연금술, 여러 기체의 발견, 화학 혁명, 증기기관의 발명, 화석 연료의 사용, 전기·통신 기기의 활용 등 다양한 학문의 발전과 전 세계 산업의 변화와 얽혀 있음을 알게 되었다. 또 세계대전과 같은 중요 사건과도 밀접하게 연관되어 있고 험프리 데이비, 라부아지에, 마이클 패러데이, 케플러, 오일러, 다임러 등 한 번쯤 들어보았을 법한 위대한 인물들의 업적 역시 소방 도구가 진화하는 데 기여했음을 알았다.

진정한 혁신적 발명은 그것이 왜 필요한지 사람들이 자각조차 하지 못하다가 일단 발명된 후에는 반드시 있어야 하는 것이라 여기게 되는 속성이 있다. 너무나 당연한 것으로 받아들여 자각하지 못하는 소방 관련 수많은 혁신적 발명 역시 당장의 필요를 넘어 자신의 발상이 세상을 좀 더 이롭게 할 수 있겠다는 의지에서 탄생했다.

건물 꼭대기 층에서 난 불을 진압할 장비가 없어 쩔쩔매던 소방대를 목격한 것을 계기로 최초의 현대식 휴대용 소화기를 만든 조지 맨비, 석유 산업의 중심지 바쿠에서 난 유류 화재에 속수무책이던 소방대를 본 후 맥주 거품에서 영감을 얻어 거품 소화기를 만든 알렉산드르 로란 등 소방의 역사를 밝힌 인물은 무수히 많다.

이 책은 소방 관련 도구를 중심에 두고 이와 연관된 역사적 사건, 위대한 발견과 발명, 잊힌 발명가들에 대한 이야기다. 각각의 이야기들 속에서 독창적인 발상이 어떻게 세대를 거듭하며 이어져 왔는지, 현재의 소방 시설이 왜 탄생하게 되었고 어떻게 지금의 모습을 갖추게 되었는지를 들여다보려고 했다.

역사라는 제목이 붙었지만 그에 걸맞은 본격 역사서라 하기엔 부족하다. 주변의 소방 시설을 중심으로 다루고 있지만 본격적인 공학적工學的 내용은 넣지 않았다. 단지 가능한 한 객관적이고 공학적 접근 방법으로 사실을 조명하려고 노력했다. 덧붙여 우리나라에 현재 설치되어 있는 소방 시설을 중심으로 뿌리를 거슬러 올라가다 보니 영미권 위주로 작성되었다. 최대한 현행법의 분류 체계에 맞추기 위해 런던 대화재 등 주요 사고와 수동 소방펌프 등 주요 기구 등에 대해선 읽기 편하도록 각 파트의 관점에 맞춰 조금씩 다르게 중복해서 다루었음을 밝혀 둔다.

오랫동안 화재 방어는 발생한 불을 끄는 데 초점이 맞춰져 있었다. 화재가 나기 전 안전 관리를 통한 예방을 중요하게 여긴 것은 근래의 일이다. 사실 우리나라는 화재 예방의 합법 상태와는 별개로 진정한 화재 예방 상태라고 말하기는 어렵다. 구체적 상황을 예로 들 수 있다.

어떤 공동주택의 지하 주차장에 준비 작동식 스프링클러가 설치되어 있다고 가정해 보자. 원인을 알 수 없는 이유로 지하 주차장의 자동화재탐지설비의 오작동이 빈번하다면 지속적인 화재경보음에 불편을 겪는 주민들은 관리실에 민원을 제기한다. 상황이 반복되면 관리실 근무자는 경보음이 울릴 때마다 일단 수신기를 조작해 경보를 끄고 현장 확인 후 원상 복구하는 일이 하나의 절차로 굳어진다.

문제는 실제 화재가 발생했을 때 생긴다. 관리인이 습관적으로 수신기를 조작하면 스프링클러 펌프 동작 신호가 차단되어 시스템이 작동하지 않는다. 결과적으로 화재 진압이 지연되어 막대한 피해가 발생할 수 있다. 이 경우 합법과 불법의 판단에 따라 책임의 많은 부분은 관리인에게 돌아간다. 이 같은 사례는 생각보다 빈번하다.

소방 시설은 기능이 별것 아닌 듯해도 위험한 순간 생사를 가를 수 있다. 소방청은 2023년부터 대피 방침을 '대피 먼저'에서 '살펴서 대피'로 전환했다. 아파트 화재 사망자 중 가장 많은 비율인 42퍼센트가 대피 중 사망에 이르렀다는 분석 결과를 반영한 것이다. 연기를 피해 최상층을 대피 공간인 옥상으로 오인하고 승강기 기계실로 들어가거나, 옥상 문이 잠겨 있는지 몰랐다가 사망한 경우가 포함되어 있다.

과연 피해의 책임이 관리인에게만 있을까? 화재 안전의 합법 상태에서 현실의 위험은 없는 것일까? 합법 상태의 '화재 안전'보다 우위에 있는 나와 공동체의 진정한 '화재 안전'을 위해서는 내 주변의 어떤 것이 나를 보호해 주는 것인지 살펴보는 관심이 필요하다. 아무쪼록 이 책이 흥미롭게 읽혀 소방에 관심을 갖는 계기가 되기를 기대한다. 또한 소방공무원을 포함해 의용소방대원, 소방을 업으로 삼고 있는 소방인들에게는 익숙한 대상을 다르게 볼 수 있는 시각을 제공하기를 바란다.

책을 만드는 과정에서 주변의 많은 도움을 받았다. 원고를 읽고 같이 고민하고 내용 감수까지 해 주신 서주완 소방기술사님, 서주완 님이 없었다면 이 책은 세상 밖으로 나올 수 없었다. 방대한 양의 원고를 꼼꼼히 살펴보고 귀중한 조언을 아끼지 않으신 이점동 소방기술사님, 선배님 덕분에 책의 완성도를 높일 수 있었다. 과분한 격려의 말을 해 주신 존경하는 문주용 님, 소방의 미래를 책임질 후배 김형동 님, 그리고 말도 안 되는 여건 속에서 여러 사람 몫을 해내던 박태영 님, 윤종찬 님, 김종진 님, 정윤철 님, 한주현 님 등 같이 근무했던 실화재 교관분들, 그 밖에도 지금껏 많은 근무지를 거치며 만났던 존경하는 동료분들에게도 감사드린다.

미흡한 원고의 가능성을 발견해 주신 부키 정희용 이사님, 부족한 문장을 정성껏 다듬어 주신 장미숙 편집자님께도 깊은 감사를 전한다. 3년이 넘는 시간 동안 자료 수집과 원고에 파묻혀 가족과 시간을 보내지 못했다. 나들이도 한 번 못 하고 집안일도 살피지 못했음에도 묵묵히 지지해 준 가족에게 특별한 고마움을 전한다.

차례

‖ 추천사 004 ‖ 머리말 011
‖ 들어가며: 인류와 불의 역사 ·· 023
　　최초의 불 | 불에 대한 인식의 변화 | 불에 대한 현대의 인식

1부 소화약제의 역사 - 불을 끄는 물질들

| 1장 | **물, 가장 기본적 소화 물질** ·· 043
　　물질의 기준이자 단위의 표준이 된 물 | 소화약제로서 물의 장점 | 획기적인 기간시설 상수도와 소화전 | 소화약제로서 물의 한계와 새로운 유형의 화재
| 2장 | **불 끄는 작용을 하는 기체 이산화탄소** ································· 054
　　이산화탄소의 발견과 활용 | 소화약제로서 이산화탄소 | 이산화탄소 소화약제의 소화 원리 | 이산화탄소의 소화 효과와 한계
| 3장 | **분말 소화약제** ··· 062
　　탄산수소나트륨 | 탄산수소칼륨 | 인산암모늄 | 탄산수소칼륨과 요소 반응물 '모넥스'
| 4장 | **거품 소화약제** ··· 075
　　최초의 거품 소화약제 | 단백질 거품 소화약제 | 고팽창 포 | 불화단백포 | 수성막포
| 5장 | **할론 소화약제** ··· 089
　　할로겐 원소의 발견 | 초기 할론 소화약제 | 할론 소화약제의 활용과 호칭 | 할론의 전성기와 치명적 위험

6장　할로겐 화합물 및 불활성 기체 소화약제 ·· 107
　　　대체 소화약제군의 지정 | 검증되지 않은 인체와 환경 유해성
7장　미분무 소화 설비 ··· 110
　　　미분무수의 소화 성능 발견 | 미분무 소화 설비 기술의 이론적 토대 마련 |
　　　미분무 소화 설비 기술의 현대적 발전
8장　미래의 소화약제는? ··· 116

2부 소화 기구의 역사 – 작은 소방차

1장　불의 사용과 소화의 필요성 ··· 125
　　　불의 사용과 인류의 진화 | 소화의 필요
2장　불을 끄기 위한 최초의 기구 ·· 132
3장　양동이에서 소방펌프까지 ·· 134
　　　양동이의 유래와 역사 | 소방대의 등장과 소방펌프 | 식민지 미국의 화재
　　　방어 정책
4장　현대적 소화 기구의 등장 ··· 151
　　　화약으로 작동하는 소화 기구 | 휴대성을 강화한 최초의 축압식 소화기 | 화
　　　학 반응으로 작동하는 소화 기구
5장　소다산 소화기 ··· 162
　　　특허권 분쟁과 소다산 소화기의 확산 | 소다산 소화기의 개선 | 소화 기구
　　　형식의 정형화
6장　유리병 소화기 ··· 169
　　　영국의 유리병 소화기 | 미국의 유리로 만든 소화기 | 유리병 소화 기구의
　　　진화
7장　가연물에 따른 소화 기구의 진화 ··· 178
　　　가연성 물질의 변화 | 최초의 가압식 소화기 | 차량용 사염화탄소 소화기 |
　　　화학식 거품 소화기 | 이산화탄소 소화기
8장　분말 소화기 ·· 189
　　　흡습성이 강한 분말 탄산수소나트륨 | 나트륨보다 반응성이 큰 탄산수소
　　　칼륨 | 산림 화재에 적합한 인산이수소암모늄 | 분말 소화약제의 발전

9장   할론 소화기 ··· 196
　　　대표적 할론 소화약제의 연혁 | 할론 소화기의 특성
10장   소화기의 의의와 교육의 필요성 ······································ 200
　　　소화기의 한계 | 소화기의 미래 | 소화기 교육의 중요성

3부 펌프, 유체역학, 동력기관 - 소방의 작동 원리

1장   필연적 발명품, 펌프 ·· 213
　　　농경과 생활에 필수적인 물 | 펌프의 발명과 소방 | 왕복 용적형 펌프 | 회전식 용적형 펌프 | 원심 펌프
2장   소방펌프의 흡입력과 유체역학 ·· 243
　　　대기압과 진공 | 유체역학
3장   증기 펌프와 증기기관 ··· 259
　　　증기 펌프 | 증기기관
4장   획기적 운송 수단 증기기관 차량 ···································· 275
　　　증기 자동차 | 증기기관차
5장   액체 화석 연료를 사용하는 내연기관 차량 ····················· 281
　　　최초의 내연기관 차량의 등장 | 내연기관 차량의 기틀 | 내연기관 자동차 시대의 개막 | 산업의 발전과 소방 기술의 변화

4부 소방차의 역사 - 현대 소방력의 상징

1장   다양한 소화 기구의 변천 ·· 301
　　　오랜 기간 사용된 주사기형 펌프 | 최초의 이동식 수동 피스톤 소방펌프
2장   영국의 수동 소방펌프 ··· 310
　　　런던의 도시화 | 상수도의 시작 | 전문 소방대의 등장 | 이동식 수동 소방펌프의 진화

3장   미국의 수동 소방펌프 ················· 333
      영국으로부터 수동 펌프의 전파 | 소방 조합과 소방대 | 자체 제작한 미국의 수동 소방펌프

4장   소방대의 역할 확장과 수동 펌프 시대의 황혼 ················· 344
      소방대의 역할 확장 | 저물어 가는 수동 소방펌프 시대

5장   증기기관 소방펌프 ················· 357
      최초의 증기기관 소방펌프의 등장 | 미국의 증기기관 소방펌프차의 진화 | 영국의 증기기관 소방펌프의 발전 | 증기 소방차의 시대

6장   내연기관 소방차 ················· 370
      초기의 내연기관 소방차 | 증기기관 소방차의 황혼 | 원심 펌프가 적용된 소방차 | 내연기관 소방차 시대의 개막

7장   사다리차, 특수 목적의 소방차 ················· 386
      인명 보호 가치의 대두 | 소방차의 진화와 사다리차의 등장 | 특수 목적 소방 차량

8장   우리나라 소방차의 역사 ················· 404
9장   현대 사회에서 소방차의 의의 ················· 408

5부 스프링클러의 역사 - 건축물 화재의 수호자

1장   스프링클러의 원형 ················· 419
      스프링클러의 속성을 가진 장치들 | 다공관 살수 장치

2장   산업의 변화와 다공관 살수 설비 ················· 429
      영국의 산업혁명과 소방 설비 | 미국의 산업 변화와 표준화 | 다공관 살수 설비의 수정 | 배관망의 개선과 다공관 설비의 한계

3장   스프링클러 헤드 ················· 437
      다공관 살수 설비의 문제점 | 스프링클러 헤드의 최초 발명

4장   현대적 스프링클러 설비 ················· 444
      헨리 파믈리 | 매더 앤드 플랫 | 자동 스프링클러 시스템의 선도자 | 현대적 스프링클러의 확산

5장   스프링클러의 기능과 신뢰성 향상 ················· 467
      유수 감지 장치의 진화 | 다양한 형식의 스프링클러

6장　창고용 스프링클러 소화 설비 ……………………………………… 481
　　　산업 구조의 변화와 창고의 등장
7장　주택용 스프링클러 소화 설비 ……………………………………… 495
　　　보고서 '아메리카 버닝' | 주택용 스프링클러 설치 기준 NFPA 13D | 레지던
　　　스용 스프링클러 설치 기준 NFPA 13R
8장　스프링클러의 미래 ………………………………………………… 500
　　　스프링클러 개발 선구자들의 명맥 | 신뢰성과 효용성 | 미래의 스프링클러

6부 경보 설비의 역사 - 건축물 화재의 파수꾼

1장　화재 발견의 골든 타임 ……………………………………………… 509
　　　화재의 성장과 시간과의 관계 | 화재의 시작과 대응까지의 과정
2장　도시의 화재경보 …………………………………………………… 514
　　　야경꾼이 울리는 래틀 벨 | 먼 곳까지 화재 사실을 전파하는 종탑 | 불협화
　　　음으로 경고하는 사이렌
3장　화재의 신고 ………………………………………………………… 528
　　　유급 소방대와 통신의 필요성 | 화재 사실과 방향을 알려 주는 종탑 신호 |
　　　전신기의 출현과 소방 | 전신 기반의 도시 화재경보 시스템 | 전화, 정보의
　　　양과 질의 획기적인 변화
4장　건축물 내부의 화재경보 …………………………………………… 560
　　　전기식 경종을 만든 바그너 | 소방에 영향을 끼친 도난 경보기 | 1872년 보
　　　스턴 대화재 | 건축물의 화재경보 | 청각 장애인을 위한 시각 경보기
5장　화재를 감지하는 장치들 …………………………………………… 574
　　　열 감지 장치 | 연기 감지 장치 | 불꽃 감지 장치
6장　우리나라와 일본의 화재경보 시스템 ……………………………… 592
7장　경보 설비의 생명은 신속성과 정확성 ……………………………… 595
　　　경보 설비의 오작동 문제 | 경고 신호에 대처하는 우리의 자세 | 경보 설비
　　　의 미래

7부 피난 설비의 역사 - 비상 출구와 유도등

1장 　도시 방화의 변천 ··· 607
　　　고대와 근대의 방화 정책 | 도시와 재산을 지키기 위한 방화
2장 　비상시 대피하는 통로, 출구 ··· 614
　　　비상 출구의 의미와 시작 | 비상 출구의 원형
3장 　비상 출구의 필요성을 알린 대형 사고들 ······························ 621
　　　비상 출구와 압사 사고 | 화재 사고에서 비상 출구의 문제들 | 인명 보호로 까지 확장된 방화의 목적 | 우리나라에서 발생한 화재와 비상 통로
4장 　유도등, EXIT, 出口标志 ·· 649
　　　일본 유도등의 변천 | 우리나라 건축사와 유도등 | 유도등의 한계 | 유도등의 색과 기호 | 유도하는 유도등

8부 소방관의 역사 - 불을 끄는 사람들

1장 　소방관의 개인 안전 장비 ·· 667
　　　낙하물로부터 머리를 보호하는 헬멧 | 보온, 방수, 내열 성능의 방화복 | 소방관의 생명 장치 공기 호흡기
2장 　우리나라의 소방의 역사 ·· 677
　　　소방 조직의 역사 | 소방 산업과 소방 관련 자격
3장 　우리나라 소방공무원의 일 ·· 692
　　　소방사무 | 소방공무원의 근무 여건 | 소방공무원으로 산다는 것

‖　도판 출처 704　|　참고문헌 717

들어가며

인류와 불의 역사

최초의 불

지구의 탄생

우리는 생활 속 곳곳에서 불을 만난다. 주방에서 음식을 만들거나 야외로 캠핑을 갔을 때, 흔히 볼 수는 없으나 한옥의 아궁이나 벽난로에서 나무가 탈 때, 때로 화재가 났을 때 보는 불은 불꽃이 일렁이고 연기가 난다. 불은 이처럼 열과 빛을 방출하는 급격한 화학 반응이다. 그러나 열을 발생하지만 속도가 느린 화학 반응과는 다르고, 빛을 방출하지만 물리 현상인 별의 폭발과는 명확히 다르다. 불은 탈 수 있는 물질, 산소, 열이라는 세 가지가 꼭 필요하다는 점에서도 다른 현상과 차이가 난다. 그렇다면 언제부터 이런 불이 존재했을까?

우주가 탄생했다는 빅뱅 당시로 돌아가 보자. 빅뱅이 일어난 원인이나 빅뱅 이전에 대해서는 여러 가설이 있다. 하지만 빅뱅은 거의 사실로 확정되었고, 과학이 발전함에 따라 빅뱅으로부터 경과한 시간까지 비교적 정교하게 예측할 수 있게 되었다. 미국 프린스턴대학교 출신의 연구자를 중심으로 7개국 41개 기관에서 140여 명의 과학자가 참여한 국제 연구팀은 2020년 칠레 북부 사막에서 아타카마 우주 망원경으로 빅뱅의 흔적이라 할 수 있는 '우주 마이크로파 배경 복사'로 우주 지도를 만들었다. 이들은 오차 범위 4000만 년에서 우주 나이를 137억 7000만 년이라고 계산한 연구 결과를 발표했다.

태양계 형성이 성운에서 시작되었다고 가정하는 표준 모델의 이론에 따르면, 빅뱅으로부터 오랜 시간이 지난 뒤 지구가 태양계의 일원으로 탄생한 것은 지금으로부터 약 45억 년 전으로 보고 있다. 지구가 생긴 후 수천만 년 동안 소행성과 같은 외부 천체로부터 물을 공급받았으며, 대기 중에 존재하던 물은 뜨겁던 지구가 충분히 식을 만큼의 시간이 지난 44억 년 전 즈음부터 지표면에 대양을 형성했다고 추정하고 있다. 처음 지구의 대기를 구성하던 것은 주로 가벼운 원소인 수소와 헬륨이었지만 지구 자체의 열과 태양풍에 의해 대부분 사라졌다. 이후 지구의 대기는 점차 이산화탄소, 메탄, 수소, 오존 등 온실가스로 바뀐 것으로 알려져 있다.

불의 3요소가 갖춰진 지구

이런 초기 지구의 대기 구성 성분과 대양의 유기물에서 최초 생명체가 탄생한 것으로 추정하는데, 이와 관련한 여러 실험 중 가장 대표적인 것이 1953년 실시된 밀러와 유리의 실험Miller-Urey experiment이다. 이 실험을 통해 초기 대기의 성분으로 추정되는 수증기, 메탄, 암모니아, 수소에 전기적 충격을 가해 핵산과 아미노산 등 생명을 구성하는 유기물이 생성되는 것을 확인했다.

화석 증거에 따르면 약 30억 년 전쯤 광합성 작용을 하는 시아노박테리아Cyanobacteria가 등장하여 빛과 이산화탄소로부터 산소를 생성하기 시작했고, 이들 미생물의 활동으로 인해 대기에 산소가 가득 차게 되었다. 이후 지구는 명확한 인과관계가 규명되지 않았지만 이런 생물학적 작용과 지질학적 작용이 복합적으로 일어나 대기 중 산소의 농도가 급격하게 증가한 몇 번의 '산소 대폭발 사건Great Oxygenation Event'을 겪는다. 이와 같은 일련의 사건과 수많은 변수로 인해 대기의 조성비가 큰 변동 폭으로 오르내린 고생대, 중생대, 신생대를 거치며 0.001퍼센트에 불과했던 산소 농도가 거의 항구적으로 증가해서 현재는 21퍼센트 정도를 유지하고 있다.

지구의 육상은 생명체의 대사에 필수적인 산소는 충분했지만 태양의 강렬한 자외선과 중력 때문에 오랜 기간 생명체가 살기에 척박한 환경이었다. 하지만 풍부해진 산소에 의해 지구의 대기에는 자연스럽게 오존층이 생겨났다. 이 오존층이 태양의 자외선을 차단하자 태양 광선을 피해 물속에서 주로 살았던 생명체가 지상으로도 진출하게 되었다.

육상에 처음 등장한 생명체인 식물은 이끼류였고 이를 시작으로 식물이 육상에서 번성하기 시작했다. 약 4억 2500만 년 전 고생대 실루리아기에는 육상 최초의 관다발 식물인 '쿡소니아Cooksonia' 같은 양치식물이 번성했고, 이들은 시간이 지나며 잎과 뿌리를 갖추는 쪽으로 진화했다. 육상에 진출한 식물은 우호적 환경에서 진화를 거듭해 3억 6000만 년 전부터 시작된 석탄기에 이르러서는 한 개체의 크기가 50미터까지 자랐고 각 개체는 숲을 이루며 번성했다. 오존층이 형성되고 식물이 번성하여 환경이 개선되자 동물 역시 육상으로 진출하며 늘어났고 다양한 생물군이 등장했다.

불의 3요소 중 '산소'와 '탈 수 있는 물질'이 생겨나서 이제부터 비로소 지구에 불이 존재할 수 있는 여건이 갖춰졌다. 빅뱅이 시작된 137억 년 전부터 무려 134억 년이 지난 시점이다. 하지만 마지막 요소인 '열'은 조금 특별하다. 지상에서 연소燃燒에 필요한 열은 일상적인 것이 아니었다. 연소에 이르는 조건 중 열은 처음에는 화산 활동이나 낙뢰, 유기물끼리의 기계적 마찰 등 주로 우연한 사건에 의해 발생했다. 지구 전체의 대기에 산소 비율이 높아지거나 평균 온도가 올라간 때에는 화석 흔적이 발생할 정도로 대규모로 일어나기도 했지만 불이라는 현상은 발생 조건이 갖춰진 장소에서 드물게 일어났다.

불의 비일상성

지표면에서 흡수하는 태양 복사 에너지와 방출하는 복사 에너지는 완전한 선형 관계여서 오래전부터 지표면의 온도는 일정하게 유지되고 있다. 이렇게 유지되는 지표면의 평균 온도는 현재 섭씨 15도 정도다. 이 온도는 지표면에 존재하는 대부분의 가연물이 연소하기 시작하는 온도인 인화점과 발화점에는 한참 못 미치기 때문에 평상시에는 불이라 부를 수 있는 현상은 잘 일어나지 않는다. '불'이라는 급격한 산화 반응은 기본적 반응물인 '산소'와 '탈 수 있는 물질'이 갖취져 있다 하더라도, 상온常溫이 일정한 지표면에서 일상적으로 발생하는 현상은 아니다.

그러나 낙뢰나 가연물끼리의 기계적 마찰 같은, 즉 어느 한 장소의 온도를 올리는 어떤 사건이 특정 공간에서 일어나면 그 공간의 인화점을 넘어서게 되고 산소와 급격히 반응한다. 이로써 열과 빛과 연기가 나는 불이 시작되는데, 화염의 열이 닿는 범위에 존재하는 가연물의 온도를 올리고 다른 조건과 맞물리면서 연쇄적으로 이어지게 된다.

불은 우주 공간, 이를테면 대기가 없거나 대기 조성비가 다른 행성에서는 일상적으로 발생하는 현상이 아니다. 대기 중에 일정한 산소 농도가 유지되고 지표면에 탈 수 있는 유기물, 즉 탄소화합물이 풍부한 지구와 같은 환경이 전제되어야 일어날 수 있다. 지구에서도 대기 중 산소 농도가 21퍼센트로 유지되는 현재를 기준으로 가연물이 있는 공간에 열에너지가 모이는 우연한 사건이 있어야만 발생할 수 있는, 어쩌면 지구에서만 발생하는 아주 특별한 현상인 것이다.

불에 대한 인식의 변화

신화적이고 종교적 의미의 불

유사 이래로 지상에서 일어나는 불이라는 현상은 특별한 일이었다. 이런 불을 자유롭게 사용할 수 있는 능력은 인간을 다른 동물들로부터 완벽하게 구분 짓게 했다.

불로 조리한 음식은 소화에 걸리는 시간을 단축했고, 상하기 일쑤였던 음식을 오래 저장할 수 있게 해서 식량을 구하는 시간을 절약하고 조절할 수 있게 했다. 또 불꽃의 밝은 빛은 태양이 없는 밤에도 생산 활동을 가능케 했다. 불꽃의 열은 추운 곳에서도 생활할 수 있게 했고, 불을 본능적으로 피하는 포식자의 위협으로부터 막아 주었다. 이렇듯 불은 인간의 시공간적 활동 영역을 확장했을 뿐 아니라 자연 상태에서는 활용할 수 없는 흙이나 금속을 가공할 수 있도록 했다. 이를 통해 다양한 도구 제작 기술이 비약적으로 발전하게 되었다. 인간은 불을 사용함으로 인해 생활 전반에 걸쳐 질적이고 극적인 변화가 일어났고, 이로써 문명 생활을 시작할 수 있었다는 사실에는 이견이 없다.

불은 인류의 생활에 불가결하고 유용한 것이었지만 한편으로 주변 환경뿐 아니라 인간의 생명까지도 파괴하는 위험성도 갖고 있다. 인류는 이미 오래전부터 불을 유용성과 위험성이라는 양면적 속성을 지닌 대상으로 인식했다. 창조와 파괴의 속성을 가진 불은 여러 문화권의 창세신화에서 광명과 창조의 상징으로 등장하거나 사후에 죄를 지은 사람을 징벌하는 신의 도구로 등장했다. 인간은 불을 신과의 가교물로써 사용했다. 불을 매개로 신에게 기원을 하거나 제물을 바쳤고, 부정한 것을 소멸시키는 정화의 도구로 사용해 죽은 사람을 장례 지낼 때 쓰기도 했다.

이처럼 인류가 불을 바라보는 초기의 인식은 단순히 실용성 있는 도구로서 통제 가능한 현상이라기보다는 신화적이고 종교적인 의미를 가졌다. 즉 중요하고 신성한 것, 무엇보다 그 근저에는 불의 파괴적 속성에 대한 두려움이 자리 잡고 있었다.

고대 그리스 자연철학과 연금술

헤라클레이토스의 불

불을 신에게서 받았다거나 경외의 대상으로 바라보는 데에서 벗어나 어떤 객관적 현상으로 인식하기 시작한 것은 고대 그리스 철학부터라고 할 수 있다. 기원전 6세기 그리스의 헤라클레이토스Heracleitos는 "세상 만물은 안정된 상태에 있는 것이 아니라 모두 변화하고 있는데, 그 이유는 만물에는 일단 시작되면 정해진 만큼 타오르다가 꺼지는 것을 반복하는 불의 속성이 있기 때문이다"라는 이른바 화성론을 주장했다. 헤라클레이토스의 화성론은 불을 막연한 현상이나 신화적인 것이 아니라 만물을 형이상학적으로 접근해 인식하려는 시도에서 나온 비유이지만 적어도 '불'이라는 것을 이해의 대상으로 보기 시작했다는 점에서 그 의의가 있다.

4원소론과 연금술

기원전 5세기경 고대 그리스의 자연철학자 엠페도클레스Empedocles는 헤라클레이토스의 화성론에서 한 발 더 나아가 만물은 네 가지 원소에 의해 이루어졌다고 주장했다. 엠페도클레스는 신화 속 신인 제우스Zeus, 헤라Hera, 아이도네우스Aidoneus, 네스티스Nestis에 네 가지 각 원소를 대입시키고 신들이 맺는 사랑이나 갈등 같은 관계처럼 원소도 서로 관계가 있다고 말했다. 따라서 다양한 사물에는 그 사물을 구성하는 원소의 비율에 따라 속성이 부여되며, 세상을 구성하는 네 가지 기본 원소의 총량은 정해져 있어서 어떤 사물도 새로이 탄생하거나 소멸되지 않고 순환한다고 주장했다.

이후 플라톤Platon과 그의 제자 아리스토텔레스Aristoteles 역시 그 주장을 이어받아 만물의 근본이 물, 불, 공기, 흙 네 가지 원소로 만들어졌다는 전제를 바탕으로 사물의 성질과 특성을 설명했다. 4원소론에서 불은 가볍고, 빠르게 움직이며, 따듯한 속성을 가져서 영혼을 구성하고 있는 순수하고 영적인 원소로 여겨졌다.

고대 그리스 자연철학에서 제기된 4원소론이 주된 학설로 자리 잡으며 근대 화학의 모태인 연금술의 근간이 되었다. 연금술은 값이 싼 물질로 금을 만들겠다는 난제를 풀기 위한 목적이 분명한 기술로 플라톤 이후 헬레니즘 문명에서부터 성행했다. 가장 유명한 연금술사로 두 사람을 들 수 있다.

4세기 동양과 교역하던 이집트인 조시모스Zosimos는 동양 사상과 당시 연금술을 집대성한 28권의 백과사전을 만든 것으로 전해지는 인물이다. 조시모스는 '현자의 돌Philospher's stone'을 일종의 촉매로 사용해 금이 아닌 물질에서 금을 만들 수 있다고 주장했다.

또 한 사람인 9세기 아랍의 학자 자비르 이븐 하이얀Abu Musa Jabir Ibn Hayyan은 "원소는 변화할 수 있다"라는 아리스토텔레스의 원소 가변설에 기반해 황과 수은을 만물의 근원이라고 생각했다. 4원소론에서 불변하는 것처럼 보이는 공기와 흙을 제외하고 불에 해당하는 황과 물에 해당하는 수은 이 두 가지가 만물의 근원이라는 것이다. 자비르 이븐 하이얀은 연금술의 핵심인 금의 제조와 관련해 순수한 수은과 순수한 황을 적절한 비율과 방법으로 결합할 때 가장 완벽한 금속인 금이 창조될 수 있다고 생각했다.

연금술은 값싼 금속 물질을 통해 금을 만들 수 있다는 강력한 믿음을 원동력으로 성행하고 발전했지만 원래 목적인 금을 만드는 것은 불가능했다. 하지만 연금술이 발전하는 과정에서 수많은 실험 장치와 실험 방법, 연구 결과를 과학의 유산으로 남겼다. 예를 들어 아랍의 연금술에서는 물질을 정화해 순수한 물질을 남기기 위한 세척이나 증류법 등 근대 화학 연구에 필요한 실험법을 남겼는데 이 방법은 주조酒造 영역에서 증류주를 탄생시켰다.

17세기 과학혁명을 이끈 영국의 과학자이자 철학자 프랜시스 베이컨Francis Bacon은 연금술을 통해 실험과 경험으로 실증된 것만 인정하는 귀납적 접근법을 제시했다. 베이컨은 연금술이 발전하는 과정에서 남긴 과학의 유산을, 포도밭에 보물을 묻어 두었다고 자식에게 유언한 노인의 우화에 빗대기도 했다. 보물을 찾으려 열심히 포도밭을 파헤치는 과정에서 뜻하지 않게 밭을 일군 결과 포도 농사가 풍년이 되었기 때문이다. 실험과 경험에 기반한 체계적 연구 방법을 성숙시키며 근대 화학의 기틀을 마련한 연금술에서도 핵심은 불이었다.

플로지스톤 이론

중세에서 근세로 전환되는 시기에 연금술의 발전과 함께 황산 제조와 야금이 주요 산업 기술로서 등장하자 기존의 4원소론으로는 이 기술의 원리를 설명할 수 없게 되었다.

16세기 독일계 스위스인 필리푸스 파라셀수스Philippus Paracelsus는

ⓒ Wellcome Collection gallery/CC BY

4원소론에서 나아가 만물은 세 가지 물질로 구성되었다고 주장한 16세기 연금술사 파라셀수스의 초상화.

들어가며: 인류와 불의 역사 • 031

파라셀수스의 3원질설을 구체화한 17세기 독일의 연금술사 베허의 초상화.

그리스의 4원소론에서 한발 더 나아간 이론을 제시하며 추상적이던 4원소를 조금 더 구체화시켰다. 그는 4원소 중 공기를 제외하고 '흙'은 소금에, '물'은 수은에, '불'은 황에 대입했다. 이를 통해 소금은 물체의 딱딱한 성질을, 수은은 유동적 성질을, 황은 불에 잘 타는 성질을 부여하는 물질의 3원질설을 주장했다.

파라셀수스는 만물은 세 가지 기본 물질로 구성되고, 만물의 성질 역시 세 가지 기본 물질의 원리에 의해 부여되는 것이라 여겼다. 특히 그는 어떤 기본 물질이 많이 포함된 특정한 물체를 이용하면 증상에 따라 사람의 병을 낫게 하는 약으로 사용할 수 있을 것이라 생각했다. 파라셀수스는 연소 현상에 대해 물체 속 황의 속성을 가진 기본 물질이 타는 과정이며, 연소가 이어지면서 해당 성분이 점점 소모되어 없어지면 연소 과정이 끝나는 것이라 설명했다.

17세기 독일의 연금술사 요한 베허Johann J. Becher는 파라셀수스의 3원질설을 좀 더 구체화한 주장을 내놓았다. 베허는 《지하의 자연학Physica Subterranea》이라는 자신의 저서에서 기본 물질을 공기와 불과 흙이라고 했다. 그중 '흙'은 실질實質을 담당하는 '암석의 흙Terra lapidea', 모양과 냄새와 무게를 담당하는 '유동성의 흙Terra fluida', 색과 연소를 담당하는 '지방성의 흙Terra pinguis', 세 가지로 구성된다고 주장했다. 베허는 지방성의 흙이 파라셀수스의 기본 물질 중 불의 속성을 가진 '황'에 해당하는 것이라 말했다.

베허에게는 프로이센의 궁정의였던 게오르크 슈탈Georg E. Stahl이라는 제자가 있었다. 슈탈은 생물에는 영혼이나 정신을 뜻하는 '아니마anima'가 있어서 생물로서 여러 활동을 할 수 있으며, 아니마의 유무로 무생물과 생물을 구분 지을 수 있다는 애니미즘animism을 주장한 인물이다. 그는 자신의 스승이 주장한 '지방성의 흙'을 '불에 탄'이라는 의미를 가진 고대 그리스어 'phlogistòs'를 이용해 플로지스톤Phlogiston이라 명명했다. 슈탈은 생물이 생명 활동을 하는 데 아니마가 있듯이 연소 활동도 플로지스톤이 있어서 가능하다고 주장했다. 슈탈에 따르면 모든 가연성 물질은 타고 남을 재와 플로지스톤으로 구성되는데, 플로지스톤은 물질에 포함된 상태로는 결코 증명할 수 없는 물질이어서 어떤 물체가 연소할 때에만 불, 열, 빛의 형태로 빠져나와 관찰할 수 있는 특성을 지녔다고 주장했다.

플로지스톤 이론은 그때까지 원인과 원리를 알 수 없던 불이라는 현상을 단순하고 편리하게 설명했다. 이 이론은 오랜 기간 학계를 지배하는 기본 이론의 역할을 하며 당시는 물론 후대의 화학자들에게도 지지를 받았다.

산소의 발견

진리처럼 여겨지던 플로지스톤 이론은 산소의 발견으로 의심받기 시작했다. 18세기 영국의 화학자 헨리 캐번디시Henry Cavendish는 매우 꼼꼼하고 정밀한 실험 방법과 결과로 당대 화학자들에게 큰 영향을 끼친 인물이다. 캐번디시는 묽은 염산과 금속을 반응시키는 실험을 통해 세계 최초로 수소 기체를 발견한 것으로 유명하다. 수소를 발견할 당시에는 캐번디시도 슈탈의 플로지스톤 이론에 따라 수소가 플로지스톤이라고 생각했다. 특정 기체를 포집하는 캐번디시의 실험과 연구는 다른 과학자들이 여러 기체를 발견하고 그 특성을 알아내는 불씨가 되었다.

영국의 성직자이자 자연철학자인 조지프 프리스틀리Joseph Priestley는 1774년 8월 1일 밀폐 용기에 산화수은을 담고 태양열을 모으는 볼록렌즈로 가열해 수은과 산소 기체를 분리하는 실험을 했다. 프리스틀리는 붉은색 산화수은을 봉입한 시험관에 볼록렌즈로 태양열을 모아 가열하면 다시 원래의 은색 수은으로 돌아가고 시험관 위쪽에 어떤 기체가 모이는 것을 발견했다. 그는 시험관 위쪽에 모인 기체의 특성을 알기 위해 여러 실험을 했고 마침내 가연물을 더 잘 태우고 수소 기체와 함께 연소시키면 물방울이 맺히는 기체를 찾아냈다.

이렇게 우연히 산소를 발견했지만 프리스틀리는 이 기체를 당시 진리로 여겨지던 플로지스톤 이론으로 이해하려 했다. 프리스틀리는 산화수은에서 떨어져 나온 기체인 산소를 플로지스톤이라 생각하지 않고 반대로 플로지스톤이 전혀 없는 기체여서 마치 진공처럼 다른 물질로부터 플로지스톤을 추출하는 작용을 한다고 생각했다. 그는 이 기체에 의해 연소가 활성화되는 기전을 캐번디시와는 반대로 이해하고 있었던 것이다. 이 때문에 프리스틀리는 자신이 포집한 이 기체를 '플로지스톤이 제거된 기체dephlogistcated air'라고 명명했다.

라부아지에의 연소 이론과 화학 혁명

　프랑스의 화학자 앙투안 라부아지에Antoine-Laurent de Lavoisier는 프리스틀리와의 만남에서 '플로지스톤이 제거된 기체'에 대한 설명과 실험 결과를 들으며 플로지스톤 이론에 의구심을 품게 되었다.
　1772년 11월 1일 라부아지에는 황과 인을 연소시킬 경우 질량이 증가하는 것과 금속을 태운 후 생기는 재 같은 물질인 금속회(금속 산화물)를 가열하고 나면 전혀 다른 성질의 금속이 생성되는 실험을 통해 공기 중 어떤 기체가 물질과 결합하거나 분리된다는 것을 알아냈다. 이후 그는 어떤 물질에 가열과 같은 어떤 일을 하면 그 물질에 결합되어 있다가 날아간 공기만큼 질량이 감소한다는 내용의 논문을 제출했다.
　1774년 라부아지에는 영국의 프리스틀리에 의해 플로지스톤이 제거된 기체라 명명한 것과 그즈음 발표되지는 않았지만 프리스틀리보다 먼저 스웨덴의 셸레Carl W. Scheele가 발견한 기체가 자신이 연구하고 있는 특정 공기와 같다는 생각에 도달하고 이를 실증할 여러 실험을 진행했다. 실험을 통해 이 기체 성분이 생물의 호흡에 관여한다는 사실을 밝혀낸 라부아지에는 이 기체에 '생명의 공기'라는 이름을 붙이고 이 공기를 이용해 발효와 호흡에 관해 연구한 후 그 결과를 1775년 5월 26일 발표했다. 1785년 2월에는 과학자 30명이 입회한 실험에서 물을 고열로 가열해 수소와 산소로 분리하고, 반대로 수소와 산소 기체를 물로 합성하는 실험을 시연하며 물은 원소가 아닌 두 원소의 화합물임을 입증했다.
　라부아지에는 연소란 이 '생명의 공기'라고 명명한 산소와 물체의 다른 원소가 급격하게 결합하는 현상이며, 연소 중 발생하는 열은 칼로릭caloric이라는 질량이 없는 입자에 의해 발생하는 것이라는 이론을 제시했다. 이는 기존의 연소에 관한 진리였던 플로지스톤 이론을 전면적으로 부정하는 것이었다. 물질과 산소가 결합한다는 그의 연소 이론에 따르면 종이가 탈 경우 종이의 탄소가 산소와 결합해 대기로 흩어지므로 무게가 감소하는 것이며, 금속을 연소하면 금속과 산소가 결합해 대기로 흩어지지 않고 금속에 남아 질량이 증가하는 것이었다. 이는 실험 결과와도 부합했다.

　라부아지에의 이 산소설은 연소 현상과 함께 화학 혁명의 핵심 이론이었다. 연소 현상에 관해 긴 시간 동안 많은 화학자가 신봉하던 플로지스톤 이론은 라부아지에의 새로운 연소 이론에 의해 완전히 논파되었고, 라부아지에의 연소 이론을 시작으로 많은 실험과 실증을 통해 원소와 화합물의 개념이 새로 체계적으로 정리되었다. 화학은 연금술을 초월해 하나의 학문 체계로 재정립된 것이다. 라부아지에의 연소 이론을 핵심으로 근대 화학의 기초가 마련된 일련의 과정을 후대에서는 화학 혁명이라 일컫는다.

불에 대한 현대의 인식

연소의 정의

　근대에 이르러 화재로 인한 피해가 점점 커지며 '불' 자체나 '불의 활용'에 맞춰져 있던 연구의 초점이 '불의 통제'로 확장되었다. 이 과정에서 '불'이라는 현상의 원리와 메커니즘의 많은 부분이 규명되었다. 이때 축적된 연구 성과는 불의 위험성으로 파생되는 문제를 기술적으로 해결하는 현재의 연소 공학으로 발전했다.

오늘날 연소는 '화합물이 산소와 반응할 때 높은 열과 빛을 발산하면서 이산화탄소, 물 따위의 산화 생산물을 만들어 내는 연쇄 현상'으로 정의한다. 연소 반응 시 산소와 반응하는 물질(주로 탄소와 수소)이 가지고 있는 화학 에너지는 열에너지로 변환되고 그 열에너지에 의해 분자 운동이 격렬해지며 열복사선이 방출된다. 이때 발생하는 열에너지와 열복사선의 파장이 가시광의 범위에 있을 때 비로소 인간이 눈으로 감각할 수 있는 연소 현상이 되는 것이다. 연소는 산화 반응의 형태, 반응에 참여하는 물질의 기체, 액체, 고체 등 상태에 따라 여러 종류로 분류할 수 있다. 또 빛을 발산한다는 점과 반응의 속도가 급격하다는 점에서 다른 산화 반응과 구별된다.

연소에 필요한 세 가지 조건

연소 현상은 이처럼 다양한 형태로 존재하지만 연소 현상이 있으려면 공통적으로 '가연물', '열', '산소'라는 세 가지가 필요하다. 이 세 가지 조건에 따라 일단 연소 반응이 일어나면 이후에는 연소 현상 자체가 발산하는 열에너지에 의해 연소에 참여하지 않은 주변 물질을 열분해한다. 주변 물질은 열분해하면서 반응성이 큰 활성 라디칼(O, OH, H)을 생성하는데 이 물질이 바로 주변 연소 반응에 참여한다. 이는 화재가 연속해서 이어지는 핵심이어서 연소 반응은 가연물, 열, 산소라는 세 가지 조건 또는 활성 라디칼을 생성하는 조건 중 어느 하나가 부족해지는 시점까지 지속되는데, 이를 연소의 연쇄 반응이라고 한다. 기본적으로 연소의 3요소는 가연물, 열, 산소인데 이 연쇄 반응을 포함하여 연소의 4요소라고도 한다.

일반적인 연소 반응은 어느 한순간에 완결되거나 어느 한 지점에서만 일어나는 정적인 것이 아니다. 연소 현상은 끊임없이 주변 환경과 영향을 주고받으며 상호작용을 하고 연소에 참여하지 않은 가연물로 반응의 영역이 계속 확장되는 동적인 특성을 띤다.

1부 소화약제의 역사

― 불을 끄는 물질들 ―

의도하지 않은 연소 반응을 중단시키는 원리는 연소의 4요소인 가연물, 열, 산소, 연쇄 반응 중 한 가지 이상을 부족하게 만드는 것이다. 이를 의도적으로 하는 일련의 행위를 '소화消火'라고 한다. 소화의 방법은 기본적으로 연소의 4요소에 따라 크게 네 가지로 나눌 수 있다.

첫 번째는 '제거 소화'다. 현재의 연소 현상에 관여하는 물질, 즉 타고 있는 물질 또는 연쇄 반응으로 이어질 수 있는 물질을 연소 장소에서 멀리 떨어뜨리는 방법이다. 도심을 설계할 때 건물 사이를 일정 간격 이상으로 규제하는 것이나 산불 화재에 대비해 산림 일부를 도로로 만들어 갈라놓는 것 등이 제거 소화의 원리가 적용된 사례다. 연소의 진행 방향에 있는 가연물을 미리 불태우는 맞불 역시 제거 소화의 원리를 이용한 것이다.

두 번째는 '냉각 소화'다. 연소 반응이 있는 곳의 온도를 낮춰 연소 조건 중 하나인 열을 일정 수준 이하로 떨어뜨림으로써 반응을 중단시키는 것이다. 물을 이용해 불을 끄는 것이 냉각 소화의 대표적인 예로, 물은 비열이 높아 거의 모든 화재에서 효과적으로 사용할 수 있다.

세 번째는 '질식 소화'다. 연소 반응 중인 물질은 표면에서 산소와 반응하는데, 이때 어떤 식으로든 연소하고 있는 표면과 산소와의 접촉을 차단하는 것이다. 대부분의 물질은 연소 환경의 산소 농도가 15퍼센트 이하일 때 연소 반응이 멈춘다. 불이 난 곳에 물을 적신 담요를 덮는 것, 압축한 이산화탄소 따위의 불연성 기체를 분사해 불이 붙은 가연물 주변 대기의 산소 농도를 낮추는 것 등을 예로 들 수 있다.

네 번째는 '부촉매 소화'다. 반응성이 큰 할로겐 원소 따위를 연소 반응 중에 생성되는 활성 라디칼과 먼저 반응시켜 연소에 필요한 활성화 에너지 수준을 높이는 것이다. 이것이 화재의 연쇄 반응을 저지하는 부촉매 소화로, 할론 소화약제나 분말 소화약제가 이런 원리를 이용한 소화약제다.

소화 방법을 분류할 때 소화 작용의 대상인 연소의 4요소에 따라 네 가지로 구분하기도 하지만 소화 원리의 성질에 따라 앞의 세 가지를 '물리적 소화', 마지막 네 번째를 '화학적 소화'로 구분하기도 한다. 이 네 가지 중 하나 이상의 작용을 하는 물리적, 화학적 특성을 가진 물질을 주원료로 해서 연소 반응을 중단시키기 위해 만든 것을 소화약제라고 한다.

물 역시 소화약제 중 하나다. 물은 비열과 잠열이 커서 주변에 있는 다른 물질의 온도를 낮추는 성질이 있는데 이 같은 냉각 작용으로 불을 끈다. 또한 물은 강력한 소화 작용 외에도 구하기 쉽고 경제적이어서 주력 소화약제로 활용되어 왔다.

그러나 석유와 전기를 본격적으로 사용하며 물로 끌 수 없는 화재가 빈번해졌다. 산업에 필수적인 컴퓨터, 통신 기기가 모여 있는 곳이나 박물관처럼 특별한 화재 방어가 필요하지만 물을 사용하기 곤란한 경우가 생긴 것이다.

이에 따라 거품 소화약제, 분말 소화약제, 이산화탄소 소화약제, 할론 소화약제가 발명되었다. 발명 당시 만능으로 여겨지던 할론의 환경 유해성이 밝혀지며 이를 대체하기 위해 할로겐 화합물 및 불활성 기체 소화약제가 개발되기도 했다.

소화약제가 발전해 온 궤적을 살펴보면 사회를 바꿀 만한 신기술이 활용되는 이면에는 새로운 화재가 발생했고, 또 화재로 인해 숱한 피해를 입은 이후에야 비로소 소화약제가 개발되는 공통의 과정을 거쳤음을 알 수 있다. 지금도 그런 와중에 있다. 전기차의 시대로 전환되며 그 동력원인 리튬 배터리가 타는 새로운 유형의 화재가 문제로 떠오른 것이다.

새로운 유형의 화재는 계속 등장하고 소화약제는 나날이 진화할 것이다. 소화약제는 화재로부터 생명을 보호하기 위한 수단이기 때문이다. 어쩌면 지금 우리가 직면한 문제 해결의 실마리를 소화약제가 발전해 온 과정에서 찾을 수 있을지도 모른다. 1부 소화약제의 역사를 되짚어 보면서 사고가 발생한 후에야 대책이 마련되는 악순환을 끊을 만한 통찰을 발견해 보자.

1장

물, 가장 기본적 소화 물질

물질의 기준이자 단위의 표준이 된 물

물은 고대 그리스에서부터 만물의 근본인 4원소 중 하나였다. 기본 물질인 물은 다른 여러 물질의 물리적 성질을 가늠하는 기준이 되어 왔다. 몇 가지 예를 살펴보자.

온도 단위인 '섭씨'는 셀시우스Celsius의 중국어 음차에서 유래했다. 섭씨는 스웨덴의 천문학자이자 과학자 안데르스 셀시우스Anders Celsius가 1742년 창안한 온도 체계로, 물이 어는 온도의 점과 물이 끓는 온도의 점을 100등분한 것이다. 섭씨는 사실상 거의 모든 국가의 표준 온도 단위다. 물은 비교적 밀도가 큰 물질이다. 다른 물질과의 밀도를 비교하는 비중의 기준으로 쓰이지만 물은 밀도가 가변적인 특성이 있다. 물의 온도가 어는점에 가까워지면 물 분자의 구조도 얼음과 비슷해져 분자 사이 공간이 생기고 체적이 커진다. 반대로 이보다 온도가 올라가도 분자의 운동 속도 증가로 공간이 생기고 체적이 커지면서 밀도가 낮아지는 특성이 있다. 비중의 기준으로 쓰이는 물의 온도는 섭씨 3.98도로 이 온도에서 물의 밀도가 가장 높다. 이를 기준으로 1901년부터 1964년까지 1기압에서 섭씨 4도의 순수한 물 1리터의 질량을 1킬로그램으로 정의해 물질의 무게를 구하는 척도로도 쓰였다. 이처럼 물은 오랜 기간 여러 단위의 표준으로 사용되었다.

물 분자는 산소 원자 한 개와 수소 원자 두 개가 전자를 공유하는 결합이다. 전자를 끌어당기는 힘이 산소 원자보다 약한 수소 원자가 약한 양이온, 산소 원자가 강한 음이온의 성질을 띤 극성 공유 결합 물질이라는 화학적 특성도 있다. 여러 가지 극성 물질의 범용성 있는 용매로 쓰인다는 점, 높은 비열과 잠열을 가지고 비교적 강한 표면장력을 지니고 있다는 점 등 물의 특이한 물성은 이러한 화학적 특성에서 비롯된다.

물의 여러 특징 중 소화약제로서 가장 특별한 점은 높은 비열과 잠열이 뜨거운 연소 공간에서 다른 것의 온도를 빼앗는 냉각 효과다.

소화약제로서 물의 장점

소화약제로서 물의 이러한 장점을 더 자세히 살펴보자. 물은 섭씨 0도 이하의 온도에서는 고체, 섭씨 100도 이상의 온도에서는 기체, 그 중간의 온도에서는 액체 상태로 존재한다. 비교적 작은 온도 변화 구간에 세 가지 형태로 존재하는 물은 단위 질량에 가해진 열량과 온도 변화의 비인 비열比熱(물=1cal/g℃)이 다른 물질보다 훨씬 크다. 이 비열이 어느 정도인지 다른 물질과 비교해 보면 알 수 있다.

같은 무게의 알루미늄(0.217cal/g℃)에 비해서는 약 다섯 배, 철(0.113cal/g℃)에 비해서는 열 배, 구리(0.019cal/g℃)에 비해서는 약 50배 가까이 차이가 난다. 특히 물은 섭씨 100도 온도에서 액체 상태가 기체 상태로 상전이相轉移를 할 때 필요한 열량인 증발 잠열이 539.6cal/g로 다른 물질에 비해 매우 크다. 물의 큰 비열과 증발 잠열은 일반적인 연소 현상이 있는 공간의 열을 빼앗는 작용으로 연소 현상을 중단시킨다.

또 물은 화재가 발생해 온도가 높은 공간에서 액체 상태에서 기체 상태로 기화할 때 체적이 1700배 이상으로 커진다. 이로써 연소 현상이 일어나는 공간의 밀폐 정도에 따라 타고 있는 물질과 닿고 있는 주변 공기의 산소와 가연성 기체의 비율을 희석시키는 질식 효과도 다소 생긴다. 그 밖에도 생활에 필수적인 물은 거주 공간 주변에서 비교적 구하기 쉽고, 물 사용 비용 역시 경제적인 편이라 지금도 가장 유용하고 일반적인 소화약제로 쓰인다.

획기적인 기간시설 상수도와 소화전

상수도 시설과 소화 용수

인간이 불을 끄기 위해 하는 일련의 과정이 소방 활동이고, 이 소방 활동을 수행하는 인적 물적 조직을 소방대라고 한다. 이 소방대의 소화 능력은 '인력' 및 소방차, 사다리, 갈퀴 등의 '장비', 그리고 '소화 용수'라는 세 가지 요소에 의해 결정된다. 인력 및 장비와 함께 소방력의 3요소 중 하나로 소화 용수인 물을 꼽는 것은 그만큼 오래전부터 일반적 화재의 소화에 탁월한 작용을 하는 기본 물질이었기 때문이다.

그런데 물은 다른 물질에 비해 무겁고 상온에서 액상으로 존재해 저장과 운반이 어려운 단점이 있다. 따라서 쉽게 구할 수 있는 소화 약제로서 물의 장점은 상수도 시설이 구축되었다는 것을 전제로 한다. 엄밀히 보면 상수도 공급망이 완벽히 구축되어 있어도 소화 용수로 사용할 수 있는 물이 상수도망을 통해 늘 안정적으로 공급되는 것은 아니다. 상수도망으로 흐르는 물은 지구 전체 물 중에서도 아주 극소량인 한정된 자원이기 때문이다.

지구 표면을 기준으로 물은 지표면의 70퍼센트에 달하지만 이 중 97퍼센트는 바닷물이다. 이 물은 대부분의 육지로부터 멀리 떨어져 있어 사용하기 힘들다. 나머지 3퍼센트 중 2퍼센트는 극지방에서 고체 상태인 얼음으로 존재하므로 지구 표면 전체 물의 1퍼센트에 못 미치는 물만이 인간이 생활하는 데 사용할 수 있는 담수다. 그중 대부분이 상수도를 통해 도시 곳곳으로 공급된다.

소화 용수로 사용하는 물은 상수도로 공급되는 담수의 일부로, 담수는 예측할 수 없는 기후와 같은 변수에 의해 그 양이 결정된다. 상수도도 예기치 못한 자연적, 인적 요인으로 중단될 가능성이 있는 것이다. 그러므로 소화 용수를 구하기 쉽다는 장점은 어디까지나 예측 가능한 범주의 기후 조건과 기반 시설인 상수도가 원활하게 작동한다는 것을 전제로 한 다소 불완전한 조건에 기반한다.

상수도의 역사

현대적 상수도의 개발과 깨끗한 물 공급이 인간의 평균수명을 30년 이상 늘어나게 했다는 시각이 있을 정도로 상수도는 인류의 삶에 큰 영향을 미친 가장 획기적 기간시설 중 하나다.

상수도의 시작은 기원전 3000년경 이집트의 우물에서 시작해 고대의 수로, 댐 등의 시설을 거쳐 로마 도시의 수도 시설로 발전했다. 1582년에 영국의 '뉴 리버New River'라는 회사에 의해 배관을 사용한 상수도망이 설치되었고, 1829년 영국 템스강의 물을 공급하던 '첼시Chelsea' 수도 회사가 최초의 근대적 정수 처리 방법이라 할 수 있는 모래층에 물을 천천히 여과하는 완속 여과법을 시행했다. 이후 병원균을 사멸시킬 수 있는 염소 등에 의한 살균 정수 처리 방법 등이 발명되고 20세기를 전후로 전 세계 도시에는 현대적 상수도망이 설치되기 시작했다. 상수도는 인간 생활에 가장 필수적인 물을 깨끗하게 관리하고 생활 공간으로 운송하는 기본적 기능 이외에도 화재 진압을 목적으로도 쓰였다.

미국의 상수도 역사는 영국의 유산을 이어받아 18세기부터 시작되었다. 19세기부터 20세기 초반까지 일부 지역에서는 수원으로부터 거주 공간까지 연속적인 물 공급을 위해 목재로 만든 관을 사용했다. 도로를 따라 설치된 나무 상수도관은 흙 아래 묻혀 있었고, 큰 힘으로

ⓒ Daderot/CC 0

1921년 보스턴에서 출토된 1800년대 나무 수도관.

출처: https://www.hiddenhydrology.org/the-water-in-the-wood/

1900년대 금속 띠로 보강된 나무 수도관과 파이어플러그.

물을 밀 수 있는 증기 펌프가 없던 시기에 상수도의 공급 동력원은 낙차에 의한 자연 유하식이었다. 당연히 관을 흐르는 물의 압력이 낮았다.

파이어플러그에서 소화전까지

당시 화재를 진압하는 주된 방법은 우물, 냇가와 같은 수원으로부터 화재 지점까지 사람들이 늘어서서 가죽 양동이 등 물을 담은 용기를 양방향으로 전달하는 것이었다. 나무로 된 상수도망이 설치된 지역에서는 어떤 건축물에 불이 날 경우 화재 장소 근처의 나무 상수도관이 매립되어 있는 부근의 땅을 파서 상수도관을 노출시킨 후 관에 구멍을 뚫어 물이 나오게 했다. 상수도관에서 새어 나오는 낮은 압력의 물은 수도관을 찾기 위해 판 웅덩이에 차오르고, 사람들은 이렇게 고인 물을 수원으로 활용했다. 화재가 진압되고 나면 나무 상수도관에 뚫려 있는 구멍을 긴 막대를 마개로 이용해 막고 흙을 덮었을 때 일부가 돌출되도록 했다. 나중에 인근에서 불이 나면 구멍을 막았던 나무막대를 찾아 다시 활용하기 위해서였다. 상수도관에 뚫려 있는 구멍 막는 이 마개를 파이어플러그fire-plug라고 불렀다.

1811년 필라델피아의 페어마운트 상수도 공사를 맡았던 프레더릭 그라프Frederick Graff는 상수도망을 구성하던 기존의 나무관을 철 파이프로 대체했다. 그는 이 과정에서 파이어플러그를 꽂은 구멍에 스탠드파이프를 고정시켜 최초의 고정 지상식 주철 소화전을 고안했다.

기술의 발전은 상수도와 소화전의 진화를 가속화했다. 제련 기술의 발달로 철 파이프의 생산성이 향상되었고, 증기기관의 보급으로 동력을 이용한 펌프에 의해 강력한 힘으로 물을 보낼 수 있게 되었다. 또 필요할 때 편하게 물을 틀고 잠글 수 있는 밸브가 본격적으로 사용되었다. 배관에 구멍을 뚫어 소화 용수로 사용하던 방법은 오늘날 주변에서 볼 수 있는 것처럼 수도 배관에서 직접 분기되고 도로상에 돌출되어 있어서 찾기 쉽고 비가역적 파괴 없이 간편하게 밸브를 여닫는 소화전으로 발전했다.

우리나라의 소화전

우리나라 근대 상수도의 역사는 1908년 서울 뚝도정수장이 완공되며 서울 용산 일대에 물을 공급한 것으로 시작되었다. 1910년 즈음

ⓒ 서울아리수본부

1907년 종로에서 찍은 서울의 첫 상수도 공사 현장.

에는 인천, 목포, 평양, 부산 등 대도시에 상수도 시설이 설치되었고 1945년에 83개 도시로 확대되었다. 2015년에는 급수 보급률이 98.8퍼센트에 도달해 호주, 독일, 일본 등의 OECD 선진국 수준에 이르렀다.

우리나라 법에서 정하고 있는 소화 용수 설비 중 대표적 시설인 소화전도 1908년 서울에 상수도가 설치되던 시점에 소화전 설비도 함께 놓였다. 도시 기반 시설로 상수도망이 구축되고 사용이 원활해져야 물이 화재를 진압하는 소화약제로서 유용성을 가진다는 관점에서 이때부터 도시에서 적극적인 화재 진압이 가능해졌다고 볼 수 있다.

소화약제로서 물의 한계와
새로운 유형의 화재

소화약제로서 물의 한계

불을 끄는 데 대표적이고 기본적 소화약제인 물은 일반적인 연소 반응을 중지시키는 데 탁월한 작용을 한다. 하지만 단점도 있다.

우선 물체의 부피 대비 질량인 비중比重의 기준이 되는 물은 비교적 무거운 편이다. 또 상온에서 부정형인 액체 상태로 존재해서 저장과 취급에 많은 노력과 비용이 따른다. 물을 상시 사용해야 하는 인간은 필요한 곳까지 물을 끌어오는 방법을 찾는 데 여러 노력을 기울여 왔다. 유체인 물을 이동시키는 방법은 물을 담은 용기의 이동에서 도시의 상수도처럼 관을 이용해 물을 운송하는 방법으로 발전했다. 주변에서 구하기 쉬운 소화약제로서 물의 장점은 거미줄처럼 곳곳을 연결해 물을 공급할 수 있는 상수도 시설이 구축되어 있음을 전제한다.

그러나 화재는 예상 밖의 공간에서도 발생한다. 상수도를 이용해 물을 공급받을 수 있는 범위 밖에서 불이 날 경우, 화재를 진압하기 위해서는 수원으로부터 대량의 물을 운송해 화재가 난 곳으로 이동시킬 별도의 수단이 필요하다. 이를 대표하는 기계가 소방차다.

소방차는 물을 저장하는 큰 용기와 물에 압력을 가할 수 있는 펌프, 자체 동력으로 움직이는 장치로 구성된다. 소방차는 상수도인 수원에서 물을 공급받아 큰 용기에 채우고 화재 현장 가까운 곳까지 이동한다. 그다음 소방차를 운용하는 사람이 호스와 관창管槍으로 최대한 화재 현장과 가까운 곳에서 물을 운송할 수 있는 상태를 만들면, 소방차 자체의 동력을 이용하는 펌프로 물에 압력을 가해 화재 가까이에까지 물을 분사하는 절차로 기능한다. 이런 기능을 갖춘 소방차는 무거워서 포장도로가 아닌 곳은 이동이 어려우므로 소방차를 운용하려면 도시의 잘 포장된 도로망이 구축되어 있어야 한다.

정리하자면 소화약제로 물을 사용하려면 기본적으로 상수도와 소방차, 펌프, 포장도로 등 제반 시스템이 갖춰져 있어야 하며, 이는 많은 사회적 비용이 투입되었거나 필요하다는 의미로 모든 국가에서 쉽게 사용할 수 있는 것은 아니다.

또 물은 액상으로 존재할 수 있는 온도 범위가 좁은 물질로 동절기에는 고체인 얼음이 된다. 얼음이 될 때는 부피가 늘어나는 성질이 있으므로 액체 상태를 전제로 구성된 운송 체계를 이용하는 것이 불가능할 뿐 아니라 설비 속 물이 얼면서 비싼 사회적 비용이 투입된 저장 및 공급 설비를 파괴할 수 있는 위험성도 있다. 따라서 소화약제로서 물을 동절기에도 사용하려면 액체 상태를 유지하기 위해 물이 얼지 않도록 만드는 별도의 장치가 필요하다.

물은 어는 것과 반대로 끓어서 기체가 될 때는 부피가 1700배로 커지는 특성도 있다. 이는 불을 끄기 위해 사용한 액상의 물이 뜨거운 물질과 만나면서 급격하게 수증기를 만들고, 부피가 늘어나는 힘으로 폭발이 일어나 피해를 입히는 원인이 되기도 한다.

물은 비중이 높은 물질로 물보다 비중이 낮은 유류 화재에 사용할 경우 불이 붙은 기름의 입자가 물의 표면 위로 뜨게 되어 불을 끄지 못하고 오히려 확산시킬 수도 있다. 또 물과 화학 반응을 해서 연소 반응을 돕는 산소나 불에 붙는 수소와 같은 기체를 생성하는 금속 물질에 적용하기 부적합하다는 단점도 있다. 소화수로 사용한 물은 불을 끈 이후 해당 장소를 심각하게 오염시키는 부작용도 있다. 이처럼 물은 소화약제로서 큰 장점이 있지만 한계 또한 분명하다.

화석 연료의 사용 등 화재의 질적 변화

2차 산업혁명의 주역 중 하나인 내연기관이 등장하고 확산되면서 물로 소화하기 힘든 화재가 곳곳에서 발생했다. 내연기관의 에너지원인 정제 석유는 불이 붙은 채 물 위에 떠 있어서 물을 분사하는 기존의 소화 방법이 잘 듣지 않았다. 화석 연료를 원료로 하는 새로운 소재인 플라스틱도 물로는 불이 잘 꺼지지 않았다.

제련 기술의 발달과 관련 산업의 발전 과정에서 종종 발생하는 금속 화재에서는 심지어 물을 뿌리면 폭발하기도 했다. 발전기의 발명과 공공 전기망이 구축되어 전신, 전화, 전구 등 본격적인 전기 사용으로 발생한 새로운 유형의 화재 역시 물로 가연물의 온도를 낮추어도 꺼지지 않았고, 또 전류가 흐르는 상태에서 물을 사용할 때는 감전의 위험도 컸다.

산업의 발달과 소재의 발전으로 생겨난 새로운 유형의 화재는 물로 끄기 힘들 뿐 아니라 전신 전화국의 교환 시설과 같이 물에 닿으면 훼손되어 그 기능을 복구할 수 없는 고가의 장비와 시설을 갖춘 공간, 박물관처럼 유일무이한 물건을 원상태로 보존해야 하는 공간처럼 화재가 일어나도 물을 사용하는 것이 제한되는 장소도 생겼다. 이처럼 새로운 시대 새로운 화재에 대응하기 위한 새로운 물질의 필요는 물의 한계를 극복하는 여러 소화약제를 발견하고 개발하는 동력이 되었다.

2장

불 끄는 작용을 하는 기체 이산화탄소

이산화탄소의 발견과 활용

영국의 생리학자이자 목사였던 스티븐 헤일스Stephen Hales는 혈압과 혈류 속도, 심장의 용량 등을 밝혀낸 것으로 유명한 인물이다. 헤일스는 1727년 유기물을 태울 때 발생하는 특정 기체가 유기물은 물론 공기 중에도 존재하고 식물의 성장에 관여한다는 사실을 알게 되었다.

잠열과 비열의 기초를 확립한 스코틀랜드 화학자이자 물리학자 조지프 블랙Joseph Black은 스티븐 헤일스가 발견한 기체를 연구하던 중 석회암에서 추출한 탄산마그네슘을 가열하면 헤일스가 발견한 기체가 발생하고 탄산마그네슘의 중량이 줄어든다는 사실을 알아내고 실험 결과를 정리해 1755년에 발표했다. 그는 플로지스톤 이론에 입각해 강한 염기성 물질에 흡수시키거나 고정시킬 수 있는 이 기체를

'고정 공기fixed air'라 불렀다. 이 기체가 바로 이산화탄소였다.

산소의 발견에도 흔적을 남겼던 영국 잉글랜드의 조지프 프리스틀리는 이산화탄소의 발견과 활용에도 지대한 영향을 미쳤다. 1767년 리즈 지역의 양조장 옆으로 이주해 목사로 생활하던 프리스틀리는 발효 중인 맥주 통에서 생긴 기체가 조지프 블랙이 말한 '고정 공기'임을 알게 되고, 이 기체를 이용해 여러 실험을 진행했다. 그는 발효 중인 맥주의 액면 위에 불이 붙은 양초를 가까이 대자 불꽃이 꺼지는 현상을 보고 이 고정 공기가 주변의 액체에 녹아드는 특성이 있음을 알아냈다.

프리스틀리는 이산화탄소로 탄산수를 제조하는 방법도 발명했다. 맥주의 발효 과정에서 나오는 이산화탄소가 맥주 통 주변에 둔 그릇 속 물에 녹아 탄산수가 되는 것을 발견한 것이다. 이를 계기로 그는 발효된 맥아나 석회암에 염산을 반응시켜 이산화탄소를 만들고, 그 이산화탄소가 물속을 지나가도록 해 탄산수를 제조했다. 프리스틀리는 톡 쏘고 시큼한 광천수와 똑같은 맛이 나는 탄산수가 광천수처럼 괴혈병 치료와 소화제로 효용이 있다고 주장했다. 당시 천연 탄산수인 광천수는 가격이 비싸 상업적 가치도 있었다. 프리스틀리는 탄산수 제조법을 발명한 업적과 자연철학에 기여한 공로를 인정받아 1773년 과학 분야에서 가장 오래되고 권위 있는 상인 코플리 메달을 받았다.

프리스틀리는 이산화탄소 이외에도 여러 종류의 기체를 모으기 위해 수은을 활용했다. 이산화탄소와 산소 외 다른 종류의 기체를 발견하려는 그의 노력은 이후 암모니아(NH_3), 아산화질소(N_2O), 이산화질소(NO_2), 일산화탄소(CO), 이산화황(SO_2), 염화수소(HCL)를 분리하는 데 성공했다. 하지만 거듭된 실험으로 수은에 자주 노출되었던 프리스틀리는 결국 수은중독으로 사망했다.

프리스틀리의 기체 연구 성과는 후대에 지속적으로 영향을 미쳤다. 영국의 토머스 베도스Thomas Beddos는 프리스틀리의 연구와 산소의 작용을 정립한 라부아지에의 성과를 기초로 이를 의학적으로 활용하기 위해 1799년 브리스톨에 기체연구소Pneumatic Institution를 설립했다.

영국의 화학자이자 물리학자인 마이클 패러데이Michael Faraday는 대장장이의 아들로 태어나 경제적 이유로 유년 시절에 학업을 중단했다. 패러데이는 열세 살 때부터 서점 겸 제본업을 하는 곳에서 일했는데 화학 등 과학에 관심이 많았다고 전해진다. 그는 과학과 관련한 강의와 글을 모아 책 네 권으로 제본을 했는데, 이를 높이 평가한 서점 주인이 패러데이가 제본한 책을 고객들에게 보여 주곤 했다. 서점 고객 중에는 당시 왕립연구소 회원이자 기체연구소에 근무했던 험프리 데이비 경Sir Humphry Davy의 아들도 있었다. 이 인연으로 험프리 데이비의 강연을 들은 패러데이는 큰 감명을 받고 강연 내용을 그림과 함께 정리해 책으로 만들어 데이비에게 보냈다. 1813년 실험 중 폭발로 부상을 입은 데이비는 이를 계기로 실험을 보조하는 조수로 패러데이를 고용했다. 1823년경 데이비와 패러데이는 높은 압력을 주는 방법으로 이산화탄소와 여러 기체를 액화하는 데 잇달아 성공했다.

이산화탄소는 다른 기체에 비해 비교적 낮은 압력인 5.1Atm에서 액화할 수 있으며, 액화한 상태에서 보관과 운반이 용이한 편이었다. 또 액화된 이산화탄소를 기체로 사용할 때 별다른 장치 없이 고압인 액화 이산화탄소 용기를 열면 자체 증기압으로 대기압 상태의 대기로 이산화탄소가 방출된다는 장점도 있었다. 이후 탄산음료와 여러 제조 공정 및 의료 목적이나 운송용 냉매로 쓰이는 드라이아이스 등 이산화탄소의 사용량이 증가했고, 대량으로 이산화탄소 가스를 제조하고 공급할 수 있게 되면서 가격도 점차 낮아졌다. 하지만 발견할 때부터 불 끄는 작용을 하는 것으로 알려졌던 이산화탄소를 소화약제로서 본격적으로 사용한 것은 발견 후 한참 지나서의 일이다.

소화약제로서 이산화탄소

이산화탄소를 상업적 목적의 소화약제로 처음 이용한 사람은 월터 키드Walter Kidde였다. 키드는 23세 되던 해인 1900년 뉴저지의 뉴어크항과 커니항에서 조선소나 교차로 등 항구와 관련된 구조물 건설 사업을 하려고 뉴욕에 '월터 키드 건설사Walter Kidde Constructors'를 설립했다. 그는 항만 관련 사업을 하면서 화물을 실은 선박에 화재가 날 경우 고가의 화물이 속수무책으로 훼손되는 것을 목격하며 화재로부터 선박의 화물을 보호하는 것에 관심을 가졌다.

키드의 이러한 관심사에 따라 회사도 건설 분야에서 점차 선박용 소방 시스템 제조사로 변모했다. 키드는 1917년에 '월터 키드사Walter Kidde Company'로 사명을 변경하고, 1918년에는 선박 내부의 화재 감지 및 진압 설비인 '리치Rich' 시스템의 특허를 취득했다. 리치 시스템은 선박 구석구석에 팬fan이 달린 파이프를 통해 중앙으로 연기를 모으고 밸브로 제어할 수 있는 설비로, 증기 파이프를 선박 여기저기로 배치하는 구성이었다. 만약 화재가 발생해 팬으로 흡입된 공기에서 연기를 감지하면 사람이 수동으로 밸브를 조작해 해당 구획실에 증기를 공급하는 방법으로 화재를 진압했다.

그러나 키드는 화재 진압에 증기를 이용하려면 원하는 시점에 증기를 생성하는 것이 어려울 뿐 아니라 화재 진압을 위한 증기에 의해 선박과 화물에 손상이 가는 결함을 발견했다. 이런 문제 때문에 그는 리치 시스템에서 화재 진압을 위해 사용하던 물질인 증기를 이산화탄소로 대체하는 결정을 내렸다. 액화 이산화탄소가 용기에서 빨리 방출되지 않는 문제는 사이펀Siphon 장치에 대한 특허권을 구매해 적용하는 것으로 보완했다. 이산화탄소를 이용한 이러한 선박 화재 진압 시스템은 '럭스Lux'라는 이름으로 시장에서 판매되었다.

한편 1924년 한창 사업을 확장하던 벨 전화회사Bell Telephone는 가입자가 늘어나면서 당시 상대방을 연결해 주는 전화 서비스에서 가장 필수적이고 핵심적 기능을 하던 교환 설비의 화재 사고를 경험했다. 이들은 통신 장비는 물을 사용해서는 효과가 없고 오히려 진압에 사용한 물 때문에 고가의 장비가 훼손될 수 있어 소화약제로 적합하지 않다고 판단했다. 이후 전화 장비에 적합한 소화약제로 이산화탄소를 선정하고 해당 분야에서 전문성이 있는 키드의 회사에 소화기 제작을 의뢰했다.

제작 의뢰를 받은 월터 키드는 같은 해 휴대용 이산화탄소 소화기를 제작하고 상용화해 판매했다. 이때부터 이산화탄소는 전기와 가연성 액체의 화재를 진압하기 위한 소화약제로 부각되기 시작했다.

이산화탄소 소화약제는 처음에는 주로 사람이 들고 다닐 수 있는 소화 기구에 쓰였다. 그러다가 세계대전 중 항공기의 화재 진압 시스템에 사용할 약제로 고려되기도 했는데 이후 특정 용도의 건축물에 중요 설비를 보호하기 위해 고정 설치된 소방 시설의 소화약제로 사용 영역이 확장되었다.

이산화탄소 소화약제 사용이 일반화됨에 따라 1927년 미국국립표준국National Bureau of Standards(NBS)에서는 다양한 유형의 화석 연료 및 이와 관련한 화재를 소화하는 데 필요한 이산화탄소의 최소 농도를 구하기 위한 연구에 착수했다. 이 연구를 시작으로 고압 용기와 배관에서 이산화탄소의 이동에 대한 이해의 기초가 다져졌으며 곧이어 건축물 내부의 각 지점과 고압 용기를 배관으로 연결한 고정식 소화 설비가 등장했다. 1928년 미국화재예방협회National Fire Protection Association(NFPA)에서도 이산화탄소 소화약제와 관련해 제조 위험 및 특수위험위원회Committee on Manufacturing Risks and Special Hazards를 통해 이산화탄소 소화 시스템에 대한 논의를 시작했고 그 결과물에 NFPA 12 코드를 부여했다. 이는 1929년 이산화탄소 소화 시설에 대한 표준으로 채택되었다.

우리나라에서 이산화탄소 소화 설비에 관한 기준은 1958년 소방법 제정 시 시행령 별표에서 위험물을 취급하는 제조소 등에 고정식 소화 설비 중 하나로 시작되었다.

이산화탄소 소화약제의 소화 원리

이산화탄소는 인간이 감각할 수 없는 무색 무취의 기체로 생물의 호흡과 여러 산화 반응에서 발생한다. 공기 중에 0.03볼륨 퍼센트로 존재하며 공기보다 약 1.5배 무거운 이산화탄소는 전기가 통하지 않는 비전도성 물질이며 더 이상 산화할 수 없는 기체다. 따라서 연소 반응을 일으키지 않아 소화약제로서 사용 가능하다.

또 이산화탄소는 다른 기체와 비교해 자체 증기압이 섭씨 21도에서 $57.8kg/cm^2 \cdot G$로 높은 편이어서 다른 동력 없이도 액체 상태로 저장되는 고압 용기에서 곧바로 대기압 상태인 외부로 기체가 방출되는 장점이 있다. 이런 장점에 더해 방출 시 상변화 phase change로 인한 기화잠열로 냉각 효과가 큰 특성도 있으며, 수명이 반영구적이고 가격이 비교적 낮은 장점도 있다. 소화약제로서 이산화탄소의 주 작용은 방출된 해당 공간의 산소 농도를 희박하게 하는 질식 효과다. 또 방출 시의 낮은 온도로 인해 연소 현상이 일어나는 장소를 냉각하는 냉각 효과가 부수적으로 일어나 화재 진압에 도움을 준다.

이산화탄소의 질식 효과와 관련해 부연하면 일반적으로 대기 중에는 산소가 21볼륨 퍼센트로 존재해서 연소 현상을 이어 갈 수 있는데, 산소 농도가 약 14볼륨 퍼센트 이하가 되면 연소 현상이 중단된다. 이를 통해 특정한 구획실의 체적을 기준으로 화재를 진압하기 위해 필요한 이산화탄소의 양과 최소 소화 농도를 구할 수 있다. 이때 기체나 액체 화재가 아닌 고체 화재에서는 가연물의 물성과 화재로 인한 장소의 환경이 변화하는 변수가 유동적이어서 정확한 최소 소화 농도를 특정하기 어렵다. 이 때문에 이론상 구한 최소 소화 농도에 여유율을 더해 최소 설계 농도를 구한다. 일반적인 이산화탄소의 최소 설계 농도는 34볼륨 퍼센트 정도다. 이때 구한 이산화탄소의 양을 기준으로 규격화된 저장 단위인 용기의 수를 구할 수 있다.

이산화탄소 소화약제는 1920년대부터 할론 소화약제가 고정 설비용으로 개발되어 적용된 1960년대까지 거의 유일한 기체 소화약제로, 자체적으로 산소를 발생하는 일부 산화성 물질을 제외한 거의 모든 가연물의 화재를 진압할 수 있는 소화약제로 알려졌다.

이산화탄소의 소화 효과와 한계

소화약제로서 이산화탄소는 물과 비교할 때 소화 이후 오염과 손상이 없어서 통신 기기, 전산 기기, 변전실과 같은 전기 설비나 미술관, 도서관 등에 적합하다. 또 겨울철에도 동결하지 않고 자체 증기압으로 방출되어 별도의 동력원이 필요 없는 장점이 있다.

주로 질식 소화의 원리로 작용하는 이산화탄소는 재가 남는 가연물의 화재나 유류 화재, 전기 화재에 모두 적응성이 있지만 실제로는 기체 상태로 분사되기 때문에 밀폐되지 않은 공간의 재가 남는 가연물 화재에서는 그다지 유효하지 않다. 또 연소 현상의 열 자체를 낮추는 역할이 너무 미미해 표면 화재에는 적응성이 있지만 심부 화재에는 긴 시간 동안 농도를 유지하지 못할 경우 재발화의 가능성이 있다는 단점이 있다. 성분 자체에 산소가 포함된 폭발물 같은 물질이나 이산화탄소와 반응성이 큰 나트륨, 칼륨, 마그네슘과 같은 금속, 금속 수소화물 등의 화재에도 부적합하다.

소화약제로서 이산화탄소의 가장 큰 단점은 인체에 끼치는 위험성이다. 이산화탄소 자체의 독성은 무시할 만한 수준이지만 밀폐된 공간에서 방출 시 이산화탄소에 의해 산소 농도가 희박해지는 위험성이 있기 때문이다. 따라서 여러 나라의 이산화탄소 약제 사용 시설에 대한 기준에는 건축물에 설치된 이산화탄소 소화 설비가 작동하는 실내 주변에는 이산화탄소 방출 구역임을 안내하고 출입을 금지하는 표지 등을 부착해야 하는 항목이 공통적으로 있다. 또 방출 전에는 음향으로 피난하라고 알리는 것 역시 공통으로 규정하고 있다.

3장

분말 소화약제

탄산수소나트륨

제빵사들에 의해 발견된 소화 성능

빵은 인간이 만든 가장 오래된 음식 중 하나다. 발효 과정을 거친 빵은 발효하지 않은 빵에 비해 부드럽고 독특한 풍미가 있다. 고대부터 빵을 반죽할 때는 발효를 일으키는 재료로 야생에서 쉽게 구할 수 있는 '이스트$_{yeast}$'라는 효모균을 이용해 왔다. 이스트는 '끓는다'는 의미의 고대 영어 단어 'gyst'에서 유래했는데, 이는 대기 중에서 산소로 호흡하며 세포를 증식하는 균류를 일컫는다. 그런데 이 균류는 산소가 부족하면 증식하지 않고 당분을 알코올과 이산화탄소로 분해하는 특이한 작용을 했다. 산소가 부족한 밀가루 반죽 속에서 이스트는 당분을 알코올과 이산화탄소로 분해해 빵 반죽을 부풀게 하고, 부풀어 오른 반죽을 구워 만든 빵은 부드럽고 풍미가 남았다.

볶은 맥아를 끓인 죽에 이스트를 넣으면 역시 당분을 분해해서 알코올과 탄산을 물에 녹게 한다. 이렇게 만들어진 술이 바로 맥주다. 이처럼 이스트는 술과 빵을 발효시키는 데 필수 첨가물이었지만 발효 작용이 생물학적으로 이루어지는 탓에 긴 시간이 걸리고, 살아 있는 균류이므로 사용과 보관이 어려운 단점이 있었다.

19세기에 갑자기 등장한 탄산수소나트륨 즉 베이킹소다와 이를 개량한 베이킹파우더는 짧은 시간에 이스트와 같이 빵과 술을 발효시키는 획기적인 화학 물질이다. 베이킹소다는 시간을 단축할 수 있는 엄청난 이점으로 몇 번의 개선을 거치며 빠르게 이스트의 자리를 대체해 갔다. 베이킹소다가 이처럼 상업적으로 성공할 수 있었던 데에는 그 이전에 몇 가지 발견과 발명이 큰 역할을 했다.

18세기 말 재정이 악화된 프랑스는 섬유 공업에 의존했기 때문에 섬유를 표백하기 위해선 탄산나트륨이 대량으로 필요했다. 정제된 탄산나트륨은 흰색 금으로 불릴 정도로 희소했다. 따라서 섬유의 표백에는 주로 식물 재료의 재에서 나온 알칼리염을 사용했다. 탄산나트륨의 국가적 수요가 있던 그 무렵 프랑스과학아카데미는 소금과 탄산나트륨 간의 상관관계를 알고 있었지만 소금으로 탄산나트륨을 만드는 구체적 방법은 알지 못했다. 이를 해결하기 위해 프랑스과학아카데미는 소금으로 탄산나트륨을 만드는 구체적 공정을 개발하는 사람에게 포상을 하겠다고 공언했다.

1791년 프랑스의 화학자 니콜라 르블랑 Nicolas Leblanc은 소금과 황산을 섞어 황산나트륨과 염산을 만들고, 황산나트륨을 목탄으로 가열하며 석회석을 첨가하는 방법으로 정제 탄산나트륨을 얻는 '르블랑 공정'을 개발했다. 하지만 혁명 중이던 국가의 사정으로 인해 포상을 받지 못한 르블랑은 자신이 개발한 공정에 대한 독점권을 부여받지만 그마저도 국가로부터 몰수당하고 결국 자살을 택하는 비운의 삶을 살았다. 저렴한 재료로 탄산나트륨(Na_2CO_3)을 합성하는 르블랑 공정 덕분에 이후 50년 동안 비누, 유리, 종이, 조미료의 제조에 원료 및 반응제로 쓰이는 탄산나트륨을 대량 생산할 수 있게 되었다.

미국 뉴욕의 오스틴 처치Austin Church는 1839년 탄산나트륨을 가열하는 간단한 방법으로 대량의 탄산수소나트륨을 생산해 판매하는 사업을 구상했다. 그는 탄산수소나트륨이 빵을 부풀게 하는 것 외에도 제습, 청소 등 다양한 용도에 적합하다는 사실을 알고 있었다. 처치는 매제인 화학자 존 드와이트John Dwight와 탄산수소나트륨을 상업화하기 위한 준비를 시작했다.

처치와 드와이트는 1847년 '존 드와이트 앤드 컴퍼니John Dwight and Company'를 설립하고 제빵, 청소, 제산제, 흡습제 등 다양한 용도로 사용할 수 있으며 인체에 무해한 이 가루를 '카우Cow'라는 브랜드로 판매했다. 1865년 오스틴 처치는 회사에서 독립해 '처치Church'라는 자기 이름으로 회사를 설립하고 1867년 은퇴했다. 사업은 처치의 두 아들이 이어 갔다. 당시 아들 제임스가 운영하던 사업체는 로마의 신 벌컨Vulcan에서 이름을 딴 '벌컨 스파이스 밀스Vulcan Spice Mills'로, 벌컨은 고대 그리스 신화에서 불과 대장간의 신인 헤파이스토스에 해당한다. 처치를 운영하게 된 제임스는 탄산수소나트륨인 베이킹소다에 벌컨의 이미지를 넣기로 하고 망치를 든 팔로 형상화한 로고를 붙여 '암 앤드 해머 베이킹소다Arm and Hammer Baking Soda'라는 제품명으로 판매했다.

베이킹파우더는 베이킹소다와는 엄연히 다르다. 베이킹파우더는 1843년 영국의 화학자 알프레드 버드Alfred Bird가 이스트와 계란에 알레르기가 있는 아내를 위해 제빵을 염두에 두고 탄산수소나트륨을 주성분으로 해서 타르타르 크림이라 불리던 탄산수소칼륨(주석산) 분말과 전분을 섞어 만든 물질이다.

베이킹소다와 베이킹파우더의 공통된 주성분은 탄산수소나트륨이다. 이 탄산수소나트륨은 이스트로 오랜 시간 반죽을 발효한 것과 유사하게 열 반응 시 이산화탄소와 물을 생성해 빵이나 케이크를 부풀게 하는 작용을 했다. 더구나 이스트처럼 보관 및 사용이 어렵지 않고 기다릴 필요도 없었다. 반죽에 티스푼 정도의 양만 넣고 바로 오븐에서 빵을 구울 수 있어서 시간과 노동력을 절감해 주었다.

탄산수소나트륨은 제빵 이외에 다른 용도에도 사용할 만한 장점이 있었다. 미세 분말 상태의 탄산수소나트륨은 흡착력과 연마력이

ⓒ Wuselig/CC BY SA

1870년대 로고가 사용된 암 앤드 해머 전단지.

있어서 청소나 살균 등 다양한 용도로 사용 가능해 급속도로 보급되었다. 베이킹파우더는 불을 끄는 작용도 있었는데, 이 성질은 제빵을 업으로 하던 사람들 사이에서 이미 잘 알려져 있었다.

탄산수소나트륨 소화약제

베이킹소다나 베이킹파우더는 물로는 끄기 어려운 지방질에 붙은 불을 끄는 데 특히 효과적이었다. 이는 탄산수소나트륨의 Na^+ 이온이 지방산과 결합하여 알코올과 산의 알칼리염이 되는 비누화 현상 때문이다. 탄산수소나트륨과 반응한 기름이 비누처럼 변하는 비누화 현상Saponification은 불이 붙은 표면에서 형성되는 고체가 연소 현상에 산소 공급을 차단하는 질식 효과를 발생시켰다. 지방질이 타는 화재에 특효인 탄산수소나트륨은 소화약제로서 주목받았지만 분말 상태의 특성상 흡습성이 강하다는 치명적 단점이 있었다. 밀폐가 잘 안 되는 용기에 담아 놓으면 얼마 지나지 않아 분말이 굳어 덩어리가 되는 것이었다. 이런 보관의 어려움은 소화약제로서 활용에 가장 큰 장애 요인이었다.

초기의 분말 소화 기구는 베이킹파우더 분말을 튜브 형태의 용기에 담은 것들인데 굳어 버리는 단점 때문에 베이킹파우더의 활용은 번번이 실패했다. 이런 이유로 탄산수소나트륨은 분말 자체를 소화약제로 활용하는 대신에 소다산 소화기에서 수용액 형태로 먼저 사용되었다. 소다산 소화기의 일반적 구조는 밀폐된 외부 용기와 내부 용기가 있는 이중 형태로 외부 용기에는 탄산수소나트륨 수용액이, 내부 용기에는 황산이 서로 분리되어 있었다. 이 소화 기구는 내부 용기를 파괴하는 등의 방법으로 분리되어 저장된 황산과 탄산수소나트륨 수용액을 반응시켜 사용하는데, 밀폐된 용기 안에서 둘이 반응하면 이산화탄소가 발생하는 압력으로 내부의 소화약제를 분사하는 원리였다.

탄산수소나트륨 자체를 분말 소화약제로 사용하기 위해서는 무엇보다 이 흡습성을 극복하는 것이 선결 과제였다. 1920년대 들어 미국의 '듀가스 엔지니어링Dugas Engineering'은 탄산수소나트륨에 스테아린산마그네슘을 첨가해 분말의 흡습성을 막고 뭉치지 않도록 처리한 분말 소화기를 제조해서 판매했다. 금속 이온과 결합한 스테아린산은 긴 사슬구조와 소수성疏水性으로 물에 녹지 않는 성질이 있었다.

듀가스 엔지니어링의 초기 산업용 소화기는 두 개의 금속 용기로 구성되어 있었다. 용기 하나에는 흡습 방지 처리를 한 분말 소화약제가, 다른 용기에는 액화 이산화탄소가 들어 있었다. 이 이산화탄소 용기의 밸브를 조작하면 이산화탄소의 압력이 관으로 연결된 다른 용기의 분말 소화약제를 밀어내는 방식으로 작동했다. 예전의 가압식 소화기 원리처럼 작동했는데, 주로 공장과 같은 산업 현장에서 사용할 목적으로 크게 만들어서 소화 기구에 별도의 바퀴가 달려 있었다.

이후 분말 소화약제의 흡습성 문제를 해결하기 위해 금속류 스테아린산을 첨가하는 방법이 일반화되었다. 단적인 예로 당시 소화 기구처럼 안전에 관련된 모든 제품은 미국 내 안전 규격 개발 기관인 '미국 보험업자 안전시험소Underwriters Laboratories' 즉 UL의 검사와 시험을 거치고 나서 일정한 기준을 충족했다는 UL 인증을 받아야 했다. 1950년경 UL에 등재된 모든 분말 소화약제를 사용하는 소화기에는 금속류 스테아린산이 첨가되어 있었다.

1940년대 이후 분말 소화약제는 제조 기술의 발달로 입자가 훨씬 미세해졌다. 이에 따라 미세 분말의 특성을 반영해서 노즐과 같은 장치도 부분적인 개선이 이루어졌다.

이 결과를 이끌어 낸 대표적 인물인 아서 기즈Arthur B. Guise는 연소의 자유 라디칼 이론을 제시한 사람으로, 소방 엔지니어 단체인 'SFPEThe Society of Fire Protection Engineers'에서 소방 공학의 과학 및 기술 발전에 탁월한 업적을 기려 수여하는 아서 기즈 메달Arthur B. Guise Medal의 기원이 된 인물이기도 하다.

기즈는 1945년 분말 소화약제 소화 기구의 디자인을 결정하기 위한 실험을 수행했다. 실험의 내용은 표준화된 조건 아래에서 소화 기구 조작에 숙련자군과 비숙련자군을 나눠 소화기 사용 능력을 비교하는 것이었다. 소화 기구가 우수하다면 당연히 비숙련자가 사용해도 효과적이어야 했다. 실험 결과 빠른 유속으로 적은 양의 약제가 방출되는 유형의 소화기가 느린 유속으로 많은 양의 약제를 방출하는 유형의 소화기보다 효과적이라는 것이 입증되었다. 실험 결과는 분말 소화기의 기능적 디자인을 어느 정도 규격화했다.

분말 소화약제는 1950년대 들어서 사람이 휴대할 수 있는 소화기뿐 아니라 건축물에 설치된 고정 소방 시설의 약제로도 사용되었다. 분말 소화약제는 압축된 공기와 함께 배관을 이동할 때는 유체의 특성을 띠지만 굴절부인 T와 L 배관에서는 기체와 분말이 나뉘는 특수한 움직임과 특성이 있었다. 이에 따라 분말 소화약제를 사용하는 건축물의 고정 소화 설비가 활성화된 1950년대 중반부터는 분말 소화약제의 배관 속 특수한 운동 특성을 연구하고 시험하며 개선책이 발굴되는 과정을 거치며 현재에 이르렀다.

탄산수소칼륨

1차, 2차 세계대전을 거치며 화석 연료를 에너지원으로 하는 내연기관 동력 장치의 비약적 발전이 이루어졌다. 특히 2차 세계대전을 치르며 군사적, 상업적 잠재력이 주목받으며 눈부신 기술 발전이 있었던 항공기를 활용하기 위해 다양하고 구체적인 방법이 마련되기 시작했다. 그 중 화석 연료를 가득 실은 항공기 사고와 항공기에서 누출된 연료로 인한 화재에 대응하는 방안을 마련하는 것은 고가의 항공기와 부속 시설을 위해 고려해야 할 가장 중요한 문제 중 하나였다. 액체 화석 연료는 그동안 인간이 경험하던 화재와는 전혀 다른 양상의 화재를 일으키는 가연물이었기 때문이다. 비중이 작은 화석 연료로 인한 화재는 물을 뿌려도 잘 꺼지지 않았고 심지어 불이 붙은 채 물 위를 떠다니며 화재를 옮겼다. 이런 유류 화재의 특성에 맞게 1904년 러시아의 알렉산드르 로란Aleksandr G. Loran이 거품으로 질식하는 소화 방법을 고안했고 이는 널리 전파되었다.

유면을 형성하는 항공기 연료로 인한 화재는 거품을 이용한다는 소화 방법이 있었지만 항공기 자체와 공항, 항공모함 등 복잡한 형상의 구조물은 거품을 적용하기 마땅치 않아 별도의 대책이 필요했다. 미 해군은 중요 전략 자산인 항공모함의 안정적 운용을 위해 항공기와 시설물, 유류가 복합적으로 관련되는 유형의 화재에 대응하기 위해 방법을 강구하기 시작했다. 연료 화재는 유면을 두꺼운 거품 층으로 덮을 수 있는 단백질 계열의 거품 소화약제를 사용하고, 비행기 동체처럼 잔해가 무질서하게 적층된 입체적 구조의 가연물 화재는 탄산수소나트륨 계열의 분말 소화약제를 혼용하는 방안이 초기에 고려되었다. 그러나 두 약제를 혼합해서 사용하는 실험에서 건조 분말약제의 화학적 성질이 단백질 거품을 파괴하는 예상치 못한 결과가 나왔다.

미 해군연구소Naval Research Laboratory(NRL)는 이 문제를 해결하기 위해 1959년 소화 효과가 우수하고 거품과 혼용이 가능한 화학 분말 소화약제를 찾기 위한 조사와 연구를 실시했다. 실험 중 기존의 소화약제 주성분인 탄산수소나트륨의 나트륨을 보다 반응성이 강한 칼륨 이온으로 대체했을 때 불꽃 억제 효과가 두 배 증가하는 것을 발견하고 탄산수소칼륨($KHCO_3$)을 주원료로 사용한 분말 소화약제를 만들었다. 이 분말 약제에는 퍼플KPurple K Powder(PKP)라는 이름이 붙었다. 원료 중 칼륨 성분이 진압 장소에서 불꽃 반응을 할 때 띠는 특유의 연보라색과 칼륨의 원소기호인 K를 합성한 이름이다. 많은 민간 업체도 참여한 이 연구에서 퍼플K 분말은 화재 현장에서 거품과 혼용성을 더 높이기 위해 특수 코팅 처리가 되었다.

연구를 통해 최종 발명된 퍼플K는 나트륨보다 두 배 정도 반응성이 큰 물질인 칼륨을 주원료로 사용함으로써 탄산수소나트륨의 두 배, 이산화탄소의 네 배 정도 뛰어난 소화 능력을 갖췄다. 퍼플K는 유류 화재인 B급에 효과적이고 전기 화재인 C급 화재에서도 적응성이 있는 것으로 평가받았다. 그러나 퍼플K는 탄산수소나트륨과 비교할 때 일반적인 유류 화재에서는 두 배 뛰어난 소화 능력을 보이지만 주방에서 주로 쓰이는 조리용 기름이나 지방질의 화재에는 비누화 반응이 일어나는 탄산수소나트륨보다 소화 능력이 떨어지는 것으로 드러났다. 퍼플K는 공항에서 발생하는 화재 사고의 소화약제로

NFPA에서 인정하면서 인화성 액체 화재에 특화된 물질로 자리 잡았다. 이후 미 해군 전체에서 사용되다가 미국 전역의 산업용 소화약제로 퍼져 나갔다.

인산암모늄

탄산수소나트륨, 탄산수소칼륨을 주성분으로 하는 분말 소화약제는 유류 화재와 전기 화재에 적응성이 있었지만 목재와 같이 재가 남는 물질에서는 그다지 효과적이지 않았다. 일반적인 화재는 소화 후에도 가연물 자체가 뜨거운 상태로 남아 있어 재발화의 가능성이 있었기 때문이다.

미국산림청United States Forest Service에서는 도로망이 부족한 야생 상태의 산림 화재에 대응하기 위해 항공기를 사용해 화재 진압을 하는 여러 방안을 놓고 직접 실험을 했다. 항공기에 물을 실어 화재 장소 인근에서 투하하는 전통적 방법은 실험 결과 우듬지와 개활지에서는 효과적이지만 나무 윗부분에 가려져 물이 도달하지 못하는 나무 아랫부분이나 산림 화재의 중요 소화 대상인 관목, 표면적이 넓어 화재를 빠르게 옮기는 덤불에서 난 화재에는 효과적이지 않은 것으로 밝혀졌다. 더구나 산림 화재는 넓은 영역에서 일어나는 데 비해 항공기

© Clker-Free-Vector-Images/CC 0 SA
미국 농무부 산하 정부 기관인 산림청 로고.

로 한 번에 운송할 수 있는 물의 양은 턱없이 적었다. 물을 뿌려 불이 붙은 나무의 불꽃이 사라지게 해도 주변의 복사열과 이미 뜨거워진 가연물 자체의 열로 인해 재발화하는 난제가 있었던 것이다.

이 문제를 고심하던 산림청은 항공기에 물 대신 적재할 소화약제를 찾았고, 사용 후 비료로 쓰이는 인과 질소로 분해되는 안정적 물질인 인산암모늄이 물을 대체할 소화약제 후보로 선정되었다. 실험 결과 인산암모늄은 비교적 적은 양으로도 화재가 진압되었고, 진압된 화재 장소를 점검하는 과정에서 불이 꺼진 가연물 표면에 유리질의 코팅이 형성되는 것을 발견했다. 이 코팅은 불이 꺼진 숲에서 재발화되는 것을 막았다.

인산암모늄의 주된 소화 원리는 연소의 연쇄 반응을 중단시키는 부촉매 효과다. 분말이 불꽃에 닿아 열분해되면서 성분 중 NH_4^+가 자유 라디칼로 떨어져 나오는데, 이들이 화재의 연쇄 반응에 필요한 O^{-2}, OH^-에 먼저 반응해 연소 현상을 이어 갈 수 있는 활성화 에너지 수준을 높여 연쇄 반응을 저지했다.

인산암모늄의 작용은 여기에서 그치지 않는다. 해당 물질은 화재 장소에서 열분해되는 온도에 따라 인산과 결합하는 물 분자 수에 의해 열에 불안정한 물질인 메타인산, 피로인산, 오르토인산으로 변하게 되는데, 이 중 오르토인산은 나무나 종이 같은 섬유질에서 탈수 작용을 하고 메타인산은 물질의 표면에 유리질의 피막을 입힌다. 이 생성물은 가연물을 난연화難燃化시키고 산소 공급을 차단해 재발화를 막는 효과가 있음이 확인되었다. 인산암모늄이 탄산수소나트륨, 탄산수소칼륨 같은 분말 소화약제와 달리 재가 남는 A급 화재에도 효과적인 이유가 여기에 있다.

인산암모늄 분말은 이처럼 재가 남는 가연물 화재인 A급과 유류 화재인 B급, 전기 화재인 C급 화재 모두에 적응성이 있어서 ABC급 소화약제로 불린다. 그러나 이런 장점에도 불구하고 초기에는 소화 약제의 가격이 너무 비싼 데다가 유동성이 커서 바람에 날아가는 등 분말 형태 약제를 목표물에 정확히 닿게 하는 방법이 마땅치 않아 산림청에서 적극적으로 활용하지 않았다. 산림 화재뿐 아니라 일반 건축물 화재의 방어에서도 많은 양의 분말 소화약제를 사용하는 것보다 물이 나오는 스프링클러 설비를 설치하는 것이 더 간편하고 비용이 적게 들어서 소화약제로 인산암모늄을 사용하는 경우는 흔하지 않았다.

하지만 분말에 금속 스테아린산을 첨가해 흡습성을 줄이고 보관성을 높이는 등 약제의 단점이 보완되고 외부 용기의 기밀성과 사용 조작성이 더 좋아지는 등 소화 기구의 성능이 개선되면서 1950년대 이후 비교적 저렴한 장점을 가진 인산암모늄 분말 소화기는 소화 기구의 주류가 되어 현재까지 이어지고 있다.

탄산수소칼륨과 요소 반응물 '모넥스'

분말 소화약제는 입자가 작을수록 표면적이 커지고 이에 따라 반응성이 높아져 소화 효과가 증가한다. 반면에 입자가 작아질수록 기류의 영향을 더 많이 받아 도달 거리가 짧아지고 방습 가공을 하기 어려워지는 등 서로 상충하는 조건이 있다. 우리나라 소화약제 분류 체계에서 1종 탄산나트륨, 2종 탄산수소칼륨, 3종 인산이수소암모늄 다음에 개발된 4종 분말 소화약제는 이런 점을 극복해 도달 거리와 소화 효과를 모두 개선한 소화약제로서 화학 회사인 'ICI Imperial Chemical Industries'에서 처음 만들었다. ICI는 런던에 본사를 둔 영국의 가장 큰 화학 회사로 미국의 듀폰Dupont, 독일의 이게파르벤IG Farben과 경쟁하며 플라스틱, 페인트 등의 화학 제품을 생산하는 기업이다.

영국의 화학자이자 발명가인 제임스 버챌James D. Birchall은 출산 중 어머니가 사망하는 등 불우한 환경에서 성장했다. 그는 14세에 학업을 중단하고 지역 회사인 '섯클리프 스피크먼Sutcliffe Speakman'의 부속 연구소에서 활성탄과 화염에 관한 연구 조수로 일하다가 1957년 ICI에 입사했다. 버챌은 기존에 진행한 자신의 연구 성과를 토대로 1964년 탄산수소칼륨 소화약제를 개량한 소화약제를 발명하여 '모넥스Monnex'라는 상품명으로 판매했다. 이 공로를 인정받아 버챌은 학위가 없음에도 불구하고 왕립학회 회원이 되었다.(왕립학회 회원 중 대학 학위가 없는 경우는 거의 없다.)

모넥스는 탄산수소칼륨($KHCO_3$)과 요소($CO(NH_2)_2$)를 반응시킨 물질인 칼륨알로파네이트($KC_2N_2H_3O_3$)를 주성분으로 하는 소화약제다. 모넥스의 입자 크기는 적당히 커서 방사 거리가 길고 방습 가공에 적합하여 기류의 영향을 받지 않고 화염에 도달하는 데 유리했다. 모넥스의 입자가 불에 닿으면 열에 의해 미세하게 분리되면서 표면적이 넓어져 반응성이 커진다. 모넥스는 분말 소화약제 중 가장 큰 소화 효과를 가진 것으로 평가받아 지금도 전 세계적으로 널리 쓰이고 있다.

4장

거품 소화약제

최초의 거품 소화약제

최초의 화학 거품 소화기는 1904년 러시아의 알렉산드르 로란이 발명했다. 파리에서 화학을 전공한 로란은 러시아 바쿠(현 아제르바이잔 수도)로 돌아와 화학 교사로 근무했다. 당시 바쿠는 세계에서 사용하는 석유의 5분의 1을 생산하던 러시아 석유 산업의 중심지였다. 초기 석유는 화물 용량의 40퍼센트를 차지하는 증기선 연료인 석탄의 대체제로서, 값비싼 고래기름을 대신해 등불의 연료로도 수요가 급증했다.

바쿠 지역은 지표 부근에 석유가 매장되어 있고 토질이 물러 석유 채굴이 용이했던 곳이다. 다이너마이트를 발명하고 노벨상을 만든 알프레드 노벨Alfred B. Nobel도 이곳에서 형제들과 함께 로스차일드 가문

ⓒ Philip, James Charles/CC 0
20세기 초 세계에서 사용하는 석유의 5분의 1을 생산하던 러시아 석유 산업의 중심지 바쿠의 유정.

  등의 투자를 받아 석유생산주식회사를 설립하고 석유 운송을 위한 파이프라인을 구축하기도 하는 등 바쿠 지방은 석유 산업이 활발했고 그만큼 화재도 잦았다.

  로란은 바쿠 지역의 화재 현장에서 기존의 목재와 같은 것들이 타는 화재와는 질적으로 다른 유류 화재에 소방대가 속수무책인 상황을 지켜보았다. 이를 계기로 그는 유류 화재에 대응할 수 있는 방법을 찾기 시작했다. 어느 날 술집에서 따라 놓은 맥주에 생긴 거품층을 보고 영감을 얻은 로란은 1902년과 1903년 동안 여러 실험을 하며 자신이 고안한 거품을 내는 물질의 소화 성능을 확인하고 1904년 특허를 출원했다.

  로란이 고안한 거품 소화약제의 원리는 탄산수소나트륨과 알루미늄 황산염이 화학 반응을 할 때 생기는 이산화탄소와 끈적끈적한 교질의 생성물을 이용하는 것이었다. 필요할 때 이 반응을 할 수 있도록 만든 소화 기구는 소다산 소화기와 유사하게 만들었다. 방출구를 제외하고 밀폐된 외부 용기에는 중탄산나트륨 수용액이, 외부 용기 속 별도의 내부 용기에는 알루미늄 황산염 수용액이 분리되어 있었다. 사용할 때는 두 물질이 혼합되도록 용기를 뒤집었다. 이때 화학 반응이 시작되면 용기 내부에서 발생한 이산화탄소가 생성물 사이에서 거품을 만들었고, 밀폐 용기에 압력을 높여 교질의 생성물을 분사하게 했다.

로란은 이 발명품의 성능을 입증하기 위해 사람들을 모아 구덩이를 파고 석유나 콜타르를 증류할 때 나오는 가연성 탄화수소 혼합물 액체인 나프타를 채워 넣었다. 그런 다음 구덩이에 불을 붙이고 거품 소화약제 소화 기구로 불을 끄는 시연을 펼쳤다. 시연 결과 거품은 성공적으로 불을 껐고 거품층이 생긴 다음에는 구덩이에 횃불을 던져도 다시 불이 붙지 않았다.

현재 소화용 거품을 만드는 방식은 크게 두 가지로 분류한다. 약제를 별도로 분리해 보관하다가 적정한 농도로 물에 희석하여 공기를 주입하고 거품을 만드는 기계식과 화학 반응을 통해 거품을 만드는 화학식이다. 로란이 처음 만든 발명품은 화학식에 속하는 방식이었다. 로란은 발생한 거품을 더 안정적으로 유지하기 위해 주성분인 탄산수소나트륨과 알루미늄 황산염 외에도 사포닌, 감초 뿌리의 추출물 등 여러 혼합물로 구성된 첨가제를 넣었다.

로란은 미국에서 이 발명에 대한 특허를 취득하고 세인트루이스에 '유레카Eureka'란 회사를 설립하여 동명의 소화기를 생산했다. 그가 회사 이름을 유레카로 정한 것은 맥주잔에 생긴 거품에서 영감을 얻은 날이 바로 1월 6일 주현절Epiphany이었기 때문이다. 이날은 고대 그리스의 아르키메데스가 자기 몸의 부피만큼 욕조 물이 넘치는 것을 보고 물체 부피를 측정하는 데 영감을 얻어 "유레카"를 외친 날로, 이 우연을 기념하기 위해서 회사 이름을 지었다고 전해진다.

소화기는 용도에 따라 다양한 크기로 제작되는 것은 물론 주문자의 요구에 맞춰 생산했다. 지역의 소방대에서 소화기를 주문할 경우에는 생산자를 표기하는 대신 주문한 소방서의 고유 라벨을 붙여서 판매했다. 용기를 뒤집는 대신 마개를 돌려 열 때 약제가 섞이게 하거나, 사람이 들고 다니기 편하도록 긴 끈을 달거나, 대용량으로 만들 경우 긴 호스를 달고 노즐에 잠금 장치를 다는 등 주문자의 다양한 요청에 따라 맞춤 제작되었다.

사용 시점에 두 물질을 섞어 화학 반응으로 거품을 만드는 원리의 이 소화기는 영국에 전파되어 1차 세계대전 무렵까지 사용되었다. 1915년에는 미국에 설립된 '포마이트사Foamite Company'에 의해 소화약제가 대량으로 제조되었는데, 이를 기점으로 거품 소화약제는 건축물 등 구조물에 고정할 수 있는 포泡 소화약제 소방 설비로 이용되기 시작했다.

단백질 거품 소화약제

거품 소화약제의 최초 발명자가 로란이라고 한다면 거품을 잘 만들 수 있는 수용액에 일련의 기계 장치를 통해 공기를 섞어 거품을 만드는, 이른바 기계식 거품 소화약제는 1940년대 2차 세계대전 중 미국의 과학자 퍼시 줄리언Percy L. Julian이 발명했다. 1899년 미국 앨라배마주 몽고메리 출신의 줄리언은 노예 자손으로 태어나 심한 인종차별을 받았지만 열악한 상황에서도 드포대학교와 하버드대학교에서 석사, 박사 학위를 받으며 학업에 열정을 이어 가던 인물이다. 줄리언이 연구 활동을 하던 당시 화학 학계에서는 카페인, 니코틴, 코카인 등 특정 성분이 인체에 여러 작용을 하는 것과 관련된 연구가 활발했다.

줄리언 역시 천연재료에서 인체에 유효한 작용을 하는 물질을 찾으려 했고, 서아프리카 원산지의 칼라바르콩에 있는 특정 성분을 단백질로 합성하고자 했다. 칼라바르콩은 1846년 식물학자 윌리엄 다니엘William F. Daniell이 최초로 학계에 보고하고 이름 붙인 맹독성 식물이다. 서아프리카의 어느 부족은 칼라바르콩을 빻아 만든 즙을 범죄자가 마시도록 해 생존 여부에 따라 죄의 유무를 판단하는 '시련재판試鍊裁判'에 사용하기도 했다. 에딘버러대학교의 식물학 교수인 로버트 크리스틴슨Robert Christinson은 칼라바르콩의 독성 물질을 소량 사용할 경우 근육을 마비시키고, 이를 눈에 넣으면 눈물이 계속 나오게 할 수 있다는 것을 밝혀냈다. 그 후 이 물질은 '피소스티그민 physostigmine'이라는 이름으로 불리며 실명에 이를 수 있는 녹내장을 치료하는 중요 성분으로 사용되기

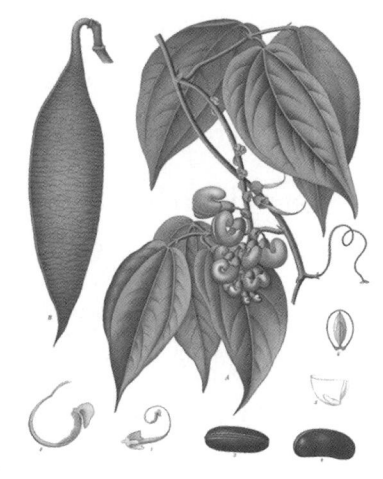

ⓒ List of Koehler Images/CC 0

서아프리카가 원산지인 칼라바르콩. 칼라바르콩의 특정 성분을 추출해 단백질 합성에 이용했다.

도 했다. 줄리언은 칼라바르콩 원재료에서 피소스티그민을 추출하는 것만이 아니라 인공적으로 합성해 만들고자 했고, 이 노력은 1935년에 성공을 거두었다.

이 성공에는 우연한 발견이 큰 영향을 미쳤다. 줄리언은 연구를 진행하던 중 독일의 아돌프 부테난트Adolf Butenandt와 프리드리히 펀홀츠Friedrich Fernholz 등이 속한 과학자 집단에서 콩 단백으로 프로게스테론 호르몬을 제조하는 데 성공한 것을 알았다. 이후 자신도 유사한 실험을 해서 칼라바르콩의 기름과 물을 섞으면 식물성 호르몬인 스티그마스테롤stigmasterol과 스테로이드 결정이 만들어지는 것을 확인했지만 구체적 제법이나 대량 생산을 위한 효율적 방법은 알 수 없었다.

줄리언은 인종차별 때문에 연구를 마치지 못하고 도중에 학계를 떠났고, 당시 미국에서 가장 큰 페인트 업체 '글리든사Glidden Company'에 입사해 부속 연구소에서 일하며 회사에 필요한 연구를 수행했다. 그는 회사 요청에 따라 추운 날씨에도 페인트를 사용할 수 있도록 동결 방지 첨가물로 쓰기 위해 콩에서 추출한 단백질을 분리하는 방안을 연구 개발하고 있었다. 그러던 중 글리든사의 자회사 '더키 페이머스 푸드Durkee Famous Foods' 공장에서 납품받을 예정이던 콩기름 10만 갤런(38만 리터)에 물이 혼입되는 사건이 발생했다. 사고 현장을 살피던 줄리언은 물이 들어간 대두유 탱크에 만들어진 하얀 침전물에서 스티그마스테롤과 유사한 결정을 발견하고, 그 과정에서 대두유에서 호르몬을 분리하는 구체적 방법을 알아냈다.

줄리언은 글리든사에 아예 페인트 생산 대신 콩기름에서 추출한 호르몬인 스티그마스테롤을 생산하는 산업 공정의 변환을 제안했고,

이를 수락한 회사는 미국 최대의 페인트 회사에서 의약품 관련 회사로 변모해 프로게스테론을 생산하기 시작했다. 글리든사가 생산한 프로게스테론은 1940년 제약 회사 업존Upjohn에 의해 피임약으로 시장에 출시되었다. 이후 줄리언은 기존에는 합성할 수 없어서 소의 고환 등에서 직접 추출해 가격이 비쌌던 치료 목적의 코르티손 호르몬을 콩 성분을 활용해 인공으로 합성하고 이를 대량 생산할 수 있는 획기적 발명을 하여 인류사에 지대한 공헌을 했다.

줄리언은 글리든사의 연구소 관리자로 일하며 의약품 외에도 콩 성분을 이용해 동절기에도 얼지 않도록 가정용 페인트에 첨가하는 라텍스를 포함해 여러 유용한 물질을 개발했다. 1940년대에는 콩 단백질로 거품을 만들어 산소를 차단함으로써 유류 화재를 진압할 수 있는 단백질 거품 소화약제를 만들었고 '에어로폼Aero-Foam'이라는 상품명으로 시장에 내놓았다.

에어로폼은 콩 단백 농축 수용액과 공기를 섞는 특수한 노즐을 통해 분사하면 기계적으로 거품이 생기도록 고안된 소화약제다. 콩 단백 농축액은 취급이 쉽고 팽창률이 높으며 사용 후 처리도 경제적이었다. 2차 세계대전 중 이 소화약제에 대한 미 해군의 징발 명령이 있었던 때 글리든사에서는 원자재인 콩 단백 전량을 화재 진압용 거품을 만들기 위해 사용할 정도로 많이 생산했다. 하지만 초기의 에어로폼이 만드는 거품은 고열인 물체에 닿을 때 쉽게 부서지는 한계가 있었다.

고팽창 포

현재 포泡 소화약제는 포 소화약제 수용 원액의 체적과 거품이 되었을 때의 체적을 비교한 팽창비에 따라 거품의 체적이 가장 작은 저팽창 포부터 중팽창 포, 거품의 체적이 가장 큰 고팽창 포로 구분한다. 거품 소화약제는 화재 현장의 공간 구조나 가연물의 종류에 따라 적합한 팽창비를 만들 수 있는 것을 사용해야 한다.

고팽창 포는 투입되는 물의 양이 비교적 적어 운용하기 쉽고 화재 진화 후 물에 의한 피해도 덜한 장점이 있다. 대신에 비교적 좁은 공간에 쓰이는 거품 소화약제다. 일반적으로 원래 체적에서 팽창하는 비율이 100배에서 1000배까지를 고팽창 포로 분류하는데, 이 고팽창 포를 처음 활용하고자 했던 최초의 아이디어는 밀폐 공간인 탄광의 화재에서 탄생했다.

베를린 태생으로 노팅엄대학교에서 물리학을 전공한 허버트 아이즈너Herbert Eisner는 과학자이면서 라디오 극작가 이력도 있는 인물로, 영국 더비셔주 벅스턴에 있는 안전보건연구소Health and Safety Laboratory(HSL) 소장을 역임했다. 아이즈너는 몇 번의 광산 화재를 경험하고 안전보건연구소에서 밀폐 공간에서의 화염과 폭발의 방어에 대한 실험을 해서

ⓒ Ladyprof/CC BY SA

밀폐되고 좁은 공간인 탄광 화재에서 고팽창 포를 처음 활용했던 독일 태생의 허버트 아이즈너.

얻은 연구 성과를 바탕으로 전체 체적이 커지는 거품이 광산 화재에 효과적임을 증명했다. 이 연구 결과를 토대로 1956년 기존의 단백질 기반 포 소화약제를 개량하여 팽창 능력을 월등하게 만들고 실제로 활용하고자 했다.

미국 펜실베이니아 출신의 광산 엔지니어 윌 제이미슨Will B. Jamison은 아이즈너의 연구를 이어받아 2년간 400여 개의 계면 활성제를 화재 진압 용도로 활용하고자 실험했다. 그는 이 과정에서 두 개의 주요 광산에서 발생한 실제 화재에 연구 중이던 소화약제를 적용해 성공적으로 진화함으로써 고팽창 포의 효과를 외부에 입증했다. 제이미슨이 취득한 고팽창 포에 대한 특허는 1964년 '월터 키드 앤드 컴퍼니Walter Kidde & Company'에 인수되었다.

불화단백포

제임스 보이드James Boyd는 가죽과 리벳으로 만들던 기존 소방호스 대신 내부 표면에 고무 코팅을 한 가볍고 새지 않는 면 재질의 소방호스를 발명한 인물이다. 보이드는 1819년 매사추세츠주 보스턴에서 '제임스 보이드 앤드 브라더James Boyd & Brother'라는 회사를 설립해 새로운 소방호스를 상업적으로 판매하기 시작했고, 이후 필라델피아로 회사를 옮겨 소방용 호스뿐 아니라 소화기와 초기 소방차 등도 취급하며 소방용품 제조사로 확장해 나갔다.

석유화학 산업 시대의 여명기에 접어든 1920년대에 보이드는 산업의 엄청난 변화를 감지하고 사업의 방향을 과감하게 돌렸다. 그는 석유화학 산업의 대표 격인 정유 산업과 유류를 사용하는 산업 건축물에서 발생할 수 있는 유류 화재 수요에 대응하기 위해 거품 소화약제에 집중하기로 했다. 이에 따라 회사명을 '내셔널 폼National Foam Inc.'으로 바꾸고 미국 최초로 거품 소화약제를 방출해 유류 화재를 진압할 수 있는 고정 소방 설비와 이 설비에서 사용하는 포 소화약제를 생산했다.

내셔널 폼은 미국 내 소방서 대부분과 미군 및 수만 개의 기업에 소화약제와 시설을 설치할 정도로 번창했다. 관련 기술도 발전시켜 거품 소화약제에 관한 약제의 개선 및 특수 발포 장치와 같은 설비의 개량품을 만드는 등 거품 소화약제 분야에서 미국뿐 아니라 전 세계적으로 선도적인 연구 성과를 내놓으며 기술 고도화에 앞장섰다.

내셔널 폼은 글리든사와는 달리 식물성 콩 단백질 기반의 약제가 아니라 가죽, 발굽, 뿔 등 동물성 단백질을 수산화칼슘 등으로 가수분해한 결과물을 거품 소화약제의 재료로 사용했다. 동물성 단백질은 버려지는 폐기물을 이용할 수 있어 비용이 저렴하고, 고온에서 유류 화재에 대한 내유성과 내화성이 좋으며, 거품이 단단한 장점이 있었다.

이즈음 3M에서 제트엔진의 연료관으로 쓰기 위해 기름과 분리되는 성질의 고무를 개발하던 연구자 패치 오코넬 셔먼Patsy O'Connell Sherman이 개발 중이던 불소계 고무를 연구소 조수의 테니스화에 실수로 쏟는 일이 벌어졌다. 셔먼은 이 사건에서 고무에는 기름과 물을 포함한 여러 용매가 침투되지 않는 성질이 있음을 알아내고 이를 적극적으로 이용해 '스카치가드Scotchgard'라는 방오제防汚劑를 개발했다. 이때 전기 음성도가 큰 불소를 계면 활성제에 결합하면 물보다 기름 성분에서 분리되는 성질이 더 커진다는 사실도 밝혀냈다.

내셔널 폼은 이를 이용해 1965년 거품 소화약제에 불소계 계면 활성제를 사용한 소화약제를 생산했다. 불소를 첨가함으로써 기존의 물과 섞인 소화약제가 만든 단백질 거품의 극성이 더 뚜렷해져 비극성 유체인 유류와 분리되는 성질이 더 커졌다. 유류와 더 잘 분리되는 불화단백포는 유류 표면에서 더 쉽게 퍼져 효율이 좋아졌고, 불이 붙은 유류의 표면 아래에서 소화약제를 주입해도 거품이 기름과 섞이지 않고 올라와 유면에 거품층을 만듦으로써 화재를 진압할 수 있는 장점이 있었다.

수성막포

항공기 화재 목적으로 개발된 수성막포 소화약제

미 해군연구소(NRL)는 해군 전력의 핵심인 항공모함에서 발생하는 항공기 화재를 방어하기 위한 전략을 수립했다. 해군연구소가 마련한 전략은 항공기 잔해와 같이 적층되어 있는 물체에는 분말 소화약제를, 유출되어 면을 형성하는 유류에는 거품 소화약제를 적용하는 것이었다. 분말 소화약제는 나트륨보다 반응성이 두 배 큰 퍼플K를 개발했지만 거품 소화약제의 개발은 쉽지 않았다. 연구의 난제는 기존 단백질 계열의 거품 소화약제가 만든 거품이 탄화수소계 계면 활성제와 접촉하면 거품이 파괴되는 현상이 일어나는 것이었다.

해군연구소는 분말 소화약제인 퍼플K와 혼용할 수 있는 거품 소화약제를 개발하기 위해 해군 소속의 투베R. L. Tuve와 자블론스키E.

ⓒ U.S. NAVY/CC 0

니미츠급 미 항공모함 존 C. 스테니스호 갑판에서 수성막포 소화약제 시스템 테스트 중 노즐을 검사하고 있다.

J. Jablonski를 주축으로 3M 전신인 미네소타 광공업Minnesota Mining and Manufacturing Co.과 시바가이기Ciba-Geigy, 엘프 아토켐Elf Atochem 등 사 기업들도 참여해 합동 연구와 실험을 진행했다. 연구와 실험 결과 탄화수소계 대신에 이를 플루오린화한 계면 활성제를 이용할 경우 분자의 한쪽은 친수성으로 물과 섞이지만, 자유 말단은 비극성 액체와 혼합되지 않는 것을 발견했다. 이들은 이런 성질에 착안해 불소계 계면 활성제를 만들고, 불소계 거품을 개발한 내셔널 폼보다 한발 앞서 1963년에 특허를 출원하여 1965년에 등록했다.

불소계 계면 활성제에 형성된 거품이 터지지 않고 유지될 수 있도록 안정제 등을 첨가해 만든 거품 소화약제에는 '수성막포 소화약제 Aqueous Film Foaming Foam Agents(AFFF)'라는 이름이 붙었다. 수성막포는 실리콘으로 코팅된 분말 소화약제와 혼용성이 좋았고, 담수뿐 아니라 바닷물을 사용해도 성능이 유지될 정도로 범용성이 뛰어났다.

유류 화재를 물로 진압하기 어려운 이유는 비극성이고 인화성인 액체 화석 연료가 물보다 가벼워 화재가 날 경우 물을 분사해도 물 표면 위에 떠서 연소 현상을 계속하기 때문이다. 그런데 수성막포 거품은 물 위에 떠 있는 인화성 액체의 표면을 덮는 것이 가능했다. 이런 특성에 착안해 제조사인 3M에서는 수성막포 소화약제를 '라이트 워터Light Water'라는 상품명으로 판매했다.

뛰어난 성능과 치명적 유해성

불소가 성분으로 들어간 소화약제는 분해될 때 과불화옥탄술폰산Perfluorooctanesulfonic acid(PFOS)과 불소 고분자 물질perfluorooctanoic acid(PFOA)을 남긴다. 두 물질은 탄소화 불소 원자의 강한 화학적 결합 때문에 자연적으로 분해되지 않는 안정적 물질로서 오랜 기간 잔류하는 데다가 인체와 환경에 치명적인 영향을 미친다는 유해성 문제가 제기되었다. 소문으로만 떠돌던 이 문제는 결국 사실로 입증되었다.

2001년 5월 잔류성 유기 오염물질 국제 규제를 위한 스톡홀름 협약이 시작되었고, 2009년 9월 과불화옥탄술폰산(PFOS)은 규제가 필요한 물질군인 B군 목록에 등재되었다. 2015년 7월에는 불소 고분자 물질(PFOA)뿐 아니라 불소 고분자 물질로 변환될 수 있는 화합물 174종 모두 금지 물질로 지정한 고시가 마련되었다.

하지만 불소 화합물은 산업에서 대체할 수 없을 정도로 그 작용이 뛰어나고 치약, 광학렌즈 등 일상생활에서부터 첨단 산업에 이르기까지 그 영향이 미치지 않는 곳이 없을 정도로 쓰임이 넓은 필수 물질이다. 지금도 많은 곳에서 불소 화합물을 대체할 수 있는 물질을 찾기 위해 엄청난 비용과 노력을 들이지만 낮은 유해성과 뛰어난 성능을 모두 만족하는 대체제의 개발은 여전히 난제로 남아 있다.

5장

할론 소화약제

할로겐 원소의 발견

스웨덴의 화학자 칼 빌헬름 셸레Carl Wilhelm Scheele는 최초로 산소를 발견한 사람 중 하나로 알려져 있다. 셸레는 1774년 이산화망간을 함유한 광물과 염산을 반응시켜 염소를 생성하는 데 성공하고, 이 기체에 '플로지스톤화된 옅은 염산으로부터 나온 기체phlogisticated muriatic acid air'라는 이름을 붙였다. 염소를 최초로 발견한 셸레는 여러 실험을 거쳐 기체에 대한 몇 가지 특성을 발견했다.

1808년 영국의 화학자 험프리 데이비Humphry Davy 역시 전기를 이용해 칼륨, 나트륨, 스트론듐, 바륨, 마그네슘 등의 원소를 분리한 데 이어 염소를 분리하는 데에도 성공했다. 데이비는 기체의 성질을 확인하려는 실험을 통해 셸레가 발견한 기체가 화합물이 아니라 원소라는 결론을 내리고 왕립학회에 보고서를 제출했다. 데이비는 녹색 빛이 도는 기체의 색상에 착안해 이 원소에 녹색을 의미하는 그리스어 'χλωρος(chloros)'에서 따와 '클로린Chlorine'이라 명명했다.

1811년 독일의 화학자 요한 슈바이거Johann Schweigger는 이 원소에 붙은 '클로린'이라는 이름 대신 물을 만드는 '하이드로젠hydrogen'이나 산을 만드는 '옥시젠oxygen'처럼 염을 만드는 염소의 이름을 '소금'을 뜻하는 그리스어 '알스als'에 '만든다'는 의미의 '게네인genein'을 합성한 단어 '할로젠Halogen'을 클로린이라는 이름 대신 사용하자고 제안했으나 받아들여지지 않았다. 하지만 이때 나온 '할로젠'이라는 단어는 1826년 스웨덴의 화학자 욘스 야콥 베르셀리우스Jöns Jacob Berzelius의 제안으로 염소와 유사한 성질을 가진 원소인 불소, 브롬, 요오드 등 17족 원소들을 일컫는 단어로 선택돼 지금까지 쓰이고 있다.

초기 할론 소화약제

불연성의 안정적 물질 사염화탄소

할론 소화약제는 할로젠족 원소를 하나 이상 포함한 소화약제다. 화합 물질 중 소화약제로 처음으로 쓰였던 물질은 사염화탄소Carbon Tetachloride(CCl_4)로, 1839년 프랑스의 화학자 앙리 르뇨Henri V. Regnault가 처음 발견하고 합성법을 발명한 것으로 알려져 있다. 사염화탄소는 밀도가 높고 증발성이 있는 불연성의 안정적 물질로 상온에서 액상으로 존재한다. 1900년대 초기에는 사염화탄소의 이런 성질을 이용해 손상되기 쉬운 의류의 지방질 이물질을 세탁할 때 물 대신 유기 용매를 사용하는 드라이클리닝의 용매나 곡물 속 해충이나 곰팡이를 없애기 위한 훈증제로 사용했다.

ⓒ The Electro Creative Workshop/CC BY

2019년 판 클로록스 상표 로고.

전기 사용이 일반화되며 소금을 전기 분해해서 나트륨 금속과 염소 기체를 얻거나, 소금물을 전기 분해하여 수소와 염소 기체를 얻을 수 있는 전해법이 보급되면서 사염화탄소의 주재료 중 하나인 염소를 제조하는 비용이 낮아졌다. 이와 관련해 1913년 5월에 설립된 '일렉트로 알카라인사Electro-Alkaline Company'는 소금과 소금물을 전기 분해해서 얻은 염소와 나트륨을 이용해 차아염소산나트륨 성분의 표백제를 '클로록스Clorox'라는 이름을 붙여 생산하기도 했다. 염소를 쉽게 구할 수 있게 되면서 염소와 이황화탄소를 주원료로 하는 사염화탄소의 제조 비용 또한 덩달아 낮아져 산업에 널리 쓰이기 시작했다.

미국 델라웨어의 '피렌 제조사Pyrene Manufacturing Company'는 사염화탄소가 가진 여러 성질 중 액체 자체가 불이 붙지 않고 연소 불꽃과 반응할 때 불이 꺼지는 것에 주목해 1910년 이 물질을 소화약제로 사용한 소화기의 특허를 취득했다.

화석 에너지를 연료로 사용하는 내연기관 차량은 내연기관의 계속적 행정行程과 전조등같이 전기를 이용하는 부속이 많아 차량에 화재가 날 경우 물로 끄는 것이 곤란했는데, 사염화탄소는 이 같은 특성의 차량 화재에 필요한 소화약제로 적합했다. 사염화탄소는 적은 양으로도 소화 효과가 큰 장점이 있었다. 이런 장점으로 인해 적은 용량의 투척 소화기를 채우던 암모니아, 소금물 등 성능이 낮은 소화약제가 사염화탄소로 대체되었다. 여기에 더해 사염화탄소는 안정적 물질로 보관이 용이했다. 소화약제로서 여러 장점을 지닌 사염화탄소는 피렌사를 위시해 여러 후발 소화 기구 제조사들이 따라 만든 차량용 소화기와 당시 유행했던 투척용 소화 기구의 소화약제로 빠르게 퍼져 나가며 널리 사용되었다.

우리나라에서도 이 약제가 들어간 소화 기구가 일반적으로 쓰였던 때가 있다. 현재 사용하는 국립국어원 표준국어대사전에는 아직까지 소화기를 "불을 끄는 기구. 거품을 내는 것, 사염화탄소 따위를 사용하는 것, 소화탄 따위가 있다"라고 정의하고 있다.

산업용 소화약제로 도입된 메틸브로마이드

1차 세계대전 직전 유럽에서는 이산화탄소보다 유류 화재에 효과적이고 전도성이 없어 전기 화재에도 효과적인 사염화탄소와 농업용 훈증제로 사용되던 또 다른 할로겐 소화약제인 메틸브로마이드methyl bromide(CH_3Br)를 산업용 소화약제로 도입했다. 이 약제는 주로 사람이 들고 다닐 수 있는 소화 기구의 소화약제로 쓰였는데 유럽뿐 아니라 북미 일부에도 널리 보급되었다. 당시에는 사염화탄소와 메틸브로마이드 소화약제가 불을 끄는 원리는 액상의 약제가 불꽃과 반응하며 기화해서 공기보다 무거운 약제의 증기가 지면에 머물며 질식소화를 하는 것이라 여겼다.

프레온의 발명과 위험성

1차 세계대전 직전 미국에서는 전기가 보급되며 가전제품 시장이 성장했다. 당시 냉장고의 냉매로 사용하던 암모니아와 염소는 유독성과 부식성이 문제가 돼 가전제품 제조사들은 대체 냉매로 쓸 물질을 찾는 것이 시급한 문제였다. 1930년대 화학 회사 듀폰이 자금난에 시달리던 자동차 회사 제너럴 모터스(GM)의 주식을 매입해 실질적인 영향력을 행사할 수 있는 상태가 되었다. 듀폰은 GM에 가정용 냉장고의 냉매인 암모니아를 대체할 물질을 개발할 것을 요구했고, GM은 1930년대 미국의 과학자 토머스 미질리Thomas Midgley에게 연구를 의뢰했다.

미질리는 사염화탄소(CCl_4)의 염소를 불소로 치환하는 방법을 시작으로 여러 종류의 염화불화탄소 화합물을 만들고, 염화불화탄소를 의미하는 'CFCchlorofluorocarbon'를 접두사로 하고 뒤에 숫자를 더하는 방법으로 이름을 붙여 물질을 식별했다. 이렇게 개발된 물질을 듀폰은 '프레온Freon'이라는 상품명으로 판매했다. 출시 당시 프레온은 무색, 무취, 불연성일 뿐 아니라 인체 유해성도 적고 안정적이어서 획기적인 물질로 평가받았다. 뛰어난 성능의 프레온은 본래 개발 목적이던 냉장고나 에어컨의 냉매뿐 아니라 발포 기체, 캔 스프레이의 분사제 등 산업 전반에 걸쳐 여러 용도로 사용되었다.

북미와 유럽에서는 프레온 같은 물질을 만들기 위해 여러 할로겐족 원소의 화합물 중 가장 적합한 물질을 찾기 위한 비교 실험과 연구가 활발하게 진행되었다. 연구와 실험에는 소화약제로 이미 사용 중이던 사염화탄소, 브로모메탄(메틸브로마이드)을 대상으로도 실험과 연구가 진행되었다. 그러나 연구 결과 인체에 무해하다고 알려진 것과 달리 사염화탄소와 메틸브로마이드는 모두 인체에 유해한 강력한 독성이 있고 분해되었을 때도 독성이 잔류하는 것으로 드러났다.

특히 사염화탄소는 열분해 시 치명적인 포스겐 가스나 염화수소 가스가 발생한다는 사실이 밝혀졌다. 실제로 그전까지 사염화탄소와 메틸브로마이드를 소화약제로 한 소화 기구의 사용과 관련해 의문의 인명 피해가 많았다. 이 연구 결과는 그들의 사망 원인을 간접적이나마 공식적으로 규명했다.

항공기 소화약제로 채택된 클로로브로모메탄

사염화탄소와 메틸브로마이드의 인체 유해성이 밝혀진 시기를 전후로 2차 세계대전이 발발했다. 두 차례의 대규모 전쟁을 치르는 동안 화석 연료를 사용해 내연기관의 힘으로 움직이는 차량, 비행기, 전함이 전력의 핵심 자산이 되었다. 이 때문에 미국을 포함한 각 국가의 군에서는 핵심 전력을 화재로부터 보호하는 것이 중요 문제로 대두되었다. 인체 유해성을 인지했지만 사염화탄소와 메틸브로마이드는 유류 화재에 대응하는 탁월한 성능 때문에 어쩔 수 없이 이 문제를 해결할 소화약제로 거론되었다.

1920년대 소형 비행기의 엔진 화재를 소화하기 위한 화재 진압 장치에 들어갈 소화약제로 메틸브로마이드를 사용하는 것을 두고 각 나라의 검토가 이루어졌다. 결국 미국의 육군항공대U.S. Army Air Corps에서는 1931년 인체 유해성을 이유로 메틸브로마이드 대신 이산화탄소를 소화약제로 채택했다. 하지만 메틸브로마이드는 사염화탄소보다 인체 유해성은 높지만 소화 능력이 더 높은 것으로 평가받아 영국은 1938년 메틸브로마이드를 항공기 화재 진압에 표준이 되는 소화약제로 채택했고, 2차 세계대전 초기 독일 역시 항공기와 해군 함정의 화재에 대응하기 위한 소화약제로 메틸브로마이드를 채택해 전군에 널리 사용했다.

그러나 전쟁 중 독일 해군에서 메틸브로마이드 중독 사고로 인한 사상자가 발생하는 일이 빈번하게 보고되자, 독일군은 과학자들에게 이 물질을 대체할 수 있고 인체에 덜 유해하면서 경제적인 소화약제를 개발하라고 지시했다. 그 결과 클로로브로메탄chlorobromomethane(CBr_2Cl_2)이 개발되어 바로 전쟁 중인 독일군 비행기, 함정, 차량 등의 소화약제로 적용되었다. 클로로브로메탄은 이후 미국으로도 전파되어 미국 민항항공국이 클로로브로메탄을 1939년과 1941년 사이 항공기 소화약제로 검토했고, 곧이어 미 공군이 항공기 기내 소화 시스템의 약제 및 기내에 비치할 휴대용 소화기의 약제, 공항 발전소의 고정 소화 설비의 약제로 클로로브로메탄을 채택했다.

할론 소화약제의 활용과 호칭

2차 세계대전이 끝날 무렵 미 육군공병대United States Army Corps of Engineers(USACE) 주관으로 듀폰, 3M, 퍼듀대학교, 육군화학센터 외과부 등이 참여하여 모든 기후 조건에서 성능이 균질하고 휴대 가능한 소화 기구를 개발하기 위한 공동 연구가 진행되었다. 이 연구는 독일이 전쟁 중 사용했던 소화약제 클로로브로모메탄을 비롯해 이산화탄소, 사염화탄소 등 과거 사용했거나 당시 사용하고 있는 거의 모든 종류의 소화약제 60여 종을 여러 조건에서 실험하고 비교 분석하는 방법으로 진행하여 1950년에 그 결과가 알려졌다.

연구 과정에서 사염화탄소, 메틸브로마이드, 클로로브로모메탄 등은 할로겐화 탄화수소 Halogenated Hydrocarbon 군으로 분류했다. 그런데 할로겐 화합물을 원소, 분자 이름으로 칭하면 단어의 철자 수가 많아지고 비전문가에게 익숙하지 않은 단점이 있었다. 결국 '할론'을 접두어로 사용하고 해당 할로겐 화합물이 포함하고 있는 탄소와 할로겐족 원소를 순서대로(C, F, Cl, Br, L) 나열해 해당 물질을 포함하고 있는 원소의 수를 다섯 자리 숫자로 표기하는 명명법이 제안되었고 이 방식이 지금까지 쓰이고 있다. 이 명명법에 따르면 앞서 등장했던 사염화탄소는 할론 104, 메틸브로마이드는 할론 1001, 클로로브로모메탄은 할론 1011이 된다.

연구의 결과 연구 대상이던 모든 소화약제 중에 할론 1301인 브로민화 삼플루오린화 메테인bromotrifluoromethane이 사염화탄소와 메틸브로마이드보다 독성이 적고 소화 능력은 좋은 것으로 평가받아 군용 소화약제에 가장 적합한 것으로 보고되었다. 할론 1202인 디브로모디플루오로메탄Dibromodifluoromethane 역시 독성을 제외한 모든 면에서 할론 1301과 동등한 것으로 평가받았다. 할론 1301, 할론 1202 외에도 할론 1211, 할론 2402 이 네 가지 물질의 특성도 보고되었다. 연구 결과의 영향으로 미 육군은 할론 1301을 전투 탱크와 차량 화재에 대비하기 위한 1파운드 미만의 소형 소화 기구의 표준 약제로, 연방항공청에서는 상업용 수송기의 엔진 화재 시스템의 소화약제로 결정했다.

기타 다른 할론 소화약제는 미국과 영국 등 유럽 각국에서 각각 다른 용도의 표준 소화약제로 채택되었다. 예를 들어 할론 1211은 영국군의 군용기와 민항기의 소화약제로 채택되었고, 할론 1202는 미 공군의 군용기 소화약제로 선정되었다. 할론 소화약제 중 할론 2402는 가장 마지막까지 남유럽과 동유럽에서 제한적으로 사용되었다.

할론 소화약제는 유류 화재에 막강한 효과를 발휘하는 장점으로 인해 초기에는 내연기관 차량의 화재에 특화된 소화약제로 미 대륙과 유럽 대륙에서 널리 사용되었다. 1960년대 초 통신, 전기 등의 시설이 늘어난 산업 환경의 변화에 따라 할론 약제를 일시에 방출하는 소화 설비가 최초로 등장하고 상업적으로 이용되기 시작했다. 초기의 할론 소화약제를 방출하는 고정식 설비에는 이산화탄소 고정식 설비의 구성 요소들과 기술이 활용되었다.

1965년에는 제조사 간 연합으로 할론 1301을 일시에 방출할 수 있는 소화 설비의 구체적 사양을 정하기 위한 연구 프로젝트가 시작되었다. 1966년 NFPA에서는 할론 1301을 포함한 할로겐 화합물을 약제로 사용하는 시스템에 대한 표준을 개발하기 위해 기술위원회를 조직했다. 그 결과 1968년에 NFPA 12A-T가 잠정적 표준으로, 1970년에 NFPA 12A가 할론 소화약제의 영구적 설비 표준으로 정립되었다. 유럽에서는 할론 1211을 중심으로 발전했으며 고정식 설비보다는 주로 소화 기구에 사용할 목적으로 기술 진보가 있었다. NFPA에서는 1971년 할론 1301과 유사한 할론 1211 시스템에 대한 표준을 잠정적으로 수립하고, 1972년 NFPA 12B의 번호를 영구적으로 사용하기로 했다.

할론의 전성기와 치명적 위험

산업의 변화로 인한 할론 소화약제의 수요 증가

　20세기 초부터 컴퓨터, 통신 기술 산업 등 최신 기술이 집약된 고가의 기기가 등장하면서 이들 기기에 난 화재를 소화하기 위해 비침습적인 소화약제가 필요했는데, 할론 소화약제의 특성이 바로 이런 새로운 요구에 부합했다.

　미국은 남북전쟁 이후 산업 자본주의 국가로서 정체성을 확립해 나가면서 국가의 기능을 확장하기 위해 1890년대 행정의 근거가 되는 인구조사를 실시했다. 하지만 국토 면적이 넓은 탓에 조사에만 10년 가까이 소요되었고 방대한 수집 자료를 처리하는 데에만 2년이라는 시간이 걸렸다. 이 때문에 막대한 비용이 든 조사는 결과가 나오는 시점에 이미 시의성을 잃어 활용할 수 없었다. 당국은 이 문제를 타개하기 위해 상금을 걸고 해결책을 공모했다.

　1893년 역무원인 독일계 미국인 허먼 홀러리스Herman Hollerith가 천공카드 시스템으로 방대한 데이터를 짧은 시간에 처리하는 방안을 제시했다. 이 방법을 채택하자 인구조사에 걸리는 시간이 4분의 1로 단축되었다. 홀러리스는 자신의 천공카드 시스템에서 상업적 성공 가능성을 보고 1911년 노동자의 출퇴근 기록 카드를 제작한 회사와 정밀 저울을 제조하는 회사 등 네 개 회사를 합병해 전산제표기록회사Computing-Tabulating-Recording Company(CTR)를 설립하고, 기업의 사무 데이터를 천공카드로 가공해 처리할 수 있도록 하는 상품을 판매하기 시작했다. 전산제표기록회사는 1924년 사명을 국제 사무기기 회사International Business Machines Corporation(IBM)로 변경하고 컴퓨터를 개발했다.

1950년대 미국과 소련 간의 냉전 기간 중 핵탄두를 실어 나르기 위해 개발된 대륙간탄도미사일Intercontinental Ballistic Missile(ICBM)과 그로 인한 우주 개발 등에 천공카드를 활용한 컴퓨터 기술이 적극적으로 쓰이며 비약적인 발전을 하고 산업 전반으로 퍼져 나갔다. 이로써 기업들은 회계와 통계 등 방대하고 복잡한 계산에 새로 등장한 컴퓨터를 적용하기 시작했다.

컴퓨터 기술이 발전하며 사람 간 음성 대화만 이어주던 전화 위주의 통신 기술이 1950년대 컴퓨터와 단말기, 컴퓨터와 컴퓨터끼리 통신을 할 수 있도록 진화했으며 통신 장비 역시 한 공간에 집약되었다. 1960년대 들어서며 컴퓨터 자체도 고가의 장비였지만 컴퓨터가 처리하고 보관하는 정보의 가치가 커져 컴퓨터와 통신 설비 등 전산기기 자체와 그 기기가 모여 있는 장소를 화재로부터 보호해야 하는 수요 역시 커졌다.

세계대전과 냉전을 거치며 세계 여러 나라는 자국의 국력과 정체성을 과시하고 싶어 했다. 이전까지 각 나라의 박물관은 예술품 등을 보관하기 위한 기능에 초점을 맞추었지만 이제 소장품을 대외에 전시하는 기능이 점점 강조되었다. 박물관에 보관된 소장품은 유일무이한 것들인 데다가 전시 목적이어서 화재와 같은 외부 위험에 노출되는 문제가 있었다. 따라서 박물관의 소장품을 전시하기 위해서는 화재를 포함한 여러 위험 요소를 통제 범위에 두어야 했다.

당시 상용화되기 시작했던 고정식 소화 설비인 스프링클러는 화재를 진압할 수 있지만 분사된 물이 소장품을 영구적으로 손상시킬 우려가 있었다. 이산화탄소 소화약제 방출 설비는 당시 기술로는 느리게 방출되는 경향이 있어 빠른 시간에 화재를 진압하기 어려워 부적합했고, 설비가 가동될 때 주변에 있는 사람들이 위험해질 수 있는 문제가 있었다. 결국 박물관과 같은 특수 유형의 화재에도 아직 인체나 환경 유해성이 밝혀지지 않았던 소화약제인 할론 소화약제가 적합하다고 여겨졌다.

할론은 기본적으로 지방족 탄화수소인 메탄과 에탄의 수소 원자 전부 또는 일부가 할로겐 원소로 치환된 화합물이다. 할로겐족 원소는 전기 음성도가 큰 물질로서 연료로 사용되는 메탄이나 에탄과는 달리 이미 분자의 탄소가 산화된 상태여서 불연성이며 잘 분해되지 않는다. 또 할론은 분자 자체의 결합은 강하지만 분자 간 결합력이 약해 대기 중에서 쉽게 기화된다. 따라서 연소 현상을 중단하고 나면 잔여물이 남지 않는 물성이 있어서 보관 중인 물건을 훼손하지 않는 장점 역시 박물관 소장품을 화재로부터 보호해야 할 목적에 부합했다.

현재까지 알려진 할론 소화약제의 소화 원리는 부촉매 효과다. 연소는 화학 반응으로 열분해된 물체의 가연물질에서 나오는 수소기(-H)와 수산기(-OH) 같은 전달체가 연소 반응을 연쇄적으로 만드는 것이다. 할론 소화약제는 연소 공간에서 열에 의해 할로겐이 유리되며 할론 원소의 라디칼이 연소 반응에서 생성되는 라디칼과 먼저 반응해서 연쇄 반응을 억제한다. 결과적으로 할론 소화약제는 연소 반응을 지속하는 활성화 에너지의 수준을 높임으로써 부촉매 역할을 하게 된다. 할론 소화약제는 소화 성능이 뛰어나며 화재 진압 후 현장이 깨끗하고 중요 물품에 손상을 남기지 않는 것으로 각광받았고,

산업의 중요 시설에 화재 대응 설비의 약제이자 소화 기구의 약제로 널리 쓰였다.

환경에 유해한 할론 소화약제

네덜란드의 대기 화학자 파울 크뤼천Paul J. Crutzen은 인간의 활동으로 인한 지구의 대기 변화와 그 변화가 인간에게 미치는 영향 간의 상관관계를 주로 연구했다. 크뤼천은 1970년 질소산화물이 성층권에 있는 오존을 연쇄적으로 파괴한다는 내용의 논문을 발표한 후 1973년에는 이 연구를 더 심화해 캘리포니아대학교의 셔우드 롤런드F. Sherwood Rowland, 마리아 몰리나Maria Molina 박사와 함께 염화불화탄소(CFCs)가 오존층을 파괴한다는 논문을 발표했다. 때마침 남극에서 오존층을 관측하던 영국에 의해 남극의 오존층이 파괴되고 있는 것이 사실로 확인되었다. 1985년 영국의 과학자들은 오존층에 구멍이 생긴 사실을 《네이처》에 공식 발표했다.

이 사실은 전 세계에 큰 충격을 주었다. 스웨덴은 1978년 1월 29일 세계 최초로 염화불화탄소 물질을 사용한 에어로졸 스프레이의 사용을 금지했다. 그러나 스웨덴을 제외하고 염화불화탄소를 산업의 중요 물질로 사용하던 미국과 대부분의 유럽 국가는 셔우드 롤런드 등의

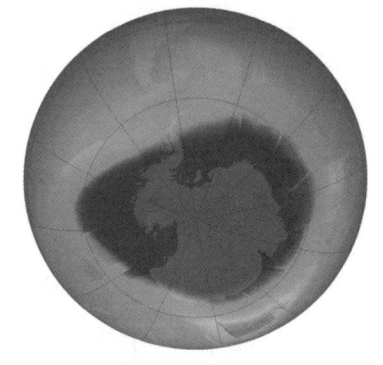

ⓒ NASA Goddard Space Flight Center/CC BY
2009년 남극 오존층 구멍 이미지.

연구 결과를 과학적 근거가 빈약하다는 이유로 받아들이지 않았다. 1985년 미국의 기상 위성 님부스Nimbus 7호의 시점으로 촬영된 사진에서 남극의 오존 상태는 심각했다. 세계 각국은 오존 파괴 정도를 직관적으로 보여 주는 위성 사진이 널리 퍼진 것을 계기로 사태의 심각성과 위험성을 인지하며 비로소 적극적인 행동에 들어갔다. 프레온 가스로 대표되는 염화불화탄소가 오존층을 파괴하는 것을 규명한 공로를 인정받아 셔우스 외 세 명은 노벨 화학상을 받았다.

염화불화탄소 물질이 오존을 파괴하는 과정은 다음과 같다. 오존층은 성층권에 해당하는 곳에 위치해 있다. 성층권의 오존이나 산소 분자가 강렬한 자외선에 노출되면 산소 원자로 분리되는데, 이때 산소 원자와 분리되지 않은 산소 분자가 결합하면 다시 오존으로 돌아간다. 이 때문에 오존층은 일부 파괴되더라도 어느 정도 시간이 지나면 복원되는 성질이 있다.

하지만 할론 소화약제를 포함해 염화불화탄소의 할로겐화된 분자들은 안정적 성질이 있으면서도 공기보다 가벼워 화학적 변화 없이 성층권까지 도달한다. 성층권에 도달한 할로겐화된 분자들은 강렬한 태양 자외선에 의해 할로겐족 원소로 분리된다. 이때 반응성이 강한 할로겐족 원소는 성층권에 머물면서 오존의 산소 원자와 반복적으로 반응해 대량의 오존을 산소로 만들어 버리는 작용을 한다. 예를 들면 염소는 오존과 반응해 일산화염소가 되어 오존을 산소로 만들고 난 뒤 다시 산소 원자와 결합해 염소와 산소 분자(O_2)로 분해되는 반응을 반복한다. 이처럼 한 개의 염소 분자가 수천에서 수십만 개의 오존 분자와 반응해 산소로 만드는 촉매로서 기능한다.

할로겐족 원소는 구름이 된 상태에서 자외선을 받을 경우 더 활발하게 분리되는 성질이 있다. 그런데 차가운 극지방의 성층권은 보통 영하 80도 이하로 온도가 낮은 상태여서 대기 중 물질이 응결되어 항상 구름이 생긴다. 이 때문에 북극과 남극 지방의 오존층 파괴가 다른 지역보다 그 정도가 심했고, 그 중에서도 온도가 더 낮은 남극 지방의 오존층 파괴가 심각했다.

결국 사태의 심각성을 인지한 선진국을 중심으로 1985년 오존층 보호를 위한 비엔나 협약을 체결하고, 1987년 9월 16일 비엔나 협약의 내용을 보완하고 강화해 오존층 파괴 물질을 규제하는 구체적 내용을 담은 몬트리올 의정서를 발표했다.

몬트리올 의정서는 1981년 1월 발효됐다. 규제 내용을 보면 발효 시부터 협약에 직접 관계가 있는 당사국들은 1999년까지 오존층 파괴 물질의 생산량과 소비량을 50퍼센트 감축할 것을, 개발도상국 국가군은 이 기간을 10년간 유예할 것을 규정하는 등 선진국과 개도국으로 나누어 오존층 파괴 물질의 생산과 사용을 단계적으로 감축하는 일정을 적용했다. 이후 의정서의 규제가 충분하지 않다는 비판을 수용해 보다 규제를 강화하는 방향으로 개정 의정서가 만들어졌으며, 의정서의 실효성 확보를 위한 수단으로 규제를 준수하지 않은 국가에 무역 규제 조치를 규정했다.

몬트리올 의정서 채택 등 각국의 노력에 의해 염화불화탄소 소비량이 1980년대 80만 톤에서 2014년 156톤으로 크게 감소했으며, 2018년에는 세계기상기구World Metro Organization(WMO)와 유엔은 남극의 오존 크기가 2060년까지 1980년대 수준을 회복할 것으로 전망했다.

그러나 HCF-23(CHF_3) 같은 경우는 대기 잔존 연수가 270년에 달하는 등 다수의 할로겐 화합물의 특징인 안정성을 가지고 있다. 이 안정성은 할로겐 화합물을 대량 사용했던 과거의 일이 오존층에 영향이 미치는 기간을 오랫동안 지속하게 해 지금 시행한 정책의 효과 측정이나 앞으로의 방향 설정을 하는 데 현 상태를 정확하게 파악하기 힘들게 한다. 관측 결과 의정서 발효 이후 오존층 구멍의 크기는 2000년대까지 커지는 것처럼 보이다가 2010년대에 들어서 점차 구멍이 작아지고 있는 것처럼 보였다.

하지만 2020년 유럽연합의 지구 관측 기구가 발표한 결과에 따르면, 직전까지 관측 이래 최소 크기였던 남극의 오존 구멍이 2019년 다시 커지고 깊어진 것으로 보고되었다. 이처럼 규제의 효과와 오존 구멍의 크기 변화의 상관관계가 의심되는 보고가 잇달았다. 이에 관해 그간 오존 구멍이 작아졌던 것은 지구 온난화로 인해 할로겐족 원소의 분리를 촉진하는 영하 80도 부근부터 생기던 성층권 구름이 잘 발생하지 않았기 때문이라는 주장도 나왔다.

오존 파괴 물질의 안정성, 최근의 예측 불가한 기후 변화, 의정서 발효 후에도 오존 파괴 물질을 계속 생산하는 일부 국가, 그 밖에도 온실효과를 일으키는 가스, 화산 등 다양한 변인이 오존층 파괴와 관련되어 있다. 이런 관점에서 단순히 오존층을 파괴하는 것으로 추정되는 물질을 개괄적인 목록으로 정해, 목록에 해당하는 물질만 생산과 사용을 금지하는 내용의 몬트리올 의정서는 효력이 제한적이라고 할 수 있다. 또 사용했던 기간에 비해 사용 제한한 기간이 짧은 한계가 있어 인류의 오존층 보호와 회복을 위한 노력이 성공적이었다고 단언할 수 없는 실정이다.

할론을 대체할 소화약제의 필요성과 조건

할론 소화약제 역시 생산과 사용이 제한되는 몬트리올 의정서의 규제 대상 물질에 들어 있다. 할로겐 화합물 중 할론 소화약제로 쓰인 사용량의 비율은 전체 프레온 가스 사용량의 2퍼센트밖에 안 되지만 오존 파괴에 관여한 정도는 전체 할로겐 화합물 중 25퍼센트 정도 역할을 한 것으로 알려져 있다. 그러나 산업 분야에서 컴퓨터의 중요성이 커지는 것만큼 소방 분야에서는 할론의 역할이 점점 더 중요해지고 있다.

1968년 인텔을 설립한 고든 무어Gordon Moore는 1965년 과학 잡지 《일렉트로닉스》에 집적회로 기술의 전망에 관한 글을 발표했다. 1000달러로 살 수 있는 집적회로의 성능이 2년마다 두 배씩 증가한다는 이른바 '무어의 법칙'을 예고한 글이었다. 이 법칙은 기술적 한계, 제조 비용 상승에 따른 경제적 한계에 직면했다는 우려에도 아직까지 지켜지고 있다. 무어의 법칙은 비교적 단기간에 산업 구조를 완전히 바꿔 버린 컴퓨터 기술의 발전 속도를 단적으로 보여 준다. 신기술의 발전 속도에 맞춰 산업에서 컴퓨터와 통신 기술에 대한 의존도 역시 기하급수로 높아지고 있으며, 이런 필수 기능을 수행하는 설비는 엄청난 비용이 집약되어 있다. 현대 산업은 이런 기술 의존성이 점점 커지고 있어서 이 설비들이 모인 공간을 화재로부터 보호해야 할 필요성 역시 더 높아지고 있다.

할론은 사용 후에도 그 장소에 잔여물을 남기지 않고, 화학적 작용으로도 화재를 진압하며, 이산화탄소보다 심부 화재에 효과적이어서 이 같은 첨단 설비를 보호하는 데 적합하다. 따라서 현재 여러 업체가 할론을 대체할 비슷한 효용이 있는 다른 물질을 개발하기 위해 노력하며 각축을 벌이고 있다. 대체제가 갖춰야 할 요건은 다음과 같다. 우선 성층권에서 존재하는 지속 시간이 짧고 온난화 지수가 작아야 하는 등 환경 유해성이 적을 것, 인체 독성이 없을 것, 전기적으로 비전도성 물질일 것, B급 C급 화재에 유효할 것, 가능하다면 A급 화재에서도 효과가 있을 것, 그리고 잔여물이 남지 않을 것 등이 기준이다.

6장

할로겐 화합물 및 불활성 기체 소화약제

대체 소화약제군의 지정

1996년 NFPA에서는 최초로 청정 소화약제Clean Agent 표준인 NFPA 2001 코드를 정하고 11개 물질을 지정했다. ISO 14520에서도 NFPA의 표준에 준해 '가스계 소화 설비Gaseous fire-extinguishing systems'를 확정했다.

청정 소화약제란 잔여물이 남지 않는다는 의미다. 청정 소화약제군 대체 소화약제에는 오존층을 손상시키는 염소나 브롬 대신 불화탄소 또는 수소불화탄소 화합물 중심으로 쓰인다. 우리나라에서는 2004년 6월 4일 고시인 화재안전기준으로 '청정소화약제소화설비의 화재안전기준(NFSC 107A)'이 시행되었다. 당시 우리나라의 화재안전기준에서 정한 청정 소화약제는 할론 1301, 2402, 1211을 제외한 불소, 염소, 브롬 또는 요오드 중 어느 하나 이상의 원소를 가진 할로겐 화합물과 헬륨, 네온, 아르곤 또는 질소 중 어느 하나 이상의 원소를 기본 물질로 하는 불활성 기체로 비전도성과 휘발성이 있어서 사용 후 잔여물을 남기지 않는 소화약제로 정의했다.

2018년 6월 27일 '청정 소화약제'라는 명칭이 잔여물을 남기지 않는다는 본래 의미 대신 인체 및 환경에 무해하다는 뜻으로 오해될 소지가 있어 '할로겐화합물 및 불활성기체 소화설비'로 명칭을 바꿔 화재예방 소방시설설치유지 및 안전관리에 관한 법률 시행령이 개정되고, 고시인 '청정소화약제소화설비의 화재안전기준(NFSC 107A)'이라는 제명 역시 '할로겐화합물 및 불활성기체소화설비의 화재안전기준(NFSC 107A)'으로 변경되었다.

검증되지 않은 인체와 환경 유해성

할로겐 화합물 소화약제는 HFC-227ea(FM200), HFC-23, HFC-125, HFC-236fa, FK-5-1-12(Novec1230) 등 불소를 공통으로 사용하는 여러 종류의 물질이 있으며, 불활성 가스의 경우 질소만을 사용하는 IG-100, 질소와 아르곤, 이산화탄소 등을 혼합한 IG-541을 대표적으로 들 수 있다. 이 가운데 현재 우리나라에서 할로겐 화합물 및 불활성 기체 소화약제의 주류는 할로겐 화합물 소화약제 중 HFC 계열 소화약제다.

소화약제로서 필요한 성능을 만족하고 인체와 환경에 무해한 것은 양립하기 어려운 것으로, HFC 계열 소화약제 역시 환경과 인체 유해성이란 측면에서 완전히 자유로운 물질은 아니다. 일례로 HFC-23의 경우 오존층 파괴 작용은 적지만 지구 온난화 작용을 하는 물질로 2016년 EU에서는 HFC-23 소화약제의 생산과 적용을 금지하는 법안을 시행 중이며, 할로겐 화합물 소화약제는 공통적으로 화재와 반응해 열분해를 할 때 불산을 생성해 환경과 인체에 유해성 논란이 있다. 다른 할로겐 화합물 소화약제 역시 인체와 환경 유해성이 엄밀하게 검증되었다고 볼 수는 없으며, 앞으로 관련 규제가 마련될 경우 사용이 제한되는 등의 조치가 취해질 가능성이 없지는 않다.

7장

미분무 소화 설비

미분무수의 소화 성능 발견

안개 같은 미세한 입자의 물이 화재를 진압하는 성질이 있다는 것은 알려진 사실이었다. 1880년대 미국 오하이오주 애슐랜드에서 농기구 상점을 운영하던 프랜시스 마이어스Francis E. Myers와 지하 작업실에서 수리와 기계 제작을 하던 필립 마이어스Philip A. Myers 형제는 농기구와 같은 기계를 수리하며 기술을 익혀 자체적으로 복동식Double-acting 피스톤 펌프를 만들어 냈다. 그 후 이들은 '마이어스 앤드 브라더사F. E. Myers & Brother Company'를 설립했다.

1900년대 전기 상용화에 발맞춰 전기 동력 펌프를 만들며 성장한 이 회사는 1910년 미국에서 가장 큰 펌프 제조업체 중 하나가 되었다. 여기서 만든 펌프 중에는 소규모 산불 진압을 위해 펌프와 물을 등에 멜 수 있도록 만든 것도 있었다. 현재 우리나라에서 산불 진화 장비로 사용하는 등짐 펌프와 유사한 진압 장비로, 이 장비는 사람이 들고 다닐 수 있는 크기여서 물의 양이 적은 한계가 있었고 이를 극복하기 위해 노즐에서 미세한 물줄기가 나오도록 했다. 1930년대에는 미세 물 입자가 화재를 진압하는 특성에 주목한 독일 남서부의 산업용 노즐 제조업체 '레클러Lechler' 등 일부 제조업체에서는 건축물에 미세 물 입자를 방출하는 고정식 소화 설비를 판매하기도 했다.

1940년대 미국 보험 회사 'FM 글로벌Factory Mutual Global'의 기술지원부에서는 가솔린 화재에 대비한 미세 물 입자 소방 설비의 효과를 실험했다. 그 결과 미세 물 입자 소방 설비는 훨씬 적은 양의 물로도 기존의 스프링클러 소화 설비의 소화 효과와 비견할 만하다는 사실이 보고되었다.

하지만 화재 진압에 미세한 물 분무를 이용하려면 상당한 기술력이 담보되어야 했다. 미분무 설비는 오랫동안 기술력으로는 극복하기 힘들던 설계와 제작의 난이도 등 기술적이고 상업적인 이유 때문에 기존 스프링클러를 대체할 만한 장치로 받아들여지지 않았다.

미분무 소화 설비 기술의 이론적 토대 마련

1970년대 스웨덴의 소방학교 교관이었던 매츠 로산데르Mats Rosander는 증가하는 동료 소방관의 순직 사고에 어떤 공통 원인이 있음을 확신하고 이를 밝혀내기로 마음먹었다.

로산데르는 소방 엔지니어인 크리스테르 기젤슨Krister Giselsson과 함께 과거보다 화재가 위험해진 가장 큰 원인을 건축물과 그 안의 가구 등 물건의 변화에서 찾았다. 과거에는 건축물이나 가구를 전통적인 방법으로 자연의 재료로 만든 것에 비해, 요즘은 내화구조 건물이 주류이고 그 안의 가구도 플라스틱 등 석유화학 제품으로 채워져 있어서 화재가 나면 과거보다 더 위험해졌다는 것이다. 결국 소방관의 연이은 순직은 이들이 활동하는 화재 공간의 환경이 더 위험하게 변한 것 때문이라고 주장했다. 그들은 단열이 잘 되는 내화구조 건축물은 화재 시 열을 가두는 역할을 하고, 또 그 안을 채운 석유화학 제품은 과거에 비해 열량이 더 많아 화재의 발달 양상과 위험이 달라진 점 또한 지적했다.

기젤슨과 로산데르는 변화한 환경에 따라 구획된 실내에서 화재를 진압하기 위한 구체적 방안을 개발하던 중 화재가 난 구획실 내부에 적은 양의 미세한 물 입자를 분사하자 내부의 열적 평형 상태가 깨지고 착화할 가능성이 있는 불완전 연소된 연기를 효과적으로 냉각시킬 수 있음을 알게 되었다. 이들은 1970년대 후반 그 내용을 정리해 소방 전술 교재와 같은 《화재의 기초The Fundamentals of Fire》를 출간했다.

기젤슨과 로산데르는 이 간행물에서 "미래에는 물과 같은 액체가 가루보다 작은 입자의 물, 이른바 미세한 미스트Fine Mist 분무가 가장 중요한 소화 방법이 될 것"이라 주장했다. 그즈음 고압수 세척 기기 제조업체 '일렉트로룩스 유로클린Electrolux Euroclean'이 우연히 자사의 고압 세척 장비로 튀김기에서 발생한 화재를 진압하는 경험을 한 후 미분무의 소화 성능을 알게 되었다. 이후 기젤슨과 로산데르는 이 회사와 공동으로 고정식 미분무수 소방 설비 개발에 착수했다. 이 과정에서 미분무 소화 설비의 성능과 이론 체계가 만들어지며 미분무 소화 방법의 장점이 더 발견되었고 상업성도 재평가받았다.

참고로 이런 과정을 통해 구축된 기젤슨과 로산데르의 이론은 안전하게 화재실 안으로 진입해 화재를 진압하는 구획실 화재 행동 훈련Compartment Fir Behavior Training(CFBT)이라는 소방관 대상 훈련 모델의 토대가 되었다.

현재 우리나라에서는 CFBT 훈련 모델이 '실화재 훈련'이라는 이름으로 신임 소방공무원과 재직 중인 소방공무원에게 적용되고 있다. 중앙소방학교, 경기소방학교 등 일부 교육 훈련 기관에서는 실화재 훈련 커리큘럼을 제공할 수 있는 표준적 훈련장을 보유하고 있으며 전국적으로 확산되는 추세다.

하지만 우리나라에서 실시하는 실화재 훈련은 우리 실정에 다소 맞지 않고 운영에 변변한 기준도 아직 마련되지 않은 상태로 정착 과정에 있다고 할 수 있다. 그러나 사명감 있는 소수의 교관들이 열악한 여건 속에서도 교육 내용을 보강하고 일인다역을 하며 훈련자들에게 강도 높은 훈련을 제공하는 등 헌신을 하고 있다. 관심 있는 소방관들이 자발적으로 참여하고 있어 머지않은 미래에 성공적으로 안착하리라 기대한다.

미분무 소화 설비 기술의 현대적 발전

1990년 4월 7일 새벽 승객 395명과 승무원 97명을 태운 여객선

'스칸디나비안 스타Scandinavian Star'에서 방화로 인한 화재가 발생해 158명이 사망하는 비극적 사고가 일어났다. 사고 이후 인명 피해가 컸던 원인으로 선박의 빈약한 소화 설비가 지적되었고 이에 대한 비판이 이어졌다. 하지만 스프링클러 설비는 물이 많이 필요하고 배관이 차지하는 공간도 넓어 선박에 적용하기 곤란했다.

미분무 설비의 개발자들은 이에 대한 해결책으로 스프링클러에 비해 물과 공간이 덜 필요한 미분무 소화 설비를 선박에 적용할 소방 시설로 제시했다. 1990년 6월 20일 스웨덴 발스타에서 선박에 적용한 스프링클러와 미분무 소화 설비의 비교 실험이 진행되었다. 실험 결과 미분무 소화 설비가 고무적인 평가를 받았고, 국제해사기구(IMO)에서는 선박 화재 방어에 관한 기준에 미분무 소화 설비를 스프링클러 설비와 대체할 수 있도록 허용했다. 이를 계기로 선박 미분무 소화 설비 시장에 몇몇 유수한 소방 설비 제조사들이 참여하며 관련 시장이 활성화되었다.

NFPA는 1993년 미분무 소화 설비 기준 제작에 착수했고 1996년 NFPA 750으로 기준이 마련되었다. 할로겐 화합물 소화약제가 국제적인 규제를 받게 됨에 따라 미분무 소화 설비는 할론 소화약제 설비의 대체제로 주목받기 시작했다. 미분무 소화 설비는 물을 분사하는 스프링클러 설비 등 여타의 고정식 소방 시설과 구조 및 원리가 유사하다. 그러나 노즐에서 뿜는 물 입자의 크기가 일정 기준 이하여야 한다는 점에서 큰 차이가 있다.

기존의 물 소화약제는 냉각 효과, 희석 효과, 제한된 질식 효과가 있는 것에 비해 미분무는 부가적으로 복사열을 차단하고 연소 시 생성된 잠재적 가연물인 연기를 팽창된 증기의 체적으로 밀어내서 제거하는 원리로도 소화 가능한 장점이 있다.

하지만 미세한 물 입자는 노즐과 거리가 멀 경우 화염에 도달하기 힘들며, 타고난 뒤 재가 남는 물질들이 타는 A급, 그 중에서도 심부가 타고 있는 화재이거나 연소 장소와 미분무가 나오는 노즐 사이에 차폐물이 있는 경우 소화가 잘 안 되는 단점이 있다. 또 소방 설비를 규제하는 각국의 제도가 미비하거나 현실과 부합하지 않는 점이 있는 경우 해당 설비의 기능에 대한 객관적 검증이 어렵다.

적용된 설비의 정상 기능 여부를 설계자가 부담해야 하는 점도 미분무 소화 설비를 적극적으로 도입하거나 연구나 관심을 기울이기 어렵게 하는 요인이다. 무엇보다 해당 방호 공간에서 화재 시 미분무가 방출될 경우에 대비해 설계의 계산이 치밀해야 한다. 따라서 기성복이라기보다는 맞춤복에 가까워서 이를 설계하는 고도의 기술력을 가진 엔지니어의 재량을 인정하는 것이 필요하다. 하지만 소방 시설의 설치 및 유지 기준을 국가가 주도해 결정하는 법령 중심 국가에서는 기준 등이 일반적이고 표준적 성격을 띨 수밖에 없다. 따라서 이러한 국가에서는 개별적 설계가 필요한 미분무 소화 설비가 효과적으로 활용되기 힘든 한계도 있다.

8장

미래의 소화약제는?

　소화약제는 가장 기본이 되는 물에서부터 시작해 산업의 발전으로 새로운 유형의 화재와 그에 따르는 화재 진압 수단의 필요에 의해 적합한 물질이 개발되며 발전해 왔다. 산업이 고도화되고 세분화하면서 각 산업 현장에서 발생하는 화재 양상도 다양해졌다.

　따라서 산업마다 그 현장에서 유효한 소화약제도 달라졌다. 소화약제의 역사는 모든 종류의 화재에서 어느 화재 어느 장소에서나 만병통치약처럼 통용되는 소화약제는 없다는 말로 요약할 수 있다. 특정한 목적에 적합한 소화약제일지라도 소화 성능, 경제성, 인체 유해성, 환경 유해성을 모두 만족하는 소화약제 역시 없다.

　지금까지 소화약제의 발명에 관한 변천사에서 보았듯 소화약제는 산업을 선도하는 기술이 일단 등장한 이후 해당 산업에서 부작용으로 발생하는 특유한 유형의 화재를 진압하기 위해 후행적으로 발명이 된 것이지 선제적으로 발명되지는 않았다.

근대 이후 기업들은 새로운 기술을 이용해 환경과 안전을 뒷전에 두고 막대한 이익을 창출해 왔다. 하지만 결국 뒷전에 두었던 환경과 안전은 기업뿐 아니라 국가, 더 나아가 전 인류에 영향을 미친다는 것이 무수한 재해와 기후 변화로 입증되었다. 할론 소화약제의 사용 역시 당장의 우수한 기능으로 무지했거나 혹은 알면서 외면했던 유해성은 결국 오존층 파괴와 지구 온난화라는 결과로 되돌아왔다.

하지만 미분무 소화 설비의 사례에서 보았듯이 소화약제는 성분 물질의 물성만큼 효과를 나타내지만 어떤 장소에서 어떤 방법으로 사용하는지에 따라 성능을 획기적으로 향상시킬 수 있다. 현재 사용 중인 모든 소화약제도 오래전부터 사용했지만 아직 밝혀지지 않은 부분이 많아 앞으로 혁신의 여지가 있다고 확신한다.

그러나 안전은 비용 대비 효과를 직접 체감할 수 없기 때문에 그 가치를 과소평가하는 경향은 한순간에 바뀌기는 쉽지 않고 일정 기간 같은 실수를 반복하게 된다. 이런 상황에서 안전의 비용은 필연적으로 최소한의 법률적 규제를 충족하는 수준으로 지불되고, 선제적 연구와 개발은 뒷전으로 밀려날 수밖에 없다.

예를 들어 건축물에 설치되는 소방 시설을 본다면 건축물의 안전 비용을 지불하는 주체인 건축주는 당연히 최소한의 소방 설비 기준을 충족하는 선을 원한다. 여기에 종속적일 수밖에 없는 소방공사업의 사업자 역시 최소한의 제도적 기준을 충족하는 동시에 자기 사업을 영위하기 위해서는 낮은 가격의 설비와 약제 등으로 이익을 만들 수밖에 없는 구조가 된다.

이 같은 구조에서는 환경이나 인체 유해성에 대한 고려는 물론이고 신기술 연구와 개발 비용은 매몰 비용으로 분류될 수밖에 없다.

이처럼 비용 부담자들의 화재에 대비한 인식이 법적 기준을 최소한의 수준에서 충족하려 한다면 최신 기술을 연구하고 도입하려는 시도는 요원할 수밖에 없다.

현대 사회에서 소화약제 분야는 화재로부터 높은 수준의 안전을 달성하고 변화하는 산업과 사회에 적응하기 위해 기존에 없던 혁신적 발전과 발명이 어느 때보다 필요하다. 가까운 예를 들어 리튬을 주재료로 하는 전기자동차 배터리에서 발생한 화재는 짧은 시간에 폭발적 연소를 하지만 현재 어떤 소화약제로도 즉시 진화하거나 불활성화하기 힘든 실정이다.

모든 가연물의 종류와 모든 상황에 적용할 수 있는 소화약제는 없다. 진압 후 오염이 적은 친환경 소화약제도 존재하지 않는다. 또 산업의 변화에 앞서 소화약제가 개발된 적도 없다. 새로운 산업 기술이 등장하면 안전보다 이익의 유인이 우선해 왔기 때문이다.

지금까지 소화약제의 개발과 규제는 희생자들이 생겨야만 마련되어 왔다. 그러나 산업의 변화에 따라 새로운 유형의 화재가 발생할 때 어려운 가운데서도 소화약제 역시 이에 적응해 오고 있다. 그럴 수밖에 없는 이유는 이익을 추구하는 산업의 목적보다 인명 보호라는 가치가 더 중요하다는 당연한 사실 때문이다.

소화약제는 미래를 대비하여 혁신과 변화를 통해 더 나은 형태로 발전할 필요가 있다. 소화약제의 혁신적 기술 발전에는 필연적으로 막대한 비용이 들며 그런 비용을 지불하려면 사회 전반에 걸쳐 안전의 가치에 대한 대중의 관심과 안전에 대한 적정한 수준의 인식이 전제되어야 한다. 사회 구성원이 소방에 관심을 가져야 하는 것은 어쩌면 당연한 일이다. 도시에서 살아가는 이상 화재 피해의 잠재적 당사자이기 때문이다.

  지금이야말로 앞으로 화재를 어떤 시각으로 보며 어떻게 대응해 가야 할지 결정할 시점이다. 이제는 환경과 인명 보호의 가치를 중심에 두고 시행착오를 되풀이하지 않아야 한다. 공동체 속 개개인의 안전에 대한 인식, 그것이 나와 더불어 사회를 지키는 데 필요하다는 사실을 되새겨 보는 것이 그 시작점이다.

2부 소화 기구의 역사

― 작은 소방차 ―

소화기란 불을 끄는 기능을 하는 모든 기구를 일컫는다. 하지만 범위를 좁혀 크기나 독립성을 기준으로 구분하면 건물에 고정해 설치하고 여러 구성 요소가 불을 끄는 하나의 목적으로 작동하는 설비에 대비되는 개념으로 이해할 수 있다. 즉 작은 기구 하나가 자체적으로 기능하는 것을 소화기라고 할 수 있다. 소화기는 동작 방식에 따라 사람의 판단이 필요한 수동인지 자동인지가 모호하므로 단어의 의미를 좀 더 구체화해 보자.

우리나라 제도를 기준으로 소방청 고시인 '소화기구 및 자동소화장치의 화재안전기준'(NFSC 101)에서 소화기란 "소화약제를 압력에 따라 방사하는 기구로 사람이 수동으로 조작해 소화하는 것"이라고 정의한다.

소화기의 연혁으로 보더라도 소화기는 한 장소에 설치해 고정된 것이 아니라 사람이 들고 다니며 수동으로 사용하는 이동성이 정체성의 가장 큰 부분이다. 이처럼 소화기는 해당하는 도구가 원래 있던 장소에서 화재가 난 곳으로 사람이 옮기고 사람의 판단에 따라 수동으로 작동한다는 관념이 전통적 소화기의 정체성이라고 할 수 있다.

전통적 소화기는 우선 사람이 들고 옮길 수 있어야 한다는 점에서 부피와 무게에 한계가 있다. 또 실내에서 화재가 나면 약제를 분사하는 사람에게 위험이 커진다는 문제도 있다. 마지막으로 언제 발생할지 알 수 없는 화재의 특성상 장시간 기능을 유지해서 필요할 때 즉각 사용할 수 있어야 한다는 까다로운 조건도 있다.

이 세 가지 한계 및 조건에 따라 전통적 소화기는 적은 양의 강력한 소화약제를 저장하고 자체적으로 분사 가능한 압축 가스를 봉입하는 식으로 정형화되었다. 하지만 소화기는 약제의 저장량이 소량일 수밖에 없는 태생적 한계로 인해 화재가 본격적으로 성장한 후에는 큰 효용을 기대할 수 없다.

따라서 소화기는 초기 화재에 가장 유의미하다. 화재 초기에 소화기를 유효하게 작동하려면 소화기의 외적 요인인 사용자의 빠른 화재 발견과 판단, 신속 정확한 조작이 필요하다. 소화기 사용 교육이 중요한 이유가 바로 여기에 있다. 또 모든 화재에 통용되는 만병통치약 같은 소화약제는 존재하지 않으므로 각각의 장소에서 예상되는 화재에 효과적일 수 있도록 적합한 소화약제를 담은 소화기를 비치해야 한다.

오늘날의 소화기는 비용과 성능 면에서 전통적 소화기의 한계와 조건을 거의 극복했다고 말할 수 있을 정도다. 하지만 연관이 없어 보이는 분야의 기술 발전이 생각하지 못한 방향으로 전개되어 미래의 소화기는 소화기의 개념을 근본부터 바꿀지도 모른다. 2부 소화기의 역사에서는 이런 발전을 기대하며 소화기가 변화해 온 궤적을 살펴보려 한다.

1장
불의 사용과 소화의 필요성

좋은 자동차는 빨리 달릴 수 있는 것만큼이나 잘 서는 것도 중요하다. 구동 장치와 제동 장치는 서로 정반대의 기능을 하지만, 둘 중 어느 하나가 없으면 좋은 자동차는커녕 사용할 수조차 없다. 마찬가지로 불을 자유롭게 사용할 수 있다는 것은 최소한 불을 만드는 능력만큼 불을 꺼서 통제할 수 있는 능력을 갖췄다는 뜻과 같다.

불의 사용과 인류의 진화

인간은 언제부터 불을 사용했을까? 인간이 의도를 가지고 불을 사용했다는 흔적을 찾는 것이나 불을 사용하기 시작한 정확한 시기를 특정하기는 어렵다. 불의 파괴적 속성 탓에 자연 발생했거나 의도적이었거나 타고 남은 흔적은 거의 비슷하기 때문이다. 그럼에도 불을

ⓒ Wellcome Collection gallery/CC BY

불을 피우는 그림. 오스트레일리아 남동부 뉴사우스웨일스주.

사용한 시점에 관한 가장 오래된 증거는 케냐 체소완자에서 올도완Oldowan 석기라 불리는 뗀석기와 함께 발견된 불에 탄 진흙 조각을 들 수 있다. 이를 근거로 호모에렉투스가 활동하던 142만 년 전부터 불을 사용하기 시작했다고 보는 것이 고생물학의 견해다. 가장 가깝게는 중국 베이징 인근 저우커우뎬周口店 동굴 유적과 영국 비치스 피트에서 화덕으로 추정되는 흔적의 발견을 근거로 네안데르탈인이 활동하던 30만~40만 년 전부터 불을 사용하기 시작했다고 보는 주장도 있다. 이처럼 인류가 불을 사용하기 시작한 시점에 대한 의견은 분분하다.

　100만 년의 편차를 보일 만큼 불을 처음 사용한 시점에 대한 여러 주장이 있지만, 불을 사용한 후부터 인류의 생활이 제반 영역에 걸쳐 질적으로 크게 발전했음은 자명한 사실이다. 인류는 불의 자유로운 사용 덕택에 음식을 익혀 효율적으로 영양분을 섭취하고, 어둠을 밝혀 활동 시간을 늘리고, 추위와 외부 위험으로부터 보호받는 등 여러 이점을 누릴 수 있었다.

　하버드대학교의 인류학자 리처드 랭엄Richard Wrangham은 호모사피엔스가 진화한 핵심에 불을 이용한 화식이 있었다고 주장한다. 인류가 야생에서 얻는 식재료 중 구하기 쉬운 식물의 경우 껍질이 단단하고 열량이 낮아 섭취하려면 많은 양을 구해 오랫동안 씹어야 했는데, 그나마도 금방 상해 버려서 많은 시간을 먹을거리를 구하고 씹고 소화하는 데 할애해야 했다. 반면에 열량이 높은 동물성 식재료는 보관의 문제는 차치하고 구하기가 어려웠다.

랭엄이 주장한 핵심은 불을 이용해 식재료를 익혀 먹은 후부터 전체적으로 음식이 부드러워져 소화 효율이 높아졌고, 사냥한 고기를 저장할 수 있게 되면서 음식을 구하고 먹는 데 드는 시간이 줄어들었다는 것이다. 식량을 구하고 소화하는 데 걸렸던 시간을 절약한 만큼 잉여 시간이 생겨났고, 이런 잉여 시간이 현생인류가 다른 동물과 차별적인 진화를 하는 데 지대한 기여를 했다는 주장이다. 랭엄은 그 근거로 강인한 턱뼈를 가진 오스트랄로피테쿠스에 비해 호모에렉투스의 턱뼈 화석이 현저히 작아진 점을 제시했다. 랭엄을 제외한 많은 인류학자도 화식이야말로 인류가 불을 자유롭게 사용할 수 있는 능력을 갖추었음을 의미한다고 여긴다.

불을 사용하기 시작한 시기를 정확히 특정하기는 어렵지만, 석기 시대 초기 인류가 어떤 과정을 거쳐 불을 사용하는 능력을 습득했는지 간접적으로 유추해 볼 수 있는 연구 사례가 있다. 세네갈 퐁골리 지역에 서식하는 침팬지 무리는 나뭇가지를 깎아 뾰족하게 만들어서 다른 동물을 사냥하는 등 초기 석기 시대 인류의 생활양식을 보여 주는 침팬지로 알려져 있다.

사바나 기후에 속하는 퐁골리는 해마다 건기가 되면 자연적 원인에 의해 또는 주민들이 화전을 일구기 위해 의도적으로 밀림에 불을 피워 주기적으로 화재가 일어나는 지역이다. 그런데 밀림에 불이 나면 그곳에 사는 다른 동물은 공포와 불안 반응을 보이며 스트레스 지수가 증가하고 생존 확률이 낮아지는 데 반해, 이 지역의 침팬지들은 불이 난 것을 인지한 후에도 바로 서식지를 떠나지 않고 불의 유형, 진행 방향과 속도를 예측해 안전한 곳으로 움직였다. 심지어 산불이

ⓒ Didier Descouens/CC BY SA

아프젤리아 나무 열매. 침팬지가 산불에 익은 이 열매를 먹는 것이 관찰되었다.

휩쓸고 간 지역의 나무 밑을 뒤져서 평소 생으로는 먹지 않는 아프젤리아 나무 열매를 찾아서 먹는 것이 관찰되었다.

이런 사실을 알게 된 아이오와대학교의 인류학자 질 프루에츠Jill D. Pruetz와 유타대학교의 니콜 허조그 Nicole M. Herzog는 이 침팬지 무리를 통해 초기 인류와 불의 연관성을 살펴보는 연구를 진행했다. 두 인류학자는 인류가 불을 다루는 능력이 세 단계의 인지적 진화 과정을 거치며 갖춰졌다는 모델을 설정했다.

첫 번째 단계는 불의 움직임을 이해하고 예상하여 불 가까이에 갈 수 있을 정도로 불의 개념을 인지하는 것, 두 번째 단계는 연료를 더 공급하거나 제거해서 불을 키우거나 작게 할 수 있는 통제 능력을 갖추는 것, 그리고 세 번째 단계는 불이 없는 곳에서 불을 피울 수 있는 능력을 갖추는 것이었다. 각 단계별 능력은 순차적으로 습득하는 것으로 예측했으며, 마지막 단계에 이르러서야 비로소 인류가 화식을 할 수 있는 것으로 보았다.

연구 결과 두 인류학자는 불의 사용과 관련해 자신들이 제시한 인지적 단계 모델을 퐁골리 침팬지에 대입했을 때 퐁골리의 침팬지가 적어도 첫 번째 단계는 지나고 있다고 보고했다. 우리가 관심을 갖는 것은 사람이 언제 이득을 위해 불을 피웠을까 하는 것이지만 반대로 이 연구 결과를 통해 의도하지 않은 불에 대해 어떻게 대응했을까 하는 질문 역시 추정해 볼 수 있다. 우선 불을 만드는 세 번째 단계에 대해 다시 생각해 보고 불을 통제한다는 연구 모델의 두 번째 단계의 능력을 바라볼 필요가 있다.

석기 시대와는 비교할 수도 없이 불의 개념과 사용 방법을 잘 알고 있는 현재의 우리도 도구 없이 불을 만든다고 상상해 보면 상당한 어려움이 있음을 바로 깨달을 수 있다. 석기 시대에 불을 만들어 내는 것은 고차원적 일로서 작업의 난이도를 생각했을 때 이 능력을 습득했다면 불을 끌 수 있는 능력 역시 갖추었다고 보는 것이 합리적이다. 두 인류학자의 퐁골리 침팬지 연구 결과에 비추어 보면 초기 인류는 불 때문에 자신의 안전이 위협받을 때 처음엔 그 장소를 벗어나는 것으로 위험을 피했고, 그다음엔 나뭇가지 같은 것으로 타격하거나 타는 물질의 공급을 중단하는 등의 방법으로 불을 통제했을 것이다.

하지만 불을 만들어 내는 능력을 갖추기 전에 물을 사용해 불을 끄는 지식과 기술을 습득했을 것이라고 추측해 볼 수도 있다. 불을 창조하는 기술은 어떻게 해야 열이 발생하는지 아는 것, 타는 물질과 안 타는 물질을 구별할 수 있을 것 등 불에 관한 제반 지식을 모두 알아야 가능하지만 물로 불을 끄는 방법은 너무도 간단하기 때문이다. 탈 만한 물건을 불 속에 계속 집어넣어 불을 유지하는 등 불을 통제하는 행동은 독이 든 식재료를 먹지 않는 것처럼 연습과 모방 학습을 통한 본능에 가까운 전승 지식이었을 것이다. 물로 불을 끄는 행동 양식 역시 마찬가지다.

소화의 필요

　많은 인류학자는 수렵생활을 거친 인류가 조건이 맞는 대지에 농경을 시작하면서 식량 생산력이 늘어나고 많은 에너지가 소모되는 이동 대신에 인위적으로 조성한 거주지에서 정착 생활을 하기 시작했다고 주장한다. 거주 공간에는 생존에 직접적으로 필요한 무기나 농사를 위한 기구, 저장된 식량과 종자 등이 보관되어 있어서 주변에 불이 날 경우 예전처럼 자신만 안전한 공간으로 이동하는 것만으로는 충분하지 않았다. 거주지에는 유실될 경우 당장의 생존보다 나중에 집단에게 잠재적 위험으로 다가올 수 있는 중요한 것이 있었기 때문이다. 따라서 사람들은 적극적으로 불을 통제할 필요가 생겼다.

　초기 인류가 불을 사용한 것으로 추정하는 흔적은 대부분 물가 근처 노천 지역이다. 이런 점은 이때부터 인류가 불을 소화하는 물질로 물을 사용했거나, 적어도 물이 불을 끄는 작용을 한다는 것을 인지했을 가능성이 크다는 주장의 근거가 될 수 있다. 이 시기를 전후로 불을 끄는 방법 역시 수원으로부터 물을 담을 수 있는 식물의 겉껍질, 동물의 가죽이나 내장 등 자연의 용기를 사용했을 것으로 예상할 수 있다. '물을 담을 수 있는 적당한 용기로 수원으로부터 물을 채워서 불에 닿게 하는 것'이라는 행동양식은 그때부터 지금까지 오랜 기간 불을 적극적으로 통제하는 주요 수단이었다.

　서양 역사를 기준으로 중세에 이르기까지 공동체 대다수가 화재로 인해 피해를 보는 경험을 반복하며 많은 참여자가 협동해 공용 하천이나 우물 등 수원으로부터 물을 길어 불이 타고 있는 곳까지 운반하는 화재 진압 방식이 어느 정도 체계를 갖추게 되었다. 하지만 부족사회를 지나 촌락이 생기고 마을 단위로 집단 거주를 하며 불이 날 경우 그 피해 규모는 이전보다 더 커졌다. 탈 것이 많아졌고 중요한 물건도 늘어난 데 비해 화재를 통제할 능력은 크게 향상되지 않았기 때문이다. 화재의 초기 단계에서 얼마 지나지 않아 성장한 마을의 화재는 사실상 인간의 통제 범위 밖이었다.

하지만 불은 위험하지만 조리, 조명, 난방 등 편익을 취하려면 거주지와 가까워야 하는 양면성이 있어서 화재의 발생 확률이 높았다. 사람들은 거주 공간에서 일어나는 의도하지 않은 불을 초기에 통제하기 위한 도구가 점점 더 절실해졌다.

2장

불을 끄기 위한 최초의 기구

불을 끌 목적으로 만든 최초의 기구는 '스쿼츠Squirts'다. 기원전 200년경 알렉산드리아의 발명가이자 수학자인 크테시비우스Ctesibius가 발명한 것으로 알려진 스쿼츠는 물을 담을 수 있는 자연의 용기를 제외하고 적어도 기록이 남아 있는 것들 중에는 가장 오래되었다. 크테시비우스는 필로Philo, 헤론Heron과 더불어 헬레니즘 시대의 3대 기계 공학자 가운데 한 사람으로 수력 오르간, 물시계, 펌프, 톱니바퀴 운동 장치 등을 발명한 것으로 알려져 있다.

크테시비우스는 가업인 이발사로도 활동하며 거울 높이를 조절할 수 있는 장치를 발명하기도 했다. 바닥에 있는 지지대가 걸리적거려 사용이 불편하고 손님마다 눈높이가 다른 거울을 편리하게 쓰기 위해 천장에 긴 파이프를 설치하고 그 안에 긴 줄을 지나가게 한 다음 줄의 한쪽에는 거울을, 다른 한쪽 끝에는 거울 무게만큼의 추를 달아 거울 높이를 조절한 것이다. 크테시비우스는 거울 높이를 조절할 때 파이프에서 바람이 나오며 소리가 나는 것을 발견한 후 여기서 영감을 얻어 공기를 이용한 많은 발명을 한 것으로 알려져 있다. 크테시비우스는 공기의 성질을 이용한 파이프 오르간의 시조가 되는 악기와 물시계, 사이펀 장치 등 많은 발명품을 남겨 현대 기체학의 아버지라 불리기도 한다.

ⓒ Photographed byUser:Bullenwächter/CC BY SA

1540년경 청동과 나무로 만든 소화용 주사기 스쿼츠.

그가 고안한 최초의 소화 기구인 스쿼츠는 현재 우리가 사용하는 평범한 주사기와 그 형상과 원리가 유사하다. 기록에 따르면 이 기구는 노즐을 물에 담그고 손잡이(플런저)를 당기는데, 손잡이를 당길 때 생기는 실린더 내부의 부압으로 안쪽에 약 1리터의 물을 채우고 나서 노즐을 불꽃에 겨냥한 다음 손잡이를 밀고 그 압력으로 물을 분사하는 도구였다.

스쿼츠는 파스칼의 원리에 따라 움직였다. 즉 실린더 내부에 작용하는 손잡이의 힘이 유체로 전달되면 손잡이의 표면적에 비해 작은 구경으로 뚫려 있는 노즐로 유체가 더 멀리 나가게 하는 원리였다. 화재 현장은 복사열 때문에 너무 뜨거워서 양동이의 물을 붓기 어렵다. 복사열 범위 밖에서 물을 분사해 불을 끌 수 있는 엄청난 장점을 지닌 이 스쿼츠는 이후 '핸드 펌프'라 불리기도 하며 약 2000년간 소화 기구로 쓰였다.

3장

양동이에서 소방펌프까지

양동이의 유래와 역사

화재 진압의 수단 양동이

 스쿼츠는 화재 진압의 전용 도구이지만 제작에 품이 많이 드는 데 비해 그다지 효율적이지 않아 화재 진압의 주력 장비는 아니었다. 다수의 사람이 참여하는 화재 진압 장비는 갈퀴, 도끼 같은 파괴 도구를 제외하면 물을 담는 단순한 용기들이 대부분이었다. 그 중 손잡이가 달린 양동이가 오랫동안 화재 진압의 주력 장비로 사용되었다.
 물과 같은 유체를 퍼 올리거나 운반하기 위해 만든 용기는 생활의 필수 도구여서 고대부터 만들어졌다. 양동이는 그러한 물건 중 대표적인 것이다. 우리말에서 질그릇 중 물을 긷는 데 사용하는 것으로 배가 부르고 아가리가 넓으며 양쪽에 손잡이가 달린 도구를 '동이'라고 한다. 양동이는 서양에서 온 동이란 의미인데 주로 함석 등 가벼운 금속으로 만든다. 양동이는 양손으로 드는 것이 아니라 아가리를 가로질러 한 손으로 들 수 있는 손잡이가 달린 도구다. 당연히 운반하기 더 좋다.

양동이는 기원전 5000년경 인도 지역의 왕국에서 유래한 것으로 추정한다. 기원전 3200년경 제작된 것으로 보이는 이집트의 조각 유물에는 파라오와 양동이 같은 물건을 들고 있는 하인이 새겨져 있다. 고대 그리스에서는 배가 불룩하고 바닥이 평평한 '시툴라Situla'라고 하는 물 담는 항아리가 있었다. 시툴라에는 화려한 장식이 새겨져 있고 손잡이가 달린 것도 있었는데 이들이 모두 양동이의 기원이라 할 수 있다.

양동이를 일컫는 '버킷Bucket'이라는 단어는 약 13세기에 만들어진 것으로 보인다. 어원으로 보면 버킷은 손잡이가 달린 항아리나 배가 불룩한 용기, 또는 동물의 배를 의미하는 고대 영어 단어 'Buc'에서 파생되었다고 한다. 중세 유럽에서는 나무나 가죽으로 용기를 만들고 밧줄로 손잡이를 달아 놓은 양동이가 일반적으로 쓰였다. 보통 동물에서 짠 젖을 모으거나 물을 퍼 올리거나 청소 등의 용도로 물을 간편하게 옮기거나 일시적으로 저장하기 위한 용도였다. 생활 전반에 두루 쓰인 양동이는 아주 오랫동안 직접 화재를 진압하는 데 쓰인 매우 편리한 수단이었다.

ⓒ Photo by Joe Mabel/CC BY SA
1880년대 화재 진압용 가죽 양동이.

가죽 양동이를 이용한 중세의 화재 진압

1666년 영국 런던 대화재의 여파로 전문 소방대가 조직되기 전 근대까지 영국에서의 화재 진압은 교회의 지역 단위인 교구를 중심으로 불특정 다수인 교구 구성원들의 협력에 의해 이루어졌다. 화재가 나면 교구 구성원들이 해당 교회에 보관하고 있던 공동의 화재 진압 장비인 가죽 양동이와 도끼, 주사기 모양의 펌프인 스쿼츠, 갈고리 등을 꺼내 와 역할 분담을 해서 화재를 진압하는 식이었다. 이때 사용하는 가죽 양동이는 일상생활 용도가 아니라 화재 진압 전용 양동이라 할 수 있다.

화재 진압의 주력 도구는 갈고리와 도끼였다. 이 도구는 불에 타고 있거나 아직 불이 붙지는 않았지만 불길이 지나갈 것이라 예상되는 경로의 건축물이나 구조물을 철거하는 데 사용되었다. 건축물에 붙은 불을 끄는 것보다는 차라리 부수는 게 쉬워서 당시 화재 진압은 파괴 중심이었다. 사다리는 건축물 안에서 화염에 갇혀 지상으로 내려오지 못하는 사람을 구하거나 화재 진압을 하는 사람들의 양동이가 닿을 수 있는 영역을 확장하는 역할을 했다. 주사기 펌프는 용량이 작아 실제로 불을 끄는 데 별로 유용하지 않았다. 결국 많은 화재 진압 도구 중 실질적으로 불을 끌 수 있는 수단은 물이 담긴 가죽 양동이가 유일했다.

가죽 양동이는 보통 여러 명의 사람이 수원으로부터 화재 지점까지 줄을 길게 늘어서서 물이 담긴 양동이는 화재 방향으로, 빈 양동이는 수원 쪽으로 옆 사람에게 전달하거나 또는 일일이 수원에서 물을 퍼서 화재 방향으로 들고 가는 것을 반복해서 물을 옮기는 도구였다. 하지만 효과적이고 유일한 진압 도구였던 양동이는 불꽃 가까이로 가져가기는 어려웠다.

소방대의 등장과 소방펌프

역사를 바꾼 재난 런던 대화재

1666년 9월 2일 일요일부터 6일 목요일까지 런던에서 대화재가 발생했다. 이 화재로 1만 3200채의 가옥과 87채의 교구 교회, 세인트 폴대성당 등 화재 범위 내 건축물 대부분이 파괴되었다. 이는 런던 전체 건축물의 대략 5분의 4에 달했다. 이 사고로 인한 인명 피해는 공식 기록에 따르면 열 명 내외라고 알려졌으나 이는 등록된 인구이거나 수습된 시신의 수이며 정확한 인명 피해 규모는 파악조차 되지 않았다. 당시 영국에서 가장 큰 도시인 런던의 인구는 약 35만 명에서 40만 명 사이로 추산된다.

화재의 규모와 피해가 컸던 가장 큰 이유는 가연성 물질로 지은 건물이 조밀했기 때문이다. 사실 런던에서는 1632년에도 대화재가 발생한 적이 있었다. 그래서 도시 안에는 나무나 초가지붕이 금지되어 있었지만 런던으로 계속 유입되는 빈곤한 사람들은 이를 잘 지키지 않았다. 런던에는 민간이 출자해 조합식으로 운영되는 소방대도 있

1666년 9월 4일 화요일 저녁 세인트캐서린 부두를 배경을 그린 것으로 추정되는 무명 화가의 작품. 왼쪽에는 런던교가 있고 오른쪽에는 런던탑이 불타는 모습이다.

었지만 화재에 취약한 데다 밀집해 있는 건축물들이 한꺼번에 타오르는 화재의 규모 앞에서 대응하기에는 역부족이었다.

화재로 무너진 런던을 재건하기 위해 많은 안이 나왔다. 도시의 위생 등 전반적인 개선이 있었고 도로 폭을 넓히는 등 화재 안전 면에서 변화를 꾀했다. 하지만 부족한 재정과 노동력 문제 외에도 자신의 건축물이 그대로 복구되길 바라던 기존 건물주 등의 반대에 부딪혀 전면적인 도시 재건 계획은 실현되지 못했다.

화재보험과 사설 소방대의 설립

영국의 의사 니콜라스 바본Nicholas Barbon은 경제학자이자 금융업자로서 대화재 발생 직전 적극적으로 부동산 개발을 하던 인물이었다.

화재 1년 후 영국 국왕은 바본에게 화재로 인해 바닥난 왕실 재정을 메우기 위한 해결책을 마련하라는 왕명을 내렸고, 바본은 도시 재건을 위한 부동산 개발 자금을 조달하는 수단으로 주택대출상품 판매와 화재보험을 고안해 냈다. 바본은 1667년 화재보험 회사인 '파이어 오피스The Fire Office'를 설립하고, 1690년에는 영국 최초의 토지은행인 '내셔널 랜드 뱅크National Land Bank'를 설립하여 모기지 대출을 판매했다.

화재보험 회사의 기본적인 보장 내용은 화재로 인해 보험 가입자가 피해를 입었을 때 보험료에 상응하는 금전적 보상을 해 주는 것이었다. 화재보험 회사는 주보장 내용 외에도 보험 회사 소속으로 전문 소방대를 두어 가입자의 건축물을 화재로부터 직접 보호해 주는 서비스를 제공했다. 초기의 보험 회사 소속 전문 소방대는 템스강에서 작은 선박을 이용해 하천과 하구로 승객과 화물을 운송하던 뱃사공을 고용해 구성했다. 바본의 화재보험이 높은 수익률을 거두며 성공한 사실이 알려지자 그 뒤로 많은 보험 회사가 생겨났고, 보험 회사들은 바본의 화재보험처럼 회사별로 소속 소방대를 두었다.

초기 화재보험의 보호 대상은 인명 보호보다는 재산인 건축물에 초점이 맞춰져 있었다. 사설 소방대가 활동하는 근거는 건축물 소유자와 보험사 간의 사적 계약의 체결이었다. 보험 계약자는 소방대가 자기 회사의 계약자임을 쉽게 알 수 있도록 건축

ⓒ Marathon/CC SA

영국 켄트주 루스의 한 주택에 핸드 인 핸드 화재생명보험사의 계약자임을 알리는 표식이 붙어 있다.

물 외벽에 보험 회사의 표식을 부착했다. 해당 건축물에서 화재가 발생하면 보험사 소속의 소방대가 출동해 화재를 진압하고 요금을 청구하는 식으로 화재 진압이 이루어졌다.

그런데 시간이 지나며 보험에 가입하지 않은 건축물에서 시작된 화재가 확대되어 결국 보험 가입자의 건축물까지 화재에 휘말리는 일이 잦아졌다. 결국 보험 회사 소속 소방대의 활동이 보험 가입자의 재산만 방어하는 소극적이고 사적인 영역에서 벗어나 점차 모든 화재에 대응하는 적극적이고 공적인 영역으로 확장되었다. 이후 '핸드 인 핸드 화재보험사Hand in Hand Fire Insurance Company'가 설립되고 많은 화재보험사를 합병하며 보험 회사 소속 전문 소방대의 활동이 점점 더 공공성을 띠게 되었다.

수동 소방펌프

1650년 독일의 발명가인 한스 하우치Hans Hautsch는 커다란 욕조 같은 사각형 수조 안에 대형 주사기 펌프 두 개를 눕혀 놓고 각각에 긴 막대를 달아 사람의 힘으로 물을 뿜을 수 있는 썰매가 달린 수동 소방펌프를 발명했다. 이 펌프는 최대 20미터 높이까지 물을 뿜어낼 수 있었다고 한다.

대화재를 겪은 후 1678년 영국의 존 킬링John keeling이 수동 소방펌프를 개선했다. 개선된 수동 펌프는 640리터의 물을 담을 수 있는 큰 수조에 지렛대로 조작하는 두 개의 피스톤 펌프를 수직으로 설치해서 분당 최대 380리터를 연속적으로 분사할 수 있었다. 또 수레바퀴를 달아 이동이 용이했다. 이동성을 고려했다는 점에서 최초의 소방

ⓒ 저작권자 미상/CC BY SA
런던박물관에 전시된 17세기 존 킬링의 수동 소방펌프차.

차라고 부를 수 있는 이 수동 소방펌프는 효과적인 사용과 유지 보수를 위해서는 기존의 화재 진압 방식처럼 불특정 다수의 사람이 조작하는 것이 아니라 전문성 있는 전담 인력이 필요했다. 보험 회사 소속의 전문 소방대 같은 조직이 이런 역할에 적합했다.

2016년 런던 대화재 350주년을 맞아 전문 마차 복원업체인 '크로퍼드 코치빌더스Croford Coachbuilders'는 박물관에 남아 있는 수조와 펌프를 기초로 존 킬링의 수동 소방펌프를 복원했다. 복원에 참여한 사람들이 이를 실제 사용해 보니 500킬로그램가량의 무게로 끌고 다니기엔 무거운 데다 조향 기능이 없어 이동성이 상당히 떨어졌다. 또 분당 3.5리터로 5미터 정도 거리만 물줄기를 뻗을 수 있었고, 그나마도 펌프질의 힘이 작용할 때만 물줄기가 세고 그러지 않을 땐 물줄기가 약해지는 맥동 현상이 심해 조악하다는 평가를 내렸다.

대화재를 겪은 런던 당국은 도시를 위협하는 화재 위험과 대화재의 교훈으로 도시 방화 정책을 적극적으로 펼쳐 나갔다. 1708년에는 모든 교구에 수동 소방펌프를 보유할 것을 의무화했고, 조악한 소방펌프를 개선하는 사람에게는 상금을 준다는 공약도 내걸었다. 런던의 이러한 정책은 소방펌프의 수요를 크게 늘렸고 펌프의 성능을 개선하는 계기가 되었다.

1721년 런던에서 단추 제조업자 리처드 뉴샴Richard Newsham이 만든 소방펌프가 우수 펌프로 선정되고 영국 왕립협회로부터 특허를 받았다. 뉴샴의 펌프는 차폭이 좁고 조향을 할 수 있어 런던의 좁은 골목길도 다닐 수 있었다. 또 차폭이 좁아진 대신 전장을 늘렸고, 늘어난 방향으로 사람이 힘을 가하는 손잡이를 배치해 많은 사람이 펌프질을 할 수 있도록 했다. 즉 뿜어내는 물줄기가 더 강해진 것이었다. 기다란 모양의 소방펌프 양옆에서 사람들이 펌프질을 할 수 있는 이 펌프는 사이드 펌프Side-Pump라고 불렸다.

여기에 더해 펌프질로 압력을 얻은 물줄기는 공기가 차 있는 서지 탱크surge tank를 거치도록 했다. 서지 탱크 속 공기는 펌프질로 인해 물줄기가 나올 때는 공기가 압축되었다가 펌프질을 하지 않을 때는 그 압축력으로 물줄기를 내보냈다. 서지 탱크는 피스톤 펌프의 태생적인 맥동 현상을 완화했다. 뉴샴의 개선 사항은 이후 수동 펌프가 실용 단계로 들어서는 데 큰 역할을 했다.

1726년 영국 북동부 요크셔주에 수동 소방펌프를 전문적으로 운용하기 위해

ⓒ Flominator/CC BY SA
19세기 말 리처드 뉴샴의 소방펌프. 차폭이 좁고 조향이 가능했다.

영국 최초로 시의 재정으로 급료를 받는 유급 소방대가 설치되었다. 개선된 수동 소방펌프가 천천히 보급되며 1824년 에든버러와 1828년 맨체스터에도 제한적 활동 구역을 가진 공설 소방대가 조직되었다.

ⓒ Linnaea Mallette/CC 0

미국 서부의 양철 재질의 화재 진압용 양동이.

1829년 증기 소방펌프가 최초로 발명되었고, 1856년 런던에서 조례를 제정하여 공공이 도시 방화 기능을 수행할 수 있도록 했다. 공적 자금을 바탕으로 최신 기술의 소방펌프를 보유하고 화재 진압을 주업무로 수행하며 전문성을 갖춘 공공 소방대의 운용으로 런던의 화재 진압 능력은 점차 향상되었다.

금속 양동이로의 진화

공공 소방대는 열악한 도로 사정과 무거운 소방펌프의 이동력이 제한된 탓에 도시의 중요한 곳에만 집중될 뿐 그 능력이 도시 구석구석에까지 닿지 않았다. 그뿐 아니라 당시의 조악한 기술로 만들어진 수동 소방펌프와 증기 소방펌프는 화재 현장에서 그다지 효율적이지 않았다. 무엇보다 제때 도착할 수 없었기 때문이다. 도시 곳곳에서 산발적으로 일어나는 화재 진압은 여전히 불특정 다수인이 행렬을 만들어 양동이를 전달하는 것이었다.

한편 화재 진압 도구로서 양동이는 금속 제련 기술의 진화에 따라 1820년대와 1830년대에 걸쳐 바느질로 꿰맨 무겁고 변질되기 쉬운 가죽 양동이에서 리벳으로 이은 가벼운 금속 양동이로 변해 갔다.

식민지 미국의 화재 방어 정책

초기의 화재 대응 방식

영국은 1492년 콜럼버스가 미 대륙을 발견하고 1584년 월터 롤리 경Sir Walter Raleigh이 로어노크섬을 찾아낸 뒤 본격적으로 미 대륙에 식민지를 건설했다. 이후 1607년 영국의 군인 존 스미스John Smith가 버지니아주에 영국 왕 제임스 1세의 이름을 딴 제임스타운을 만든 것을 시작으로 서서히 인구가 유입되었다. 식민지가 성공적으로 자리 잡아가며 본국에서 종교적 박해나 형벌을 피해 퀘이커 교도가 펜실베이니아, 청교도가 뉴잉글랜드, 범죄자는 조지아에 정착했다. 곧이어 다른 열강도 하나둘 미 대륙으로 진출했다. 네덜란드는 뉴네덜란드(지금의 뉴욕), 프랑스는 캐나다 퀘벡, 스페인은 플로리다반도에 정착하기 시작했다.

북미 식민지는 대도시를 중심으로 각 연방정부가 수립되며 영토마다 최소한의 국가 작용을 하는 야경국가 형태로 운영되었다. 화재와 관련해서는 초기 연방정부에서 권한을 위임받은 감시자가 화재를 예방했다. 화재 발생 시에는 본국에서 했던 것처럼 인근 주민의 자발적 참여에 의한 양동이 행렬로 화재를 진압했다.

1648년 네덜란드령 식민지 뉴암스테르담의 주지사였던 피터 스타이베선트Peter Stuyvesant는 관할 지역에 살고 있는 거주민 중 일부를 화재 감시관으로 임명했다. 네 명이 한 조로 구성된 화재 감시관fire warden은 주기적으로 관할 지역을 순찰하며 굴뚝과 난로의 사용, 화재 진압용 가죽 양동이의 보유 현황 등 화재와 관련한 조례를 지키고 있는지 점검했다. 이들은 위반 사례를 적발할 경우 최대 20실링의 벌금을 부과할 수 있는 권한도 갖고 있었다. 1653년에는 화재 예방 조례가 강화되어 뉴암스테르담의 모든 주택은 12피트 길이의 삽처럼 생긴 화재 진압 장비를 비치해야 했고, 마을 구성원은 거주 건축물에 해가

ⓒ 3388358/CC 0

1939년경 발견한 래틀 벨. 화재를 목격하면 이 나무종으로 화재경보를 울려 마을 사람들을 불러모은다.

지기 전까지 화재 진압용 가죽 양동이 세 개에 물을 채워 놓아야 했다. 1658년에는 자원봉사자 화재 감시관의 조 편성 규모가 네 명에서 여덟 명으로 확대되었다. 화재 감시관은 밤마다 순찰을 돌며 화재를 감시했다. 화재를 목격하면 지급된 나무종인 래틀 벨rattle bell로 화재 경보를 울려 소리를 듣고 나온 마을 사람들을 화재 진압을 위한 양동이 행렬에 참여하라고 지시할 수 있었다.

식민지 미국의 화재 진압 양식은 본국인 영국과 크게 다르지 않아 많은 사람이 사다리, 도끼, 갈고리를 사용하는 것이었다. 또 주사기 펌프(스쿼츠)와 함께 미리 건축물에 걸어놓은 물을 채운 가죽 양동이로 화재를 진압했다.

네덜란드령이던 뉴암스테르담 식민지는 1683년 영국령으로 바뀌며 뉴욕이 되었다. 뉴욕은 1687년 조례를 만들어 모든 시민이 거주자의 이름 이니셜이 명확하게 표시된 가죽 양동이 하나를 굴뚝에 걸어둘 것을 의무화했다. 이를 위반할 경우 6실링의 벌금을 부과했다.

미국 식민지 시대 초기 다른 식민지 정부들 역시 뉴암스테르담의

경우와 크게 다르지 않았다. 보스턴의 경우를 조금 더 살펴보자. 보스턴의 역사에서 기록이 남아 있는 최초의 화재는 1630년 3월 16일 토머스 샤프Thomas Sharp의 집에서 발생한 화재다. 당시 이주민이 거주하던 건축물은 본국의 거주 양식을 옮겨와 주로 초가지붕에 나무 굴뚝을 사용했는데, 이 화재 역시 나무 굴뚝에서 시작한 불이 이웃집까지 번지며 확산되었다고 나와 있다.

화재 직후 보스턴의 주지사인 영국의 변호사 출신 존 윈스롭John Winthrop이 도시 행정위원회board of selectman를 통해 나무 굴뚝과 초가지붕을 금지하는 조례를 정했다. 보스턴에서도 뉴암스테르담의 화재 감시관과 유사한 벨맨bell man을 지정해 순찰을 강화함으로써 화재를 예방했다. 벨맨은 밤 10시부터 새벽 5시까지 야간 순찰을 돌며 화재와 관련한 특이사항을 발견하면 휴대용 종을 울려 주변에 위험을 알렸다.

화재 진압용 가죽 양동이

식민지가 안정화되며 미국은 풍부한 자원과 노동력을 갖추면서 산업 역량을 확보해 나갔다. 그러자 영국, 프랑스 등 본국에서는 자국의 산업을 보호하기 위해 미국 식민지에서 생산하는 여러 물품에 대해 완제품을 만들지 못하게 하거나 제조하더라도 본국으로 수출하지 못하도록 제한을 두었다. 가죽 양동이도 여기에 해당하는 품목이었다. 이 때문에 미국에서는 직접 가죽 양동이를 제작하려면 몰래 만들어야 했고 제조업체도 드물었다. 하지만 각 연방정부의 화재 예방과 관련한 규정에는 공통적으로 건물에 화재 진압 전용 가죽 양동이를 비치할 것을 의무화해서 가죽 양동이에 대한 수요가 많았다.

초창기 미국은 영국에서 제조한 가죽 양동이 완제품을 그대로 수입해 사용하다가 나중에는 완제품 생산과 수출 금지 규제를 피해 영국의 것을 모방해 자체적으로 만들기 시작했다. 따라서 초기 식민지 시대 미국에서 제조한 화재 진압용 가죽 양동이의 형상은 영국의 것과 흡사했지만 점차 각각의 주마다 고유한 특색을 갖게 되었다.

ⓒ 3387419/CC 0

1936년경 미국에서 발견한 화재 진압용 가죽 양동이. 이름이 적혀 있다.

건축물을 소유하거나 사용하는 시민은 조례에 따라 화재 예방을 위해 화재 진압용 가죽 양동이에 자신의 이니셜을 적고 물을 채워 걸어 놓아야 했다. 건축물에 걸어 놓아야 하는 양동이 수는 건축물의 사용 용도에 따라 달랐다. 예를 들어 제빵사는 세 개, 양조업자는 여섯 개의 양동이를 걸어 두어야 했다. 불이 날 가능성에 따라 가중치를 두었던 셈이다. 시민들이 조례를 위반해 거둬들인 벌금은 사다리나 양동이 같은 공동 소방 장비를 구매하거나 유지하는 비용으로 쓰였다. 도시에 화재가 일어나 화재 감시자가 경보를 발하면 시민은 화재를 진압하는 사람들이 공용으로 쓸 수 있도록 자기 소유의 양동이를 거리로 던져서 지원했다가 화재 진압이 완료되고 나면 양동이는 표기된 이름을 보고 주인에게 돌려주었다.

18세기 미국에서 화재 진압용 가죽 양동이는 화재를 진압하는 주 기능과 함께 소유자의 재력이나 신분을 과시하는 사회적 기능도 있었다. 일반 시민의 가죽 양동이에는 꼭 필요한 정보인 소유주의 이니셜과 일련번호만 적혀 있었다. 하지만 부유한 사람의 양동이에는 건물 그림이나 주인의 초상화, 상징적인 이미지가 아름답게 그려져 있었다. 가죽 양동이 자체도 값이 비싸서 화재 진압에 공동으로 사용되던 양동이가 회수되지 않으면 소유자가 공무원을 상대로 소송을 제기할 정도였다. 사람들은 자신의 사회적 성공을 상징하는 가죽 양동이를 소유하는 것 자체를 자랑스러워했다.

산업 발달로 개량된 금속 양동이

가죽 양동이는 미국에서도 영국에서처럼 채굴과 제조 기술의 발전에 따라 금속 양동이로 빠르게 대체되었다. 상수도 설비가 구축되고 화재 진압을 위한 수원도 곳곳에서 활용할 수 있게 됨에 따라 화재 시 사람들이 양동이를 나르는 거리가 전반적으로 가까워졌다. 양동이를 거는 위치도 개별 건축물의 외벽에서 학교 구내식당이나 군대 막사 앞 등 화재가 발생할 우려가 있는 공동 시설이나 눈에 잘 띄는 곳에 보관되었다.

일상생활에 사용하는 양동이는 물을 채운 채 바닥에 놓을 수 있지만 양동이를 화재 진압에 사용할 때는 항상 사람이 들고 있어야 했다. 그래서 도난을 방지하거나 화재 진압에 좀 더 편리하도록 바닥을 원뿔 모양으로 만들거나 손잡이를 바닥에 단 화재 진압용 금속 양동이도 제조되었다. 미국도 영국에서처럼 수동 소방펌프가 보급된 이후 오랫동안 양동이가 화재 진압에 중요 역할을 했다.

수동 소방펌프의 전파

영국의 최신 기술인 수동 소방펌프는 등장한 지 얼마 지나지 않아 미 대륙에 빠르게 전파되어 1678년 존 킬링이 개선한 수동 소방펌프가 같은 해 보스턴에서도 도입되었다. 영국에서는 보링 머신boring machine이 발명되고 나무 재질의 규격 파이프를 대량으로 만들 수 있게 됨에 따라 나무 수도관으로 된 상수도망이 구축되었다. 영국의 발전 과정은 미국에도 똑같이 이식되었다. 도시 상수도 설비가 발전함에 따라 상수도망을 따라 수동 펌프의 가용 범위가 넓어지고 효용도 높아졌다.

미국 특유의 공공 영역의 방화

미국 도시 전체의 공공 영역 방화防火 역시 선례가 된 영국과 비슷하게 발전했다. 보험 회사의 화재보험을 중심으로 사적 영역의 방화가 공공성을 띠는 방향으로 변화한 것이다.

남북전쟁 후인 1853년 4월 1일 오하이오주 신시내티에서 정규직 직원으로 구성된 전문 소방대의 출범을 분기점으로 주 정부에 의한 공적 영역의 방화 역량도 점점 강화되었다. 미국은 주 중심의 특유한 지방자치 행정이 발달했지만 영토가 너무 넓어 정부의 행정력만으로 공공 방화 기능을 제공하는 데 한계가 있었다. 이런 이유로 미국은 자원봉사자 중심으로 방화가 이루어졌다. 초기에 진압해야 하는 화재의 특성상 자기 공동체의 문제를 스스로 구제해야 할 필요와 이웃을 위한 봉사의 가치를 높게 평가하는 사회 분위기가 한몫했다. 지금까지도 이러한 경향이 이어져 미국의 소방관은 2015년 기준으로도 약 70퍼센트가 자원봉사자로 구성되어 있다.

이처럼 영국과 미국을 중심으로 살펴보았을 때 오랜 기간에 걸쳐 도시에서 난 불을 예방하는 것은 시민에 대한 일반적 금지와 처벌 위주였고, 불을 실질적으로 끄는 것은 가장 중요한 소화약제인 물을 제때 사용하기 위한 운반 방법의 개선이었다.

도시에 상수도 시설이 갖춰지지 않았을 때 화재 진압에 필요한 엄청난 양의 물을 옮기는 데에는 많은 노력이 필요했다. 화재 진압 장소는 너무 뜨겁고 연기가 나서 양동이로는 유효한 곳에 물을 끼얹을 수 없었고, 열을 피해 먼 곳까지 물을 뿜을 수 있는 스쿼츠는 적은 양의 물만 화재 지점으로 보낼 수 있었다. 수동 소방펌프와 상수도가 발전하며 진압 능력이 커졌지만 그 정도로는 충분하지 않았다. 도시가 밀집해지고 산업이 발전하며 화재 대비의 중요성과 필요성이 점점 커져 갔기 때문이다. 이러한 수요에 따라 18세기 초반 무렵부터 다양한 방법의 화재 진압용 기기와 장치가 등장하기 시작했다.

4장

현대적 소화 기구의 등장

화약으로 작동하는 소화 기구

자카리아스 그레일의 물통

 옥내 소화전이나 스프링클러처럼 건물에 고정해 설치하는 소방 시설과 사람이 들고 다닐 수 있는 소화기를 구분 짓는 본질적 차이점은 사람의 힘으로 이동 가능한지 여부다. 여기에 또 다른 점 하나는 불을 끄는 물질을 분사하는 동력이 외재적인 것인지 아니면 장치 자체에 내재된 에너지를 독립적으로 이용하는 것인지로 구분할 수도 있다. 이러한 관점에서 단지 소화약제를 담는 용기의 차이를 넘어서 자체 힘으로 작동하는 장치인지 여부야 말로 소화 기구로서 정체성을 가진다고 볼 수 있다. 장치 자체의 힘으로 약제를 분사하는 소화

ⓒ Sándor Kovács
화약 폭발식 소화 기구를 발명한 자카리아스 그레일의 장치 복원물.

장치는 18세기 초에 처음 등장했다.

처음으로 사용된 방법은 작은 양으로도 많은 에너지를 지닌 화약을 이용하는 것이었다. 1715년경 독일 아우스부르크의 은세공인 자카리아스 그레일Zacharias Greyl이 화약 폭발식 소화 기구를 발명했다. 이 발명품은 약 20리터의 물을 채운 나무 물통 안에 주석판으로 밀봉한 0.9킬로그램의 화약을 중심부에 배치하고 뇌관과 연결된 심지를 물통 상단으로 빼놓은 것이었다.

이 장치는 건물 내부의 화재가 나기 쉬운 곳에 세워 놓아 불이 날 경우 자동으로 사용할 수 있었다. 화재가 발생하면 불꽃이 심지에 불을 붙이기 때문이다. 또는 화재가 날 경우 나무 물통을 안으로 굴려 넣거나 안전한 바깥에서 심지에 불을 붙이고 심지가 타는 동안 화염 속에 물통을 옮겨 놓는 수동식으로도 사용할 수 있었다. 물통 내부의 화약이 폭발하면 물통 안의 물과 수증기, 가스 등이 실내 공간을 채우며 불을 끄는 원리였다.

앰브로즈 고드프리의 물통

1669년 독일의 연금술사 헤니히 브란트Hennig Brandt는 값싼 금속을 금으로 바꿀 수 있는 물질인 '현자의 돌'을 만들기 위해 연구하던 중, 황금과 같은 색인 소변을 증발시키고 응축해서 최초로 인을 발견하

고 그 물질에 '포스포러스Phosphorus'
라는 이름을 붙인 인물이다. 브란트
에게는 독일 출생의 연금술사 앰브
로즈 고드프리Ambrose Godfrey라는 제
자가 있었다. 고드프리는 아일랜드의
화학자 로버트 보일Robert Boyle의 실
험 조수로 고용되어 영국으로 이주
한 후 1679년 보일이 독자적으로 인
을 발견하는 데 기여했다. 이런 경력
으로 보아 스승 브란트의 연구 결과

1724년 앰브로즈 고드프리의 저서 중 자신의 발명품을 묘사한 삽화. 소화기의 세 가지 변형을 보여 준다.

를 잘 알고 있던 고드프리가 보일에게 상당한 영향을 주었음을 짐 작할 수 있다. 고드프리는 보일과 2년 동안의 연구가 끝난 후에도 사람의 대소변을 모으고 처리해 인을 만드는 일을 계속하며 부를 축적했다.

고드프리는 1724년 독일의 자카리아스 그레일의 화약 물통과 구조 및 원리가 유사한 장치를 만들어 영국에서 특허를 취득했다. 그는 《폭발과 질식으로 화재를 진압하는 새로운 방법에 대한 설명An account of the new method of extinguishing fires by explosion and suffocation》이라는 저서에서 이 장치에 관해 상세하게 기술했다.

책의 내용에 따르면 이 장치는 물이 차 있는 배럴이라는 나무 물통과 물통 안 중심부의 화약통으로 나뉘는데, 화약통은 외부로 노출된 도화선과 연결되어 있다. 화약통은 물통 중앙에 퓨즈와 함께 물에 젖지 않도록 타원형 주석 합금으로 싸여서 움직이지 않도록 고정되어 있었다. 물통 위쪽엔 원형 구멍을 뚫어서 합금통 위로 퓨즈까지 닿는

출처: 송병준

고드프리의 소화 장치. 저서의 내용을 토대로 재구성한 삽화.

도화선이 젖지 않도록 파이프로 물통 안팎을 연결했다.

화재가 날 경우 도화선에 자연적으로 불이 붙거나 혹은 일부러 도화선에 불을 붙인 후 선이 타들어 가는 시간 동안 물통을 화재 진압에 적절한 장소로 이동시킨다. 그 후 물통 내부의 화약이 폭발하면 그 폭발력에 의해 나오는 물과 가스를 이용해 화재를 질식 소화하는 원리라고 기록되어 있다. 그레일의 발명과 거의 동일한 것이라 할 수 있다.

고드프리는 이 장치를 널리 알리기 위해 두 채의 목조 건물을 새로 짓고 런던 왕립학회 회원을 포함해 많은 사람을 모은 후 그들 앞에서 불을 질러 장치를 직접 작동시켰다. 이 장치는 시연에서 화재를 효과적으로 진압하는 모습을 보여 주었다. 이런 성공적 시연을 계기로 고드프리는 영국 왕립학회의 회원이 되었다. 현재 이 발명품의 복원물은 남아 있지 않으며 대중적으로 사용되었다는 흔적도 없다. 단지 농업, 무역, 예술, 과학 분야를 주제로 리처드 브래들리Richard Bradle가 발행한 주간지 《위클리 메신저Weekly Messenger》의 1729년 11월 7일 자 "런던의 화재를 방지하는 장치의 효율성"이라는 기사에서 잠깐 언급한 기록만 남아 있다.

고드프리가 독일 태생인 점과 그의 저서에 담긴 삽화와 발명품에 대한 묘사에 비추어 볼 때, 특허 등록 8년 전에 만들어진 독일의 자카리아스 그레일의 물통과 기능 및 원리가 동일하다는 점에서 고드프리를 이 소화 기구의 최초 발명자라고 단언하기는 힘들다.

그 밖의 폭발식 분말 소화 기구

독일의 군인인 로스Roth는 화재를 진압할 만큼의 충분한 물이 없는 군대가 머무는 주둔지의 특성을 고려해 분말로 화재를 진압하는 기구를 고안했다. 그가 만든 소화 기구는 나무 물통 중심에 폭약을 설치하고 물통 안 나머지 공간에 금속의 황산염이 주재료인 명반가루를 채운 것이었다. 로스는 1770년 오스트리아 빈의 에슬링 지역에 있는 한 상점에서 불이 나자 이 소화 기구의 성능을 시험하기 위해 사용해 보았다. 소화 기구가 폭발하며 불은 성공적으로 꺼졌지만 상점 역시 흔적도 없이 사라졌다고 전해진다.

19세기 말 러시아의 발명가 셰프탈N. B. Sheftal이 두꺼운 종이로 만든 육각 기둥 모양의 곽 안에 명반, 탄산수소나트륨, 암모늄 가루를 채우고 중앙에 종이로 싼 화약과 퓨즈를 장치한 소화 기구 '포자로가

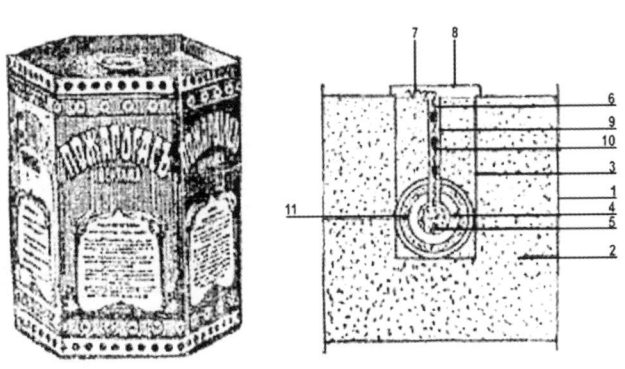

© N. B. Sheftal
출처: https://ko.topwar.ru/152009-istorija-tehniki-ogneborcev-himija-i-pozharnaja-avtomatika-chast-1.html
19세기 말 러시아의 발명가 셰프탈이 고안한 소화 기구 '포자로가스'.

스Pozharogas'를 만들었다. 이 소화 기구는 약 8킬로그램 정도의 무게였는데, 심지에 불을 붙이면 폭발할 때까지 12~15초 걸려서 그 사이 적당한 장소로 운반할 수 있었다. 또 심지 중간중간에 화약을 설치해서 불이 붙으면 3~4초마다 작은 폭발이 일어나도록 해 사용하는 사람이 시간을 가늠할 수 있었다. 하지만 소화 성능이 물에 비해 상당히 뒤떨어지는 데다가, 약제를 퍼뜨리는 기능을 하는 화약 자체가 사용과 보관에 위험성이 있어서 대중화되지는 않았다.

휴대성을 강화한 최초의 축압식 소화기

오늘날 소화기는 건축물 곳곳에 사용 장소의 용도에 따라 적응성 있는 것을 배치하도록 되어 있다. 소화기는 화재를 인지한 사람이 별도의 준비 없이 바로 사용해서 초기에 화재를 진압할 수 있도록 만든 장치다. 스프링클러는 초기에 화재를 진압하는 장치이지만 사람의 개입 없이 자동으로 작동한다는 점, 구성 요소 전부가 건축물에 고정되어 있다는 점에서 소화기와 구별된다. 옥내 소화전은 사람이 판단하고 운용한다는 점에서 소화기와 같지만 구성 요소의 일부가 건축물에 고정되어 있어 사용 범위가 정해진다는 점에서 소화기와 구별된다. 이처럼 소화기는 스프링클러나 옥내 소화전 같은 고정 소방 설비의 기능이 닿지 않는 공간에서 초기에 화재를 방어한다.

소화기가 이 같은 역할을 원활히 하려면 적어도 다음 세 가지 요건을 갖춰야 한다. 첫 번째는 별도의 동력 없이 자체의 힘만으로 작동할 수 있어야 한다. 두 번째는 탁월한 소화 성능을 가져야 한다. 세 번째는 이런 기능을 가진 채 사람이 쉽게 운반할 수 있어야 한다는 것이다. 운반 가능해야 한다는 요건을 충족하기 위해선 장치의 크기와 무게가 작을수록 유리하지만 나머지 요건은 장치가 클수록 유리하다. 이런 상충하는 요건의 속성 때문에 세 가지 모두를 만족시키는 소화 기구의 발명은 쉽지 않은 일이었다. 이와 같은 소화기의 요건을 충족시킨 최초의 현대식 소화기는 19세기 초 처음으로 등장했다.

영국인 조지 맨비George W. Manby는 1807년 프랑스인 포로를 태운 함선 HMS스나이프가 폭풍우에 난파되어 200명이 넘는 사상자가 발생하는 것을 가까이서 지켜본 후 소형 대포를 개조해 해상에서 인양 밧줄을 먼 곳까지 보낼 수 있는 발명품을 만들어 많은 사람의 생명을 구한 인물로 유명하다.

맨비는 1813년 '익스팅투어Extincteur'라 명명한 휴대용 소화기를 개발했다. 이 발명 역시 그가 런던 시내를 걷던 중 화재 현장에 출동한 소방대가 건물 꼭대기 층에서 난 불을 진압할 만한 장비가 없어 쩔쩔매던 모습을 목격한 것이 계기가 되었다. 1816년에 공개적으로 시범을 보인 익스팅투어는 네 개의 실린더가 들어 있는 나무 상자였다. 각 실린더는 약 14리터의 내부 용량을 가진 구리 재질의 용기로 그 안에는 당시 플로지스톤 이론에 입각해 '안티플로지스틱 플루이드Antiphlogistic Fluid'라고 명명한 소화약제와 압축 공기가 밀봉되어 있었다.

이 안티플로지스틱 플루이드는 나무를 태운 재를 정제해 추출한 탄산칼륨 수용액 즉 잿물이었다. 사용 시 노즐을 겨누고 마개를 열면 용기 내부에 있는 압축 공기의 힘으로 소화약제가 분사되는 원리였다. 맨비는 특허 청구항에서 익스팅투어 상자나 상자 속 개별 실린더를 카트에 실으면 혼자서도 소화 기구를 빠르게 운반할 수 있으며,

1816년 런던 소방협회에 의해 맨비가 발명한 휴대용 소화기 삽화.

가죽끈을 실린더에 달 경우 어깨에 걸고 사다리도 올라갈 수 있다고 설명하며 발명품의 휴대성을 강조했다.

익스팅투어의 각 실린더는 휴대가 용이하고 순수한 물이 아닌 소화약제를 사용한 점, 따로 힘을 들이지 않고 충전된 압축 공기로 내용물을 분사할 수 있다는 점에서 최초의 현대식 소화기라고 할 수 있다. 맨비의 현대식 소화기의 발명은 물과 같은 소화약제의 공급원이 없는 장소에서 수동 소방펌프의 물줄기나 양동이가 닿기 곤란한 곳이나 소방대가 출동하는 등 별도의 준비 없이 곧바로 불을 끌 수 있는 수단을 고안했다는 점에서 큰 의의가 있다. 맨비의 발명은 이 발상을 구현하는 기능을 가진 후속 장치들이 나오게 해 결과적으로 인간의 화재 진압 영역을 시공간적으로 넓혔다고 할 수 있다.

그러나 당시 기술력으로는 구리 실린더 내부에서 압축 공기를 누설 없이 오래 유지할 수 없었다. 이 문제를 해결하는 동시에 저장된 소화약제를 분사할 수 있는 방법을 찾는 일은 19세기 내내 풀기 어려운 난제였다.

화학 반응으로 작동하는 소화 기구

이산화탄소 수증기 발생 선박용 소화 기구

영국의 발명가 윌리엄 필립스William H. Phillips는 이탈리아 여행 도중 화산 폭발을 목격했다. 그는 화산 폭발 때문에 발생한 산불이 화산으로 인해 생긴 증기와 가스가 머무는 곳에서는 불길이 잦아드는 것을 보고 영감을 얻어 '화재 절멸자Fire Annihilator'라고 명명한 소화 기구를 만들고 1849년 영국과 미국에서 특허를 출원했다.

이 장치는 높이 16인치(40센티미터), 무게 40파운드(18킬로그램)의 측면에 손잡이가 달린 주전자처럼 생긴 기구다. 여기에 물이 담긴 철재질의 외부 용기와 그 안에 목탄 등이 있는 내부 용기, 그리고 내부 용기 위에 화학물질을 담은 두 개의 유리병으로 구성되어 있었다. 제일 안에 황산이 들어 있는 두 개의 유리병 용기는 기폭 가능한 퓨즈와 연결되어 있었다. 소화 기구를 쓰기 위해 퓨즈를 작동하면 유리 용기가 파손되고 그 안의 황산이 내부 용기의 목탄, 질산염, 칼륨과 섞이며 화학 반응을 했다. 이때 이산화탄소와 열이 발생하는데, 열은 외부 용기의 물을 기화시켜 수증기를 발생시키고 이 수증기와 이산화탄소가 화재를

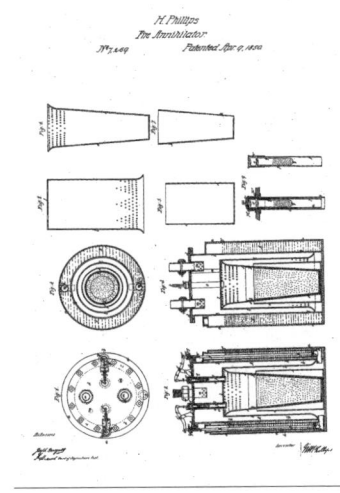

© William Henry Phillips

화재 절멸자의 특허 도면.

진압하는 원리였다. 필립스는 이 발명품이 실내에서 작동하면 이산화탄소와 수증기의 질식 소화 작용으로 화재를 진압할 수 있다고 주장했다. 이 같은 방식은 물로는 잘 꺼지지 않는 기름, 테레빈, 타르, 설탕 등이 타는 불도 끌 수 있다는 차별화된 장점도 홍보했다.

필립스는 1851년 런던에서 열린 대박람회Great Exhibition에 이 소화 기구를 출품하고 대박람회 홍보 간행물에 자신이 만든 소화 기구의 혁신성과 선박에서 사용을 권장하는 내용의 광고를 게재했다. 그는 정부 소유의 선박 화재에 대비하기 위해 이 장비를 의무적으로 설치해야 한다는 탄원서를 의회에 제출하는 등 자신의 발명을 널리 알렸다.

하지만 소화 기구를 만들기 위해 필립스가 런던 배터시에 세운 제조 공장 '어나이얼레이터 웍스Annihilator Works'가 1852년 화재로 전소하는 불운을 겪으며 대중화에 실패했다. 그러나 따로 담아놓은 황산 등의 화학물질이 사용 시 섞여 밀폐된 용기 내에서 화학 반응을 일으키며 작동하는 필립스의 발명품 원리는 곧이어 등장한 소다산 소화기soda acid fire extinguisher의 발명에 지대한 영향을 미쳤다.

이산화황 기체 발생 광산용 소화 기구

화학 기술이 발전하며 물 대신 화학 작용으로 화재를 진압하려는 여러 시도가 있었다. 화학자이자 광산에서 근무했던 하인리히 고틀리프 쿤Heinrich Gottlieb Kühn은 독일 자체적으로 도자기를 만들던 마이센 지역에서 도자기에 녹색 크롬 산화물 도색과 광택 도금 방법을 개발해 독일의 도자기를 명품 반열에 올려 놓은 공적으로 유명하다.

쿤은 밀폐된 광산 화재에 적합한 소화 기구를 만들고 1846년 특허

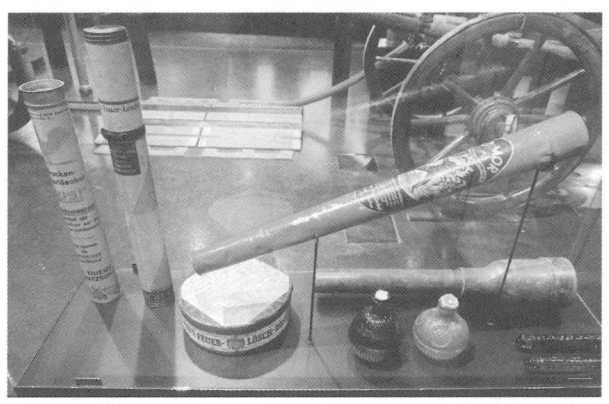

ⓒ Wuselig/CC BY SA

1840년대 독일의 화학 소화기와 하든 스타 유리병 투척 소화기(우측 하단). 통조림 모양은 쿤의 화학 분말 소화기.

를 취득했다. 이 발명품은 통조림처럼 생긴 금속 구조물 안에 초석, 유황, 숯 등을 혼합해 채워 놓고 화약과 도화선을 연결한 것이었다. 사용 시 퓨즈에 불을 붙이면 그 열에 의해 혼합물이 화학 반응을 하며 다량의 아황산가스가 발생하는데, 이 가스가 밀폐된 공간을 채우며 질식 소화 작용으로 불을 끄도록 고안되었다.

5장

소다산 소화기

특허권 분쟁과 소다산 소화기의 확산

1866년 프랑스 파리에서 프랑수아 칼리에François Carlier 박사와 알퐁스 비뇽Alphonse Vignon이 '렉스탱크퇴르L'Extincteur'라는 소화 기구를 만들어 특허를 출원했다. 이 소화 기구는 필요할 때 용기 내에서 화학 반응을 일으켜 그때 발생하는 이산화탄소의 기체 압력으로 내부의 약제를 외부로 분출하는 방식이다. 긴 원통 모양의 밀폐된 실린더에 탄산수소나트륨 수용액을 채워 넣고 별도 용기에는 주석산을 넣어 사용할 때는 주석산이 담긴 용기를 깨뜨려 탄산수소나트륨이 섞이도록 만든 기구였다.

미국 보스턴의 마일스Miles라는 사람이 칼리에의 특허를 미국에서 행사할 수 있는 권리를 구입했다가 얼마 후 그 특허권을 다시 소방 기구 제조업체 '밥코크Babcock Co.'에 매각했다. 밥코크가 인수한 소다산 소화기의 특허권은 뉴잉글랜드를 제외한 나머지 지역에서 독점적 지위를 행사할 수 있는 속지적屬地的 권리가 포함되어 있었다. 밥코크가 만든 소다산 소화기는 물, 건조된 산성 물질, 탄산수소나트륨이 분리되어 있다가 사용할 때 분말이 물에 녹도록 모두 섞은 후 뚜껑을 닫아 사용하던 조악한 것이었지만 최고 15미터가량까지 약제를 분사할 수 있었다. 하지만 용기의 기밀이 불량해 압력이 빠지고 사용 절차가 번거로운 점 등 미완성 상태였다.

ⓒ Firetech117/CC BY SA
건축물 내부용 소다산 소화기.

밥코크는 자신들이 보유한 소다산 소화기 형식의 배타적 특허권을 유지하기 위해 특허권 다툼이 생길 만한 경쟁자가 나타나면 새로운 소다산 소화기의 특허 권리를 막대한 돈을 들여 사들이며 사업을 확장했다. 그 중에는 '내셔널 소화기 제조사National Extinguisher Co.'의 특허도 있었다. 이 특허의 요점은 주석산 용액을 유리병에 담아 보관하다가 병을 깨뜨려서 주석산이 한꺼번에 탄산수소나트륨 수용액과 섞이게 하는 획기적 방법이었다. 당시엔 이 방법이 가장 간단하고 믿을 만하며 효과적이었다.

그런데 칼리에의 특허가 등록되기 30년 전인 1837년에 그레이엄 Dr. Graham이 이와 유사한 소다산 소화기를 출원했지만 자금이 부족해 특허 등록을 하지 못하고 사망한 일이 있었다. 그레이엄이 사망하고 한참 뒤 그의 유족은 그레이엄의 특허가 밥코크의 소다산 소화기 특허권보다 선행한다고 이의를 제기했다. 1878년 법원이 먼저 출원한 자의 권리를 우선하는 미국의 선출원주의 원칙에 따라 그레이엄의 특허를 인정하는 취지의 판결을 내렸고, 특허권은 그레이엄의 상속인에게 귀속되었다.

이 판결은 결과적으로 소다산 소화기 제조에 대한 밥코크의 독점적 권리가 사라지게 만들었다. 이후 이윤이 많이 남는 소다산 소화기 시장에 '찰스 T. 홀러웨이Charles T. Holloway', 'WK 플랫WK Platt', 'SF 헤이워드SF Hayward', '프로텍션 파이어 어나이얼레이터Protection Fire Annihilator Co', '뉴잉글랜드 소화기New England Fire Extinguisher Co', '아치볼드 그레이엄, 매사추세츠Mass, Archibald Graham' 등 여러 소방 기구 제조업체들이 뛰어드는 계기가 되었다.

소다산 소화기의 개선

스코틀랜드 글래스고의 정유업자이자 소화약제 제조업자인 윌리엄 딕William B. Dick은 1872년 소다산 소화기의 주석산을 조금 더 싼 황산으로 대체해, 이산화탄소를 생성하는 화학 반응을 더 활성화시키고 제조 단가를 절감하는 개선을 이루었다.

1880년 미국 뉴올리언스 출신 알몬 그레인저Almon M. Granger는 프랑수아 칼리에의 발명과 유사하지만 색다른 작동법으로 움직이는 소다산 소화기의 미국 특허를 획득했다. 특허 출원서에 따르면 이 소화기는 화재 시 뚜껑을 열거나 막대기로 용기를 깨뜨리는 대신 용기 밑의 앵글 밸브 손잡이를 돌려 나사산screw thread이 전진하는 힘으로 용

기 내부의 황산 유리병을 깨뜨리는 발명
품이었다. 이전의 방식은 용기의 기밀성
을 해칠 수 있는 데 비해 이 방식은 용기
의 기밀성을 유지하는 데 유리했다. 그
레인저는 일반 주택을 대상으로 이 발
명품을 '런던 소방대의 핸드 펌프London
Brigade-Hand Pump'라는 상품명을 붙여 생
산하고 판매했다.

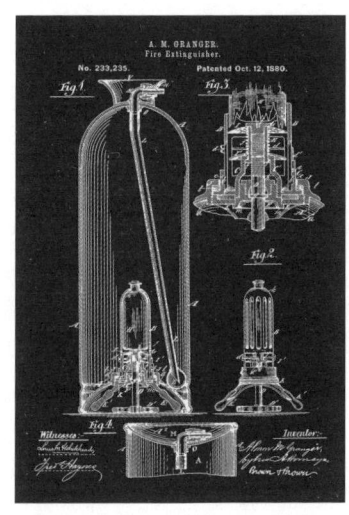

ⓒ Sam Kal/CC 0

1880년 알몬 그레인저의 소다산 소화기 특허 도면.

1888년에는 캐나다 몬트리올의 에드
워드 에니스Edward Ennis가 금속 실린더
와 다른 부품 사이의 이음매에 고무 개
스킷을 적용해 용기의 기밀성을 높이는 방법을 발명했다. 이 같은 개
선은 소다산 소화기의 화학 반응을 최적화하고 성능을 최대화했다.

1889년 프랑스의 모클레르Monsieur de Mauclerc가 만든 소다산 소화
기는 내부에서 생성된 탄산의 압력으로 인해 수직으로 10미터 이상
약제를 분사할 수 있었다고 전해진다.

19세기 후반 프랑스 파리의 기술자 카레Carré는 휴대하기 쉬운 4리
터 용량의 소다산 소화기인 '엑셀시오Excelsior'를 만들었다. 이 소화기
는 평상시엔 배출구와 황산을 깨는 막대가 위쪽을 향하도록 보관하
다가 사용할 때는 막대로 내부의 황산 용기를 깨트린 후 뒤집어 바
닥의 손잡이를 이용해 들고 다니면서 사용할 수 있었다. 이런 유형의
소화기는 독일을 포함해 유럽 여러 나라에 판매되었다.

독일의 빌헬름 그라프Wilhelm Graaff와 한스 미코레이Hans Mikorey는
카레의 소화기에 원뿔형 용기를 적용하고 약제의 조성비를 조절하는

ⓒ George Grinsted/ CC BY SA

"가격은 최소화, 성능은 최대화"라는 뜻의 원뿔형 미니맥스 소화기.

개선품을 만들었다. 빌헬름 그라프는 영업사원 한 명과 함께 1903년 런던 레든홀 거리에 사무실을 차리고 본격적으로 사업에 뛰어들어 자신의 발명품에 '엑셀시오1902Excelsior-1902'라는 이름을 붙여 출시했다. 그라프는 회사 설립 당시부터 광고를 중요하게 생각했다. 포스터, 그림, 서적 및 로고 등 소화기를 상징하는 광고 지면에 나올 이미지를 당대의 대표 예술가에게 의뢰해 만들었다. "미니맥스가 있는 집은 불이 번지지 않습니다"라는 광고 문구 역시 당시 유명한 독일 시인 요아힘 링겔나츠Joachim Ringelnatz가 작성했다. '미니맥스Minimax' 소화기는 직원들에게 이름을 공모해 정했는데 "가격은 최소화, 성능은 최대화"라는 의미였다. 독특한 원뿔 모양의 이 소화기는 이후 대량 생산되어 1960년대까지 유럽 전역에서 수백만 대 이상 팔렸다.

미니맥스는 특징적인 원뿔 모양의 금속제 외부 용기 안에는 6리터의 탄산수소나트륨 수용액과 염산이 담긴 유리병이 있다. 플런저로 유리병을 깨뜨리면 2초 안에 이산화탄소가 발생하면서 최고 4~5기압의 압력을 형성해 소화약제를 8~12미터 거리까지 분사하는 것이 가능했다.

소화 기구 형식의 정형화

도시와 그 안에 거주하는 사람들의 생활양식이 변화함에 따라 소화기는 맨비의 소화기처럼 휴대하기 좋고 자체 동력으로 방사할 수 있는 기본적 조건 외에도 추가로 몇 가지 요구 사항이 생겼다.

보통 실내에서 사용하는 소화기는 화재에서 발생한 열과 연기의 영향권 밖에서도 조작할 수 있도록 비교적 먼 방사 거리가 필요했다. 하지만 분사 압력이 같다고 할 때 방사 거리가 멀면 방사되는 유량은 반비례하여 줄어든다는 문제가 있다.

약제를 분사하는 압력은 클수록 좋지만 용기의 크기는 한정되어 있는 것도 문제다. 또 언제 사용할지 모르는 작동의 순간까지 그 에너지를 변동 없이 유지해야 하는 어려움도 있었다. 오랫동안 분사 기능을 유지하면서도 위험하고 정신없는 화재 현장에서 의도에 맞게 작동할 수 있도록 조작도 간편해야 한다. 이런 까다로운 조건에 가장 적합한 것이 압축 기체를 밀폐된 용기에 넣어 두었다가 사용 시 어느 한 부분으로 압축 기체가 빠져나오게 하는 방법이다.

맨비의 소화기를 시작으로 소다산 소화기, 분말 소화기를 여러 제조사가 경쟁적으로 개발하며 소화기의 양식은 압축 기체를 밀폐된 용기에 저장하는 방법으로 수렴되었다. 이 방식은 소화기 제작 방법의 일정한 표준으로 자리 잡으며 현재까지 통용되고 있다. 용기 내 기체의 압력으로 약제를 방출하는 방법은 별도의 동력 장치가 필요 없다. 또 조작 후 짧은 시간 안에 작동하며, 조작이 간편하고 구조가 간단해 비교적 오랜 기간 보관해도 기능에 이상이 없다는 장점이 있다.

이처럼 소화기의 형식이 필요 사항을 어느 정도 충족하게 되었지만 문제는 소화약제였다. 인류는 자동차, 항공기, 플라스틱, 전기를 사용하는 것이 일반화되면서 이전과는 비교할 수 없는 편리를 누릴 수 있었다. 하지만 화재를 방어하는 입장에서 보면 편리한 물건에서 주로 발생하는 새로운 유형의 화재는 물로는 잘 꺼지지 않는 큰 골칫거리였다. 이 시기 양적, 질적으로 늘어난 소방 수요에 따라 전 세계적으로 수많은 소화 기구 제조업체가 등장했다. 이들은 시장에서 경쟁하며 서로의 생산품을 모방하거나 상대방 제조물의 작동 원리를 재해석한 설계를 적용하는 등의 각축을 벌이며 이전에 없는 새로운 소화 기구를 만들어 냈다. 치열한 경쟁 탓에 시장에 출시된 유사한 소화 기구가 너무 많아 20세기 이후 특허나 상품으로 출시된 소화기를 다 정리하는 것은 어려울뿐더러 시간순으로 나열하는 것은 큰 의미가 없다.

그러므로 다음 장에서는 소다산 소화기 이후 당시 상업적으로 성공한 유형이거나, 특허로 등록되어 있거나, 실물이 현존하거나, 최소한 매체를 통해 광고했던 이력 등 사실이 확인된 기록을 중심으로 가장 먼저 발명되었거나 그 발명이 소화기의 역사에 특이점이 있는 경우만 추려 살펴보자.

6장
유리병 소화기

영국의 유리병 소화기

18세기 말 시작된 산업혁명에 힘입어 영국은 경제적으로 번영하며 빅토리아 시대를 열었다. 산업혁명으로 경제 발전을 이룬 영국에서는 부를 축적한 자본가가 생겨났고 이들은 다른 계층과 차별화된 존재임을 여러 방면으로 과시하려 했다. 이 시기 귀족은 예의와 도덕, 절제와 같은 청교도적 가치관을 미덕으로 여기며 검소함을 지향하는 분위기였다. 하지만 억눌려 있던 상류층의 자기과시 욕망은 오히려 형식적 규칙을 준수하는 것으로 표출되었다.

의복에서는 철사나 고래뼈로 크리놀린이라는 틀을 넣어 치마를 한껏 부풀렸고, 값비싼 천으로 장인이 제작한 사치스러운 레이스 장식을 달았다. 건축에서는 로마네스크, 로코코, 고딕과 같은 과거의 양식을 재해석한 기조를 따르면서 값비싼 자재를 사용하는 것이 유행했다. 검소한 형식을 권장해서 겉옷이나 건물 외관은 비싼 자재이지만 소박해 보였다. 그러나 화려하고 사치스러운 치장이 허용되던 공간이 있었다. 바로 건축물의 실내였다.

이러한 분위기에서 주택 안 화재에 대비하기 위한 소화 기구도 불을 끄는 본연의 기능보다 미려한 장식품으로서의 기능에 초점이 맞춰졌다. 화려한 색상과 아름다운 문양이 들어간 유리로 만든 소화기는 이와 같은 상류층의 취향에 제격이었다. 19세기 후반 이 유리 용기 소화 기구는 약 0.7리터에서 1.8리터가량의 용량으로 사람이 쉽게 들고 다닐 수 있는 크기와 무게였다. 그 안의 소화약제는 동결 방지를 위해 소금을 녹인 염화암모늄 수용액이 채워져 있었다. 소화약제가 차 있는 유리병 투척 소화기는 보통 코르크 마개로 봉해졌는데, 어떤 것은 코르크의 열화를 보완하기 위해 시멘트가 덧대어 있었다.

유리병 소화기는 화염에 직접 던져 유리병을 깨뜨리는 방법으로 사용했다. 직관적인 이 사용법은 사전교육이 필요 없고 어린아이도 손쉽게 사용할 수 있는 장점이 있었다. 소화의 원리는 유리병이 깨지면서 물의 흡열과 순간적으로 연소 면을 덮는 암모니아 등 기체의 질식 효과로 순식간에 화재를 진압하는 것이다. 하지만 염화암모늄과 소금물을 집어넣은 유리병 투척 소화기는 실제 화재가 난 곳에 사용했을 때 같은 양의 물보다 소화 효과가 크지 않다는 비판을 받았다.

미국의 유리로 만든 소화기

미국에서는 독립전쟁 이후 동부 해안을 중심으로 부유층이 생겨났고, 이들은 영국 빅토리아 시대의 귀족을 모방하는 경향이 있었다. 소화 기구 역시 미적 기능이 부각된 유리로 만든 소화기가 인기를 끌었다. 이러한 수요에 따라 여러 제조업체가 출현했는데, 그 중 몇몇은 대량 생산을 해서 미 전역에 판매했다.

하든 '스타' 핸드 그레네이드

시카고의 존 하든John J. Harden은 영국의 유리병 소화 기구와 유사한 '핸드 그레네이드 익스팅귀셔Hand Grenade Extinguisher'로 1871년 미국 특허를 출원해 1884년에 취득했다.

특허 청구항에 따르면 유리병 안에 들어 있는 소화약제는 영국의 유리병 소화기와 유사하게 물 72퍼센트와 물이 어는 것을 막기 위한 소금(NaCl) 19퍼센트, 염화암모늄(NH_4Cl) 9퍼센트로 구성되어 있다. 하든은 청구항에서 소화 기구를 불이 난 장소에 던져 유리 용기가 깨지면 소화약제의 염화암모늄이 불에 가열되어 가수 분해를 하고 이때 발생

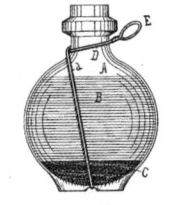

© John J. Harden

존 하든의 유리병 소화기 특허 도면.

한 비중이 높은 암모니아 기체가 화재를 담요처럼 덮어 질식 소화를 한다고 주장했다. 하지만 하든의 주장과 달리 동일한 원리로 작동하는 영국의 투척 소화 기구처럼 실제 소화 효과는 크지 않았다고 전해진다.

하든은 특허를 취득한 후 시카고 와바시 거리에 자신의 이름을 딴 '하든 컴퍼니Harden Company'를 설립하고 유리병 소화기를 제조했다. 하든 컴퍼니는 철도망으로 물품을 유통하던 서해안의 유통업체 대표 하워드 그로스Howard H. Gross의 도움으로 미 전역에 유통망을 확보해 판매고를 올렸다. 1877년부터는 런던 남부 페컴 지방에 자회사 '하든 스타 루이스 앤드 싱클레어사Harden Star, Lewis and Sinclair Company Ltd'를 설립해 영국에서도 생산했다. 하든의 제품은 미 전역과 영국을 대상으로 상업적 성공을 거두며 가장 유명한 유리병 투척 소화기 중 하나로 남았다. 하든의 소화기는 현재에도 다수가 남아 있어 경매 사이트 등에서 비싸지 않은 가격에 구할 수 있을 정도다.

헤이워드의 파이어 핸드 그레네이드

하든의 유리병 소화기와 유사한 상품을 대량 생산했던 경쟁업체로 '헤이워드의 핸드 그레네이드Hayward's Hand Grenade'가 있다. 뉴욕에 있던 이 회사에서 제조한 소화 기구 역시 던져서 깰 수 있는 미려한 유리병에 물, 소금, 중탄산염, 암모니아 등을 소화약제로 사용했다. 사실상 하든의 소화 기구와 동일한 것으로 단지 유리병의 색상이나 무늬 등 용기 디자인만 서로 달랐다.

투척형 소화 기구의 모방은 '헤이워드'뿐 아니라 여러 제조사에 의해 이루어졌다. 이와 관련한 일화로 새뮤얼 잭슨Samuel Jackson이라는 사람이 1871년 유리병 소화기 디자인에 대한 특허를 취득했는데, 하든은 자신의 특허와 유사한 이 제품에 대해 특허사무소에 이의 제기를 했고 소송으로 이어졌다. 이 사건의 처리 과정에서 제3자였던 헤이워드사 역시 다른 유사품 제조업체들과 함께 기소를 당했다. 헤이워드사뿐 아니라 이 시기 유리병 소화기의 인기에 편승해 많은 제조업체에서 하든의 소화 기구와 외관만 다를 뿐 동일한 원리의 제품을 만드는 상황이었기 때문에 특허권 소송은 사실상 의미가 없었다.

헤이워드사가 19세기 후반 판매한 4인치(10센티미터)짜리 유리병 소화기의 카탈로그에는 "화재와 접촉할 경우 엄청난 양의 소화 가스가 생성되며, 유리병에 밀봉해서 증발과 부식이 일어나지 않고 얼지 않으며, 저렴하고 내구성이 있어서 남녀노소 사용이 간편하다"는 문구가 적혀 있었다. 하지만 이 소화 기구 역시 실제 화재에서는 큰 역할을 하지 못했던 것으로 평가받았다.

여러 유리병 소화 기구 제조업체들

소다산 소화기 제조업체인 밥코크에서는 파란색, 녹색, 투명 및 호박색 유리로 제조된 '얼지 않는 핸드 그레네이드Hand Grenade Non-freezing'라는 상품명의 유리병 소화기를 만들었다. '바넘Barnum'이라는 회사에서는 1869년 다이아몬드 디자인의 유리병 소화기에 대해 특허를 받고 제작했다. 테네시주의 제조업체 '채터누가Chattanooga'는 다이아몬드 퀼트 패턴의 13인치(33센티미터) 투명 유리병 안에 모래색의 건조 화학물질로 채운 철도용 소화기도 만들었다. '라킨Larkin'의 소화기는 분말 화학약제가 들어 있는 갈색 유리 소화 기구로 종이 라벨과 병뚜껑처럼 생긴 상단 및 장착 브래킷이 있는 것이 특징이었다.

하지만 여러 제조사에서 만든 소화기 약제는 대부분 똑같아서 성능에는 별 차이가 없었고 단지 소화약제를 담은 유리병의 디자인만 차이가 있었다.

유리병 소화 기구의 진화

사염화탄소 소화약제

같은 용량의 물을 담은 유리병과 성능이 별반 다르지 않던 유리병 투척 소화 기구는 도중에 화학 반응을 더 활성화할 목적의 첨가제나 소화약제의 변경 등 일부 개선이 있었지만 소화 성능을 개선하는 데에는 별 진척이 없었다.

한편 전기가 상용화되며 소금물을 전기 분해해서 염소를 얻는 제법이 발견되면서 염소의 제조 비용이 크게 낮아졌다. 그 덕분에 그동안 드라이클리닝 세탁에 사용되는 용매나 저장된 곡식의 해충을 없애기 위해 훈증제 용도로 사용하던 사염화탄소의 제조 비용도 덩달아 낮아지면서 사염화탄소의 탁월한 소화 성능이 재조명되었다.

물과 전혀 다른 방식으로 작동하는 사염화탄소의 소화 성능에 주목한 피렌 제조사는 1910년 사염화탄소를 소화약제로 사용하는 방법에 대한 미국 특허를 취득했다. 사염화탄소의 소화 원리는 반응성이 매우 큰 할로겐족의 염소 원소가 연소 현상을 지속시키는 라디칼과 먼저 결합해 연쇄 반응을 저지하는 억제 소화 효과다. 사염화탄소는 작은 양으로도 충분한 소화 효과가 있어 유리병 소화기에 적합했고, 재가 남는 일반적인 화재는 물론이고 전기나 유류 화재에도 적응성이 있었다. 사용 시 비교적 낮은 온도인 섭씨 76도에서 기화를 시작해 적용 온도의 범위가 비교적 넓고 사용 후에 화재 현장이 더럽혀지지 않는 등의 장점이 있었다.

피렌의 특허를 기점으로 사염화탄소의 소화 능력이 지닌 장점들 때문에 소화 기구의 형태와 상관없이 전면적으로 사용되었다. 유리병 투척 소화기 역시 사염화탄소로 소화약제가 전환되었다.

자동 동작 유리병 소화 기구

1920년대 들어 유리병 소화 기구는 던져서 사용하는 수동적 방법이 아니라 자동으로 동작하는 점이 강조된 제품이 출시되었다. 자동 동작 방식은 벽난로나 주방 등 화재 위험성이 있는 장소에 열에 의해 동작하는 유리병 소화 기구를 설치하는 것이다. 평상시 유리병 소화기를 받치고 있는 특수 거치대의 구조물 일부를 저융점 금속으로 만들거나 거치대 근처에 유리를 깰 수 있을 정도의 힘을 가진 스프링을 누른 다음 저융점 금속으로 고정시키는 등의 방법을 사용했다. 저융점 금속이 녹을 만큼 온도가 올라가면 거치대의 일부가 떨어져 나가 유리병이 바닥으로 떨어져 깨지거나, 눌려 있던 스프링이 튀어나오면서 그 힘으로 유리병을 깨트려 약제가 자동으로 병 밖으로 나오는 원리였다.

ⓒ Joe Mabel/CC BY SA

워싱턴 블랙맨 하우스 박물관에 소장된 투척 소화기 레드 코멧.

사염화탄소 소화기 레드 코멧

1919년 덴버에 소재한 '레드 코멧사Red Comet Company'에서 생산한 사염화탄소 소화기 '레드 코멧Red Comet'은 특별한 문양 없이 전구처럼 생긴 유리병 안에 사염화탄소를 채워 넣은 빨간색의 유리병 투척 소화기다. 레드 코멧사는 불이 나면 자동으로 작동할 수 있도록 장소의 특성에 따라 자동차용, 가정용, 사무실용 등으로 특수 거치대 위에 올려놓는 소화기를 생산했다. 가장 인기 있는 제품 중 하나는 유리병 소화기 6~8개가 한 세트를 구성하는 '파이어맨의 키트Fireman's Kit'였다. 1948년에 입사한 뉴멕시코 출신의 걸출한 영업 관리자 맥스 로메로Max Romero 덕분에 레드 코멧은 미국의 48개 주는 물론 해외까지 판로를 확장했다. 이 회사 제품은 가장 대중적으로 판매된 유리병 소화기로 남아 지금도 쉽게 구할 수 있다.

레드 코멧과 유사한 셔스톱

1920년대 뉴욕 스태튼 아일랜드에 설립된 '인터내셔널 파이어 이큅먼트사International Fire Equipment Corp.'에서도 레드 코멧과 모양 및 원리가 거의 동일한 소화 기구를 '셔스톱Shur-Stop'이라는 상품명으로 판매했다. 셔스톱 역시 던져서도 사용할 수 있지만 광고에서는 레드 코멧과 마찬가지로 화재의 열기로 저융점 금속을 녹이며 거치대로부터 떨어져 동작하는 자동 기능을 강조했다. 특수 거치대에 놓인 소화 기구는 주로 산업 현장이나 침실 등에 설치되었다.

유리병 소화기는 19세기 중반 빅토리아 시대 주택처럼 화려한 장식품으로 치장하던 당시의 특수 수요에 걸맞아 널리 유행했다. 사염화탄소를 소화약제로 사용한 이래로 당시 점차 사용량이 늘어나던 석유화학제품, 전기와 관련해서 발생하는 화재의 특수한 수요에도 적합해 1950년대 중반까지 영국과 미국에서 전성기를 누렸다. 초기에는 화재를 진압하는 기능보다 미적 기능이 더 부각되었지만 사염화탄소를 소화약제로 사용한 이후에는 뛰어난 소화 능력 때문에 인기가 많았다. 레드 코멧, 셔스톱을 비롯해 '레드 볼Red Ball', '오토 파이어 스톱Auto-Fyr-Stop' 등 유사 제품이 시장에 출시되어 유행했다.

그런데 사염화탄소 소화기를 제조하는 사람이나 사용했던 사람이 알 수 없는 원인으로 사망하는 사례가 잇달았다. 나중에 소화약제로 쓰인 사염화탄소가 화염과 반응하면 포스겐 가스를 생성하고 인체에 치명적인 간 독성을 유발하는 등 유해성이 밝혀졌다. 결국 1954년 미국화재예방협회 NFPA가 작성한 《화재 방지 핸드북Fire Protector Handbook》에서 "사염화탄소 소화약제 수류탄 소화기는 더 이상 허용되지 않는다"라고 공표했고, 1970년대를 전후로 사염화탄소 소화약제 소화기는 자취를 감추었다.

7장

가연물에 따른 소화 기구의 진화

가연성 물질의 변화

1870년대 독일에서 카를 벤츠Karl Friedrich Benz, 니콜라우스 오토 Nikolaus August Otto, 고틀리프 다임러Gottlieb Daimler, 빌헬름 마이바흐 Wilhelm Maybach가 내연기관 시대를 개막했다. 1903년 미국 미시간주 디어본에 헨리 포드Henry Ford가 설립한 포드 자동차에서 내연기관 차량인 모델-T를 당시 냉장고보다 더 저렴한 825달러로 낮춘 결정은 본격적으로 자동차 시대를 여는 계기였다.

1882년 토머스 에디슨Thomas Edison이 뉴욕에서 세 대의 직류 발전기로 3000개의 백열전구에 전력을 공급하며 시작한 전기의 상업적 이용도 대중에게 급속도로 전파되었다.

또 1907년 벨기에 출신 화학자 레오 베이크랜드Leo H. Bakeland가 합성수지를 원료로 발명한 '베이크라이트Bakelite'를 시작으로 화석 연료를 원료로 한 플라스틱이 단기간에 대중의 일상으로 깊이 파고들었다.

이 세 가지 발명은 20세기 초반 인류의 삶을 획기적으로 바꿔 놓았다. 자동차는 사람들 사이의 시공간적 거리를 좁혔고, 전기는 인간 능력의 시공간 범위를 넓혔다. 플라스틱은 희귀한 천연 소재를 대체했으며 문명사를 도구의 종류로 구분하는 관점에서는 석기, 청동기, 철기에 이어 플라스틱 시대라고 할 만한 변화를 일으켰다. 하지만 이러한 발명은 화재와 관련해 공통적인 문제를 낳았다. 바로 화재 가능성이 크다는 점과 기본 소화약제인 물로는 잘 꺼지지 않는다는 점이었다.

화석 연료에 불이 붙으면 물을 뿌려도 불이 붙은 채 물 위로 떠올랐는데 이것이 주변으로 퍼지며 화재를 키웠다. 플라스틱은 같은 양의 나무와 비교할 수 없을 정도로 잘 타고 또 오래 탔으며 심지어 유독한 연기가 났다. 생활에 편리한 전기는 가장 안전해야 할 집 안에서 화재를 일으키는 점화원으로 작용하기 일쑤였고 물을 뿌리면 위험할 수 있었다. 하지만 이런 발명이 주는 편리함을 포기할 수 없었던 사람들은 새로운 유형의 화재 위험에 대응할 소화 기구를 만들기 시작했다.

최초의 가압식 소화기

아르헨티나에서 교량 건설을 하던 스코틀랜드 출신 엔지니어 리

ⓒ Science Museum Group/CC BY-NC-SA 4.0

1911년경에 등장한 페트롤렉스 소화기. 휘발유 화재를 진압하는 능력 때문에 자동차용으로 판매되었다.

드는 공사 현장에 필요한 이산화탄소 기체와 그것을 담을 수 있는 가스 용기를 생산하기 위해 '에어레이터Aerators'라는 회사를 세웠다. 이후 캠벨Campbell이 사업에 참여하며 리드와 함께 밀폐 용기 안에 작은 이산화탄소 용기를 설치하고 필요 시 이산화탄소 용기를 터트려 그 압력을 이용하는 아이디어로 1881년 특허 출원을 했고 1909년 특허가 등록되었다. 리드와 캠벨은 자신들의 아이디어를 소화 기구에 활용하고자 1881년 영국에서 '리드 앤드 캠벨사Read and Campbell Limited'라는 소방 장비 제조업체를 설립했다. 이 회사는 소화기 이외에도 화재 진압용 양동이와 수동 소방펌프, 소화전, 소방호스 등 소방과 관련한 기구를 생산했다.

리드 앤드 캠벨사는 사업 초기 소다산 소화기를 생산하면서 용기 내부에 별도의 고압 이산화탄소 용기가 있는 가압식 소화기도 생산했다. 가압식 소화기는 자동차 사용이 늘어난 사회상에 발맞춰 사염화탄소 소화약제를 사용하는 차량용 소화기로, '페트롤렉스Petrolex'라는 이름으로 아르헨티나에서 특허를 등록했다. 같은 원리로 작동하지만 소화약제로 물에 첨가제를 소량 넣은 소화기는 '워털루Waterloo'라는 이름을 붙였다. 1914년에는 초기 거품식 소화기도 만들었는데 이 소화기 상품군은 '록수드Rocsuds'라고 불렀다.

리드와 캠벨이 만든 반짝이는 황동 재질의 미려한 소화기는 영국 귀족의 고풍스러운 취향에 걸맞았다. 페트롤렉스는 영국 왕실의 자동차에 설치되었고, 워털루는 영국 윈저성과 영국 왕실 및 빅토리아 앨버트 박물관을 비롯해 수많은 왕실 주택이나 우체국 같은 공공건물에 설치되었다. 1948년에는 공공 대중교통을 담당하는 부서인 '런던교통공사London Transport'와 차량용 소화기 공급 계약을 맺었고, 영국의 개인 사교 및 체육 클럽인 '왕립자동차클럽Royal Automobile Club'과 소화기 공급을 체결하는 등 인기를 끌었다. 하지만 좁은 소방 산업 규모와 이후 시대 변화에 적응하지 못해 결국 1964년 보안 전문 회사 '처브 앤드 선스Chubb and Sons'사에 인수되었다.

차량용 사염화탄소 소화기

스코틀랜드 출신 엔지니어 피렌Pyrene은 유류 화재에 효과적이면서 생산 단가가 낮아진 사염화탄소의 소화 성능과 자동차 화재에 사용할 소화기는 먼 거리까지 분사할 필요가 없다는 사실에 주목해 수동으로 사염화탄소 소화약제를 분사하는 소화 기구를 만들려고 했다. 하지만 영국에서 재정 지원을 받지 못하자 피렌은 미국으로 건너가 1909년 델라웨어에 '피렌사Pyrene Company'를 설립하고 투자 유치에 나섰다.

피렌사는 1911년 사염화탄소를 소화약제로 사용하는 것에 대한 특허를 취득했다. 이후 1914년 미국인 사업가 월리스 필립스Wallace B. Phillips가 이 회사를 인수하고, 영국에 피렌사 지사를 설립하고 나서

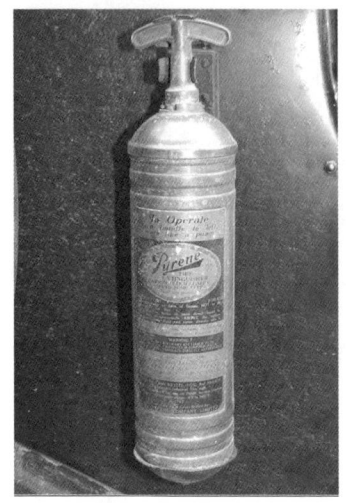

피렌의 1930년대 차량용 사염화탄소 소화기.

본격적인 소화기 생산을 시작했다. 사용자의 힘만으로 물총처럼 작동하는 단순한 구조의 이 소화기는 소화약제를 다 사용하면 다시 약제를 채워 재사용이 가능한 특징이 있었다. 이 소화기는 '포멘Phomen'이라는 상품명으로 판매되었다.

당시 인체와 환경에 유해성이 알려지지 않았던 사염화탄소는 자동차 사용에서 비롯되는 휘발유 화재에 최적이라 여겨지며 전 세계적으로 판매돼 자동차, 선박, 항공기 등에 설치되었다.

피렌사는 1920년에 소다산 및 거품 소화기 제조를 위해 런던 북동부의 스토크 뉴잉턴으로 이전을 했다. 특히 피렌의 사염화탄소 소화기는 1924년 영국에서 대중교통인 '런던 제너럴 옴니버스 회사London General Omnibus Company'와의 계약 체결로 버스 회사의 모든 차량에 공급되며 널리 전파되었다. 미국에서는 1920~1960년대에 서부 전역의 상업용, 대중교통, 개인 차량에 장착되었고, 1930년대에는 전 세계적으로 많은 선박에 설치되었다.

1930년대 용기 내부에 별도의 가압 기체 용기가 있는 거품 소화약제 소화기를 생산하는 등 생산품을 다변화하기 시작했다. 2차 세계대전 동안에도 많은 기업과 기관에 공급 계약을 체결했으며, 1960년까지 서구권 전역에 소화기를 공급하는 등 엄청난 성장세를 이루었다. 하지만 피렌 역시 1967년 소방용품 제조업체 리드 앤드 캠벨사를 인수한 자물쇠 보안 분야 업체 처브 앤드 선스에 인수되었다.

피렌은 공포와 불안을 조성하는 광고로 유명했다. 예를 들어 "당신이 피렌 소화기를 언제 사용하는 물건인지 알고 있다는 사실은, 화재로 혼자 남은 당신이 가족과의 추억을 떠올리며 심장이 짓눌릴 때 당신을 더 괴롭힐 것이다"와 같은 광고 문구를 사용했다.

화학식 거품 소화기

최초의 거품 소화기는 1904년 러시아의 알렉산드르 로란이 발명했다. 로란은 1849년 러시아 키시너우에서 태어나 상트페테르부르크의 기술 교육기관을 졸업한 뒤 파리에서 화학공학을 전공했다. 그는 유학을 마치고 당시 세계 석유 사용량의 5분의 1을 생산하던 러시아 석유 산업의 중심지 바쿠(현 아제르바이잔 수도)로 돌아와 화학 교사로 근무했다. 로란은 바쿠에서 발생한 유류 화재 현장에서 소방관의 화재 진압 활동이 아무런 소용 없이 불이 며칠 동안 계속된 사건을 목격했다. 이 사건을 계기로 그는 유류 화재에 효과적으로 대응할 수 있는 물질을 찾기 위한 노력을 시작했다.

어느 날 술집에서 맥주잔에 생긴 거품층을 보고서 불이 타는 유면을 거품으로 덮어 질식 소화를 할 수 있겠다는 영감을 얻었다. 로란은 1902년에서 1903년까지 여러 실험을 통해 거품을 내는 물질을 시험하며 자신의 발상에 적합한 작용을 하는 물질을 찾아냈다. 이후 로란은 큰 구덩이에 나프타를 쏟아붓고 불을 붙인 다음 자신이 발명한 거품 내는 물질도 구덩이에 부어 불이 붙은 휘발유 위로 거품이 생기도록 했다. 그러자 불이 성공적으로 꺼졌고, 불붙은 횃불을 던져도

© Alexandre G. Laurent

알렉산드르 로란의 거품 소화기 특허 도면.

다시 불이 살아나지 않았다. 1904년 5월 25일 로란은 특허를 출원하고 이를 사용한 최초의 거품 소화기를 발명했다.

로란은 공공 부문을 통해 자신의 특허를 실현해 보고자 했으나 실패했다. 그는 발명품 생산을 외국 회사에 위탁하는 대신 상트페테르부르크에 자기 작업장을 만들고 '유레카Eureka'라는 이름의 소화기를 수공업으로 생산했다. 하지만 수요에 맞게 기술적이고 효율적으로 대응하지 못한 로란은 러시아와 합자한 소방용품 제조사를 미국 세인트루이스에 '유레카'라는 이름으로 설립해 동명의 소화기를 생산했다.

로란이 고안한 거품 소화기의 원리는 소다산 소화기와 유사했다. 평상시 외부 용기에 탄산수소나트륨 수용액을 채워 놓고 그 내부에는 알루미늄 황산염 수용액이 들어 있는 별도 용기가 있는 것이었다. 사용 시 외부 용기를 뒤집으면 두 물질이 섞이며 화학 반응을 하고 끈적한 교질의 혼합물 속에서 이산화탄소가 생성되며 거품을 만든다. 이때 만들어진 이산화탄소 전체 양만큼 압력을 만들어 약제를 외부로 분출하는 원리였다.

로란의 소화기는 계면활성제 따위를 섞은 수용액에 별도로 공기를 넣어 거품을 만드는 기계적 방식이 아니라 화학 반응으로 자체 생성된 이산화탄소가 거품을 만드는 방식이었다. 따라서 별도의 벤투리관Venturi Tube 같은 기계적 설비가 필요 없어 소화기 본체가 단순한 구조였다. 로란은 거품을 더 단단하게 만들기 위해 탄산수소나트륨, 알루미늄 황산염 수용액이 기본인 소화약제에 사포닌, 감초 뿌리 추출물 등 여러 혼합물을 첨가했다. 이 소화기는 주요 소화 기구 제조사에 의해 주문 생산 방식으로 제조되었는데, 보통 소방서에서 주문했기 때문에 소방서의 고유 라벨을 붙여 소화기를 판매했다.

제조사의 주장에 따르면 로란의 유레카 소화기는 물보다 열 배가 넘는 화재 진압 성공률을 가진 것으로 평가받았다. 이 제품은 상트페테르부르크의 모든 소방서와 공장, 관공서, 철도 시설 등에 배치될 정도로 성공을 거두었다. 하지만 대외적으로 화석 연료 자원의 활용이 보편화되며 거품식 소화기의 인기도 높아져 포닉스, 미니맥스 등의 업체에서도 거품 소화기를 따라 만들면서 경쟁이 치열해졌다. 1911년 특허 권리가 독일로 넘어가는 사건이 벌어지며 같은 해 6월 경쟁업체인 미니맥스의 대표 베젠브루흐E. Bezenbruch가 러시아 소방협회에 유레카의 생산 금지를 탄원하는 등 견제를 했다. 결국 유레카는 거품 소화기 시장에서 선두 자리를 잃게 된다.

유레카는 사람이 휴대하는 것을 전제로 만든 소화 기구였다. 사용 시에는 용기를 뒤집고 마개를 열어 액상의 약제를 섞는데, 기구에 긴 끈을 달아 운반이 편하도록 만들었다. 또는 용기에 더 긴 호스를 달거나 잠금 밸브가 달린 노즐을 적용하는 등 구매자마다 특징적인 요

ⓒ National Archives at New York/CC 0
초기의 거품 소화기로 휘발유에 불을 붙여 시험하는 장면.

구 사항에 맞춤 제작되었다.

석유화학 산업의 발전에 따라 이를 기반으로 하는 다른 산업 시설도 많아졌고 시설 자체의 규모도 커졌다. 시설의 규모가 커지며 인화성 액체인 화석 연료를 사용하는 공간도 대용량 유류 탱크, 선박 등의 기관실처럼 어느 정도 특정되어 갔다. 석유화학 산업 관련 시설물 중 특히 위험하거나 보호가 필요한 공간처럼 특정한 곳에 유사시 거품 소화약제가 바로 나올 수 있도록 만든 고정 설비가 등장하기 시작했고, 소방차에 적재하기 위해 대용량 탱크로 크게 제작되기도 했다.

우리나라에서는 1961년부터 대구의 한국소방재료상사에서 미군이 쓰던 소화기를 참조해 포말 소화기가 제작되었고 한때 전국적으로 많이 사용되었다. 1984년 상영한 영화 〈고래사냥〉에서 극중 병태(김수철)와 민우(안성기)의 체육관 소동 장면에서 거품 소화기를 사용하는 모습을 확인할 수 있다.

이산화탄소 소화기

1823년 험프리 데이비Humphry Davy와 마이클 패러데이Michael Faraday가 이산화탄소를 고압에서 액화하는 데 성공했다. 1882년 독일에서 철제 용기에 액화 이산화탄소를 저장하는 방법을 발명한 이래 이산화탄소는 산업적으로 활용되기 시작했다.

월터 키드는 뉴저지의 뉴어크항과 커니항에서 항구와 관련된 조선소나 교차로 등의 구조물을 건설하는 사업을 구상했다. 키드는 1900년 뉴욕에서 월터 키드 건설사를 설립했고, 1917년에 월터 키드사로 이름을 바꿨다. 키드는 비싼 화물을 실은 화물선이 화재에 굉장히 취약하다는 점을 발견하고 이를 해결하는 방법에 관심을 기울였다. 그는 1918년 배의 구획실에 연결된 공조 장치 air conditioning로 연기를 한군데로 모아 화재를 감지하고, 해당 구획실에 덕트duct로 수증기를 보내 화재를 진압하는 리치라는 선박용 화재 방어 시스템을 판매했다. 그 후 단점이 많던 수증기 대신 액화 이산화탄소를 사용해 개선하고 럭스라는 이름의 선박용 이산화탄소 소화 시스템을 판매했다.

1924년 전국적인 전화망을 구축하며 큰 성공을 거두던 벨 전화회사는 화폐 가치 이상으로 중요한 전화 교환기에서 발생한 화재를 경험했다. 이후 값비싼 전산 물품을 망가뜨릴 수 있는 물을 대신해 효과적으로 화재를 진압할 수 있는 소화기를

© Firetech117/CC BY SA

1928년 벨 전화회사의 요청으로 제작된 이산화탄소 소화기 7.5파운드.

제조해 달라고 월터 키드사에 요청했다. 월터 키드사는 이 요청에 따라 최초의 이산화탄소 소화기를 만들었다. 이 소화기의 금속 실린더 안에는 이산화탄소 7.5파운드(3.4킬로그램)를 액상으로 압축해 저장해 두었다가 이를 사용할 때는 황동 재질의 연결 부속이 있는 상단의 휠 밸브를 열어 이산화탄소의 자체 압력으로 동작했다.

럭스 시스템의 개발로 이산화탄소에 대한 이해도가 높은 월터 키드사 소화기의 세부 사항에는 이산화탄소의 물리적 특성을 고려한 설계가 적절히 반영되어 있었다. 방출 시 기화열 때문에 차가워지는 것을 고려해 면으로 덮인 호스를 적용한 부분이나, 기체 상태의 이산화탄소 방출이 유효할 수 있도록 노즐은 깔때기 모양처럼 만든 부분 등을 예로 들 수 있다. 이 소화기를 설계할 당시에는 화재를 진화하는 주 작용이 이산화탄소의 기화열에 의한 냉각 효과로 잘못 인식되었지만 얼마 지나지 않아 분사된 이산화탄소가 가연물 주변에서 산소 공급을 차단하는 질식 효과가 소화의 주된 효과임이 밝혀졌다. 비침습적인 이산화탄소의 소화 성능이 주목받았고, 이후 소방용품을 제조하는 다른 제조사들도 이산화탄소 소화기를 만들기 시작했다.

1930년대에 들어 산업 수요에 따라 이산화탄소 소화기의 용량과 크기가 사람이 들고 다닐 수 없을 정도로 커져 결국 수레나 트레일러에 싣고 다니게 되었다. 1960년대에는 이산화탄소 용기가 25리터 또는 40리터로 표준화되었다. 독일의 미니맥스 같은 업체에서는 선박, 철도, 공장 등 특수 용도의 구조물이나 건축물에 스프링클러 같은 고정식 소화 설비의 약제로 이산화탄소를 사용하기 시작했다.

8장

분말 소화기

흡습성이 강한 분말 탄산수소나트륨

베이킹소다, 베이킹파우더로 잘 알려진 탄산수소나트륨은 불을 끄기 위해 사용하는 것 중 분말 상태로는 최초의 물질이다. 효율성 면에서 이스트를 압도하던 베이킹소다 즉 탄산수소나트륨은 제빵을 업으로 하는 사람들에게 빠르게 전파되었고, 주방에 있던 제빵사들은 이 탄산수소나트륨이 불을 끄는 특성이 있다는 사실을 경험적으로 알고 있었다.

탄산수소나트륨 분말은 특히 지방에 붙은 화재에 주효했다. 이는 지방의 에스테르가 탄산수소나트륨의 알칼리에 의해 가수 분해되어 알코올과 산의 알칼리염으로 변하는 비누화 반응 때문이다. 화재 장소에서 비누화된 지방질은 연소하고 있는 액체의 표면을 덮어 산소 공급을 막고 재발화를 억제했다.

1846년 이복형제 사이인 오스틴 처치와 존 드와이트가 상업적으로 대량 제조하기 시작한 베이킹소다는 제빵뿐 아니라 탈취, 청소 등 여러 용도에서 유용성이 알려지며 큰 성공을 거두었다. 베이킹소다가 전 세계에 퍼지면서 1884년 독일 보홀트의 기술자 슈바르츠Schwarz가 사각형을 밑변으로 하여 삼각기둥 모양의 주석으로 만든 용기 안에 베이킹소다를 채워 넣은 소화 기구를 고안했다. 베이킹소다를 단순히 금속 용기에 저장한 이런 유형의 소화기는 1930년대까지 전 세계적으로 생산되었다. 이 소화기는 상품명이 대명사처럼 되어 영국에서는 '카일 파이어Kyl-fyre', 미국에서는 '파이어사이드Firecide'로 불리기도 했다.

하지만 이들 소화기는 자체적으로 약제를 분사하는 힘이 없어 사용자가 불이 난 곳까지 직접 옮긴 후 용기를 뒤집어 불꽃에 내용물을 쏟아야 하는 불편이 있었다. 무엇보다 탄산수소나트륨 분말은 흡습성이 강한 성질이 있었는데 당시 기술력으로는 용기 내부에 습기가 차는 것을 막지 못했다. 탄산수소나트륨 소화 기구는 일정 시간 보관하면 대기 중 수분 때문에 굳어서 사용하지 못하는 치명적 단점이 있었던 것이다.

1912년 베를린의 소방 기구 제조업체인 '토탈Total'에서는 탄산수소나트륨 분말이 들어 있는 약제 용기와 압축 이산화탄소를 담은 용기가 별도로 있는 가압식 소

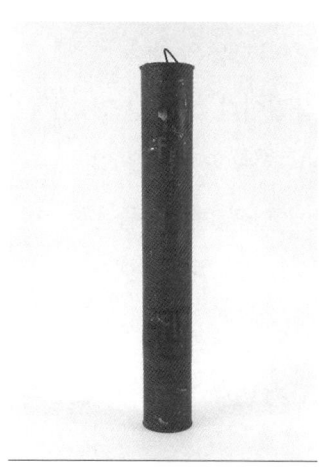

ⓒ Provost and Fellows of Eton College/CC 0
카일 파이어사에서 만든 건조 분말 소화기.

화기의 원형 격인 소화 기구를 출시했다. 이 소화기는 압축 이산화탄소의 압력으로 다른 용기의 분말 탄산수소나트륨을 밀어서 분사하는 축압식이었다. 초기 제품은 분말보다는 이산화탄소의 작용으로 화재를 진압했지만 분말 제조 기술이 발달하며 점점 분말의 소화 성능이 개선되었다.

1913년 프랑스 르발루아페레에 있는 '테오Theo'라는 회사는 베이킹소다와 텅스텐 분말 등을 횃불과 같은 금속제 용기에 담은 분말 소화기를 생산했다. 화재가 발생하면 용기 상단의 뚜껑을 열어 화염에 직접 약제를 분사하는 이 소화기는 슈바르츠가 만든 초기 분말 소화기와 원리 면에서 별로 다르지 않지만, 용기의 기밀성이 좋아지고 분말의 소화 성능이 조금이나마 개선되었다. 또 당시 생소한 에너지원인 전기 화재 중 전선에 발생한 화재를 약간 진압할 수 있다는 장점 때문에 시장의 주목을 받았다.

테오의 성공 이후 비슷한 제품이 염화나트륨, 인산염, 황토, 산화철, 석고, 전분 등과 같은 다양한 첨가제를 차별점으로 내세우며 '안티피르Antipyr', '플라미야비Plamyaby', '데스 투 파이어Death to Fire', '피닉스Phoenix', '블리츠파켈Blitzfakel', '파이널Final'이라는 이름으로 출시되었다. 하지만 이 제품군은 작은 용량과 그에 따른 비효율성으로 시장에서 빠르게 도태되었다.

1928년 미국의 소방용품 제조업체인

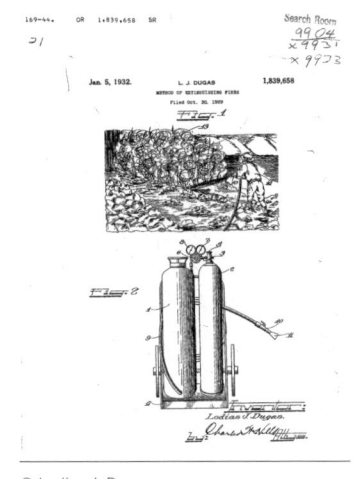

© Lodias J. Dugas

듀가스 소화기의 특허 도면.

© Collection of Brian W.

1926년 안티파이어사의 권총식 소화기 광고.

'듀가스 엔지니어링DuGas Engineering'이 건조된 분말 탄산수소나트륨을 소화약제로 사용하고 이산화탄소 용기의 압력으로 분사력을 갖는 분말 소화기에 대한 미국 특허를 취득했다. 탄산수소나트륨의 흡습성 문제는 건조된 화학 분말 입자를 특수 처리를 해서 내습성을 갖게 했다. 흡습성을 극복한 이 소화기는 주로 대형 공장 같은 산업 현장에서 유류, 가스 화재에 대응하기 위해 전문 대형 소화기로 판매되다가, 1950년대에 이르러 주택 화재로 인한 사망자에 여론의 관심이 모이자 가정용으로 소형화한 분말 소화기를 제조해 판매했다.

1930년대에는 재미있는 형식의 소화 기구도 등장했다. 영국의 런던 서쪽 미들섹스에 소재한 소화 기구 제조업체 '안티파이어사Antifyre ltd.'는 영국 육군 장교의 건의로 분말 카트리지를 발사하는 권총형 소화 기구를 만들었다. 화재가 난 곳을 향해 방아쇠를 당기면 화약의 힘으로 분말 카트리지가 날아가 불을 끄는 소화기였다. 안티파이어사에서는 이 소화 기구를 사용해 화재를 진압한 경우 소모된 총알에 해당하는 카트리지를 다시 무상으로 공급했다.

프랑스의 소방 기구 제조업체 '네옹 푀Neant Feu'는 분말 카트리지 대신 사염화탄소 카트리지를 발사하는 권총형 소화 기구를 만들기도 했다.

나트륨보다 반응성이 큰 탄산수소칼륨

1959년 미 해군연구소는 비행기의 연료에서 발생한 화재에 대응하는 방법을 연구했다. 평평한 지면에서 유출된 유류 화재에는 거품 소화약제를, 동체 등 입체 구조물이 타는 화재에는 분말 약제를 적용하는 것으로 소화 전술의 큰 가닥을 잡고 구체적 방법에 대한 연구를 실시했다. 이 과정에서 거품 소화약제로는 수성막포가, 분말 약제로는 나트륨보다 반응성이 두 배 정도 큰 칼륨을 적용한 탄산수소칼륨이 주성분인 분말 소화약제가 개발되었다.

당시 연구에는 금속 제련과 식품의 방부제 등의 용도에 쓰이는 화학물질 무수 이산화황Anhydrous Sulfur dioxide을 주력으로 생산하던 'ANSUL'도 참여했다.(회사명 ANSUL은 무수 이산화황인 Anhydrous Sulfur dioxide의 머리글자다.) ANSUL은 탄산수소칼륨 기반의 소화약제에 특유의 라벤더 색상과 불꽃 반응 시에도 보라색을 내는 특징에 착안해 '퍼플K'라는 상품명을 붙였다.

산림 화재에 적합한 인산이수소암모늄

1936년 미 농무부 산하 미국산림청 부속연구소인 임산연구소Forest Products Laboratory에서는 넓은 관할 구역에서 일어나는 산림 화재에 대처하기 위해 위스콘신대학교와 협력해 항공기에 실을 소화약제에 대한 연구를 진행했다. 광활한 산림 화재의 일반적 소화 방법은 항공기에 물을 싣고 화재가 난 곳에 투하하는 방식이었다. 항공기에서 투하된 물은 숲의 우듬지나 개활지에서는 유효했지만 수목의 아랫부분이나 산불 화재가 확산하는 주요인인 관목과 덤불에는 효과적이지 않았다. 연구의 목적은 이런 문제를 해결할 수 있도록 물보다 효과적인 소화약제를 찾는 것이었다.

물, 분말, 고체·액체 이산화탄소, 사염화탄소, 거품 소화약제 및 탄산수소나트륨, 인산암모늄 등 당시 출시된 여러 종류의 소화약제를 실험실과 미 동부 애팔래치아산맥의 산림, 캘리포니아 등 실제 현장에서 실험하는 방법으로 연구가 진행되었다. 실험 결과 여러 소화약제 중 인산이수소암모늄, 인산수소이암모늄은 바람이 불지 않는 대기에서는 물과 비슷한 소화 효과를 보였다. 하지만 풍속이 상당한 조건에서는 다른 소화약제들보다 우월한 성능을 보였고 물보다 두 배나 뛰어난 화재 진화 성능을 나타냈다. 인산암모늄은 고열에 분해되고 소화하며 생성하는 유리질의 오르토인산, 메타인산 등이 가연물 표면을 덮어 재발화를 막는 효과도 발견되었다. 인산암모늄은 비용 면에서 적당했고 땅에 닿은 약제가 분해되면 안정적 비료 성분인 인, 질소로 분리되는 특성이 있어 산림 화재에 적합했다.

하지만 이 같은 장점에도 불구하고 대량으로 사용하기에는 약제 자체의 특성과 보관 등 유지 관리 비용이 만만찮은 데다 분말은 바람의 영향을 많이 받는 성질이 있어 저공 비행을 하면 위험성이 증가한다. 그렇다고 높이 날면 목표물에 적은 양만 닿는 문제가 있어 산림청의 화재 진압용 항공기에는 적극적으로 활용되지 않았다.

분말 소화약제의 발전

분말 소화약제는 장기간 성능을 유지할 수 있고 사용이 간편하며 휴대할 수 있어서 현대 소화기의 요건에 잘 부합했다. 또 다른 소화약제에 비해 생산과 관리 비용이 비교적 적게 드는 장점이 있어서 할론을 제외하고 대세 소화약제로 자리 잡아갔다. 그에 따라 분말 자체의 제조 기술도 발전하고 용기나 배관 내에서 유동할 때 유체의 특성을 갖는 분말에 대한 연구도 활발하게 진행되었다.

1950년대 유럽에서는 타는 물질의 특성에 따라 재가 남는 일반적인 화재를 A, 유류 등의 화재는 B, 전기 화재를 C로 분류하는 화재 분류 체계가 등장했다. 이에 따라 이 모든 등급의 화재에 적응하는 화학 분말 소화약제라는 의미의 'ABC Chemical Powder'인 인산암모늄 분말의 사용이 일반적인 소화 기구의 형식으로 자리 잡았다. 분말 소화약제의 수요와 활용이 증가함에 따라 1968년 NFPA에서는 분말 소화약제를 사용하는 고정식 소화 설비 기준안을 기술위원회 보고서로 제출했다.

9장

할론 소화기

대표적 할론 소화약제의 연혁

Halon 104, Carbon tetrachloride (CCL⁴CCLX⁴)

사염화탄소는 곡식의 해충을 퇴치하는 훈증제, 드라이클리닝 용제, 냉매로 활용되다가 1910년대 피렌사가 사염화탄소를 소화약제로 사용하는 특허를 취득했다. 이 시점 전후로 월등한 소화 작용을 하는 사염화탄소는 여러 방식의 소화 기구에 적용되었다. 특히 자동차의 대중화라는 거대한 변혁에 편승해 가압 가스와 같은 별도의 동력원 없이 단순 복동식 피스톤 펌프에 사염화탄소를 충전한 소화기가 선풍적인 인기를 얻었다. 하지만 사염화탄소 소화약제 소화기 사용과 관련한 사상 사고가 끊이지 않았다. 당시엔 사염화탄소와 인체 유해성의 인과관계가 입증되지 않았던 것이다.

Halon 1011, Bromochloromethane (CH^{2}BrClCHX^{2}BrCl)

브로모클로로메탄은 2차 세계대전 중인 1940년대 항공기와 탱크의 화재에 대비해 인체에 강력한 독성이 있으며 열분해 시 포스겐 가스를 생성하는 사염화탄소를 대체하기 위해 독성이 적은 소화약제로 군에 의해 개발되었다.

Halon 1211, Bromochlorodifluoromethane(BCF)(CF^{2}ClBrCFX^{2}ClBr)

브로모클로로디플루오로메탄 역시 2차 세계대전 중 항공기와 탱크 등에 장착된 소화 기구로 처음 사용되었다. 사용 후 대기 중으로 휘발되어 잔여물이 남지 않는 특징이 있어 1960년대 중반에는 박물관, 통신실, 전산실 등 가치가 집약되고 대체가 어려운 물건이나 기구들을 보호하는 데 적합했다. 브로모클로로디플루오로메탄은 화재로 인한 소손燒損이나 화재를 진압하기 위해 사용한 물로 인한 수손水損으로부터 보호하기 위해 사용되다가 이후 선박의 엔진실이나 차량 운송 산업에서도 적용되고 항공기의 주요 소화약제로 사용 용도가 확장되었다.

Halon 1301, Bromotrifluoromethane(BTM)(CBrF^{3}CBrFX^3)

브로모트리플루오로메탄은 1954년 미군과 화학 회사 듀폰이 공동으로 설립한 회사에서 군사 목적으로 사용하기 위해 개발되었다. 1960년대 들어 민간 항공 산업과 컴퓨터, 통신 등 새로운 산업이 급성장함에 따라 이 산업의 핵심 기술이 집약된 물건을 보호하기 위해 소화약제로 사용되었고 NASA의 우주 산업에도 활용되었다.

할론 소화기의 특성

전성기와 몰락

할론Halon은 2차 세계대전이 종식되던 무렵 미 육군공병대 주관으로 실시한 소화약제에 관한 연구에서 유래한 명칭이다. 앞에서 언급했듯이 철자 수가 너무 많은 할로겐 화합물의 긴 이름을 간편하게 사용하기 위해 '할론'이라는 접두어에 해당 화합물에 들어 있는 할로겐족 원소의 개수를 순서대로(C, F, Cl, Br, I) 적은 명명법에서 유래했다.

할론 소화약제들은 가연물, 열, 산소 등 조건이 맞아 연소가 계속 일어나는 곳에서 열에 의해 일부가 분해되며, 유리된 할로겐은 가연물이 계속 탈 수 있게 만드는 -O, -OH와 결합하는 작용을 한다. 할론은 열분해로 가연성 가스를 만들어 내는 등 연소가 계속 일어나기 위해 필요한 에너지의 양을 크게 만들어 놓아 연소를 중단시킨다. 할론 소화약제는 화재 현장에서 기화해 잔여물이 남지 않는 장점이 있어 컴퓨터, 통신 기기 등 첨단 산업에 적합했고 일반적인 화재, 유류 화재, 전기 화재에 모두 적응성이 있었다. 인체 유해성과 환경 유해성이 입증되고 문제가 알려지기 전까지 할론 소화약제는 강력한 소화 효과와 우월한 장점으로 인해 완성된 소화약제로 받아들여졌다.

하지만 일부 할론 소화약제가 인체에 끼치는 치명적 독성과 사용 시 불산이 검출되는 등 안전성 문제를 비롯해 할론 소화약제와 같이 할로겐족 원소가 사용된 프레온가스 등이 오존층을 파괴하는 문제가 드러났다. 이로 인해 초래되는 인체 및 동식물에 대한 전 지구적 피해가 확인되고 여러 매체로 전파되어 결국 세계적 이슈로 떠올랐다.

이에 1989년 1월 46개국이 서명하여 최초로 '오존층 파괴 물질에 관한 몬트리올 의정서'가 발효했다. 의정서의 주 내용은 염화불화탄소의 단계적 감축, 비가입국에 대한 통상 제재 등이었다. 염화불화탄소의 생산, 판매, 수입 금지의 효력이 발생하는 시기는 국가별로 달리 적용된다. 선진국은 1994년 1월부터 시행되고 개도국일수록 국가에 따라, 물질에 따라 금지 시기가 최대 2030년까지 유예되어 각기 다르게 도입된다. 대한민국의 경우 할론 가스는 2010년부터 생산 판매를 금지했다. 현재 판매되는 할론 소화기는 기존의 할론 가스 시스템에서 회수된 가스의 재활용 제품이다.

할론 소화기의 형식

할론 소화약제는 대체로 상온이고 대기압일 때 기체 상태로 존재하는 특성이 있으므로 압축, 액화하여 액체 상태로 용기에 저장한다. 이를 자체 증기압으로 방출하거나 자체 증기압이 낮은 할론 2402 같은 경우는 질소 등을 압축해 별도 용기에 두는 가압식이나 약제와 같은 용기에 넣는 축압식 소화기 형태로 제작되었다.

10장

소화기의 의의와 교육의 필요

소화기의 한계

지금까지 소화기의 연혁을 살펴보았다. 이를 통해 소화기는 한 장소에 설치해 고정된 것이 아니라 사람이 들고 다니며 수동으로 사용하는 이동성이 정체성의 가장 큰 부분임을 알 수 있었다. 소화기는 해당하는 도구가 원래 있던 장소에서 화재가 난 곳으로 사람이 옮기고 사람의 판단에 따라 수동으로 작동시켜야 한다는 관념이 전통적 소화기의 정체성이라고 한다면 소화기는 다음과 같은 한계가 있다.

첫째, 사람이 휴대해 옮길 수 있어야 한다는 점에서 소화기는 부피와 무게에 한계가 있다. 건축물의 실내 거주 공간은 사람 이외의 것이 이동하는 데 어려움이 있다. 예를 들어 바퀴가 땅에 닿아 이동하는 물건은 수평적으로는 공간을 구분하는 문, 수직적으로는 계단을 지나가는 데 어려움이 있다. 또 바닥에 닿아 이동하는 도구는 진행 방향을 바꿀 때 크기에 따라 최소한의 회전반경이 필요하다. 그러나 일반적인 복도는 양방향에서 마주치는 사람이 지나갈 수 있는 정도로 폭이 좁고, 이로 인해 복도가 꺾이는 곳에서 제한된 회전반경은 사용 가능한 도구의 크기를 제한하게 된다. 그 때문에 소화 기구는 사람이 들고 옮길 수 있는 크기와 무게여야 하므로 소화 기구에 사용하는 소화약제는 강력한 소화 작용을 할 수 있어야 한다.

둘째, 실내에서 화재가 나면 약제를 분사하는 사람에게 위험이 커진다는 점이다. 화염이 내뿜는 복사열과 가연물이 타며 발생하는 연기는 실내에서 소화 기구를 사용하려는 사람이 화재 진압이 가능한 유효 지점에 가까이 갈 수 없게 한다. 이런 이유로 소화기는 사용하는 지점에서 화재를 진압할 수 있는 유효 지점까지 어떠한 힘으로 최대한 멀리 약제를 분사할 수 있는 능력을 갖추어야 한다.

셋째, 소화기는 장시간 기능을 유지하고 있어야 한다는 점이다. 화재 사건은 언제 발생할지 알 수 없어서 화재 시 소화 기구를 사용하기 위해서 소화기는 제조 시점부터 무기한 성능을 유지해야 한다. 이런 이유로 분말 소화약제는 흡습성을 막고 언제라도 유동성을 갖도록 처리해야 하며, 소화기는 고장 나지 않도록 최대한 단순한 구조로 만들어야 한다.

이 세 가지 한계 및 조건에 의해 전통적 소화기는 많은 양의 약제를 저장할 수 없었다. 또 사용 시 소화기 자체의 힘으로 약제를 분사하기 위해 가장 간단하고 신뢰할 수 있는 압축 가스를 봉입하는 식으로 정형화되었다. 이 때문에 소화기는 태생적으로 약제의 양이 제한적이어서 화재가 본격적으로 성장한 후에는 큰 효용을 기대할 수 없다.

따라서 소화기는 초기 화재에 가장 유의미하다. 화재 초기에 소화기를 유효하게 작동하려면 소화기의 외적 요인인 사용자의 빠른 화재 발견과 판단이 전제되어야 한다. 바로 소화기 사용 교육이 중요한 이유다. 또 모든 화재에 통용되는 만병통치약 같은 소화약제는 존재하지 않기 때문에 각각의 장소에서 예상되는 화재마다 효과적일 수 있도록 적합한 소화약제를 담은, 공간의 용도에 알맞은 소화기를 비치해야 한다.

소화기의 미래

화재 위험 관리라는 관점에서 볼 때 현재 사용하고 있는 소화기는 비용과 성능 면에서 이와 같은 한계가 있어서 더는 발전의 여지가 없어 보일 수 있다. 하지만 연관이 없어 보이는 분야를 포함해 가까운 미래에 기술 발전이 생각하지 못한 방향으로 전개되어 소화기의 전통적 한계와 조건을 극복할 수도 있다.

예를 들어 제한된 용량이라는 한계는 현시점에 많이 사용하는 소화약제와 차별화된 소화 작용을 하는 새로운 약제를 개발하거나, 특정 주파수의 음파로 화염을 통제하는 소화기처럼 약제라는 매체가 아니라 어떤 물리적 화학적 에너지를 통해 직접 화재를 진압하는 방안이 발명되어 이 한계를 극복할 수도 있다.

또 소화기의 작동 시점이라는 면에서 볼 때 수동적으로 사람의 판단을 기다려서 작동하는 대신 능동적으로 화재를 인지하고 움직일 수 있으며 뜨거운 화염 가까이에서 직접 약제를 분사하는 기능을 가진 로봇 소화기 같은 것도 상상해 볼 수 있다. 그 경우 고정식 설비인 자동화재탐지설비나 스프링클러 등과 기능이 겹치게 되는데, 이때는 기존의 소방 시설 분류 체계가 무의미해질 것이다. 무질서해 보일 수 있는 발전상이 펼쳐질 미래에도 한 가지 변하지 않는 것이 있다. 바로 소화 기구의 진화는 위험한 화재 진압에 인간의 개입이 없는 방향으로 이루어진다는 것이다.

소화기 교육의 중요성

앞에서 말한 것처럼 소화기는 명확한 한계가 있다. 하지만 우리나라를 포함해 여러 나라에서 건축물에 소화기 비치를 제도적으로 강제하는 이유는 개별 소화기의 우월한 성능을 기대한다기보다는 화재가 성장하기 이전 초기 단계에서 그것을 발견한 사람이 화재 억제력을 행사하기 위한 수단으로서 의미가 있다. 요컨대 소화기의 효과를 향상시키기 위한 방법은 소화기의 성능을 더 높이는 것이 아니라 적정한 시점에 적절하게 사용하는 사람에게 달려 있다는 것이다. 다시 말해 현시점에 소화기라는 도구가 기능하는 데에는 건축물에 설치되어 존재하는 개별 소화기의 성능과 소화기 설치 의무를 강제하는 제도의 영향은 상수의 성격이므로 소화기의 효과성을 증대하는 가장 중요하고 근본적 변수는 그것을 사용하는 사람에게 달려 있다는 의미다. 그러므로 소화기를 사용하는 사람에 대한 교육과 훈련은 소화기가 효과적으로 기능하는 데 있어 가장 중요한 요소다.

소화기 교육은 성격에 따라 두 가지로 분류할 수 있다. 첫째로 소화기의 의의와 설치 목적을 인지하는 교육이다. 소화기는 약제 용량의 한계로 어디서 발생할지 모르는 화재의 초기 단계에 주로 유효하다. 따라서 사용자가 어디에 있든 빠른 시간에 늘 접근할 수 있는 장소에 놓여야 한다. 우리나라 소화기 설치 기준에서도 특정 소방 대상물의 각 층마다 소형 소화기의 경우 보행거리 20미터마다 설치할 것을 정하고 있다. 하지만 소화기는 비일상적 도구로 근로, 거주 등 생활 목적의 다른 물건과 같은 공간 안에서 다소 이질적으로 느껴지는 측면이 있다. 이 때문에 아예 설치되어 있는 소화기를 없애거나 다른 장소로 이동해 놓거나 특정 장소에 모아 놓는 사례가 종종 발생한다. 또 비일상적 도구로 상시 사용하지 않다 보니 사람의 관심에서 멀어져 방치되는 경향이 있다.

이와 관련해 2015년 한국화재소방학회 논문지 제29권 6호에 실린 〈일상생활 환경에서의 소화기 비치 실태와 소화기 인식에 관한 연구〉에서 제시한 결과는 소화기에 대한 사람들의 인식을 간접적으로 보여 주었다. 설문 시점인 2015년 당시 학교나 직장 등 외부 생활 공간에서는 소화기가 93.2퍼센트 비치되어 있으나 가정에 설치된 경우는 47.9퍼센트에 그쳤다. 또 90퍼센트의 응답자가 소화기 사용법에 대한 교육을 받았지만 ABC급 소화기의 의미를 알지 못한다고 답했다.

소화기는 설치 장소의 용도와 예상되는 화재 유형에 따라 분말, 이산화탄소, 할로겐 화합물, 강화액 등 해당 공간에 적합한 다양한 소화약제가 쓰인다. 그런데 어떤 종류의 약제는 특정 조건의 공간에서 사용자의 안전을 위협할 수 있다. 소화기 사용법에 대한 교육을 받았음에도 소화기의 가장 기초적 내용인 ABC급의 의미를 알지 못한다는 답변 결과는 효과적인 사용을 떠나 그 이전에 사용자의 안전을 위협할 수 있는 현재의 상태를 여실히 보여 주며 의무적이고 수동적인 소화기 교육의 단편성과 한계를 드러낸다.

실제 사용 당사자가 소화기의 의의와 설치 목적을 알지 못한 상태에 있다면 국민의 안전을 위해 법의 강제력과 엄청난 사회적 비용을 들여 건축물에 설치한 소화기의 실제 효과는 떨어질 수밖에 없다. 소화기의 성능을 최대한 효과적으로 높이려면 소화기가 있는 공간을 사용하는 불특정 다수인이 소화기의 의의와 설치 목적을 정확히 인지해 소화기의 특성을 알고, 소화기를 사용했을 때의 위험과 효과를 가늠하며, 개별 화재 상황에서 어떻게 사용할 것인지를 판단할 수 있어야 한다.

둘째로 화재 상황에서 소화기 사용법을 정확히 숙지하는 교육이다. 특히 화재는 일상 상황과는 확연히 다른 사건으로 화재 상황에 익숙하지 않은 사람은 평상시처럼 온전한 판단과 행동을 하지 못할 가능성이 상당히 크다. 실제 화재 상황에서 상호 작용하며 수행하는 소화기의 사용은 훈련이 필요하며 이 훈련은 절차적 지식을 제공해야 한다. 하지만 일상에서 의무적이고 획일적인 교육과 실습은 선언적 지식만 제공하는 데 그치고 있다. 실제 화재 현장에 출동해 보면 화재를 발견하고 소화기를 사용하려 했지만 성공하지 못한 경우가 흔하다. 안전핀을 뽑지 않고 소화기를 던져 놓는다거나, 너무 먼 곳에서 분사한 흔적을 여러 차례 목격한 바 있다.

화재 상황 경험의 중요성과 관련해 2019년 3월 소방청 주관 '화재 관련 국민 인식도 설문조사 결과'에 따르면 화재를 위험하게 느끼는지에 관한 질문에 화재를 직간접적으로 경험한 국민의 86퍼센트는 '화재가 위험하다'고 응답한 반면에, 경험이 없는 국민 중에서는 전체 응답자 중 75퍼센트만 위험하다고 답했다. 교육 목적을 달성하기 위해서는 실제 화재를 모사한 환경 아래에서 소화기를 직접 사용하는 경험을 제공하는 훈련이 가장 효과적일 테지만 이는 실현되기 힘들다. 그러므로 소화기 사용 방법에 관한 교육은 직관적인 사용법에 초점이 맞춰지기보다는 소화기 사용이 유효한 시점, 사용 전후 사용자의 안전 확인 방법, 가능한 한 실제 사용을 내용으로 이루어지는 것이 효과를 극대화할 수 있다.

무엇보다 가장 현실적인 것은 소화기 교육 훈련의 목적이 다른 사람을 위한 것이 아니라 자신의 안전을 위한 것이라는 자각과 관심으로 자발적 동기를 이끌어 내는 것이다. 자발적 동기에 의한 교육 훈련은 피동적으로 참여해 유사시 아무런 기억도 나지 않던 정기적, 법정 교육 훈련의 내용과 결과를 개선할 것이며, 자발적 동기를 유발할 관심의 계기는 모든 사람이 현실적인 화재의 위험에 대해 그것이 실제 이웃에게 닥쳤던 일이며 나에게도 일어날 수 있다는 경각심을 체감할 수 있도록 위험 감수성을 높이는 것에서 시작된다.

3부 펌프, 유체역학, 동력기관

— 소방의 작동 원리 —

도시가 성장하고 거주자가 많아지면 건축물 역시 밀집하고 높아지며, 이에 따라 화재의 빈도와 규모 역시 늘어난다. 화재의 수요가 양적으로 증가하는 것이다.

또한 도시가 성숙하면서 자연적으로 또는 국가의 계획에 따라 특정 지역은 상업과 업무 기능이 집중되고 거리가 조금 떨어진 곳은 주거 지역이 들어선다. 교통이 발달함에 따라 이 같은 도시 기능의 분화는 점차 뚜렷해지고 대형 할인점, 창고, 쇼핑센터, 대형 경기장처럼 사용 목적이 특화된 건축물도 활발하게 생겨난다. 이런 건물들은 동시에 많은 사람을 한 공간에 수용하므로 화재 시 인명 피해의 위험이 높아진다. 과거와 다른 화재 수요의 질적 변화가 일어난 것이다.

이처럼 양적 질적으로 변화한 소방 수요로 인해 소방 분야도 발전을 거듭했다. 소방은 분야 자체로 발전했다기보다는 여타 산업의 발전에 따라 변화해 왔는데 그중 핵심은 펌프, 동력기관의 기술, 유체역학의 학문적 성과다.

펌프는 소방차의 소방펌프를 포함해 유체를 뿜는 소방 시설의 핵심이고, 유체역학은 펌프를 포함해 물을 이용하는 모든 기계의 설계 준칙이다. 또 정비된 도로 위를 소방차가 달릴 수 있게 된 것은 동력기관의 변화에 따른 자동차의 발전이었다.

펌프는 인간 생활에 필수적인 물을 끌어오는 데서 시작되었다. 펌프가 산업의 심장으로 진화하는 과정에서 소방펌프는 화재 진압의 핵심인 물을 더 많이 더 멀리 뿜는 방향으로 발전했다. 시린지 펌프syringe pump는 화재 진압 도구인 크테시비우스의 스쿼츠에, 병렬 피스톤 펌프는 소방차의 원형인 수동 소방펌프에 쓰이다가 원심 펌프의 발명으로 도시 상수도망이 갖춰지며 소방차도 지금의 모습이 되었다.

동력기관은 인간의 삶을 획기적으로 바꿨다. 교통수단에 쓰이는 동력기관은 시린지 펌프, 피스톤 펌프에 그 뿌리를 두고 있다. 증기기관은 수동 소방펌프와는 비교할 수 없는 강력한 증기력을 회전 운동으로 바꿔 증기 소방펌프를 만들었고 내연기관 탄생의 배경이 되었다. 모델 T로 대표되는 내연기관 자동차와 내연기관으로 동력을 얻는 원심 펌프는 도시 구석구석까지 이동하는 지금의 소방차를 만들었다.

유체역학의 발전 역시 인류에 큰 영향을 끼쳤다. 진공은 공기가 단일 물질이 아니라는 점과 함께 여러 기체의 발견과 그 특성을 알 수 있게 해 주었다. 또 불이 산소와 가연물의 화학 반응이라는 사실도 알게 했다. 진공의 발견으로 인해 소방펌프는 소방호스를 통해 자체 흡입력으로 물을 끌어올 수 있게 되었다. 비행기의 원리를 밝힌 베르누이의 정리는 주력 소화약제인 물의 움직임을 이해할 수 있도록 해 스프링클러 설계의 과학적 기반이 되었다.

그 밖에도 하천 운하의 인공물이나 항만 등 물과 닿는 구조물의 토목공학적 설계에 쓰였던 오일러의 연구, 입자의 운동을 해석한 조제프 라그랑주Joseph Lagrange, 파동과 모세관 힘을 연구한 피에르 라플라스Pierre Laplace, 유체의 속도 측정 기계를 발명한 앙리 피토Henri Pitot, 유량 계측 기기를 발명한 조반니 벤투리Giovanni Venturi, 유체의 점성과 저항을 해석한 샤를 오귀스탱 드 쿨롱Charles-Augstin de Coulomb, 수면 위에 위치한 물체의 운동 법칙을 정리한 버트런드 러셀Bertrand Russell, 선박처럼 유체와 면한 물체의 저항 결정에 중요한 무차원수인 프루드 수Froude number의 윌리엄 프루드William Froude와 프레데리크 리치Frédéric Reech, 배관 내 물의 운동에 관한 연구자 고틀리프 하겐Gottlieb Hagen과 장 레오나르 마리 푸아죄유Jean Léonard Marie Poiseuille, 유체 운동 경계면의 성질에 따라 저항이 다름을 밝힌 앙리 가스파르 다르시Henry Gaspard Darcy, 인접 유체 간 흡인력과 반발력을 정리한 클로드 루이 나비에Claude Louis Navier, 운동 중인 유체의 내부 마찰을 연구한 조지 가브리엘 스토크스George Gabriel Stokes 등 당대 내로라하는 수학자에 의해 발전한 유체역학과 수력학은 물리학을 넘어 토목공학, 항공공학, 우주공학 심지어 경제 현상을 유체의 성질로 해석하려는 시도마저 있을 정도로 여러 영역에 영향을 미쳤다. 현재 유체를 활용하는 소방 시설의 법적 설치 기준과 실제 설계 준칙에는 이런 여러 과학자의 업적이 녹아 있다.

　연구자들의 이런 성과는 소방 분야에서 물을 사용하는 소방 설비나 공기에 압력을 부여하는 제연 설비 등의 설계 이론으로 쓰였을 뿐 아니라 액체와 기체 상태의 소화약제를 사용하는 장치, 배관 내에서 사실상 유체의 움직임을 보이는 분말 소화약제를 활용한 고정식 소방 설비의 설계를 가능하게 했다.

오랜 시간에 걸쳐 진화해 온 소방의 세 가지 핵심 요소인 펌프, 동력기관, 유체역학의 발전 과정을 통해 현재 우리 주변의 소방 관련 기계들이 구현하는 기능을 이해할 수 있고, 더 나아가 앞으로 어떻게 개선될 것인지, 어떤 기술적 혁신이 필요한지를 더 깊이 파악할 수 있을 것이다. 3부에서는 현대 소방을 설명하는 이 세 가지 요소가 어떤 경로로 발전했는지를 살펴본다.

1장

필연적 발명품, 펌프

스프링클러, 옥내·옥외 소화전, 소방차 등 직접 원심 소방펌프를 사용하는 장치들 외에도 소화기, 큰 힘을 낼 수 있는 유압 구조 장비, 거품 소화약제의 발포량을 조절하는 폼 프로포셔너foam proportioner, 안개처럼 물을 뿜기 위해 큰 압력이 필요한 미분무 장치 등의 작동은 용적형 펌프의 원리와 펌프의 발전 과정에서 파생한 유체역학의 원리들이 적용된다. 그 밖에 소방과 관련한 많은 장치의 작동 원리도 펌프에 뿌리를 두고 있다고 할 수 있다. 이처럼 펌프의 발명과 이로부터 파생한 다른 도구 및 학문의 발전은 소방과 깊은 연관을 맺고 있다.

따라서 소방과 관련한 발명을 전체적으로 이해하기 위해 펌프의 발명과 관련된 내용을 살펴볼 필요가 있다.

농경과 생활에 필수적인 물

인류가 수렵에 머물던 오랜 기간 생존의 필수 요소가 '불'이었다면, 약 1만 년 전 시작된 농경 시대 이후에는 당장 개체의 생존을 위한 물보다 더 많은 양의 '물'이 인간의 생존과 식량 생산에 필수 요소였다.

농경은 물이 많이 필요한 생활양식이어서 주로 하천 주변에서 이루어졌으나 하천은 일정한 양으로 흐르지 않는 문제가 있었다. 일반적으로 하천의 물 공급량 변화에 가장 큰 영향을 끼치는 것은 계절적 요인이다. 계절에 따른 물의 변화량에 의해 수동적으로 이루어지던 농경 방식은 점차 지표면을 변형해서 언제라도 물을 안정적으로 사용할 수 있는 적극적 농경으로 변했다. 이렇게 해서 농지에 물을 대기 위해 수로와 둑, 댐과 같은 거대한 관개灌漑, 치수 시설 이 만들어졌다.

농경은 물도 있어야 하지만 노동력이 많이 필요한 생활양식이어서 농경 장소와 거주지는 가까울수록 유리했다. 채집과 수렵을 하던 때는 자연과 가까웠던 인류의 거주지가 농경을 시작하면서 차츰 경작지와 가까워졌다. 거주지는 자연과 분리된 인공의 거주 공간인 움집 등으로 변화했고 독립적이던 거주지는 집단화되었다.

하지만 인간의 원시적 치수 시설은 물과 관련해 종종 일어나는 재해를 막을 수 없었다. 홍수와 같은 재해가 미치는 경작지는 안전해야 하는 거주지와 가까워지는 데는 한계가 있었다. 이런 이유로 청동기 시대 취락은 식량 생산 장소와 멀지는 않지만 그보다는 높은 지대인

언덕이나 구릉 위에 있었다.

거주 공간에는 물이 반드시 필요했다. 하지만 물은 상온에서 비정형의 액상으로 존재하기 때문에 물을 옮기기 위해서는 담을 수 있는 그릇이 필요했다. 또한 물은 다른 물질에 비해 부피 대비 무게가 비교적 큰 물질로 들어서 옮기는 데 많은 힘이 들었다. 생활을 위해 물을 길어 거주지로 옮기는 것은 꼭 필요한 활동이지만 굉장히 수고로운 일이었던 것이다.

무거운 물을 용기에 담아 다른 장소로 옮기던 단절적이고 비효율적 방식은 점차 수원과 사용 장소를 물이 지나가는 통로로 이어 연결하는 식으로 발전했다. 수원에서 사용 장소로 물이 계속 흐르도록 만드는 운송이 그것이다. 여기서 결정적 문제는 수원보다 거주지가 일반적으로 높은 곳에 있다는 것이다. 사람들이 좀 더 편하게 사용하기 위해서는 물을 낮은 곳에서 높은 곳으로 거슬러 흐르게 하는 도구가 필요했다.

자연 상태에서 고여 있지 않은 물은 열역학 제1법칙에 따라 유체가 가지고 있는 위치 에너지의 차이만큼 운동 에너지로 전환되어 높은 곳에서 낮은 곳으로 흐른다. 물에 인위적인 에너지를 부여해 위치 에너지 차이를 역전시켜 이 법칙을 거스르는 것, 즉 물을 낮은 곳에서 높은 데 있는 필요한 곳으로 운송하는 작용을 하는 일련의 장치가 바로 펌프다.

펌프의 발명과 소방

사람의 몸에도 펌프와 같은 작용을 하는 장기인 심장이 있다. 심장은 몸 구석구석으로 피를 돌리는 중요한 기능을 하며 소유자인 사람이 살아 있는 한 계속 작동해야 하는 가장 핵심 장기다. 펌프 역시 산업 전반에 걸쳐 인간의 편리를 위해 유체를 이송하는 모든 곳에서 광범위하게 사용되는 심장처럼 중요한 기계 장치다.

펌프는 소방에서도 필수 불가결한 장치다. 펌프는 건물에 설치되어 물을 사용해 불을 끄는 스프링클러나 옥내 소화전 등 고정식 소방 시설에서 물이 나오게 하는 힘을 부여한다. 또 건물 소방 시설의 보호 영역 밖에서 발생하는 화재에 물을 분사할 수 있는 장치인 소방차에도 가장 핵심 요소라 할 수 있다.

펌프의 발명은 불을 끄는 기본 물질이지만 운반이 어려웠던 물을 먼 거리까지 보낼 뿐 아니라 강력하게 뿜어낼 수 있게 했다. 펌프로 인해 사람들은 복사열이 닿지 않는 곳에서 안전하게 불을 끌 수 있게 되었다. 자연법칙을 거슬러 물을 원하는 곳으로 보내기 위해 만들어진 펌프의 발명과 펌프 기술의 발전은 장치 자체뿐 아니라 연관된 산업 전반과 학문 등과 상호 작용을 하며 일련의 유기적 변화를 일으켰다.

예를 들어 펌프의 발전은 흐르는 물체의 움직임을 수학적으로 계산하는 유체역학의 발전을 이끌었다. 물에 가하는 물리력을 일정한 방향으로 모아 주는 틀인 피스톤 펌프의 실린더와 플런저가 내연기관의 가장 근본 구조물이 된 것처럼 다양한 유형의 펌프 원리는 다른 산업에 중요한 기계 장치의 산파 역할을 했다. 유체역학의 발전은 배관 내 물의 움직임을 제어하는 소방 시설이 발명될 수 있는 토대를 마련했고, 내연기관의 발명은 무거운 물을 대량으로 실어 빠르게 나를 수 있는 소방차를 탄생시켰다.

왕복 용적형 펌프

두레와 닮은 샤두프

펌프가 가진 정체성의 본질은 물을 의도한 방향으로 움직이도록 하기 위해 어떤 식으로든 에너지를 부여하는 것이다. 이런 의미에서 최초의 펌프는 고대 이집트에서 기원전 2000년경 사용한 것으로 알려진 샤두프Shadoof라 할 수 있다. 샤두프는 용기를 이용해 낮은 곳의 물을 높은 곳으로 퍼 올리는 우리나라 두레와 비슷한 도구다. 두레는 물을 담은 용기를 사람이 직접 힘으로 들어 올리는 도구인 것에 비해, 샤두프는 긴 막대의 중간을 지지대로 지탱하고 막대의 한쪽 끝에는 무게 추를, 다른 쪽 끝에는 물을 담는 용기를 연결해 지렛대의 원리를 이용한다는 차이가 있다.

ⓒ G. Pearson/CC 0

샤두프를 이용해 물을 끌어올리는 남자.

회전 운동을 하는 나선 양수기

　기록을 기준으로 보면 두 번째 펌프는 '나선 양수기'라 할 수 있다. 나선 양수기는 긴 원기둥 안에 나사산 모양 홈이 축에 감겨 있는 모양이다. 원기둥의 한쪽 끝을 물에 담그고 다른 쪽 끝은 높은 곳에 두고 힘을 가해 원기둥 축을 회전시키면 낮은 곳의 물이 원기둥 내부의 홈을 따라 높은 곳으로 물을 퍼 올리는 장치다. 나선 양수기는 회전 운동으로 물을 옮기지만 연속적으로 물이 있는 공간의 위치가 변하는 원리이므로 용적형 펌프positive displacement pump의 범주에 속한다.

　나선 양수기의 발명자는 아르키메데스Archimedes로 알려져 있기는 하나, 유력한 주장에 따르면 최초의 나선 양수기는 이미 아르키메데스 이전 세계 7대 불가사의인 공중정원의 관개 목적으로 사용했다고 한다. 이를 좀 더 자세히 살펴보자. 사실 공중정원은 추정 유적지가 발견된 상태에 불과해서 공중정원의 실체와 위치는 아직 확정되었다고 볼 수는 없다. 하지만 공중정원에 관한 기록은 곳곳에서 나왔다. 대표적 기록인 그리스의 역사학자 디오도로스 시켈로스Diodorus Sikelos의 공중정원에 대한 묘사에 따르면, 공중정원은 약 123미터 길이의 변을 가진 정방형을 밑변으로 일곱 층의 피라미드 형상을 한 계단식 건축물이다. 그 중앙에 목욕탕과 광장을 포함해 내부에 100여 개의 방이 있으며, 건축 구조물 곳곳에는 석류와 야자나무를 비롯해 향기로운 식물이 자라고 있었다고 기록되어 있다. 공중정원에서 나선 양수기를 사용했다는 주장은 정원이 세워진 바빌론이 사막과 같은 기후여서 그 안에 식물을 식재하려면 인근의 유프라테스강 물을 관개할 필요가 있었다. 그때 필요한 물을 끌어올리는 데 사용한 도구가

ⓒ Polleket/CC BY SA
네덜란드 스헤르토헨보스에 있는 토니 크랙의 아르키메데스식 나선 양수기 조각품.

바로 나선 양수기였다는 것이다.

이 주장을 더 자세히 소개하면 다음과 같다. 옥스포드대학교의 스테파니 달리Stephanie Dalley는 바빌론의 폐허 발굴 현장에서 유적의 각 기둥에 새겨진 설형문자를 발견하고 해석한 결과를 2013년 책으로 발간했다. 달리는 설형문자의 내용 중 "건축물 꼭대기의 경사면을 따라 식물이 식재된 정원이 있었고 그 정원에는 수로로 물을 공급했으며 수로에는 물고기를 길렀다"라고 묘사한 것을 통해 기둥의 기록이 공중정원을 그린 것이라 추정했다. 달리는 그 사실에 근거해 공중정원은 알려진 것처럼 네부카드네자르 2세 때 만들어진 것이 아니라 이후 아시리아의 센나케리브왕 손자 재임 시절에 완성된 것으로 추정했다. 동시에 공중정원의 관개를 위해 '달팽이snail'라 부르는 청동으로 주조된 장치가 사용되었다는 해석을 통해 이 장치가 나선 양수기를 의미한다고 주장했다. 달리는 이를 뒷받침하는 근거로 그리스의 철학자이자 역사학자인 스트라보Strabo 역시 공중정원에 나선 양수기를 사용했다고 기록한 사실을 제시했다.

아르키메데스가 나선 양수기를 사용한 것과 관련한 기록의 내용은 다음과 같다. 아르키메데스의 친척인 시라쿠사의 통치자 히에론 2세는 왕권을 과시하기 위해 '시라쿠시아Syracusia'라는 이름의 거대한 수송 선박을 만들고자 아르키메데스에게 이 배의 설계를 맡겼다. 배를 완성한 후에는 이 거대한 선박 내부에 물이 고이는 문제도 해결해 달라고 요청했는데 이때 아르키메데스가 나선 양수기를 사용해 문제를 해결했다는 것이다. 이 이야기를 약 200년 뒤 역사가인 디오도로스가 기록할 때 아르키메데스를 나선 양수기의 발명자라고 적은 것이 굳어져 현재까지 아르키메데스가 나선 양수기의 대표적 발명가로 인식되고 있다.

샤두프는 사람의 힘에 의한 직선 운동으로 물을 낮은 곳에서 높은 곳으로 운반할 수 있다. 또 물을 담은 용기의 위치가 가장 낮은 곳에서부터 높은 곳에 도달할 때까지만 단속적으로 기능한다고 할 수 있다. 이에 비해 나선 양수기는 운동의 방향이 정해진 단순한 회전 운동으로, 운동하는 동안은 계속해서 물에 압력을 가할 수 있는 획기적인 펌프다. 이 장치의 원리는 오늘날에도 곡식이나 모래, 자갈 같은 골재 등 유체의 성격을 가진 물질을 이송하는 데 쓰인다.

왕복 펌프이자 용적형인 주사기 펌프

주사기 펌프는 속이 비어 있는 실린더와 실린더의 내경과 꼭 맞는 피스톤이 두 방향으로 움직이며 흡입, 토출 행정行程을 하는 왕복 펌프이자 행정을 할 때 피스톤이 움직인 체적만큼 유체를 방출하는 전형적인 용적형 펌프다.

　주사기 같은 피스톤 펌프를 처음 발명한 사람은 필론, 헤론과 함께 헬레니즘 시대의 3대 기계 발명가인 크테시비우스로 추정한다. 아리스토텔레스와 같은 시대에 살았던 크테시비우스는 아버지의 가업을 이어 이발사 경력도 있는 발명가이자 수학자다. 그는 물시계의 개선품인 '클렙시드라clepsydra', 자동으로 움직이는 인형인 '오토마타Automata' 등의 기계를 만든 것으로 알려졌다. 특히 공기의 흐름을 이용한 '물오르간hydraulis' 등의 기구를 만들어 공압의 아버지라고도 불린다. 크테시비우스의 저서는 모두 유실되었지만 그의 제자 비잔티움의 마르쿠스 비트루비우스 폴리오Marcus Vitruvius Pollio로 알려진 사람이 스승의 업적을 기록해 후대로 전해졌다. 크테시비우스의 주사기 펌프는 후대에 '스쿼츠', '핸드 펌프'라는 이름으로 알려져 있다.

　앞에서 살펴봤듯이 스쿼츠는 물을 뿜는 간단한 펌프로 주사기와 동일한 원리로 움직이며, 실린더와 피스톤, 노즐 이외의 별도의 구성 요소가 필요 없다. 물을 채울 때는 노즐을 물에 담그고 피스톤을 당기면 실린더 내부에 진공의 힘이 생겨 물을 빨아들인다. 물을 뿜을 때는 반대로 손잡이를 민다. 손잡이를 통해 피스톤으로 전해진 힘은 피스톤이 물에 닿는 전체 면적에만 국한되는 것이 아니다. 파스칼의 원리에 따라 피스톤과 노즐 사이 실린더 내부 전체 유체에 힘이 전달되고, 압력이 가해진 유체가 좁은 노즐을 통해 고압으로 분사될 수 있었다. 한마디로 같은 힘으로 유체를 멀리 분사할 수 있는 것이었다.

　이러한 특성은 뜨거운 화재 현장에 적합했다. 스쿼츠는 뜨거운 복사열을 피해 비교적 멀리에서 불을 끌 수 있는 장점 때문에 화재 진압을 위한 전용 기구로서 중세까지 유럽 전역에서 널리 사용되었다.

얼핏 간단해 보이는 이 발명품의 원리가 후대의 다른 도구에 미친 영향은 간단치 않았다. 힘을 가해 유체를 움직이는 주사기 같은 피스톤 펌프의 원리가 반대로 작용할 때는 유체의 체적 변화로 피스톤과 피스톤에 연결한 막대를 움직이는 동력을 발생시킬 수 있었다. 이처럼 피스톤 펌프는 증기기관, 내연기관의 발명과 깊게 연관되어 있다.

물오르간에도 사용한 병렬 피스톤 펌프

화재 진압에 사용하는 스쿼츠는 조작이 쉽고 멀리 물을 분사할 수 있었지만 내뿜는 물의 양이 너무 적은 치명적 단점과 함께 물을 뿜는 작동 시간이 짧고 물을 채우는 데 시간이 걸리는 등 동작의 연속성에 문제가 있었다. 크테시비우스는 이 문제를 극복하기 위해 연속으로 유체를 공급하는 피스톤 펌프도 만들었다. 크테시비우스가 고안한 병렬 피스톤 펌프는 생활에 필요한 물을 끌어오거나 화재 진압을 위해 물을 뿜어내는 용도가 아니라 물오르간이라는 악기가 소리를 낼 수 있도록 공기를 공급할 목적으로 만들어졌다.

크테시비우스는 기원전 246년경 공기를 이용해 소리를 내는 건반악기 물오르간을 만들었다. 연주자가 이 악기로 아름다운 연주를 하는 동안 두 사람이 계속 펌프질을 해서 공기를 넣어 주는 방식이었다. 크테시비우스는 피스톤 펌프의 단속

출처: 송병준

병렬 피스톤 펌프의 예시.

적 동작을 상쇄하기 위해 피스톤 펌프 두 개를 붙여 흡입과 토출을 교대로 하게 만들었다. 두 펌프가 각각 정확히 흡입, 토출을 반대로 동작할 수 있도록 실린더가 세워진 두 펌프 사이에 힘의 받침점을 만들고 긴 막대 중간을 두 펌프의 피스톤과 연결해 시소처럼 움직여서 펌프가 정확히 교대로 작동할 수 있었다. 또 이 펌프의 실린더에는 체크 밸브가 있어서 흡입할 때 열리고 토출할 때 닫

ⓒ Kaboldy/CC BY SA

헝가리 아쿠인쿰에서 발견된 물오르간 복원물.

혀 두 펌프에서 빨아들이고 내뿜는 유체는 한 방향으로만 효율적으로 공급되었다.

하지만 두 개의 피스톤 펌프가 교대로 작동한다고 해도 두 펌프가 흡입에서 토출하거나 토출에서 흡입하는 전환 시점에는 유체가 흐르지 않는다. 크테시비우스는 이때도 흐름이 끊기지 않도록 펌프의 토출 측에 물에 잠기는 공기 챔버를 별도로 만들었다. 펌프에서 나온 공기가 위쪽으로 공급되는 것과 동시에 물이 차 있는 챔버 안을 압력이 가해진 공기로 채웠다. 이렇게 하면 펌프에서 공기가 나오지 않을 때 챔버 안에 남아 있는 공기가 수압에 눌려 나오므로 공기가 끊어지지 않고 흐를 수 있었다.

이런 원리로 만들어진 크테시비우스의 물오르간은 두 사람이 막대 양쪽 끝에서 힘을 주어 교호交互로 막대를 움직이면 공기가 안정적으로 공급되면서 연주자가 오르간을 연주할 수 있었다. 이 악기는

고대 로마와 비잔티움의 경기장, 연회장, 축제 등에서 연주되었다. 네로 황제, 6세기의 유스티누스 2세 황제가 종종 연주했던 것으로 기록이 남아 있으며 피아노와 같은 건반악기의 원형이 되었다.

물오르간에 사용했던 크테시비우스의 피스톤 펌프의 원리는 고대 로마의 영향력이 미쳤던 곳곳에서 그 흔적을 찾을 수 있다. 로마의 고대 시립 경기장에는 청동으로 만든 피스톤 펌프가 발견되었으며, 영국 남부의 실체스터나 현재 독일과 프랑스에 있는 과거 고대 로마의 주요 도시 곳곳에는 광산의 물을 빼거나 우물의 물을 끌어올리는 데 사용한 고대 로마의 나무 펌프의 흔적이 남아 있다. 크테시비우스의 피스톤 펌프 원리는 소방에도 큰 영향을 미쳐 20세기까지 사용한 화재 진압용 수동 소방펌프에서도 그대로 활용되었다.

회전식 용적형 펌프

최초의 펌프인 피스톤 펌프의 원리는 간단한 구조로 제작이 용이하고 유체에 고압을 가할 수 있는 장점이 있었다. 다만, 제 기능을 하기 위해서는 실린더와 피스톤의 크기가 꼭 맞아야 하고 반복적으로 큰 힘을 받는 힘의 작용점에 내구성이 강한 소재를 적용해야 했다. 그러나 헬레니즘 시대 이후 오히려 퇴보한 유럽의 기구 제조 기술로는 복잡한 기구를 정밀하게 만들 수 없었고, 피스톤 펌프의 가장 중요 기술인 기밀氣密을 보장할 수 없었다.

이런 배경에서 제작된 중세의 피스톤 펌프는 물을 흡입할 때 진공보다는 대기압에 의존했고 금속으로 만들기 힘들어 주로 목재로 제작되었다. 나무 피스톤 펌프는 내구성에 문제가 있었기 때문에 피스톤 펌프는 오랜 기간 적극적으로 활용되지 않고 제한적으로 사용했다. 피스톤 펌프가 전파되지 않았던 또 다른 이유는 펌프를 작동시키려면 직선 왕복 운동으로 힘을 가해야 한다는 점이었다. 직선 왕복 운동에서 힘의 작용점 궤적은 양방향으로 움직이는 것이어서 이런 장치의 동력원은 해당 기계의 원리를 이해하는 사람의 힘에 의해서만 가능했다.

인류는 이미 수차의 동력도 활용했고, 풍력을 동력원으로 해서 돛으로 선박을 이동할 수도 있었다. 또 가축의 축력畜力을 농경에 사용했다. 사람의 힘보다 장점이 많은 이러한 힘을 끊어지지 않는 동력으로 이용하기 위해서는 직선 운동이 아닌 힘이 일정한 방향인 회전 운동으로 작용할 때 펌프가 동작해야 했다.

베인 펌프

1588년 이탈리아의 엔지니어 아고스티노 라멜리Agostino Ramelli는 《다양하고 창의적인 기계들Le diverse et artificiose machine》이라는 책을 출간했다. 앙리 3세와의 인연으로 프랑스로 건너가 그 휘하에서 복무하던 때 출간한 이 책은 라멜리가 고안한 수많은 기계 195개를 삽화와 함께 글로 상세하게 설명했다. 책에 실린 기계 중 110개는 물을 끌어

ⓒ Ramelli, Agostino/CC 0

아고스티노 라멜리의 《다양하고 창의적인 기계들》 중 베인 펌프에 대한 삽화.

출처: 송병준

베인 펌프의 개념도.

올리는 펌프와 관련된 내용이고, 21개는 곡식 빻는 기계, 15개는 군사용 교량, 10개는 중량물을 드는 크레인에 관한 내용으로 구성되었다.

이 책에 실린 여러 펌프 중에는 나선 양수기와는 전혀 다른 회전 운동으로 동작하는 용적형의 베인 펌프 vane pump 원형도 삽화와 함께 기록되어 있다. 베인 펌프는 유체와 압력 손실을 막기 위해 기밀을 유지한 원통형 케이스와 그 안에 케이스보다 작은 원통인 회전부를 설치한 기계다. 원기둥처럼 생긴 케이스와 회전부는 서로 중심축이 평행인 편심偏心으로 설치되었는데, 회전부에는 중심축을 기준으로 방사형 홈을 가공하고 홈마다 나무판vane이 자유롭게 움직일 수 있도록 만들어졌다.

펌프가 회전 운동을 하면 회전부와 케이스 사이 공간을 구획하는 나무판이 졌다. 중력으로 튀어나와 편심인 펌프 본체 케이스의 곡면 벽에 접촉하면서 공간을 가두며 이동시킨다. 이때 이동 방향으로는 압력을, 반대 방향으로는 진공을 형성하는 원리로 작동한다.

베인 펌프는 회전 운동으로 작동한다는 점에서 나선 양수기와 유사하다. 하지만 기구의 운동으로 물을 퍼 올리기만 하는 것이 아니라 진공으로 물을 흡입할 수 있었다는 점이 다르다. 또 동력의 방향이 양쪽이어서 인력으로 운용해야 했던 피스톤 펌프와는 다르게 회전 방향의 동력을 제공할 수 있는 수차水車나 동물의 힘을 이용할 수 있다는 장점을 지녔다.

하지만 베인 펌프는 당시 기술로는 만들기 복잡한 구조의 기계로 설계대로 제작하기도 힘들었다. 또 나무라는 소재의 특성과 내구성을 고려할 때 별도의 윤활 없이 오래 작동하기 어려웠다.

기어 펌프

베인 펌프에 이어 기어 펌프gear pump가 등장했다. 기어 펌프는 베인 펌프와 같은 용적형 펌프에 속하지만 더 높은 압력을 만들 수 있고 맥동이 적어 유체를 선형적으로 토출하면서도 고장 우려가 적은 장점이 있었다.

기어 펌프를 최초로 발명한 사람을 특정하기에는 어려움이 있다. 다양한 기록을 지역별, 시간대별로 모아 보면 프랑스 사람 중에는 1593년 발명가인 니콜라 그롤리에 세르비에르Nicolas Grollier de Servière가 최초로 기어 펌프를 만들었다. 또는 1624년 레이레혼I. Leyrehon이라는 사람이 《레크레이션 수학La Récréations Mathématiques》이라는 책에서 기어 펌프의 원형을 최초로 구상했다는 기록이 전해진다. 독일 사람으로는 1635년 뉘른베르크의 동양 언어학 및 수학자이자 발명가인 다니엘 슈벤터Daniel Schwenter가 기어 펌프의 설계에 관한 도안을 그렸다는 기록이 있다. 또 1636년 엔지니어인 파펜하임Pappenheim이 톱니가 긴 이중 회전 기어 펌프를 발명해 물레방아로부터 동력을 얻어 분수의 물을 뿜는 데 사용했다는 기록도 있

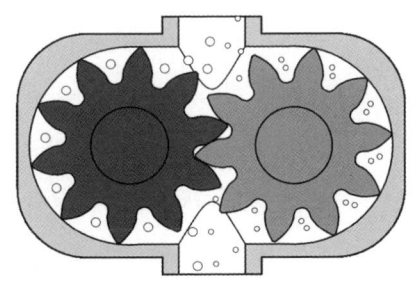

ⓒ Jahobr/CC 0

기어 펌프.

다. 이 기계에 대해 황제 페르디난트 2세가 파펜하임에게 특허와 유사한 권리를 부여했다고 전해지기도 한다.

최초의 기어 펌프 발명자로 일컬어지는 다른 한 사람은 독일 출신으로 마지막 점성술사이자 최초의 천체물리학자라고 알려진 요하네스 케플러Johannes Kepler다. 케플러는 17세기 천문학의 가장 핵심 인물로 그의 업적은 결과적으로 천문학 이외에도 과학의 전 영역에 큰 영향을 미쳤다. 일례로 케플러는 1615년부터 1621년까지 《코페르니쿠스 천문학 개요Epitome Astronomiae Copernicanae》라는 책을 통해 행성의 운동에 관해 세 가지 물리 법칙을 완성해 세상에 내놓았다.

케플러는 관측을 통한 경험과 뛰어난 직관으로 그 전까지 완벽한 원이라고 여겨 왔던 행성의 공전 궤도가 실상은 타원이라고 주장했다. 하지만 왜 타원인지는 명확히 설명할 수 없었다. 케플러가 제기한 이 의문은 50여 년 후 아이작 뉴턴Isaac Newton에게 이어졌고 뉴턴은 행성 공전 궤도가 타원이라는 사실을 수학적으로 증명했다. 이를 계기로 뉴턴은 기존의 아리스토텔레스와 프톨레마이오스의 전통에서 벗어나 역학과 천문학 전반을 다시 살펴보며 정리해 만유인력 법칙 등을 포함한 자신의 연구 결과를 집대성해 1687년 《자연철학의 수학적 원리PHILOSOPHIÆ NATURALIS PRINCIPIA MATHEMATICA》를 출판했다. 후대에 '프린키피아'로 알려진 이 책은 과학혁명의 상징과도 같은 역할을 했다. 철학과 분리되지도 않았던 당시의 과학이 고전역학을 필두로 여러 분야에서 급격한 변화를 이끌었기 때문이다. 결국 케플러가 제기한 화두가 과학사 전반에 영향을 준 셈이다.

케플러는 젊은 시절 신학교에서 철학과 수학, 천문학을 공부할 당시 스승 미하엘 메스틀린Michael Maestlin으로부터 코페르니쿠스의 태양중심설을 접하고 코페르니쿠스주의자가 되었다. 케플러는 코페르니쿠스의 이론에 입각해 저술한 천문학 연구서《우주 구조의 신비Mysterium Cosmographicum》(1596)에 실린 내용 중 다면체로 이루어진 태양계를 시각적으로 표현하고자 행성이 움직일 수 있는 모형을 만들려 했다. 이 과정에서 그는 이탈리아 학자 잠바티스타 델라 포르타Giambattista della Porta가 철학, 점성술, 연금술, 수학, 기계공학 등 자신의 과학적 연구를 집대성해 1589년 출간한《자연의 마법Magia Naturalis》의 도안에서 영감을 받아 기어 펌프를 발명한 것으로 추정된다.

케플러가 기어 펌프를 발명했다는 근거는 당시 자신의 후원자인 루돌프 2세 황제에게 보낸 탄원서가 기록으로 남아 있다. 케플러는 블라슈타트(현재 체코 올로비)에 방문한 광부의 연락으로 자신이 고안한 기어 펌프의 복제품이 본인의 동의 없이 다른 곳에서 사용되는 것을 알게 되자 후원자이던 루돌프 2세 황제에게 서신을 보냈다. 서신의 내용에 따르면 케플러는 단순한 회전으로 물을 높이 뿜는 이 기어 펌프를 개발하는 데 7년의 시간과 많은 비용을 투자했다. 그러니 자신의 발명에 대한 독점적 권리를 보장해 달라고 요구했다.

그 밖에 기어 펌프와 관련한 기록으로는 스위스 출신 궁정 천문학자이자 시계 제작자 조스트 뷔르기Jost Bürgi가 최초로 케플러의 기어 펌프를 활용해 분수대를 만들었다고 전해진다. 그는 1604년에 케플러를 위해 시점을 기준으로 두 물체 간 각도로 거리를 측정하는 육분의sextant라는 기구를 만들기도 했다.

케플러의 기어 펌프는 물에 들어 있는 모래와 같은 불순물에 의해 톱니가 쉽게 망가지는 결함이 있어 당시 상업적으로는 실패했지만 그 원리는 현재에도 운송하는 유체 자체로 윤활되는 윤활 계통이나 유압유 공급에 쓰이고 있다. 또 이 원리에서 파생해 로브lobe 펌프, 패브리fabry 펌프가 발명되었다.

로브 펌프

로브 펌프lobe pump는 1850년대 미국 오하이오주 옥스퍼드의 필랜더 루츠와 프랜시스 루츠 형제Philander and Francis Roots가 발명했다. 'lobe'는 비교적 경계가 뚜렷하며 둥글게 돌출된 부위를 나타내는 단어로 귓불, 또는 폐나 뇌 등 나뉘어 있는 인체 기관을 뜻하는 엽葉 등으로 쓰인다.

모직물 제조 공장을 운영하던 루츠 가족은 사업을 확장해 인디애나 코너스빌에 새 공장을 만들고 공장을 가동하는 동력으로 화이트 워터 운하의 수력을 이용하고자 했다. 그런데 운하에 흐르는 물을 이용한 수차로는 공장 운영에 충분한 출력이 나오지 않았다. 필랜더 루츠는 이를 극복하기 위해 동력 효율이 좋은 수중 터빈을 구상했다. 루츠 형제는 시제품을 만들어 물속에서 시운전을 했는데 나무로 만든 발명품은 수압을 이기지 못하고 망가져 버렸다. 형제는 시제품을 개선하고자 수중 터빈을 물속에서 해체해 지상의 작업대에 조립해 올려놓았다. 물이 차 있지 않은 수중 터빈을 시험 삼아 돌리자 토출 측에서 바람이 나왔고 이 바람으로 필랜더 루츠의 모자가 날아갔다. 근처에서 스토브를 주조하는 공장의 감독자가 이를

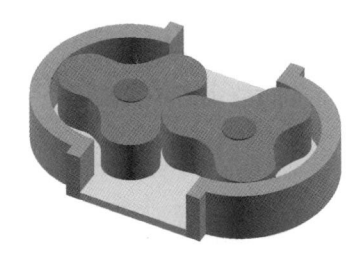

ⓒ MichaelFrey, Jahobr/CC BY SA

로브 펌프.

지켜보다가 "저 바람을 이용하면 용광로의 쇠도 녹일 수 있겠다"라고 대수롭지 않게 말했다. 이 말에 영감을 얻은 필랜더 루츠는 동력을 이용하기 위해 만든 자신의 발명품을 송풍 목적으로 다시 설계해 로브 펌프를 만들었다고 전해진다.

루츠 형제는 1859년 '루츠 송풍기P.H. & F.M. Roots Blower'를 설립하고 1860년 미국에서 특허를 취득했다. 1869년엔 영국에서 이 기계에 대한 특허를 취득해 금속 주조 등 여러 산업에 쓰일 송풍기를 제조해 판매했다. 루츠 형제의 발명과 상업적 성공으로 돌출부나 엽의 회전으로 그 기능을 하는 로브 펌프는 제조사이자 발명자 형제의 이름인 '루츠 펌프'로 불리기도 한다.

로브 펌프는 기어 펌프에 비해 몇 가지 장점이 있었다. 기어 펌프는 케이스 안에서 맞물려 있는 기어끼리 접해 동력을 전달하고 유체를 운송하는데, 기어에 불순물이 낄 경우 변형되거나 파손되기 쉬웠다. 이에 반해 로브 펌프는 케이스 안의 두 로브가 직접 접촉하지 않고 케이스 외부의 타이밍 벨트나 체인 같은 별도의 동력 장치에 의해 움직이므로 불순물의 혼입에 의한 고장이 적었다. 또 로브 펌프는 기어의 홈과 케이스로 가두는 공간의 체적보다 각 로브와 케이스가 만드는 공간의 체적이 크기 때문에 회전수와 본체 크기가 같더라도 기어 펌프보다 많은 양의 유체를 운송할 수 있는 장점이 있었다.

내연기관의 선구자인 고틀리프 다임러가 내연기관의 과급기turbo charger로 로브 펌프를 선정한 이후 로브 펌프는 내연기관 과급 장치의 표준적 형식으로 자리 잡았다. 내연기관이 폭발적으로 보급되며 로브 펌프도 덩달아 전파되었다. 고점도의 슬러지와 같은 유체도 운송 가능한 로브 펌프의 특장점으로 인해 여러 산업 영역에 활용되었다. 특히 유체의 압력을 부드럽게 발생시켜 변형 없이 내용물을 운송할 수 있는 장점을 지녀 식품 산업에서 요거트, 치즈, 레토르트 처리 음식물 운송에 사용되거나, 제지 산업에서 펄프의 운송 장치로 사용되는 등 여러 산업 분야에서 지금도 유용하게 쓰인다.

기타 용적형 펌프

증기기관이 발명되고 발전하는 과정에서 증기력을 이용해 동작하는 용적형 펌프도 개선되었다. 1675년 영국의 학자이자 외교관, 발명가, 수학자였던 새뮤얼 모어랜드 경Sir Samuel Moreland이 피스톤 펌프 같은 다른 용적형 펌프보다 훨씬 고압으로 물을 끌어올릴 수 있는 플런저 펌프plunger pump를 발명했다. 실린더 내부를 왕복 운동하는 물체의 용적 차이로 동작한다는 점에서 플런저 펌프는 피스톤 펌프와 본질적으로 같다. 하지만 피스톤 펌프에 비해 상대적으로 유지 보수가 쉽고 고압으로 사용할 수 있으며 유량 조절이 용이하다는 장점이 있다.

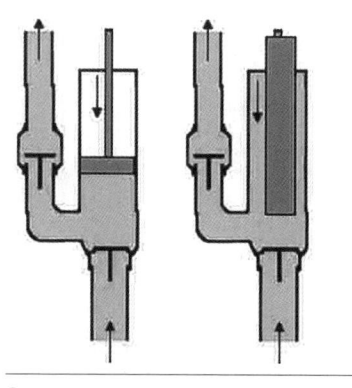
ⓒ STORE NORSKE LEKSIKON/CC 0
피스톤 펌프(좌측), 플런저 펌프(우측).

1732년 영국의 고셋Gosset과 데빌 Deville은 누출이 없고 마찰이 적으며 유지 보수가 간편한 다이어프램 펌프 diaphragm pump를 발명했다. 다이어프램 펌프는 흡입, 토출 측을 제외하고 밀봉된 실린더 내에서 탄성을 가진 재질로 양방향 만곡할 수 있는 다이어프램이 포함된 구조다. 이 펌프는 외부의 힘이 다이어프램에 작용해서 다이어프램의 만곡된 방향이 변경될 때 생기는 실린더 내 체적의 변위 차이를 이용한 펌프로 유체를 고압으로 이송할 수 있다. 심장은 체크 밸브가 달려 있는 일종의 다이어프램 펌프라 할 수 있다.

플런저 펌프와 다이어프램 펌프의 발명으로 유체에 더 높은 압력을 가할 수 있었고, 필요한 기능별로 펌프의 형식이 더 다변화되기 시작했다. 하지만 베인 펌프, 기어 펌프, 로브 펌

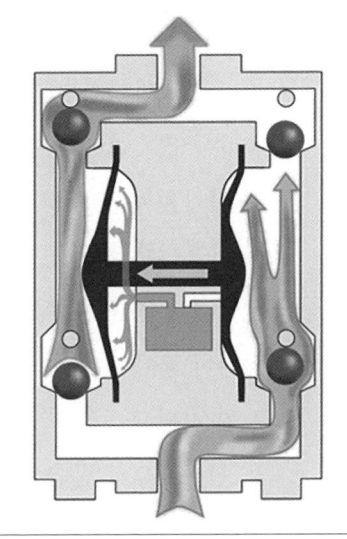

ⓒ STORE NORSKE LEKSIKON/CC 0
다이어프램 펌프의 예.

프는 회전 운동으로 동작하지만 같은 용적형 펌프인 병렬 피스톤 펌프에 비해 상대적으로 복잡한 구조이고 정밀 가공이 필요해 제작과 유지 보수가 어려웠다. 무엇보다 토출되는 유량이 적어 이때까지도 수동 소방펌프는 병렬 피스톤 방식이 주로 쓰였고 다른 형식들은 적용되지 않았다.

원심 펌프

원심 펌프의 의의

원심 펌프는 현재의 거의 모든 소방 차량 및 소방 시설에 적용하는 펌프 방식으로, 용적형 펌프와는 원리 면에서 확연히 구분된다. 원심

펌프가 발명되기 전 용적형 펌프는 관개나 상수도의 공급 같은 많은 유량이 필요한 용도에는 적합하지 않았다. 당연히 용적형 펌프는 화재 진압용 펌프 형식으로도 적합하지 않았다. 불을 끄기 위한 펌프는 장시간 많은 양의 물을 보낼 수 있어야 하고, 물줄기가 맥동이 없이 일정해야 한다. 또 어디서 발생할지 모르는 화재에 대응하기 위해 이동성이 좋아야 하기 때문이다.

원심 펌프는 생성할 수 있는 압력이 비교적 작은 대신에 대량의 물을 연속적으로 운송할 수 있으며 구조가 간단하고 가볍다는 장점이 있다. 용적형 펌프와 원심 펌프는 장단점이 서로 상대적 관계에 있어서 어느 하나가 더 우월하다고 할 수는 없다. 원심 펌프와 용적형 펌프는 구체적으로 다음과 같은 차이점이 있다.

용적형 펌프는 부피 자체를 이동시키는 원리로 유체에 가할 수 있는 압력이 크다는 장점이 있는 대신 토출 유량이 작은 한계가 있다. 또 토출 측이 막히면 유체에 작용하는 압력이 장치로 전해져 펌프 자체나 밀폐된 배관이 파손될 수 있는 단점도 있다. 용적형 펌프의 유량은 용적에 힘을 가하는 장치의 운동 속도로 조절해야 하는 특성이 있다. 그에 비해 원심 펌프는 임펠러impeller를 회전해 유체에 에너지를 전달하는 원리로 많은 유량을 보낼 수 있는 장점이 있는 대신에 유체에 가할 수 있는 압력에 한계가 있다. 원심 펌프는 토출 압력 이상을 견디는 펌프와 배관이라는 전제하에 고장의 염려 없이 밸브의 개폐로 간단하게 유량을 조절할 수 있다.

상수도, 관개, 소방 등의 목적에서는 압력보다는 많은 유량이 필요하기 때문에 원심 펌프는 획기적 발명이었다. 특히 용적형 펌프에 비해 부품의 수도 적고 구조가 간단하며 내보내는 유체에 맥동이 없다는 장점은 소방 용도에 꼭 맞았다. 하지만 원심 펌프의 장점을 취하기 위해서는 고속 운전이 가능해야 하고 기계에 기밀이 잘 유지되어야 진공을 형성할 수 있으므로 진정한 의미의 원심 펌프는 18세기 말에야 등장한다.

초기의 원심 펌프

캘리포니아대학교의 과학사학자인 라디슬라오 레티Ladislao Reti는 흩어져 있던 레오나르도 다빈치Leonardo da Vinci의 일러스트와 메모 노트를 발견하고 정리해 다빈치의 권위자로 유명하다. 그는 1475년 르네상스 시대 이탈리아 공학자인 프란체스코 디 조르지오 마르티니Fransco di Giorgio Martini가 최초의 원심 펌프를 만들었다고 주장했다. 그의 주장에 따르면 마르티니는 자신의 논문을 통해 진흙과 같은 유체를 퍼 올리기 위해 펌프를 개발했는데, 이 펌프는 호스를 소라껍질처럼 나선형으로 말아 올린 모양의 장치였다. 이 장치의 일부를 물에 담가 회전시키면 소라껍질 모양의 아가리로 들어간 물이 점점 중심으로 모이면서 호스 끝의 축 부근에서 물이 나오는 원리였다. 하지만 이 장치는 원심력으로 유체에 힘을 가하는 방식이 아니라 아르키메데스의 나선 양수기처럼 용적형 펌프의 원리로 작동해 진정한 의미의 원심 펌프 범주에 들어간다고 할 수는 없다.

레티는 마르티니의 영향을 받은 레오나르도 다빈치 역시 물을 끌어올리기 위한 기계에 관심이 많아 아르키메데스의 나선 양수기를 비롯해 많은 유형의 펌프에 대한 스케치를 남겼다는 사실을 보고했다. 그 중에는 원심력을 이용해 물을 아래에서 위로 끌어올리는 원리의 장치도 포함되어 있었지만 실제로 만들어 사용했는지는 불분명하다.

진정한 원심 펌프의 발명가 드니 파팽

프랑스 출신의 드니 파팽Dennis Papan은 축의 기계적인 회전 운동으로 유체에 원심력을 가해 압력을 만드는, 진정한 의미의 원심 펌프를 최초로 발명한 인물이다. 그는 초기 증기 펌프를 독자적으로 발명하기도 했다.

1647년에 태어난 파팽은 의학을 공부하여 학위를 마친 후 당시 공기압에 관해 연구하던 위대한 천문학자이자 수학자이며 물리학자인 크리스티안 하이헌스Christiaan Huygens의 조수로 스승의 연구에 합류했다. 그는 하이헌스의 지시에 따라 음식을 보존하기 위한 용도로 진공 용기를 만드는 작업 등을 하며 기압과 증기, 펌프에 관해 연구했다.

파팽은 1680년대 물레바퀴의 동력으로 강에서 물을 끌어올리거나 광산 내부의 강제 환기를 위한 펌프를 만들기 시작해 1689년 독일 최초의 과학 간행물인 《악타 에루디토룸Acta Eruditorum》에 연구 결과물을 논문으로 기고하여 발표했다. 논문에 등장한 이 펌프는 원형 케이스 속 회전축을 기준으로 두 개의 회전 날개로 구성된 원심 펌프다. 유체에 회전 날개를 이용하여 원심력을 가해 배출하는 동시에 회전축과 연결된 파이프로 물을 흡입하는 펌프로서 최초의 원심 펌프라 할 수 있다.

파팽은 이후 초기 설계를 적용한 펌프에서 유체가 나가는 측의 구경이 작아 힘이 비효율적으로 전달된다는 사실을 발견했다. 그는 펌프 본체의 모양을 소라껍질처럼 나선형으로 만들어 원심력을 받은 유체의 배출 방향과 파이프 방향을 일치시키는 방법으로 설계를 개선했다. 파팽은 학술지인 영국《왕립학회 자연과학 회보Philosophical Transactions of the Royal Society》에 이 설계를 발표했다. 그는 왕립학회와의 서신에서 자신이 만든 반경 10.5인치(26센티미터) 원심 펌프를 풀무로 활용한 경험과 펌프 속 회전 날개가 원심력으로 유체를 배출하는 것과 동시에 유체를 흡입하는 연속 동작을 해서 효과적이었음을 보고하며 자신의 발명품을 과시했다. 하지만 독일의 수학자 라이프니츠Gottfried W. Leibniz에게 보내는 서신에서 "원심 펌프는 유체를 배출하는 데는 훌륭하지만 유체를 끌어올리는 데는 불편함이 있다"라고

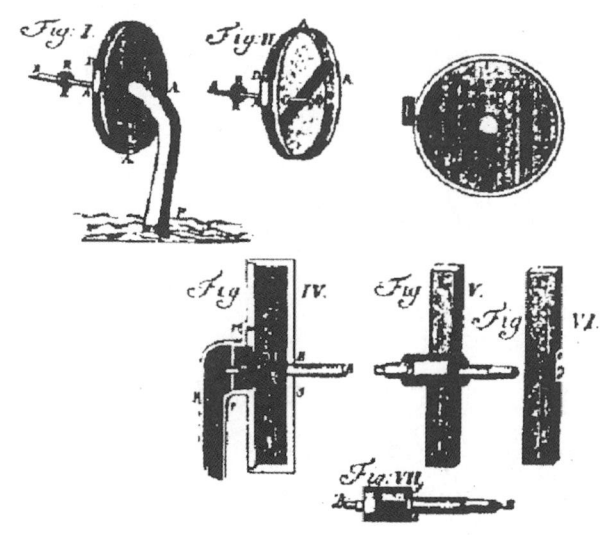

ⓒ Harris, 1953
출처: https://www.researchgate.net/figure/Centrifugal-pump-1689-invented-by-Denis-Papin-Picture-from-Harris-1953_fig4_265247506

파팽의 원심 펌프.

언급한 것을 보면 원심 펌프의 한계에 대해서도 잘 알고 있었다.

원심 펌프를 효율적으로 사용하기 위해서는 회전부가 고속으로 움직여야 했다. 그러나 파팽이 원심 펌프를 만들던 당시 기술로는 수력이나 풍력, 축력 등 동력원을 기어비를 맞춰 고속으로 운전하도록 연결하기 곤란했고, 또 연결하더라도 엄청난 동력과 마찰 손실을 감수해야 해서 비효율적이었다.

개선된 다단 원심 펌프

19세기 들어 원심 펌프에 필요한 기밀과 운전 속도를 충족시킬 정도로 기계의 제작 기술이 성숙했다. 1818년 미국 매사추세츠에서는 파팽의 특허를 정당하게 사용했는지, 아니면 독자적으로 발명한 것인지는 불명확하지만 파팽의 원심 펌프와 매우 유사한 펌프를 제조해 상업적으로 판매하는 펌프 공장이 등장했다. 파팽의 원심 펌프와 똑같이 회전 날개가 직선이고 판자로 만든 이 펌프는 진공 능력이 약해 흡수구가 물에 잠겨 있어야 했으며, 직선 날개와 펌프 케이스의 마찰력 때문에 효율이 낮았다. 하지만 잠재력이 컸던 이 펌프는 미국의 엔지니어들을 자극하는 계기가 되었다.

1831년 미국 코네티컷의 '뉴 스팀 밀스New Steam Mills'에 근무하던 블레이크Blake는 개선된 설계의 펌프를 발명했다. 케이스 중심에서 회전 운동을 하는 회전 날개가 수평으로 붙어 있는 디스크와 케이스를 약간의 이격 거리를 두어서 동작할 때 수직으로 연결된 배관에서 물을 끌어올리는 방식이었다. 1838년 콤스Combs라는 사람이 펌프의 효율은 회전 날개의 구부러진 형상이나 곡률과 상관관계가 있다는 논문을 발표했다.

이즈음 개선된 사항 중 가장 주목할 만한 점은 원심 펌프의 토출 압력의 한계가 어느 정도 극복된 것이었다. 1846년 존슨W. H. Johnson 은 아무리 빠른 속도와 강한 힘으로 펌프의 날개를 돌려도 물을 끌어 올릴 수 있는 높이가 정해진 원심 펌프의 특성과 한계를 극복하기 위해 세 개의 원심 펌프 흡입구와 토출구를 직렬로 연결하는 방법을 고안했다. 존슨은 토출 압력을 높이는 3단 원심 펌프를 만들었고, 1849년 제임스 그웬James S. Gwynne 역시 같은 원리의 다단 원심 펌프를 만들었다.

그웬의 원심 펌프는 아들에 의해 런던에서 사업화되었는데, 초기에는 낮은 높이의 저유량을 처리할 수 있는 저사양 원심 펌프를 주로 제조했다. 1908년에는 소방차 제조회사 데니스가 제작한 소방차에 장착되며 최초의 원심 펌프 소방차 탄생에 기여했다.

곡선형 회전 날개를 만든 아폴드

1848년 영국의 염색업 종사자이자 발명가인 존 아폴드John G. Appold는 늪의 배수를 위해 원심 펌프를 만들었는데, 이 펌프는 회전체에 붙어 있는 회전 날개의 각도가 회전 방향으로 45도 기울어져 있었다. 아폴드는 수학적 설계가 아니라 실험에 의한 실증을 거쳐 펌프를 만드는 과정에서 회전 날개의 형상과 개수가 펌프의 효율과 상관관계가 있음을 알아냈다. 그가 만든 원심 펌프의 회전 날개가 기울어진 데는 이 같은 이유가 있었던 것이다. 아폴드는 여기서 그치지 않고 곡선형 회전 날개를 적용한 펌프를 구상하고 제작했다.

ⓒ Chris Allen/CC BY SA
아폴드의 설계에 따라 증기기관에 연결된
배수 펌프의 임펠러.

1851년 런던 크리스털 팰리스에서 만국박람회가 개최되었다. 이 박람회에서 파팽의 원심 펌프를 발전시킨 세계 각국의 다양한 원심 펌프가 각각의 상업적 가치를 평가받기 위해 각축전을 벌였다. 마지막에는 아폴드, 그웬, 베서머Bessemer의 경쟁으로 압축되었고, 결국 곡선 형상의 회전 날개를 가진 아폴드의 원심 펌프가 가장 우수한 것으로 평가받았다.

1862년 런던에서 두 번째로 열린 국제박람회에서는 1837년 설립된 증기기관 펌프 회사인 '이스턴 앤드 아모스 배수기Easton & Amos Drainage Machine'의 2기통 증기기관을 동력으로 한 아폴드의 원심 펌프를 돌려서 분수대를 운영했다. 이 기기는 현재 영국 서머싯의 웨스턴조이랜드 펌프장 박물관Westonzoyland Pumping Station Museum에 보존되어 있다.

원심 펌프의 효율성을 높인 레이놀즈

아일랜드 출신의 오스본 레이놀즈Osborne Reynolds는 대학에 입학하기 전 조선소 작업장에서 견습생으로 일하다가 케임브리지의 퀸스칼리지에서 수학을 전공했다. 견습생 때의 실무 경험은 그의 수학 이론이 실용적 차원의 결과물로 이어지게 했다. 레이놀즈는 오랜 기간 선박의 안전과 관련해 강의 흐름, 해수의 흐름 등을 연구하면서 조지 스토크스George Stokes의 유체의 난류亂流, turbulence flow에 대한 이론을 정립하고 더 발전시켰다. 그는 유체의 점성력과 관성력의 비율로 층류層流, laminar flow 와 난류를 예측할 수 있는 지표인 레이놀즈 수Reynolds number를 제안했다.

레이놀즈는 유체역학에서 학문적으로 큰 업적을 세운 것 외에도 엔지니어로서 아폴드가 만든 곡선 회전 날개 원심 펌프를 개선했다. 레이놀즈는 나선형의 케이스 안에서 물에 동력을 전달하는 회전 날개의 직경을 줄이고, 난류의 흐름으로 배출 측

ⓒ Chris Allen/CC BY SA

1864년 이스턴 앤드 아모스가 제작한 아폴드 원심 펌프. 배수에 사용되었다.

으로 나가는 물을 유도하기 위해 케이스 안을 구획하는 아이디어를 생각해 냈다. 펌프 안에서 물을 유도하는 물리적 구획은 같은 크기의 원심 펌프라 할 때 기계적 손실을 줄여 효율성을 높였고, 물을 끌어올릴 수 있는 능력의 한계를 높이는 효과를 가져왔다.

현재 레이놀즈의 아이디어를 적용한 원심 펌프는 볼류트 펌프volute pump, 막이 없이 바로 배출구로 물을 분사하는 터빈 펌프turbine pump 로 구분하고 있다.

지금까지 아르키메데스의 나선 양수기부터 레이놀즈의 볼류트 펌프의 원리까지 유형별 펌프의 역사를 간단히 짚어 보았다. 말했듯이 용적형 펌프와 원심 펌프는 어느 하나가 우월하다고 할 수 없는 서로 다른 형식이다. 각 펌프의 원리는 과학과 산업의 발전에 따라 그 기

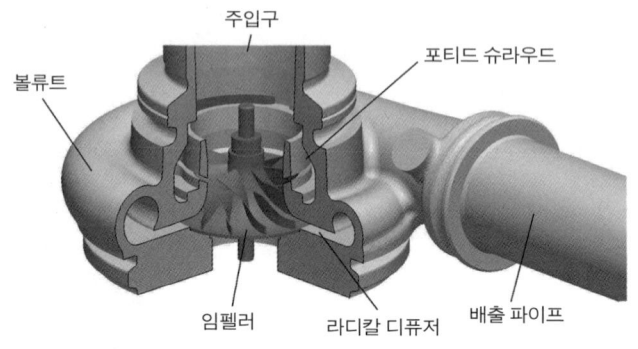

ⓒ Dr. Martin Heinrich/CC BY SA

레이놀즈의 아이디어를 적용한 원심 펌프인 볼류트 펌프의 예.

능을 최대로 발휘할 수 있도록 개선되어 오늘날까지도 유체의 종류와 펌프 설치의 목적, 비용 등에 따라 생활 곳곳에서 다양하게 활용되고 있다.

소방 분야에서도 펌프의 발전, 특히 원심 펌프의 발명은 획기적 변화를 불러일으켰다. 병렬 피스톤 펌프가 수동 소방펌프에 독점적으로 활용되었고, 신뢰성 있게 만들 수 있던 시점부터 원심 펌프는 소방 목적으로 유체를 보내는 거의 모든 곳에 사용되고 있다.

2장

소방펌프의 흡입력과 유체역학

대기압과 진공

대기압은 지구의 대기가 지표면에 가하는 압력을 말하는데, 일상에서는 느끼지 못하지만 생각보다 강한 압력으로 지상의 모든 공간에 작용하고 있다. 그에 비해 진공은 밀폐된 구조물의 공간 내 압력이 주변 대기압보다 낮은 상태를 말한다. 이 상태에서는 공간 내 분자 밀도가 낮아져 밀폐된 구조물의 열려 있는 틈을 통해 바깥의 유체를 내부로 끌어당기는 힘을 형성한다.

피스톤 펌프, 베인 펌프, 기어 펌프는 모두 용적형 펌프로 구조상 비교적 진공을 잘 만들 수 있다. 하지만 초기의 펌프는 제작 기술의 한계 때문에 정밀한 기밀을 만들 수 없어서 진공으로 유체를 흡입하기보다는 대기압을 이용하거나, 아예 유체 속에서 펌프를 설치해서 어느 정도 압력 손실을 감안하며 사용했다.

초기 용적형 펌프가 활용되던 당시까지는 공간 자체를 실체적 물질로 간주하는 아리스토텔레스의 이론이 지배적이었다. '아무것도 존재하지 않는 공간'을 의미하는 진공은 공간 자체의 부존재不存在를 전제하기 때문에 실존하는 공간을 부정해야 하는 모순이 있어서 존재할 수 없는 것으로 여겼다. "자연은 빈 공간을 싫어한다"는 명제는 이런 이론을 대표하는 문구다.

그런데 야금술 등 금속 기술이 발달하며 정밀한 펌프를 만들 수 있게 되자 펌프의 흡입 능력이 높아졌고, 실험을 통해 진공을 경험한 과학자들에 의해 아리스토텔레스의 이론이 흔들리게 되었다. 과학자들이 실체적으로 목격한 기체가 없는 공간으로서 진공 개념은 아리스토텔레스의 자연철학에 정면 도전하는 기계론적 철학의 대표적 상징이 되었다.

뒤이어 등장한 대기압 개념 역시 진공과 함께 기존의 인식 체계를 완전히 바꿔 놓는 새로운 것이었다. 이 개념을 정립하는 과정에서 나온 성과는 원심 펌프가 진화할 수 있는 토대가 되었고, 더 나아가 현대 물리학과 화학의 탄생과 발전에 지대한 역할을 했다.

갈릴레이를 시작으로 토리첼리, 파스칼, 오토 폰 게리케에 이르며 실증에 의해 정립된 '진공'과 '대기압'의 개념은 보일, 베르누이, 오일러에 의해 '유체역학'으로 완성되었다. 소방에서도 유체역학은 떼어낼 수 없는 학문으로 유체를 사용한 모든 소방 시설 및 기계는 이 유체역학을 반영한 설계에 따라 만들어진다. 지금부터는 소방과 불가분의 관계에 있는 진공과 유체역학이 어떠한 역사적 과정을 거쳐 발전했는지를 살펴본다.

진공 실험에 성공한 토리첼리

지금은 상식이 되었지만 진공의 발견은 간단한 일이 아니었다.

기원전, 아리스토텔레스는 우주가 물질에 의해 빈틈없이 연속적으로 채워져 있다는 명제를 제시했고 이를 진리로 받아들였다. 진공을 인정하는 것은 우주가 완벽하다는 공고한 믿음을 부정하는 행위이자 더 나아가 우주를 창조한 신의 오류를 인정하는 것과 같았다. 이는 신성모독으로 여겨졌기에 진공은 오랜 기간 부정되어 왔다. 진공의 발견은 펌프의 발명만큼이나 세상을 변하게 했고 소방 분야 역시 이에 많은 영향을 받았다.

17세기 초 이탈리아의 대다수 서민은 거주 공간에서 물을 사용하려면 공용 수원인 우물 등에서 물을 길어 올리는 게 보통이었고, 부유층은 집 안에 우물을 파고 펌프를 설치해서 사용했다.

당시 이탈리아 토스카나 지역을 통치하던 대공大公이 높은 언덕에 별장을 짓던 중 정원에 물을 대기 위해서는 언덕에서 약 14미터 정도 낮은 곳에서 흐르는 개천의 물을 끌어와야 한다는 사실을 알게 되었다. 그는 정원에 펌프를 설치하고 수직 파이프를 연결해 개천의 물을 끌어올리려 했지만 번

ⓒ Pieter de Hooch/CC 0

안마당의 여주인과 하녀. 1660~1665년경 생선을 다듬는 일상을 포착한 피터르 더 호흐의 작품. 벽에 전형적인 수동펌프가 설치되어 있다.

번이 실패하고 말았다. 대공은 토스카나주 피렌체의 작은 마을인 아르체트리의 별장에 머물던 당대 최고의 과학자 갈릴레오 갈릴레이 Galileo di Vincenzo Bonaiuti de' Galilei에게 서신을 보내 해결 방안을 물어보았다. 눈이 보이지 않던 갈릴레이를 대신해 제자인 토리첼리Evangelista Torricelli가 편지를 대신 읽어 주었고, 토리첼리도 우물 문제를 해결하는 연구에 참여했다.

사실 갈릴레이는 1613년에 이미 공기의 무게와 밀도를 측정한 적이 있었다. 1630년에 제노아의 과학자 발리아니Baliani와 제노아의 상수도 문제에 관한 서신 교환에서 드러났듯이 갈릴레이는 오래전부터 펌프로 끌어올 수 있는 물의 높이 한계가 약 34피트(10.36미터)였던 사실도 알고 있었다. 갈릴레이는 물을 끌어올리지 못하는 원인은 펌프의 성능과는 상관없다고 생각했다. 그 대신 물의 인장 강도 때문이거나 몇 가지 다른 이유 때문일 것이라는 가설을 세웠지만 정확하게 증명하지 못한 채 1642년 1월 8일 숨을 거두고 만다.

토리첼리는 갈릴레이의 가설을 이어받아 연구를 계속했다. 그는 수원과 10미터가 넘는 낙차를 가진 우물에서 물을 끌어올리는 것을 재현하기 위해 물보다 비중이 약 13.6배인 수은을 이용하면 1미터 길이의 실험 도구로도 충분히 재현할 것이라는 가설을 세웠다.

1643년 피사에서 진행한 이 실험은 1미터 정도의 유리관 바닥에 수은을 채운 뒤 손가락으로 막고 유리관을 뒤집어서 유리관 아랫부분을 접시로 받치는 것이었다. 실험 결과 토리첼리는 손가락으로 막은 유리관 속 수은의 꼭대기 높이가 아래로 내려가다가 접시의 수은 표면으로부터 76센티미터 지점에서 멈추는 현상을 확인했다. 이를 통해 손가락으로 막은 유리관 쪽의 빈 공간이 기체가 거의 없는 진공 상태인 것과 수은이 76센티미터에서 평형을 이루는 것은 유리관의 수은 무게만큼 유리관과 접시에 고인 수은에 대기압이 작용하는 것임을 알아냈다.

유압 장치의 원리를 정리한 파스칼

프랑스의 수학자 블레즈 파스칼Blaise Pascal은 토리첼리의 기압에 관한 저서를 읽고 감명을 받아 유리관의 직경과 형상을 다르게 응용해 토리첼리의 실험을 재현해 보았다. 파스칼은 여러 조건의 변화에도 수은의 높이가 일정한 것을 목격하고 진공이라는 것이 존재함을 확신했다.

파스칼은 르네 데카르트René Descartes와 진공의 존재에 관해 논쟁하던 중 기압 측정 기구를 산 위에 가져가 보라는 데카르트의 조언을 들었다. 그는 1648년 9월 19일 누나의 남편 페리에Florin Perier에게 프랑스 중부의 약 1500미터 높이의 퓌드돔산에서 수은 기둥 실험을 수행하게 하고 수은의 높이가 지상과 다른 것을 확인했다. 파스칼은 1648년 가을 퓌드돔산의 실험 결과 등을 정리하며 수은주의 높이 변화는 고도나 날씨에 따른 공기의 무게 변화에 따른 것이며, 수은 기둥 위의 빈 공간이 진공이라는 결과를 논문으로 발표했다.

17세기 유럽의 과학 사상은 기존의 아리스토텔레스주의의 자연철학에 대해 새로 등장한 기계론적 철학이 대립하던 때로, 진공은 이 두 사상이 맞부딪쳤던 대표적 영역이었다. 파스칼은 진공에 관한 실험을 통해 아리스토텔레스주의의 자연철학자들 앞에서 만물의 물리적 실재는 객관적, 과학적으로 규명할 수 있다는 기계론적 철학의 실증 방법을 시연해 성공한 것이었다.

이후 연구를 이어 나간 파스칼은 1653년 〈액체의 평형에 관한 논문Traitez de l'equilibre des liqueurs〉에서 파스칼의 법칙Pascal's principle을 세상에 내놓았다. 이 법칙은 밀폐된 용기 안의 유체에 압력을 가하면 유체를 통해 용기의 모든 방향으로 같은 크기의 압력이 전해진다는 원리다. 파스칼의 법칙은 강한 힘을 내는 유압 기기가 구동하는 원리이자 현재의 유체역학에서도 중요한 의미를 지닌다.

소방에서도 파스칼의 원리는 중요하다. 만약 피스톤의 단면적이 서로 다른 두 개의 실린더가 서로 연결된 채 밀폐되어 있을 때는 유체로 전달되는 실린더 내부의 힘은 서로 같지만 단면적의 비에 따라 단면에 작용하는 힘의 크기와 움직이는 거리가 달라진다. 지렛대의 원리와 동일한 유압의 원리다. 유압 장치의 강력한 힘은 사고 현장에서 잔해물을 들어 올리거나 장애물을 자르고 부수는 구조 장비와 사다리차에 달려 있는 거대하고 무거운 철제 사다리를 들어 올릴 수 있게 한다.

청동 반구로 진공 실험을 한 게리케

프로이센 출신의 귀족이자 재력가이며 물리학자인 오토 폰 게리케Otto von Guericke는 토리첼리의 수은 실험 결과 드러난 진공의 존재에 대해 관심을 가지며 자기도 직접 실험을 해서 진공을 확인하려 했다. 초기에는 밀폐된 와인 배럴에 물을 채우고 우물 펌프로 배럴 속 물을 빼는 방법으로 진공을 만들려 했지만 나무통의 틈으로 공기가 새어 들어와 실패했다.

이에 게리케는 용기 재질을 청동으로 바꾸어 압력에 견디기 쉽도록 두 개의 반구 모양의 용기를 만들었다. 두 개의 용기를 맞붙이면 밀폐된 구 모양의 구조물이 되는데, 한쪽 반구에 체크 밸브를 달아 펌프와 연결하고 용기 외부 방향으로만 내부의 유체를 빼낼 수 있게 했다.

게리케는 초기 진공 실험에서 압력을 못 이겨 용기가 찌그러지는 시행착오를 겪으며 청동을 더 두껍게 하고 반구의 모양을 정확하게 해서 용기가 대기압을 극복할 수

ⓒ Rama/CC BY SA

청동으로 만든 마그데부르크 반구.

있도록 만들었다. 또 내부에 진공을 형성한 청동 구체를 며칠 동안 관찰하며 주로 공기가 새는 곳이 진공을 만드는 펌프의 피스톤과 청동구의 체크 밸브임을 확인했다. 이후 피스톤과 체크 밸브 역시 기밀을 유지할 수 있도록 개량했다.

게리케는 마그데부르크의 공공 소방대가 보유한 소방펌프를 가져와 피스톤에 가죽 재질의 개스킷을 촛농과 테레빈유에 적시는 방법으로 기밀성을 높였다. 또 청동구에 물을 채우고 나중에 물을 빼는 간접적 방법이 아니라 직접 공기를 빼서 진공을 만들 수 있게 했고, 청동 반구의 접합부와 내부의 체크 밸브에도 개스킷을 적용했다. 게리케는 이 반구를 이용해 몇 차례 공개적으로 실험을 시연했고 이 도구는 '마그데부르크 반구'라는 이름으로 알려졌다.

게리케는 1657년에는 마그데부르크에서, 1663년에는 베를린의 왕궁에서도 실험을 했다. 그 과정에서 진공 속에서는 공기 방울 소리도

나지 않고, 물고기가 부풀어 올라 죽거나 촛불이 꺼지는 것 등을 확인했다. 1672년에는 《진공에 관한 마그데부르크의 새로운 실험》이라는 책을 발간했다. 책 내용 중에는 "반구를 떼기 위해 말 여덟 마리를 양방향에서 서로 잡아당기게 했는데 잘 떨어지지 않았고 떨어지는 순간에 굉음이 들렸다"라고 기술되어 있다.

진공 실험으로 보일의 법칙을 정리한 로버트 보일

게리케의 실험을 전해 들은 영국계 아일랜드인 과학자 로버트 보일Robert Boyle은 동료인 훅Robert Hooke과 함께 진공을 만드는 기계를 자체 제작해 실험으로 실증하기로 했다. 보일은 게리케의 황동 재질의 마그데부르크 반구를 유리로 만들어 실험 과정과 결과를 눈으로 확인할 수 있도록 했고, 진공을 효율적으로 만들기 위해 펌프를 개선했다.

보일의 실험 도구는 지름 38센티미터의 유리구로, 윗부분은 뚜껑이 달려 실험체를 넣거나 빼기 수월했고 아랫부분은 구멍을 뚫어 공기를 빼는 펌프와 연결했다. 유리구와 펌프의 연결부는 수지와 나무의 재로 만든 시멘트로 밀봉하여 기밀을 유지했다. 펌프는 당시 공공 소방대가 사용하던 황동 재질의 단동 피스톤 펌프를 개조해 가죽으로 나무 피스톤을 감싸 기밀성을 높였다. 손잡이를 내려 유리구의 공기를 흡입하면 유리구와 펌프 사이의 밸브를 잠가 유리구의 압력을 유지시킨 후 다시 피스톤을 올렸다가 내리며 공기를 흡입하는 반복 동작으로 진공을 만들었다. 나중에는 직선 운동을 하는 펌프의 피스톤에 톱니를 설치해 손잡이를 여러 번 돌려 움직일 수 있도록 만들어 힘을 덜 들이고 진공을 만들었다. 보일은 펌프에 샐러드 오일을 부어 기밀과 윤활 성능을 개선하기도 했다.

보일은 자신의 진공 펌프와 실험 기구를 통해 진공 상태에서 여러 실험 결과를 가시적으로 확인했고 또 사람들에게 보여 주었다. 그는 진공이 된 유리구 안에서는 시계 소리가 사라지는 것을 경험하며, 소리의 전달 매질이 공기라는 것과 개구리나 새와 같은 동물이 그 안에서

보일과 훅의 진공 펌프 복원물.

죽는 것 등을 재차 실험하며 공기의 어떤 성분이 생명체와 연소 과정에서 필수적이라는 사실을 밝혔다.

보일은 동물 실험에 대해 두 가지 가설을 세웠다. 하나는 밀폐된 공간 안에서 동물이 발산하는 어떤 기체의 농도가 올라가서 동물이 죽게 되었다는 가설이며, 다른 하나는 갇힌 공간에서 공기 중 어떤 것이 줄어들기 때문에 동물이 죽을 것이라는 가설이다. 보일은 죽음에 이르던 동물이 다시 공기를 공급하자 살아나는 것을 목격하며 두 번째 가설을 채택했다. 특히 연소 현상과 관련해서 그는 당시 지배적이던 플로지스톤 이론에 입각해 타고 있는 석탄을 진공 상태에 넣으면 석탄 속 플로지스톤이 방출되는 것을 도와 더 크게 타오를 것이라 예상했다. 그런데 그와 정반대의 실험 결과를 통해 공기 중의 어떤 것이 연소와 직접적으로 연관이 있음을 알아차렸다. 보일은 실험을 통해 기존의 4원소론과 달리 기체는 입자로 이루어진 물질이며 그 입자인 원소는 쪼개질 수 없는 물질이고 불은 원소일 필요가 없는 혼

합물이라는 주장을 펼쳤다.

　보일은 펌프를 사용하며 진공이 만들어질수록 힘이 더 들어가는 것에서 공기의 압축력에 대해 알아내고 같은 온도에서 기체의 압력은 그 부피와 반비례 관계에 있다는 보일의 법칙Boyle's law을 정리했다.

　파스칼과 마찬가지로 보일 역시 당시 상식이자 진리였던 4원소론과 플로지스톤 이론의 지배에서 벗어나는 시작점에서 데카르트의 기계론에 기반한 순수 학문으로서 과학을 연구하는 과학혁명의 촉진자 역할을 했다고 할 수 있다. 하지만 보일의 법칙은 실험을 통해 실증적으로 재현할 수 있는 현상에 치우쳐 있었고 수식으로 유도하지 못했던 한계가 있었다. 보일의 법칙은 1737년 다니엘 베르누이Daniel Bernoulli가 뉴턴의 운동 법칙을 통해 수학적으로 증명해 냈다.

　온도와 기체의 압력, 부피와의 관계를 설명하는 보일의 법칙은 이산화탄소나 불활성 기체를 활용한 소방 설비에서 해당 공간에 필요한 단위 용기를 구하는 데 가장 기본적인 원리다.

유체역학

베르누이 가문

　스위스 귀족 베르누이 가문은 17세기와 18세기에 걸쳐 수학뿐 아니라 과학 전반, 문학과 법학에 영향을 끼친 인물을 다수 배출한 명문가였다. 베르누이가에서 가장 대표적 인물은 야콥 베르누이Jakob Bernoulli와 요한 베르누이Johann Bernoulli 형제 및 요한의 아들인 다니엘 베르누이Daniel Bernoulli 세 명을 꼽을 수 있다.

스위스 바젤의 시장이자 정치가인 니콜라스 베르누이는 아들 야콥과 요한을 두었는데, 그는 자식들이 당시 유망 직업인 신학자나 의학자가 되길 바랐다. 큰아들인 야콥은 아버지의 원에 따라 1667년 신학 학위를 받았고 철학과 수학 및 천문학도 전공했다. 야콥은 1676년부터 1682년에 걸쳐 유럽 전역을 여행하며 요하네스 후데Johannes Hudde, 로버트 보일과 로버트 훅 등 수학과 과학 분야의 주요 인물을 만났다. 스위스로 돌아온 야콥은 1683년부터 바젤대학교에서 역학을 가르쳤으며 1687년에는 수학 교수로 임명되었다. 야콥은 교수로 재직하는 동안 여행에서 알게 된 인물과 연락을 주고받으며 많은 연구 성과를 냈다. 그는 1684년 과학 전문 학술지 《악타 에루디토룸》에 실린 라이프니츠의 미적분에 관한 논문 〈최소값과 최대값에 대한 새로운 방법론Nova Methodus pro Maximis et Minimis〉을 읽고 미적분학을 연구했으며, 당시 의학을 공부해 의사 면허를 갖고 있던 열세 살 차의 동생 요한에게도 수학을 권했다.

동생 요한 베르누이는 형인 야콥과 아들인 다니엘과 치열하게 학문적 경쟁을 하며 서로의 역량을 키워 나가기도 했지만 질투심에 휩싸인 나머지 가족이 서로 반목하게 만든 갈등의 핵심 인물이기도 하다. 요한은 형의 권유를 받아들여 수학을 접했다가 수학 연구에 빠져들었다. 그러나 수학 연구를 반대한 아버지가 경제적 지원을 중단하자 수학 교수였던 형 야콥과 달리 생활고에 시달리게 되었다. 그런 어려움 속에서도 요한은 라이프니츠 등과 서신을 주고받으며 수학자로 자리 잡았고, 과학 아카데미에서 만난 기욤 드 로피탈Guillaume de l'Hôpital의 요청으로 프랑스로 건너가 재정 지원을 받으며 로피탈의 개인 교사로 지내기도 했다. 일설에 따르면 가난했던 요한은 부유한 로피탈에게 연구 결과를 넘겨주고 자신이 연구자라는 것을 함구하는 조건으로 금전을 받는 모종의 계약 관계가 있었다고 한다. 계약에 따라 요한의 연구 성과는 로피탈의 이름을 따 로피탈의 법칙L'Hôpital's Rule으로 세상에 나왔다.

1696년 요한은 동료 수학자들 가운데 뉴턴을 자극하기 위해 《악타 에루디토룸》을 통해 자신은 이미 해결 방법을 알고 있던 최단 강하곡선brachistochrone 문제를 제출했다. 최단 강하곡선은 중력장 아래 높이가 다른 두 점에서 물체를 떨어뜨릴 때 가장 짧은 시간 이동하는 곡선을 찾는 문제다. 이 문제는 자신과 로피탈, 라이프니츠 등 당대 내로라하는 수학자들이 순차적으로 풀어내며 실력을 과시했다.

특히 1697년 1월 29일 오후 베르누이가 보낸 우편물을 받은 뉴턴은 바로 문제를 풀고 나서 그 답을 왕립학회 회장에게 익명으로 보냈다. 이 독특한 풀이를 본 요한은 문제를 푼 사람이 뉴턴임을 바로 알아차리며 "발톱만 봐도 사자임을 알 수 있다"라고 말했다고 한다. 이 사건으로 수학계에서 완전히 자리 잡은 요한은 스위스에서 수학 교수가 되고 싶었으나 형 야콥의 방해로 임용되지 못했고 이후 형과는 매체를 통해 서로를 비방하는 사이가 되었다.

형이 사망한 후에 비로소 수학 교수가 된 요한은 아들의 친구인 오일러Leonhard Euler의 수학적 재능을 알아보고 개인 교습을 하며 그를 수학의 길로 들어서게 했다. 시기심이 많았던 요한은 1743년 아들 다니엘의 연구 결과를 도용한 것으로 추정되는 《수력학Hydraulica》이라는 책을 발표했다. 분쟁이 생기자 아들의 연구를 표절이라고 주장했지만 후대에 요한의 악행이 드러나며 진실이 밝혀졌다.

유체 운동에 관한 이론을 만든 다니엘 베르누이

다니엘 베르누이는 요한의 아들이자 오일러의 친구이며 베르누이 가문에서 가장 천재적이었다고 평가받는 인물이다. 요한은 자신의 아버지가 그랬던 것처럼 아들인 다니엘이 사업을 하거나 의사가 되길 원했다. 하지만 다니엘은 의학을 공부하되 아버지가 수학 교습을 해 줘야 한다는 조건을 걸었고 19세에 해부학, 식물학 박사 학위를 취득했다. 21세의 다니엘은 아버지 요한이 몸담고 있는 바젤대학교에 의학 교수로 지원했으나 나이가 어리다는 이유로 임용을 반대한 아버지에 의해 좌절되었다.

다니엘은 공모를 통해 공학적 문제를 해결하는 사람에게 부와 명예를 주던 프랑스 학술원의 문제를 풀었던 적이 있었다. 본국에서 교수가 되는 길이 막힌 다니엘은 학술원 문제를 해결했던 공적을 높이 산 예카테리나 1세의 요청에 응해 러시아로 건너가 상트페테르부르크 학사원의 교수로 재직했다. 다니엘 베르누이는 러시아에서 의학 교수로 재직하며 사람의 혈관에 흐르는 혈액에서 유체의 유속과 압력의 관계에 대한 영감을 받아 유체역학의 토대를 쌓아 나갔다. 그러던 중 건강이 나빠진 다니엘은 외국인이라는 이유로 자신을 적대적으로 대하는 러시아에 실망해 33세가 되던 해 다시 스위스 바젤로 돌아가 아버지 집에서 기거하며 아버지와 같이 바젤대학교 교수로 재직했다. 그러나 1734년 프랑스 학술원이 주최한 학술대회에서 아버지 요한과 다니엘이 공동 1위를 하자 이를 못마땅하게 여긴 아버지 요한에 의해 집에서 쫓겨났다.

다니엘은 1738년경 유체역학에서 가장 널리 알려진 정리 중 하나인 베르누이의 정리를 포함해 보일의 법칙을 뉴턴의 운동 법칙에 적용한 증명과 그간 자신의 연구 성과물을 엮어《유체 동역학 Hydrodynamics》이라는 서적을 출간했다. 수록된 연구 내용 중 하나인 베르누이 정리는 일정한 조건을 가진 유체가 흐르면서 압력과 위치가 변할 때 속도가 변화하는 관계식이다. 다니엘이 책을 출간하자 아버지 요한 역시 이와 유사한 내용으로《수력학》을 발표하면서 아들을 자신의 연구를 표절한 것으로 몰아갔다. 요한은 다니엘이 표절했다는 사실의 증인으로 오일러를 내세웠고, 오일러는 요한의 제자이자 사위여서 요구를 수용할 수밖에 없었다.

이 사건을 계기로 부자간 연을 끊은 다니엘은 바젤대학교에서 의학, 형이상학, 자연철학 교수로 재직하며 1750년 영국 왕립학회 회원으로 선출되는 등 연구 성과를 이어 가다 1782년 사망했다. 유체 운동에 관한 베르누이의 연구 유산은 훗날 소방과 관련한 여러 장치의 설계에 필요한 이론이 되었다.

펌프 방정식과 터빈 방정식을 정리한 오일러

베르누이의 유체 동역학 정립에는 친구였던 오일러의 기여도 있었다. 18세기를 대표하는 저명한 수학자 레온하르트 오일러는 바젤대학교의 물리 교수를 지원했지만 임용되는 데 실패했다. 이후 친구 다니엘 베르누이의 추천으로 1727년 상트페테르부르크 러시아과학아카데미의 의학부 교수로 임용되었다. 오일러는 그곳에서 정착해 교수와 러시아 해군 의무관을 겸임했다. 1733년 물리학부 정교수였던 오일러는 다니엘이 스위스 바젤로 돌아가자 베르누이 후임으로 수학부 교수가 되었다.

오일러는 1736년 뉴턴의 역학을 수학으로 해석한 연구 결과를 책으로 내며 당대 내로라하는 수학가의 반열에 올랐다. 1741년 당시 러시아의 혼란한 정치 상황과 자신을 괄시하는 이들에게 염증을 느끼고 프리드리히 2세 초청으로 상트페테르부르크를 떠나 베를린으로 거처를 옮겼다. 오일러는 베를린의 프로이센과학아카데미 수학부에 재직하며 거주하던 25년간 수학사에 길이 남는 연구 업적을 쌓았다.

그는 베를린 거주 기간 동안 아카데미의 수학부 일 외에도 천문대와 식물원 감독, 학술원의 인사와 예산 및 도서 출판 감독에도 관여했다. 또 왕으로부터 요청을 받아 지도의 수정, 펌프의 개발, 복권, 보험, 연금, 포탄의 탄도 문제 등에 조언을 하며 현실 문제를 수학적으로 해결하는 일도 수행했다. 아카데미 원장인 모페르튀이Pierre Louise Maupertius가 사망하자 후임으로 원장이 되길 기대했던 오일러는 자신이 아닌 프랑스 학자 달랑베르를 임명하고 싶어 했던 프리드리히 2세에 실망해 1766년 다시 상트페테르부르크로 돌아갔다. 1771년 자택 화재로 오른쪽 눈을 실명한 오일러는 이윽고 왼쪽 눈마저 시력을 잃었다. 하지만 이런 어려움 속에서도 왕성한 연구 활동을 이어 가다 1783년 9월 18일 사망했다.

오일러는 베를린에서 거주하며 왕의 요청으로 현실과 맞닿은 문제를 수학적으로 해결한 것 중 펌프 및 터빈과 관련한 연구 결과를 엮어 《사이언티아 나발리스Scientia navalis》라는 책에 발표했다. 여기에는 오일러의 펌프 방정식Euler's pump equation과 터빈 방정식Euler's turbine equation 등이 소개되어 있다.

터빈은 흐르는 유체로부터 에너지를 받아 유의미한 일을 하거나 혹은 반대의 작용을 하는 기계 구조물이라 정의할 수 있다. 터빈의 가장 중요한 구성 요소는 로터rotor다. 로터는 동력으로 움직여서 반동이나 충격 같은 물리적 작용으로 위치 에너지와 운동 에너지를 유체에 주거나 반대로 유체의 에너지를 일로 변환하는 작용에서 매개 역할을 한다. 오일러의 방정식은 터빈 등 터보 기계가 최대한의 출력과 효율을 거둘 수 있도록 핵심 구성 요소인 로터와 회전 날개의 형상을 결정할 때 쓰는 등식이다.

오일러의 연구 결과는 현재에도 중요한 역할을 한다. 소방에 쓰이는 펌프의 형식이 용적형 펌프에서 원심 펌프로 나아가는 데 결정적 역할을 한 이론의 토대가 되었기 때문이다.

오일러가 유체의 힘에 대해 뉴턴의 역학을 적용하여 수학적으로 방정식을 정리한 시점과 비슷한 시기인 1732년 케르넬리엔 르 데모어Kernelien Le Demour와 1736년 다니엘 가브리엘 파렌하이트Daniel Gabriel Fahrenheit가 독자적으로 원심 펌프를 설계했다고도 전해지나 이에 관한 근거는 부족하다.

오일러의 방정식으로 이론적 토대가 마련되었지만 당시의 기구 제조 기술로는 이 방정식이 반영된 설계를 구현하기는 어려웠다. 이와 별개로 이미 드니 파팽이 초기 원심 펌프를 만들었지만 고속 운전을 할 수 없었기 때문에 널리 퍼지지 못했다. 오일러의 방정식과 이를 적용한 원심 펌프 설계는 기계 기술이 성숙한 18세기 말에 이르러서야 다시 주목받게 된다.

3장

증기 펌프와 증기기관

증기 펌프

증기의 힘을 이용한 아이올로스의 공

물이 가득 찬 주전자를 불 위에 올려두면 끓을 때 뚜껑이 들썩인다. 액체 상태의 물은 온도가 올라가 수증기로 기화할 때 체적이 커지면서 내부 압력이 높아지기 때문이다. 이런 현상은 일상에서도 쉽게 목격할 수 있는데, 이 힘을 활용하려는 장치의 흔적은 기원전으로 거슬러 올라간다.

레오나르도 다빈치의 소묘 삽화 〈비트루비안 맨Vitruvian Man〉은 다빈치의 스케치들 중 가장 유명한 이미지로, 예술과 과학의 이상이 결합한 전무후무한 걸작이라 할 수 있다. 이 이미지는 사실 기원전 50

기원후 1세기 헤론의 아이올로스의 공. 알렉산드리아(재건) 테살로니키 기술 박물관에 전시되어 있다.

년경 로마의 저명한 건축가이자 공학자였던 마르쿠스 비트루비우스 폴리오Marcus Vitruvius Pollio의 대칭적 건축물 배치에 인체의 비율을 반영한 기록에서 모티프를 두고 있다.

비트루비우스의《건축에 관하여De architectura》라는 저서에는 다빈치의 〈비트루비안 맨〉 스케치의 모티프가 된 삽화 외에도, 증기의 힘으로 움직이는 '아이올로스의 공aeolipile'이라는 기계의 묘사도 기록되어 있었다. 그리스 신화 속 인물인 아이올로스는 배를 순항시키기 위해 오디세우스에게 바람을 가둘 수 있는 주머니를 준 바람의 지배자였다.

전해지는 바에 따르면 비트루비우스의 기록으로부터 약 한 세기 후 고대 이집트 출신인 알렉산드리아의 헤론이 이 기구를 실제 만든 것으로 추정된다. 크테시비우스의 제자이기도 한 헤론이 만든 아이올로스의 공은 크게 보일러부, 회전축, 구 형상 구조물로 나눌 수 있다. 아래에 있는 밀폐된 보일러에 물을 끓이면 팽창된 증기가 위쪽으로 연결된 속이 빈 관으로 만든 회전부의 축을 통해 구 형상 회전부로 들어가고, 구조물 외측의 구부러진 관으로 증기가 배출되면서 그 반발력으로 회전 운동을 하는 장치였다.

이 기구는 증기의 힘을 기계적 동력으로 변환하고자 했던 첫 사례라 할 수 있다. 헤론은 이 힘을 이용해 신전의 문을 자동으로 여는 장치 등을 고안했지만 실제 활용했는지는 알 수 없다. 혹자는 심혈을 기울여 이 장치를 만들고 유지하는 노력을 하느니 차라리 노예 몇 명에게 그 일을 시키는 게 간편하니 실용성이 떨어진다는 이유로 만들지 않았다고 주장하기도 한다. 증기의 힘은 헤론 이후 오랜 기간 눈길을 끌지 못했다.

증기력을 발명한 근세의 인물들

오스만 제국의 타키 앗딘Takiyüddin은 16세기 신학, 천문학, 수학, 발명 등 여러 분야에서 90여 권을 저술하고 해당 분야에 지대한 영향을 미친 인물이다. 타키 앗딘은 1551년경 증기의 힘을 이용해 고기를 꼬치에 꿰어 돌려서 굽는 로티세리Rotisserie 방식의 조리를 자동으로 할 수 있다는 기록을 남겼다.

여러 학문 분야에서 두각을 보였던 이탈리아 학자 잠바티스타 델라 포르타Giambattista della Porta는 앞서 케플러가 기어 펌프를 만들 때 영향을 주었던 《자연의 마법》을 저술한 인물이다. 그가 1606년 출간한 《세 권의 영성서 I tre libri de' Spiritali》라는 책에는 증기의 압력을 이용하거나 진공을 만드는 장치에 대한 아이디어가 삽화와 함께 기록되어 있다. 하지만 이 기술을 실현하고 상용화했는지는 불분명하다.

ⓒ Daderot/CC 0

미국 메릴랜드주 포트 미드의 국립암호학박물관에서 전시 중인 책 《자연의 마법》.

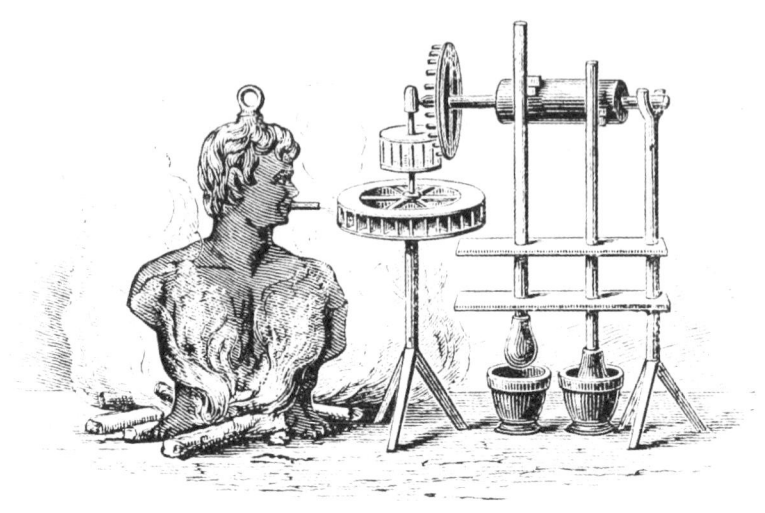

ⓒ 저작권자 미상/CC 0

조반니 브랑카의 증기 회전 기관 삽화.

    잠바티스타 델라 포르타와 같은 이탈리아 출신의 건축가이자 엔지니어인 조반니 브랑카Giovanni Branca 역시 기발한 기계 발명가였다. 브랑카는 1629년 이탈리아 동부 마르케주 로레토의 통치자를 위해 자신이 발명한 기계들을 묶어 《기계Le Machine》라는 책을 출간했다. 이 책은 삽화 및 이탈리아어와 라틴어로 여러 기계를 소개하고 있는데, 그중에는 증기의 힘으로 작동해서 방아를 찧는 기계도 있었다.

    이 기계는 증기 배출 구멍이 있는 밀폐 보일러와 구멍에서 나오는 증기를 잘 받을 수 있는 임펠러impeller, 임펠러가 돌면 톱니바퀴로 올라가는 방앗공이로 구성되어 있다. 밀폐 보일러에 물을 넣고 가열하면 발생한 증기의 힘이 임펠러에 작용해 반원 정도만 이가 나 있는 톱니바퀴로 방앗공이를 올리다가 톱니 장치에서 전달되는 동력이 끊어지는 순간 자연 낙하하는 방앗공이의 무게로 곡물을 찧는 기계였다. 증기라는 유체의 흐름으로 운동 에너지를 만드는 회전 기관이라는 점에서 이 기계를 터빈의 시조로 보는 시각도 있다.

브랑카는 증기의 힘으로 회전력을 만들어 활용하면 곡식을 찧는 용도 이외에도 물을 끌어올리거나 물건을 연마하거나 톱질에도 사용할 수 있다고 주장했다. 하지만 이 주장이 실현되어 실용화되었을 가능성에 대해서는 역시 다수가 부정적으로 보고 있다.

비슷한 시기 영국의 발명가이자 우스터 후작Marquess of Worcester인 에드워드 서머싯Edward Somerset도 증기의 힘으로 움직이는 피스톤 펌프를 발명한 것으로 추정한다. 서머싯은 1640년대에 잉글랜드, 스코틀랜드, 아일랜드 사이의 갈등으로 발발한 영국 내전 후 처형당한 찰스 1세 편에 섰다가 영국에서 쫓겨났으며 이후 다시 돌아와 반역죄로 기소당했다. 1654년에 풀려난 에드워드 서머싯은 기계공학과 발명에 몰두하여 1655년 자신의 100개 발명을 설명한 《발명의 세기 Century of Inventions》라는 책을 출간했다.

이 책에 담긴 여러 발명 중 하나인 '워터 커맨드 엔진Water command engine'이라는 제목이 붙은 기계는 대포의 포신 자체를 물을 담는 밀폐 보일러로 사용한 것이다. 책 내용과 삽화를 보완하고 추가한 《발명의 세기》 부록 삽화에

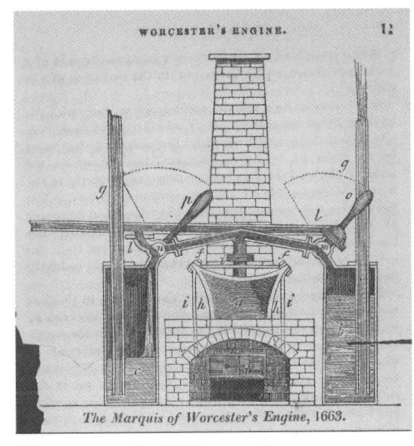

© Evelyn Simak/CC BY SA

1663년 영국 우스터 출신 후작인 에드워드 서머싯의 엔진.

서는 이 기계를 시범 사용하는 장면이 묘사되어 있다. 삽화를 볼 때 대포의 포신 자체를 실린더로 사용해 피스톤 펌프처럼 만든 것으로 추정한다.

그는 이 아이디어를 발전시켜 초기 증기 펌프를 만든 것으로 보인다. 이와 관련해 1663년 에드워드 서머싯의 작업장을 방문한 사뮈엘 소르비에르라는 사람은 "우스터 후작의 발명은 한 사람의 힘으로 1분 동안 네 개의 양동이를 40피트까지 끌어올릴 수 있다"라는 기록을 남겼다. 하지만 실물을 만들었는지 또 실제 사용을 했는지 여부는 역시 불분명하다.

에드워드 서머싯은 자신이 만든 기계를 함께 묻어 달라는 유언을 남겼다. 서머싯의 기계에 호기심을 가진 어떤 사람이 1861년 무덤과 관을 파헤쳐 확인해 보았지만 기계는 발견하지 못했다. 하지만 밀폐된 실린더 내부에서 기체 체적의 변화를 통해 직선 방향의 동력을 얻는다는 원리는 직후에 등장한 증기기관과 내연기관의 원리에 큰 영향을 주었다.

최초의 피스톤 증기 동력 펌프를 설계한 드니 파팽

가톨릭 교회 사제이자 발명가인 장 드 오트푀일Jean de Hautefeuille은 한때 프랑스 베르사유 궁전의 조경수에 물 주는 일을 맡았다. 이 작업에서 가장 고된 것은 많은 양의 물을 우물에서 끌어올리는 것이었다. 어느 날 그는 대포 소리를 듣고 대포 포신과 화약을 이용해 무거운 포탄 대신 우물의 물을 끌어올 수 있는 장치를 생각해 냈다. 오트푀일 신부의 발상은 에드워드 서머싯의 기계와 유사했다. 밀폐된 실린더에 화약을 넣고 실린더 내벽에 밀착하는 피스톤을 집어넣어 화약의 폭발력으로 피스톤이 움직인 만큼 유체를 움직이는 원리였다. 그러나 화약의 폭발력 탓에 실제로 만드는 데는 어려움을 겪었다.

오트푀일 신부는 네덜란드의 수학자이자 물리학자인 크리스티안 하이헌스와 친분이 있었다. 하이헌스는 오트푀일의 아이디어에 사로잡혀 신부의 기계를 개량해 대포처럼 단발적인 동작으로 끝나는 것이 아니라 연속 동작할 수 있도록 만드는 방안을 10여 년 넘게 연구했지만 성공하지 못했다. 의학을 전공한 드니 파팽은 하이헌스의 제자이자 조수로 연구를 하며 스승의 지시에 따라 여러 기구를 만드는 일을 했다. 1675년 파리에서 개신교를 탄압하는 일이 벌어지자 파팽은 이를 피해 런던으로 이주하기로 결정했다. 그곳에서 로버트 보일과 만난 파팽은 1676년부터 1679년까지 보일의 연구를 같이하게 되었다.

1679년 파팽은 자신의 전공인 의학 연구에 활용하기 위해 뼈와 지방을 쉽게 분리할 목적으로 현재의 압력솥처럼 고압을 견디는 '뼈 소화기bone digester'라는 밀폐 용기를 만들었다. 이 발명품은 용기 내부 압력을 높게 유지할 수 있어서 더 높은 온도로 조리가 가능했고, 식재료에 닿는 수증기의 밀도가 높아 골고루 빨리 익힐 수 있는 장점을 지녔다. 파팽은 종종 왕립학회 토론회에 낼 식사를 만들기 위해 이 발명품을 활용했는데, 사람들의 호응이 좋자 그는 매주 정기적으로 음식을 만들었다. 그가 만든 이 '뼈 소화기'는 압력솥의 원형이 되었다.

초기에 뼈 소화기를 이용할 때 수증기압을 견디지 못하고 폭발하는 사고를 몇 번 겪은 파팽은 이후 수증기압이 높아지면 무게추를 들어서 열린 틈으로 증기를 배출하고, 수증기압이 다시 낮아지면 추의

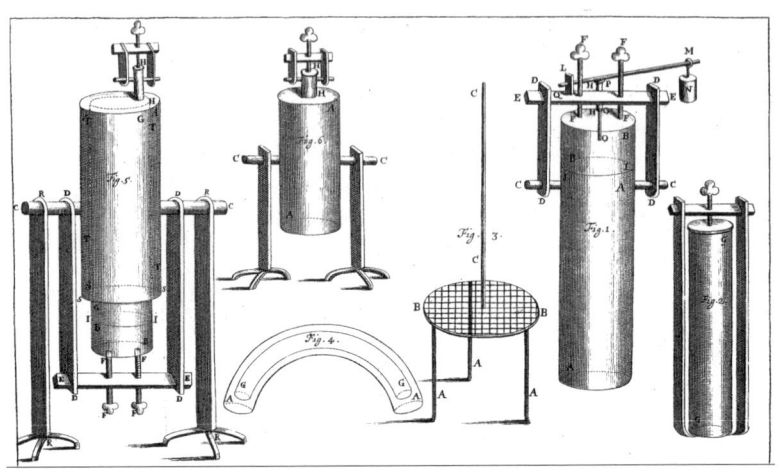
ⓒ Wellcome Collection gallery/CC BY

드니 파팽의 초기 '뼈 소화기'. 상단에 무게추를 이용한 압력 해제 장치.

무게에 의해 자동으로 닫히는 원리로 작동하는 안전 밸브를 자신의 장치에 적용했다. 이때 파팽은 안전 밸브의 추를 움직이는 수증기압을 보며 이 힘을 동력원으로 활용할 수 있는 가능성을 보았다.

화약의 힘으로 연속 동작을 하는 스승 하이헌스의 펌프에 관한 연구에 최대 난제가 있었다. 밀폐된 실린더 안에서 화약이 폭발하면 일단 피스톤이 움직이는 것은 가능했지만, 폭발 후 가스가 발생해 피스톤이 다시 돌아오지 않는다는 점이었다. 파팽은 진공의 힘으로 피스톤을 되돌리는 원리를 통해 이 난제를 극복하려 했다. 즉 실린더 외부 용기에 열을 가하면 실린더 내부의 물이 끓을 때 만들어지는 수증기의 압력으로 피스톤을 움직이고, 실린더가 식어 그 안의 수증기가 물이 되는 과정에서 생기는 진공의 힘을 이용하는 것이었다. 1690년 파팽은 이 원리를 적용한 최초의 피스톤 증기 동력 펌프를 설계했다.

1705년 파팽의 동료 라이프니츠는 영국의 토머스 세이버리Thomas

266 • 소방의 역사

Savery가 독자적으로 만들었다는 증기 동력 펌프의 스케치를 파팽에게 보여 주었다. 이에 자극을 받은 파팽은 기존 펌프를 개량한 설계를 내용으로 1707년 《증기를 사용해 물을 펌핑하는 새로운 기술Ars Nova ad Aquam Ignis Adminiculo Efficacissime Elevandam》이라는 책을 발표했다. 하지만 당시 기술로는 그가 원하는 사양의 크기와 기밀을 만족하는 부품을 만들 수 없었다.

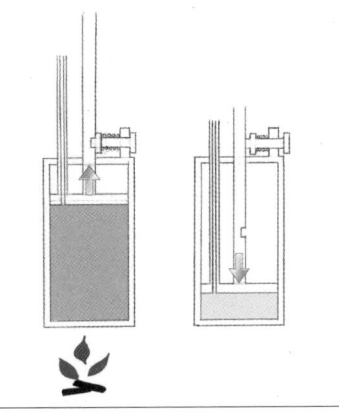
ⓒ Colas Flament/CC BY SA
파팽의 피스톤 펌프 단면도.

독일 마르부르크대학교의 수학 교수로 재직 중이던 파팽은 증기의 힘으로 움직이는 증기 외륜선paddle wheeler을 만들어 풀다강을 따라 베저강까지 시험 운항하려 했다. 그러자 이 증기선이 자신들의 영역을 위협한다고 생각한 사공들이 증기선을 파괴해 버렸다. 1707년 독일에 부인을 남겨두고 런던으로 돌아온 파팽은 은둔 생활을 하다가 1712년경 사망했다.

진공의 힘으로 피스톤을 되돌리는 원리는 펌프의 원리와 힘이 작용하는 방향이 반대다. 이러한 밀폐 실린더 속 피스톤을 움직여 동력을 발생시킨 파팽과 그의 스승 하이헌스, 그리고 에드워드 서머싯의 발상은 이후 내연기관의 발명에 지대한 영향을 미쳤다.

광산용 증기 펌프를 만든 세이버리

1690년대 영국에서는 주요 연료로 사용하던 목재가 고갈되자 대

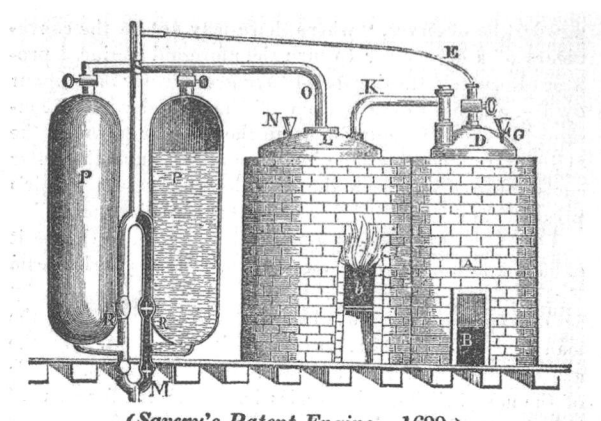

ⓒ 뉴욕공립도서관/CC 0

토머스 세이버리의 증기 펌프 도면.

체재로 석탄에 눈을 돌리면서 여러 지역에 탄광이 생겨나기 시작했다. 석탄이나 주석 탄광에서 가장 골칫거리는 채굴한 공간에 고이는 지하수였다. 지하수는 탄광 운영의 생산성을 떨어뜨리고 광부의 안전을 위협하는 치명적 문제였기 때문이다.

영국 군대에 소속된 엔지니어 토머스 세이버리는 업무 외의 시간엔 온통 발명에 매달렸다. 그는 1698년 광산의 물을 배출하기 위한 펌프를 만들어 특허를 취득했다. 세이버리가 만든 펌프는 실린더 내부를 데우고 식혀 연속 동작하는 파팽의 증기 동력 펌프의 원리와 유사했다. 세이버리는 파팽 외에도 에드워드 서머싯의 책에서 나온 아이디어를 도용했다는 의혹을 받을 정도로 서로 다른 세 사람이 만든 증기 펌프는 작동 원리가 유사했다.

토머스 세이버리의 기계는 속이 비어 있는 밀폐된 유선형 용기 두 개에 별도의 보일러에서 나온 증기가 지나가는 배관과 체크 밸브로 물을 한 방향으로 올릴 수 있는 배관이 연결되어 있었다. 밸브를 열어 물이 차 있는 용기에 증기를 주입하면 증기의 압력으로 용기 속 물을 배출하고, 용기에 증기만 차 있을 때 용기 외부에 냉수를 부어 냉각시키면 응축되는 수증기의 체적만큼 진공을 형성해 물을 끌어올리는 방식으로 작동했다.

세이버리는 광산 소유주에게 이 기계를 알리고 투자를 받고 싶어 했다. 하지만 고압 증기로 인한 폭발 위험이 공포심을 불러일으켰고, 큰 비용을 들여 거대한 구조물을 만들어도 10.33미터 이상 아래에 있는 물을 끌어올릴 수 없는 점이 문제였다. 또 열효율이 너무 떨어졌다. 결국 이런 단점 때문에 정작 광산에서는 활용하지 못했다.

증기기관

증기 펌프를 개량한 뉴커먼의 증기기관

토머스 뉴커먼Thomas Newcomen은 영국 남서부 데번 지역 다트머스의 철물점에서 근무했다. 철물점의 가장 큰 고객 중 하나는 인근에 있는 콘월의 주석 광산 소유주들이었다. 광산 소유주에게도 채굴 장소에 고이는 물은 수익성에 지장을 주는 큰 문제였다. 보통은 이를 해결하기 위해 지하에 고인 물을 수동 피스톤 펌프로 퍼 올리거나, 주낙에 달린 낚시바늘처럼 긴 줄에 여러 개의 양동이를 매달아 말과 같은 축력에 연결해 퍼냈으나 비용도 많이 들고 효율적이지 않았다. 17세기 말에 등장한 토머스 세이버리의 증기 펌프는 크기가 크

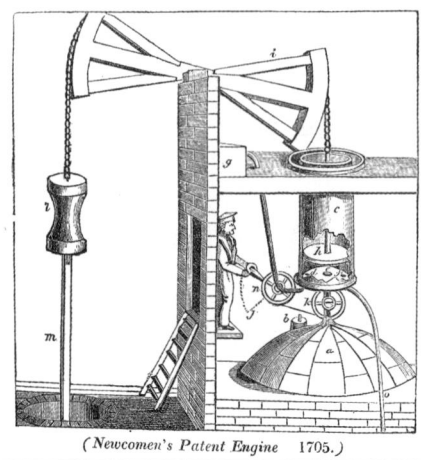
ⓒ 뉴욕공립도서관/CC 0
1705년 뉴커먼의 증기기관 도면.

고 10.33미터 이상은 물을 끌어 올릴 수 없는 데다 큰 증기압을 감당하지 못해 자주 고장 나는 한계가 있었지만 혁신적 기계였다.

뉴커먼은 철물을 팔기도 했지만 세이버리의 증기 펌프를 수리하거나 부품을 제작하는 일도 하며 이 기계에 관심을 가졌다. 그는 배관공인 존 캘리 John Calley와 10여 년 동안 증기 기계를 연구했으며, 보일과 함께 진공을 발견한 당대 최고의 과학자 로버트 훅과 파팽, 에드워드 서머싯에게 증기 펌프에 대한 서신을 보내며 교류하기도 했다.

뉴커먼은 앞서 등장한 증기 펌프를 바탕으로 이를 개량해 냈다. 그가 만든 펌프의 외관과 원리를 볼 때 가장 큰 영향을 끼친 인물은 세이버리다. 같은 지방 출신인 세이버리를 종종 방문했던 뉴커먼은 특허 권리를 보장해 주겠다는 약속을 하고 세이버리의 기계를 복제해 자택에 설치하고 증기 펌프를 개량하는 데 집중했다. 1698년에는 자신이 개량한 이 기계에 대한 특허를 취득했다. 당시 실린더 표면을 냉각하는 방식에 대해 독점권을 가지고 있던 세이버리도 특허권자에 포함되었다.

1712년 뉴커먼은 웨스트미들랜드주 더들리 성에 증기력으로 움직이는 실용적 펌프를 처음으로 설치했다. 뉴커먼의 개량된 증기력 펌프는 물을 데워 증기를 공급하는 조작 밸브를 부착한 보일러에 동력을 발생하는 실린더, 실린더의 힘을 받기 위한 지렛대와 추로 구성되어 있었다. 지렛대의 한쪽에는 피스톤이, 다른 쪽 끝에는 로프에 매달린 추가 연결되어 있었는데, 보일러에서 증기를 공급하면 증기의 힘으로 피스톤이 올라가고 추는 내려가는 식이었다. 무게추가 최저점으로 내려가면서 냉각수 밸브가 열리면 냉각수에 의해 실린더가 식으며 진공이 발생했다. 실린더의 진공의 힘은 피스톤을 끌어당기고 추를 들어 올리면서 연속 동작을 했고 이때 피스톤이 오르내리는 힘으로 물을 끌어올렸다. 이같이 지렛대를 사용하는 초기의 기계는 빔 엔진Beam engine이라고도 불렸다.

세이버리와 뉴커먼의 증기력 펌프에는 결정적 차이가 있었다. 세이버리의 기계는 실린더 내부 진공의 힘을 직접 이용하는 데 비해, 뉴커먼의 증기력 펌프는 실린더 내 압력 변화로 움직이는 피스톤의 힘을 활용하는 것이었다. 이 때문에 세이버리의 기계는 증기력 펌프로, 뉴커먼의 기계는 증기기관으로 구분할 수도 있다.

얼핏 보면 이 차이가 별 의미 없어 보인다. 하지만 당시 탄광의 문제를 해결하는 데는 중요한 차이였다. 자체가 펌프인 세이버리의 기계는 물에 진공이 생기는 높이 10.33미터보다 깊은 곳의 물을 끌어올릴 수 없었다. 하지만 뉴커먼의 기계는 동력만 발생하기 때문에 이 힘을 이용할 수 있도록 별도로 물을 퍼내는 기구와 연결해 높이와 상관없이 물을 퍼 올릴 수 있었다. 또 세이버리의 기계는 실린더에서 증기 발생과 냉각 동작의 반복을 통해 힘을 만들기 때문에 각 행정을 왕복하는 데 시간이 오래 걸렸다. 그러나 뉴커먼의 증기기관은 무게추의 힘을 이용하고 가열과 냉각 중 냉각에 집중함에 따라 분당 10~12회까지 작동 가능했다는 차이가 있다. 뉴커먼은 실린더와 피스톤의 기밀을 높이기 위해 실린더보다 피스톤을 약간 작게 만들고 젖은 가죽이나 로프로 틈을 막아 기밀성도 준수하게 유지했다.

뉴커먼의 증기기관은 비싼 가격에도 불구하고 특허 권리가 만료되는 1722년까지 콘월의 광산을 중심으로 영국과 유럽 전역에서 104대가 설치될 정도로 성공을 거두었다. 하지만 이 펌프는 실린더가 데워지고 식는 데 시간이 너무 오래 걸리는 한계가 있었다. 전체적으로 효율이 떨어져 연료를 많이 소모했기 때문에 무한정으로 연료를 공급할 수 있는 석탄 채굴 탄광에서나 사용 가능했다.

그러나 이러한 비효율성에도 증기 펌프는 소방 분야에 적용되기 시작했다. 도시의 규모가 거대해지며 수동 소방펌프로는 도시의 화재를 도저히 감당할 수 없었기 때문이다.

증기기관 시대를 연 와트의 증기기관 펌프

1736년 스코틀랜드의 그리녹에서 태어난 제임스 와트James Watt는 공학에 재능이 있었다. 그는 18세 되던 해 당시 상공업의 중심지였던 글래스고에서 경력을 쌓기 시작했다. 대장장이 길드에 가입되지 않았던 와트는 글래스고대학교의 실험 기구를 수리하는 등 소일거리를 하며 받은 보수로 생활을 꾸려 가다가 아예 대학 안에 공업소를 차렸다. 이 과정에서 글래스고대학교 교수로 있으며 물이 증기로 변할 때의 열량인 잠열을 연구하던 조지프 블랙Joseph Black과 친분이 생기고, 1759년 증기를 이용한 동력을 연구하던 블랙의 연구에 참여하게 되었다.

와트는 1763년 글래스고대학교로부터 물리 실험을 위해 가져다

놓은 기구를 수리해 달라는 의뢰를 받았다. 바로 고장이 난 뉴커먼의 증기기관 축소 모형이었다. 그는 이를 수리하면서 뉴커먼의 증기기관 방식은 수증기의 팽창과 응축의 행정 과정에서 당시 조지프 블랙이 연구하던 잠열이 손실됨을 알아냈다. 와트는 증기를 냉각하고 데우는 과정을 별도 장치인 응축기condenser를 추가하는 방법으로

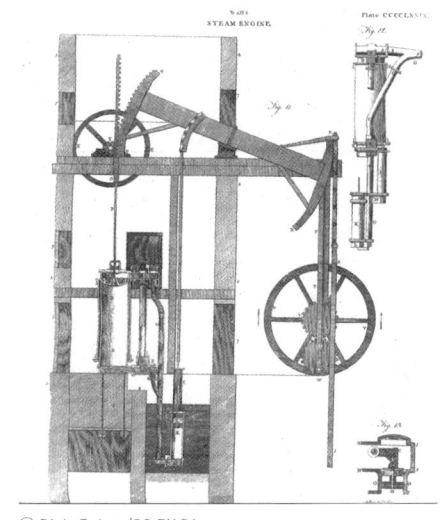

© DigbyDalton/CC BY SA

1797년 브리태니커 백과사전에 수록된 제임스 와트의 증기기관 도면.

열 손실을 막아 내는 아이디어를 생각했다. 그는 사비를 들여 제작하려 했지만 비용도 모자랐고 당시의 기계 제작 기술 수준으로는 구현하기 쉽지 않았다. 그럼에도 불구하고 연구를 중단하지 않았던 와트는 1766년 조지프 블랙의 소개로 캐런강 인근의 제철소 경영자인 존 로벅John Roebuck을 만나 특허 수익을 나누는 조건으로 투자를 받고 마침내 응축기가 달린 증기기관 모형을 1768년에 완성했다.

와트는 1769년 특허를 받은 후 탄광의 물을 퍼 올리기 위해 시범적으로 자신의 증기기관 펌프를 탄광에 설치했다. 하지만 부품 규격이 설계와 맞지 않아 실패하고 투자자인 로벅이 파산하며 어려움을 겪었다. 이러한 사정을 알게 된 버밍햄의 사업가 매튜 볼턴Matthew Boulton이 로벅의 특허 지분을 이어받는 조건으로 와트에게 투자했고, 1774년 '볼턴 앤드 와트Boulton & Watt'라는 회사를 설립하면서 본격적인 상업용 증기기관 사업이 시작되었다. 동업자가 된 볼턴은 증기기

관의 강력한 힘을 방직 등 다른 산업에 활용하기 위해 와트에게 증기기관의 직선 운동을 회전으로 전환할 필요가 있다는 제안을 했다. 이에 와트는 1785년까지 다섯 개의 특허를 취득하며 이 아이디어를 실현했다.

와트의 증기기관은 수증기가 팽창하는 과정과 응축하는 과정 두 행정 모두에서 동력을 얻을 수 있고, 뉴커먼의 기계에 비해 제작비가 낮으면서도 연료가 4분의 1 정도만 필요할 만큼 효율적이었다. 와트의 증기기관 펌프는 1776년 석탄 탄광의 배수를 위해 최초로 설치된 이래 1800년까지 총 496대를 판매하며 큰 성공을 거두었다. 탄광의 물을 퍼 올리던 와트의 증기기관은 그가 사망한 이후 증기기관차에 적용되며 철도 운송을 가능케 했고, 1790년대 산업혁명의 상징인 새뮤얼 크럼프턴Samuel Crompton의 뮬 방적기 동력원으로 쓰이며 증기기관의 시대를 열었다.

증기기관은 산업적 관점에서 너무 미약한 인력, 자연의 변화에 순응해야만 하는 풍력이나 수력, 의도한 대로 힘을 사용하기 어려운 축력의 한계를 벗어난 혁신적 동력원이었다. 이런 증기기관의 원리는 내연기관의 발명을 이끈 시작점이 되었다.

4장

획기적 운송 수단 증기기관 차량

증기 자동차

증기의 힘을 동력으로 활용한 퀴뇨의 첫 증기 자동차

증기의 힘을 이용하기 위한 기계 장치의 발전은 다음과 같은 순서로 이루어졌다. 토머스 세이버리가 개발한 실린더 자체로 물을 끌어올리는 펌프에서 직선 방향의 연속적 동력을 발생케 한 토머스 뉴커먼의 빔 엔진을 거쳐, 직선 운동을 회전 운동으로 바꾼 와트와 볼턴의 증기기관으로 진화했다. 이와 같은 일련의 과정은 산업혁명의 가장 핵심적 사건이었다. 특히 회전 운동을 할 수 있게 된 동력 장치는 획기적인 것으로 범용성 면에서 이전과는 비교할 수 없었다.

초기의 증기기관은 너무 커서 기계를 고정된 상태로 활용해야 했

루이 피기에Louis Figuier의 《과학의 경이로움Les Merveilles de la science》에 수록된 퀴뇨의 증기차 삽화.

기 때문에 필요한 동력의 크기가 큰 방적기 등의 기계와 상수도의 급수 펌프 같은 곳에서 제한적으로 쓰였다. 하지만 증기기관에 대한 폭발적 수요는 점차 작고 효율적이며 고압을 견뎌 큰 힘을 내는 방향으로 증기기관이 발전하는 동력이 되었다. 발명가들은 증기기관의 발전에 자극받아 증기력으로 움직이는 여러 장치를 고안해 냈다.

증기의 힘을 이용해 이동 수단의 동력으로 활용한 최초의 사례는 니콜라 조제프 퀴뇨Nicolas Joseph Cugnot에 의해서였다. 퀴뇨는 제임스 와트가 증기기관을 공장의 동력으로 활용하는 것을 목격하고 영감을 얻어 이 힘을 이용해 군사용 대포를 끄는 운송차를 만들고자 했다. 육군의 후원을 받은 퀴뇨는 1770년 나무로 만든 삼륜차의 앞바퀴 앞쪽에 큰 솥 같은 증기기관 보일러를 설치해 전륜에 동력이 전달되는 차량을 만들었다. 설계 속력은 시속 8킬로미터였으나 시범 운행 때는 시속 3킬로미터 정도로 움직였고 10분마다 증기기관에 물을 공급해 주어야 했다. 결국 조향이 완전하지 않았던 차량은 회전 중 전복해 버렸고 첫 증기 자동차는 실패로 끝났다.

운송 수단으로 증기기관을 본격적으로 활용한 것은 광산의 무거운 생산물을 옮기는 것에서 시작되었다. 광산에서는 채굴한 광물을 광산 바깥으로 반복해서 운반할 필요가 있었다. 이를 위해 갱도 내에 철로를 깔아 철로 폭에 맞는 바퀴를 가진 화물차를 만들어 운용했다. 화물차를 이용한 광물 운반의 편리함은 철로의 범위를 광산 밖으로 확장시켰고, 광산 밖 철로 위의 화물차는 말 등의 축력으로 움직였다. 증기기관의 발전은 광업과 관련한 궤도 차량을 증기기관으로 움직이려는 시도로부터 시작되었다.

증기기관차

유료 운행한 최초의 철도 차량인 트레비식의 증기기관차

콘월 지역의 광산 엔지니어이자 발명가인 리처드 트레비식Richard Trevithick은 고압을 견딜 수 있는 보일러를 만들었다. 그는 와트의 증기기관에서 비싼 특허 사용료를 지불해야 했던 증기 응축기를 떼어내고 대신에 실린더 내부의 증기를 석탄에서 나온 매연과 함께 연통을 통해 강제로 배출할 수 있게 만들었다. 트레비식의 이 같은 아이디어는 증기기관을 더 효율적으로 만들었고, 또 실린더 안을 왕복 운동 하는 피스톤에 커넥팅 로드connecting rod를 달아 바퀴를 돌릴 수 있게 했다. 트레비식은 1804년에 무게 5톤짜리 증기기관차를 만들어

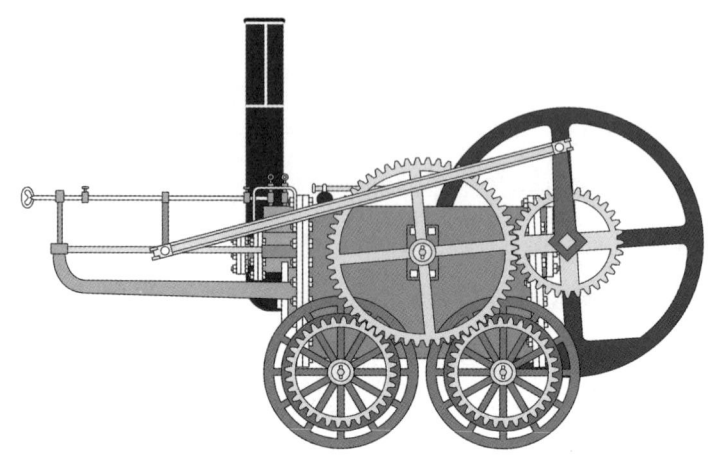
ⓒ creazilla.com/CC 0

'캐치 미 후 캔'이라는 이름이 붙은 트레비식의 증기기관차.

영국 웨일스에서 시범 운행했는데, 연료인 석탄과 승객 70여 명을 태우고 총 25톤의 무게를 시속 8킬로미터로 움직이는 데 성공했다.

자신의 증기기관차를 상업적으로 성공시키고 싶었던 트레비식은 일반 대중에게 알리기 위한 목적으로 1808년 '캐치 미 후 캔Catch Me Who Can'이라는 다소 도발적인 이름이 붙은 증기기관차를 만들어 운행했다. 이 기차는 운임을 받고 운행한 최초의 철도 차량이라는 기록을 남겼다. 하지만 트레비식의 증기기관차는 무거운 차량 무게를 견디지 못해 철로 파손과 그로 인한 탈선 사고가 일어나면서 상업적으로 성공하지 못했지만 증기기관차의 가능성을 대중에게 알리는 데는 성과를 거두었다.

증기기관차의 표준이 된 스티븐슨의 '로켓'

트레비식의 증기기관차를 목격한 조지 스티븐슨George Stephenson은 1825년 이를 개선한 증기기관차를 만들어 '로코모션Locomotion'이라는 이름을 붙였다. 스티븐슨은 파손 문제를 보완한 철로 위를 시속 20킬로미터 속도로 다니게 했지만 이 역시 차량의 고장이 잦아 신뢰성 문제로 주목받지 못했다. 하지만 이때 만든 로코모션의 기본 설계는 1829년 개발되어 증기기관차의 표준이 된 '로켓Rocket'의 뼈대가 되었다. 시속 48킬로미터로 달릴 수 있었던 로켓은 이전에 나왔던 증기기관차는 물론 동시대의 경쟁자를 압도할 정도로 고성능을 갖춘 데다가 효율적이었다.

로켓은 리버풀과 맨체스터를 연결한 최초의 여객 노선 위를 달릴 증기기관차로 선정되었다. 이 노선의 개통 행사는 스티븐슨이 직접 운전을 한 차량에 고위급 정치가가 탑승하고 이 열차를 포함해 여러 기관차가 노선을 행진하는 것으로 진행되었다. 그런데 그 행사에서 철도 여객 노선의 설치를 반대하는 세력을 설득하고 영업 허가를 받는 데 중요한 역할을 했던 증기 철도 옹호자 윌리엄 허스키슨William Huskisson이 아이러니하게도 열차에 치여 사망하는 사고가 발생했다. 개통 기념일에 발생한 고위 인사의 사망 사

ⓒ 저작권자 미상/CC 0

증기기관차의 표준이 된 조지 스티븐슨의 '로켓'.

건은 여러 매체를 통해 비판적으로 보도되었다. 하지만 역설적이게도 이 보도가 증기기관 철도가 저렴하고 빠르게 장거리를 갈 수 있는 운송 수단이라는 인식을 대중에게 심어 주었다.

리버풀과 맨체스터 노선은 개통 1년이 되지 않아 50만 명이 이용하는 큰 성공을 거두며 노선이 확장되었다. 노선이 확장되면서 증기기관 열차는 여객뿐 아니라 화물 운송에도 활용되었다. 이는 결과적으로 유통 산업의 혁명을 불러와 유럽 전반의 경제 규모를 키우는 효과를 불러왔다. 증기기관의 발전을 배경으로 말이 끌던 증기 소방펌프도 자체 동력으로 운행하려는 시도가 이어졌다. 증기 소방펌프가 움직이면 도로의 자갈이 가루가 될 정도로 무거워서 결국 짧은 시간에 내연기관에 자리를 내어줘야 했지만, 스스로 움직일 수 있다는 자체만으로도 큰 의미가 있었다.

하지만 철도는 어디까지나 정해진 시간에 정해진 장소의 방향으로만 이동하는 한계가 있었다. 사람들은 자신이 원하는 대로 자유로운 시간에 자유롭게 이동할 수 있는 탈것에 대한 갈증이 있었다.

5장

액체 화석 연료를 사용하는 내연기관 차량

최초의 내연기관 차량의 등장

증기기관의 비효율을 극복하기 위한 내연기관의 태동

프랑스의 니콜라 레오나르 사디 카르노Nicolas Léonard Sadi Carnot는 1814년 파리공과대학 에콜 폴리테크니크École Polytechnique를 수료한 후 군사기술대학의 2년 과정을 거쳐 육군 장교로 복무했다. 1819년 군 복무 중 물리학 및 화학 강의에서 증기기관의 한계에 대해 관심을 가진 카르노는 이를 연구하기 시작했다.

인력, 수력, 풍력, 축력 따위와 달리 언제든 필요할 때 연료만 공급하면 지치지 않고 막강한 힘을 발휘하는 증기기관은 산업혁명을 이끈 동력원이었다. 하지만 부피가 크고 고압 증기로 인한 폭발 위험성 및 복잡하게 조작해야 한다는 단점이 있었다. 무엇보다 증기기관은 투입한 연료의 에너지 대비 일의 양이 3퍼센트에 불과해 비효율성이 가장 큰 문제였다.

카르노는 증기 동력에 관한 연구를 시작한 지 5년이 지나 27세가 되던 해 연구 성과를 정리해《불의 동력 및 그 힘의 발생에 적합한 기계에 대한 고찰Réflexions sur la puissance motrice du feu et sur les machines propres développer cette puissance》이라는 책을 출간했다. 카르노는 물의 낙차가 있어야 수차가 도는 것처럼 동력은 뜨거운 물체에서 차가운 물체로 열이 이동하는 과정에서 부차적으로 발생하는 것으로, 동력의 효율에는 열의 차이와 열평형이 중요 요소임을 주장했다. 하지만 그는 증기기관의 효율을 높이고자 했던 당초 목표를 달성하지 못하고 1832년 36세의 젊은 나이에 콜레라에 감염되어 사망하고 말았다.

그의 논문은 사후에 출판되었고 연구 성과는 윌리엄 톰슨William Thomson과 루돌프 클라우지우스Rudolf Julius Emanuel Clausius에 의해 열역학 제2법칙으로 발표되었다. 증기기관의 전성기에 출간된 카르노의 책은 직접적으로 증기기관의 효율을 개선하는 데는 큰 의미가 없었지만 투입된 열과 사라진 열, 증기기관이 한 일을 통해 기관의 효율을 구한다는 카르노의 생각은 동력기관 설계의 기준이 되었고 디젤엔진의 등장에 직접적인 영향을 주었다.

한편 계속 발전했지만 육중하고 복잡하며 석탄을 사용하는 증기기관은 액체 화석 연료를 사용하는 보다 가볍고 간편한 차세대 동력기관인 내연기관으로 빠르게 대체되어 갔다. 시동 즉시 힘을 낼 수 있는 내연기관은 비교적 고속으로 운전할 수 있어서 원심 펌프의 동력원으로 적합했다. 소방차가 탄생할 수 있는 여건이 조성된 셈이다.

최초의 내연기관 자동차의 등장

레오나르도 다빈치도 스스로 움직이는 기계 장치에 관심이 있었다. 다빈치는 태엽 장치로 저장된 에너지를 가지고 운행하는 차량이나 화약의 폭발력을 이용한 내연기관과 비슷한 장치를 설계했던 것으로 알려져 있다. 원심 펌프의 원형을 만든 파팽의 스승 하이헌스 또한 화약의 힘으로 피스톤을 움직이는 동력기관에 많은 시간을 할애했다. 이처럼 오랜 기간 대포처럼 화약의 강력한 힘으로 포탄 대신 피스톤을 움직여 동력으로 활용하는 발상이 이어졌지만 쉽게 현실화되지는 않았다.

ⓒ Johannes Maximilian/CC BY SA

피스톤과 실린더 사이 연료를 폭발시켜 그 에너지로 동력을 일으키는 르누아르의 가스 엔진.

위아래로 움직이는 피스톤과 실린더 사이 연료를 폭발, 연소시켜 그 에너지를 이용해 동력을 만들어 성공시킨 최초의 인물은 벨기에 출신의 에티엔 르누아르Etienne Lenoir라 할 수 있다. 한때 전기로 도금을 하는 직업에 몸담았던 르누아르는 당시 거리를 밝히는 가로등 연료인 석탄 가스를 실린더에 가두고 전기 스파크로 점화시킬 때 발생하는 연소 가스의 압력으로 움직이는 동력기관을 만들었고 1860년 특허를 취득했다. 이후 르누아르는 1863년 이 엔진을 적용한 삼륜차를 만들었다. 2500시시 실린더 용량을 가진 이 자동차는 비록 사람이 걷는 속도보다 느리지만 11킬로미터 거리를 운행하는 데 성공했다.

1862년 프랑스의 알퐁스 보 드 로샤Alphonse Beau De Rochas는 실린더와 실린더 내부 피스톤 사이의 공간에서 연료를 기준으로 흡입-압축-폭발-배기의 4단계를 거치는 동안 피스톤에 연결된 커넥팅 로드에 의해 동력축이 2회전 하는 4행정 기관의 특허를 취득했지만 실물을 만드는 데까지는 이르지 못했다.

내연기관 차량의 기틀

엔진 개발의 활력이 된 4행정 기관의 특허 소멸

독일 출신의 니콜라우스 오토Nikolaus August Otto는 독일, 벨기에, 프랑스의 접경 지역에서 국경을 넘나들며 잡화를 중개하는 상인이었다. 오토는 우연한 기회에 르누아르가 만든 엔진을 접하고 그 기계에 숨겨진 잠재력을 보았다.

르누아르의 엔진은 3000리터의 가스 연료로 1마력의 힘을 1시간 정도밖에 낼 수 없어서 비효율적이고 사용 중에 실린더가 과열되는 고질적 문제가 있었다. 오토는 설탕 제조업자의 아들인 칼 오이겐 랑겐Carl Eugen Langen과 함께 기존의 엔진을 개선해 1867년 파리에서 열린 만국박람회에 출품하여 입상했다. 가스 연료 내연기관 엔진의 장래성을 믿은 오토는 1872년 엔진 제조사를 설립하고 연구를 거듭했다. 1876년에는 고틀리프 다임러와 빌헬름 마이바흐를 기술자로 고용해 1877년 새로운 방식의 4행정 기관의 특허를 획득했다. 이 내연기관 엔진은 10년 동안 3만 대가 판매되는 성공을 거두었다.

하지만 1886년 오토의 4행정 기관에 대해 알퐁스 보 드 로샤와의 특허권 분쟁에서 법원은 오토의 특허를 취소하는 결정을 내렸다. 법원이 오토의 권리를 소멸한 결정은 이 원리를 누구나 사용할 수 있게 만드는 효과를 낳아 내연기관 엔진 개발에 활력을 불어넣었다.

가솔린 연료 차량을 발명한 벤츠와 다임러

고틀리프 다임러는 석탄을 태울 때 발생하는 수소와 메탄가스를 연료로 쓰는 내연기관의 비효율성을 지적하며 연료를 석유로 대체할 것을 오토에게 제안했다. 하지만 오토는 이를 받아들이지 않았다. 다임러는 빌헬름 마이바흐와 함께 오토의 회사를 나와 칸슈타트에 작업장을 세우고 1885년 가솔린을 연료로 한 내연기관을 만드는 데 성공했다.

다임러는 내연기관을 산업용 기계의 동력원으로 사용하는 데 초점을 맞춘 오토와 달리 내연기관을 이동 수단에도 적용할 가능성에 관심을 두었다. 1885년에는 초기 가솔린 기관을 자전거에 달아서 만든 최초의 내연기관 동력의 이륜차 '라이트바겐Reitwagen'을 만들어 시험 주행에 성공했고, 1886년에는 내연기관을 마차에 달아 사륜차로 만들어서 아내 엠마에게 생일 선물을 했다. 이 사륜차는 1기통 250시시 0.8마력의 가솔린 연료 내연기관 차량으로 최고 시속 16킬로미터로 달릴 수 있었고 냉각기, 차동 기어, 변속기 등 현대의 내연기관 차량의 주요 요소를 갖춘 것이었다. 다임러는 1890년 마이바흐와 다임러-모토렌-게젤샤프트Daimler Motoren Gesellschaft(DMG)라는 회사를 설립했다.

다임러는 이 시기 주조소를 운영하던 하인리히 커츠Heinrich Kurtz와 함께 가솔린 엔진으로 동작하는 내연기관 피스톤 소방펌프를 만들기도 했다.

하지만 이보다 앞선 1883년 벤츠 앤드 시에Benz & Cie라는 회사를 설립한 칼 벤츠Karl Benz가 다임러의 사양과 유사한 가솔린 연료 내연기관이 달린 삼륜차를 1885년 발명해 시운전을 마치고 1886년 특허를 취득한 뒤였다.

높은 회전력을 내는 디젤 엔진

1858년 파리에서 출생한 독일 이민자 출신 루돌프 디젤Rudolf Diesel은 프랑스에서 학업을 하던 중 프랑스와 프로이센 사이에 전쟁이 일어나자 독일로 이주해 정착했다. 뮌헨의 고등 기술 교육기관인 폴리테크니크에 입학한 디젤은 현대의 가정용 냉장고와 냉동 기술의 아버지라 불리는 칼 폰 린데Carl von Linde에게 카르노의 열역학에 대한 강의를 듣고 감명받았다.

디젤은 린데의 제안으로 현재 산업용 트럭 제조사로 유명한 만MAN의 전신 아우크스부르크 기계공작소Maschinenfabrik Augsburg에 입사했다. 그곳에서 공기방울 없이 투명한 얼음을 만드는 냉동기의 특허를 취득해 금전적으로 성공을 거두었지만 디젤에게는 카르노의 이론대로 효율이 좋은 내연기관을 만들고 싶다는 열망이 남아 있었다. 이후 연구를 계속하여 1892년 내연기관에 대한 특허를 취득했고,《합리적 열 기관의 이론과 구조Theory and Construction of a Rational Heat Motor》(영어판)라는 책을 출판했다.

이론에 그쳤던 그의 발상은 아우크스부르크 기계공작소 이사였던 하인리히 폰 부츠Heinrich von Buz에게 서면으로 전해졌다. 디젤의 설계를 면밀하게 검토한 부츠는 1893년 연소실 내 점화 플러그와 같은 별도의 점화원 없이도 연소 실린더 내의 압축으로 착화할 수 있는 새로운 엔진의 시제품을 만들었다. 디젤의 이름을 딴 디젤 엔진은 1898년 상업용으로 출시되었다. 높은 회전력torque을 내는 강력한 특성 때문에 처음에는 선박이나 잠수함 같은 것에 적용되다가, 1908년에는 엔진 제조 시설인 '만'에서 디젤 엔진을 부착한 화물차를 출시한 것을 시작으로 차량에 적용되었다.

도시의 성장에 따라 소방차는 물을 더 많이 싣게 되며 그만큼 무거워졌다. 따라서 긴급 상황에서 무거운 차량을 빠르게 가속하기 위해서는 높은 토크를 내는 동력이 필요했다. 바로 디젤 엔진 차량이었다.

내연기관 자동차 시대의 개막

엔진 외 자동차를 구성하는 요소들도 잇따라 발전했다. 1888년 존 던롭John Dunlop은 공기압 타이어를 발명했고, 1897년 로버트 보슈Robert Bosch는 오늘날 가솔린 내연기관의 핵심 부품인 자석식 점화 장치를 만드는 등 19세기 말 돌연 등장한 내연기관은 무거운 증기기관의 자리를 대체할 차세대 기술로 비약할 준비를 마쳤다. 이 시기 내연기관 차량의 발전사에 자취를 남긴 발명은 수없이 많지만, 내연기관이 증기기관 차량을 몰아낸 결정적 요인은 대량 생산이었다.

포드의 대량 생산과 내연기관의 대중화

1863년 디트로이트 인근 농부의 아들로 태어난 헨리 포드Henry Ford는 가난한 탓에 초등 교육만 마쳤지만 아버지가 준 회중시계를 여러 번 분해 조립하며 이웃의 시계를 고쳐 주는 등 일찍부터 기계공작에 재능과 열정을 보였다. 17세가 되던 해 포드는 농장을 떠나 디트로이트에서 기계에 관한 견문을 쌓았다. 1882년 다시 농장으로 돌아와 증기기관을 농기계에 적용할 방법을 연구했으나 시제품을 만들던 중 증기기관의 한계를 깨닫고 내연기관으로 관심을 돌렸다. 포드는 1888년 결혼을 하고 아버지 농장에서 제재소를 운영하다가 1891년 토머스 에디슨이 운영하던 '에디슨 조명회사Edison Illuminating Company'에서 엔지니어로 일했다.

1893년 회사에서 승진도 하며 엔지니어로서 자리를 잡은 포드는 남는 시간과 자금을 이용해 가솔린을 연료로 전기 점화를 하는 엔진을 개발하다가 1896년 '포드 쿼드리사이클Ford Quadricycle'이라는 이름의 단순한 사륜 차량을 만들었다. 같은 해 회사 회의 석상에서 에디슨을 만난 포드는 본격적으로 휘발유 엔진

1925년 미시간주 디어본에 있는 헨리 포드의 하이랜드 파크 공장에서 생산된 포드 모델 T 투어링.

개발에 대해 에디슨의 승인을 얻고 이번에는 상업성을 고려한 차량을 설계해 1898년 시제품을 제작했다.

포드는 에디슨의 회사를 나온 후 열두 명의 투자를 유치해 1899년 8월 5일 디트로이트 자동차 회사를 설립했다. 그러나 완성도를 고집한 포드가 차량 생산을 거부했고 이로 인한 투자자들과의 갈등 속에서 1901년 1월 투자가 중지되며 사업을 접었다. 사업 실패에도 포드는 같은 해 10월 자신이 설계하고 제작한 26마력의 자동차로 경주대회에서 성공을 거뒀다. 이 사실에 주목한 투자자들이 디트로이트 자동차 회사를 재조직해 '헨리 포드사Henry Ford Company'를 세우고 포드를 수석 엔지니어로 고용했다. 하지만 얼마 지나지 않아 헨리 포드사가 경영난을 겪자 투자자들은 경영 자문을 위해 헨리 릴랜드Henry Leland를 영입했다. 그러나 릴랜드와 경영 노선이 달랐던 포드는 다시 회사를 떠나게 되었다.

헨리 릴랜드는 포드가 떠난 회사를 처분하는 대신 기존 시설을 활용해 자동차를 생산할 것을 투자자들에게 제안했고 1902년 8

월 헨리 포드사를 인수했다. 릴랜드는 해당 자동차 공장이 위치한 디트로이트를 일군 상징적 인물 앙투앙 드 라모트 캐딜락Antoine de Lamothe Cadillac의 이름을 따서 회사 이름을 '캐딜락 오토모빌사Cadillac Automobile Company'로 변경했다. 릴랜드는 수많은 부품으로 이루어진 자동차의 고장에 대비해 부품을 규격화하는 것이 합리적이라고 생각해 규격화된 부품을 만들어 차량의 완성도와 수리의 편의성을 높였다. 이후 캐딜락은 고급차라는 이미지를 선점하며 성공했다.

1902년 10월 80마력의 자동차로 또다시 자동차 경주를 성공적으로 치른 헨리 포드는 디트로이트의 석탄 판매상인 알렉산더 말콤슨Alexander Malcomson의 투자를 받아 '포드 앤드 말콤슨사Ford & Malcomson Ltd'를 세운 뒤, 디트로이트에서 자동차 부품 사업을 하던 닷지Dodge 형제와 부품 공급 계약을 체결하고 다시 자동차 생산을 시작했다. 하지만 판매는 부진했고 부품 대금을 지불하는 것조차 어려워지자 투자를 더 유치하고자 회사 조직을 재통합해 1903년 6월 '포드 모터사Ford Motor Company'를 설립했다.

포드 모터사는 최고 시속 146킬로미터를 기록한 차량에 '999'라는 모델명을 붙여 대대적인 홍보에 나섰고, 1908년 10월 1일에는 '모델 T'라는 기념비적 차량을 시장에 내놓았다. 고객층으로 일반 국민을 겨냥한 포드는 모델 T의 생산에 소품종 대량 생산 방식을 완벽히 적용했다. 동일한 색상과 기계 사양으로 규격화된 단일 품목을 생산하기 위해 당시 수공업으로 제작하던 방식을 버리고 컨베이어 벨트를 도입해 생산 속도를 높였다. 또 작업 공정을 나누어 노동자가 자기 분야의 전문성과 숙련도를 갖추는 생산 방식을 도입했다.

1999년 20세기를 대표하는 자동차 모델로 선정된 모델 T는 규격화된 부품으로 만들어져 정비가 쉽고 대량 생산이 가능해 미국을 넘어 전 세계에 판매되었다. 모델 T는 추정 누적 판매 수 1650만 대를 기록하며 명실상부하게 내연기관의 대중화와 본격적인 자동차 시대를 연 차량이 되었다.

모델 T로 상징되는 대량 생산 자동차 시대의 개막은 소방에도 큰 영향을 미쳤다. 이로 인해 소방 마차에서 소방차로 전환되었다고 해도 지나친 말이 아니기 때문이다. 모델 T는 견고성, 신뢰성 그리고 개조의 용이성을 바탕으로 소방 차량의 기본으로 사용되었다.

경쟁자 GM의 등장과 자동차 시대 개막

백만장자 윌리엄 듀랜트William Crapo Durant는 초기 자동차의 안전성이 부실한 것에 주목했다. 그는 안전한 이동 수단을 만들겠다는 사업 목표를 세우고 1904년 11월 자금난에 시달리던 뷰익의 경영권을 인수해 순조롭게 자동차 사업을 시작했다. 듀랜트는 여러 독립 브랜드를 자회사로 가진 거대한 통합 자동차 회사를 구상하고 투자금을 유치해 1908년 '제너럴 모터스 홀딩사General Motors Holding Company'라는 회사를 설립했다. 하지만 자신의 구상을 실현하는 것은 쉽지 않았다. 듀랜트는 앨런슨 브러시Alanson Brush가 캐딜락에서 독립해 세운 폰티악의 전신 '오클랜드 모터 카Oakland Motor Car'를 인수하는 등 무리하게 사업을 확장하다가 자금난을 불러왔다고 평가한 투자자들에 의해 1909년 퇴출당했다. 이에 굴하지 않고 그는 1911년 또 다른 자동차 제조사인 쉐보레에 들어가 자리 잡은 뒤 1918년 GMCGeneral Motors Corporation의 주식을 매입해 경영권을 되찾았다.

듀랜트의 GM은 포드와 대조적인 판매 전략으로 시장을 공략했다. 포드의 모델 T는 일반 노동자도 살 수 있을 정도로 싸고 실용적인 자동차를 많이 만드는 전략이었다. 반면에 GM은 내재되어 있는 인간의 욕망에 주목했다. 이를 반영한 구체적 결과물로 GM에 속한 독립 브랜드들에 정체성을 부여하고 브랜드마다 차종과 색상이 다양한 모델을 1년마다 새로이 출시했다. 예를 들어 쉐보레와 폰티악은 일반 고객을 대상으로 한 평범한 이미지라면 뷰익은 보수적, 캐딜락은 고급차의 이미지를 살리며 모델과 등급별로 가격을 차등화했다. 이 전략은 자동차를 통해 자신의 사회적 지위와 성공을 과시하고 싶거나 남들과 다른 개성을 표현하고 싶은 인간의 사회적 욕구를 충족시키며 성공했다. 1927년 GM은 여러 취향을 고려한 여섯 개의 상품으로 포드의 모델 T를 제치고 시장을 장악하는 데 성공했다.

자동차 발명의 의의

자동차의 발명은 인간이 의도한 대로 원하는 시간에 원하는 곳으로 빠르게 움직이도록 해 공간과 시간 개념을 완전하게 바꿔 놓았다. 자동차는 국가 공권력의 범위와 기업의 상품이 도달하는 범위를 확장시켰고 출퇴근 등 사람과 화물이 이동하는 시간을 단축시켰다. 자동차 산업은 연관 산업을 발전시키고 생겨나게 했다. 새로운 도로가 깔렸고 물류 산업이 성장했다. 더 많은 자동차를 만들 수 있도록 철강, 전자 등 차량의 구성 요소를 만드는 산업과 심지어 비싸지만 꼭 필요한 차량을 구매할 수 있도록 하는 금융 산업을 변화시켰.

소방의 영역에서도 자동차가 가지는 의미는 특별하다. 화재를 방어하는 소방 시설은 건축물에 자리 잡아 이동할 수 없기 때문에 예측 불가한 장소에서 발생하는 화재를 모두 막기에는 충분하지 않았다. 따라서 소방 시설이 보호하는 범위 밖에서 발생한 화재에 대응하기 위해서는 대량의 물을 실을 수 있는 운송 수단이 중요해졌다.

산업의 발전과 소방 기술의 변화

지금까지 간략히 펌프와 유체역학, 동력기관의 발명사를 살펴보았다. 당시 사회와 산업의 큰 불편 그 자체가 원동력이 되어 혁신적인 발견과 발명이 세대를 이어 가며 상속되어 왔다. 그 유산은 소방 분야에도 영향을 미쳤다.

대체로 소방 분야는 사회와 산업의 전면에서 그 자체로 발전하기보다는 혁신적인 연구와 발명, 기술 발전으로 진화한 사회와 산업의 무르익은 성과를 받아들이며 피동적으로 진화한 것처럼 보인다. 방화를 포함한 안전이라는 개념은 효율과는 거리가 먼 단어이기 때문이다. 소방 분야의 발전과 개발은 어쩌면 그 이전의 막대한 재산 피해와 인명 사고를 거름 삼아 이루어졌을지도 모른다. 혁신 기술의 등장은 그 자체로 소방에 적용되지는 않았지만 혁신 기술로 인한 산업 패러다임의 변화와 그에 따른 새로운 유형의 화재 사고로 발생한 희생은 소방 관련 기술 발전의 동인이 되었다.

자동차가 일상화되며 화석 연료가 새로운 에너지원이자 소재의 원료로 쓰이며 화재는 질적으로 변화되었다. 물로 잘 꺼지지 않는 화석 연료로 인한 불을 끄기 위해 분말이나 거품을 내는 물질이 개발되었다. 또 물을 사용할 수 없는 조건의 전기 화재를 극복하기 위해 이산화탄소와 할론 소화약제가 개발되었다. 도시가 커지며 소방차가 발전했고 건물이 높아지며 사다리가 길어졌다.

언뜻 보기에는 소방 관련 기술은 산업 기술의 발전에 항상 후행적인 것처럼 보일 수 있다. 모든 위험을 사전에 예측하는 것은 현실적으로 불가능한 일이기 때문이다. 실제로 사고가 일어나지 않았는데 법규나 제도를 변경하는 것 역시 사회적 합의를 얻기 힘들다. 이런 이유로 안전과 관련한 사항은 사고 후에야 대책을 마련하는 과정이 되풀이되어 왔다.

그러나 석유화학, 전기, 컴퓨터 등 새로운 기술의 편리를 누릴 수 있는 것은 그동안 소방이 신기술로 인해 발생하는 새로운 유형의 화재를 통제할 수 있도록 진화했기 때문에 가능했다. 이런 기술의 진화에는 눈에 띄지는 않지만 화재로부터 사회를 보호하기 위해 노력한 사람들의 노고와 관심이 있었다는 점을 잊어서는 안 된다.

진정한 혁신적 발명은 많은 사람이 그것이 왜 필요한지 자각조차 하지 못하지만 일단 발명된 후에는 그 발명품이 반드시 있어야 할 것이라는 속성을 띤다고 한다. 우리가 너무 당연하게 받아들여 자각하지 못하는 소방 관련 수많은 혁신적 발명 역시 당장의 필요를 넘어 자신의 발상이 세상을 좀 더 이롭게 할 수 있겠다는 의지에서 탄생했다. 혁신적 발명의 시작에는 실패를 두려워하지 않는 확고한 목표 의식과 호기심이 있었음을 중요하게 생각해야 한다.

화재가 나기 전 안전 관리를 통한 예방을 중요하게 여긴 것은 오래 지나지 않은 일이다. 아주 오랫동안 화재 방어는 발생한 불을 끄는 대응에 초점이 맞춰져 있었다. 사실 우리나라에서는 아직도 화재

뿐 아니라 안전 분야 전반에서 예방을 최우선 가치로 여긴다고 말하기는 어렵다. 우리나라 법 중에 '다중이용업소의 안전관리에 관한 법률'의 변천사를 살펴보면 알 수 있다. 그 법률이 개정된 시점이 주로 많은 수의 인명이 희생된 대형 사고를 겪고 나서였기 때문이다. 법과 제도는 앞서 말했듯이 어느 정도 후행적일 수밖에 없는 이유가 있다. 그럼에도 우리는 인명 피해를 줄이기 위해 모든 노력을 기울여야 한다.

비상 상황인 화재는 평상시에는 상상하기 어렵고 경험할 확률도 낮다고 여겨 사람들이 무관심하기 쉽고 안전을 위해 투입되는 비용을 부담스럽게 받아들인다. 하지만 낮은 확률인 화재가 일단 발생해서 사람에게 직접 영향을 미치는 경우 투입 비용 덕에 얻는 생존 확률은 결코 낮지 않다. 인명의 가치는 문명이 존재하는 한 절대적인 것으로 소방을 비롯한 안전 분야의 중요성은 앞으로 더 커질 것은 분명하다.

피동적으로 발전해 온 것처럼 보이는 소방의 발전도 사회가 인명과 안전의 가치를 지향할수록 능동적으로 전환될 수 있다. 화재는 절대 남의 일이 아니라는 경각심과 이를 해결하는 방법에 대한 관심은 소방 분야 기술을 더 높은 차원으로 이끄는 동력이다.

4부 소방차의 역사

― 현대 소방력의 상징 ―

수레바퀴가 달려 기동성이 높아진 병렬 피스톤 수동 소방펌프는 소방호스가 발명되고 진공 능력이 향상됨에 따라 물을 공급받는 방법도 달라졌다. 양동이로 수조에 물을 퍼 나르는 대신 펌프 자체의 힘으로 호스를 통해 물을 끌어올 수 있게 된 것이다. 이렇게 진화한 수동 소방펌프는 도시의 화재를 진압할 수 있는 중요 장비가 되었다.

값비싼 소방펌프의 강력한 능력을 제대로 활용하기 위해서는 불특정인이 펌프를 다루는 것보다는 전문적으로 펌프를 운용하는 사람이 필요했다. 펌프의 사용은 물론 유지, 보수에도 펌프를 잘 아는 전문 인력이 적합했다. 이런 필요는 유급 전문 소방대가 탄생하는 배경이 되었다. 영국의 기계 제작자 리처드 뉴샴의 개선을 기점으로 수동 소방펌프는 가죽 양동이를 옮기던 사람들의 화재 진압 능력을 완전히 압도하며 도시 화재 진압의 일반적 도구로 자리 잡았다.

산업혁명이 도래하며 새로운 동력원인 증기력이 등장했다. 강력한 증기력은 소방펌프를 움직이던 사람의 힘을 대체했다. 이처럼 소방에도 증기 펌프의 기술이 적용되었지만 너무 무겁고 덩치가 커서 기동성이 떨어지는 치명적 단점이 있었다.

소방펌프는 내연기관 기술의 등장으로 또 한 번 진화했다. 소방펌프를 스스로 움직이게 하는 동력원이 내연기관으로 전환됨에 따라 비로소 현대적 소방차의 시대로 접어들었다.

이즈음 인구가 밀집함에 따라 도시의 모습도 변화하고 화재 피해도 다양해졌다. 소방차도 단순히 물을 운반하고 분사하는 것 이상의 능력이 필요해진 것이다. 소방의 물리력은 차량에 실려 있는 사다리와 소방호스가 닿는 곳까지 범위를 확장하며 이 능력을 실현해 갔고 오늘날의 모습을 갖추게 되었다.

그사이 도시 상수도의 발전과 원심 펌프의 상용화로 건축물 내부의 화재를 건축물 자체적으로 끌 수 있는 옥내 소화전이나 스프링클러와 같은 건물에 고정해 설치하는 소방 시설이 보급되었다.

하지만 화재는 예측할 수 없다. 고정식 소방 설비의 범위 밖에서 발생하거나 건축물에 설치된 소방 시설의 능력 범위 이상으로 성장하기도 한다. 이렇게 성장한 화재는 건축물을 넘어 때로 도시 전체를 위협한다. 따라서 모든 소방 시설은 스스로 화재를 완전히 통제한다기보다는 압도적인 화재 진압 능력을 갖춘 소방대가 도착 전까지 동작하는 것을 목적으로 하고 있다.

핵심 소화약제인 물을 화재 지점으로 운송하는 소방차는 현재 도시 화재 방어의 주축이다. 간략히 살펴보았듯이 오늘날의 소방차는 과거 그릇으로 물을 옮겨 불을 끄는 방법에서 시작해 펌프와 동력기관, 기타 소방 기구 등 여러 분야의 발명과 연관되어 진화한 산물이다. 4부에서는 이런 소방차의 모습이 진화해 가는 과정에 대해 좀 더 자세히 살펴보고자 한다.

1장
다양한 소화 기구의 변천

오랜 기간 사용된 주사기형 펌프

원시적 펌프 스쿼츠

앞서 살펴봤듯이 기록으로 남아 있는 최초의 소화 기구는 기원전 200년경 알렉산드리아의 발명가 크테시비우스가 만든 스쿼츠Squirts로, 주사기처럼 동작하는 가장 원시적 펌프다. 이 소화 기구는 같은 힘으로 양동이보다 멀리 물을 분사할 수 있어 화재가 난 곳의 열기를 피할 수 있는 장점을 지녔으며, 근세까지 전 유럽에 걸쳐 양동이를 보완하는 보조적 소화 기구로 활용되었다.

하지만 스쿼츠는 긴 사용 거리라는 장점만큼이나 시간당 분사하는 유량이 적은 치명적 단점이 있어서 화재 진압에는 별 효용이 없었다. 크테시비우스는 물오르간을 발명할 때 연속 동작을 할 수 있는 왕복 피스톤 펌프도 발명한 것으로 알려져 있다. 당시의 기술로는 피스톤 펌프의 핵심인 실린더와 피스톤의 기밀을 유지하도록 정교하게 만들 수 없었고, 그렇게 만든다고 해도 여러 차례 펌프를 작동하는 사람의 힘을 감당할 만큼 기계의 내구성을 확보할 수 없었다. 게다가 유럽의 기계공작 기술은 로마 시대를 지나며 오히려 퇴보하는 경향이 있었다. 따라서 높은 압력이 필요한 소화용 왕복 피스톤 펌프가 등장하기까지는 한참을 기다려야 했다.

자크 베송의 이동식 대형 주사기 펌프

화재 현장에서 별 쓸모가 없던 주사기형 소화 기구는 원형을 유지한 채 오랜 기간 사용되었다. 그러다가 도시가 성장하며 더 큰 화재 진압 능력이 필요해진 16세기 프랑스에서 대형 주사기 펌프가 등장했다.

1572년 프랑스의 발명가이자 수학가인 자크 베송은 자신이 고안한 여러 기계와 악기의 구조와 관련해서 과거와 다른 새로운 기술이 적용된 부분에 대해 상세한 삽화를 곁들여 설명한 〈위대한 기계와 도구Theatrum Instrumentorum〉라는 논문을 저술했다. 그는 논문 초안을 오를레앙에 방문한 프랑스 국왕 샤를 9세에게 진상하고 출간했는데, 논문에 실린 여러 기계와 도구 중에는 화재 진압용 차량을 다룬 내용도 포함되어 있었다.

이 기계는 뾰족한 노즐이 달린 대형 주사기 펌프와 수레바퀴, 방향을 조정하는 긴 막대와 펌프를 견고히 고정하는 삼각자 모양의 틀로

자크 베송의 논문 〈위대한 기계와 도구〉 중 주사기 펌프의 삽화.

구성되어 있었다. 도안에 따르면 긴 막대로 노즐의 방향을 정해 펌프가 움직이지 않도록 고정하는 역할을 하는 사람, 실린더 안으로 계속 물을 주입하는 사람, 주사기 실린더 내부의 피스톤을 전진시키기 위해 손잡이를 회전시키는 사람 등 펌프를 운용하는 사람 세 명과 별도의 커다란 수조에서 계속 물을 길어 오는 여러 명의 사람이 필요한 것으로 묘사하고 있다. 하지만 기록과 복원물이 없어 실제로 제작해 활용되었는지는 불분명하다. 따라서 이 발명품은 단지 자크 베송의 구상에 머물렀을 가능성이 크다.

최초의 이동식 수동 피스톤 소방펌프

한스 하우치의 이동식 소방펌프

17세기 독일 뉘른베르크의 뛰어난 기계 기술자이자 대장장이인 한스 하우치Hans Hautsch는 나침판과 시계 등 정밀 기계를 다루는 데 능숙했다. 그의 기술력은 1649년 시계 장치의 구동 원리처럼 강철 스프링에 에너지를 저장해 시속 1.6킬로미터로 움직이고 사용자가 조향을 할 수 있는 기계식 사륜차를 만들었다고 전해질 정도다. 하지만 실물이 있었는지는 불분명하다.

한스 하우치는 1650년에 말이 끌 수 있는 이동식 소방펌프를 만든 것으로 전해진다. 이 소방펌프는 윗부분이 개방된 커다란 수조 안에 큰 피스톤 펌프 두 개가 놓여 있는 장치였다. 각 펌프의 피스톤에는 긴 막대가 달려 있어 한쪽에 일곱 명씩 붙어서 막대를 밀고 당겼다. 각 실린더에는 체크 밸브가 있어서 사람들이 막대를 당기는 동안에는 열려서 수조의 물이 실린더로 들어오고, 밀 때는 닫혀서 실린더에 압력을 유지했다. 막대를 잡은 열네 사람은 번갈아 밀고 당겨서 연속적으로 물을 분사했다. 기록에 따르면 펌프는 최대 20미터 높이까지 물을 분사할 수 있었다고 한다.

열네 명의 남성이 열심히 펌프를 운용하는 동안 여성들은 양동이로 물을 길어 와서 수조를 채워야 했다. 물이 나가는 속도에 비해 물을 채우는 속도가 느리면 치열한 화재 진압 도중 수조에 물이 찰 때까지 기다려야 했다. 한스 하우치의 이동식 소방펌프는 피스톤에 힘

ⓒ 저작권자 미상/CC 0

한스 하우치의 소방펌프. 커다란 수조 안에 큰 피스톤 펌프가 두 개 놓인 장치다.

을 가하려면 막대를 잡은 사람이 수평 방향으로 밀고 당겨야 했다. 이 경우 힘이 작용하는 점은 손잡이 높이인 데 비해 마찰력이 발생하는 발바닥은 지면에 붙어 있어 손잡이를 수직 방향으로 운동하는 것보다 비효율적이었다. 더욱이 수레바퀴를 달 수 없을 정도로 펌프가 무거워 차선책으로 썰매를 달아 놓았기 때문에 기동성이 떨어지는 문제가 있었다.

소방호스를 발명한 헤이덴

네덜란드 태생의 얀 반 데르 헤이덴Jan van der Heyden은 바로크를 대표하는 화가로 사실적 묘사 능력이 탁월했다. 헤이덴은 정물, 소묘

ⓒ 암스테르담 국립미술관/CC 0

1690년 얀 반 데르 헤이덴의 저서 《소방 사용설명서》속의 소방펌프와 소방호스.

이외에도 벨기에와 영국 등을 여행하며 그 지역의 도시 풍경을 그리기도 했지만, 정작 본인은 자신을 전문적인 직업 화가로 생각하지 않았다. 이 때문에 자신의 그림을 원하는 후원자가 있었음에도 작품을 팔지 않고 소유했으며, 취미로 그림을 그리면서 동시에 생계를 이어 나가기 위해 발명가이자 토목 전문 공무원으로 일했다.

헤이덴은 생계를 위한 일에서도 비범했다. 1669년 그가 시청 토목 공무원일 때 설계한 암스테르담의 가로등은 1840년까지 계속 사용될 정도로 완벽했다. 17세가 되던 1646년 그는 부모님을 따라 호린험에서 암스테르담으로 이주했는데, 암스테르담 시청에 난 화재를 목격한 후 소방에 관심을 가졌다고 한다. 1666년에는 런던 대화재 소식을 접하며 소방 분야에 관심이 더 많아진 헤이덴은 암스테르담에 있던 한스 하우치의 이동식 펌프를 보며 문제점을 파악했다.

헤이덴은 한스 하우치의 펌프를 사용하려면 너무 많은 사람이 필요하다고 여겼다. 펌프의 위치가 수원과 멀거나 사람이 부족해 물을 분사하는 속도에 비해 물을 채우는 시간이 더뎌질 경우 하염없이 기다려야 하는 문제도 있었다. 또 주사기 펌프의 특성상 화재 진압에 유효한 압력에 도달하기까지 시간이 길게 걸리고 유지하는 시간은 짧았다. 게다가 화재를 진압하기 위해선 펌프와 불이 최대한 가까워야 했는데 화재가 난 건물 가까운 곳은 낙하물이 떨어지거나 건물 붕괴의 위험이 있었다.

1672년 헤이덴은 형제인 니콜라스 Nicolaes와 이동식 소방펌프를 개선하는 작업을 시작했다. 우선 큰 주사기 같았던 펌프를 크테시비우스의 물오르간에 공기를 넣을 때 쓰인 병렬 피스톤 펌프 방식으로 교체했다. 욕조 같은 수조에 크기를 작게 조정한 실린더 두 개를 사람의 힘을 잘 받을 수 있도록 수직으로 놓고 중간에 지렛대를 설치해 양쪽 실린더 안의 피스톤

ⓒ Duschan1944/CC 0

얀 반 데르 헤이덴이 설계한 소방호스. 호스가 흡착되는 것을 막기 위해 철심으로 보강되어 있다.

을 교대로 움직이도록 만들었다. 보다 적은 수의 사람이 펌프를 연속적으로 동작할 수 있게 한 것이었다.

헤이덴의 결정적 개선은 소방호스를 고안한 것이었다. 소방호스는 펌프의 압력으로 물을 먼 곳까지 연속으로 운송할 수 있게 했다. 소방펌프의 물이 나가는 배출관에는 소방호스와 연결할 수 있도록 연결구를 달았다. 소방호스의 발명은 펌프에서 나온 물이 닿는 방식을 획기적으로 개선했다. 이제 화재가 난 건물 가까이에서 열기와 낙하물의 위험을 참으며 펌프질을 해서 불타고 있는 위층으로 닿지도 않는 물줄기를 뿜을 필요가 없어졌다. 그 대신 안전한 곳에서 소수의 사람이 펌프질을 하고 그 외 두세 명 정도가 이 펌프와 연결된 호스를 불 가까이까지 가져가면 그만이었다.

사실 최초의 소방호스는 이 세상에 없었던 새로운 것이 아니라 그리스 시대에도 이와 유사한 것이 존재했다는 기록이 있다. 아테네 아폴로도로스Apollodoros의 기록에 따르면 화재 진압을 위해 물을 채운 소의 방광에 창자를 꿰어 만든 진압 도구가 있었다. 한쪽 끝을 불이 난 곳으로 겨누고 방광을 눌러 동작했다고 한다.

헤이덴도 처음에는 가죽을 꿰매어 소방호스를 만들었지만 실패했다. 1698년 두 번째 시도로 돛을 만드는 튼튼한 천으로 소방호스를 만든 것으로 알려져 있다. 하지만 천으로 만든 호스 역시 밀봉되지 않는 문제와 내구성의 문제가 있었다. 그다음 만든 소방호스는 부드러운 가죽을 동그랗게 꿰매어 약 15미터(50피트 길이)로 만든 것이었다. 가죽 소방호스 양쪽에는 황동으로 된 연결구를 달아 펌프나 호스끼리 서로 연결할 수 있었다. 이 가죽 호스의 길이 15미터는 오늘날에도 유럽 국가와 우리나라에서 표준 규격으로 남았다. 호스와 호스를 연결해 이용하는 원리 또한 현재까지도 유효하다.

사실 소방호스를 발명하고 효과적으로 사용할 수 있었던 배경에는 암스테르담의 독특한 도시 구조가 있었다. 도시를 가로지르는 운하 시스템 덕분에 가까운 곳 어디에서나 물을 구할 수 있었기 때문이다.

헤이덴은 펌프가 물을 빨아들일 때 진공에 의해 호스가 흡착되는 것을 막도록 중간에 용수철 모양으로 철심을 넣은 흡수용 소방호스도 만들었다. 헤이덴의 소방호스 발명과 펌프의 개선으로 소방펌프는 한 단계 높은 차원으로 발전했다. 펌프에서 나가는 물은 펌프에 직결되어 있는 노즐이 아닌 호스를 통해 건축물 안쪽 불이 난 곳에까지 직접 물을 공급할 수 있었고, 수많은 양동이 행렬로 채워지던 수조 역시 호스를 통해 수원에서 직접 공급받을 수 있게 되었다.

1666년 영국 런던 대화재는 헤이덴뿐 아니라 주변 국가의 대도시에도 많은 영향을 미쳤다. 암스테르담 역시 런던 대화재 이후 화재로부터 보호하려는 대상이 개별 건축물에서 도시 전체로 확장되어야 할 당위와 이를 위해선 양동이를 넘어서 강력한 화재 진압 수단이 있어야 할 필요를 인식하게 되었다.

도시의 화재를 막기 위해서는 대체 불가하며 제한된 자원인 소방펌프를 효율적으로 운용해야 했다. 화재 시 모이는 불특정 다수의 자원봉사자로 구성된 소방대보다 전문 장비를 잘 사용하고 관리할 공공 소방대가 필요해졌다. 헤이덴은 1673년 암스테르담 공공 소방대 책임자로 임명되어 조직을 편성했다. 1690년에는 삽화와 글로 펌프의 사용 설명 등 운용 방법을 담은《소방 사용설명서Branspuiten-boek》를 출간했다. 이 책은 수동 소방펌프를 사용하는 소방관들에게 소방전술 매뉴얼과 같은 책이다.

2장

영국의 수동 소방펌프

런던의 도시화

영국은 16세기 중반부터 전 세계 무역의 중심지로 발돋움하며 빠르게 번영해 갔다. 빠른 발전만큼 물가가 오른 영국은 수입에 의존하던 상품을 자체 생산하거나, 다른 나라에 수출할 목적으로 농산물이나 공산품을 직접 대량 생산할 필요가 생겼다.

한편 인구가 기근으로 인한 영향을 받지 않을 정도로 농업 기술이 발달했는데, 이에 따라 농업 생산성이 향상되며 필요 인력이 적어지자 일자리가 줄어들었다. 결국 향상된 농업 생산성이 오히려 농업에 종사하던 사람을 가난하게 만들었다. 항구인 런던을 중심으로 공산품을 만드는 공장이 생겨나고 일자리를 찾기 위해 농촌의 가난한 사람과 독일 등 상당수의 외국 기술자가 런던으로 모여들었다. 런던의 인구는 대략 1500년 4만 명에서 1550년 7만 5000명, 1600년 20만 명, 1650년에는 40만 명에 이르렀다.

인구가 증가할수록 런던의 거주 환경은 열악해졌다. 각지의 사람과 해외 이주자들이 모인 런던은 독감을 포함한 전염병의 위협에 취약해졌다. 결국 런던 대화재 직전 치명적인 흑사병이 창궐해서 런던 인구 약 10만 명이 사망했다. 그럼에도 불구하고 영국의 가난한 사람과 해외 이주민은 상대적으로 급여가 높은 일자리를 찾아 런던으로 밀려왔다. 런던으로 이주하는 것은 더 잘 살기 위해서라기보다는 흑사병을 무릅쓸 만큼 절박한 선택에 가까웠다. 이 때문에 17세기 후반 흑사병의 영향으로 인구가 감소했던 파리나 나폴리 같은 유럽 국가 대도시와 달리 런던은 흑사병 이후에도 인구가 증가해 18세기 후반에는 유럽에서 가장 거대한 도시로 성장했다.

1560년경부터 런던의 동쪽은 선원, 노동자, 소상공인 등 근로자가 모여 거주하며 빈민가가 되었고, 서쪽 끝에는 이 지역과 격리된 부촌이 조성되면서 중세 시대 형성된 런던의 구도심은 런던 외곽이 되어 버렸다.

많은 인구와 산업이 모인 런던은 자연스럽게 금융업이 발달하기 시작했다. 금세공업자들은 환어음을 거래하고 지폐를 발행했고, 런던의 거주자와 다른 금융업자로부터 예금을 모아 다른 사람에게 빌려주고 이자를 받는 대출 사업을 벌였다. 1604년에는 금세공업자의 거대 자본이 영국 왕실의 대출에 관여하기 시작해, 1640년대에는 영국 왕실이 런던에서 축적된 부에 의존하게 만들어 버릴 정도로 위세를 떨쳤다. 법원이 들어선 것을 계기로 점점 더 부유해진 금융업자와 자본가 등 상류층이 웨스트민스터에 모여들었다.

상수도의 시작

공공 상수도의 건설과 그 한계

상수도가 출현하기 전 런던 도시 내로 물을 공급하는 방법은 유럽의 다른 도시와 유사했다. 런던에 사는 주민은 도시 전역에 흩어져 있는 우물이나 템스강이 흐르는 자연 수로, 납으로 만든 공공 시설물인 인공 수로에서 물을 받아 집까지 운반한 후 저장된 물을 사용했다.

런던시는 1230년 최초로 상수도를 건설해 물 사용량이 많은 양조장이나 무역을 하는 사람에게는 수수료를 거두어 운영하고, 사용량이 적은 일반 시민에게는 무료로 제공했다. 13세기 후반에는 상수도를 관리하는 사람을 따로 임명해 수도관 관리와 부정 사용을 감독하며 수수료를 걷도록 했다. 상수도는 궁전과 수도원 같은 일부 건물을 제외하고 건축물과 직접 연결되지 않았으며, 대다수 시민은 상수도의 말단에 있는 수원에서 물을 직접 길어야 했다.

14세기에 들어서서 상수도의 사용량이 많아짐에 따라 모든 사용자에게 요금을 부과했다. 상수도를 부정 사용할 경우 징역에 처하는 중죄로 다스릴 정도로 상수도를 중요하게 취급했다. 양조장 같은 공장을 운영하는 사람들은 생산 공정의 편리를 위해 사비를 들여 자신의 공장에 상수도관을 직접 연결하기 시작했다. 결국 1345년 런던의 상수도는 양조업자들 때문에 수원이 고갈되는 일이 발생했고, 이후 양조업자들은 런던시와 물 공급과 요금 지급에 관한 특별 계약을 체결해야 했다. 양조장 외에도 시 재정에 영향력이 있고 상수도 건설비용을 감당할 수 있을 정도의 부유한 시민도 자신의 건물에 상수도관을 직접 연결하고 싶어 했다. 이런 수요 때문에 1650년까지 상수도와 직접 연결된 건물의 수가 기하급수적으로 증가했다.

이즈음 통나무의 속을 파낼 수 있는 공작기계 보링 머신boring machine이 발명되었다. 보링 머신의 동력이 인력에서 수력과 축력으로 개선되며 통나무 수도관을 대량으로 만들 수 있었다. 하천수처럼 윗면이 개방되어 흐르던 상수도의 말단은 통나무 상수도 배관으로 점차 교체되어 갔다. 상수도의 나무 수도관으로 연결된 왕실, 수도원, 양조장, 제빵 공장, 그리고 부유층의 건축물 수가 증가했고, 몰래 연결한 부정 사용도 늘어나 상수도의 연결은 또다시 포화 상태가 되었다.

도시의 인구 밀도가 높아짐에 따라 상수도 외에 하수 문제도 심각해졌다. 도시에 사는 많은 사람이 어마어마한 양의 오폐수를 매일 쏟아 냈고, 이것은 도시를 가로지르는 주 수원이었던 템스강으로 다시 흘러 들어갔다. 열악한 수질은 전염병이 생기는 악순환의 고리였다. 결국 1543년 런던은 전염병이 돌아 많은 사람이 사망하는 '그레이트 데스Great Death'라 부르는 사건이 발생했다.

이 사건 이후 깨끗한 물에 대한 사람들의 열망은 런던의 상수도에 관한 법을 이끌어 냈다. 법의 취지는 도시 외부의 수원으로부터 도심까지 깨끗한 물을 공급하는 것으로, 런던시는 상수도 개발을 장려하기 위해 이 법에 따라 상수도를 개발하는 사람에게는 물길에 있는 타인의 사유지를 사용할 수 있는 권한을 부여했다. 런던시는 법안 제정과 함께 기존의 관영 상수도 배관을 개선하기 위해 이탈리아의 기술자를 고용하기도 했지만 이런 소극적 노력으로는 런던의 물 수요를 감당하지 못했다.

결국 수요 대비 재정이 부족한 런던시는 16세기 말 자본가들에게 상업용 상수도 회사 설립을 장려했다. 생존에 필수재인 물에 정기적이고 안정적인 수수료가 보장되는 상업성과 상수도 세금 수익의 일부를 주는 대신에 배타적이고 독점적인 특허권을 부여하는 혜택은 자본가들을 꼬이게 했다.

수차를 이용한 런던 브리지 상수도 회사

네덜란드 출신의 기술자 피터 모리스Peter Morris는 당시 영국 총리였던 크리스토퍼 해튼Christopher Hatton의 하인이었다. 모리스는 템스강에 건설된 다리에 수차를 설치하고 수력으로 물을 끌어올려 상수도 배관에 물을 공급할 아이디어를 생각하고 시에 수차를 설치하기 위한 허가를 신청했다. 런던시는 실현 가능성을 의심했지만 모리스는 자신의 고안대로 수차를 납으로 만든 파이프에 연결해 런던 브리지 근처의 성 마그누스 교회 첨탑까지 물을 끌어올리는 시연을 성공적으로 하여 런던시를 설득시켰다. 모리스는 해튼의 후원에 힘입어 런던시와 협상 끝에 1581년 연간 10실링의 수수료를 지불하는 조건으로 500년 동안 도시 북쪽 끝에 있는 런던 브리지 밑에서 수차를 사용할 권리를 취득했다.

이 장치는 1582년 크리스마스이브 날 리든홀 지역의 상수도관에 물을 공급하기 시작했다. 모리스의 '런던 브리지 상수도London Bridge Waterworks' 회사는 순조롭게 성장해서 1666년 대화재 전까지 템스강을 따라 설치된 세 개의 다리에 추가로 수차를 설치했다. 한때 시간당 37만 리터의 물을 공급했지만 흐르는 물을 이용한 수차의 힘만으로는 점점 늘어가는 런던의 물 수요를 충당할 수 없었다. 결국 런던 브리지 상수도 회사는 '뉴 리버사New River Company'에 인수되고, 무용지물이 된 다리의 구조물은 1822년 철거되었다.

수로의 낙차를 이용한 뉴 리버사

웨일스 출신의 휴 미들턴Hugh Myddelton은 성공의 기회를 찾아 런던으로 이주했다. 그는 견습 기간을 거쳐 금세공인이 되었고 무역업을 하여 큰 성공을 거두었다. 그 후 아버지 뒤를 이어 덴비 자치구 의원이 되었다.

미들턴은 템스강의 주요 지류인 레아강이 흐르는 런던 북서쪽의 하트퍼드셔부터 런던 중앙인 클러컨웰까지 60킬로미터 거리의 인공 수로를 건설해 깨끗한 물을 공급하기 위한 계획을 세웠다. 그러나 이 사업은 수로가 지나가는 곳에 토지를 소유한 사람과 물이 불어날 경우 인공 수로로 인해 농지로 물이 범람할 것을 우려한 지주, 도로가 끊어지면 이익을 침해당할 수도 있는 유통업자의 반대에 부딪혔다.

하지만 1604년 미들턴은 사업의 주식 절반을 나누는 조건으로 제임스 1세의 인가와 자금을 지원받는 데 성공했다. 미들턴이 왕으로부터 부여받은 특별한 권리를 문서화한 왕실헌장Royal Charter에는 이 수로에 흐르는 물을 더럽힐 수 있는 쓰레기를 버리거나 빨래를 하는 등의 행위와 주변에 나무를 식재하는 행위를 금지하는 문장이 적혀 있었다. 왕의 강력한 지원으로 반대 의견을 누르고 1609년부터 1613년에 걸쳐 공사를 완료한 미들턴은 사업의 재정과 법적 권리를 강화하기 위해 1619년 '뉴 리버사'를 설립했다.

이 회사는 수로의 경사를 이용해 상수도를 흐르게 하는 수압을 이용했는데, 긴 길이의 수로는 1킬로미터당 8센티미터의 낙차가 있어서 중력의 힘으로 물이 흘렀다. 하지만 런던 인구가 100만 명을 넘어서자 뉴 리버사의 물 공급량 역시 턱없이 모자라게 되었고, 이후 '첼시 상수도Chelsea WaterWorks' 같은 상수도 회사가 잇달아 생겨났다.

여과 장치로 정수 방법을 발명한 첼시 상수도

1723년 웨스트민스터 지역에 깨끗한 물을 공급하기 위한 목적으로 '첼시 상수도'가 설립되었다. 이 수도 회사는 첼시와 핌리코 접경지에 템스강의 물줄기를 끌어오는 상수도용 저수지를 만들어 운용했다. 1809년에는 템스강의 물을 직접 끌어와 사용할 수 있는 권한을 얻었지만 강은 이미 오염이 심각한 상태였다. 상수도 회사는 모두 템스강 물을 수원으로 삼았고 이 회사들이 공급하는 물을 이용하는 사람들은 수질에 불만이 많았다.

1829년 이 회사의 기술자인 제임스 심슨James Simpson이 영국 최초로 수로의 바닥에 벽돌, 자갈, 모래를 깔고 물을 그 위로 느리게 흘려보내 물속 이물질을 여과하는 정수 방법을 발명했다. 당시 물속 이물질 같은 물리적 오염을 제거할 목적이었던 물의 여과 장치는 나중에 질병을 일으킬 수 있는 생물학적 오염에도 효과가 있었음이 밝혀졌다. 정수된 물 공급으로 장티푸스, 콜레라 같은 수인성 전염병으로 희생되는 사람의 수가 확연히 줄어들었던 것이다. 정수된 물 공급은 상수도의 역사를 그 전과 후로 가르는 분기점이 되었다.

근대적 상수도의 보급과 밸브 달린 소화전

지면의 높낮이에 따른 자연 낙차의 힘과 수류가 돌리는 수차의 힘에 의존했던 물의 흐름, 즉 압력은 증기 펌프의 발전에 의해 한 단계 더 강력해졌다. 제철 기술이 발전하며 주철관鑄鐵管의 생산 비용이 낮아짐에 따라 상수도 회사들은 수원에 강력한 펌프를 설치하며 상수도망을 이루고 있던 나무 배관이 주철제 배관으로 바뀌어 갔다. 하수가 흘러 들어가서 오염된 물을 낮은 압력으로 인해 정해진 시간에만 공급할 수 있었던 영국의 상수도는 정수된 깨끗한 물을 펌프의 강한 압력으로 계속 공급할 수 있도록 진화했다. 19세기에 이르러 영국은 현대 상수도의 모습을 갖추었다.

도시 곳곳까지 뻗은 상수도망은 화재 진압의 행동 양식을 바꾸는 데 큰 기여를 했다. 17세기까지 런던을 포함해 영국의 도시에서 화재에 대응하는 방법은 일반적으로 다음과 같았다.

런던은 지역 교회를 중심으로 교구로 나뉘었고 교구별로 교회가 있었다. 평상시 교회의 탑 안에 공용 화재 진압 장비인 가죽 양동이와 도끼, 사다리, 스퀴츠(주사기 펌프)를 보관하고 있다가 교구 안에서 화재가 나면 공용 화재 진압 장비를 꺼내 와서 교구 구성원을 중심으로 화재 장소 인근의 여러 사람이 화재 진압에 참여했다. 화재 현장에서 사람들은 갈고리와 도끼로 이미 불타고 있거나 아직 타지는 않았으나 불이 옮겨붙을 수 있는 것을 철거하거나 제거해 불이 확산하는 것을 막았다. 철거는 사실상 화재 진압 활동의 핵심이었다. 부수적으로 사다리 등을 이용해 구조 활동을 하거나 현장 상황에 맞는 여러 활동을 했지만 많은 활동 중에서 불 자체를 끌 수 있는 것은 오로지 많은 사람이 옮기는 양동이에 담긴 소량의 물뿐이었다.

런던의 상수도 사업은 사람들이 사용할 깨끗한 물을 공급하기 위한 목적 외에 도시의 화재를 방어하기 위한 목적도 분명히 있었다. 양동이로 물을 퍼 올릴 곳이 멀면 멀수록 화재 진압의 효율이 떨어지기 때문에 도시 곳곳으로 물을 공급하는 상수도 사업은 화재 진압 활동에 도움이 되었다.

도시의 지면 밑으로 나무 수도관이 깔린 이후 불이 나면 화재를 진압하는 사람은 불이 난 건물 주변의 땅을 파헤쳐 물이 흐르는 나무 수도관을 찾았다. 수도관을 찾으면 나무관에 구멍을 뚫고 거기서 나온 물이 웅덩이에 고이게 했다. 먼 곳에서 양동이로 물을 나르던 사람들이 가까이 생긴 고인 물을 퍼서 화재를 진압했고, 화재 진압이 끝나면 긴 나무막대로 나무 수도관의 뚫린 구멍을 막고 웅덩이를 다시 흙으로 메웠다.

이때 구멍을 막은 막대가 지면 위로 약간 튀어나오게 메워서 다시 화재가 날 경우를 대비해 표시했는데, 앞에서 말했듯이 이 나무막대를 '파이어플러그'라 불렀다. 파이어플러그는 상수도관이 나무에서 주철로 바뀌면서 상수도 주배관에서 분기해 도로가에 설치된 철관으로 만든 소화전의 기원이 되었다.

화재 진압을 할 때 나무 수도관을 훼손하는 것은 상수도 회사에는 큰 손실

ⓒ Chris/CC BY SA
스코틀랜드 남서부 킬마넉에 있는 제조사 글렌필드가 만든 오래된 소화전.

이었다. 참다못한 뉴 리버 상수도 회사의 미들턴 경은 1631년 의회에 상수도의 부정 사용과 화재 진압으로 파손된 수도관에 대한 보상을 요구했다. 미들턴 경이 사망한 후인 1634년 시의회는 구區에서 소화전에 대한 수수료를 부과해 미들턴 경의 미망인에게 1000파운드를 보상하기로 결정했다. 동시에 각 구의 재원으로 주 수도관에 화재 진압을 위한 소화전 밸브를 만들어 자물쇠로 잠그고 관리해야 한다고 결정했다.

ⓒ de:Benutzer:Calvin Ballantine/CC BY SA

탱커레이 진 병. 이 디자인은 당시 양조장에 물을 공급하던 소화전 모양을 본따서 만들었다.

이후 50여 년간 런던시와 상수도 회사는 상수도 시설을 소방용으로 사용하는 것에 관해 서로의 입장을 정립해 갔다. 상수도 회사는 무상으로 화재가 발생한 곳에 물을 보낼 수 있도록 노력했고, 각 구는 주 상수도관에서 분기한 소화전을 만드는 비용을 충당했다. 또 소화전에 담당자를 배치해 화재 시 열쇠로 밸브를 열어 스탠드 파이프stand pipe를 연결할 수 있도록 관리했다.

사용할 때마다 불편하게 수직 배관 역할을 하는 스탠드 파이프를 연결해야 했던 소화전은 이윽고 지면 위로 아예 올라와 밸브만 열면 사용할 수 있게 되었다. 현재 주류 매장에서 파는 대표 드라이 진인 '탱커레이Tanqueray'의 병 모양이 이 무렵 양조장에 물을 공급하던 소화전 모양을 본따서 만들었다는 흥미로운 일화도 있다.

전문 소방대의 등장

화재에 취약했던 거대 도시 런던 대화재

1666년 9월 2일 일요일부터 목요일인 6일까지 런던에서 대화재가 발생했다. 세인트폴 대성당, 87채의 교구 교회, 1만 3200채의 가옥 등 런던 전체 건축물의 80퍼센트가 이 화재로 파괴되었다. 정확한 인명 피해 규모는 파악조차 되지 않았다.

런던은 이 화재 전인 1632년에 이미 큰 화재를 경험한 바 있었다. 화재 후 건축물에 목재와 초가지붕을 금지하는 등 규제를 했지만 급속히 증가한 인구의 대다수가 타지에서 유입된 가난한 사람들이어서 이들에게까지 강제적인 법의 효력이 미치지 못했다. 빈민가에는 가난한 사람들이 사는 값이 싼 나무 목재와 초가지붕 건물이 조밀하게 모여 있었던 것이다. 특정 지역에는 화재 발생의 확률이 높은 공장과 대장간이 들어서는 것을 법으로 제한했지만 이 역시 소용이 없었다.

특히 인구가 많은 곳의 공동 주택은 주택과 주택 사이 도로가 있었지만 좁았고, 각 건물은 아래층보다 위층을 조금씩 넓게 만드는 '제팅Jettying'이라는 건축 기법이 활용되었다. 이 기술을 적용해 만든 목조 건물은 아래에서 위로 불이 옮겨붙기에 이상적인 구조로, 건물 사이에 도로가 있어도 위층에서는 건물이 거의 맞닿아 있을 정도여서 옆집으로도 불이 번지기 쉬웠다.

대화재 직전은 네덜란드와 전쟁을 치른 직후라 가정에 흑색화약이 있는 경우가 많았고 벽난로, 오븐, 양초 등 불을 사용하는 생활 기구도 많았다. 이런 이유로 런던에서는 크고 작은 화재가 끊이지 않았다. 하지만 이에 대한 대책은 야간 순찰과 시민이 자발적으로 만든 소방대가 전부였다. 결국 도시 전체는 대화재로 인해 참담한 피해를 입었다.

화재보험과 전문 소방대의 등장

ⓒ Andrew Dunn, 10 October 2004/CC BY SA

케임브리지에 있는 중세 제팅 공법의 건물.

화재 직후 런던은 혼돈과 불안에 휩싸였다. 국왕 찰스 2세는 이 혼돈과 불안의 에너지가 반란으로 이어질 것을 두려워했다. 찰스 2세는 런던에서 주거지가 없어진 난민에게는 런던을 떠나라고 말하고 영국의 모든 도시에는 이 난민을 무조건 수용하라고 선언했다. 또 화재 피해로 인한 사람들의 갈등을 막으려고 임대인과 임차인의 분쟁을 처리하고, 새로운 건물의 건축 비용을 부담하는 주체를 결정하는 내용의 소방법을 만들었다.

폐허가 된 도시를 재건하기 위해 찰스 2세는 도시 전체를 대상으로 재건 계획을 공모했다. 르네상스 건축가 크리스토퍼 렌Cristopher Wren이 큰 도로와 거대한 석조 공공건물을 만들고 교회를 신축하는 계획을 제시했다. 그러나 많은 노동자가 떠나 버려 이 계획을 실현하기에는 노동력도 부족했고 재정도 모자랐다. 그에 더해 자신의 건축물이 원상 복구되기를 바라는 기존 소유주의 반대도 극심했다. 결국 크리스토퍼 렌의 전면적인 도시 재건 계획은 세인트 폴 대성당을 포함해 53개의 교회를 세우는 것에 그쳤다.

  찰스 2세는 도시 재건을 위한 재정을 충당하려고 여러 노력을 기울였다. 그는 화재 1년 후 니콜라스 바본에게 도시 재건에 필요한 자금을 마련할 수 있는 금융 상품을 개발하라고 명령했다. 엄격한 청교도인의 아들로 치과의사이자 능력 있는 건축가로 알려진 바본은 왕명을 받아 열 명의 직원과 함께 화재 사건에 보상할 금액과 보험료를 계리하여 화재보험상품을 개발했다. 바본은 1667년 화재보험 회사를 설립했고, 1690년 영국 최초의 토지은행인 내셔널 랜드 뱅크를 설립하여 모기지 형태의 부동산 대출을 판매했다.

  화재보험 회사는 보험료를 내는 가입자의 건물에 화재가 나면 보상금을 지급하는 가장 기본적인 손해보험의 기능 외에도 가입자의 건축물을 화재로부터 직접적으로 보호하기 위한 대책도 마련했다. 이 대책이 바로 화재보험에 가입한 사람의 건물에 난 불을 진압해 주는 것이었다. 보험 계약을 한 사람은 자기 건물이 화재보험에 가입되어 있다는 표식을 부착했고, 이 건물에 불이 나면 보험사 소속의 전문 소방대가 화재를 진압해 주었다. 보험사는 템스강 유역에서 수수료를 받고 하천과 하구로 승객과 화물을 운송하던 노동자들을 전문 소방대의 대원으로 고용했다.

  높은 수익률을 거두는 바본의 화재보험은 큰 성공을 거두었다. 이 성공은 수많은 후발주자를 자극해 이후 런던을 보험 산업의 중심지로 만드는 계기가 되었다. 다른 보험사도 바본의 회사를 따라서 전문 소방대를 조직해 자기 회사 보험 계약자 건물의 화재를 진압하고 추후 화재 진압에 대한 요금을 청구하는 식으로 운영했다. 화재 확률이 높은 런던에서 화재가 일어나 막대한 보험 보상금을 지불하는 것보다는 소방대를 운영해서 화재를 진압하는 편이 더 합리적이었기 때문이다.

하지만 보험사들은 소속 소방대의 소방력으로는 다른 곳에서 시작해 성장한 화재에는 속수무책임을 수차례 경험하면서 도심 화재에서 가장 중요한 것은 불이 커지기 전에 진압하는 초기 대응이라는 사실을 깨달았다. 결국 보험에 들지 않은 건물의 화재라도 일단 진압하는 게 결과적으로 보험 가입자의 건물을 보호하고 보험 보상금의 지출을 막는다는 것을 알게 되었다. 이에 따라 회사별로 운영하던 전문 소방대는 서로 연대해 모든 화재에 대응하기 시작했고, 결국 사적 재산 보호를 위해 탄생한 전문 소방대는 점차 공공성을 띠게 되었다. 이후 '핸드 인 핸드 화재보험사'처럼 소규모 보험사를 합병한 거대 보험사가 등장하며 불을 끄는 전문 소방대의 공공성이 강화되었다.

대화재의 교훈

도시를 완전히 파괴한 대화재 이후 런던은 화재에 대한 인식이 근본적으로 바뀌어 도시 방화의 전반적 능력을 키우는 데 온 사회의 관심이 집중되었다. 유명무실했던 가연성 건축 자재의 사용 금지 등 화재와 관련한 규제는 처벌이 강화되며 실효성을 높였다.

런던의 각 행정구역은 일정한 화재 진압 장비의 보유도 의무화했다. 1668년 통과된 런던시의 화재 예방과 진압에 관한 법은 런던을 네 개의 방화 구역으로 나누고 각 구역에 100개의 화재 진압용 양동이와 50개의 사다리, 24개의 곡괭이, 40개의 삽, 스쿼츠를 구비하도록 했다.

또 대화재 당시 진압 과정에서 너무나 무력했던 양동이를 포함한 기존의 화재 진압 도구에 대한 혹독한 비판과 함께 이 상황을 개선하는 데 관심이 몰렸다. 복사열 때문에 화염 근처에도 가기 힘든 양동이는 물을 멀리까지 끼얹을 수 없었다. 비교적 멀리 물을 분사할 수 있는 대표적 소화 기구인 주사기식 핸드 펌프는 세 명이 조작해야 하는 데 비해 분사되는 물의 양이 너무 적어 같은 수의 사람이 운반하는 양동이보다 크게 나은 점이 없었다.

대화재 직전 독일에서 들여온 말이 끄는 이동식 대형 수동 소방펌프 역시 막상 대화재에서 잘 활용되지 못했다. 수동 펌프를 적절한 장소로 옮기는 데에도 많은 시간과 노동력이 필요했고, 펌프에서 물줄기를 내보내는 중에는 많은 사람이 매달려 펌프에 힘을 가해야 했기 때문이다. 또 펌프의 수조에 물을 채우는 것은 여전히 많은 사람이 나르는 양동이였다.

무엇보다 수동 소방펌프의 막강한 능력이 최대한 발휘되려면 유지 관리가 잘 되어 있어야 하고 전문적인 조작 및 여러 조건이 맞아야 하는데, 실제 발생한 대화재에서는 그러지 못했다. 결국 화재 진압은커녕 되려 화재에 휘말려 파괴되어 버렸다. 그럼에도 불구하고 여러 기술자는 수동 소방펌프의 잠재력을 눈여겨보았다.

양동이보다 강력한 능력의 화재 진압 도구에 대한 사회적 기대와 관심, 펌프를 전문적으로 운영할 수 있는 전문 소방대와 제반 비용을 충당할 수 있는 자금력을 가진 보험 회사, 최신 기술을 접한 해외 엔지니어를 유인하던 런던의 개방성 등은 영국에서 소방펌프가 발전할 수 있는 배경이 되었다.

이동식 수동 소방펌프의 진화

운용 인력이 줄고 기동성을 높인 킬링의 소방펌프

1678년경 런던 중심부의 남서쪽 블랙프라이어스에서 존 킬링John Keeling이 대화재 때 파괴된 펌프보다 개선된 소방펌프를 만들었다. 이 수동 소방펌프는 큰 나무 수조 안에 실린더 한 개와 피스톤이 있는 펌프가 설치되어 있고, 피스톤 위쪽으로 연결된 커넥팅 로드가 Y자 모양의 지렛대와 양방향으로 연결되어 있었다. 각 지렛대는 두 개의 손잡이로 갈라져 있어서 총 네 명이 손잡이를 위아래로 동시에 움직이는 동력으로 물을 뿜었다. 수조 위에는 물을 부을 수 있는 구멍이 뚫린 판자로 막혀 있어서 한 명이 올라서서 배관에 연결된 회전 가능한 노즐을 화재에 겨누었다.

한스 하우치의 소방펌프와 비교해 펌프 운용 인력이 열다섯 명에서 다섯 명으로 줄었고, 썰매 대신 바퀴를 달아 기동성을 높이는 개선이 있었다. 그러나 실린더가 하나밖에 없어서 물을 흡입할 때는 물 분사가 되지 않는 문제가 있었다. 또 물을 분사할 때도 유효한 압력을 만드는 데까지 시간이 걸리고 유효 압력을 유지하는 시간이 짧아 물줄기가 맥동하는 심각한 한계가 있었다.

2016년 런던 대화재 350주년을 기념하기 위해 영국의 마차를 전문적으로 복원하는 한 업체가 박물관에 보관되어 있던 존 킬링의 소방펌프를 당시의 사양과 제조 방법 그대로 재현해 복원했다. 복원된 존 킬링의 소방펌프는 수조에 물을 채우지 않은 상태에서도 500킬로

ⓒ 저작권자 미상/CC 0

존 킬링의 개선된 수동 소방펌프. 큰 수조에 피스톤 펌프 두 개를 설치해 분당 최대 380리터를 연속 분사할 수 있었다.

그램 정도여서 사람이 끌기엔 무거웠다. 평지는 이동 가능하지만 경사지에선 이동이 곤란하며 조향이 잘 되지 않아 방향 전환이 어려웠고 좁은 길에서도 이동이 힘든 것으로 밝혀졌다.

당시 제작 방법으로 복원한 펌프의 능력은 실제 사용했을 때는 네 명의 인력으로 분당 6파인트(3.4리터)의 유량을 약 5미터 거리까지 분사할 수 있을 정도로 조악했다. 소방호스 없이 금속 관절로 연결된 노즐의 각도 조절로만 조준을 할 수 있어 물줄기가 닿는 범위가 제한되었고, 펌프는 화재 가까이에 배치해야 했다. 당연히 화재를 진압하는 동안은 노즐을 잡은 사람은 화재가 난 건물과 가까운 펌프 위에서 계속 서 있어야 했다. 또 실제 화재를 진압할 때에는 물을 공급하는 양동이를 든 사람들과 계속 펌프질을 하고 있는 네 명이 서로 동선이 겹쳐 뒤섞이는 등 위험하고 혼잡한 문제도 있었다.

이 같은 단점을 감안하면 비슷한 시기에 소방호스를 통해 직접 화재에 물을 뿌리고 펌프의 진공으로 물을 끌어오는 효율성을 갖추었으며 80피트(24미터) 거리까지 분사 능력이 있는, 네덜란드의 헤이덴이 발명한 소방펌프에 비하면 많이 뒤처져 있었다고 할 수 있다. 그럼에도 불구하고 존 킬링의 펌프는 런던 대화재 이후 도시 재건 과정에서 새로 들어선 건축물의 소유주들을 고객으로 한 화재보험 회사 소속 소방대의 소화 장비로 활용되었다.

소방호스를 사용한 존 로프팅

네덜란드 출신 상인이자 발명가인 존 로프팅John Lofting은 런던 대화재 이후 런던으로 이주했다. 그는 네덜란드에 있었을 때 헤이덴과 함께 소방펌프를 만들었던 사람들 중 한 명과 7년간 같이 일을 했다고 전해진다. 이 때문에 존 로프팅 역시 헤이덴의 가죽 호스와 소방펌프 그리고 이를 이용한 화재 진압 방법에 대해 잘 알고 있었다.

1690년 존 로프팅은 헤이덴의 것과 유사한 소방펌프를 만들어 영국에서 특허(특허번호 263/1690)를 취득하고 1690년대 말까지 본격적으로 소방펌프를 제조한 것으로 보인다. 그 근거로 1690년 11월에 그가 국왕에게 보낸 탄원서를 들 수 있다. 로프팅은 펌프의 진공으로 소방호스가 붙는 것을 막는 스프링같이 생긴 철사를 네덜란드에서 주문했는데 세관 공무원이 이를 압수하자 영국의 관세법을 잘 모르던 그가 국왕에게 직접 탄원하는 서신을 보냈던 것이다.

로프팅이 받은 특허명에는 벌레를 닮은 가죽 소방호스가 물을 빨

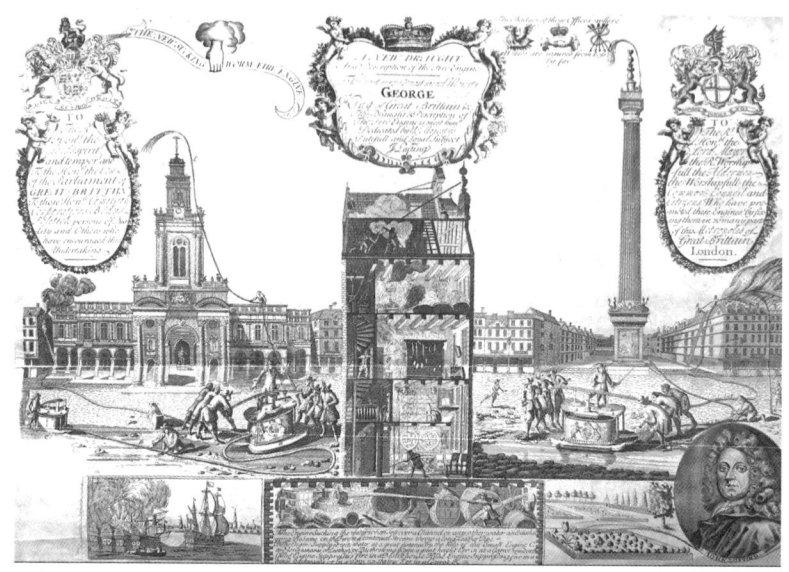

© Society of Antiquaries of London

존 로프팅의 소방펌프 삽화가 실린 간행물. 세 개 업체 보험사의 문장이 표시되어 있다.

아들이는 것을 연상시키는 '빨아들이는 벌레 엔진Sucking Worm Engine'이라는 명칭이 사용되었다. 존 로프팅의 소방호스와 소방펌프는 영국 정부의 관보인《런던 가제트The London Gazette》및 다른 정부 간행물을 통해 홍보되었다. 그 중 한 인쇄물의 삽화에는 런던 대화재 후 등장한 초기 화재보험 회사 중 세 개 업체의 문장紋章 이미지가 표시되어 있었다. 이를 통해 이 회사들이 존 로프팅의 소방펌프를 구매해 사용했거나 제작에 투자했던 사실을 추측할 수 있다.

　존 로프팅은 소방펌프와 비슷한 원리로 작동하고, 현재에도 술집의 바에서 맥주를 따르는 비어 탭beer tap의 원형인 '비어 엔진beer engine'을 발명한 것으로도 알려져 있다. 그전까지 통에 있는 맥주를 따르는 일반적 방법은 밀폐된 맥주 통의 뚜껑 부분에 수도꼭지 역할을 하는 캐스크 탭을 쐐기처럼 박아 통을 눕히고 필요할 때마다 열어 잔을 채우는 것이었다. 이 방법은 술통이 빌 때마다 지하창고에서 맥주 통을 가져와야 하는 수고로움과 가져온 맥주 통이 온도가 높은 술집 바에서 쉽게 미지근해지는 문제가 있었다.

존 로프팅의 비어 엔진은 1층의 바에 피스톤 펌프를 설치하고 지하에 있는 맥주 통과 관으로 직접 연결해 진공으로 맥주를 빨아올리는 기구였다. 이 장치를 사용하면 맥주 통을 옮기는 수고를 덜면서도 지하실의 시원한 맥주를 손님에게 제공할 수 있었다.

양동이 부대를 뛰어넘은 리처드 뉴샴

런던 대화재 40년 후인 1708년, 영국 정부는 런던의 모든 교구에 화재 진압에 사용할 수동 소방펌프를 배치하고 항상 작동이 가능한 상태로 유지 관리하며 이를 운영할 인력을 지정하는 것을 법으로 의무화했다. 이 법에는 소방펌프를 고장 난 채 방치한 교회 관리인에게 벌금을 부과하고, 반대로 화재 현장에 먼저 도착하는 소방대에게는 상금을 주는 내용도 담겨 있었다. 소방펌프의 의무 배치를 내용으로 한 법안의 발효로 소방펌프 시장이 급격하게 커지며 많은 사람이 소방펌프를 개발하기 시작했다.

런던에서 진주 단추를 만들던 리처드 뉴샴Richard Newsham도 그 중 하나였다. 뉴샴은 1718년 자기가 만든 첫 번째 수동 소방펌프를 시장에 내놓았다. 이 펌프는 런던의 좁은 골목길도 통과할 수 있도록 차폭을 좁게 만드는 대신 전장을 늘림으로써 담을 수 있는 물의 양은 비슷했다. 기존의 소방펌프는 차량 앞뒤로 펌프 손잡이가 배치되어

ⓒ H. Zell/CC BY SA

1780년대 영국 런던의 리처드 뉴샴이 만든 수동 소방펌프.

많은 사람이 잡을 수 없는 구조였다. 리처드 뉴샴은 이를 개선해 길이가 늘어난 만큼 차량 양옆으로 펌프 손잡이를 길게 배치해 더 많은 사람이 펌프를 작동시킬 수 있도록 만들었다. 이 같은 펌프 손잡이의 배치 때문에 이 소방펌프는 '사이드 펌퍼Side-Pumper'라는 이름으로도 불렸다.

또 펌프 손잡이에 발판을 달아서 펌프 차량 본체 위에 올라간 사람이 손잡이를 잡고 발로도 펌프질을 할 수 있도록 고안되었다. 이 경우 펌프질을 하는 사람은 덜 피로하면서도 더 큰 힘을 가할 수 있었다. 펌프의 크기도 동력원인 사람의 힘을 최대한 활용할 수 있도록 조정해 피스톤의 지름을 약 12센티미터 정도, 피스톤이 움직이는 거리는 22센티미터 정도로 최적화됐으며 경사면에서도 피스톤 운동 방향이 항상 수직이 되도록 간단한 짐벌gimbal 장치가 적용되었다.

기존 피스톤 펌프의 최대 단점인 최고 압력 시간이 짧고 흡입 시 물이 나오지 않던 이른바 맥동 현상은 펌프의 물이 나갈 때 압축 공기가 있는 곳을 지나게 해 물의 압력을 일정하게 유지하도록 만들어 해결했다. 구체적으로는 펌프의 피스톤 이후 배관에 공기가 차 있는 챔버를 설치하는 것이었다. 피스톤이 압축될 때는 물이 나가는 압력으로 공기가 압축되고, 흡입할 때는 압축된 공기의 힘으로 물을 분사하는 식으로 끊이지 않고 물이 나갈 수 있었다. 이 펌프는 사람 20명이 펌프질을 할 때 1분당 60갤런(227리터)의 물을 분사할 수 있었다.

당시 많은 소방펌프가 출시되었지만 뉴샴이 개선한 소방펌프가 가장 뛰어난 것으로 평가받았다. 리처드 뉴샴의 초기 펌프는 영국 북부의 일부 교구에서 도입한 것을 시작으로 식민지 시대에 미국의 필라델피아와 버지니아의 윌리엄스버그, 뉴욕으로도 수출되었다. 이후에도 그는 여러 해에 걸쳐 다양한 종류의 소방펌프를 제작하며 기술을 발전시켰다.

1730년 뉴샴은 소규모 교구 소방대가 운영하기 적합한 작은 크기의 수동 소방펌프를 만들었다. 욕조 형태의 수조가 있는 이 펌프는 양동이로 물을 공급받고 소방호스로 물을 분사했다. 1750년에는 펌프와 차대를 분리해 운반할 수 있을 정도로 작은 수동 소방펌프를 만들기도 했다. 수조와 분리된 펌프는 호스로 물을 흡입할 수 있었는데, 이처럼 운반하기 좋아진 펌프는 대형 요트의 돛대에 설치되어 바람이 통하는 천 재질의 돛에 물을 뿌려 바람을 좀 더 잘 받을 수 있도록 하는 데에도 쓰였다. 작은 크기의 수동 소방펌프는 화재보험 회사의 전문 소방대가 아닌 작은 규모의 소방대가 운영할 수 있고, 선박이나 주택 화재에 신속히 대응할 수 있는 장점이 있어서 영국 내에 널리 퍼졌다.

뉴샴의 펌프는 계속 발전했다. 그가 제작한 여러 수동 소방펌프 중 가장 강력한 것은 두 개의 실린더를 가진 피스톤 펌프 방식으로, 640리터의 물을 저장하고 40미터 거리까지 분당 400리터의 유량으로 분사가 가능했으며 노즐의 물이 유리창을 깰 수 있을 정도였다고 한다. 가죽 밸브는 금속 재질로 바뀌었고, 지렛대 및 그와 연결된 손잡이는 접이식으로 만들어 이동성과 효율성을 높였다. 펌프 자체의 성능 개선 외에도 수동 소방펌프 차량에는 도끼와 사다리 같은 화재 진압 장비가 실렸으며, 판板 스프링을 적용해 고르지 못한 노면의 충격을 완화하는 변화도 있었다.

리처드 뉴샴의 소방펌프는 네덜란드 헤이덴의 펌프 원형을 개선한 것으로 완전히 독창적인 발명은 아니었다. 하지만 그동안 소방펌프가 화재 현장에서 잘 쓰이지 않았던 여러 비효율적 요소를 극복하고 사용성 측면에서 소방펌프를 성공적으로 상용화한 시작점으로 볼 수 있다. 그의 소방펌프를 기점으로 적어도 영국과 미 대륙에서는 인간이 불을 끄는 행동 양식이 양동이에서 수동 소방펌프로 전환되었다고 할 수 있다.

3장

미국의 수동 소방펌프

영국으로부터 수동 펌프의 전파

식민지 미국의 방화 정책

엘리자베스 여왕으로부터 개발 허가를 받은 월터 롤리 경이 현 미국 북동부 해안 로어노크에 107명의 영국인을 상륙시키며 미국 식민지 역사가 시작되었다. 영국에서 이룩한 문명의 유산을 자양분으로 식민지는 빠르게 성장했고, 미 대륙의 주요 항구를 중심으로 점차 사람과 물자가 모여 대도시가 형성되었다. 식민지 미국의 대도시 외양과 생활양식은 구성원들의 출신 국가에 뿌리를 두고 있었다. 도시 화재에 대처하는 행동 양식도 마찬가지였다. 이주해 온 가난한 시민은 본국에서처럼 판자로 집을 만들고 초가지붕이나 나무 지붕을 올리고 나무 굴뚝을 세웠다. 이런 집이 점점 밀집하자 도시는 크고 작은 화재에 시달렸다. 화재 진압은 주로 주변 사람들이 모여 양동이로 물을 퍼 나르는 것이었다.

초기에 각 주 정부는 화재 위험이 높은 나무 굴뚝의 사용 등을 금지하고 화재에 대비해 해가 지기 전 자기 집에 물을 채운 가죽 양동이를 걸어놓을 것을 의무화했다. 또 지역의 명망 있는 인사를 야경꾼으로 임명하고 화재와 관련한 의무 사항을 위반할 시 벌금을 부과할 수 있는 권한을 부여했다. 야경꾼은 밤에 순찰을 돌며 각 건축물을 감독하고 불이 나면 나무 벨Rattle Bell을 돌려 소리로 화재 사실을 알렸다. 불이 날 경우 영국을 포함한 많은 유럽 국가처럼 불이 번지는 방향의 구조물을 파괴해 화재 저지선을 만들고 많은 사람이 길어 오는 가죽 양동이 물로 대처했다.

영국에서 수동 펌프가 자리 잡으며 본국의 소방펌프가 미국의 대도시에도 도입되었다. 이후 독립전쟁을 거치며 미국의 수동 소방펌프는 영국과는 다른 독자성을 띠며 발전해 갔다.

공공 소방대와 강력한 소방펌프의 필요

보스턴의 방화 정책은 17세기까지는 예전의 영국처럼 자원을 하거나 고용된 야경 대원이 거리를 순찰하다가 화재를 발견하면 주변 사람들이 모여들어 화재를 진압하는 게 전부였다. 보스턴 역시 방화와 화재가 빈번한 곳이었다. 빈약한 방화 대책으로 도시 화재와 맞서던 보스턴은 결국 런던 대화재와 비슷한 시기인 1653년, 1676년 두 차례에 걸쳐 기록적인 대화재를 겪었다. 보스턴은 점점 발전하는 산업과 늘어나는 인구로 인해 커져만 가는 화재 위험을 감당할 방안이 절실해졌다.

주 정부는 화재 진압 도구를 확보하기 위해 당대 가장 유명한 대장장이 조지프 젠크스Joseph Jencks에게 의뢰해 수동 소방펌프를 제작했다. 젠크스는 미국에서 최초로 거푸집에 쇳물을 부어 주물을 만들고 미국 주화를 만드는 데 큰 역할을 한 인물이다. 하지만 그가 만든 이 펌프를 화재 현장에서 처음 사용할 때 고장이 났다는 기록만 있을 뿐 실물이 남아 있지 않아 구조 등이 불분명하다.

보스턴은 1678년 열두 명의 소방관을 고용하고 토머스 앳킨스Thomas Atkins를 소방대장으로 임명해 미국 최초의 관영 소방대를 설치했고, 1679년에는 소방대가 운영할 소방펌프를 영국으로부터 수입했다.

보스턴에서는 관영 소방대를 시작으로 1715년에 이미 여섯 개의 민간 의용소방대를 설립했고, 1718년에는 화재 시 상호 협력을 위한 단체 등이 조직되어 있었다. 하지만 관영 소방대를 제외한 민간의 인적 조직체는 화재 시에만 비상설로 활동하다 보니 구성원들은 수동 펌프의 조작이 미숙해 여전히 사용하기 익숙한 양동이를 선호했다. 소방펌프를 화재 현장 일선에서 활용하려면 평상시 대기하고 유지관리를 위해 별도의 건축물이 있어야 하고, 화재 시 이를 전문적으로 조작하고 화재 진압을 주 업무로 하는 소방대도 필요했다.

영국 뉴삼 펌프의 도입과 한계

뉴욕 역시 도시의 화재를 방어할 새로운 소방 기구를 도입하고자 했다. 1725년경 영국에서 리처드 뉴샴이 소방펌프를 개선할 무렵 독일의 은세공업자 자카리아스 그레일이 물을 담은 통 안에 흑색 화약을 넣고 그 폭발력으로 만든 수증기로 화재를 진압하는 소화 기구를 만들었다. 뉴욕은 두 개의 발명품 중 어느 하나를 주력 진압 장비로 채택해 사용하고자 했다. 경쟁 끝에 이 두 가지 화재 진압 장비 중 뉴샴의 소방펌프가 1731년 뉴욕에 도입되었다.

필라델피아 역시 도시의 성장과 함께 점점 커지는 화재의 규모와 피해를 감당할 수 없게 되었다. 18세기 초 시장인 프레스톤Preston이 도시의 화재 위험을 심각하게 여겨 유럽의 소방펌프를 도입하자고 의회에 요구했으나 처음에는 받아들여지지 않았다.

몇 년 후 인근 도시의 화재 사례를 겪고 나자 의회 역시 도시 화재의 잠재적이고 치명적인 위험을 실감했고, 1718년 소방펌프를 도입하는 것에 합의했다. 이 합의에 따라 필라델피아 당국은 런던에서 만든 소방펌프를 개인적으로 소유하고 있던 에이브러햄 비클리Abraham Bickley로부터 구매해 배치했지만, 관리가 되지 않아 8년 후 작동이 불가능해졌다. 당국은 소방펌프를 유지 관리하는 데에도 전담 인원이 필요함을 알게 되어 펌프가 배치된 곳 인근의 마을 사람을 고용해 3파운드의 보수를 주는 조건으로 펌프 관리를 맡겼다. 하지만 이 펌프는 1730년 피시본 항구에서 발생한 큰 화재 사건에서 별다른 역할을 하지 못하고 고장이 나 버렸다.

화재 직후인 1730년 4월 필라델피아 시의회는 소방펌프 3대와 가죽 양동이 400개, 사다리 20개 등 소방 기구를 대규모로 도입하기로 결정했다. 시의회가 도입하기로 한 소방 기구 중 2대의 소방펌프와 가죽 양동이 250개는 런던의 리처드 뉴샴이 만든 신뢰할 수 있는 물건이었다. 하지만 최첨단 소방펌프는 화재 진압에 적극적으로 활용되지 못한 채 화재 진압은 여전히 현장 인근에서 무작위로 소집된 사람들이 나르는 양동이에 의존했다. 지금은 별것 아닌 것처럼 보여도 당시에는 첨단 기계인 수동 소방펌프의 활용성을 극대화하기 위해선 마치 최신 전투기를 도입하는 사업처럼 단지 본체만 도입해서는 안 되는 일이었다. 도로, 상수도 등 제반 여건을 갖춰야 하고 무엇보다 펌프를 운용하고 유지 관리할 전문 인력이 필요했다.

소방 조합과 소방대

벤저민 프랭클린이 설립한 유니언 소방대

미국 건국의 아버지 중 한 명인 벤저민 프랭클린Benjamin Franklin은 피뢰침을 발명한 발명가로도 유명하다. 그는 1730년 필라델피아의 피시본 항구에서 선박의 화재가 부두와 인근의 창고, 가옥으로 번지며 모든 것이 소실되는 현장을 보면서 화재에 경각심을 갖게 되었다. 더욱이 이 혼란한 틈을 타 사람들이 약탈을 하는 참혹한 광경을 목격하며 화재가 지역사회 공동체에 미치는 위험을 심각하게 여겼다. 벤저민 프랭클린은 《펜실베이니아 가제트》라는 신문사를 매입한 후 1733년부터 종종 "화재로부터 지역사회 공동체를 효율적이고 효과적으로 보호하기 위해서는 화재를 예방하고 진압하기 위한 조직이 필요하다"라고 주장하는 글을 신문에 기고했다.

벤저민 프랭클린은 주장만 한 것에 그치지 않고 지역사회의 자구적 화재 방어를 위해 조합 성격의 조직체를 만드는 데 뛰어들었다. 조합은 공동 소방 장비로 각각 여섯 개의 가죽 양동이와 화재 시 귀

귀중품을 보관할 리넨 가방을 제출하고 회의에 불참할 경우 벌금을 내는 것에 동의한 30명의 회원을 모집하는 것에서 시작했다. 1736년 12월 7일 조직의 구성과 소속 자원봉사자들의 임무를 적은 문서에 서명함으로써 미 대륙에서 최초로 '유니언 소방대Union Fire Company'라는 조합 성격의 자원봉사자 전문 소방 조직이 공식적으로 설립되었다.

프랭클린의 조직은 매월 마지막 주 월요일 정기회의를 개최해 주요 소방 장비를 교체하고 정비하는 비용이나 지역사회 공동체의 화재 안전을 위한 방안을 토의했다. 유니언 소방대는 회원들의 기금을 바탕으로 런던 대화재 이후 영국에서 설립된 화재보험 회사와 이름이 같은 '핸드 인 핸드Hand-In-Hand'라는 화재보험 회사를 설립하기도 했다. 프랭클린의 유니언 소방대는 주요 화재 진압 장비가 가죽 양동이와 사다리, 갈고리, 화재경보를 위한 종 등에 불과했지만 조합의 기금이 모이면서 소방펌프를 도입했다. 조합은 유사시 공동으로 활용하기 위해 그라인드스톤 골목에 있는 건물에 수동 소방펌프와 화재 진압 장비를 같이 보관하고 활용했다.

의용소방대의 확산

유니언 소방대를 성공적으로 운영한 결과 많은 사람이 이 조합의 조합원이 되고 싶어 했다. 하지만 조합에는 소방펌프 같은 장비와 조합원으로 이루어진 전체 조직의 힘이 미치는 물리적 거리의 한계 때문에 10마일(16킬로미터) 이내 거주하는 조건으로 자격을 정한 규정이 있어 누구나 받아들여지지는 않았다. 가입을 거절당한 시민들은 유니언 소방대의 조직과 운영 방법을 모방해 자체적으로 화재 조합을 만들었고, 이 조합은 자원봉사자로 구성된 전문적인 의용소방대를 조직했다.

1730년대를 전후해 미국의 수동 소방펌프는 영국이나 독일, 네덜란드에서 수입했거나 이를 모방해 만든 것이 대부분일 정도로 유럽의 기술에 전적으로 의존하고 있었다. 이는 유니언 소방대가 구입한 소방펌프도 마찬가지였다.

자체 제작한 미국의 수동 소방펌프

내구성과 성능을 높인 로트와 메이슨의 소방펌프

1743년에는 뉴욕에서 나무 물통과 보트를 만들던 제조업자 토머스 로트Thomas Lote가 펌프의 많은 부품을 황동으로 제작해 내구성과 성능을 높인 소방펌프를 만들었다. 이 펌프는 황동이 드러난 외관 때문에 '올드 브라스 백스Old Brass Backs'라는 이름으로도 불렸다.

20여 년 뒤인 1768년에는 필라델피아의 리처드 메이슨Richard Mason이라는 사람이 이와 비슷하게 황동을 많이 사용한 소방펌프를 만들었다. 여러 가지 크기로 제작된 이 펌프는 크기에 따라 여섯 명에서 열네 명이 펌프질을 할 수 있었고, 25미터에서 36미터까지 멀리 물을 분사할 정도로 성능이 우수했다.

로트와 메이슨의 소방펌프는 성능 면에서 리처드 뉴샴의 소방펌프와 견줄 만한 수준이었다. 이때부터 미국의 소방펌프가 영국과 유럽의 그늘에서 벗어나 독자적으로 발전할 수 있는 출발점에 서게 되

ⓒ Smithsonian/CC 0
뉴욕 브루클린에 도입된 최초의 수동 소방펌프를 그린 석판화.

었다. 그러나 독립전쟁 전까지 미국의 소방펌프는 리처드 뉴샴이 제작한 소방펌프의 벽을 넘지는 못했다.

  1756년 발발한 7년 전쟁 끝에 승리한 영국은 북미 대륙에 대한 지배력을 확보한 대가로 막대한 전쟁 비용을 감당해야 했다. 영국 정부는 재정난을 해결하기 위해 식민지에 설탕, 통화, 인지세 등에 대해 과도한 세금을 부과하려 했다. 반면에 산업이 발전하며 정부와 의회가 성숙해지고 독자성이 짙어진 미국 식민지는 영국의 세금에 반발했고 서로의 갈등이 깊어져 갔다. 홍차에 붙는 세금 정책을 일방적으로 바꾼 영국 때문에 홍차의 유통 과정이 변했고, 이로 인해 미국의 홍차 밀매업자들이 막대한 손해를 입었다. 밀매업자들은 미국 식민지에 홍차를 수출하는 독점권을 가진 동인도 회사 소유의 화물선에 올랐고, 보스턴 항구에 정박 중이던 배에 실린 홍차를 모두 바다에 던져 버렸다.

영국과 미국 식민지 사이의 갈등은 1775년 미국 독립전쟁으로 폭발했다. 미국 군 당국은 전쟁을 치르기 위해 소방 경보용으로도 쓰던 종조차 징발했으며, 적국에서 사용하는 것을 막기 위해 당시 화재 진압의 중요 장비였던 소방펌프도 파괴해 버렸다. 전쟁이 끝난 후 영국과 분리된 미국 국민에게는 개인이 지역사회에 헌신하는 강한 애국심이 미덕이 되었다. 독립전쟁 후 더 많은 사람이 자원봉사자로 나섰고, 소방대는 전쟁으로 파괴된 소방펌프를 구비하려 하면서 미국 내 소방펌프의 수요가 증가했다.

방향 조절과 전환이 가능한 스미스와 헌먼의 소방펌프

전쟁 후 펜실베이니아 의용군 대령이자 켄터키주 의회 의원인 제임스 스미스James Smith와 보스턴의 구리 세공업자이자 황동의 합금 방법을 개선한 것으로 유명한 윌리엄 헌먼William Hunneman이 유럽의 소방펌프를 개량해 냈다. '파이어 킹Fire King'이라는 이름으로 알려진 이 소방펌프의 가장 두드러진 특징은 두 가지다. 하나는 물이 나가는 배관 말단에 구부러진 배관을 여러 개 이어 붙여 노즐을 어느 방향으로도 조절할 수 있게 한 것이다. 거위 목처럼 생긴 배관 때문에 이 펌프는 '구스 넥goose neck'이라 불리기도 했다. 또 하나는 기존 소방펌프에는 별도의 조향 장치가 없어서 사람들이 펌프 뒷부분을 들어 올려 방향을 전환해야 하는 불편을 개선했다는 것이다. 헌먼의 펌프는 앞바퀴를 뒷바퀴보다 작게 만들고 아래쪽에 다섯 번째 작은 바퀴를 달아서 펌프를 들지 않고도 방향을 전환할 수 있도록 했다.

파이어 킹은 식민지 시대의 미국에서 최고의 소방펌프로 인정받으며 1792년부터 745대가 제조되어 보스턴을 중심으로 미국 내 여러 곳으로 전파되었다.

접이식 손잡이와 서지 탱크를 개발한 패트릭 라이언

런던에서 어린 시절을 보내고 1793년 필라델피아로 이주한 스코틀랜드 출신의 대장장이 패트릭 라이언Patrick Lyon은 소방펌프를 포함해 여러 장비 개발에 지대한 공헌을 한 인물이다. 라이언은 이주한 지 1년 후 지역사회의 의용소방대에 들어갔는데, 그는 의용소방대에 소방펌프를 납품하던 리처드 메이슨의 도움을 받아 개선된 소방펌프를 만들었다. 라이언은 자기가 만든 소방펌프가 기존의 어떤 것보다 토출 유량과 압력에서 압도적이라고 주장했다. 그는 이 소방펌프에 대해 1800년 2월 12일 미국 내 특허를 취득했다.

이 펌프는 뉴샴의 펌프처럼 피스톤 펌프의 태생적 한계였던 물 분사의 맥동을 별도의 챔버를 달아 해결했다. 이 챔버는 윗부분은 막혀 있고 아랫부분은 펌프의 토출 배관과 연결되어 있어서 물이 드나들 수 있었다. 펌프로부터 나오는 물의 압력이 높아질 때는 공기가 압축돼 챔버의 수면이 높아지고, 반대로 압력이 낮아질 때는 압축된 공기의 힘으로 챔버의 물을 배관으로 밀어내 끊어짐 없이 물줄기가 뻗어 나갔다. 전형적인 서지 탱크surge tank라 할 수 있다. 크세티비우스의 물오르간 때부터 등장했던 댐퍼damper와 함께 피스톤 펌프 특유의 단속적 토출의 단점을 극복하기 위해 공통적으로 등장한 방법이다.

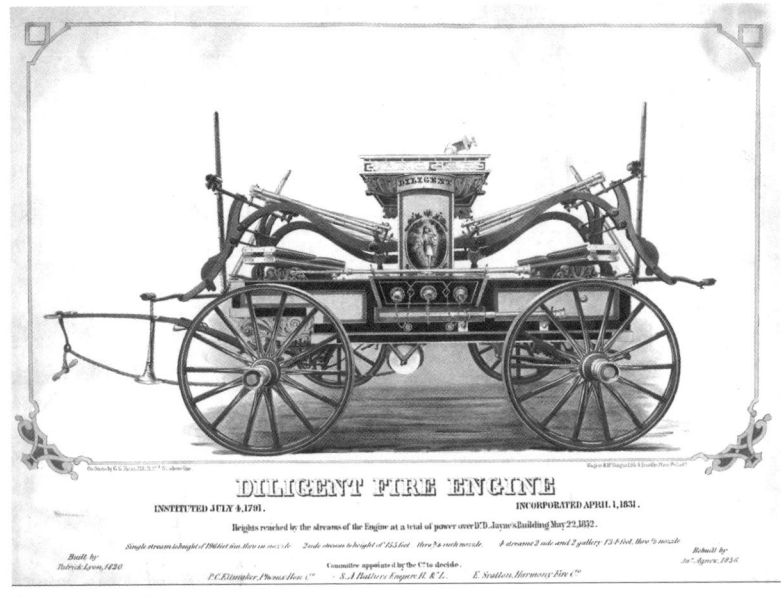

ⓒ George G. Heiss/CC 0

1852년경 딜리전트 파이어 엔진 컴퍼니의 딜리전트 파이어 엔진.

    라이언의 소방펌프는 이 서지 탱크와 지렛대를 최대한 효과적으로 활용하기 위해 접이식으로 길게 만든 장대와 이전까지 소방펌프를 이동할 때 사람이 끌던 것에서 말이 끌도록 만든 것 등 구별되는 특징이 있었다. 이 펌프는 1803년 필라델피아의 의용소방대인 '굿윌Good Will'과 '필라델피아 소방대Philadelphia Fire Companies'에 납품한 것을 시작으로 각지로 퍼지며 '필라델피아 스타일 핸드 펌프'로 알려졌다. 라이언은 1820년부터 자기 지역에 설치된 의용소방대인 '딜리전트 파이어 엔진 컴퍼니Diligent Fire Engine Company'의 이름을 따서 '딜리전트 펌퍼Diligent Pumper'라는 이름으로 소방펌프를 제조했다.

4장

소방대의 역할 확장과 수동 펌프 시대의 황혼

소방대의 역할 확장

미국의 상수도 설치와 소방호스의 활용

각 주 정부와 지역 행정 기관에 설치된 공공 소방의 영역이 닿지 않는 나머지 지역에서는 자구적 화재 방어를 위해 조합 형태의 자원 봉사자 중심 소방대가 일반화되었다. 지역의 소방 조합은 자본을 모아 자기 소방대에 필요한 수동 소방펌프를 구입하거나 자체 제작했다. 조합이 제작한 소방펌프로 시장이 형성되었고 각각의 조합은 소방펌프의 제작자로서 시장에서 서로 경쟁했다.

인구가 점차 도시로 몰리며 거리는 복잡해지고 건물은 크고 높아졌다. 이에 따라 소방 수요 역시 양적, 질적으로 변화했다. 수동 소방펌프의 기능도 도시의 소방 수요에 맞춰 차량 한 대가 주 기능에 따라 펌프, 소방호스, 사다리 등으로 각각 나뉘면서 강화되었다. 여러 소방대는 펌프를 전담 운영하거나 호스의 운용, 사다리 구조 활동 등에 특화되며 전문 능력을 갖게 되었다.

자본이 모인 펜실베이니아에서도 1801년 1월 27일 스쿨킬강을 수원으로 도시에 나무 배관을 이용한 상수도가 공급되기 시작했다. 상수도망이 구축되자 영국에서처럼 불이 나면 주변의 상수도관을 찾아 땅을 파헤치고 구멍을 뚫는 '파이어 플러그' 진압 방식이 등장했다가 곧 주철제 소화전으로 바뀌었다.

이러한 화재 진압 방식의 변화 조짐과 1799년 영국으로부터 도입된 가죽 소방호스는 도시의 화재 대응 방식이 양동이에서 수동 소방펌프를 운용하는 소방대 중심으로 변화하는 것을 촉진했다. 소방펌프가 뿜어 대는 물을 소방호스를 통해 불이 난 화점에 직접 분사하게 된 것이다. 이런 획기적 진화만큼 수원의 물을 소방호스를 통해 펌프로 직접 끌어오는 것 역시 그에 버금가는 개선이었다.

만약 수원과 30미터 떨어진 곳에서 화재가 났을 경우 여러 사람이 들어 옮기는 양동이로 불을 끈다면 원활한 소화 활동을 위해선 약 60명의 사람이 필요하고, 이 사람들은 불이 꺼질 때까지 계속 움직여야 했다. 하지만 소방호스를 이용한다면 소수의 사람이 단지 두세 벌의 소방호스를 수원에서 펌프까지 연결만 하면 그만이었다. 소방호스를 전문으로 운용하는 소방대가 분화된 뒤 기존의 전문 소방대 대원의 임무는 소방펌프를 화재 장소로 끌고 가서 불이 꺼질 동안 펌프질을 하는 것에 집중되었다. 말하자면 기존 소방대의 펌프 운용만큼 소방호스를 연결하고 운반하는 소방대의 역할도 중요해졌다는 것이다.

가죽 소방호스의 진화

1803년 설립된 '필라델피아 호스 컴퍼니 넘버1Philadelphia Hose Company No.1'은 최초로 호스를 전문적으로 운용하며 소방펌프를 보조하는 임무에 특화된 소방 조합 소속 소방대였다. 이 소방대의 임무는 펌프로 물을 공급하는 혼잡한 양동이 행렬 대신 호스를 연결해 수동 소방펌프에 안정적으로 물을 공급해 주는 것이었다.

영국에서 도입한 초기 가죽 호스는 무겁고 유지 관리에 손이 많이 갔다. 소가죽을 이어 붙여 만든 약 12미터 길이의 소방호스는 무게가 40킬로그램에 육박했다. 사용한 후에는 세탁해서 건조해야 했고 평상시 소방호스가 썩지 않도록 소나 대구, 고래기름을 발라 두어야 해서 보관에도 각별한 노력이 필요했다. 이런 관리에도 불구하고 가죽 조각을 길게 이어 붙일 때 사용한 리넨 소재의 실이 쉽게 썩어서 화재 현장에서 소방호스가 터지기 일쑤였다.

1807년 필라델피아 호스 컴퍼니 소속 제임스 셀러스James Sellers와 에이브러햄 펜녹Abraham Pennock이 가죽 소방호스를 만들 때 실로 꿰매는 대신 금속 리벳으로 박는 방법을 고안했다. (훗날 기존의 호스 판매업자인 젱킨스Jenkins와 특허 분쟁이 있었다.) 물이 샐 것이란 우려와 달리 리벳을 촘촘하게 박아 만든 소방호스는 호스끼리의 연결구에서는 물이 조금 샜지만 가죽 본체 부분에서는 새지 않았다. 또 리넨으로 꿰매야 하므로 부드러운 가죽을 써야 했던 제한에서 벗어나 소의 가장 두껍고 질긴 가죽으로 만들 수 있게 되자, 증기 펌프의 높은 압력으로 나오는 소화전의 물을 감당할 수 있을 정도로 내구성이 향상되고 튼튼해졌다.

물론 이 호스는 길이 50피트에 무게는 40킬로그램 정도로 여전히 무거웠다. 또 사용하지 않을 때는 기름을 발라야 하는 품이 들었지만 자주 터지던 기존의 소방 호스보다 믿을 수 있었다. 이처럼 새로운 호스의 뛰어난 내구성은 1.6킬로미터가 넘는 먼 곳의 소화전으로부터 소방펌프까지 물을 공급할 수 있게 했다.

필라델피아 호스 컴퍼니가 소속된 조합은 패트릭 라이언에게 이 소방호스를 별도로 운반할 차량을 제작해 달라고 의뢰했다. 차량의 앞뒤에는 야간에 조명을

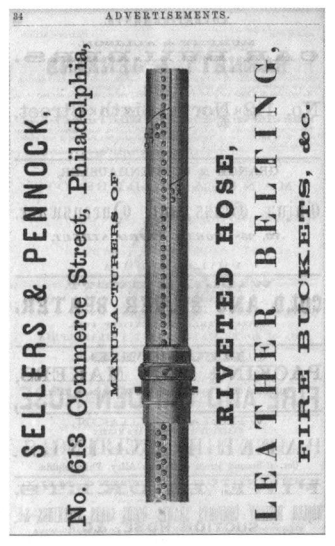
ⓒ Philadelphia: A. McElroy & Co./CC 0

필라델피아 미술관에 소장된 1837년 셀러스와 펜녹의 리벳 소방호스 광고.

밝힐 촛대가 있고, 가운데 빈 공간에는 소가죽으로 만든 50피트(15미터) 길이의 2.25인치(5.7센티미터) 구경의 소방호스를 12본 실을 수 있었다. 1804년엔 종을 달아 놓아 도로의 울퉁불퉁한 곳을 지날 때 소리가 나서 차량이 운행 중임을 알렸다.

소방호스는 새로운 소재가 개발되며 다시 한 번 진화했다. 그것은 헤베아 고무나무를 상처 내서 얻은 수액으로 아마존 인디언이 '나무의 눈물caucho'이라 부르던 물질이었다. 바로 고무였다. 고무는 처음에는 해외로 가져가기 성가셔서 그다지 관심을 받지 못했다. 그러다 1770년경 조지프 프리스틀리Joseph Priestly가 종이에 묻은 연필 자국을 지울 때 그동안 쓰던 빵 조각 대신에 이 고무를 사용하며 '인디아 러버India Rubber'라는 이름을 붙인 후 주목받기 시작했다.

특히 고무의 방수 성능에 주목한 영국의 마차 제작자 토머스 핸콕

Thomas Hancock과 석탄 폐기물로 고무를 녹여 방수 처리하는 방법을 발명한 찰스 맥킨토시Charles Mackintosh가 1820년부터 가죽 호스를 대체하는 고무 호스를 만들었고, 이 호스는 양조장에서 처음 사용되었다. 매킨토시는 방수 원단을 최초로 발명해 현재는 맥코트mac coat로 명맥이 이어진 레인코트를 제작하기도 했다. 1821년 제임스 보이드James Boyd가 캔버스 천 안쪽에 고무 코팅을 한 가벼운 소방호스로 특허를 취득했다.

1839년 오하이오의 찰스 굿이어Charles Goodyear가 고무 제조 공정에 황과 산화납을 이용해 고무의 유연성과 방수성을 높이는 방법을 발명하고 핸콕과 특허 경쟁을 벌였다. 이 시기를 전후해 고무는 곧 일상생활의 일부가 됐으며, 굿리치B. F. Goodrich가 이를 소방호스에 적용해 더 가볍고 튼튼하게 만들었다.

소방호스와 별개로 고무와 유사한 물질이 재조명받으며 소방 분야에 영향을 주었다. 포르투갈 해군 군의관 출신으로 싱가포르에 정착한 호세 달메이다Jose d'Almeida와 동인도 회사 스코틀랜드 군의관으로 싱가포르 국왕 주치의였던 윌리엄 몽고메리William Montgomerie는 현지에서 쓰는 파당Padang 칼의 손잡이에 미끄럼 방지용으로 발린 물질에 주목했다. 이 물질은 1847년 윌리엄 후커William Hooker가 현지어를 본따 '구타페르카gutta percha'라고 이름 붙였다. 반투명한 구타페르카는 고무와 비슷하지만 얇게 말릴 수 있었고 마르면 질겨졌다. 가장 큰 차별점은 뜨거운 열에 가소성을 가진다는 것이었다. 기본적으로 방수 성능이 있으며 차가워져도 수축하지 않는 물성의 구타페르카는 런던 과학계와 산업계에서 각광받으며 초기 스프링클러의 배관 구멍을 막는 용도로도 활용되었다.

1873년에는 국제 소방 엔지니어 회의를 통해 제각각이던 소방호스의 길이, 연결구의 구경 등 규격이 표준화되었다.

인명 보호를 위한 사다리의 발전

불특정 다수가 참여해 그때그때 필요한 불특정한 활동을 하던 비효율적 화재 진압은 상수도망을 이용해 소방펌프와 호스 연결을 전문적으로 수행하는 소방대의 비중이 커지며 점차 효율적으로 바뀌어 갔다. 혼란스러운 진압 활동은 중요 임무별로 분류되었고 각 소방대는 분류된 임무를 전담하게 되었다. 수동 소방펌프, 소방호스에 이어 사다리도 마찬가지였다.

1820년대 영국에서는 미용사이자 화가, 작가인 에이브러햄 위벨 Abraham Wivell이 당시 영국의 사설 소방대가 행하는 소방 활동의 목적이 인명 보호보다는 주로 건축물인 재산 보호에 치중하는 것을 문제로 삼았다. 이를 계기로 위벨은 화재가 난 건물 위층에서 지상으로 미처 대피하지 못해 퇴로가 막힌 사람을 창문으로 대피시키기 위해 접이식 사다리에 바퀴를 단 피난 기구를 만들었다. 이 사다리는 접혀 있을 때는 2층까지 닿고 갈고리가 달린 추가 사다리를 펼치면 4층까지 닿을 수 있었다. 사다리에 사람이 오르내리는 면 반대

ⓒ 저작권자 미상/CC 0

에이브러햄 위벨의 사다리 차량 삽화.

쪽에는 위아래가 뚫린 천으로 만든 긴 자루를 매달아 여러 사람이 미끄럼을 타서 지상으로 내려올 수 있게 했다. 1836년 위벨은 '화재로부터 인명을 보호하기 위한 왕립학회Royal Society for Protection of Life from Fire'를 조직하고 런던 곳곳에 85개의 사다리차를 보급했다.

미국에서는 건물이 밀집하고 높고 커지며 사람이 많아지자 소방대가 직접 불을 꺼서 도시 화재를 막는 활동 이외의 영역, 예를 들어 '사다리와 구조ladder & rescue' 같은 소방 조합 소속 전문 소방대도 등장했다. 화재 진압에 필수 장비 중 하나인 사다리 역시 펌프처럼 부피가 커서 평상시 도시 곳곳의 조합 창고에 보관하다가 화재 시에는 소방관이 직접 운반했다. 1799년엔 사다리를 운반하기 위해 약 7미터 길이의 전용 차량이 만들어졌다. 이 차량에는 세 개의 사다리뿐 아니라 가죽 양동이 여덟 개, 야간 작업을 위한 등불과 횃불, 갈고리, 도끼 및 기타 도구가 실려 있었다.

저물어 가는 수동 소방펌프 시대

뉴욕 대화재 경험과 수동 소방펌프의 정점

1835년 12월 뉴욕은 700여 채의 건물이 피해를 입는 기록적인 대화재를 경험했다. 400여 명의 필라델피아 자원봉사자 소방대는 소방 활동을 지원하기 위해 자신들이 보유한 펌프를 끌고 갔지만 너무 느려 제때 도착할 수 없었다. 결국 화재는 탈 만한 것을 다 태우고 나서야 꺼졌다. 근처의 소방대가 보유한 소방펌프, 소방호스 역시 날씨가

ⓒ Daderot/CC 0

매사추세츠주 스프링필드의 라이먼 앤드 메리우드 역사박물관에 전시 중인 버튼 엔진 웍스의 수동 소방펌프.

    너무 추워 물이 얼어붙는 바람에 제 기능을 할 수 없었다. 참혹한 대화재의 경험은 사람들의 관심을 다시 소방펌프 개발로 쏠리게 했다.

    어려서부터 기계공으로 일했던 라이샌더 버튼Lysander Button과 소방차 제조 공방을 인수한 윌리엄 플랫William Platt은 1834년 뉴욕 새러토가 카운티 워터퍼드에 수동 소방펌프 제작사를 설립했다. 버튼은 '버튼 엔진 웍스L. Button Engine Works'로 회사 이름을 정하고 소방펌프를 개선하기 위해 나섰다.

    차량 앞쪽에 호스 연결구로 물이 나오는, '피아노 엔진'이라고 하는 이 펌프는 앞바퀴를 돌려 조향할 수 있었고, 분당 60번 압축을 하는 피스톤 펌프가 장착되어 있었다. 펌프 위쪽으로는 기다란 차량의 앞뒤 방향으로 펌프에 동력을 전달할 긴 손잡이가 접혀 있었다. 여러 모델 중 가장 큰 수동 소방펌프는 3~10분마다 교대로 펌프질을 하는 사람까지 포함해 최소한 60~80명의 사람이 필요했다. 평상시 동그랗게 말아 싣고 다닌 흡입용 소방호스 때문에 사람들은 이 펌프를 '다람쥐 꼬리'라고도 불렀다.

이 밖에도 버튼 엔진 웍스는 소방호스를 연결할 때 호스와 나사산을 분리하여 접히는 손잡이로 나사산을 따로 돌리는 호스 결속구를 만드는 등 현대 소방차에도 그대로 적용된 여러 장치를 개발했고, 증기 소방펌프 제작에도 참여하는 등 시대 변화에 적응하며 미국 소방차 역사에 큰 족적을 남겼다.

이즈음부터 소방차를 제작하는 여러 소방 조합이 활발하게 참여하며 수동 소방펌프는 각축을 벌이며 발전했다. 대표적으로 필라델피아의 소방대 '하이버니아 파이어 엔진 컴퍼니 넘버1Hibernia Fire Engine Company No.1' 소속의 존 애그뉴John Agnew는 더 강력한 힘이 필요한 도시 화재에 대응하기 위해 지상과 차량 위 두 곳에서 레버를 움직일 수 있는 소방펌프를 만들어 필라델피아에 널리 전파했다. 성공적인 소방펌프 중 또 다른 하나인 '워

ⓒ ID 9064992/CC 0

제임스 그린의 석판화인 필라델피아의 소방대 하이버니아 파이어 엔진 컴퍼니 넘버1의 모습.

터맨Waterman'은 지렛대의 원리로 더 큰 힘을 내기 위해 펌프에 힘을 주는 손잡이를 두 번이나 접을 수 있게 만들었다. 이 소방펌프는 매우 강력한 성능을 지녔지만 그만큼 차량이 무거웠다. 따라서 사고가 났다 하면 사람이 크게 다쳐서 '사람 잡는 펌프'라는 별명으로도 불렸다.

미국의 소방 조합이 만든 소방펌프는 물줄기의 힘이 닿는 높이와 거리, 물의 양으로 여러 대회에서 서로 경쟁했다. 발명의 독점적 권리가 제대로 보장되지 않았던 탓에 서로 다른 지역 소방펌프의 특출한 점은 다른 조합이 모방하며 빠르게 전파되었고 소방펌프의 전반적인 발전을 이끌었다. 1850년대 이후까지 제조사별 소방펌프의 개선 사항이 쏟아져 나오면서 수동 소방펌프는 동력인 사람의 힘을 효율적으로 활용하는 면에서는 더 이상 발전할 수 없는 경지까지 갔다.

이 과정에서 소방대는 도시 화재 현장에서 불을 끄기 위한 최소한의 물의 양과 압력 등 소방펌프의 최소 사양과 이를 실현하기 위한 동력 즉 인력의 크기를 어렴풋하게나마 가늠할 수 있게 되었다. 20세기 초반까지 끊임없는 개선을 해서 완성형에 가까워진 인력 기반 수동 소방펌프는 증기기관, 내연기관을 활용한 소방펌프의 등장 후에도 널리 활용되었다.

수동 소방펌프의 한계

19세기 들어 소방펌프를 끄는 데 말이 적극적으로 활용되며 수동 소방펌프의 기동성이 크게 향상되었다. 또 각 지역의 조합에 편성된 소방대도 양적으로 많아졌다. 당시 달마티안은 마차가 장거리를 이동할 때 말과 속도를 맞추면서 보조적으로 말을 모는 유용한 견종이 었는데, 말이 소방펌프를 끌게 되자 이들은 소방펌프의 보조견으로도 활약했다. 이들은 화재경보가 울리면 마차 주변을 달리며 짖어서 길을 터 주었고, 화재 현장에 도착하면 불을 무서워하는 말을 이끌고 가거나 혼란한 진압 활동 중 소방대원의 물건을 훔치는 것을 막아 내는 역할도 했다. 달마티안은 여러 소방서의 마스코트가 되었다.

소방대는 현장에서 소방 활동을 해야 나중에 화재 진압에 대한 대가나 펌프와 같은 장비 수리 비용을 받을 권리가 생기기 때문에 화재가 나면 모두 경쟁적으로 빨리 출동하려 애썼다. 이렇게 되자 화재가 났을 때 한 장소에 여러 소방대가 도착하는 일이 잦아졌다. 이 경우 화재 진압은 뒷전으로 밀리고 소방대끼리 물리적 폭력을 쓰며 충돌하는 일까지 발생했다. 이를 막기 위해 폭력 사태가 일어날 경우 소속 조합이 화재 피해에 대한 책임을 지게 한다거나, 소속된 조합을 막론하고 먼저 도착한 소방대에게 가까운 소화전 사용 권리를 주는 등 소방대끼리 여러 규칙이 정해졌다.

그럼에도 싸움은 끊이지 않았다. 이 경쟁의 승리 조건 중 핵심은 화재 현장에 빨리 도착하는 것과 다른 소방대가 끼어들 틈이 없도록 강력한 능력을 보여 주며 서둘러 화재를 진압하는 것이었다. 여러 조합의 소방대는 밤에도 준비 태세로 있었고, 출동을 할 때는 소방펌프에 달려 있는 종을 크게 울렸다.

그렇게 화재 현장에 도착하면 이들은 자기 소방대의 소방펌프 능력을 과시하기 위해 분당 80번 움직이는 것으로 설계된 지렛대를 두 배 가까이 빠르게 움직여 가며 무리한 펌프질을 했다. 여러 명이 동시에 일정한 리듬으로 빠르고 강하게 그리고 계속 동작해야 하는 펌

ⓒ Nathaniel Currier

미국의 석판화가이자 자원봉사 소방관이었던 너새니얼 커리어의 작품 〈소방관의 삶〉. 새벽 1시 32분 불이 난 왼쪽으로 마차를 끌며 소방관들이 달려가는 모습.

프질은 힘든 만큼 위험했다. 고강도의 작업은 몇 분 되지 않아 사람을 지치게 했고, 펌프질을 할 때 엇박자를 내면 튕겨져 나가거나 팔이 부러지거나 어딘가에 끼인 손가락이 잘려 나가기도 했다.

결국 소방대를 안전하게 운용하기 위해 펌프를 움직이는 소방대원을 교대할 추가 인원이 필요했고, 이들은 화재 진압 동안 대기하면서 끊임없이 맥주와 뭔가를 먹어댔다. 이런 비용을 포함해 최종 정산된 화재 진압 요금이 만만치 않아 비용만 보면 차라리 화재를 진압하지 않는 게 더 나은 경우도 있었다.

그러나 아무리 크고 고성능의 소방펌프를 제작하고 무리하게 펌프질을 해도 커져 가는 도시 화재의 규모를 따라잡을 수는 없었다. 근본 원인은 펌프를 움직이는 사람의 힘에 있었다. 어느 자전거 회사가 발표한 실험 결과에 따르면 사람이 낼 수 있는 최대 출력은 3분의

1 마력에 불과하고 지속 출력은 0.14마력일 뿐이라고 한다. 이런 힘을 모아 작동하는 수동 소방펌프는 어느 시점부터 더는 도시 화재에 유효하지 않았다.

이즈음 강력한 물줄기를 내뿜을 수 있는 펌프와 무거운 펌프 자체를 이동시키기 위해 혁신 기술인 증기력 장치를 이용하려는 방안이 모색되었다.

5장
증기기관 소방펌프

최초의 증기기관 소방펌프의 등장

18세기 중반에 물이 기화할 때 생기는 급격한 체적 변화를 이용한 펌프, 즉 증기력을 활용한 펌프가 발명되었다. 18세기 말에는 강력한 힘을 가진 증기 펌프의 상하 운동을 회전 운동으로 전환하는 증기기관이 발명되었다. 증기력과 증기기관을 활용하려는 노력은 여러 산업과 관련 기술을 유기적으로 발전시켰고 19세기 산업 전반에 활력을 불어넣었다. 이 활력은 소방펌프에도 영향을 미쳤다.

1829년 증기 동력 펌프와 기관차를 개발하던 영국의 엔지니어 존 브레이스웨이트John Braithwaite와 스웨덴 출신의 미국 기술자 존 에릭슨John Ericsson이 '노벨티Novelty'라고 하는 증기기관차를 만들었다. 참신하다는 의미의 노벨티는 1분 안에 1마일을 이동할 수 있었다. 이들

ⓒ JÄRNVÄGSMUSEET/CC BY

1829년에 제작된 증기기관차 '노벨티'의 복원물. 원본에 비해 단순화되었다.

은 최초의 증기 동력 소방펌프도 만들었다. 이 소방펌프는 바퀴가 달린 수레 위에 직경 12인치(30.48센티미터) 피스톤 펌프 두 개가 수평 방향으로 나란히 배치되어 있고, 차량 후미에는 원통형 보일러가 수직으로 서 있었다. 보일러 아래는 연료를 태우는 아궁이가 부착되어 있는 구조였다. 불을 피운 지 13분이 지나면 보일러가 데워져 증기력이 발생했고 10마력의 힘을 발휘할 수 있었다. 펌프의 토출 배관에는 구 형상의 공기 챔버를 설치해서 피스톤 펌프 특유의 맥동을 공기의 압축력으로 조절해 노즐에서는 균일한 물줄기가 나왔다. 차체 아래쪽에는 소방호스와 펌프의 토출 배관 및 흡입 배관을 직접 연결할 수 있도록 연결구가 달려 있었다.

이 증기 펌프는 분당 560리터를 방출하고, 수직으로 27미터 높이까지 물을 분사할 수 있는 강력한 능력을 지녔다. 하지만 총 무게가 2톤가량으로 너무 무거웠고, 펌프를 5시간 움직이려면 85킬로그램의 코크스가 필요했다. 이 최초의 증기 동력 펌프는 1830년 겨울 런던 리젠트가에서 연극과 발레 공연을 하던 아가일 룸Argyll Rooms 화재에 투입되었다. 비록 불이 난 건물은 모두 타 버렸지만 추위 때문에 모두 얼어붙은 수동 소방펌프와 달리 증기 동력 펌프는 마지막까지 작동하며 사람들에게 강한 인상을 남겼다.

하지만 최초의 증기력 소방펌프는 몇 가지 이유로 영국에서 환영

받지 못했다. 우선 증기 펌프는 보일러를 데워 동력을 만드는 증기가 생길 때까지 시간이 너무 오래 걸렸다. 또 동작을 시작한 펌프의 힘이 일상적인 화재에 비해 너무 강력했다. 펌프의 힘을 조절할 수 없어서 일단 동작하면 많은 양의 물이 필요하고 또 많은 양의 물을 뿜었던 것이다. 결국 화재로 인한 피해보다 화재 진압에 이용한 물로 인한 피해가 크다는 비판을 받았다. 결정적으로 전문 소방대에 편성되어 수동 소방펌프를 운용하던 소방관들이 자신들의 지위가 위협받자 격렬하게 반대하고 나섰다. 힘든 펌프질을 하던 소방관들은 그동안 누려왔던 명예, 소속감, 공짜 맥주와 같은 편익을 아궁이에 석탄만 넣으면 되는 강력한 증기 펌프가 빼앗아 갈까 봐 두려웠던 것이다.

결국 영국에서 처음 발명된 증기 소방펌프는 사람들의 의심과 반대 때문에 의회에서 도입이 무산되었다. 이후 20여 년간 증기 펌프는 영국에 발붙이지 못했다. 심지어 극렬한 반대자들은 애써 만든 증기력 소방펌프를 부수어 버리는 일도 생겼다. 비우호적인 국내 상황 때문에 존 브레이스웨이트가 몇 년에 걸쳐 잇달아 만든 증기 펌프는 자국에서는 활용하지 못한 채 다른 나라로 수출되었다.

브레이스웨이트와 에릭슨이 1831년에 만든, 5마력의 힘으로 피스톤 하나를 움직여 수직 100피트(30미터) 높이까지 물을 분사할 수 있었던 펌프는 프랑스와 러시아 등지로 보내졌다. 프로이센 왕에게 보낸 펌프는 '혜성Comet'이라는 이름을 붙였다. 이 펌프는 4톤 무게로 처음 불을 지핀 지 15분 만에 동작을 시작할 수 있었고, 15마력의 힘이 두 개의 피스톤을 교호로 움직여 분당 300갤런(1100리터)의 유량을 45도 각도로 분사 시 164피트(50미터) 거리까지 물줄기가 뻗었다.

미국의 증기기관 소방펌프차의 진화

미국 최초로 증기기관 소방펌프차를 만든 폴 호지

최초로 만든 증기력 소방펌프가 영국에서 외면받고 있던 사이 미국에서는 자체적으로 증기력을 사용한 소방펌프가 탄생했다. 1835년 뉴욕에서 잇달아 발생한 큰 화재를 겪으며 추운 겨울에 물이 얼면 무용지물이 되는 수동 소방펌프의 한계가 드러났다. 수동 소방펌프를 능가하는 소방 기구가 필요한 것은 조합에 기반한 소방대뿐 아니라 언제 어떻게 발생할지 모르는 화재 사건이 있을 때마다 막대한 보상금을 지급하던 보험사도 마찬가지였다.

영국에서 증기기관차를 제작하던 폴 랩시 호지Paul Rapsey Hodge는 1836년 미국으로 이주해 화재보험 회사의 지원을 받아 1840년경 미국 최초로 증기기관 소방펌프를 만들었다. 이 소방펌프는 펌프만 증기의 힘으로 동작하는 데 그치지 않고 증기기관차처럼 증기력을 이용해 스스로 움직이는 자동차이기도 했다.

호지는 계속 동작하는 증기기관의 힘을 뒷바퀴 차축에 있는 톱니를 임의로 맞물리게 하거나 떨어뜨릴 수 있게 만든 도그 클러치dog clutch를 장치해 필요할 때만 증기 동력으로 차를 움직이게 했다. 적당한 곳으로 증기 소방차가 이동하면 차체 아래에서 나사산을 돌려 인출하는 잭jack으로 차를 들어 뒷바퀴를 공중으로 띄웠다. 이렇게 띄운 뒷바퀴가 계속 돌아가며 증기기관으로 움직이는 피스톤의 단속적 운동을 보다 연속적으로 만드는 플라이휠flywheel 역할을 했다.

이 증기기관 펌프차는 뉴욕시에 있는 '펄 호스 컴퍼니 넘버28Pearl Hose Company No.28' 소방대에 배치되었다. 하지만 4미터에 달하는 차의 길이와 8톤에 달하는 중량 때문에 정작 필요한 때 필요한 곳으로 이동이 어려워 잘 활용되지 않았다. 비싸고 비효율적이라는 인상을 남긴 증기 소방펌프는 영국에서처럼 수동 소방펌프를 운용하던 기존 소방관들의 반대에 부딪혔다. 결국 호지의 증기기관 소방펌프 자동차는 매각되어 고정식 증기기관 소방펌프로 전락했다가 점차 쓰이지 않게 되었다.

신속한 출동과 연통 높이를 개선한 윌리엄 레이

10여 년이 지난 1851년 필라델피아의 윌리엄 레이William L. Lay가 호지의 증기기관 소방펌프 자동차를 몇 가지 개선했다. 우선 차고지에서 미리 보일러의 물을 채우고 연료를 보충한 상태로 보관해서 필요할 때 불을 지피면 10분 만에 증기력을 활용할 수 있도록 신속성을 높였다. 또 이동 시 장애물에 대비해 연통은 높이를 조절할 수 있도록 만들고 보일러 양쪽으로 두 개의 실린더를 달았다. 이렇게 만든 펌프는 6마력의 힘을 낼 수 있었다.

레이의 펌프차 역시 호지의 펌프차처럼 화재가 난 곳으로 이동하면 뒷바퀴를 지면에서 띄워 플라이휠로 활용했다. 증기 펌프 실린더에서 발생한 상하 방향의 동력은 커넥팅 로드를 통해 뒷바퀴로 전달되고, 돌아가는 뒷바퀴가 톱니바퀴에 물려 있는 회전식 용적형 소방펌프를 돌리는 구동 체계였다.

표준화된 소방펌프를 납품한 알렉산더 라타

조선소와 황동 주물 공장, 기계 공장에서 일한 경력이 있는 알렉산더 보너 라타Alexander Bonner Latta는 신시내티에서 공장과 주조소를 운영해 성공을 거두었다. 증기 철도 사업을 시작하려던 사업가 앤서니 하크니스Anthony Harkness와 만난 라타는 하크니스의 주조 사업장 감독 업무를 하다가 나중에 증기 철도 기술자로서 기관차의 설계 업무를 맡았다.

라타는 증기 펌프 실린더에서 빠져나가 버려지던 증기열을 회수해서 열역학적 효율을 높이는 방법을 개발했다. 이를 토대로 1846년 형제들과 함께 '벅아이 웍스Buckeye Works'라는 이름의 증기기관차 제조사를 설립해 보스턴의 증기기관 철도 사업에 납품했다. 기술력을 축적한 라타는 1852년 3월부터 동료 아벨 샤크Abel Shawk와 함께 당시 여러 소방대가 요청하던 표준화된 증기 소방펌프를 만들기 시작했다.

이 펌프는 삼륜 소방펌프 차량으로 증기기관을 동력으로 움직일 수도 있었고 보조적으로 사람이나 말이 끌 수도 있었다. 한 개의 앞바퀴는 어느 방향으로나 전환할 수 있었고, 뒷바퀴 두 개는 동력을 전달받아 주행과 펌프를 움직일 수 있도록 만들어졌다. 이 펌프는 불을 지핀 지 5분 만에 작동하고 8시간 동안 지속할 수 있었다. 또 두 개의 실린더로 여섯 개의 토출구에서 동시 방수가 가능했다.

시의회는 이 펌프 차량을 도입하기로 결정했고, 시에 배치된 최초의 소방펌프차에는 펌프 도입에 가장 큰 역할을 했던 시 위원 조지프 로스Joseph Ross의 이름을 따서 '엉클 조 로스Uncle Joe Ross'라고 불렀다. 이 차량은 1853년 1월 1일 신시내티가 도입했다. 엉클 조 로스는 2년 뒤 차량 운전자를 알아보지 못할 정도의 폭발 사고가 일어나 사용할 수 없게 되었다.

증기기관 소방차의 도입과 직업 소방관의 등장

상호 조합의 의용소방대원으로 구성된 신시내티 소방대는 펌프차의 도입으로 시로부터 급료를 받고 화재 진압을 전문 직업으로 하는 유급 소방대 중심으로 개편되었다. 신시내티는 망가진 엉클 조 로스를 폐기하고 대당 9500달러에 증기 소방차 두 대를 주문했다. 한 대에는 이 소방차를 구매하는 데 기부한 시민을 기념하기 위해 '시민의 선물Citizen's Gift'로, 다른 한 대는 라타의 이름을 따서 'AB 라타AB Latta'라고 불렸다. 1855년 보스턴시도 라타의 증기 소방펌프를 구매하기로 하고 주 화재 진압 장비를 수동 소방펌프에서 증기 펌프로 전면 교체했다. 라타의 증기 소방펌프는 신시내티와 보스턴에 이어 뉴욕 등 다른 도시로 널리 전파되었다.

라타는 생전에 자신이 증기기관으로 자체 운행이 가능한 증기기관 소방펌프의 최초 발명자라고 주장했다. 하지만 앞서 살펴보았듯 라타의 독창적 발명이라고 단정하기보다는 여러 발명이 모여 점진적으로 진보한 결과물로 보는 것이 합당하다. 하지만 증기기관 소방차에 대한 라타의 개선은 당시의 화재 상황에 맞게 증기 소방펌프를 조정함으로써 화재 진압 능력을 크게 향상시킨 것은 분명하다.

증기 소방펌프는 수동 소방펌프를 압도하는 능력을 가졌지만 그만큼 운용에 더 전문성이 필요했다. 증기 소방펌프의 보급은 펌프를 운용하는 소방대에 편성된 사람을 평상시 다른 직업을 가진 자원봉

ⓒ Logan Rickert/CC BY

1884년 신시내티의 아렌스Ahrens 증기 소방펌프. 415번이 부여되었다.

사자에서 화재 진압 업무를 전담하는 대가로 급여를 받는 직업 소방대원으로 바꾸는 데 결정적 영향을 미쳤다. 미국 대도시로 라타의 증기 펌프가 전파된 사실은 수동 소방펌프 시대에서 증기 소방펌프로 전환되었음을 알려주는 동시에 미 전역에서 증기 소방펌프가 발전하게 된 계기가 되었다.

영국의 증기기관 소방펌프의 발전

1860년대 들어서 영국에서도 증기기관 소방펌프에 대한 관심이 고조되었다. 런던 템스강 남쪽 블랙프라이어스에 새뮤얼 필립스

ⓒ AlfvanBeem/CC 0

1882년 말이 끄는 샌드 메이슨의 증기 소방펌프.

Samuel Phillips가 설립한 '샌드 메이슨Shand Mason'은 1760년부터 수동 소방펌프를 제조하던 유서 깊은 회사였다. 이 회사는 1855년 런던 관영 소방 부서에서 템스강에 운용하던 수동 펌프가 탑재된 소방 목적의 선박, 즉 소방정의 펌프를 증기기관 펌프로 교체하는 사업을 의뢰받았고 이를 성공적으로 완수했다. 이 사업을 계기로 샌드 메이슨은 육상에서 움직이는 증기기관 소방펌프를 제작했다. 하지만 1858년 세 마리의 말이 끄는 4톤 무게의 증기기관 소방펌프는 30여 년 전 브레이스웨이트가 만든 증기 소방펌프에 비해 오히려 퇴보했다는 평가를 받았다.

1859년엔 아일랜드의 제임스 스켈턴James Skelton이, 1861년엔 샌드 메이슨의 경쟁사인 '메리웨더 앤드 선스Merryweather & Sons'에서도 증기기관 소방펌프를 만들기 시작하며 영국의 증기기관 소방펌프도 발전할 준비를 갖춰 나갔다.

증기 소방차의 시대

각국의 증기 소방차 경쟁과 비용 합리성

산업혁명의 선두였던 영국에 비해 혁명을 겪은 프랑스는 여러 산업 분야에서 뒤처져 있었다. 프랑스는 영국에 대한 경쟁심으로 1798년부터 1849년까지 파리에서 프랑스 산업 제품 대박람회를 개최하여 소기의 성과를 거두었다. 프랑스의 성공은 영국을 자극했고 영국 역시 1760년부터 열렸던 기술협회 주관의 작은 규모의 박람회를 확대해 대영제국의 위상을 대내외적으로 과시하고자 했다. 그 결과 1851년 영국 런던 하이드파크에서 산업혁명 이후 빅토리아 시대 산업의 결실을 전시하는 만국박람회The Great Exhibition of the Works of Industry of All Nations가 열렸다.

이 대회에서는 대서양을 사이에 두고 영국과 미국에서 독립적으로 발전하고 있던 소방펌프의 실물이 한자리에 모여 치열한 경쟁을 벌였다. 1862년 2차 박람회 즈음 런던의 크리스털 팰리스에는 초기 원심 펌프 외에도 영국과 미국 그리고 유럽의 증기 소방펌프가 모여 각국의 기술자들 앞에서 시연을 보이며 무게, 배수량, 물의 압력 등 동일한 기준으로 평가받는 경연이 펼쳐졌다.

경연 중 미국의 '아모스케그Amoskeag'사가 제작한 증기 펌프가 전복해 펌프가 완전히 부서지고 소방관이 중상을 입는 사고가 발생하고, 말이 끄는 소방펌프와 자체 동력 펌프의 주행력 비교 기준에 대해 참가자가 반발하는 등 소동이 있었다. 하지만 이 대회 이후 미국에서 개최된 국제박람회는 출전한 각 나라와 각 회사의 소방펌프 기술을 과시하는 장이 되었다.

거듭된 경연을 통해 증기력, 증기기관 소방펌프는 사고와 논란 등 불완전한 모습을 보이기는 했지만 수동 소방펌프를 압도하는 능력과 효율성이 있음을 사람들에게 각인시켰다. 사람이 동력원인 수동 소방펌프와 증기 동력원에 기반한 증기 소방펌프는 토출량, 물의 압력 등 펌프의 능력 면에서 비교 대상이 아니었다.

비용 면에서도 분명한 차이가 있었다. 런던에서는 수동 펌프를 조작하는 사람마다 처음 1시간은 1실링을, 이후 매시간 6펜스를 지급하고 화재 진압 중에는 맥주를 무제한으로 제공해야 했다. 반면에 따로 급료를 받는 소방관이 조작하는 증기 소방펌프 한 대는 다섯 대의 수동 펌프와 같은 양의 물을 분사하면서도 9시간 동안 15실링밖에 들지 않았다.

이 비용의 차이는 미국에서도 유사했다. 증기 펌프를 운영하기 위해 일곱 명에서 열다섯 명의 소방관에게 지급하는 급료와 유지 보수 비용은 연간 고정적으로 발생했다. 하지만 증기 펌프에 비해 4분의 1의 능력밖에 안 되는 수동 펌프를 1년 동안 운영하는 데 필요한 건장한 남성 50명의 급료와 수백 달러의 유지 비용에 비해서는 훨씬 합리적이었다.

물론 증기 소방차는 초기에 큰 구매 비용이 발생했다. 하지만 장기적으로 볼 때 수동 소방펌프에 비해 운영에 있어 합리적이라는 사실은 여러 도시로 널리 퍼져 나가는 이유가 되었다. 이 때문에 보스턴에서는 소방대의 장비를 수동 펌프에서 증기 펌프로 전면 전환했다. 보스턴은 수동 펌프를 조작하는 데 필요한 많은 수의 의용소방대원 대신에 시 예산으로 급료를 지불하는 전문 소방관으로 교체해 관영 소방서를 운영했다.

증기 소방펌프의 보급과 직업 소방관의 확산

증기 펌프는 강력한 기능을 하기 위해서는 세심한 조작과 관리가 필요한 까다로운 기계였다. 화재가 발생하면 곧 화구에 불을 붙여 보일러를 데워야 하고, 10분 정도 지나 증기력이 발생하면 바로 펌프에 물을 공급해야 했다. 증기 소방펌프에 물을 공급하지 않고 공회전을 하면 쉽게 고장 나기 때문이다.

또 불을 붙이고 화재 장소까지 이동할 때, 그리고 화재 현장에 도착해서도 보일러가 너무 과열되지 않도록 화력을 조절해야 했다. 화력이 너무 커 증기압이 높아지면 보일러가 파손되거나 폭발할 수 있고, 불이 꺼지면 재점화하고 보일러를 데우는 데 시간이 오래 걸리기 때문에 운용 중에는 계속 세밀하게 화력을 조절해야 했다. 특히 보일러가 너무 뜨거워져 펌프가 과압 상태가 되는 것이 가장 위험한데, 이때는 빨리 보일러 외부에 물을 뿌려 식혀야 했다. 소방펌프가 아니어도 보일러의 폭발은 증기기관에 가장 흔하게 발생하는 위험한 사고였다. 더욱이 일단 펌프가 동작 중에는 소화전에서 모래나 자갈이 증기 펌프의 실린더로 들어가 실린더와 피스톤을 파손하는 것에도 주의를 기울여야 했다.

운용 중이 아니라 평상시 차고에 보관할 때도 각별한 주의가 필요했다. 쇠로 만든 펌프에 녹이 스는 것은 치명적인 위협으로 증기 펌프와 중요 부품은 늘 기름칠이 된 건조 상태로 있어야 했다. 이 같은 운용과 관리의 난이도로 인해 증기 소방펌프를 다루는 것은 자원봉사자보다는 전문 인력이 적합했다. 보스턴 소방서의 소방대를 편성하는 인적 요소가 자원봉사자에서 증기 펌프를 전담하는 직업 소방관으로 교체된 사례는 증기 소방차를 도입한 신시내티 등 다른 도시로 번져 갔다.

6장

내연기관 소방차

초기의 내연기관 소방차

가솔린 엔진 소방펌프를 제작한 다임러

내연기관 펌프는 처음엔 1마력의 출력에 불과했지만 몇 년이 지나자 10마력의 힘을 발휘할 수 있게 되었다. 증기 펌프에 비하면 힘이 떨어졌으나 불을 지핀 지 15분 정도를 기다려야 하는 증기력과 달리 내연기관은 시동하는 즉시 힘을 낼 수 있는 장점을 지녔다.

증기 소방펌프의 한계를 잘 알고 있던 독일의 하인리히 쿠르츠 Heinrich Kurtz는 자신의 왕복 피스톤 소방펌프에 시동 즉시 힘을 낼 수 있는 내연기관을 적용하고자 했다. 쿠르츠는 내연기관의 선구자 고틀리프 다임러와 함께 일하면서 가솔린 엔진 배치에 영향을 주는 조언을 했고, 이렇게 만들어진 엔진에 소방펌프를 부착하는 데에도 도움을 주었다.

다임러는 1888년 7월 29일 가솔린 엔진 소방펌프의 특허를 등록했다. 이 펌프는 시동 후 1분이 지나면 물줄기를 뿜었지만, 여섯 명이 조작하는 수동 소방펌프에 비해 물줄기가 약하다는 비판을 받았다. 하지만 쿠르츠와 다임러가 제작한 가솔린 소방펌프는 그가 거주하는 바트 칸슈타트 지역의 침구용 깃털 공장 화재에서 5시간 연속 가동하는 신뢰성을 보여 주었다.

이 펌프는 6마력의 힘으로 5미터 거리의 물을 빨아들이고, 150미터의 소방호스를 지나서도 20미터 높이까지 물을 분사할 수 있었다. 다임러는 1890년대 자신이 만든 가솔린 엔진 소방차를 피렌체와 밀라노, 시카고 등에서 열린 박람회에 출품해 전 세계에 알렸다. 다임러의 펌프는 1892년 독일 중부 에르푸르트의 전문 소방대에 도입되어 25년간 활용되었다. 하지만 이 펌프는 자체 구동 기능이 없어서 소방대나 말이 끌어야 하는 한계가 있었다.

내연기관의 힘만으로 움직이는 메리웨더 앤드 선스의 소방차

1690년대 런던에서 마차를 제작하던 너새니얼 해들리Nathaniel Hadley는 배관공 심프킨과 견습생 롯을 고용하고 이들의 이름을 따서 '해들리, 심프킨, 롯Hadley, Simpkin and Lott'이라는 회사를 세웠다.

이들은 1738년 처음으로 수동 소방펌프와 가죽 소방호스를 제작하기 시작했다. 이들 중 롯의 조카인 모지스 메리웨더Moses Merryweather는 수동 소방펌프에서 증기 소방펌프로 전환되던 시점에 맞춰 증기기관차를 제작하던 아들과 함께 '메리웨더 앤드 선스 Merryweather & Sons'라는 증기 소방펌프 회사를 차렸다. 메리웨더 앤드 선스는 알렉산드리아 항구의 부두와 선박 화재에 대응하기 위해 증기력으로 움직이는 증기 소방정을 제작해 성공을 거둔 후 영국 왕실로부터 증기 소방펌프 제작에 대한 배타적 권리를 보장받았다. 이후 말이 끄는 증기 소방펌프를 만들던 메리웨더 앤드 선스는 1899년 자체 동력으로 스스로 움직이는 증기 소방차인 '파이어 킹 Fire King'을 만들었다. 이 소방차는 활용성 면에서 최초로 말이 끌던 증기 펌프를 능가하는 것으로 평가받았으며, 왕실의 후광에 힘입어 영국의 여러 자치구 소방대와 모리셔스의 포트루이스 등 대내외로 팔려 나갔다.

이후 19세기 말에서 20세기 초에 갑자기 등장한 내연기관 기술로 동력이 전환함에 따라 증기기관 소방차의 선두주자였던 메리웨더 앤드 선스도 시대 변화에 적응한 내연기관 엔진 소방차를 만들기 시작했다. 초기에는 비싼 소방차 가격을 감당할 수 있는 재력가 개인 고객의 주문을 받아 로스차일드가와 같은 대저택의 화재를 방어하기 위해 제작했다. 하지만 판매 대수가 적어 수익성이 좋지 않자 곧 대량 판매를 위해 공공 소방대를 대상으로 한 내연기관 소방차를 만들었다. 초기의 내연기관 펌프차에는 물을 분사하는 펌프 대신 대체로 소다산 소화약제 탱크가 달려 있었다.

메리웨더 앤드 선스는 다른 제조사의 소방차가 내연기관을 보조적으로 활용하는 것과 달리 내연기관을 전면적으로 활용해 주행하는 소방차를 만들고자 했다. 즉 호스 운반 차량이나 증기력 펌프를 끌던 말 대신에 내연기관의 힘으로만 움직이는 소방차를 원했던 것이다.

이들은 1904년이 되고 얼마 지나지 않아 차체와 펌프의 동력을 하나의 내연기관에서 인출할 수 있는 소방차를 만들기 시작했다. 이 소방차는 세 개의 실린더가 있고 실린더 안 세 개의 피스톤이 원운동을 하는 하나의 크랭크에 연결되어 동작하는 '햇필드Hatfield'라는 이름의 특이한 소방펌프를 갖고 있었다. 햇필드 펌프에는 호스 두 개를 연결할 수 있었고, 기어박스에서 분리해 주행과 펌프에 동력을 선택적으로 공급할 수도 있었다.

이 소방차는 시속 32킬로미터(20Mph) 속도로 주행 가능하고 분당 200갤런(760리터)의 물을 분사할 수 있었다. 소방차에는 여유 공간이 있어서 접이식 사다리와 소방호스, 응급처치 장비인 약 60갤런(227리터) 용량의 소다산 소화약제 등을 싣고 달릴 수 있었다. 이 소방차는 런던 북부의 핀칠리 소방대에 처음 도입된 이후 80여 년간 소방차 시장에서 가장 대표적이고 성공적인 디자인으로 평가받았다.

단일 엔진으로 주행과 펌프가 가능한 워터러스사의 소방차

비슷한 시기에 내연기관 기술의 사용이 확산되었던 미국의 소방차 제조 산업에서 가솔린 내연기관의 힘은 주행보다는 주로 펌프의 동력원으로 활용되었다. 내연기관 소방펌프는 당시 주력 소화 장비인 증기 소방펌프와 함께 말이 끌고 다녔다. 1844년 설립된 캐나다의 산업용 증기기관 제조업체였던 '워터러스사Waterous Company'는 1887년 미네소타주 사우스 세인트 폴에 새 공장을 만들었다. 이들은 값비싼 증기 소방펌프를 대체할 목적으로 1898년부터 말이 끄는 가솔린 내연기관 펌프를 제조하기 시작했다.

워터러스사는 1906년에 처음으로 가솔린 내연기관 소방차를 생산하기 시작해 펜실베이니아의 래드너Radnor 소방서에 공급했다. 이 소방차는 차량과 펌프의 동력용으로 내연기관 엔진 두 개가 장착되어 있었다. 1908년에는 4기통 단일 엔진으로 주행과 펌프 동작이 가능하며 분당 600갤런(2270리터)의 물 분사 능력이 있는 가솔린 내연기관 소방차를 만들었다. 워터러스사의 단일 엔진으로 된 가솔린 동력의 소방펌프차는 1907년 펜실베이니아의 래드너 소방서에 이어 1908년 캘리포니아 앨러미다Alameda 소방서로 판매되었다. 이후 소방용 선박과 소화전 등 소방 기구와 소방용 거품 등 소화약제를 포함해 사업 저변을 확대해 간 워터러스사는 소방 산업의 혁신을 이끌어 가는 다국적 기업으로 성장했다.

압도적 생산량의 아메리칸 파이어 엔진 컴퍼니

19세기 말 산업혁명의 에너지가 집중된 미국에는 시장에서 나름대로 성공을 거둔 소방차 제조업체들이 하나둘 두각을 나타내기 시작했다. 뉴욕 대화재 직후부터 수동 소방펌프를 제조하던 유서 깊은 기업 '버튼 엔진 웍스L. Button Engine Works'를 완전히 인수한 라이샌더 버튼은 1873년 아들도 가업에 참여시키고 '버튼 앤드 선Button & Son', '버튼 앤드 블레이크Button & Blake', '버튼 파이어 엔진 웍스Button Fire Engine Works'로 사명을 바꿔 가며 기존의 증기 소방펌프를 개선한 모델을 출시해 많은 판매고를 올렸다. 이 회사는 미국의 증기 소방펌프 시장에서 유망주로 부상했다.

뉴욕의 세네카 지역에서 도끼, 곡괭이 같은 농기구를 제작하던 호러스 실스비Horace C. Silsby는 공장을 확장하고 '실스비 제조사Silsby

Manufacturing Company'를 세워 증기 소방차를 만들기 시작했다. 이 회사 역시 처음에는 4.5톤에 달하는 육중하고 조잡한 증기 소방차 제조로 시작해 해를 거듭하며 개선했고, 나중에 1000대 이상의 제작 규모를 가진 거대 증기 펌프 제조사가 되었다.

세네카에는 1893년 시카고 세계박람회에서 1등을 차지하고 500대 이상의 증기 펌프를 제조해 온 '클래프 앤드 존스Clapp & Jones'도 있었고, 오하이오의 유망한 소방차 제조업체로 차량 엔진 앞쪽에 펌프를 배치했던 '아렌스 폭스 파이어 엔진 컴퍼니Ahrens-Fox Fire Engine Company'도 있었다.

1891년 이들 네 회사는 '아메리칸 파이어 엔진 컴퍼니American Fire Engine Company'로 합병되었다. 증기 소방차 외에도 호스 운반 차량, 소화기, 소방서 납품 물자 등을 생산하던 이 회사는 세네카와 신시내티 두 곳에 자본금 60만 달러의 공장이 있었고, 연간 생산량은 미국 내에서 소방펌프를 만드는 다른 모든 회사가 제조하는 양보다 많았다. 이 회사의 생산품은 멕시코 등 중남미까지 수출되었다.

이원화된 동력 체계로 미국 소방차의 표준이 된 아메리칸 라프랑스

1860년대 초 일자리를 찾아 펜실베이니아에서 뉴욕 엘미라로 간 트럭슨 라프랑스Truckson LaFrance는 제철소인 '엘미라 유니언 아이언 웍스Elmira Union Iron Works'에 취업했다. 라프랑스는 1870년대 증기기관에 관한 특허를 여러 개 획득했는데, 이를 눈여겨본 회사 책임자 존 비셔John Vischer가 라프랑스에게 증기 소방차 제작을 지원해 주겠다는 제안을 해 함께 '라프랑스 제조사LaFrance Manufacturing Company'를 설립했다. 트럭슨 라프랑스는 1872년부터 형제인 아사Asa와 증기 소방차를 만들어 뉴욕의 소방대에 판매하기 시작했다.

남북전쟁 후 19세기 말부터 20세기 초까지 이민자의 노동력, 전국적으로 확장되는 철도망, 늘어나는 중산층과 소비력 등은 산업 전반에 이전과 비교할 수 없는 활력을 불어넣었다. 투자자들은 효율적으로 생산량을 늘리기 위해 중소 제조업체를 합병해 규모의 경제를 실현할 수 있는 대기업을 만드는 추세였다. 20세기 초 미국은 이처럼 대기업 체제가 등장하며 규모 면에서 영국의 산업을 추월했다. 바로 기업 시대Corporate Era라고도 불리는 시기다. 중소기업의 합병이 처음 시작된 곳은 철도 회사로, 이들은 투자를 유치하기 위해 자본 시장에 회사의 운영 실태를 제출했다. 월스트리트의 투자자들은 경영에 개

ⓒ Fireman Creative/CC BY SA

1912년 아메리칸 라프랑스 케미컬 앤드 호스 왜건. 이 트럭은 시속 45마일로 이동했다.

입해 제조사들을 합병하고 원자재의 확보와 생산, 판매를 대규모화해서 투자 이득을 극대화하고자 했다.

이러한 양상은 소방차 제조 산업에도 영향을 미쳤다. 1900년 뉴욕의 투자자들은 아메리칸 파이어 엔진, 라프랑스 파이어 엔진 컴퍼니, 토머스 매닝 주니어 앤드 컴퍼니Thomas Manning Jr. & Company를 '인터내셔널 파이어 엔진 컴퍼니International Fire Engine Company'로 통합했다. 이 회사는 증기기관 소방차를 비롯해 말이 끄는 증기 소방펌프, 호스를 적재한 차량, 소다산 소화약제를 싣는 화학 차량, 초기 사다리차 등과 소방 산업 전반에 필요한 물건을 만들었다. 하지만 무리한 합병 탓에 3년 뒤인 1903년 파산 절차에 들어갔다. 파산 직후 회사의 후신으로 '아메리칸 라프랑스 파이어 엔진American LaFrance Fire Engine'이 건립되었고, 회사는 인터내셔널 파이어 엔진 컴퍼니에 집약되었던 증기 소방차 기술의 유산을 물려받았다.

아메리칸 라프랑스 파이어 엔진 컴퍼니는 전국의 소방서와 소방대가 원하던 자체 동력으로 움직일 수 있는 소방펌프를 만들기 위해 발빠르게 설계를 했고, 1907년 최초로 내연기관 동력 소방차를 만들기 시작했다. 1910년에는 소방차의 구동력 방식을 내연기관으로 일원화하고 이를 바탕으로 사다리차, 소방호스차 등 여러 제품군의 소방차를 생산하기 시작했다.

이 시기 미국의 아메리칸 라프랑스와 유럽의 소방차 제조사가 만든 전형적인 소방펌프차는 가솔린 내연기관을 구동력으로, 소방펌프는 증기력을 이용하는 식으로 이원화된 동력 체계 방식이었다. 일부는 배터리와 연결한 전동 모터를 구동력으로 활용하기도 했다. 아메리카 라프랑스 파이어 엔진 컴퍼니에서 만든 소방차도 6기통 100마력 엔진의 가솔린 내연기관 차량을 기본으로 해서 무거운 증기 소방펌프를 직접 볼트로 고정해 달아 놓는 방식이었는데, 이는 차량의 용도에 따라 변형하기도 했다. 예를 들면 사다리차의 경우 가벼운 75마력 내연기관 엔진을 단 동력 차량에 별도로 30피트(9미터) 길이의 사다리 차량을 견인하도록 만들었다. 하지만 이렇게 만든 차량은 너무 길어서 원활하게 회전하기 위해 뒤 차량에도 바퀴를 조종할 수 있는 사람이 배치되었다. 아메리칸 라프랑스 파이어 엔진 컴퍼니에서 제조했던 긴 차량, 혹은 트레일러 방식의 소방 차량과 앞뒤 차량에 각각 조종하는 사람이 배치되는 운전 방식은 이후 미국에서 오랫동안 활용되었다.

증기기관 소방차의 황혼

이동 능력의 한계

증기 소방펌프가 인력으로 움직이는 수동 소방펌프의 자리를 빼앗았던 것처럼, 막강한 증기력을 자체 동력으로 활용하기도 했던 증기 소방펌프는 너무 무겁고 동력의 특성이 주행과 맞지 않아 내연기관에 그 자리를 내줄 수밖에 없었다.

내연기관 차량도 마찬가지이지만 특히 증기기관의 힘으로 차량이 스스로 움직이려면 어디까지나 잘 닦인 도로 위 경사가 없는 평지에서나 가능한 이야기다. 무거운 증기 소방펌프는 언덕이나 험지에서는 잘 움직일 수 없는 한계가 있었다. 한 군데 화재 현장에 복수의 소방대가 도착할 수 있게 된 이후 화재 진압에 대한 대가는 제일 먼저 도착해 활동한 소방대에게 주는 것이 규칙이었다. 소방대는 소방펌프를 빨리 움직여 화재 현장에 도착하는 경쟁을 벌여야 했지만 수 톤에 달하는 증기 소방펌프는 길에 깔린 자갈을 가루로 만들 만큼 무거웠다. 결국 소방펌프를 끄는 말은 출발하고 나서 얼마 지나지 않아 지쳐 버렸다. 또 방향을 전환할 때 쇳덩이로 된 펌프의 관성은 말을 미끄러지게 했고, 열악한 도로 사정은 말이 넘어지게 만들었다. 말이 미끄러지거나 넘어지면 소방펌프는 전복되기 일쑤였다. 소방대는 화재 진압 수당은커녕 값비싼 수리비만 떠안았다.

1872년 미국 전역에서 철도 노선을 따라 말과 노새에게 호흡기 전염병이 돌았다. 도심에서 비위생적으로 사육되던 말에게 빠르게 번진 이 전염병으로 인해 미국 전체 말의 30퍼센트가 감염되었다. 치사율은 낮았지만 감염된 말이 한동안 무기력해지는 것은 어쩔 수 없었다. 인간 생활 전반에 걸친 운송 수단이자 동력원인 말의 감염으로 인해 미 전역의 상업과 교통이 멈추고 경제는 침체되어 갔다.

때마침 같은 해 11월 9일 보스턴에 대화재가 발생했다. 각 소방서에서는 말이 끌던 무거운 증기 소방펌프를 사용하기 위해 전염병에 감염되어 비실대는 말 대신에 사람이 증기 펌프를 끌기 위해 동원되었지만 그다지 효과적이지 않았다. 결국 화재는 16시간 동안 지속되었고 많은 건물과 구조물이 목재로 이루어진 보스턴을 폐허로 만들어 버렸다. 물론 화재 피해가 이렇게 커진 데에는 다른 많은 변수가 작용했지만 말이 아팠던 것이 한몫했기 때문에 이 화재는 '전염병 화재Epizootic Fire'라는 별명을 얻었다.

말이 불완전하다는 경험을 한 이후 소방대는 전염병에 걸리지 않고 사료를 주거나 배설물을 치우지 않아도 되는 자체 동력 소방펌프를 원했다. 이 때문에 무거운 증기기관 소방펌프는 증기기관 자체 추진력으로 움직이는 소방펌프 시대를 잠깐 거쳐 내연기관 구동 소방펌프로 빠르게 교체되었다.

소방펌프가 소방차로 바뀌어 가는 이 과정은 소방서의 모습도 확 바꿔 놓았다. 1903년 런던의 토트넘 자치구는 마구간 같은 시설 없이 자체 동력 소방차만 사용할 수 있는 소방서를 처음으로 건설했다. 1911년 미국 워싱턴에서도 말의 배설물을 모으는 구덩이와 마구간이 없는 소방서가 등장했다. 이처럼 축력에서 내연기관 동력으로의 전환은 평상시 소방서에 소방차가 주차해 있는 모습으로 바뀌게 했고, 여러 소방서에서는 청사를 재건하며 자체 동력 소방차를 도입해 갔다.

피스톤 펌프와 기어 펌프 등 용적형 펌프의 한계

1차 세계대전 직전 그동안 증기 소방펌프 기술의 노하우가 집중되었던 아메리칸 라프랑스 파이어 엔진 컴퍼니는 설립 후 내연기관 기술을 빠르게 받아들이며 어느 정도 당시 소방 환경에 걸맞은 소방차의 모습을 정형화해 가기 시작했다.

이때까지 증기의 힘을 이용한 소방펌프가 작동하는 원리는 용적형 펌프였다. 최초의 다이내믹 펌프인 원심 펌프는 1851년에 이미 상용 목적으로 생산된 바 있지만 증기기관의 회전이 너무 느려 고회전이 필요한 원심 펌프에 적합하지 않았다. 증기 소방펌프는 한 개에서 세 개의 실린더와 피스톤이 있는 왕복 피스톤 펌프가 주로 쓰였고, 일부 회전식 용적형 펌프인 기어 펌프의 원리가 차용되었다. 피스톤 펌프는 행정 중에 압력이 단속적으로 변동하는 특유의 맥동이 있어서 화재가 난 지점에 계속 물줄기를 분사해야 하는 화재 진압에 큰 장애 요인이었다. 이를 극복하기 위해 수동 소방펌프처럼 증기 소방 펌프 역시 펌프의 흡입과 토출 측 배관에 별도의 공기 댐퍼, 챔버, 서지 탱크를 배치해 공기의 압축을 이용하여 맥동을 완화하는 것이 일반적이었다.

종종 활용되었던 회전 기어 펌프는 펌프 본체인 케이싱 안에 톱니바퀴가 맞물려 돌아가며 톱니 사이만큼의 물을 밀어내는 용적형 펌프로서 맥동 현상이 적고 압력을 높일 수 있었다. 하지만 내보내는 물의 양이 적은 단점과 모래나 자갈 등 이물질이 펌프에 유입되면 쉽게 파손되는 문제가 있었다. 빠른 회전을 만들 정도로 내연기관 기술이 성숙하면서 소방펌프도 화재 진압에 적합한 용적형에서 다이내믹형 원심 펌프로 도약할 수 있게 되었다.

원심 펌프가 적용된 소방차

최초로 원심 소방펌프 소방차를 상용화한 시그레이브

미시간주 디트로이트의 목수이자 페인트를 만들던 프레드릭 시그레이브Fredric Seagrave는 1881년 일반 사다리보다 강한 트러스 구조truss structure의 사다리를 만든 것을 시작으로 소방 산업에 뛰어들었다. 그는 1891년 오하이오주 콜럼버스로 이주하며 사업을 확장했다. 1902년에는 사람의 힘으로 손잡이를 돌려 나사식 전진으로 긴 사다리를 올리던 방식을 스프링의 탄성을 이용하는 방식으로 바꿔 사다리를 더 빨리 올릴 수 있게 만들기도 했다. 시그레이브는 1907년 '시그레이브Seagrave'라는 회사를 설립하고 전류 구동 전기 엔진을 장착한 실험적 소방차를 만들다가 1909년에는 6기통의 내연기관 동력 소방차를 만들었다. 그는 같은 동력을 이용해 총연장 75피트(23미터) 길이의 사다리도 움직일 수 있게 했다.

사다리를 개선한 것 외에도 시그레이브의 가장 특별한 점은 1912년에 소방용 펌프로 용적형 피스톤 펌프가 아닌 원심 펌프를 적용했다는 것이다. 1900년대 초 원심 펌프가 소방 용도에 적합하다는 사실이 알려지며 시그레이브는 캘리포니아 오클랜드의 관개를 위한 대형 원심 펌프 제조사 '고램 엔지니어링사Gorham Engineering Company'와 협력해 '고램 소방 장비회사Gorham Fire Apparatus Company'를 설립했다. 하지만 공동 생산이 여의치 않자 나중에 원심 펌프만 시그레이브 공장으로 납품받았다. 이렇게 만들어진 고램 시그레이브Gorham-Seagrave 혹은 시그레이브 고램Seagrave-Gorham이라는 이름의 소방 차량은 미국 내에서 최초로 원심 펌프를 적용한 소방차로 판매되었다.

다이내믹형 펌프 군에 속하는 원심 펌프는 용적형 펌프와는 전혀 다른 형식의 펌프로 많은 유량을 뿜어내는 것 외에도 소방에 적합했다. 맥동이 없는 물줄기를 뿜어 호스 조작이 쉽고, 뿜어진 물줄기가 지속적으로 가연물에 직접 닿게 해 화재 진압에 적합했기 때문이다. 또 원심 펌프는 용적형 펌프에 비해 저렴한 데다 구조가 간단해 고장이 적고 유지 보수가 쉬운 장점이 있었다. 결국 원심 펌프는 짧은 시간에 미국과 유럽의 소방차에 빠르게 탑재되었다.

원심 펌프 탑재 소방차 업체 영국 데니스사

영국의 소방펌프 역시 1900년부터 20여 년간 내연기관과 원심 펌프를 받아들이는 과정을 거쳤다. 길포드에서 자전거를 만들던 존 데니스John Dennis와 레이먼드 데니스Raymond Dennis 형제는 1895년 '데니스 브라더스 주식회사Dennis Brothers Limited'라는 내연기관 자동차 회사를 설립했다. 1901년부터 여러 형식의 자동차를 만들며 성장하던 회사는 1903년에 최초의 버스를 만들고, 1908년에는 펌프 제조사 '그윈Gwynne'의 1단 원심 펌프를 탑재한 소방차를 만들어 브래드퍼드 지역의 소방대에 판매했다. 그윈은 이후 항만 등 대용량 목적에 쓰인 원심 펌프를 '무적 펌프Invincible pumps'라는 이름으로 판매하기도 했고, 1차 세계대전 중에는 프로펠러 추진 항공기의 엔진을 만들기도 했다.

데니스사는 다른 회사의 검증된 내연기관 차량에 소방펌프를 부착하는 이른바 특장 개조를 하기도 했다. 롬포드 소방대에는 피아트 F2 모델에, 사우샘프턴에는 미국 자동차 회사인 올즈모빌Oldsmobile의 차체를 기본으로 엔진과 롤스로이스 변속기를 부착하고 동력을 크랭크 샤프트로 인출해 펌프에 전달하는 소방펌프를 만들어 공급했다.

1차 세계대전 중에는 어느 정도 표준화되어 있던 3톤 트럭이 군수물품으로 대량 생산되어 군에 징발되었다. 전쟁이 끝남과 동시에 군납을 위해 과다 생산된 차량이 남아돌자 1913년 데니스사는 하루가 다르게 고도화되어 가는 자동차 제작 기술을 따라잡는 대신 자동차 특장 분야에 특화하는 쪽으로 사업 방향을 정했다.

데니스사는 쓰레기 수거 차량 같은 특장차나 버스를 생산하는 동

ⓒ sv1ambo/CC BY

뉴사우스웨일스주 펜리스의 소방박물관에 전시된 데니스 소방차. 1934년에 제조된 것으로 추정한다.

시에 전체 영국 소방차의 연간 수요 절반에 해당하는 연 100대 이상의 소방차를 생산하며 전체 시장의 65퍼센트를 장악하는 전성기를 구가했다. 하지만 2007년 소방차 사업부는 공장을 멈췄고, 2020년부터는 분리된 일부 사업부가 남아 버스, 잔디 깎는 기계, 쓰레기 수거 차량 등을 생산하며 명맥을 이어 가고 있다.

내연기관 소방차 시대의 개막

미국에서는 1차 세계대전을 치르며 점점 빠르게 내연기관 기술의 활용 범위가 확장되었다. 1908년부터 생산한 포드의 모델 T는 자동차 대중화의 상징으로 1908년부터 1920년 초까지 전 세계에 등록된 차량의 절반 이상을 차지했다.

1차 세계대전 중 미국의 군 당국은 여러 산업에 징발을 단행했다. 헨리 포드는 모델 T의 징발을 거부했지만 마지못해 구급차 용도로 사용할 것을 전제로 2500여 대의 모델 T를 공급했고, 이 중 일부를 연합군인 프랑스군이 의료용으로 사용했다. 1920년대 모델 T의 기본 골격은 화재 진압 소방차의 베이스로 활용되어 소방펌프차로도 만들어졌다. 아메리칸 라프랑스, 데니스사는 모델 T의 뼈대를 기본으로 개조해 원심 소방펌프를 달고 영국과 유럽 여러 도시의 소방대에 판매했다.

내연기관 차량과 원심 펌프의 적극적 사용으로 소방차는 가벼워지고 구조가 단순해져서 빈 공간을 이용해 사다리나 파괴 기구, 소화기, 전등 등 많은 적재물을 실을 공간도 확보되었다.

7장

사다리차, 특수 목적의 소방차

인명 보호 가치의 대두

이로쿼이 극장 화재

1903년 개관한 이로쿼이 극장Iroquois Theatre은 1744개의 객석을 가진 대형 극장이다. 이 극장은 계단과 벽을 대리석으로 호화롭게 꾸미고 화재로부터 안전하다는 의미의 "Absolutely Fireproof"라는 문구로 홍보하며 화재 방어에 자신하던 곳이었다. 이로쿼이 극장에서는 구체적인 화재 방어 방안으로 정해진 곳을 제외하고 흡연을 금지했으며, 27개의 비상구와 화재를 차단하는 석면 커튼, 소화기, 소방서와 직통으로 연결된 통신 시설을 갖추었다고 홍보했다.

그러나 1903년 12월 30일 〈푸른 수염〉이라는 뮤지컬을 공연하던 중 커튼에 불이 붙으며 곧 극장 전체로 번졌다. 홍보를 하며 자랑하던 방화 시설이 실제로는 무용지물이거나 허풍이었고, 15분 만에 소방대가 도착했을 때 화재는 이미 통제 불능의 상황이었다. 어두컴컴한 극장 안에서 출구를 찾지 못한 대다수 사람이 목숨을 잃었다. 연기와 불꽃 때문에 1층으로 통하는 길이 막힌 높은 층의 사람들은 소방대의 사다리를 기다리다가 참지 못하고 뛰어내렸다. 결국 살아남은 사람은 먼저 떨어져 죽은 사람들의 시체 위에 떨어진 사람들뿐이었다. 이 사고로 602명이 사망했고, 결국 미국 역사상 건축물 화재로 가장 많은 인명 피해가 난 사건으로 기록에 남았다.

샌프란시스코 지진 화재 사고

1906년 4월 18일 샌프란시스코 전역의 샌안드레아스 단층에서 리히터 규모 8.3의 강진이 발생했다. 지진의 직접적 피해와 동시에 여러 곳에서 화재가 발생했고, 도시의 여러 시설과 함께 상수도 배관도 파괴되었다. 심지어 당시 샌프란시스코 소방대의 대장 데니스 설리번Dennis T. Sullivan마저 지진에 휘말려 부상당한 끝에 사망했다. 설리번은 지진 3년 전 도시 상수도에 추가로 비상용 수조를 설치하자고 제안했던 유망한 소방인이었다.

도시를 채운 건축물은 목조 건물이 90퍼센트에 달했는데, 불에 타기 좋게 무너진 건물의 잔해로 인해 화재가 번져 갔다. 이런 대화재 앞에서 샌프란시스코가 보유하고 있던 40대의 증기 소방펌프도 속수무책이었다. 이 장비는 모두 크래프 앤드 존스, 아모스케그, 아메리칸 라프랑스 등 유수 업체에서 만든 것들이었지만 소용이 없었다. 결국 화재는 화재선상에 있는 건축물을 다이너마이트 등으로 철거해 방어선을 구축하는 등 모든 노력을 기울인 끝에 뒤늦게 방어에 성공했다. 하지만 엄청난 규모의 인명 피해를 피할 수는 없었다.

최악의 산업 재해 트라이앵글 셔츠웨이스트 화재 사고

1911년 뉴욕에서 여성용 블라우스를 만드는 '트라이앵글 셔츠웨이스트 공장Triangle Shirtwaist Factory'에서 화재가 발생했다. 해당 건물에 대해 당시 사람들은 내화 구조이고 복수의 계단과 승강기가 있어서 화재로부터 안전할 것이라 믿고 있었지만, 8층부터 10층까지 세 개 층에 있던 이 공장은 작업의 이탈이나 도난 방지를 위해 비상 출구가 잠겨 있었고 근로자는 화염으로 퇴로가 막혀 지상으로 대피하기 힘들었다. 결국 146명이 사망한 이 사고는 미국 역사상 최악의 산업 재해 사례로 남았다.

잇단 대형 화재 사고를 겪으며 이에 대응하는 활동에 인명 보호 수단이 부족하다는 문제가 드러났다. 무엇보다 화염과 연기 때문에 퇴로가 막혀 건물에 갇힌 사람들이나, 지상에 있는 소방대의 물줄기가 닿지 않는 곳에 있는 사람들에게 물리적인 소방력이 도달해야 할 필요성이 부각되었다. 소방차에는 화재 진압에만 치중하던 것 이외에 새로운 기능이 생기기 시작했다.

소방차의 진화와 사다리차의 등장

메리웨더의 분리형 접이식 사다리차

사다리차는 인명 보호라는 가치의 사회적 인식이 변화함에 따라 진화했다. 많은 사상자를 발생시킨 사고들이 일어나면서 불을 막는 목적이 건축물과 기계 등 자본을 보호하기 위한 것을 넘어 인명을 보호해야 한다는 당위성이 생겼다. 이 같은 변화에 따라 소방력이 닿는 물리적 범위를 확장시키는 사다리차가 진화할 수 있었다.

ⓒ sv1ambo/CC BY

뉴사우스웨일스주 펜리스의 소방박물관에 전시된 1950년대의 바퀴 달린 사다리.

사다리차는 1820년대 영국의 에이브러햄 위벨이 고안한 바퀴 달린 피난 기구가 내연기관과 만나 진화했다. 내연기관 소방차의 선두 주자인 런던의 메리웨더는 1903년 손수레에 접이식 사다리를 적재한 것에 불과했던 차량을 제작해 판매했다.

이 차량은 50피트(15미터)에 달하는 피난 사다리와 소방펌프 대신에 60갤런(220리터) 용량의 대형 소다산 소화 기구가 실려 있는 내연기관 동력의 소방차였다. 사다리부를 차량에서 분리하면 사람이 두 개의 큰 바퀴를 이용해 끌고 다니며 사다리를 고정시킬 위치까지 자유롭게 옮길 수 있었다. 소방관이 사다리가 펼쳐질 위치를 잡고 나면 하단에 직각으로 고정한 구조물로 바닥을 지지하고, 와이어와 연결된 손잡이를 돌려서 접힌 사다리를 폈다. 하지만 분리되는 이동식 사다리는 다리를 펼칠 경우 무게중심이 위로 올라가 하중을 지지하는 데 한계가 있었다. 사다리를 길게 펼치거나 설치 각도가 수평에 가까울수록 위험했던 것이다.

메리웨더는 이와 같은 피난 기구 적재 소방차는 물론이고 분리하는 대신 차량에 직접 사다리를 연결하고 회전과 각도 조절이 가능한 턴테이블 사다리차도 만들었다. 하지만 영국 소방대는 사다리가 붙어 있는 소방차보다는 분리식 탈출 피난 기구를 선호해서 2차 세계대전 이후까지 분리식 탈출 기구를 개선하며 주력으로 활용했다. 턴테이블 사다리차는 이 사다리 수레와 병용했다.

마기루스의 턴테이블 사다리차

1864년 독일 울름 지역의 소방대장인 콘라트 디트리히 마기루스Conrad Dietrich Magirus는 자신의 소방대에서 사용할 수동 펌프를 만들고 자기 이름을 따서 '마기루스Magirus'라는 회사를 설립했다. 그는 소방관으로 현장 활동을 할 때 건축물 위층에서 화염과 연기를 피하려고 지상으로 뛰어내리는 사람들을 목격하며 소방력이 닿는 물리력의 한계를 확장하고 싶어 했다.

© Barni1/CC 0

턴테이블 방식의 마기루스 dl-24.

마기루스사는 1872년에 영국의 위벨이 고안한 탈출 사다리와 유사한 14미터 높이의 두 바퀴가 달린 접이식 사다리 '울머Ulmer'를 출시했다. 이 사다리는 1873년 비엔나 만국박람회에 출품됐고 금메달을 획득했다. 마기루스의 경영권은 아들이 이어받아 1903년에는 자체 구동 증기 소방펌프, 1906년에는 가솔린 구동 소방차를 출시했다. 1910년대 후반에는 트럭과 버스도 생산하며 독일의 내연기관과 소방차 시장을 선도하며 영국이나 미국의 다른 소방차 제조업체와 비견할 정도로 성장했다.

1914년에는 독자적으로 사다리의 아랫부분이 차체와 고정되고 차량의 동력으로 사다리를 회전시키고 펼치는 턴테이블 방식의 '마기루스 라이터Magirus Leiter'라는 소방 사다리차 모델을 출시했다. 무거운 차에 확실하게 고정된 사다리는 따로 분리되어 있는 기존의 사다리보다 확연하게 길게 펼칠 수 있었고, 케이블과 윈치winch에 연결된 차량의 자체 동력을 이용해 사다리를 접었다 펼 수 있었다. 이 차량의 사다리는 벽이나 바닥에 고정하지 않아도 높이 올릴 수 있었고, 사다리 끝에서 물을 분사할 수 있었으며, 심지어 어떤 방향으로도 사다리를 돌릴 수 있었다. 사다리에 특화된 마기루스는 독일과 미국이 비행선을 건조할 때 고소 작업 차량 제작업체로도 참여할 만큼 소방 이외의 산업 분야에서도 이동식 사다리차를 제작하는 곳으로 자리 잡았다.

마천루와 사다리차의 길이 경쟁

20세기 초 턴테이블 방식의 사다리차가 등장하자 소방차의 기능을 다변화하려던 각국의 소방차 제조업체들도 유사한 형식의 소방차를 경쟁적으로 내놓았다. 1905년에는 원심 소방펌프를 상용화한 시그레이브가 스프링 조절 방식의 총연장 85피트(26미터) 길이의 사다리차를 출시했고, 1908년 메리웨더는 주행 동력을 이용한 턴테이블 사다리차를, 1912년 '벤츠 가게나우Benz-Gaggenau' 역시 소방펌프가 있는 턴테이블 사다리차를 출시했다.

1853년에는 승강기가 발명되고 1871년의 시카고 대화재 이후에는 철골 구조 공법이 등장했다. 이후 미국 대도시의 건물은 경쟁하듯 높아졌다. 이처럼 도시에 고층 건물이 많이 생기자 사다리차의 필요성은 점점 더 커졌고, 고층 건물에 대응하기 위해 사다리차의 기대치도 점점 더 높아졌다. 높아진 도시에는 3~4층밖에 닿지 않는 영국의 위벨식 피난 기구보다는 마기루스의 턴테이블 방식의 사다리차가 더 적합했다.

ⓒ ⓑⓘⓡⓒⓗ from memphis/CC 0

테네시주 멤피스 소방서의 1955년 35 피르쉬 스페어 사다리 100피트 F-110.

    위스콘신의 '피터 피르쉬 앤드 선스Peter Pirsch & Sons'는 1900년 트러스 구조의 인출식 사다리로 특허를 취득한 사다리차 제조업체다. 1930년대는 유압 기술이 적용되며 사다리 운용에 사용할 수 있는 힘이 압도적으로 강해졌다. 이 회사의 사다리차는 곧 미국 내수 시장에서 점유율을 높여 갔다. 접을 수 있는 사다리의 단수가 증가했으며 여러 단으로 나뉜 사다리의 기본 길이를 정하는 차체의 길이도 늘어났다. 정돈되고 곧은 바둑판 모양의 미국 도로망은 사다리차의 길이에 대한 제한이 비교적 적었기 때문이다. 이렇게 길어진 사다리차는 차량을 끄는 말을 포함해 총 길이가 56피트(17미터)에 이르렀는데, 이 경우 직진은 상관없지만 교차로가 문제였다. 긴 차량인 소방 사다리차는 교차로같이 많이 꺾이는 곳의 조향을 위해 차량의 중간을 분리해 앞 차체가 뒤 차체를 견인하는 트레일러 형식으로 만들고, 뒤 차량에는 별도로 운전할 사람을 배치했다.

사다리를 펼친 길이도 점점 길어져서 1933년 메리웨더는 매사추세츠의 멜로즈Melrose 소방대에 총연장 100피트(30미터) 길이의 사다리차를 공급했다. '레이랜드 모터스Leyland Motors'가 만든 '레이랜드 메츠Leyland-Metz'는 여기에 더해 2단 원심 펌프로 사다리 끝에서 분당 500갤런(1890리터)을 방수할 수 있는 사다리차를 출시했다. 1941년 아메리칸 라프랑스는 보스턴에 125피트(38미터) 길이의 사다리차를 판매했고, 1951년 마기루스는 총연장 54미터로 당시 세계에서 가장 높이 올라가는 턴테이블 사다리차를 선보였다.

기타 소방차의 발전

그 사이 내연기관은 물론 19세기 말부터 축적되고 매일 새로워지는 여러 분야의 기술이 소방차에 바로 적용되었다. 내연기관 차량의 통고무 타이어는 1888년 존 보이드 던롭John Boyd Dunlop이 발명한 타이어로 바뀌었다. 던롭은 공기를 안에 채워 놓은 타이어를 발명했는데, 이로 인해 그 위에 실린 소방 장비가 진동에서 벗어날 수 있게 되었다. 소방차의 긴급 출동을 알리는 가냘픈 경종 소리는 회전 운동을 통해 기계적으로 소리가 나는 사이렌을 거쳐 1913년 발명된 간편한 전자 사이렌으로 바뀌었다.

증기기관에 비해 부피가 작은 내연기관과 피스톤 펌프에 비해 단순한 구조의 원심 펌프가 적용된 소방차는 가볍고 효율적인 구조로 움직이게 되었다.

크기가 작고 간단한 구조의 원심 펌프는 소방차의 공간 활용성을 높였다. '아렌스 폭스Ahrens-Fox'에서 처음으로 차량 중간에 펌프를 배치한 소방차를 만들었고, 1914년 다임러와 포르쉐가 차량 중간에 펌프가 있는 60마력 소방차를 만들었다. 크기가 작아진 소방펌프는 점차 차량 앞쪽에 배치되었고 소방차 뒤편에는 여러 가지 장치를 장착할 공간이 확보되었다.

또 차량 뒤편에 여러 목적에 적합한 기능을 수행할 다양한 유형의 소방차도 등장했다. 상수도망으로부터 멀리 떨어진 곳에서 일어난 화재에 대응하기 적합하도록 기존 소방차보다 더 많은 물을 적재할 수 있는 물탱크 소방차Water-Tender가 등장했고, 물을 사용하는 펌프 외에 가외로 소화약제인 소다산 용액을 실은 화학차도 제조되었다. 소방차는 많은 수의 소방관을 뒤에 태울 수 있었고 소방호스, 갈고리, 전등, 삽 등 여러 장비도 적재할 수 있게 되었다.

특수 목적 소방 차량

내연기관 기술의 진보와 소방차 산업

유럽과 미국의 소방차 제조업체들은 1차 세계대전과 대공황, 2차 세계대전과 오일쇼크 등 격변기의 역사를 거치며 비슷한 과정으로 변모해 갔다. 가장 대표적 사건이 1차 세계대전이었다. 소방차 제조업체들은 1차 세계대전 발발 후 자국에 내연기관 차량을 징발당했고 전쟁 후에는 과잉 생산한 트럭 차량을 이용해 소방차로 개조해 나갔다.

1차 세계대전을 거치며 내연기관 기술이 큰 진보를 이루었고, 자동차 전문 제조사들은 탈것에 적용되는 내연기관 기술에서 전문성을 확보해 가며 독보적으로 앞서 나갔다. 결국 자체적으로 차량 제조를 하던 소방차 제조업체는 전문 자동차 업체와 비교해 내연기관 차량의 제작 능력에서 큰 격차가 날 수밖에 없었다. 이로 인해 소방차 제작 방식이 전문 자동차 제조업체의 검증된 차체를 바탕으로, 소방차 제조업체가 소방펌프 등 특수 장비를 추가하는 방식이 일반화되었다.

최초의 공항 소방차

소방차 기술은 한 대의 차가 어떤 장소라도 적응력을 발휘할 수 있도록 하는 것에서부터 각각의 차가 목표한 특정 장소와 특정 능력을 특화시키는 방향으로 진화했다고 할 수 있다. 구체적 기능을 기준으로 소방차는 사다리차aerial ladder, 펌프차pumper, 구조차rescue, 지원차support 등 여러 기능으로 분화했다.

특정한 장소의 특정한 사고 유형을 목적으로 발전한 가장 대표적인 소방차의 예로 항공기 사고에 대응하기 위해 공항에 배치된 항공기 구조용 소방차Aircraft Rescue and Fire Fighting vehicle(ARFF vehicle)를 들 수 있다. 항공 기술은 2차 세계대전 전후로 큰 발전을 했고 군사용뿐 아니라 여객기 등 산업 목적의 사용이 일반화되었다. 항공기 사고와 화재는 그간 경험하지 못한 유형의 것으로 많은 자본이 집약되고 많은 사람이 탑승한 여객기와 그 여객기가 모이는 공항에서의 화재 대응은 대단히 중요한 문제였다.

'피렌Pyrene'은 1910년대 차량용 사염화탄소 소화약제 소화기로 대성공을 거둔 소방 장비 제조업체다. 이 회사는 이후 사업 영역을 확장해 인산염으로 금속 표면을 코팅하는 방청防錆, 산업용 세정 화합물 분야를 제조하는 화학 산업에도 손을 댔다. 1930년대 일부 사업부를 매각한 피렌은 영국 브렌트퍼드 지역으로 이전하며 화석 연료의 비중이 나날이 커지는 산업 변화에 발맞춰 사업 방향을 전환했다. 이전한 부지 인근에서 당시 건축 공법에 따라 실제 석유 저장고를 건조하고 이 시설의 화재 방어와 관련한 다양한 실험을 했다. 이 과정에서 피렌은 유류 화재에 특화한 소다산, 거품 등의 소화약제와 이를 적용한 소방 시설 설비에 대한 전문성을 쌓아 나갔다.

피렌의 고정식 거품 소화약제 방출 시스템인 '포멘Phomene' 설비는 1933년 왕실 우편물 운송뿐 아니라 많은 승객을 싣고 북대서양을 횡단하던 정기 여객선 '퀸 메리Queen Mary'에 설치되는 등 많은 수의 선박에서 운용되었고 에어쇼 등 여러 행사의 화재 방어를 위해 이용되었다. 2차 세계대전 중에는 병기 제조, 방위 산업, 발전소 등 주요 시설에 소방 설비를 공급했는데, 가장 주요한 계약은 비행장 사고 대비 소방 시설이었다.

1947년 국제민간항공기구(ICAO)가 발족함에 따라 공항의 안전을 위한 소방차의 임무 및 구비 요건도 점차 국제적으로 표준화되었다. 항공기는 등유 기반 연료를 대량으로 싣고 있어서 항공기 사고는 필연적으로 유류 화재를 동반하는 것으로 알려졌다. 그에 따른 화재의 대응 전술은 수성막포와 퍼플K를 개발한 미 해군연구소의 전술과 유사한 것이었다. 입체적인 잔해에는 분말 소화약제를, 면을 형성하는 유출된 유류에는 포 소화약제를 피복하는 것이 골자였다. 공항 소방차는 활주로 인근에 대기하고 있다가 항공기 사고가 나면 최대한 빠르게 이동하고 최대한 빠르게 약제를 분사해야 하는 구체적인 작전

ⓒ Murgatroyd49/CC BY SA

피렌 소방 장비가 장착된 앨비스 Mk6 샐러맨더 공항 화재 진압 소방차. 런던의 영국공군박물관에 전시되어 있다.

절차가 마련되었다.

피렌에서는 그동안 축적한 유류 화재 진압의 노하우를 이용해 공항에 고정식 소화 설비를 설치했다. 또 규모가 큰 공항에서 고정식 소화 설비가 미치지 않는 영역의 항공기 사고에 대응하기 위해 소방차량을 제작했다. 이 차는 전문 자동차 제조업체의 차체를 가져와 개조하는 방식으로 만들었다. 제너럴 모터스의 자회사인 '도지Dodge'와 '베드퍼드Bedford'의 사륜 구동 차량 차체에 500갤런(1890리터)의 물, 물에 희석해서 사용하는 거품 소화약제 원액 30갤런(110리터), CO_2 소화약제가 충전된 소화 기구를 탑재한 소방차를 'Mk'라는 모델명으로 출시했다.

1956년 개발된 앨비스 Mk6 샐러맨더Alvis Mk6 Salamander는 장갑차

의 차체에 거품 소화약제를 적재한 6륜 구동의 공항용 소방차로, 125대가 만들어져 영국과 캐나다의 왕립공군에 배치되었다. 트럭 및 군용의 비포장도로 차량 제조업체인 '스캐멜Scammell'의 차체를 사용한 Mk11 모델은 500마력의 내연기관 엔진 기반의 6륜 구동 차량으로, 전체 길이 10.56미터의 거대한 소방 차량이다. 물 1250갤런(5700리터)과 거품 소화약제 150갤런(700리터)을 탑재할 수 있으며, 이동 중에도 물을 분사할 수 있는 기능이 있었다.

로젠바우어사

'로젠바우어Rosenbauer'는 1866년 오스트리아의 요한 로젠바우어 Johann Rosenbauer가 설립한 수동 소방펌프 제조업체에서 시작되었다. 이후 세계적 대기업으로 성장한 로젠바우어사는 1978년 당시 등장했던 보잉747과 같은 거대한 항공기가 충돌하거나 추락하는 등 공항에서 예상되는 큰 규모의 사고에 대응하기 위해 고객사를 상대로 대규모 설문조사를 실시하고 2년의 설계를 거쳐 공항 대응 소방차를 구체화했다.

로젠바우어사는 트럭 등 산업용 특수 차량을 제작하는 '레이놀즈 바우튼Reynolds Boughton'의 차체에 메르세데스 벤츠가 제작한 엔진을 장착한 차량을 기반으로 삼았다. 이들은 소방 기능을 할 수 있는 특장 부분을 적용한 차량에 '심바Simba'라는 이름을 붙였다. 이 공항용 소방차 모델은 1980년 하노버 소방박람회에서 공개되었다. 얼핏 외관만 보면 더 큰 용량의 물과 소화약제를 싣기 위해 출력과 차체만 커진 것처럼 보일 수 있지만, 사실 항공기 화재 진압의 요구 조건을

ⓒ Woelle ffm/CC BY SA

프랑크푸르트 공항에 배치되었던 심바 8×8.

충족하는 것은 간단한 일이 아니었다. 이 차량은 최대 1만 9000리터의 물을 포함해 총 중량이 52톤가량이다. 이 무거운 차량이 공항 화재에 대응하기 위해서는 포장도로뿐 아니라 비포장도로에서도 움직일 수 있어야 했다. 늘어난 하중과 길어진 차체를 험지에서도 주행할 수 있게 하기 위해선 조향할 때 무게중심의 변화를 고려해야 하는 등 차량 전문 생산업체에서 제작한 기본 차량의 설계를 변경해야 했다. 심바에는 험로를 주행하기 위해 사륜구동과 무게중심을 낮추고 차량 하중을 골고루 배분했고, 충격과 무게를 감안한 소재를 선택하는 등의 종합적 설계가 적용되었다.

1988년 이탈리아에 새로운 제노바 공항 건설이 시작되면서 공항 사업자는 해당 공항에 적합한 소방 차량을 로젠바우어에 주문했다. 요구사항에 따라 설계가 대대적으로 수정, 반영된 심바 모델은 1991

년 '팬더PANTHER' 모델로 거듭났다. 새로운 공항 소방차에는 가볍지만 강도가 우수한 유리섬유 강화 플라스틱(FRP)이 차체에 적용되었고, 큰 차체의 사각지대를 운전자가 볼 수 있게 하는 카메라 모니터 시스템 등 첨단 기술이 사용되었다. 심바의 개량 모델인 이 소방차는 1000마력의 8륜 차량으로 물 1만 4000리터와 2000리터의 거품 소화약제 원액, 500킬로그램의 분말 소화약제를 신고도 정지 상태에서 80킬로미터에 도달할 때까지 24초밖에 안 걸리는 강력한 힘을 가지고 있었다.

1996년 미 공군은 다임러크라이슬러사에 700대에 달하는 공항 소방차를 주문했다. 다임러크라이슬러와 협력 관계를 맺은 로젠바우어

ⓒ WikiABG/CC BY SA

1997년 라이프치히-알텐부르크 공항에 배치된 1세대 로젠바우어 팬더.

ⓒ Rosenbauer/CC BY SA

3세대 로젠바우어 팬더. 현재 4세대까지 개발되어 있다.

는 새로운 공항 소방차의 양산을 위해 차대에 알루미늄 소재를 적극적으로 채택해 경량화된 'PANTHER FL 6×6' 모델을 1998년 무역박람회를 통해 선보이고 미국 공장에서 생산했다.

팬더 모델은 1997년 2세대, 2005년 3세대를 거쳐 2016년 4세대 모델로 진화했다. 4세대 팬더는 싱가포르 창이Changi 공항에 최초 판매되었으며 13.1미터 전장에 총 중량 52톤에 달하는 덩치였다. 4세대 팬더는 배기량 32리터의 1400마력의 엔진으로 최고 속도 135킬로미터의 동력 성능과 함께, 1만 6800리터의 물과 2200리터의 거품 소화약제, 250킬로그램의 분말 소화약제를 적재할 수 있으며 최대 분당 1만 리터의 물을 방수할 수 있다.

팬더의 예는 특수 목적 소방 차량의 가장 성공적 사례라 할 수 있다. 다만 이 모델을 단순히 막강한 사양만을 가지고 최고의 소방차라고 평가하는 것은 부적절하다. 이 차량은 공항의 항공기 관련 사고에 특화된 차량이기 때문이다. 차량 가격이 비싼 것은 물론 유지 보수에도 많은 비용이 들며 차량이 배치된 활동 지역에 따라 비용 대비 편익이 불리할 수도 있다. 따라서 공항과 활동 환경이 다른 지역에서 사양대로 성능을 활용하기 위해선 여러 요소를 고려해야 한다.

소방차는 최초에 물을 분사하는 기능에서 시작해 사다리로 물리적 범위를 확장하며 대도시의 일반적인 건축물을 목적물로 소방차 한 대의 범용성에 방점을 두고 발전해 왔다. 그에 비해 특수 목적의 소방차는 2차 세계대전 이후 공항이나 산림 화재, 기타 원자력발전소 등 특수한 장소에 적응하거나 특수한 능력이 필요해짐에 따라 발전해 갔다.

8장

우리나라 소방차의 역사

우리나라 소방차의 역사는 1723년 경종 3년 관상감의 건의로 시작되었다. 관상감은 당시 중국에 있던 수동 펌프인 수총기水銃器를 들여왔는데, 서양으로부터 들어온 이 기구는 실물이나 그림이 남아 있지 않아 구체적으로 어떤 것이었는지는 불분명하다. 당초에 중국에서 들여온 수총기를 전국 각 군문에 배치하기로 계획했으나 연이은 흉년으로 이 계획은 무산되었다.

우리나라는 1910년 한국 병합에 관한 조약이 발효하기 직전 일본의 소방 조직인 소방조消防組 형태를 본따 부산을 시작으로 해서 주요 도시에 소방조가 구성되고 상비 소방수가 배치되었다. 1909년엔 수도 급수 규칙에 의해 상수도와 소화전이 보급되기 시작해 일제 치하에 읍 단위까지 상수도망이 깔렸다.

이에 앞서 일본은 서양 문물을 적극적으로 받아들이던 메이지 유신 3년인 1871년에 미국으로부터 증기력 소방펌프를 수입하기 시작

ⓒ 소방청 소방누리

내연기관 펌프 '발동기 즉통'. 사람의 힘을 이용한 완용 펌프보다 한 단계 발전한 것으로 당시에는 매우 중요한 화재 진압 장비였다.

했다. 1910년 조선총독부 통계 연보에 따르면 이 중 한 대를 1911년 경성에 배치하고, 1912년에는 이를 끌기 위한 마차를 배치했다. 1912년 5월에는 스웨덴에서 만든 내연기관 소방펌프 한 대를 배치한 것으로 기록이 남아 있다.

1933년의 소방 관련 통계 연보의 현황에 따르면 당시 우리나라는 내연기관 자동차 58대와 168개의 가솔린 소방펌프, 1401대의 완용 펌프 즉 수동 소방펌프를 보유한 것으로 기록되어 있다. 이 통계를 통해 가솔린 연료의 내연기관 소방펌프는 최초 발명된 지 얼마 지나지 않아 비교적 빠르게 우리나라에 보급된 것을 알 수 있다. 증기 소방펌프는 잘 활용되지 않았고 일제 치하부터 화재를 진압하는 주력 장비는 완용 펌프로 불렸던 수동 소방펌프가 널리 사용되었다.

대한제국 시대의 일본인 거주지에 임시 편성된 소방조는 1935년

ⓒ 저작권자 미상
출처: http://www.nfa.go.kr/nfa/ebook/2021-autumn/sub01-03.html

1974년 미군의 잉여 지프 차량을 활용한 펌프차.

수방단水防團으로 개편되었고, 1937년 중일전쟁과 함께 경방단警防團이란 이름의 소방 조직체로 변경되었다. 이들의 주력 소방 장비는 수동 소방펌프였다. 이후 소방 분야는 큰 변화 없이 해방과 6.25 전쟁이라는 역사적 사건을 겪었다. 전쟁 후 1955년 지프Jeep사의 소방차와 1957년 25미터 길이 사다리차가 미국의 원조로 도입되었다.

1972년에는 미군의 잉여 차량 103대를 소방차로 개조했고, 독일과 일본으로부터 127대의 소방차를 수입했다. 당시 급속한 경제 성장에 의해 고도화된 도시 위주로 소방 차량이 배치되었고, 지방의 읍면 단위에서는 여전히 의용소방대가 수동 소방펌프를 주력으로 운영했다.

잉여 차량을 개조하던 서울 진흥공업사에서 국내 최초로 소방펌프차를 제작했고, 뒤이어 1967년 소방펌프에 대한 특허를 취득한 남영공업사의 소방펌프차가 시장을 장악했다. 1976년에는 동아자동차에서 펌프차, 물탱크차, 화학차, 굴절 사다리차를 생산했고, 1983년에는 46미터 길이의 고가 사다리차도 국산화되었다. 현재는 국내에 10여 개의 생산업체가 여러 종의 소방 차량을 생산하고 있다.

9장

현대 사회에서 소방차의 의의

　인류는 그동안 기록적 화재를 반복적으로 경험하면서 인류 삶에 필요불가결한 불은 그 이면에 문명으로 이룩한 모든 것을 파괴할 가능성 역시 안고 있음을 체득했다. 경험이 누적되며 원인과 결과가 점차 드러났고, 우연으로 취급되던 화재 위험의 원인 중 많은 부분이 통제 가능한 변수가 되었다. 일단 발생한 화재에 물을 뿌려 불을 끄는 단순한 화재 진압 방식에서 화재의 발생을 방지하는 예방 활동의 비중에 점차 커지게 되었다. 방화를 위해 건축물에 좀 더 촘촘하고 강화된 제도적 기준이 마련되고 소방 시설이 적용됨에 따라 도시의 건축물은 최소한의 방화 능력을 갖추었다. 이는 예전에 비해 화재의 발생 빈도를 현저히 감소시켰다.
　그럼에도 불구하고 화재 위험성의 본질은 변하지 않았다. 화재는 여전히 빈틈에서 발생하고 있다. 건물에 적용된 소방 설비의 능력 범위를 초과해서 발생한 화재를 진압하는 방법은 소방관이 운반하는 소방호스를 매개로 소방차와 소화전의 물을 화재에 닿게 하는 방법이다. 여기에서 가장 중요한 역할을 하는 것이 소방관과 물을 싣고 다니는 소방차다.

학문과 기술이 발전해서 방화 규제가 강력해지고 건축물의 소방 능력이 커져 사각지대가 없을 것이라 기대하는 미래에도 물을 매개하는 소방차와 소방호스, 소방호스를 짊어지는 소방관을 이용한 화재 진압 방법의 본질은 변하지 않을 것이다. 화재는 언제나 예상 밖의 공간과 시간에서 발생하고 미처 준비하지 못한 빈틈에서 성장하기 때문이다.

지금까지 주사기형 펌프에서 시작해 피스톤 펌프, 수동 소방펌프, 증기 소방펌프, 증기력 자체 구동 소방차, 내연기관 소방차와 특수 목적 소방차로 발전한 소방차의 발전 과정을 살펴보았다. 소방차는 증기기관, 원심 펌프, 내연기관의 발전 등 소방차에 결합되어 있는 구성 요소의 기술 혁신을 뒤쫓아 발전했다.

소방 분야가 발전하는 또 다른 동력원은 화재로 희생된 생명과 재산이다. 사고가 나지 않은 평안한 때 소방이 전면에서 주목받을 일은 없다. 끔찍한 사고로 번질 가능성이 있는 화재를 사전에 막고 피해를 최소화했던 소방의 활동은 당연한 것으로 여겨지기 때문이다. 하지만 비슷한 원인으로 대형 화재 사고가 되풀이되고 막대한 피해를 입고 나서야 사람들은 화재에 관심과 경각심을 가진다.

소방과 관련한 기술과 소방차의 발전으로 인해 강해진 소방력은 이전에 비해 더 많은 사람의 생명을 구하고 더 많은 재산을 지킬 수 있게 되었다. 하지만 분명한 것은 첨단 소방차라도 그 기능을 최대한 발휘할 수 있는 범위는 생각보다 제한적이고 전제 조건이 많다. 기술이 고도화된 오늘날에도 성장한 화재에 소방차의 능력이 미치는 영향력은 제한적이다. 대표적인 예로 2019년 4월에 발생한 고성과 속초에 걸친 산불 화재를 들 수 있다.

당시 전국 단위의 소방차 출동 명령에 따라 소방 차량만 872대가 출동했다. 그중 한 대에 탑승해 사고에 직접 출동했던 경험이 있다. 전국에서 동원된 소방차는 도로에서 조금만 떨어져도 험한 산세 때문에 소방호스를 연장하기 곤란했다. 그래서 많은 장비와 인원이 있었지만 도로에 일렬로 차량을 배치해서 화재가 더 이상 번지지 않도록 경계를 하는 것 이상의 활동을 할 수 없었다.

소방차는 도로가 아닌 곳은 갈 수 없고 산불을 끄기에는 너무 적은 양의 물을 담고 있다. 그 때문에 설령 방수를 한다고 해도 그다음이 문제다. 소방차에 실린 물은 10분 남짓밖에 사용할 수 없기 때문이다. 물을 다 쓰고 나면 가까운 소화전으로 가서 물을 보급해야 하지만 당시 강원도에는 상수도 수량 전체가 이미 고갈된 뒤였다.

화재 현장에서 물탱크차를 운전하며 시흥에서 지원한 팬더가 활동하는 것을 직접 목격할 기회가 있었다. 무거운 중량과 긴 차체는 국도에 적합하지 않아 보였다. 팬더는 알려진 사양대로 엄청난 압력과 양으로 물을 쏘았고 물줄기가 닿는 땅은 중장비를 사용한 것처럼 패였다. 다음날 오후 복귀할 때까지 현장에서 팬더를 더 이상 볼 수 없었다. 막대한 유량을 1분 남짓 쏟아부었지만 차량이 너무 크고 1만 6800리터에 달하는 물탱크를 채울 만한 소방용수를 확보하기 곤란해 복귀했다는 말을 나중에 전해 들었다.

이처럼 현재의 최신 소방차도 영향력 범위 밖에서 일어나는 화재에서는 손쓰기 어려운 상황이 발생하기도 한다. 대형 사고가 반복되는 악순환의 고리를 끊을 수 있는 가장 효과적 방법은 평상시 소방에 대한 국민의 관심과 위험에 대한 감수성을 키워 안전 의식을 높이는 것이다. 정말로 내 주변은 화재 발생 가능성이 없는지, 만약 자신이 있는 공간에 불이 나면 내가 있는 건축물의 방화 시설은 지상으로 안전하게 대피할 수 있는 여건이 되는지, 인근 119안전센터에 배치되어 출동하는 소방차의 능력은 화재로부터 나를 구해 줄 수 있는지 등 각자 한 번쯤은 상상해 볼 것을 권한다. 아무도 사용하지 않을 것 같은 아파트 비상계단에 놓인 자전거들, 계단 방화문을 계속 열어 둘 수 있게 만든 도어스토퍼, 잦은 고장으로 일부러 중단시킨 경보 설비 등 이런 사소한 것 때문에 화재로 인한 사망자가 발생한다.

소방차의 기술이나 활용성을 지금보다 한 단계 낫게 할 수 있는 것은 나 자신을 위한 작은 관심과 실천에서 시작된다. 관심을 가지고 주변을 지켜보면 위험한 것이 보이고 그런 다음 발견한 것을 공론화할 필요가 있다. 운전 중 소방차에게 양보하는 것, 골목 등에 주차 시 소방차가 지나갈 수 있을지 고려하는 것 등 작은 실천은 소방차와 소방관의 활동을 효과적으로 만든다. 작은 실천이 쌓이면 나 자신의 안전은 물론 주변 사람과 공동체 전체의 안전 역시 확보될 것이다.

5부 스프링클러의 역사

— 건축물 화재의 수호자 —

건축물의 규모와 용도, 높이가 어느 수준 이상이 되면 화재 위험은 특히 높아진다. 이 때문에 거대 건축물은 설계와 건축, 사용, 관리 면에서 특별한 조건과 강화된 의무가 부여된다. 현대인은 거대 건축물에 대해 제도적으로 마련된 최소한의 화재 예방 덕택에 비교적 안심하고 건물 안에서 생활할 수 있다.

그러나 예방만으로 화재의 발생 자체를 막을 수는 없다. 만약 거대 건축물에서 발생한 화재가 성장하면 이후에는 인간이 행하는 모든 활동은 무의미해지고 통제 불능의 상황이 될 수밖에 없다. 우리가 거대 건축물에서 화재에 대해 안심하고 생활할 수 있는 가장 직접적인 이유는 화재 방지 수단 때문이 아니라 화재 초기에 자동으로 동작해 화재를 방어하는 스프링클러sprinkler 설비 덕분이라고 할 수 있다.

스프링클러 설비는 현대의 화재 방지 시스템의 핵심이다. 주거, 상업, 사무, 제조 등 산업 전 영역의 건축물에서 화재를 자동으로 감지하고 진압·통제해서 인명과 재산을 보호한다.

스프링클러의 스프링클sprinkle은 '스프레이spray', '새싹sprout'과 같은 어근인 '뿌리다'는 의미의 라틴어 '스파르고spargō'에서 유래했다. 스파르고는 '나뭇가지처럼 방사상으로 흩어지게 하다'는 의미의 고대 그리스어에서 파생했다. 불이 난 공간에 물을 흩뿌려 화재를 진압하는 이 장치의 정체성을 직관적으로 보여 주는 이름이지만, 스프링클러라는 단어가 처음부터 이 설비에 사용되었던 것은 아니다. 사실 화재 진압을 위한 목적의 이 장치와 유사한 것에는 '자동 화재 소화기 Auto Fire Extinguisher'라는 이름이 오랜 기간 사용되었고, '스프링클러'라는 이름은 잔디밭을 가꾸기 위한 관개 장치에 먼저 쓰였다.

화재 진압 시스템이 '스프링클러'라는 이름으로 불린 과정을 이해하려면 이 단어가 최초로 쓰였던 시기 잔디밭의 의미를 이해할 필요가 있다. 19세기 미국의 일반적인 주거 양식은 잔디밭으로 둘러싸인 단독주택이었다. 잔디밭은 옆집과 이어져 마을 전체가 연결되어 있어서 사적으로는 개별 주택의 얼굴이지만 공적으로는 그 주택이 속한 마을의 상징이었다. 잘 가꾼 앞마당 잔디의 생장 상태는 부유하고 여유로우며 가족적인 주택 소유주의 사회적 위치를 의미했고 나아가 마을 전체의 인상을 결정했다.

스프링클러는 잔디 관리에 드는 많은 비용과 불편함 덕택에 탄생한 발명품이다. 일일이 낫으로 손질하는 것을 대신하기 위해 기계식 잔디깎이가 등장했고 사람이 직접 물을 주는 노동을 대신하기 위해 구석구석 자동으로 물을 뿌려 주는 장치가 발명되었다. 초기의 이 기계 장치는 사방으로 물을 흩뿌리기 위해 수압을 이용해 노즐이 회전하거나 캠 장치 cam mechanism에 의해 부채꼴로 물이 분사되도록 만들어졌다. 이 기계에 처음 스프링클러라는 이름이 붙었다.

미국에서의 특허 출원일을 기준으로 소방 시설에 스프링클러라는 이름을 처음 사용한 것은 1888년 윌리엄 네러처William Neracher가 발명한 'AUTOMATIC FIRE-SPRINKLER'였다. 관개용 잔디 스프링클러의 사용이 확산되며 스프링클러라는 이름은 이미 사회에 널리 퍼져 있었다. 건축물에 고정된 화재 방어 장치에 스프링클러라는 이름이 일반화된 것은 이 장치의 화재 방어 능력과 잠재력을 높이 평가한 화재보험사가 보험 가입자에게 이 설비의 설치를 권장하며 '화재 스프링클러'라는 이름을 사용하기 시작하면서부터다.

초기의 스프링클러 설비는 설계와 설치가 어려웠음은 물론이고 고장이 잦았다. 또 수리도 까다로워 건축물을 소유한 사람들에게 연속적 운용과 기능 전반에 걸쳐 신뢰하기 어렵다는 인상을 주었다. 그러나 스프링클러의 잠재력을 알아본 사람들은 개선을 멈추지 않았다. 에버렛 크로스비Everett Crosby와 존 프리먼John Freeman을 주축으로 보스턴의 한 보험사 사무실에서 열렸던 스프링클러 설비에 관한 회의와 회의에서 도출된 보고서의 작성으로 중요한 분기점을 맞았다. 이 보고서는 후일 '스프링클러 시스템 설치 표준(NFPA-13)'이 되었다.

스프링클러를 설치하던 엔지니어는 자신에게 유리하게 작용하는 설치 표준을 따르지 않을 이유가 없었다. 표준의 준수는 확인하기 어려운 스프링클러의 기능을 어느 정도 보장해 주었고 설계와 설치 및 유지 관리를 쉽게 만들었기 때문이다.

설치 기준을 제정하기 이전 장치는 모양과 기능, 구성 요소와 원리 중 일부만 지금의 것과 유사성이 있었다. 그러다 기준 제정 발표 이후의 장치들에서 비로소 현대적 스프링클러와 원리나 기능 면에서 본질적으로 부합하며 어느 정도 체계적 형식을 갖췄다고 할 수 있다. 그러므로 NFPA의 스프링클러 설비의 기준 코드를 발표한 사건은 현대적 스프링클러 설비를 구분하는 기점으로 적절하다.

스프링클러의 역사를 나누는 또 다른 기준점 하나는 현대 소방용 스프링클러의 창시자라 할 수 있는 프레더릭 그리넬Frederick Grinnell의 활동이다. 그전까지 다양한 형식으로 그 기능을 수행했던 것과 달리 그리넬이 발명하고 개발한 스프링클러는 어느 정도 현대와 비슷한 분류 체계로 수렴했다고 볼 수 있다.

마지막으로 스프링클러의 분기점이 될 만한 사건으로 NFPA가 건축물 내부의 인명 안전에 대해 정한 NFPA 101 제정과 이후 1970년대 주택의 스프링클러 시스템 표준 제정을 들 수 있다. 이 과정에서 스프링클러의 목적이 여러 사람이 사용하는 건축물과 재산의 보호에서 소규모 건축물인 주택의 거주자에게까지 인명 보호의 목적으로 확장되었다.

5부에서는 이러한 분기점을 중심으로 스프링클러 장치의 역사를 시간순으로 살펴보도록 한다.

1장

스프링클러의 원형

현대 스프링클러 설비의 일반적 기능은 크게 화재를 감지하는 것, 경보를 울리는 것, 자동으로 물이 나오게 하는 것 등 세 가지로 나눌 수 있다. 구성 요소는 열을 감지할 수 있는 헤드, 배관 중 물의 흐름을 감지하는 장치, 펌프 또는 이와 유사한 기능을 하는 장치, 수조 등이다. 과거에 스프링클러와 유사한 목적으로 만들어진 대다수 장치는 현대 스프링클러의 유기적 기능 중 한 가지만 기능할 수 있어서 현대적 스프링클러의 범주에 포함하기 어렵다. 또 구성 요소가 판이하게 다르거나, 기능을 구현하기 위한 세부 동작의 속성이 다르거나, 존재한 사실의 근거가 부족한 과거의 장치들 역시 현대적 스프링클러의 범주에는 포함하기 어렵다.

하지만 과거에 개별적 기능만 수행하던 장치, 유사성은 있으나 속성이 다른 장치 등을 다 제외하면 유기적이고 종합적으로 작동하는 현대의 스프링클러가 제 모습을 갖춰 나간 과정을 설명하기는 어렵다. 이 때문에 과거의 장치가 현재의 스프링클러와 유사성이 적어 보이더라도 유의미한 상관이 있다면 간략하게나마 살펴볼 필요가 있다. 그 중 레오나르도 다빈치의 것을 예로 들 수 있다.

스프링클러의 속성을 가진 장치들

자동 물 분사 장치를 만들었다는 다빈치

레오나르도 다빈치는 여러 방면에서 천재적 인물로, 그는 요리에도 각별한 관심이 많았던 것으로 알려져 있다. 다빈치는 그의 후원자인 밀라노 공작 가문 소속 루도비코 스포르차의 요청을 받아 일생일대 역작인 벽화 〈최후의 만찬〉을 제작했다. 그는 벽화를 제작한 인연과 요리에 대한 관심으로 30여 년 동안 스포르차 가문의 연회를 맡아 왔다고 전해진다.

당시 대규모의 연회에서 가장 중요한 점 하나는 짧은 시간 동안 많은 수의 사람에게 호화로운 식사를 제공해야 하는 것이었다. 이를 위해 대규모 연회에는 여러 명에게 개별적으로 메인 요리를 준비할 수 있도록 손님 수에 맞춰 지역 조리사를 고용하는 것이 일반적이었다. 하지만 레오나르도 다빈치는 비효율적인 이 방식 대신 자신의 발명품으로 대규모 연회를 준비하고 싶어 했다. 그는 빠른 시간에 많은 요리를 조리한 후 주방에서 식탁으로 보내기 위해 고온의 대형 오븐을 만들었다. 또 주방에서 조리된 음식을 빠르게 식탁으로 보낼 수 있도록 자동으로 운반하는 컨베이어 벨트 같은 장치도 설치했다. 다빈치는 대형 오븐과 컨베이어 벨트를 설치하며 화재 위험에도 대비했다. 주방 천장에 온도가 올라가면 자동으로 물이 뿌려지는 장치를 달았다는 것이다.

연회 당일, 주방에는 이미 초빙한 조리사 50여 명이 와 있어서 혼잡했다. 이들은 고온의 대형 오븐 사용이 생소해 음식을 태웠고, 컨베이어 벨트의 속도가 적절하지 못해 조리한 음식을 손님에게 효율적으로 내보내지 못했다. 결정적으로 화재에 대비해 천장에 설치한 자동 물 분사 장치가 고온의 대형 오븐이 내뿜는 열기 때문에 물을 뿌려대서 결국 연회를 엉망으로 만든 일화가 있다고 전해진다.

하지만 이 일화는 관련된 실물이나 복원물, 레오나르도 다빈치가 직접 작성한 스케치, 다른 이들의 기록이나 삽화가 객관적으로 확인되지 않아서 신빙성이 떨어진다.

나무 물통 폭탄 소화기

앰브로즈 고드프리는 소방과 관련한 여러 글에서 소화기나 스프링클러 설비의 최초 발명자로 알려진 인물이다. 하지만 고드프리가 1723년 특허를 취득한 것으로 전해지는 화약이 들어 있는 나무 물통과 유사한 것은 이미 10여 년 전 독일의 은세공업자인 자카리아스 그레일이 발명했으며, 고드프리가 독일 태생인 점을 미루어 볼 때 이 발명이 독창적이라고 보기는 힘들다.

이 발명품은 나무로 만든 물통에 약 20리터의 물을 채운 다음 물통 가운데 약 1킬로그램의 화약을 설치하고, 뇌관과 연결된 도화선이 물통 밖으로 늘어진 장치다. 화재가 날 경우 외부에서 불을 붙인 후 도화선이 타는 지연 시간 동안 그 물통을 실내로 옮겨 폭발시키거나 화재로 인해 도화선에 착화되어 자동으로 화약이 폭발하는 원리로, 폭발 시 발생한 수증기와 가스가 실내를 채워 화재를 진압하는 방식이다.

이 장치는 넓게 보면 불을 끄는 용도로 만들었다는 점에서 소화기 범주에 놓을 수도 있고, 자동으로 동작한다는 점에서 현대식 스프링클러의 범주에도 속할 수 있다. 하지만 엄밀히 보면 구성과 기능 면에서 현대 스프링클러 범주에 넣기도 어렵고 소화기로 분류하기도 힘들다.

스프링클러의 자동 동작 방식에 영향을 준 도난 경보기

1763년 영국의 시계 기술자였던 존 그린John Green은 화재와 도둑을 방지하기 위한 경보기의 특허를 취득했다. 이 발명품은 한쪽 끝에는 전기로 동작하는 경보 장치가 있고, 다른 한쪽에는 무게 추를 달아 팽팽하게 만든 줄을 천장에 설치한 장치다. 이 줄의 중간은 창문 등 사람이 드나드는 개구부를 지나도록 되어 있어서 누군가 외부에서 창문을 열거나, 불이 나서 그 열에 의해 팽팽하던 줄이 끊어지면 경보 장치가 동작해 소리가 울리도록 만들어져 있었다.

천장에 설치한 줄이 끊어지며 작동하는 이 원리는 배관에 구멍을 뚫어 물을 분사하는 장치를 동작시키는 스위치로 쓰이면서 스프링클러 설비의 자동 동작 방식에 큰 영향을 주었다. 도난을 방지하고 화재를 감지하는 원리는 이후 화재 순찰의 공백을 메우는 화재 감지기의 발명에도 영감을 주었다.

배관을 이용한 소화 설비

18세기 말 유행했던 범선은 선체가 불에 잘 타는 나무로 만들어져 있다. 게다가 돛 역시 불에 잘 타는 천으로 되어 있었고 방수를 위해 가연성 타르가 사용되었다. 장거리를 운항하는 범선에는 조리하기 위해 불을 사용하는 주방도 있었고, 야간에는 양초나 등불을 조명으로 활용했으며, 선원들은 애연가가 많았다. 평평한 바다 위 우뚝 솟은 마스트는 이따금 낙뢰를 불렀고, 군사용 선박인 경우는 화약을 싣고 있었다. 여기에 더해 마스트의 돛을 접었다 펴기 위해 사용하는 로프와 도르래는 동작할 때 서로 마찰했다. 한마디로 범선은 화재에 굉장히 취약했다.

범선이 정박하는 부두의 시설물 역시 목재로 되어 있어서 선박과 항만은 화재로 인해 심각한 피해를 자주 입었다. 영국 해군 소속의 건축가 새뮤얼 벤덤Samuel Bentham은 1797년 목공 기계를 만들어 선박의 돛대를 활용하는 삭구索具인 도르래 따위의 생산성을 높인 것으로 유명한 인물이다. 벤덤은 범선의 화재 문제를 해결하기 위해 높은 곳에 수조를 설치하고 배관을 분기해서 곳곳으로 물을 보낼 수 있도록 만들어 놓고, 배관 말단에는 호스를 말아 놓은 오늘날의 옥외 소화전과 유사한 장치를 만들었다. 구조물에 미리 배관을 설치해 화재 진압을 위한 물을 공급한다는 개념은 옥내, 옥외 소화전뿐 아니라 스프링클러 설비의 탄생에도 큰 영향을 미쳤다.

다공관 살수 장치

배관을 통한 화재 진압 장치를 발명한 존 캐리

1806년 영국의 법학 박사 존 캐리John Carey는 공동 주택이나 창고의 화재를 진압하기 위해 배관을 통해 건물 구석구석으로 물을 보낼 수 있는 장치를 발명해 특허 제2963호를 취득했다. 이 장치는 건물의 높은 곳에 수조를 설치하고 수조 바닥으로 배관을 연결했는데, 필요할 때 수조 바닥의 마개를 열면 아래층 방향의 배관으로 물이 흐르도록 고안되어 있었다. 수조 바닥 배관과 연결된 수조의 아래층 천장의 배관은 구멍을 여러 개 뚫어 놓은 파이프로 되어 있었다. 이때 수조 바닥의 물을 막고 있는 마개 위쪽으로는 당기면 마개가 뽑히도록 줄이 달려 있었는데, 이 줄은 아래층 천장에 길고 팽팽하게 매어진 줄과 연결되어 있었다. 아래층의 줄은 한쪽은 고정되고 반대편은 도르래를 지나 무게 추가 매달려 있었다.

만약 아래층 어디에서 불이 나 천장 쪽의 팽팽한 줄이 끊어지면, 무게 추가 아래로 떨어지며 위쪽의 수조 마개를 뽑아냄으로써 물이 아래로 흐르며 파이프의 구멍으로 물이 나왔다. 이 발명품은 이렇게 자동으로 동작할 수도 있고 또 마개에 연결한 별도의 가죽끈을 두어서 화재를 발견한 사람이 끈을 당겨 수동으로 동작할 수도 있었다.

저융점 금속 장치를 개발한 윌리엄 콩그리브

1809년 영국의 윌리엄 콩그리브William Congreve 대령은 군사용 로켓을 개발한 군인이다. 그는 존 캐리의 특허와 유사한 방식으로 동작하는 독자적 화재 방어 장치로 특허 제2101호를 받았다. 콩그리브의 장치는 존 캐리의 장치와 유사하게 줄이 끊어져 수조 마개를 여는 방식으로, 자동으로 동작할 수 있고 관리자에 의해 수동으로 동작할 수도 있었다.

콩그리브의 장치가 존 캐리와 다른 점은 이 장치의 자동 동작 방식이 불꽃에 의해 줄이 끊어지는 것이냐 저융점 금속이 녹아 작동하느냐였다. 콩그리브의 것은 튼튼한 두 개의 철사 사이를 섭씨 190도 정도에서 녹을 수 있도록 비스무스, 납, 양철을 8 대 5 대 3 비율의 합금으로 된 저융점 금속에 의해 동작할 수 있었다. 이 외에도 구멍이 뚫린 배관에서 물이 나오되 방의 크기나 형상에 따라 잔디 스프링클러처럼 회전하며 골고루 물을 분사할 수 있는 장치를 적용했다는 차이점이 있었다.

캐리와 콩그레브의 자동 장치의 문제점들

런던 템스강 북쪽 드루리 레인 거리에는 1663년에 지은 오래된 극장이 있었는데 1809년 2월 24일 화재가 일어나 폐허가 되었다. 이 극장을 재건하기 위해 설계를 공모한 결과 벤저민 와이엇Benjamin Wyatt이 전체 설계를 맡았다. 그의 새로운 설계에 따라 극장에는 로비가 생겨서 한쪽 벽면에 고정된 캔틸레버식cantilever 계단으로 관람석에

ⓒ Yale Center for British Art/CC 0
드루리 레인의 로열 극장 전경.

갈 수 있게 만든 독특한 디자인이 적용되었다. 새로운 극장은 '로열 극장Theatre Royal'이라는 이름으로 1812년 10월 10일 다시 문을 열었다. 이때 콩그리브 대령은 극장의 화재 방어를 위해 자신의 기존 특허를 개선해 제3606호로 등록된 장치를 로열 극장에 적용했다.

로열 극장에 도입한 이 설비는 '요크 빌딩 수도 시설York Buildings Waterworks System'로, 상수도 회사에서 설치한 직경 25센티미터 수도관에서 물을 공급받아 수조를 채웠으며 수조에는 75마력의 증기력 펌프가 연결되어 있었다. 건물의 모든 공간에는 0.5인치 크기의 구멍이 여러 개 뚫려 있는 파이프가 분기되어 있었다. 약 95세제곱미터 용량의 원통형 수조에는 6기압 정도로 압력을 가할 수 있었고, 관리자의 밸브 조작에 의해 구역별로 선택해 물을 보낼 수 있었다.

화재경보를 받아 펌프를 작동시키면 20분 내에 펌프의 힘으로 물을 공급할 수 있도록 만든 이 설비는 펌프로 물에 압력을 가해서 동작하는 최초의 스프링클러 설비로서 의의가 있다.

하지만 극장에 적용된 설비는 특이한 경우로 보통은 천장에 구멍이 뚫린 파이프에서 나오는 물은 낙차를 이용하는 게 일반적이었다. 캐리와 콩그레브의 장치처럼 줄을 매달아 자동으로 동작하는 방식은 공통적인 문제가 있었다. 바로 화재의 영향을 받아 끊어져야 하는 줄이 무게 추의 계속된 장력에 의해 늘어나는 문제였다.

또 높은 물의 압력을 받은 수조 바닥의 마개가 수조에 꼭 끼어서 줄이 끊어져도 빠지지 않거나, 반대로 마개가 너무 헐거워 수시로 열리는 바람에 평상시 구멍을 뚫어 놓은 배관으로 물이 새는 문제가 공통으로 있었다. 긴 배관에 뚫려 있는 많은 수의 구멍으로 물이 골고루 나오지 않거나 너무 많은 양을 소모해서 불을 끄기도 전에 수조의 물을 금방 다 써 버리는 단점도 있었다.

다공관 살수 설비의 진화

1852년 런던 울리치 지역의 윌리엄 맥베이William MacBay는 구조물에 설치된 배관을 이용하는 화재 진압 장치를 개선한 설비를 만들어 발명 특허 제505호로 등록했다. 특허 명세서에 따르면 이 장치는 건축물과 선박에도 적용 가능하며, 높은 곳에 수조를 설치하거나 마을을 지나는 주 수도관의 힘을 이용해서 물을 보낼 수 있었다. 배관 안에 압력을 받은 물이 차 있었고, 주 배관에서 분기된 화재 보호 대상의 공간까지 연결된 배관 말단의 구멍은 낮은 온도에서 녹는 납 같은 금속이나 말레이시아 원산의 가소성 천연 수지인 구타페르카로 만든 마개로 봉해져 있었다.

평상시에도 배관에 물이 차 있다는 점에서 존 캐리와 콩그리브의 설비와 완전히 달랐고, 열이 발생한 곳에서 열에 의해 자동으로 동작한다는 점에서 현재의 습식 스프링클러 설비와 유사성이 있다. 또 특허 명세서에는 배관이 설치된 건물의 외벽에 말단 배관과 연결된 별도의 배관을 두어 출동한 소방대가 소방펌프로 물에 압력을 가해 직접 말단 배관으로 공급할 수 있는, 즉 지금의 연결 송수관과 같은 장치가 마련되어야 한다는 제안도 기록되어 있었다. 하지만 실제 설치된 설비에는 장시간 물이 차 있는 배관에서 녹이 발생했고, 깨끗하지 않은 물속 이물질이 침전돼 있었으며, 배관을 막고 있던 타르, 금속, 구타페르카가 녹을 때 잔여물이 남아서 물이 나오는 것을 오히려 방해했다고 전해진다.

2장

산업의 변화와 다공관 살수 설비

영국의 산업혁명과 소방 설비

산업혁명과 사회의 변화

    18세기 말부터 시작된 영국의 산업혁명은 면직물 산업을 수공업에서 공장제 기계 공업으로 서서히 바꿔 놓았다. 인력이나 축력은 투입 비용 대비 출력이 낮고 쉽게 피로해지는 반면에 수력과 증기력은 초기 비용은 들었지만 저렴하고 더 큰 힘을 내면서도 멈추지 않았다. 수력과 증기력 같은 막강한 동력원을 이용한 대량 생산은 특정 사람에게 자본을 축적할 수 있는 기회가 되었다. 자본가의 축적된 자본은 사회 전체를 자본에 종속하게 만드는 잠재력이 있었다. 이런 힘은 농업에도 영향을 미쳐 영주나 대지주가 인클로저enclosure 운동을 벌이게 해 모호했던 토지의 경계를 명확하게 했고 그 결과 부농과 빈농을 갈라놓았다.

자본가는 자신이 소유한 자본의 힘으로 임금 노동자를 부릴 수 있는 새로운 권력이 생겼다. 영국의 빈농은 농업으로 생계를 잇기 힘들어지자 결국 고향을 떠나 임금 근로자가 될 수밖에 없는 상황을 맞았다. 도시에 노동자가 넘쳐나며 근로 환경은 갈수록 열악해졌다. 노동자는 농촌에 있을 때보다 더 긴 시간 일해야 했지만 런던 시내에는 노동자가 제대로 쉴 수 있는 공간조차 변변히 없었다. 가난한 노동자는 다음 날 일하기 위해 4페니를 내고 관에 들어가서 잠시 쉬거나, 그보다 사정이 어려운 노동자는 노숙자 구호 시설에서 1페니를 내고 벤치에 앉아 빨래줄처럼 걸린 로프에 머리를 기대고 비바람과 추위를 견뎌야 했다.

섬유 산업 등 다공관 살수 설비의 확산

이런 상황에서 자본가에게 중요한 것은 언제라도 대체 가능한 노동력을 제공하는 인간이 아니라 더 많은 자본을 모을 수 있게 해주는 공장과 당시의 최고 기술이 집약된 값비싼 방적기나 방직기와 같은 기계, 그리고 대량으로 쌓인 원료 및 생산품과 그것을 보관하고 있는 창고였다. 특히 직물은 그 자체도 불에 약하지만 생산 과정에서 필연적으로 분진과 보풀이 발생하는데, 그것은 아주 작은 불씨를 큰 화재로 키우는 훌륭한 촉매였기 때문에 화재는 섬유 산업에 종사하는 자본가에게 최대 골칫거리였다. 화재에 취약한 섬유를 취급하는 공장의 잇따른 화재 사례 속에서 공장 자본가는 자신들에게 가장 중요한 공장과 창고를 화재로부터 보호하기 위해 존 캐리의 발명과 유사한 설비를 자발적으로 설치하기 시작했다.

미국의 산업 변화와 표준화

영국에서 일어난 산업혁명의 영향은 미국의 북쪽에 처음 전파되었다. 산업혁명의 영향은 증기기관을 이용한 철도의 등장과 그 철도망을 타고 전파되어 북부와 중서부의 경제와 문화를 빠르게 변화시켰다. 반면에 미국 남쪽은 넓은 토지와 흑인 노예 노동력을 바탕으로 유럽 본국에서 고부가가치를 가진 담배, 사탕수수, 커피, 차 등의 작물을 재배하는 플랜테이션 농장 중심의 경제 구조였다. 나날이 성장하는 북부와 달리 노동력이 많이 필요한 남부의 농업은 거듭된 경작으로 황폐해지는 동시에 과다 생산 등의 원인으로 주 생산품인 작물의 가치가 점차 떨어지고 있었다. 노동 집약적이며 생산성이 낮아 비효율적인 남부의 농업은 자본주의 체제와 어울리는 방식이 아니었고 노예 소유주는 노예들의 생계까지 책임져야 했다. 특히 목화 재배에서 시간과 노동력이 가장 많이 소모되는 공정은 목화솜에서 씨앗을 분리하는 작업이었는데, 이 공정의 비효율성 때문에 목화 농장을 운영하는 미국 남부 일각에서는 오히려 노예제를 폐지하자는 주장마저 나왔다.

이때 영국 산업혁명의 상징인 방적기처럼 미국 면화 산업에도 상징적인 발명이 있었다. 바로 목화솜에서 씨앗을 빠르게 분리할 수 있는 조면기cotton gin였다. 조면기는 1794년 매사추세츠주 출신의 일라이 휘트니Eli Whitney가 만들었는데, 고양이가 울타리 안에 있는 닭을 낚아챌 때 몸통은 울타리에 걸리고 깃털만 떨어지는 것을 보고 영감을 얻었다고 한다. 당시 허술한 특허권 관련 법 아래에서 단순한 구조의 휘트니 조면기는 빠른 시간에 무단으로 널리 복제되었다. 1794년 조면기가 처음 등장하고 20년이 안 되는 시간에 미국의 면화 수출량은 두 배 가까이 늘어나 목화 농장주는 큰 수익을 올렸고, 목화솜 수확에 노동력을 제공하던 노예제는 폐지할 필요가 없어졌다.

독립 직후부터 산업에 노예제가 필요 없었던 북부와 노예제에 더 의존하게 된 남부의 갈등과 다른 이유의 대립이 맞물려 1861년 미국에서는 남북전쟁이 발발했다.

휘트니는 남북전쟁의 성패에도 지대한 영향을 끼쳤다. 미국 정부는 프랑스와의 전쟁에 대비한 화기인 머스킷Musket을 생산해 비축하려 했지만 숙련된 제작자 한 명이 총의 모든 부분을 만드는 생산 방식 때문에 1년에 400정 정도를 만드는 게 고작이었다. 1780년대 후반 프랑스의 총기 제조업자 오노레 블랑Honoré Blan도 이 문제를 해결하기 위해 한 정 한 정이 모두 달랐던 총기를 개별 부품으로 나누고, 같은 종류의 부품은 똑같이 만들어 생산하는 방안을 고안했다. 하지만 기존의 총기 제조업자들의 반발과 프랑스 혁명의 영향으로 이 실험은 실패했다.

휘트니는 프랑스의 실패 사례를 미국의 총기 생산에 적용했다. 휘트니가 시도한 표준화 작업은 그가 사망 후에야 효과가 나타났다. 휘트니가 사망한 지 36년 만에 발발한 남북전쟁에서 북부는 휘트니의 규격화된 부품으로 만든 머스킷을, 남부는 전통적 방식으로 제작된 영국과 벨기에의 머스킷으로 무장한 채 충돌했다. 무기 생산 방법의 이런 차이는 결과적으로 북부가 승리하는 데 일조했다.

  소총을 만들기 위해 똑같은 부품을 동일한 사양으로 생산하기 위한 노력은 밀링 머신milling machine 등 제조 기계의 발전으로 이어졌다. 상호 호환이 가능한 표준화된 부품 제조 방식은 수작업을 할 수 있는 숙련공이 필요했던 전통적 제조 방법과 비교할 수 없을 만큼 빠르고 효율적이었다. 북부가 전쟁에서 승리한 후 표준화의 개념은 기계 및 섬유 산업과 같은 다른 제조 산업으로 퍼졌다. 결국 생산의 복잡성이 증가하던 미국의 산업 전반에 영향을 미쳐 기계에 의한 대량 생산이 가능해지는 기초를 마련했다.

  미국은 우월한 자연환경과 유럽이 이미 개발한 기술, 산업 기술의 발전과 함께하는 금융 산업의 발달 등을 동력원으로 빠르게 성장했다. 발전을 저해하는 전근대적 사상이나 봉건 체제가 존재하지 않았던 미국의 산업혁명은 시행착오 과정을 겪던 영국에서와 다르게 진행되었다. 미국은 2차 세계대전 이후 패권국가로 비상할 조건을 갖춰 나가고 있었다.

다공관 살수 설비의 수정

  영국 산업혁명의 영향이 미국으로 이식된 것처럼 영국 공장의 화재 방어를 위한 구멍 뚫린 배관 설비도 미국으로 건너왔다.

  '록스 앤드 커낼스Locks and Canals'는 미국에서 가장 오래된 기업 중 하나로, 수문과 운하를 건설하고 운영권을 행사하던 회사다. 그들은 매사추세츠주 로웰 지역에 걸쳐져 있는 회사 소유의 물길을 수력으로 이용하고자 하는 제분소나 공장의 수력 사용권을 통제할 수 있었다. 오늘날 가장 일반적 수력 터빈 방식인 프랜시스 터빈Francis turbine을 발명한 J. B. 프랜시스J. B. Francis가 이 회사의 수석 엔지니어로, 프랜시스는 수문을 조절해 운하로 흐르는 물의 양을 통제해서 제분소나 공장이 그 동력을 이용할 수 있도록 조정하는 업무를 했다.

프랜시스는 화재에 취약한 생산 설비를 화재로부터 방어하기 위해 구멍 뚫린 배관 소화 설비를 설치하고자 했다. 건조 분말이 날리고 높은 천장에 커다란 기계가 있어서 사람 손이 모든 공간에 다 닿을 수 없는 제분소와 같은 생산 시설의 안전을 위해서였다.

그는 1850년대 후반 매사추세츠주에 있는 서퍽 제분소Suffolk Mill Picker Houses에 천공 배관 소화 설비를 설계하고 설치했다. 이 설비는 처음에는 건축물의 지붕에만 설치되었다가 나중에는 설치 영역이 확장되어 공장의 주요 구조물과 설비, 원재료 보관 장소까지 적용되었다. 프랜시스는 천장 면에 더 가까이 배관을 설치하고 배관이 공장 전체를 가로지르게 했다. 또 배관에 2.5밀리미터 크기의 구멍을 9인치 간격으로 서로 다른 방향으로 뚫어서 배관에서 나온 물이 바닥 전체에 골고루 떨어지도록 했다. 그는 이 과정에서 배관 내 마찰 손실을 줄이기 위해서는 배관의 직경을 말단으로 갈수록 좁아지도록 등급화할 필요가 있다고 생각했다. 프랜시스는 배관에 뚫린 구멍의 크기와 위치, 주 배관과 분기된 배관의 위치와 직경을 최적화하기 위한 실험을 실시하고 1865년 프랭클린 연구소 저널에 그 결과를 발표했다. 프랜시스의 배관 소화 설비는 1870년대 들어 화재 예방에 관심이 있는 다른 회사에도 설치되기 시작했고, 그의 연구 결과는 배관 소화 설비의 기준이 되었다.

배관망의 개선과 다공관 설비의 한계

가장 먼저 프랜시스의 화재 방지 시스템을 도입한 회사 중 하나는 미국 로드아일랜드의 '프로비던스 증기와 가스 파이프사Providence Steam and Gas Pipe Company'였다. 이 회사의 대표는 100대 이상의 증기 기관차를 설계한 철도 엔지니어 출신 프레더릭 그리넬Frederick Grinnell 이었다. 그리넬은 19세부터 철도 회사인 '저지 시티 기관차 공장Jersey City Locomotive Works'에서 설계자로 근무하며 경력을 쌓았다. 남북전쟁 중에는 로드아일랜드주 프로비던스의 '콜리스 증기 엔진 공장Corliss Steam Engine Works'에서 군함에 들어갈 증기기관 엔진 생산에 참여했고, 전쟁이 끝난 후 다시 철도 회사의 총지배인으로 근무를 하던 중 프로비던스 증기와 가스 파이프사의 지분을 매입해서 경영을 시작했다.

이 회사는 원래 프로비던스 지역에 가스, 물, 난방을 공급하는 배관망 구축 전문업체였다. 그리넬은 1860년대 후반 프랜시스의 다공관 살수 설비를 자신의 회사에 도입하며 섬유 공장과 같은 산업 시설에 다공관 살수 설비를 제조, 설치하는 분야로 사업 영역을 확장하고자 했다. 발명가인 그리넬은 프랜시스의 설비를 그대로 사용하지 않고 배관 및 배관의 천공 크기와 위치, 간격, 각도를 수정했다. 이런 그리넬의 작업 과정에서 현대 스프링클러의 주요소 중 하나인 펌프에서부터 말단까지 적절하게 물이 흐를 수 있는 배관 구성의 기틀이 마련되었다.

이 무렵 소방관은 아직 공기 호흡기 같은 안전 장비가 마땅치 않아 불이 난 건물에 진입하는 것이 제한적이었고 주로 건물 밖에서만 활동하고 있었다. 이런 상황에서 건물 안 불이 난 공간에 직접 물을 공급할 수 있는 다공관 살수 소화 설비는 매우 유효한 장치였다.

하지만 단점도 많았다. 그 중에서도 스테인리스가 발명되기 전 다공관 살수 설비의 철 배관은 녹이 배관을 막는 큰 문제가 있었다. 이를 방지하기 위해 타르로 배관을 코팅하는 방법이 사용됐지만, 정작 불이 났을 때 예상과 달리 타르가 설계대로 제때 녹지 않아 배관으로 물이 나오지 않는 문제가 생겼다. 또 다른 문제는 물이 정확히 화재 지점에만 분사되지 않아 비효율적이라는 점이다. 천장 배관의 모든 구멍으로 물이 나오려면 엄청난 양의 물이 필요하기 때문에 정작 필요한 곳에 나오는 물의 양은 화재를 진압하기에 충분하지 않았다.

가장 큰 문제는 작동 시간과 작동 시점이었다. 다공관 살수 설비의 최초 발명자인 존 캐리는 1806년 이 설비를 만들 때 존 그린이 1763년 취득한 도난 경보 장치의 특허처럼 팽팽한 줄이 끊어지면 자동으로 동작하도록 만들었다. 하지만 실제로 이 설비는 자동 방식보다는 관리자에 의한 수동 조작에 의존했다. 설비가 자동으로 동작하려면 화재가 어느 정도 강해진 이후에야 천장의 줄을 끊을 수 있었기 때문이다. 결국 줄이 끊어지며 마개가 열리고 배관을 타고 물이 나오는 시간이 상당히 오래 걸려서 이미 성장한 화재에 소용없기 일쑤였다. 반면에 수동 조작 방식은 수조의 마개를 바로 열어 초기에 화재를 진압할 수 있었다. 하지만 관리자가 건물의 모든 공간에 상주하며 화재를 감시하는 것이 불가능하므로 관리자가 없는 공간과 시간에도 자동으로 작동하는 설비를 만들려는 시도가 이어졌다.

3장

스프링클러 헤드

다공관 살수 설비의 문제점

다공관 살수 설비에서 당장에 개선할 목표는 다음과 같았다. 첫째는 화재 시 사람이 감시하고 조작하는 게 아니라 자동으로 동작할 것, 둘째는 화재 진압의 효율성과 쏟아진 물로 인한 피해를 줄이기 위해 전체 배관에서 물이 나오지 않고 화재 장소에만 선택적으로 물이 나올 것, 셋째는 화재 발생 시점 후 더 빠른 시간에 동작할 수 있을 것 등이었다. 이 세 가지 문제를 보완해 장치로 구현하는 것은 생각보다 까다로운 문제로 다양한 변수를 고려해야 했다.

다공관 살수 장치에서 현대적 스프링클러 설비에 이르는 이 과도기에 다양하고 참신한 해법이 많이 등장했다. 미국의 예를 들면 가장 활발하게 발명이 이루어졌던 시기인 1872년부터 1920년까지 스프링클러나 이와 유사한 장치에 대해 등록된 특허만 450여 건에 달할 정도였다. 개별 특허 중에는 독창적이고 다양해서 범주화하기 어려운 부류도 있지만, 서로 유사한 특허나 상용화에 실패한 특허도 많아서 이들 특허를 시간순으로 일일이 나열하는 것은 노력에 비해 의미가 크지 않다. 따라서 수많은 특허 중 최소한 현재의 스프링클러 설비에도 아직 활용되는 것을 위주로 획기적 발명만 추려 살펴보자.

스프링클러 헤드의 최초 발명

배관에 물을 채우는 방법의 한계

먼저 화재 발생 후 지연 시간이 생기는 문제의 해법이 등장했다. 즉 다공관 살수 장치에서 동인動因인 줄이 끊어지고 난 이후 수조의 물이 배관을 타고 화재 지점까지 도착하는 데 걸리는 시간을 단축하는 방안을 찾은 것이다. 이 발상의 요점은 물이 배관을 타고 올 때까지 기다리는 것이 아니라 배관 안에 물을 채워 두는 것이었다.

배관에 물을 채우는 방법은 1852년 런던의 윌리엄 맥베이William MacBay에 의해 최초로 발명되었다. 하지만 물이 차 있는 다공관의 구멍을 구타페르카 같은 가소성 수지나 융점이 낮은 금속인 납으로 막는 방법은 설정한 조건에서 배관을 막고 있다가 녹아야 하는 물질이 배관 속 물 때문에 녹는 것이 지연되어 제때 작동하지 못하는 문제가 있었다.

최초의 스프링클러 헤드를 발명한 러프턴

윌리엄 맥베이의 아이디어는 1861년 런던의 토목 엔지니어인 루이스 러프턴Lewis Roughton에게 이어졌다.

당시 산업 전반은 저융점 금속에 대한 관심이 많아 발명도 활발할 때였다. 대표적 발명으로 1860년 뉴욕의 치과의사이자 발명가 바나바스 우드Banabas Wood가 고안한 비스무트, 납, 주석, 카드뮴을 조합해 섭씨 70도에서 녹는 리포위츠 합금Lipowitz's alloy을 들 수 있다. 이와 같은 저융점 금속은 더 낮은 온도에서도 녹을 수 있어서 구타페르카나 납보다 다공관 살수 장치에 더 적합했다.

러프턴은 배관과 배관 사이에 설치할 수 있고 화재의 열로 작동해 물을 뿌리는 구조물을 발명했다. 이 구조물은 나선형 홈과 나선형의 돌출된 홈이 나 있는 배관의 양쪽 끝에 돌려 끼우면 꼭 맞도록 만들어졌다. 구조물 내부에는 수직으로 움직이는 시트seat가 있어서, 시트가 위에 있을 때는 아래 방향으로 물이 흐르지 않다가 밸브가 내려가면 물도 아래로 흐르도록 되어 있었다. 평상시 이 밸브는 위로 올라간 상태에서 저융점 금속으로 고정되어 있다가 화재가 발생해 그 열로 금속이 녹으면 물의 압력에 의해 밸브가 아래로 내려가 물이 흐르는 식이었다. 이 장치의 하단은 '로즈형rose type'이라는 돌출된 샤워기처럼 생긴 구조

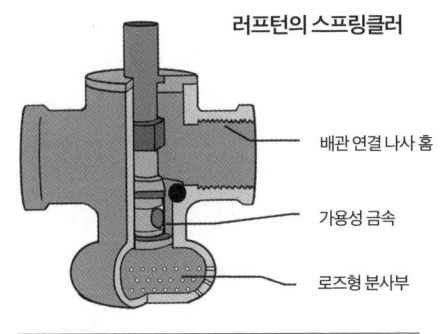

러프턴의 스프링클러

— 배관 연결 나사 홈
— 가용성 금속
— 로즈형 분사부

출처: 송병준

저융점 금속이 적용된 러프턴의 스프링클러 헤드. 최초의 스프링클러 헤드다.

물인데, 많은 구멍이 뚫려 있어서 아래 방향으로 골고루 물을 분사할 수 있었다. 장치의 상단에는 손잡이가 달린 밸브가 있어서 손잡이를 돌리면 저융점 금속부를 파괴해서 수동으로 동작할 수도 있었다.

이 발명의 핵심은 화재 시 녹는 것이었다. 하지만 이 발명품 역시 화재 시 녹아야 하는 저융점 금속이 차가운 배관의 물 온도에 영향을 받아 동작하지 못하는 사례가 많았다. 이처럼 자동 동작에 신뢰성이 떨어지는 문제 때문에 결국 상업적 성공을 거두지 못했다.

참고로 여기서 '로즈'라는 단어는 17세기부터 부유층 저택에 있던 조명용 샹들리에의 양초나 가스등에서 발생하는 그을음으로부터 천장을 보호하고, 샹들리에의 하중을 지탱하기 위한 지지물로 쓰이는 반구형 모양의 구조물을 지칭하는 단어다. 로즈는 전기가 보급된 이후에도 보기 싫은 배선을 가리기 위한 용도로 쓰였고 일반적으로 화려한 장식이 있었다.

나사 조립식 헤드를 발명한 해리슨

러프턴의 영향으로 1864년에는 런던의 의용군 공병대 대령 스튜어트 해리슨Stewart Harrison이 배관 자체에 구멍을 뚫거나 배관과 배관 사이에 수평으로 끼우는 방식이 아니라, 아래 방향의 배관 말단에 나사산을 이용해 조립할 수 있는 스프링클러 헤드를 최초로 발명했다.

해리슨의 스프링클러 헤드는 배관 아래쪽 방향에 설치하는 직경 76밀리미터의 속이 빈 황동 재질의 구 형상 구조물이었다. 표면에는 직경 1.5밀리미터의 구멍이 여러 개 나 있어서 전방위로 물이 나올 수 있었다. 헤드의 내부 위쪽에는 배관과 연결된 직경 19밀리미터의 구멍이 나 있고 아래쪽에는 3밀리미터 크기의 구멍이 나 있었다. 위쪽의 구멍을 통해 배관에서 흐르는 물은 밥그릇 모양의 고무마개(A)가 있어서 수압에 적절히 찌그러져 기밀을 유지하도록 만들어졌고, 그 아래로는 중앙에 축이 있는 압정 모양의 밸브 시트가 있었다. 압정 모양 부품의 축은 아래의 3밀리미터 구멍을 따라 위아래로 움직일 수 있었고, 헤드의 맨 아랫부분은 밸브 시트를 고정하는 저융점 금속(B)으로 되어 있었다.

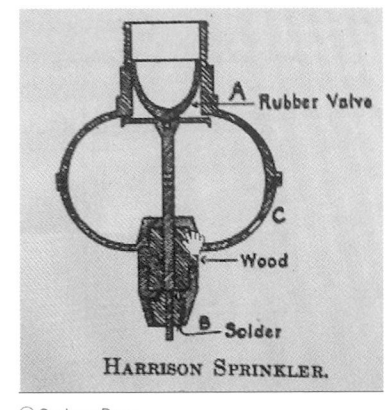

© Gorham Dana

해리슨의 최초의 나사 조립식 스프링클러 헤드.

저융점 금속은 평상시 물과 직접 닿지 않아 설정 온도에서 녹기 쉬웠다. 또 금속이 녹으면 수압에 의해 고무마개와 압정 모양 부품이 아래로 내려가서 자동으로 물이 흐르고 헤드의 구멍(C)으로 물이 나오는 식으로 작동했다. 하지만 이 발명품 역시 헤드 외부의 미세한 구멍이 이물질에 막히는 문제와, 물을 막는 밥그릇 모양의 고무마개가 지속된 수압에 의해 변형돼 평상시 물이 새거나 시간에 따른 경화가 생겨 자동 동작이 잘 안 되는 단점이 있었다. 가장 큰 문제는 이 헤드 역시 정작 화재 시에는 저융점 금속이 제때 녹지 못하는 치명적 단점이 있어 실용화까지 이르지 못했다.

헤드에 영감을 준 그 밖의 발명

다수의 특허 청구서를 볼 때 다공관 살수 장치 및 유사 장치를 만

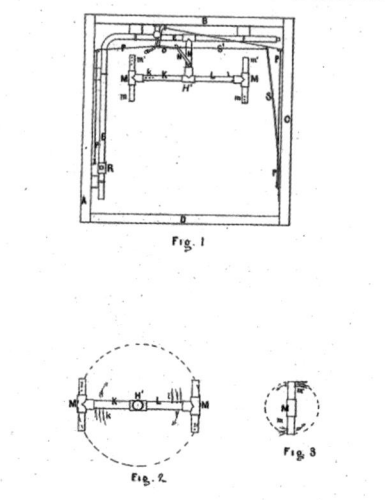

필립 프랫의 회전부가 있는 다공관 설비.

들려는 사람은 공통적으로 건물 구석구석까지 연결된 배관망을 구축하고 배관을 물로 채운 후 높은 곳의 수조나 펌프로 물에 압력을 가하는 방법을 취했다. 여러 장치의 기능이 목표로 하는 것은 한마디로 '화재가 난 공간에서 자동으로 작동해 그 공간 어디에서 불이 나더라도 끌 수 있게 골고루 물이 분사되는 것'이라고 할 수 있다. 공통적으로 목표로 한 기능은 스프링클러 전체에서 분리되기 시작해서 해당 기능을 하는 기구의 형상도 스프링클러의 구성 요소 중 하나인 헤드의 원형으로 차츰 뚜렷하게 모습을 갖춰 갔다.

1872년에 미국 매사추세츠주 애빙턴의 필립 프랫Philip W. Pratt이 자동으로 동작하는 다공관 살수 장치에 대한 특허를 취득했다. 이 특허는 천장에 'H'자 모양의 구조물이 잔디용 스프링클러처럼 수압에 의해 회전하는 특징이 있었다. 이 발명은 헤드의 물 분사가 방호 구역 전체로 퍼질 수 있는 색다른 방법임과 동시에 배관과 헤드를 보다 명확하게 구분 지어 준다는 점에서 의미가 있다.

뒤이어 자동 기관총을 발명한 것으로 유명한 미국 메인주 생어빌 출신의 발명가 히람 스티븐스 맥심Hiram Stevens Maxim도 스프링클러를 발명한 적이 있다. 맥심은 영국으로 귀화하기 전 대형 가구 공장에서 화재가 반복적으로 발생하는 것을 목격한 후 보다 자동화된 스프링클러 설비를 발명했지만 사업을 위해 보스턴에서 투자자를 구하는 데 실패하고 말았다. 맥심의 발명은 건물 전체에 배관망을 구축하고 각 배관의 말단에 저융점 금속이 녹아 작동하는 헤드를 장치한 것이었다.

4장

현대적 스프링클러 설비

헨리 파믈리

스프링클러 설비가 발전할 수 있었던 데에는 화재보험사의 역할이 중요했다. 화재 시 막대한 보상금을 지급해야 하는 보험사 입장에서는 수익성을 높이려면 가입자의 보험 대상물에 화재가 덜 발생해야 했다. 이를 위해 보험사는 보험료 할인이라는 유인책으로 보험 가입자에게 화재 예방을 주문했다. 사실 화재가 나면 서로 손해를 입기 때문에 가입자도 보험사의 권고를 따르지 않을 이유가 없었다. 보험사의 이러한 시각은 화재를 돌발적이고 피할 수 없는 사고에서 통제 가능한 위험 요소로 여기게 만들었다.

미국은 산업이 발달하고 공장의 규모가 커짐에 따라 불이 나면 감당해야 할 손실 규모도 점차 늘어났다. 화재 사고로 막대한 보험 보상금을 지급하는 사례가 많아지며 공장주가 부담하는 화재 보험료도 올라갔다. 당시의 화재보험은 예측하지 못한 화재로 인해 손해가 발생하면 보험사가 보험 가입자에게 보상금을 지급하고 그만큼 다른 피보험자들의 보험료를 일률적으로 올리는 방식으로 손실을 충당했기 때문이다. 이런 양상은 1871년 시카고 화재, 1872년 보스턴 화재 등 대형 화재 이후 더욱 두드러졌다.

코네티컷주 뉴헤이븐 출신의 헨리 파믈리Henry S. Parmelee는 1865년 운영하던 피아노 공장에서 화재 사고를 경험했다. 화재에 경각심을 가지게 된 파믈리는 시카고와 보스턴 대화재 이후 비싼 화재 보험료를 책정하는 보험사와 보험사가 권장하던 초기 스프링클러 설비의 조악함에 반발해 형제인 조지 파믈리George F. Parmelee와 함께 직접 다공관 살수 설비를 개선하기 시작했다.

물 흐름 감지 밸브와 경보 장치

파믈리는 소화 설비에서 나온 물로 인한 피해를 막기 위해 화재가 난 곳에서만 작동하는 장치를 만들고 싶어 했다. 이후 그는 히람 맥심의 아이디어와 프랜시스의 프로비던스 증기와 가스 파이프사의 특허에서 영감을 받아 장치를 발명한 후 1874년 특허를 취득했다.

파믈리의 발명품은 배관망과 배관 말단의 헤드를 기본 구조로 한다는 점에서 기존 발명과 유사하다. 하지만 물의 흐름을 감지해서 밸브를 열고 경보기에 전기 신호를 보내는 장치가 있었다는 점에서 기존의 것과 차이가 났다. 이 장치는 가압수가 차 있는 주 배관과 배관의 말단 사이에 위치하는 밸브다. 만약 헤드가 열 등에 의해 열리면

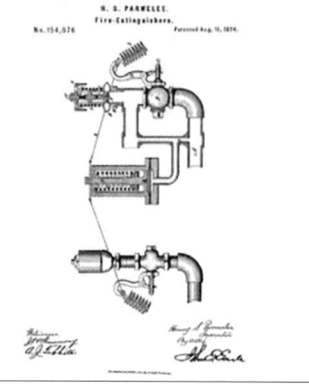
파믈리가 발명한 최초의 유수 감지 장치.

헤드를 통해 물이 빠져나가는데, 물이 빠져나가서 배관 내 압력이 낮아지는 변화가 일어나면 작동하도록 고안되었다.

배관과 헤드로 구성된 발명품을 좀 더 자세히 살펴보면, 헤드로 향하는 주 배관에는 피스톤 장치와 연결된 작은 구경의 배관이 분기되어 있었다. 헤드는 천장 방향으로 솟아 있고 여러 개의 구멍이 나 있으며 뚜껑으로 막혀 있었다. 뚜껑 내부는 스프링이 눌려 있는 상태였고, 물이 온도를 낮추는 작용을 막기 위해 약간의 간격을 두고 저융점 금속으로 봉해져 있었다. 주 배관과 헤드 사이의 밸브는 열고 닫힐 때 바깥으로 돌출된 레버가 같이 움직였다. 이 밸브의 레버 끝에는 스프링이 달려 있었고 스프링의 끝은 피스톤 장치와 와이어로 연결되어 있었다. 피스톤 장치 내부는 스프링이 눌린 채로 고정되어 있었고, 그 아래에는 주 배관에서 분기한 작은 구경의 배관 말단이 연결되어 있었다.

헤드의 저융점 금속이 녹아 물이 흐르기 시작하면 배관 내부의 압력이 낮아지게 된다. 이때 피스톤의 스프링 장력에 의해 피스톤 로드가 아래로 내려가며 와이어로 연결된 모든 밸브를 여는 것과 동시에 물의 흐름에 의해 기계적 경보 장치가 울리도록 만들어져 있었다.

이 장치의 저융점 금속이 녹아 작동하는 방식은 당대의 유사한 장치가 작동하는 방식에서 크게 벗어나지 않았다. 전기 신호를 발하는 것이 아니라 기계적으로 작동하는 한계가 있지만 배관 안 물의 흐름을 감지해 작동하고 경보를 울리는 부분은 지금의 알람 밸브와 작동 원리가 같다는 점에서 혁신적 발명이라 할 수 있다. 하지만 이 발명은 복잡한 설계와 유동적인 수압에 적응해야 하는 스프링 장력 조절의 어려움 때문에 동작에 신뢰성이 낮아 상업적으로 성공하지 못했다.

헤드 발전의 시작점

파믈리는 스프링클러의 헤드를 단순화하는 개선으로 1875년 두 번째 특허를 취득했다. 이 헤드는 많은 구멍이 나 있는 구형 구조물 위에 압력이 가해진 배관의 물이 흐르지 않도록 놋쇠로 만든 뚜껑을 저융점 금속으로 고정한 단순한 구조였다. 하지만 이 발명품 역시 저융점 금속이 배관 속 차가운 물 온도의 영향을 받아 설정한 온도에서 제대로 작동하지 않는 문제를 극복하지 못했다.

파믈리는 1878년 배관에서 발생하는 녹이나 다른 침전물 때문에 구멍이 막히는 문제를 해결하기 위해 필립 프렛의 발명처럼 수압으로 회전하는 구조물이 부착된 헤드를 발명했다. 이 헤드 역시 섭씨 71도 정도에서 녹는 금속으로 봉해진 뚜껑으로 물의 압력을 막는 방식이었다. 헤드는 배관에 나사산으

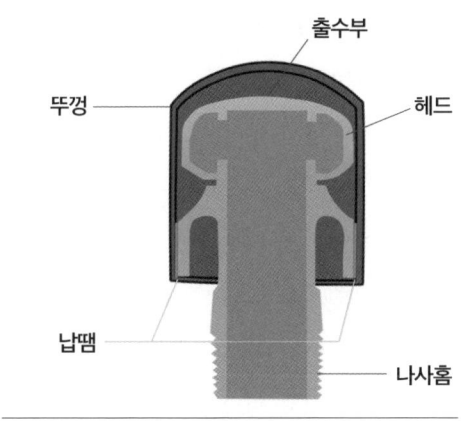

출처: 송병준

놋쇠 뚜껑으로 봉한 파믈리의 초기 헤드. 저융점 금속으로 땜한 부분이 물과 떨어져 있다.

로 돌려 끼우는 구조로 배관 위 방향으로 돌출되어 있었고, 설치 공간에 물을 골고루 분사하기 위해 각 헤드는 수평 방향으로 약 3미터씩 떨어져 배치되었다. 이런 개발 과정을 거치고 다듬어진 파믈리 형제의 발명품은 상품으로 판매되어 미국에서 어느 정도 상업적인 성공을 거두었다.

매더 앤드 플랫

영국으로 건너간 파믈리의 스프링클러

1881년 초 조지 파믈리는 영국 시장을 개척하기 위해 맨체스터로 이주했다. 영국에 도착하자마자 그는 스프링클러의 유용성을 알리기 위한 시연을 벌였다. 첫 시연은 영국 맨체스터 볼턴 도매시장의 광장에서 가로 6미터, 세로 9미터 크기로 만든 나무 창고에 여섯 개의 스프링클러 헤드를 설치한 뒤 바닥에 나무 부스러기, 술통 등을 넣고 불을 붙이는 것으로 시작되었다. 1분 20초가 지나 화염이 커지자 세 개의 헤드가 순차적으로 작동했고 화재는 성공적으로 진압되었다. 일주일 후 같은 장소에서 다시 시연했을 때도 스프링클러는 성공적으로 작동했다.

하지만 영국 시장은 냉담했다. 비용 부담자인 공장주가 설치에 상당한 비용이 드는 스프링클러 설비 구입을 결정하기 위해선 이를 보전할 수 있도록 화재 보험료가 낮아진다는 보장이 있어야 했다. 하지만 스프링클러 설비가 성공했던 미국에서와 달리 영국의 보험사는 보험료 인하에 소극적이었다. 조지 파믈리는 영국 화재보험 회사를 돌며 스프링클러가 대형 사고의 확률을 낮춰 보상금 때문에 발생하는 손실을 줄일 수 있다고 설득했다.

이즈음 영국에서도 비싼 보험료를 청구하는 일반 화재보험 회사에 반발해 회원 간 상호부조를 우선하는 형식의 보험사들이 등장했다. 화재 방어를 위해 산업 시설의 자구적인 개선 방안을 공유하는 미국의 '뮤추얼 팩토리Mutual Factory'와 유사한 보험사들이 생겨났던 것이다. 산업혁명의 중심지인 랭커셔 지방의 '볼턴 면 무역 상호부조 보험회사Bolton Cotton Trades Mutual Insurance Company'도 이런 유형의 보험사였다. 이 회사의 대표이자 면방직 공장을 운영하던 헤스케스Hesketh 대령과 회사의 비서 피터 케번Peter Kevan은 조지 파믈리의 발명에 관심을 가졌고, 헤스케스의 공장을 포함해 이 보험사에 가입된 일부 공장에 파믈리의 스프링클러 설비가 처음으로 설치되었다.

또 다른 회사인 '맨체스터 상호부조 화재보험조합Manchester Mutual Fire Insurance Corporation'의 제임스 레인James Lane 역시 스프링클러 설비에 남다른 관심을 가졌다. 레인은 볼턴의 화재보험에 가입되어 있고 조지 파믈리의 스프링클러 설비가 설치된 공장에 직원 존 워멀드John Wormald를 파견해서 스프링클러 설비를 2년간 실제로 운영하게 했다. 이때 존 워멀드는 파믈리를 도와 스프링클러를 개선하는 작업과 시연에 참여하기도 했다.

비싼 보험료로 수익을 내는 대신 화재 예방을 통해 비용 손실을 줄이는 방향으로 운영하던 맨체스터 상호부조 화재보험조합은 당시에 이미 소화기, 소화전 같은 소방 설비를 설치한 공장에 대해 2.5퍼센트에서 15퍼센트 비율로 보험료를 인하해 주고 있었다. 소속 직원인 제임스 레인은 여기서 한 발 더 나아가 스프링클러 설치 공장에 임의로 원래 할인율에 추가해 보험료의 20퍼센트를 더 깎아 주었다. 이처럼 레인은 보험업계에 스프링클러 설비의 장점을 인정하는 주장을 펼쳤지만 다른 화재보험사는 여전히 냉담했다.

파플리는 자동 스프링클러에 대한 사람들의 의심을 불식시키기 위해선 최대한 실제 공장과 같은 조건에서 작동시켜 효과를 입증하는 것이 필요하다고 생각했다. 1882년 3월 22일 파플리와 볼턴 보험사는 기름에 절은 마룻바닥이 깔린 5층 높이의 오래된 면방직 공장에 스프링클러를 설치하고 화재를 발생시켜 스프링클러가 작동하는 광경을 눈앞에서 펼쳐 보였다. 스프링클러의 우수한 성능을 입증한 시연 결과는 지역지를 통해 널리 알려졌다. 하지만 이런 노력에도 영국 시장은 호의적이지 않았다. 1883년까지 파플리의 스프링클러를 설치한 공장은 12개 남짓에 불과했다.

영국의 스프링클러 시장을 넓힌 매더 앤드 플랫

파플리의 스프링클러가 설치된 공장에 파견을 나갔던 존 워멀드는 보험 회사에 입사한 1878년 이전에는 맨체스터 지방에서 섬유 산업 기계와 섬유의 표백 및 염색업을 하던 회사 '매더 앤드 플랫Mather & Platt'에서 근무했다. 이 회사의 대표이자 하원의원이던 윌리엄 매더 William Mather는 스프링클러 설비의 잠재력을 알아본 인물이다.

매더 앤드 플랫은 1873년 공학 교수인 오스본 레이놀즈Osborne Reynolds가 설계한 부품이 적고 구조가 단순하며 내구성이 뛰어난 혁신적인 원심 펌프를 생산해서 상수도, 광산, 제분소 및 발전소에 판매하던 중이었다. 원심 펌프는 동작을 하는 동안 압력이 계속 올라가 고장이 나 버리는 용적형 펌프와는 달리 밸브가 닫혀 있어도 어느 정도 이상으로 압력이 올라가지 않아 스프링클러 설비에 아주 적합했다.

윌리엄 매더는 스프링클러 기술에 관련한 정부 보고서를 작성하기 위해 스프링클러 산업이 발달한 미국 현지로 직접 갔다. 현지 조사 중 매더는 미국 로드아일랜드주 프로비던스의 브라운대학에서 스프링클러의 창시자라 할 수 있는 프레더릭 그리넬을 만났다. 그리넬은 이미 파믈리와 협력해 파믈리의 스프링클러 특허 사용권을 취득한 후 뉴잉글랜드 지역 몇 곳에 스프링클러 헤드 20만 개가량을 설치하고 운영 중이었고, 1881년에는 파믈리의 것보다 조금 더 개선된 스프링클러 시스템을 발명하기도 했다. 그리넬의 발명품을 보고 성공을 확신한 매더는 1883년 북미 이외의 지역에서 그리넬의 스프링클러를 생산할 수 있는 독점권을 얻었다. 영국으로 돌아온 매더는 그리넬의 스프링클러를 시장에 내놓았고, 이기기 어려운 경쟁 상대가 생긴 파믈리 형제는 영국 시장에서 철수했다.

이미 규모가 갖춰져 영향력이 있던 회사 매더 앤드 플랫이 판매하는 스프링클러 설비는 시장에 큰 파장을 일으켰다. 보험사는 스프링클러 설비의 효과를 인정하고 이 설비를 설치한 공장의 화재 보험료 인하를 결정했다. 이후 매더 앤드 플랫은 화재 위험성이 큰 섬유 공장을 주 고객층으로 해서 스프링클러 사업을 크게 확장시켰다.

그런데 화재 위험도가 높은 공장에 스프링클러 설치가 일반화되었지만 아무런 규격이나 기준이 없어 설계와 시공이 어려웠고, 구성 요소가 서로 호환되지 않는 문제점이 점차 드러났다. 사실 이 문제 때문에 이미 많은 수의 공장에 설치된 스프링클러 설비들 역시 화재에 유효한 성능을 기대하기 어려웠다.

한편 제임스 레인은 스프링클러 설비 자체가 가지는 커다란 잠재력을 감지하고 맨체스터 상호부조 화재보험조합을 나와 별도의 보험사를 설립했다. 레인은 볼턴에서 스프링클러 설비에 대한 연구를 계속했던 직원 존 워멀드를 주축으로 다음과 같은 세 가지 원칙을 정하고 스프링클러의 시공, 유지 보수의 표준화 작업을 시작했다. 그 원칙은 첫째 자동으로 헤드에 압력수를 공급할 수 있을 것, 둘째 주 배관과 분배 배관의 구경 비율, 적정한 길이 등을 정해 말단에서 물이 고루 나올 수 있을 것, 셋째 단일 위험 요소로부터 모든 부분을 보호할 것 등 세 가지였다. 이에 따라 배관의 직경, 수조의 용량 및 높이, 펌프 등 중요 사항의 기준을 정하는 것을 주 내용으로 스프링클러 설비의 표준 기준 초안을 1885년 10월 22일 내놓았다. 이 기준은 이후 미국 NFPA의 스프링클러 설치 기준을 제정하는 데 큰 영향을 주었다.

자동 스프링클러 시스템의 선도자

미국은 1870년대부터 1890년대까지 스프링클러 헤드에 관한 특허 경쟁이 치열했지만 그중 가장 돋보였던 것이 그리넬의 발명이었다. 그리넬의 회사 프로비던스 증기와 가스 파이프사의 스프링클러는 초기에 파믈리의 헤드를 사용한 때부터 1882년에 자신들의 독자적 헤드를 발명하고 개선할 때까지 시장에서 독보적 위치를 차지하고 있었다. 이 회사가 스프링클러 설비의 배관을 설치하는 방식은 표준으로 인정받을 정도였다.

그리넬은 스프링클러 설비에서 가장 중요한 점이 설비 전체의 직접적인 동인動因이 되는 헤드의 민감도와 언제나 같은 조건에서 작동할 수 있는 신뢰성이라는 것을 알고 있었다. 그는 설정한 온도에서 민감하게 녹을 수 있는 저융점 금속으로 스프링클러 헤드를 고정하는 것을 기본으로 유동적인 배관의 수압에 작동하지 않도록 유연한 다이어프램diaphragm을 적용했다. 즉 수압이 높아져도 헤드가 터지지 않고 밸브가 더 잠기도록 만들었던 것이다.

그리넬은 파믈리의 발명품을 개선한 성공적인 특허 이후에도 1882년부터 1889년까지 헤드에 대한 네 번의 특허를 통해 스프링클러 헤드를 진화시켰다. 스프링클러 헤드를 진화시킨 그리넬의 발명은 치열했던 특허 경쟁 속에서 독창적이지만 상업적으로 실패했던 여러 발명들로부터 큰 영향을 받았다.

현대적 스프링클러로 진화해 가는 발명들

1878년에는 그리넬의 회사가 있던 로드아일랜드주 프로비던스에 거주하는 조지프 밀러Joseph A. Miller가 격자 모양으로 배치된 배관망에 파믈리와 유사한 헤드가 달린 스프링클러 시스템을 기본으로 분기된 배관의 밸브를 여닫는 구조물에 대한 특허를 취득했다. 밀러는 기존의 스프링클러가 화재 시 작동하는 데만 초점이 맞춰져 있어, 불을 끈 이후에도 계속 나오는 물 때문에 또 다른 피해가 발생하는 것에 불만이 있었다. 온도가 올라가면 열리고 내려가면 닫히는 밸브를 자동으로 작동시키기 위해 그는 배관 아래 황동 재질의 막대를 배관 길이만큼 배치하고, 막대의 말단에는 기름을 채운 금속 실린더를 놓왔다. 온도가 올라가면 배관보다 열팽창률이 큰 황동 막대나 실린더 속 기름이 팽창하면서 생긴 힘이 배관의 밸브를 열었고, 온도가 내려가면 반대의 작용으로 밸브가 닫혔다. 그리넬은 이 발명에서 온도 변화에 따라 유체의 체적이 변화하는 것에 주목했다. 이는 나중에 액체로 충진된 유리 벌브형 스프링클러의 원리에 영향을 주었다.

1881년에는 매사추세츠의 제임스 부엘James Buel이 노즐에서 분사된 물이 부딪히며 굴절할 수 있는 구조물인 디플렉터deflector를 발명했는데, 이는 그리넬의 스프링클러 헤드에 적용되었다.

1882년에는 브루클린의 브리그스R. Briggs가 땜질이 된 금속 주위에 황과 같은 가연성 물질을 발라 화재 시 금속이 더 잘 녹을 수 있도록 한 발명에 대해 특허를 취득했다.

1883년에는 로드아일랜드주 운소켓의 델미지C. L. Delmage가 가압수가 나오는 헤드를 유리나 도자기 재질의 깨지기 쉬운 물질로 만든 발명을 했다. 헤드의 뚜껑 위에는 쇠뭉치를 저융점 금속으로 고정해 놓거나 스프링으로 작동하는 해머를 장치해 놓아, 불이 나서 저융점 금속이 녹으면 쇠뭉치가 헤드로 떨어지거나 해머가 유리 재질의 헤드 뚜껑을 깨트리는 식으로 동작했다. 이와 같은 여러 특허들에서 부분적으로 영감을 얻은 그리넬은 1890년 유리 부품으로 노즐을 막는 스프링클러를 개발했다.

이 헤드는 나사산이 파져 있는 배관 접속부 위로 두 개의 아치 형태 구조물이 디플렉터를 고정하고 있는 몸통부와 노즐을 막고 있는 유리구, 평상시 유리구를 지지해 물이 새지 않게 하고 열을 받으면 분리되는 감열부로 구성되어 있었다. 바둑알 모양의 유리구는 한쪽 면은 평평하게, 반대편은 둥근 모양으로 되어 있었다. 둥근 부분은 배관 쪽으로, 평평한 부분은 물을 막는 지지물이 있는 감열부 쪽으로 향하도록 설치되었다. 감열부에 있는 지지물은 홈이 파 있는 마름모꼴 금속 조각과 홈에 끼우는 막대 모양 금속 조각 두 개로 이루어져 있었는데, 둘은 저융점 금속으로 땜질이 되어 결합해 있었다.

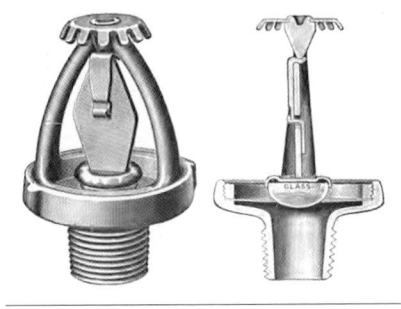

ⓒ Ergoiamtoo

물의 온도 전달 차단을 위한 유리 디스크가 삽입된 그리넬의 헤드.

감열부의 온도가 올라가 땜질한 금속이 녹으면 수압에 의해 결합된 금속부가 분리되고 유리구가 밀려나면서 물이 나온다. 여기서 나온 물은 이빨이 나 있는 디플렉터에 부딪혀 물이 골고루 흩뿌려지도록 만들어졌다.

당시 소다산 소화기의 제조업체로 유명한 '배브콕Babcock' 등 소방 산업의 강자들은 제각각 스프링클러 헤드를 연구하는 과정에서 만들어진 여러 발명으로 각축전을 벌였다. 하지만 단순한 구조로 된 그리넬의 스프링클러 헤드는 작동해야 할 때 정확하게 작동하는 등 본질에 충실한 차별화된 면모를 보이며 헤드 시장을 선도했다.

1893년 소규모 회사 여럿을 합병하며 '제너럴 소화기사General Fire Extinguisher Co.'로 사명을 변경한 그리넬의 회사는 스프링클러 헤드 외에도 천공 파이프 방식의 스프링클러 밸브 및 경보 밸브를 포함한 자동 스프링클러 시스템 전체를 상업적으로 성공시킨 선도자로 역사에 남았다. 계속 연구에 매진한 그리넬은 배관에 물이 차 있지 않아 추운 계절에도 동파 우려 없이 작동하는 건식 스프링클러 시스템과 자동 화재경보 시스템을 포함해 40여 개에 가까운 특허를 취득했다.

유리구 방식의 헤드

1907년 그리넬의 제너럴 소화기사 직원이었던 존 테일러John Taylor의 명의로 스프링클러와 관련한 특허가 한 건 등록되었다.

이 발명은 그동안 온도에 따른 저융점 금속의 상변화를 이용한 일반적 방법이나 여타 다양한 방법을 동원해도 확보할 수 없었던 설정 온도에서 정확하게 작동하는 신뢰성을 유의미한 수준으로 확보했던 발명으로 평가할 수 있다. 테일러의 발명은 당시 미국 소화 기구의 주류였던 투척용 소화기처럼 밀폐된 유리구 안에 액체를 넣은 부품을 스프링클러 헤드에 적용한 것이었다. 유리구 안은 섭씨 74도 정도에서 기화하는 증류주가 채워져 있었다. 특허 청구서에 따르면 이 발명에서 중요한 점은 평상시 온도에서 내부의 액체가 유리구 안을 완전히 채우지 않고 일정량의 빈 공간을 두는 것이었다.

만약 화재가 발생해서 유리구가 설정 온도에 도달하면 기화된 액체의 압력으로 유리구가 파손되고 수압에 의해 물이 나올 수 있었다. 유리구의 작동 방식은 저융점 금속 고정 방식보다 장점이 많았다. 우선 유리구 방식은 저융점 금속보다 설정 온도에서 작동의 신뢰성이 더 뛰어났다. 저융점 금속은 시간이 지날수록 재질이 변화해서 부식 등 작동을 지

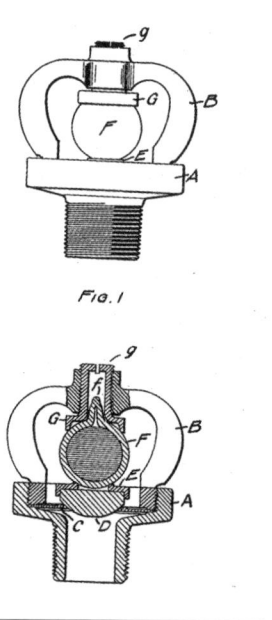

ⓒ John Taylor
최초로 유리 앰플이 적용된 스프링클러 헤드의 특허.

연시키는 예측하지 못한 변수가 생기지만, 비교적 안정적 재질인 유리는 그런 현상이 적어 유지 보수 비용을 절감하는 이득이 있었다. 또 유리구는 생산 비용이 상대적으로 저렴한 장점이 있어서 많은 수의 헤드를 설치해야 하는 대규모 공장에 더 유리했다. 결정적으로 유리구 방식은 고정된 설정 온도에서 일률적으로 작동하는 것이 아니라 안에 넣는 액체에 따라 작동 온도를 다르게 설정할 수 있어서 놓아 두는 장소의 환경에 맞춰 설치할 수 있는 장점이 있었다.

일반적으로 유리구 헤드 이전에 저융점 금속으로 고정한 헤드는 '퓨저블 링크형Fusible Link Type', 유리구 헤드는 '글래스 벌브형Glass Bulb Type'으로 구분 짓는다.

프레더릭 그리넬의 개발과 상업적 성공은 스프링클러 설비의 연혁을 그 이전과 이후로 나누는 분기점이었다. 그 중에서도 저융점 금속에서 유리구 방식으로의 전환은 스프링클러 시스템 발전 역사에서 가장 중요한 변화 중 하나였다.

현대적 스프링클러의 확산

전기 등 관련 산업의 발전과 스프링클러의 진화

영국의 상수도 사업은 산업혁명 이후 기계 제작에 필요한 금속 기술이 비약적으로 발전함에 따라 나무 수도관이 금속 배관으로 빠르게 교체되었다. 이처럼 제조 산업이 성숙하면서 방직 공장 등 산업 시설에 필요한 물의 양도 많아져 물을 공급하는 상수도망을 임의로 조정할 수 있는 방법도 필요해졌다. 배관 속 유체를 의도에 따라 막거나 흐르게 하기 위해 헬레니즘과 르네상스 시대의 창의적 발명들이 재조명을 받았다. 바로 밸브였다. 1797년 헨리 모즐리Henry Maudslay의 선반과 금속 나사에 의해 지금도 쓰이는 여러 가지 밸브의 원형이 만들어졌다.

1856년 영국의 발명가 헨리 베세머Henry Bessemer는 군용 철물의 제작 비용을 줄이기 위해 용융된 무쇠에 공기를 넣고 불순물을 제거해서 강철을 제조하는 기법을 개발했다. 이 방법은 강철을 제조하는 가장 저렴한 기법으로 증기기관의 발전에 긍정적 영향을 미쳤다. 증기기관이 발전함에 따라 여기에 쓰이는 밸브 역시 증기기관의 고압, 고온의 유체를 다룰 수 있을 정도로 강한 내구성을 가지게 되었다. 이 시기 게이트 밸브, 글로브 밸브, 체크 밸브, 버터플라이 밸브, 플러그 밸브, 볼 밸브, 안전 밸브 등이 개발되었고 큰 변형이 없이 현재까지 사용되고 있다. 이와 같은 밸브의 발전은 당연히 스프링클러 설비의 진화에도 큰 영향을 미쳤다.

미국 남부와 북부의 갈등으로 발발한 남북전쟁이 큰 상처를 남겼지만, 시간이 지나면서 대륙 횡단 철도가 개설되고 본격적인 산업혁명에 진입하며 미국은 모든 분야에 걸쳐 급격한 성장을 이루었다. 이런 성장에는 산업 전반을 혁신적으로 진보시킨 발명이 있었고 스프링클러 역시 그 영향을 받았다.

1879년 토머스 에디슨Tomas Edison은 백열 램프의 특허를 취득하고 상업적으로 성공했다. 궁극적으로 전기 에너지 사용의 상용화를 목표로 했던 에디슨은 전력망을 구축하기 위해 1882년 뉴욕 펄가에 900마력의 증기 발전기를 가진 중앙 발전소를 건설했다. 에디슨의 전구 발명은 발명품 그 자체처럼 빛나는 혁신성을 가진 아이디어로 여겨지며 새로운 투자처를 찾는 'J. P. 모건J. P. Morgan' 같은 금융사의 주목을 받았다. 에디슨은 'J. P. 모건'과 '밴더빌트Vanderbilt' 등 금융사의 투자와 특허권을 바탕으로 '에디슨 전기조명회사The Edison Electric Light Company'를 설립했다.

하지만 전류를 보내는 방식에서 이견이 있었다. 직류 송전을 주장한 에디슨과 교류 방식을 주장한 조지 웨스팅하우스George Westinghouse 사이에 경쟁이 벌어지며 한때 에디슨이 업계에서 퇴출당하기도 했다. 이후 전기 에너지 사용의 거대한 변화를 선도하기 위해 방대한 규모의 투자를 한 금융사들에 의해 회사가 합병되며 거대 제조 기업인 '제너럴 일렉트릭General Electric Company'이 탄생했고, 이를 계기로 에디슨은 다시 전기 사업의 최전선에 복귀했다.

제너럴 일렉트릭은 조명뿐 아니라 선풍기 등 일상 가전제품을 만들기 시작했다. 1918년 '켈비네이터Kelvinator'와 '프리지데어Frigidaire'가 가정용 냉장고를 만들어 일상생활의 혁신을 이끌었으나 비싼 가격 때문에 대중적 확산에는 한계가 있었다. 이후 가격을 낮추고 대여 서비스를 하는 등 냉장고 대중화에 성공한 모델은 1925년 제너럴 일렉트릭이 출시한 '모니터 탑Monitor Top'이었다.

이 같은 가전제품의 보급은 전기 사용을 가속화했다. 전기 사용이 일반화됨에 따라 전자식 경종과 전기적 신호를 기반으로 하는 화재 경보 설비 역시 비약적으로 발전했다. 시카고에서 열린 콜롬비아 박람회 이후 화재 분야의 안전성을 검증하기 위해 출범한 미국 보험업자 안전시험소인 UL의 사무 범위가 소방은 물론 가전제품의 안전성 검사까지 확장되었다.

1834년 5월 모리츠 폰 야코비Moritz von Jacobi가 발명한 실용적 직류 전기 모터는 1888년 니콜라 테슬라Nikola Tesla에 의해 교류 전동기로 발전해서 교류 전력망에서도 사용 가능해졌다. 전기라는 새로운 동력원과 전기 모터의 등장은 상대적으로 비효율적이고 복잡한 구조의 증기 펌프를 빠르게 대체했다. 압력이 무한대로 증가해서 배관과 펌프에 무리가 있던 용적형 펌프 대신 유체에 일정한 압력을 만드는 원심 펌프가 전기 모터와 결합해 스프링클러의 사용은 더 쉬워지고 기능은 강력해졌다. 전기 신호를 받아 교류 전동기가 원심 펌프를 구동하는 방식은 현재에도 동일하다.

표준화 필요성의 대두

로드아일랜드에서 모직 공장을 운영하는 자카리아 알렌Zachariah Allen은 평소 화재 방어에 관심이 많았던 발명가로, 그는 자기 공장에도 화재 확산 속도를 늦추기 위해 일반적으로 쓰였던 얇은 판자와 가벼운 부재 대신 두꺼운 나무판자와 무거운 철물을 적용했다. 알렌은 당시로서는 드물게 방화문과 소방펌프를 갖춘 다공관 설비를 구비해 화재에 대비한 인물이었다. 알렌은 자신의 공장에는 화재 대비 설비를 갖추었음에도 불구하고 화재보험 회사의 보험료가 다른 공장과 같이 일률적으로 책정되는 것이 불합리하다고 생각했다. 그는 1835년 화재의 유형이나 위험도가 유사한 섬유 산업 공장을 모아 상호부조를 위한 보험 회사 격의 '제조사 상호 화재보험사Manufacturer Mutual Fire Insurance Company'를 설립했다.

이 회사의 보험료는 다른 화재보험사의 유사 상품의 절반 수준이었음에도 연말에 잉여 영업 이익을 보험 가입자에게 배당금으로 되돌려 줄 수 있었다. 이 회사의 성공 배경에는 화재를 확률적으로 발생하는 통제 불가능한 독립적 사건이 아니라 위험 요소를 나누고 분석해서 통제 가능한 대상으로 바꾸는 인식의 전환이 핵심이었다. 보험사는 보상금 지출을 줄이기 위한 목적으로 보험 가입자의 공장에 다공관 살수 설비를 설치하도록 권장했다.

다공관 살수 설비에서 진화한 자동 스프링클러 설비가 중요 시설물의 화재를 방어하는 효용성이 경험적으로 증명됨에 따라 이를 설치하는 공장의 숫자도 점차 늘어났다. 당시 스프링클러는 헤드 하나에만 3~10달러나 하는 비싼 설비임에도 불구하고 초기에 화재를 진압하기 위해 공장주들은 기꺼이 스프링클러를 설치했다. 화재 사고가 나면 받는 보험 보상금에는 막대한 영업 손실은 계상되지 않았기 때문이다.

화재보험사 역시 화재 위험을 관리하는 것이 수익성 면에서 낫다고 결론 내렸다. 갑자기 일어나는 화재 사고를 확률적으로 계산해 예측하고, 사고가 날 때마다 막대한 보험금을 지급하는 기존의 영업 방식보다 보험 가입자의 공장에서 화재 위험을 통제 가능하도록 관리하는 방식이 더 수익성이 좋다고 확신한 것이다. 보험사는 보험 가입자가 스프링클러 설비를 설치한 경우 보험료를 할인해 주는 식으로 공장주를 설득했다. 제조사 상호 화재보험사는 후일 여러 유사한 조합들과 합병되며 FM Factory Mutual으로 거듭났다.

보통 보험 계약에서 서로의 이해가 정반대에 있는 두 주체 사이에서 드물게도 모두에게 이로운 영역이 생겨났다. 여기에 자금이 몰리며 스프링클러 설비 시장에는 수많은 업체와 독창적인 발명품이 난립했다. 하지만 독창성이 있을지언정 모든 발명의 기능이 충분한 것은 아니었고, 보험료 할인을 위해 낮은 가격과 낮은 품질을 내세우며 구색만 갖춘 상품도 시장에 출시되었다.

보험료를 할인해 주는 보험 회사는 수많은 발명품 중 실제로 화재 방어 능력이 있는 상품인지 아닌지 실증적이고 보수적으로 판단할 필요가 있었다. 1884년과 1886년 2회에 걸쳐 상호보험 회사인 '팩토리 뮤추얼 화재보험사Factory Mutual Fire Insurance Company' 주관으로 면방직 산업 종사자이자 저술가, 화재보험 조사관인 찰스 우드버리Charles Woodbury가 주축이 되어 시장에 나와 있는 자동 스프링클러 상품에 대한 대대적인 실험을 했다. 가로 6미터, 세로 9미터, 높이 3미터 건물에 헤드를 설치하고 통제된 연료로 화재를 일으켜 실증한 결과는 제조업체별 헤드의 성능 비교, 저융점 금속과 유리 등 재질에 대한 비교, 중요 사항인 민감도, 오리피스orifice의 크기 및 관리 측면에서의 옥상 수조의 최소 높이, 헤드 감열부에 페인트칠 금지, 헤드의 수명 등 광범위한 영역에 대해 58페이지짜리 보고서로 발표되었다.

이 보고서에서 그리넬의 유리구 스프링클러 헤드가 가장 신속하고 정확하게 작동했으며 시간의 흐름에 따른 기능 저하도 가장 적은 것으로 평가받았다. 그러나 이 보고서와는 별개로 여러 보험사가 자체적으로 스프링클러 설비를 인정하기 위

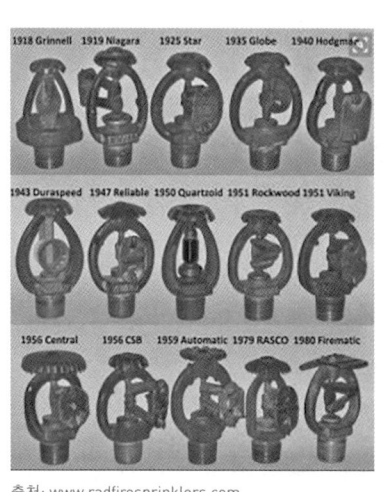

출처: www.radfiresprinklers.com
그리넬 스프링클러 헤드의 변천.

해 지역별, 제조사별 시험과 승인을 따로 진행한 사실이 있었다. 그 결과 동일한 제조사의 동일한 제품이 어떤 곳에서는 승인되고 다른 곳에서는 부적합하다는 결과가 나오는 등 혼란스러운 상황이 계속되었다.

전국소방협회의 출범

20세기 초 휘트니의 조면기에서 시작된 미국 산업 전반의 표준화 물결은 스프링클러에도 영향을 미쳤다. 스프링클러의 기술이 하루가 다르게 진화하던 1886년, 메인주 출신으로 MIT 공대를 나온 존 프리먼John Freeman이 팩토리 뮤추얼의 조사 전담 부서에 합류했다. 프리먼은 우드버리의 두 번째 실험에 참여하면서 스프링클러 설비의 구조와 기능의 특성에 대한 지식을 습득했다. 그 과정에서 지역별 제조사마다 구성 요소와 부품의 규격이 달라 설계, 시공, 수리가 불편한 문제점을 인식했다. 프리먼은 제조사별, 시공자별 천차만별이던 천공 배관 소화 설비의 배관에 대한 표준 규격화를 제안했다. 또 우드버리와 함께 배관의 단위 길이당 마찰 손실 및 배관의 필수 부속품인 엘보Elbow, 티Tee, 크로스Cross 등의 마찰 손실을 계산하고 실험을 거쳐 표준 배관 스케줄을 발표했다.

프리먼은 1895년 보스턴에 있는 에버렛 크로스비의 뉴잉글랜드 보험사 사무실에서 보험 관계자와 스프링클러 설비의 규격 및 설치에 관한 규칙의 필요성을 주제로 회의를 진행했다. 첫 번째 회의에는 프리먼과 크로스비, 크로스비의 아버지 우베르토Uberto C. Crosby, 스트래턴W. H. Stratton 그리고 프레더릭 그리넬이 참석했다. 이때는 프레더릭 그리넬의 헤드 제조, 성능에 대한 경험과 프리먼이 팩토리 뮤추얼에서 실시한 스프링클러 실험 등을 토대로 화재 스프링클러 설비에 대한 규칙의 필요성이 논의되었다. 1895년 12월 뉴욕에서 열린 두 번째 회의에서는 이 의제가 더 명확해졌다.

마침내 1896년 3월 18일에서 19일에 걸친 회의에는 화재보험 회사 대표 등 18명이 참석해 〈자동 스프링클러 화재 보호에 관한 위원회 보고서Report of Committee on Automatic Sprinkler Protection〉라는 제목으로 스프링클러의 설치 규칙을 담은 보고서 초안이 제출되었다. 1896년 11월 6일 3월 회의와 연계해 뉴욕에서 열린 후속 회의에서는 아버지 우베르토 크로스비가 의장을, 아들 에버렛 크로스비가 비서로 회의를 주재했다. 이 회의에서 스프링클러 표준에 관한 사항과 조직 정관에 관한 사항이 정해지며 전국소방협회National Fire Protection Association(NFPA)가 공식 출범했다.

표준 제정의 효과

전국소방협회는 흩어져 있던 스프링클러 설비의 구성 요소를 모으고 정리해 표준을 완성하는 데에서 그치지 않았다. NFPA가 작성한 스프링클러의 표준은 정체되지 않고 변화에 적응해 가며 20세기 초 내화 구조 고층 건축물의 등장 등 사회 전반의 변화와 발전을 받아들였다. NFPA는 스프링클러의 표준에 이어 방화문과 셔터 및 망입 유리(현재 NFPA 80), 소방호스와 소화전(현재 NFPA 14), 온도 센서 기반의 전기 화재경보(현재 NFPA 72), 이산화탄소 소화 기구(현재 NFPA 10), 주철 배관(현재 NFPA 24)에 관한 표준을 잇달아 발표했다.

하지만 스프링클러 설비의 설치가 급증하고 표준이 마련되었다고 해도 비용 부담을 하는 모든 공장주가 스프링클러에 호의적인 것은 아니었다. 공장 밀집 지역이 있었던 매사추세츠주 세일럼의 시 의원 프랭클린 웬트워스Franklin H. Wentworth는 화재에 대해 남다른 경각심을 가진 인물이었다. 그는 그간 해당 지역의 산업 화재 이력에 비춰 화재 예방을 위해 공장 지역 내의 지붕을 의무적으로 불연성 자재로 교체해야 한다는 내용의 법률안을 제출했다. 하지만 이 법률안의 실질적 비용 부담자인 공장주들은 공정해야 할 시 의원이 보험업계의 이익을 대변한다고 비판하며 법률안을 무산시켰다.

그러던 중 가뭄이 지속되던 1914년 6월 25일 세일럼 공장 지역에 있던 '콘 리더 팩토리Korn Leather Factory' 창고에서 가연성 액체를 담은 세 개의 통에서 화재가 발생했다. 화재는 강풍을 따라 주로 목조 건물인 주변 공장으로 바로 번졌다. 하지만 세일럼시의 상수도 용량과 소방대의 능력은 화재를 진압하기 역부족이었다. 이 화재는 결국 1376개의 공장을 태우고 그 지역에서 일하던 노동자 약 1만 명을 실업자로 만들었다. 당시 화폐 가치를 기준으로 약 1500만 달러의 피해가 발생해 보험 보상금으로 1174만 달러가 지불되었다.

이 화재 사고 이후 폐허 속에서 스프링클러의 효과가 입증되었다. 화재의 직접적인 경로에 있어서 주변의 모든 공장이 전소한 가운데 스프링클러와 방화문, 방화벽이 설치된 '윌킨슨 카운터사Wilkinson Counter Co.', '우드베리 신발 제조사E.S. Woodberry Shoe Manufacturing Co.', '카 브라더스Carr Brothers' 등 세 곳의 공장은 부분적인 피해를 입는 데 그쳤다. 사람들은 그 흔적을 통해 스프링클러의 수조 용량이 크거나, 상수도의 공급이 원활했으면 화재 피해를 극적으로 막을 수 있었다고 평가했다. 이 화재 사고에서 드러난 스프링클러의 효용성은 많은 도시의 공장과 높은 건물들에 스프링클러 설치를 의무화하는 법안이 통과되는 데 큰 영향을 미쳤다.

비용 부담자가 자발적이었기 때문에 스프링클러 설비는 더 빨리 확산되었다. 그에 따라 평상시 장기간 기능을 유지해야 하고 여러 구성 요소의 유기적 작용으로 작동하는 설비의 특성상 시간이 지남에 따라 동결, 부식, 부품의 열화 등의 문제점이 드러났다. 따라서 이와 같은 문제를 보완하는 설비의 유지 보수의 중요성도 점차 커졌다.

당시 스프링클러 등 소방 시설의 유지 관리 방식은 다음과 같았다. 스프링클러를 설치한 공장이 설비 점검을 의뢰하면 미국 전역에 퍼져 있던 보험사 사무실 소속 엔지니어가 해당 공장으로 출장 방문해서 실제로 설비를 가동하는 방식으로 점검이 이루어졌다. 엔지니어는 점검 결과에 따라 공장 소유주에게 권장 사항을 제시하고 보험료 산정의 자료로 활용했다. 여기서 공장 소유주가 엔지니어의 권장 사항을 따르지 않을 경우 화재 보험료가 인상되었다. 공장주는 인상된 보험료보다 권장 사항을 이행하는 데 드는 비용이 사업주에게 유리해서 소방 설비의 유지 보수를 위한 비용 부담에 비교적 저항이 작았다.

사적 주체인 자본가와 화재보험 회사 모두의 이익을 위해 만든 스프링클러의 표준 규정은 자체로 강제성은 없었으나 두 주체의 자발적 동기에 의해 일반적으로 통용되는 강제성은 띠게 되었다. 사적 영역의 이익을 목표로 시작한 일이 결과적으로 나라의 공장 전반에 화재 방어를 실현하는 공익적 목적을 달성하는 결과를 낳은 사례라고 할 수 있다.

5장
스프링클러의 기능과 신뢰성 향상

유수 감지 장치의 진화

알람 밸브의 발명과 신뢰도 문제

스프링클러의 헤드가 정상적으로 작동했다는 것은 해당 스프링클러 헤드가 있는 공간의 온도가 올라간다는 것이고 이는 화재 상황임을 의미한다. 즉 스프링클러의 작동은 화재를 알릴 수 있다는 말과 같다. 건축물 관리자는 불이 날 경우 화재가 퍼지기 전 건축물에 남아 있는 사람들을 대피시키거나 중요 물품을 보호하는 등의 역할을 해야 한다. 또 화재 진압 후에도 스프링클러에서 나오는 여분의 물로 인한 피해에 대처해야 하는 등의 책임이 있어서 누구보다 빠르게 화재 사실과 스프링클러의 작동 여부를 꼭 알아야 한다.

건물 안 어디에 사람이 있는지 알 수 없는 상황에서 건물 구석구석에 특정 사실을 전파하는 방법은 불이 났음을 알리는 사전에 합의된 경고음 즉 소리를 통해 알리는 것이 가장 적합했다. 초기 스프링클러 시설에는 헤드의 수가 많지 않아서 헤드가 작동하면 그 자체에서 경보음이 나도록 고안한 발명이 많았다. 하지만 스프링클러 설비가 진화함에 따라 설비가 보호하는 범위가 넓어지고, 헤드 구조가 단순해지고 그 수도 많아져 많은 수의 개별 헤드에 경보 장치를 설치하는 것은 비용과 성능 면에서 비효율적이었다. 따라서 스프링클러 헤드의 작동 여부를 알리는 장치는 여러 개의 헤드로 연결된 배관 중간에 설치하는 것이 합리적이었다.

일반적으로 밸브는 사용자의 의도대로 경첩의 방향, 나사산의 홈대로 부품을 움직여서 물을 막고 흘리는 장치다. 이는 다른 관점에서 보면 어떤 원인으로 물이 흐르기 시작할 때 배관 내 압력 변화로 밸브의 구조물이 움직이도록 하는 것 역시 가능하다는 의미다. 유수 감지 장치는 바로 이 원리를 활용해 발명되었다. 이처럼 스프링클러 헤드의 작동으로 배관 내 물의 흐름을 감지해 화재 사실을 인지하고, 화재 발생과 스프링클러 작동에 대한 경보를 울리는 장치에는 알람 밸브라는 이름이 붙었다.

1874년 배관 안 물의 흐름으로 헤드의 개방 여부를 인지하는 데 이용했던 파플리의 발명 이후 본격적인 알람 밸브는 1881년 제너럴 소화기사의 조너선 멜룬Jonathan C. Meloon이 처음 발명했다. 멜룬의 알람 밸브는 수직으로 서 있는 스프링클러 배관의 체크 밸브 속에서 물을 흐르게 하거나 막는 역할을 하는 부품인 디스크disk의 움직임과 주 배관과 별도 배관의 밸브를 연동시켜 빈 실린더에 물이 차면 수압에 의해 다이어프램이 눌리면서 태엽을 감아놓은 기계식 경종이 울리는 장치였다.

1884년 찰스 뷰엘Charles E. Buell은 배관 내부의 물의 흐름을 배관 외부에서 확인할 수 있는 스윙 체크 밸브를 발명했다. 수평으로 배치되는 이 밸브의 내부에는 경첩으로 고정된 디스크가 있었다. 뷰엘은 이 디스크에 막대를 연결해 밸브 외부까지 연결시켰고 막대는 물이 새지 않도록 밀봉했다. 헤드가 작동해서 물이 흐르고 디스크가 움직이면 밸브 외부의 막대가 튀어나왔고, 그 움직임에 의해 태엽이 감긴 기계식 경종을 작동하는 방식이었다. 이 방식으로 물의 흐름을 감지하는 장치는 지금까지 밸브 제조를 이어 가고 있는 '월워스 제조사 Walworth Manufacturing Co.'에 의해 판매되었다.

또 다른 제조사 '노이Neu'에서는 수평 배관의 중간에 수직으로 움직이는 디스크가 달린 글로브 체크 밸브를 설치하고, 물이 흐르면 체크 밸브의 디스크가 위로 올라가며 회로를 닫는 전기식 알람 밸브를 개발했다. 그러나 단순히 배관 밸브 안 부품의 움직임만으로 물의 흐름을 감지하던 초기의 알람 밸브는 다음과 같은 문제가 있었다.

먼저 밸브 안의 움직임을 밖으로 전달하기 위해서는 그 힘을 전달하는 막대 같은 부품이 배관의 기밀을 유지한 채 밸브 안과 밖을 관통해야 한다. 하지만 배관 안팎에 있는 부품이 움직여야 하는 동시에 기밀을 유지해야 하는 요구 조건은 서로 배타적이어서 밀봉한 것을 움직임 없이 오래 방치하면 눌어붙기 일쑤였고, 배관 내 유체의 움직임에 따라 배관 외부에서 잘 움직이도록 만들면 물이 샐 수밖에 없었다. 또 이 방식은 민감도를 설정하기 어려웠다. 설정이 너무 둔감할 경우는 배관의 많은 헤드 중 하나만 작동할 정도의 물 흐름으로는 움직이지 않고, 반대로 설정이 너무 민감할 경우는 헤드의 작동과 무관하게 밸브가 열렸다. 실제로 화재가 나도 밸브가 열리지 않거나 화재가 나지 않았음에도 밸브가 작동하고 경보가 울리는 일이 잦아지자, 물 흐름 감지 밸브 장치와 장치가 발하는 경보음에 대한 신뢰도가 떨어지는 치명적 문제가 있었다.

게다가 당시 쓰던 태엽 동력의 기계식 경보 장치는 일단 작동을 할 때마다 태엽을 다시 감아야 하는 번거로움이 있었고, 이 번거로움 때문에 반복된 오작동 속에서 방치되는 경향이 있었다. 스프링클러 설비에는 화재가 정말 발생했을 때 확실하고 정확하게 작동하는 신뢰할 수 있는 알람 밸브가 필요했다.

알람 밸브를 개선한 작동 지연 장치

영국인 랠프 다우슨Ralph Dowson과 존 테일러John Taylor는 오작동이 잦은 기존의 알람 밸브를 개선하는 장치를 만들어 영국에서 특허를 취득했다. 그 후 1888년 프레더릭 그리넬의 프로비던스 증기와 가스 파이프사에 입사해 같은 장치에 대한 미국 특허도 얻었다. 이 장치는 스프링클러의 수직 배관에 있는 디스크가 수직 방향으로 움직이는 방식의 체크 밸브를 기본으로 활용했다.

우선 이 알람 밸브도 스프링클러 헤드가 작동하면 배관에 물이 흐르면서 체크 밸브의 디스크가 위로 올라가는 식으로 작동했다. 이 기본 동작에서 다른 장치와 차이점은 디스크가 올라갈 때 주 배관에서 분기한 작은 배관으로 흐르는 물의 수압에 의해 기계식 경종을 울리는 방식이라는 것이다.

기존의 알람 밸브에서 문제점이었던 헤드의 작동 이외의 변수로 인한 물의 흐름에도 작동했던 것은 주 체크 밸브에 작은 보조 체크 밸브를 별도로 설치하는 방법으로 해결했다. 배관 내에서 헤드가 작동해 물이 흐르며 발생하는 압력 변화의 정도보다 작은 배관 내 압력 변화는 보조 체크 밸브가 먼저 열려 압력의 균형을 맞춰 주었다. 이런 작용은 결과적으로 주 체크 밸브의 작동을 지연시킬 수 있어 작동의 신뢰성을 높였다. 하지만 이 발명품은 설계와 달리 실제로는 잘못된 경보 작동의 빈도가 높아서 거의 설치되지 않았다.

1890년 보조 체크 밸브를 다는 방식과 유사하지만 주 체크 밸브의 디스크가 조금 열리면 별도의 좁은 배관으로 먼저 물이 흘러 들어가 별도의 용기인 리타딩 챔버Retarding Chamber로 들어가는 발명이 등장했다. 일단 배관에 물의 흐름이 발생해서 체크 밸브가 열리면 리타딩 챔버에 우선 물이 차는데, 챔버에 물이 차는 약 20초 동안 경보를 지연시키는 효과가 있었다. 만약 다른 이유 때문에 물의 흐름이 생겼다가 단시간에 그 원인이 사라지면 리타딩 챔버에 물이 다 차지 않아 경보가 울리지 않는 것이었다. 헤드의 작동으로 배관에 지속적인 물의 흐름이 발생해서 리타딩 챔버를 끝까지 채우면 비로소 챔버 상단의 다이아프램이 꺾이며 스위치를 작동시켜 기계 장치를 움직이거나 전기 신호를 보냈다.

이 알람 밸브 형식은 프레더릭

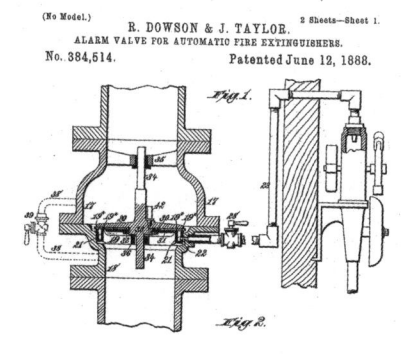

© Ralph Dowson & John Taylor

최초의 리타딩 챔버 원리가 등장한 발명. 특허 원문에는 'annular chamber'로 소개되어 있다.

그리넬의 제너럴 소화기사에서 약간의 변형을 거쳐 수년간 주력으로 사용되었고 이후로도 오랫동안 기본적인 알람 밸브 형식으로 활용되었다. 제너럴 소화기사는 1900년 지연 작동 알람 밸브의 세 번째 개선을 할 때 별 기능 없던 주 체크 밸브에 부착되어 있던 보조 체크 밸브를 없애 버렸다.

검사 기관 인증과 통계로 신뢰성 입증

제너럴 소화기사가 생산한 이 알람 밸브는 스프링클러 시장에서는 많이 적용되었지만 한동안 UL이 인정하는 스프링클러의 표준 구성 요소가 되지는 못했다.

UL은 1915년 7월 알람 밸브의 표준을 정했다. 기본이 되었던 상품은 제너럴 소화기사의 것이 아니라 '오토매틱 스프링클러사Automatic Sprinkler Co.'에서 생산한 제품이었다. UL이 채택한 이 제품의 작동 방식은 체크 밸브의 케이스 내 용적을 조절해 디스크의 작동 수압을 조정하고, 리타딩 챔버의 물 수위를 별도의 수은 챔버를 통해 조절할 수 있는 제품이었다. 스프링클러의 작동 범위에 대한 세밀한 설정이 가능해지자 개별적 알람 밸브의 오작동을 크게 줄여 신뢰성을 향상시켰다.

당시 NFPA 이사회가 정한 알람 밸브의 기준에 대한 규정에 따르면, 알람 밸브는 스프링클러 배관에 연결된 물 공급원의 배관에 설치해야 했다. 작동할 때 기계식, 전기식 경종을 모두 작동시킬 수 있어야 하고, 전자식인 경우 도시의 방화를 위해 전기 신호가 전신을 통해 소방서나 중앙 처리 시설로 전달될 수 있어야 했다. 다만 시끄러운 경종 때문에 말이 놀랄 수 있어 혼잡한 도로에서 경종 설치는 면제할 수 있었다.

유지 보수에 관해서는 월 1회 정도 알람 밸브의 작동을 시험하고, 알람 밸브와 연동해 전신을 보낼 수 있는 장치의 배터리 상태와 전선의 단락 여부를 확인하는 점검 및 밸브의 디스크 등 구성 요소가 고착되어 있는지 살펴보아야 했다. 이와 같은 실제 작동 시험의 편의를 위해 스프링클러 배관에는 테스트 파이프를 별도로 설치해 헤드를 작동시키지 않고도 밸브를 열어 물의 흐름을 만들고 알람 밸브를 시험할 수 있었다.

알람 밸브 작동의 신뢰성은 NFPA가 작성한 1897년부터 1918년까지의 스프링클러 설비의 실제 운영 결과에 대한 통계로 검증되었다. 통계에 따르면 화재가 났을 때 스프링클러가 작동하지 않았던 확률은 스프링클러의 작동 방식이 온도 조절 장치를 이용했을 때는 20.9퍼센트, 사람이 감시하고 수동으로 조작했을 때는 10.3퍼센트였는 데 비해 알람 밸브 방식은 6.2퍼센트로 나타났다. 이 결과로 알람 밸브의 신뢰성이 객관적으로 입증되었다.

다양한 형식의 스프링클러

결빙을 막는 특허 방안들

스프링클러가 산업 시설을 치명적 화재로부터 직접 보호한다는 사실이 알려지며 스프링클러는 미국 전역으로 전파되었다. 하지만 기온이 비교적 낮은 미 북부 지역에서는 겨울철에 배관 내 물이 어는 문제점이 부각되었고, 이를 해결하기 위한 여러 방안이 특허로 구체화되었다.

1861년 오스먼드 윌리엄스Osmund Williams는 습식 스프링클러 배관에 빙점이 낮은 부동액을 채우는 방법을 고안해 특허를 취득했다. 1864년에는 윌리엄 길버트William Gilbert, 에드윈 쿠퍼Edwin Cooper 등이 초기 천공 배관 소화 설비의 자동 동작 방법처럼 염화황, 안티몬 황화물, 구타페르카, 나프타 등으로 섭씨 약 30도에서 50도에 끊어지는 줄을 만들고, 이를 이용해 경보기를 작동하고 스프링클러 배관의 밸브를 여는 방안으로 특허를 받기도 했다.

1881년 뉴헤이븐 출신의 존 비숍John W. Bishop도 물이 차 있지 않은 건식 배관을 유지하는 물 흐름 감지 밸브로 특허를 받았다. 이 밸브는 스프링클러 설비의 수직 배관에 위치하며, 평상시에는 밸브의 디스크를 기준으로 아래쪽의 물의 압력과 위쪽의 빈 배관에 연결된 다이어프램의 탄력과 균형이 맞춰져 있었다. 스프링클러 헤드 주변에는 밸브를 여는 장치와 연결되어 있는 줄이 팽팽하게 설치되어 있었다. 그러다 화재가 나서 이 줄이 끊어지면 탄력으로 균형을 유지하던 다이어프램 위쪽으로 물이 흐르면서 압력의 균형이 무너지고, 줄로 버티던 밸브 열림 장치가 해제되어 밸브가 완전히 열리면서 물이 계속 흐르게 되는 원리로 작동했다.

기계적으로 작동하는 방식들 외에도 뉴욕주 시러큐스의 매키J. C. Mackey는 서모스탯thermostat이 작동할 때의 전기 신호로 전자석에 전류를 흘려 밸브를 작동시키는 전자식 자동 기동 방식을 고안했다.

결빙 문제를 해결한 그리넬의 건식 밸브

현재도 쓰이는 폐쇄된 스프링클러 헤드와 밸브 사이 배관을 공기로 채우는 방식의 건식 스프링클러는 1879년 프레더릭 그리넬이 개발했다. 이 장치는 펌프에서 직접 수직으로 올라가는 배관 중간에 체크 밸브가 있다. 펌프 방향의 체크 밸브 아래쪽에는 물이 채워져 있고 말단 헤드 방향의 체크 밸브 위쪽으로는 압축 공기가 차 있는데, 평상시 체크 밸브는 공기의 압력이 우위에 있고 수압이 약간 낮아서 닫힌 채로 균형을 이룬다. 그러다가 불이 나서 헤드가 작동하고 압축 공기가 새어 나가면 눌려 있던 다이어프램이 작동해 밸브가 열리는 절차로 기능했다.

이 방식은 동절기에 물이 어는 문제를 해결한 것으로는 이전의 어떤 발명보다 우수했다. 그리넬은 1885년 확실한 화재에만 작동할 수 있도록 배관 내 약한 변화에 적응하는 약간의 유동성을 부여하기 위해 벨로우즈bellows(주름관)형 건식 밸브를 개발했다. 1890년 개발된 12번째 모델은 현장에서 우수한 성능이 입증되며 당시 가장 널리 설치되었다.

그리넬의 건식 밸브 방식은 닫혀 있는 스프링클러 헤드와 밸브 사이의 배관에 물이 아닌 압축 공기가 차 있다. 따라서 압축 공기와 가압수의 압력 균형이 장기간 유지될 수 있어야 하는데, 당시로서는 달성하기 어려운 최소한의 필요조건이었다. 압축 공기는 특성상 배관에서 누출되기 쉬웠고 육안으로는 이상 유무를 식별하기 어려워 설치 및 유지 보수가 까다로웠다. 더욱이 평상시 작동을 안 하는 상태를 유지하기 위해 압력 균형점의 범위가 좁고 물에 압력을 주는 대신 별도의 압축 공기를 보충할 장치가 필요한 번거로움이 있었다.

가장 치명적인 단점은 초기 건식 밸브 방식이 습식 알람 밸브에 비해 화재를 감지해 작동하는 속도가 느리다는 것이었다. 실제 곡물 창고에 직경 150밀리미터 배관의 건식 밸브 한 대를 1500개의 헤드와 연결한 스프링클러 시스템에 실험한 결과 헤드가 작동한 시점부터 밸브가 열리고 물이 밸브 위 4.5미터까지 도달하는 데 4분 넘게 걸리는 것으로 측정되었다.

이와 같은 문제들 때문에 건식 밸브 방식을 효용성 있게 운영하려면 까다로운 관리를 해야 했고 이 관리 방법을 공유할 필요가 있었다. 이에 NFPA의 전신 격인 전미화재보험업자위원회National Board of Fire Underwriters는 건식 밸브 스프링클러에 대한 규칙을 별도로 제정했다. 건식 밸브 방식은 특별한 경우를 제외하고 상시 배관의 공기 압력을 유지해야 하며, 매년 부식과 배관 내 이물질 제거를 위해 전체 배관을 비우고 다시 채우는 시험 절차를 거쳐야 한다는 규칙이 명시되었다.

하지만 공장주는 건식 밸브 스프링클러 시스템을 운용할 때 까다로운 관리 대신 스프링클러 배관에 물을 채워 놓고 물이 어는 추운 계절까지만 운영하곤 했다. 이 경우 건식 밸브의 자동 경보 기능이 정지되는 것은 물론 물이 얼어 배관 시스템이 파손되는 사례도 나왔다. 이에 화재보험업자위원회는 건식 밸브 방식을 불완전한 것으로 판단하고, 습식 밸브 방식을 적용하는 것이 실용적이지 않은 경우에만 예외적으로 사용해야 하며, 추운 날씨에는 아예 물을 차단하는 것이 바람직하다고 평가했다.

소다산 소화기 원리를 적용한 소다산 스프링클러

소다산 소화기는 20세기 초반 미 대륙에 가장 널리 퍼진 대표적 형식의 소화 기구다. 이 소화기는 밀폐된 용기 안에서 분리되어 있던 산과 탄산수소나트륨이 혼합되면서 나오는 이산화탄소의 압력을 이용해 약제를 분사하는 원리로 작동한다. 바로 이 원리를 스프링클러에 적용한 형식이 소다산 스프링클러다.

20세기 초 미국의 제조업체는 더 많은 수익을 내려는 투자자들에 의해 생산 효율을 높이기 위한 목적으로 작은 회사를 큰 회사로 합병하는 흐름이 있었다. 소방 관련 산업도 이 흐름에 영향을 받아 1911년 스프링클러 관련 회사인 '매뉴팩처러스 오토매틱 스프링클러사Manufacturers Automatic Sprinkler Co.', '나이아가라 소화기사Niagara Fire Extinguisher Co.', '인터내셔널 오토매틱 스프링클러사International Automatic Sprinkler Co.'가 합병해서 '오토매틱 스프링클러사AUTOMATIC SPRINKLER CO.'가 설립되었다.

이 회사 직원으로 뉴저지 출신의 톰슨 에버렛Thompson Everett은 스프링클러의 건식 밸브에 대한 특허를 취득하는 등 스프링클러를 연구하다가 회사에서 독립해 뉴욕에 '사이포 케미컬 스프링클러사Sypho Chemical Sprinkler Co.'를 설립했다. 그는 소다산 소화 기구의 원리로 작동하는 스프링클러 설비의 대여 사업을 했는데, 소다산 형식의 스프링클러는 1916년 12월 19일 상품의 안정성 검증 기관인 UL로부터 스프링클러의 한 유형으로 승인받았다.

소다산 형식 스프링클러의 배관, 헤드 등 기본 구성은 일반적인 자동 스프링클러와 유사하다. 하지만 다른 점은 200갤런(700리터) 용량의 수조에 물 대신 탄산수소나트륨 수용액이, 물에 압력을 가하는 펌프 대신 수조 위쪽에 황산을 수조로 보낼 수 있는 장치가 달려 있다는 것이다. 수조의 직상관에는 물의 흐름이 생길 때 작동하며 전기 신호를 보낼 수 있는 알람 체크 밸브가 있고, 자동으로 체크 밸브가 작동하면 수조로 황산을 쏟도록 되어 있었다. 스프링클러 헤드가 있는 말단 배관의 중간에는 체크 밸브가 있어서 헤드부터 체크 밸브까지 배관은 부동액인 염화칼슘 수용액으로 채워져 있었다.

화재가 나서 헤드가 작동하면 염화칼슘 수용액이 먼저 빠져나가면서 중간 체크 밸브를 열고, 유의미한 물의 흐름을 감지한 알람 밸브가 작동하면 위쪽의 황산이 탄산수소나트륨 수용액 수조로 흘러 들어갔다. 이때 화학 반응이 시작되며 밀폐된 수조 안에서 발생한 이산화탄소 가스의 압력으로 인해 터져 있는 헤드로 계속 수용액이 방출되는 원리로 작동했다. 스프링클러 헤드에는 당시 가장 상업적 성공을 거둔 헤드 중 하나인 '나이아가라-B' 모델이 설치되었고, 철제 탱크 내부는 부식을 방지하기 위해 무기염류 페인트가 코팅되어 있었다.

이 유형의 스프링클러가 작동했던 사실은 1918년 4월 22일 보스턴의 보석상 '토머스 롱사Thomas Long Company'에서 발생한 화재 사고가 기록으로 남아 있다. 1878년에 문을 연 유서 깊은 보석상 토머스 롱이 있던 건축물은 6층 규모의 조적조組積造 건물이었고 화재는 이 건물 지하실에서 일어났다. 당시 지하실은 포장을 위해 종이, 상자, 대팻밥을 보관하는 용도로 쓰였다. 기록에 따르면 스프링클러의 알람 밸브가 작동해 이와 연결된 전기 벨의 신호로 근로자들이 대피해 인명 피해는 없었고, 다만 75달러의 재산상 손해가 발생한 것으로 기록되어 있다. 화재 장소인 지하실에는 일곱 개의 스프링클러 헤드가 설치되어 있었다. 사고 시 두 개의 헤드가 작동했고 사고 후 확인했을 때는 탄산수소나트륨 수용액 수조가 모두 비어 있었다. 이는 스프링클러 설비가 확실하게 작동했음을 증명하는 것이었다. 하지만 화재는 출동한 소방대가 완전히 진압한 것으로 기록되어 있어서 이 스프링클러의 작용이 직접 화재를 진압하는 데 결정이었는지 여부는 불분명하다.

소다산 스프링클러는 간단한 원리로 작동하고 물이 어는 추운 날씨에도 사용할 수 있는 장점이 있었다. 하지만 설치와 유지 보수의 난이도가 높아 단순 설치가 아닌 임대 형식으로 판매되었고, 유지 보수를 위해서 판매 회사의 전문가가 주기적으로 고객의 현장을 방문해야 했다. 결국 상대적으로 비용이 많이 발생하던 소다산 방식의 스프링클러는 펌프로 물을 보내는 방식의 스프링클러에 밀려 시장에서 도태되었다.

난방 겸용 스프링클러

스프링클러가 거의 처음 설치되던 1874년에 파믈리의 뉴헤이븐 피아노 공장의 스프링클러 시설 배관은 동절기에는 난방 목적으로도 사용되었다. 해당 장소에 설치됐던 스프링클러 설비의 헤드는 파이프의 위쪽으로 돌출되어 있어서 뜨거운 물이 저융점 금속을 바로 녹이지는 않았다. 하지만 온도 조절이 완벽하지 않아서 잦은 고장이 발생했고 결국 난방 목적의 운영은 폐기되었다.

평상시 사용하지 않는 스프링클러 배관을 이용해 난방을 한다는 발상은 1910년대 피어스 형제에 의해 개선되었다. 개선 방법은 배관에 12인치(30센티미터) 길이의 공기층을 만들 수 있는 확실한 단열 구조물을 헤드와 배관 사이에 설치하는 것이었다. 원활한 난방을 위해서는 뜨거운 물이 계속 배관을 순환해야 한다. 이를 위해 헤드 방향 주 배관의 식은 물을 다시 펌프로 회수하는 별도의 분기 배관을 설치했고, 펌프를 가동해 물을 순환시켜서 배관의 온도를 유지했다. 형제는 1914년 '콤바인드 히트 앤드 스프링클러사Combined Heat and Sprinkler Co.'를 설립해 난방 겸용 스프링클러에 대한 본격적인 영업을 벌였다.

  난방과 화재 방어 겸용 스프링클러는 뉴잉글랜드의 공장 15곳에 설치되었다. 이 스프링클러는 뜨거운 난방 용수 때문에 벌어진 오작동 사례가 거의 발생하지 않을 정도로 신뢰성이 있었고, 그 나름의 경제성도 있으면서 동절기 배관이 어는 것을 막는 장점도 있었다.

  하지만 난방수의 열은 전체 배관을 열 팽창시키거나 배관 기밀을 위해 사용된 고무 부품을 열화시키는 문제가 있었다. 사용자가 난방을 원활하게 하기 위해 특정 밸브를 잠그는 경우 그 배관과 연결된 헤드가 작동해도 알람 밸브가 작동하지 않았고, 스프링클러가 작동할 때 주변에 사람이 있는 경우 화상의 위험도 있었다.

  이처럼 배관을 난방 용도로 사용함으로써 얻는 이익보다 이런 단점과 함께 난방 목적으로 사용할 때 들어가는 비용 대비 효과가 적었다. 또 유지 보수에 많은 비용이 발생하는 점 때문에 난방 겸용 스프링클러 역시 자연스럽게 시장에서 사라졌다.

6장
창고용 스프링클러 소화 설비

산업 구조의 변화와 창고의 등장

내화 구조의 일반화에 따른 헤드의 변화

천공 배관 소화 설비는 공작기계와 원자재, 생산물을 집중적으로 보호하기 위해 발명된 장치로, 이것이 나중에 자동 스프링클러로 진화하며 수조, 펌프, 배관, 헤드가 건물 일부와 융합하여 설비의 보호 범위도 거의 모든 건물 내부로 확장되었다.

이 같은 변화에는 두 가지 원인이 있었다. 첫 번째는 주변으로 번지는 화재의 근본 속성 때문이다. 건물 어느 곳에서 발생한 화재라도 결국 중요 시설에 영향을 줄 수 있기 때문에 궁극적으로 중요한 곳을 보호하기 위해서는 실내의 다른 공간도 방어하는 것이 필요했다. 두

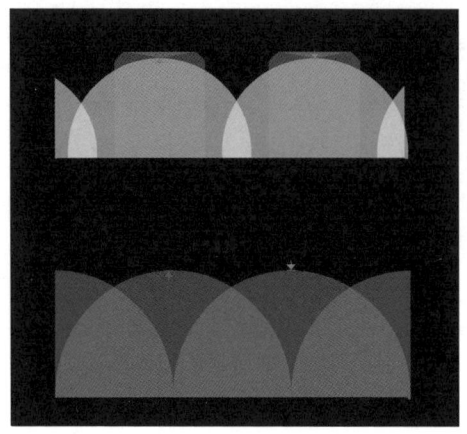

출처: 송병준

구형old 타입 헤드의 방사 범위(위)와 표준standard 헤드의 방사 범위(아래).

번째는 제조 시설 건물 자체의 특수한 화재 위험성 때문이다. 20세기 초반까지 미국의 건축물은 주로 목조 건물로 실내외 모두 비교적 불에 타기 쉬운 조건이었다. 주로 섬유 산업 등 제조 산업의 공장이 소모하는 원자재와 생산품은 대체로 타기 쉬운 가연물인 데다가 제조 공정에서 발생하는 보푸라기, 먼지, 기계 윤활유, 불완전한 초기 전기 조명 등 화재 사고를 유발할 수 있는 요인이 건물에 산재해 공장 전체는 커다란 가연물이라 할 수 있었다.

이 때문에 스프링클러 헤드가 물을 방사하는 방향은 1890년대 파믈리가 처음 헤드를 개발했을 때부터 NFPA가 표준을 정립하고 나서 한참 후인 1950년대까지 건물 모든 부분의 화재를 방어하기 위해 천장과 아래 방향 모두를 향하도록 되어 있었다. 그 기간 동안 헤드를 포함해 스프링클러 구성 요소도 많은 발전이 있었지만 방어 대상을 겨누는 물줄기의 방향에 본질적인 변화는 없었다.

천장 방향으로 물을 분사할 필요가 없는 내화 구조 건물이 일반화되어 가던 1952년 미국의 화재 안전성 인증인 FMFactory Mutual은 아래 방향으로만 물을 분사하는 스프링클러 헤드를 승인하고 1955년에 이를 스프링클러 헤드의 표준 형식으로 지정했다.

표준 형식의 지정을 기점으로 천장까지 물을 방출하는 기존의 헤드는 아래 방향으로만 물을 방출하는 표준 형식과 구분해 구형old type 헤드로 불리게 되었다. 일반적인 구형 헤드의 노즐은 위 방향으로 분사되었고, 노즐 앞 좁은 구멍이 나 있는 디플렉터에 부딪혀 상부로는 약 40퍼센트, 하부로는 약 60퍼센트의 비율로 물이 분사되었다. 구형 헤드는 디플렉터에 구멍을 뚫는 등 변형을 할 경우 상부로 방출되는 물의 양과 방향을 바꿀 수 있는 특징이 있어 예외적으로 사용되었다.

대량 생산 체제와 창고의 필요

미국 사회는 20세기 초부터 급격하게 변화했다. 철강 산업이 발전하며 철 구조물이 견딜 수 있는 하중이 늘어났고, 이 영향은 건축물의 구조나 교량뿐 아니라 항만, 발전소, 통신 시설 따위의 산업 및 생활 시설에도 미쳤다. 특히 짧은 시간에 넓은 영토를 이어 주는 철도의 성장은 괄목할 만한 것이었다. 또 전기 사용의 일반화로 가정까지 보급된 냉장고와 발전한 냉동 기술은 식품 산업 등 전방위적으로 관련 산업의 성장을 이끌었다.

남북전쟁이 끝난 후 풍부한 자원을 가진 미국은 자유 등 개인의 권리를 보장하고 유럽에 비해 두 배 가까운 임금을 받을 수 있는 곳이어서 유럽 등 다른 대륙에서 3000만 명 가까운 이민자가 기회를 찾아 몰려들었고 양질의 노동력을 제공했다.

똑같은 부품을 조립해 만드는 휘트니 소총의 생산방식으로 대표되는 표준화는 더 고도화되어 부품 상호 간 오차를 줄였고 제조 기계를 발전시켰다. 표준화는 미국 산업 전반에 영향을 미쳐 기계에 의한 대량 생산이 가능해지는 기초를 마련했다.

1895년 개인 노동자의 생산성이 곧 임금이 된다는 내용의 성과급 제도A piece-rate system에 관한 논문을 발표한 프레더릭 테일러Frederick W. Taylor는 노동자의 전체 노동 시간을 초단위로 나누었다. 그 결과 업무 시간 내내 계속 일을 하는 것보다 적절한 휴식과 노동을 번갈아 수행 했을 때 효과가 좋다는 것을 발견했다. 이후 테일러는 효율적 방식으로 높은 성과를 내는 이른바 과학적 관리론Scientific Management을 제창 했다. 이러한 테일러리즘Tailorism은 생산성 증대를 위해 생산 기계와 생산물이 표준화되어 있는 것을 전제로, 생산 과정에서 개별 작업자 차원의 측정 및 대량 생산을 위해 분업에 근거한 과학적 관리가 핵심 이었다.

포드는 자동차라는 혁신적인 공산품에 대해 잠재적으로 대규모의 소비 수요가 있음을 직감하고 대량 생산을 통해 가격을 낮추는 전략을 택했다. 컨베이어 벨트로 상징되는 포드의 포디즘Fordism은 테일러리즘의 영향을 받아 노동자들의 노동을 측정하고 분업화하여 전문화하는 생산방식을 취했다. 포드의 전략은 시장에 들어맞았고 자동차 가격을 획기적으로 낮출 수 있었다. 부자들만 누리던 자동차의 편리를 중산층도 누릴 수 있게 된 것이었다. 이전까지 미국인을 포함해 전 세계 사람은 자신이 태어난 곳을 중심으로 한 생활 반경을 평생 벗어나기 힘들었지만 자동차를 소유하면서 도로만 있다면 어디든지 갈 수 있게 되었다.

자동차를 이용해 이동하고 싶어 하는 욕구는 미국 전역을 도로 공사장으로 만들었고, 이윽고 미국에는 촘촘한 도로망이 구축되었다. 이동 능력이 생긴 노동자는 직장 근처에 있던 거주 공간을 쾌적한 교외로 옮겼고, 새로운 거주지 인근에는 이들이 소비할 수 있는 상점,

주유소, 모텔 같은 상업적 건축물이 들어섰다.

때마침 텍사스와 오클라호마에 매장된 대규모 석유가 발견되면서 내연기관의 보급이 가속화된 것은 물론이고, 석유 및 석유 관련 산업이 급속히 확장되며 운송 및 제조와 같은 다른 산업의 성장을 견인했다. 이와 같은 과정을 거쳐 대량 생산의 산업 체계를 갖춘 미국은 1차 세계대전 중 군수 물자 등을 생산하며 막대한 이익을 거두었고, 승전국이 된 미국은 채무 국가에서 채권 국가가 되었다.

1920년대의 미국은 그야말로 소비 사회로 성장했다. 미국의 중산층은 가정마다 자동차를 보유하고 가사노동을 도와주는 세탁기, 진공청소기를 구비했다. 사람들은 대량 생산된 옷을 입고 화장을 했으며 사치스러운 손목시계를 찼다. 자본가는 사람들의 소비력에 맞춰 소비할 수 있는 문화를 만들었다. 놀이공원이 건설되고 영화를 찍고 그 영화를 상영할 영화관을 만들었다. 스포츠 역시 참여가 아닌 소비형 스포츠 산업으로 변했다. 라디오와 TV 같은 대중매체는 사람의 감각을 사로잡았고, 매체에서 흘러나오는 광고는 사회 전체의 유행을 좌우하며 사람들의 지갑을 열었다.

거대해진 중산층의 소비 수요에 따라 산업 전반의 대량 생산 체제로의 전환은 도시 외곽의 생산 공장과 소비가 이루어지는 도시 및 수출을 위한 항구 사이에서 수요량과 공급량의 차이를 해결하고, 화물의 이동에 대한 시간적 효용을 얻기 위한 기능적 건축물인 창고의 모습을 변화시켰다.

지게차의 발명

1917년 드릴, 자동차 바퀴와 차축 등 산업 공구를 생산하던 유진 클라크Eugene B. Clark는 펜실베이니아 철도에서 수하물 운반에 사용되던 전동 트럭을 개조했다. 그는 트럭을 개조해 좁은 공간에서도 방향 전환이 가능하도록 후륜으로 조향하고 화물을 수직으로 오르내릴 수 있는 장치를 부착한 지게차의 전신 '트럭트랙터tructractor'를 발명했다.

상품을 나르던 인력을 대체하는 지게차의 발명은 창고 속 상품을 보관하고 취급하는 방식에 일대 혁명을 불러왔다. 지게차는 무거운 상품을 쉽게 이동할 수 있을 뿐 아니라 특히 높은 곳까지 들어 올릴 수 있었고, 지게차의 이런 능력은 공간을 절약하기 위해 상품을 보관하는 선반rack에 화물을 쌓는 데 최적이었다. 이처럼 지게차로 인해 창고의 공간 활용이 극대화되었고 상품을 창고에서 넣고 빼는 시간도 크게 줄어들었다.

ⓒ Mytho88/CC BY SA
1956년 생산된 도요타의 지게차.

2차 세계대전의 발발로 미군은 화물을 효율적으로 운반하기 위해 적재 단위로 팔레트pallet를 표준화했다. 물자를 빠른 시간에 적재하고 알맞은 때, 알맞은 장소에 공급하기 위한 방안은 물류학이라는 학문이 탄생하는 배경이 되었고 이후 물류 산업은 급격한 성장을 이루었다.

창고는 대량 생산 산업 시스템에서 생산한 막대한 양의 생산품을 보관하기 위해 점차 커졌고 화물을 쌓는 선반의 단도 높아졌다. 2차 대전의 종전 무렵에는 창고의 바닥에서 천장까지 높이가 약 10미터에 달했다. 세제곱으로 늘어난 창고의 체적을 활용하기 위해 높은 곳에 닿을 수 있는 지게차의 수요도 급증했다.

이 무렵 변형이 쉽고 가격이 저렴한 플라스틱이 거의 모든 산업 분야에 쓰이게 되었다. 레이 매킨타이어Ray McIntire가 발명하고 '다우 케미컬사Dow Chemical Company'의 상품명인 스티로폼Styrofoam으로 잘 알려진 발포 스티렌styrene은 원재료가 얼마 들지 않고 완충 효과가 뛰어나 규격화된 대량 생산물의 포장재로 아주 적합했다.

하지만 석유 화학 제품으로 만든 대량 생산품들은 부싯깃 같은 발포 스티렌으로 포장되어 있어 불이 붙기 쉬웠고, 한번 불이 붙으면 끄기 힘들었다. 창고에는 이런 생산품들을 선반에 수직으로 높이 쌓았는데, 선반들 사이는 지게차를 활용하기 위해 일정한 간격이 있어 화재의 성장에는 최적의 구조였다. 창고의 화재 위험성과 잠재적인 피해 규모 역시 기하급수로 늘어났고 이는 대형 화재로 증명되었다. 외부의 위험으로부터 화물을 보호하던 창고 본연의 기능에 더해 이제는 내부에서 발생한 화재까지 방어해야 했다.

랙 사이에 배관과 헤드를 설치한 인 랙 헤드

FM과 UL은 공장보험협회Factory Insurance Association(FIA) 소속 보험회사의 지원을 받아 이와 같은 창고의 위험을 반영한 스프링클러의 설계 기준을 마련하기 위해 나섰다. 이들은 실제 창고와 같은 환경에서 다양한 화재 실험을 하기 위해 실험 시설을 만들었다.

먼저 창고는 책과 같은 인쇄물, 펄프 및 제지, 팔레트에 실린 고무 타이어, 인화성 액체 및 에어로졸 용기, 위스키 같은 주류 등 주로 저장하고 있는 생산품의 특성에 따라 용도를 분류했다. 이 화재 실험의 목적은 단지 창고 유형별 화재에 대한 스프링클러의 성능을 측정하는 것만이 아니었다. 화재의 상황과 스프링클러의 작동이 상호 작용을 할 때 영향을 미치는 물의 양, 헤드의 위치 등 매개 변수를 결정하고 화재 위험을 과학적으로 평가하기 위한 기초 자료를 마련하는 것이기도 했다. 실험의 궁극적 목적은 창고의 화물 종류에 따라 그 특성을 반영한 스프링클러 설계의 기초 자료 확보와 실증이었다. 기초 자료를 마련하기 위한 실험의 우선 목표는 화재와 관련한 여러 변수를 분류하고 화재 위험도의 상대적 등급을 정의하는 것이었다.

첫 번째 실험은 금속재 선반 위에 다단으로 쌓인 목재 팔레트와 당시 흔히 쓰이던 포장지인 크라프트 종이가 실험 대상이었다. 가로 3.6미터, 세로 4.5미터, 높이 6.0미터 목재 팔레트 위에 제조업자들이 기증한 일반적인 상품을 크라프트지로 삼중 포장한 화물을 쌓아 놓고 화재를 일으켜 스프링클러의 작동을 확인했다. 그 결과 높이 쌓인 포장지와 팔레트, 일반적 화물이 타는 화재는 보통 스프링클러만으로도 제어가 가능한 것이 확인되었다.

두 번째 실험은 종이 포장지보다 여러 재료가 혼합된 실제 상품을 적재해서 진행되었다. 종이 포장지를 포함해 플라스틱, 고무 등 여러 재료가 혼합된 화물을 6미터 높이까지 쌓은 후 진행된 실험에서 스프링클러는 화재를 제어하기 어려웠고 천장과 건물이 붕괴될 정도로 온도가 높게 올라갔다.

이 실험이 진행된 이후 1년 이상의 기간 동안 화재 시 창고에 있는 사람의 안전에 영향을 줄 수 있는 여러 상품의 화재 위험 등급을 정하기 위한 반복 실험이 진행되었다. 상품에 따라 2.4미터, 4.6미터, 15.2미터의 높이별로 진행된 실험의 결과는 다음과 같았다. 일반적인 상품이 2.4미터 높이로 적재된 경우의 화재에서는 세 개 이하의 스프링클러가 작동되었는데, 이때 천장 화염의 온도는 건물 구조용 강재의 허용 온도보다 낮게 측정되었다.

이 실험과 유사한 조건에서 화재를 일으켰을 때 작동한 헤드의 숫자에 따라 적재된 물품 종류의 등급이 정해졌다. 한 개의 헤드가 작동한 경우는 Ⅰ등급, 두 개인 경우 Ⅱ등급, 세 개인 경우는 Ⅲ, 네 개인 경우 Ⅳ등급으로 분류했는데, Ⅳ등급은 보통 플라스틱으로 만든 상품이었다. 하지만 위험도가 낮은 상품도 적재 높이가 높아질수록 스프링클러의 효과성이 떨어져 등급 구분이 무의미해졌다.

이에 따라 상품의 종류가 아니라 적재 구조의 높이에 맞는 특별한 대책의 필요성이 논의되었다. 여기서 랙 사이에 배관과 헤드를 설치한 인 랙 헤드In-Rack Head가 등장했다. 하지만 충격에 민감한 헤드가 오작동을 일으켜 상품을 훼손할 수 있는 불편함과 추가 설치 비용 때문에 사용자들에게 큰 인기가 없었다.

물방울 크기가 커진 라지 드롭 헤드

아래 방향으로 물을 분사하는 일반적인 스프링클러 헤드는 창고에 높게 쌓인 상품의 화재에는 적합하지 않다. 그 이유는 높은 곳에 있는 화물로 인해 불 타고 있는 선반 아래쪽으로 직접 가는 물방울을 가리는 이유만은 아니었다. 실내에서 화재가 발생하면 그 공간에 열로 인한 상승 기류가 만들어지는데, 분사식 스프링클러 헤드에서 나오는 작은 물방울이 이 화재 기류의 영향을 많이 받기 때문이다. 특히 화재 기류가 강할수록 스프링클러의 물방울이 받는 영향도 커진다. 일반적으로 화재 기류는 상품의 위험 등급이 높을수록 강해지는 경향이 있었다.

그런데 화재 기류는 스프링클러의 작동에 영향을 받아 오히려 강해지는 경향이 있었다. 실제 실험 결과를 통해 타고 있는 물질 바로 위에 생기는 화재 기류의 속도는 약 10.0m/s 정도였는데, 스프링클러가 작동할 때는 약 16.5m/s로 거세진 것으로 드러났다. 스프링클러 헤드에서 나온 작은 물방울은 이 화재 기류를 뚫고 들어가기 어려웠고 화재 진압의 효과가 작았다.

스프링클러의 효과에 화재 기류가 악영향을 끼치는 다른 매개 변인도 있었다. 진행 방향이 유동적인 화재 기류의 뜨거운 열기는 화재 지점을 유효하게 소화할 수 있는 위치의 헤드 대신 인접한 다른 헤드에 먼저 닿을 수 있었다. 그럴 경우 먼저 작동한 헤드에서 나온 물이 화재 지점 인근의 헤드를 적셔 해당 헤드의 작동을 지연시키거나 작동하지 않게 만들었는데, 이를 '스키핑Skipping' 현상이라고 한다.

이런 일을 막기 위해 NFPA에서는 창고에 설치되는 스프링클러 헤드 사이에 최소한의 간격을 둘 것을 규정하며 너무 촘촘하게 설치하지 않도록 권고했다. 일정한 간격으로 헤드를 배치하는 내용의 NFPA의 권고는 단위 면적에 분사되는 물의 양을 줄여 가뜩이나 화재 기류에 민감한 영향을 받았다. 따라서 기존의 헤드는 랙이 있는 창고에서의 화재를 진압하는 데 더 불리하게 만들 수 있었다.

FM은 이 문제를 해결하기 위해 시험과 연구를 진행했고 1970년대 결과를 공표했다. 이 실험에서 고강도 화재를 일으키는 플라스틱 상품의 표준으로 폴리스티렌 컵을 크라프트지로 포장한 화물을 지정했다. 여러 해 진행된 실험과 연구 결과에 의하면 플라스틱 화물의 화재를 제어하려면 화재 기류를 극복하지 못하는 기존 표준형 스프링클러의 1밀리미터 크기 물방울 대신에 상대적으로 큰 4~5밀리미터 크기의 물방울이 창고 화재에 적합하다는 사실이 확인되었다. 분사하는 물방울 크기를 크게 하는 것은 헤드의 물이 출수되는 곳인 오리피스의 구경을 크게 하는 것으로 가능했다. 결국 13.5밀리미터인 표준형 헤드의 오리피스 구경이 16.3밀리미터로 커졌다. 기존의 일반 표준형 헤드와 물방울의 크기 차이로 구별되는 이 헤드는 라지 드롭형Large-Drop type 헤드라는 이름이 붙었다.

기존의 표준형 스프링클러의 설치 기준이었던 단위 면적, 단위 시간당 물의 양은 헤드에서 나가는 물방울의 크기가 커진 라지 드롭 헤드에는 적합하지 않았다. 이에 따라 헤드 사이의 간격, 방사되는 압력과 개방된 스프링클러의 개수 등이 라지 드롭 헤드의 설치 기준에 따라 조정되었다. 이렇게 개발된 라지 드롭 헤드는 기존의 표준형 스프링클러의 배관을 그대로 사용할 수 있도록 만들어져 헤드만 바꿔서 사용할 수 있는 장점이 있었다. 하지만 스프링클러 배관이 공급할 수 있는 물의 양은 한계가 있어서 이를 초과하는 규모의 화재 즉 플라스틱 화물보다 에너지가 큰 화물의 화재나 더 높이 쌓여 있는 랙에서 발생하는 강력한 화재에는 표준형 헤드와 성능 면에서 별 차이가 없는 한계가 있었다.

초기에 화재를 진압하기 위한 ESFR 헤드

지게차의 기능 발전과 물류의 효율화로 창고에 저장하는 화물의 밀도가 점점 높아지고, 그로 인해 창고에 잠재된 화재 위험성과 에너지도 계속 증가했다. 이에 따라 FM의 연구소와 오토매틱 스프링클러사는 1983년 11월부터 2년간 랙이 있는 창고의 화재를 빠르게 진압할 수 있는 방안을 공동으로 실험하고 연구했다. 이들의 연구 결과를 바탕으로 1986년 'ESFR Early Suppression Fast Response' 스프링클러 헤드가 개발되었다.

ESFR은 화재가 최초 발생해서 통제 불능 상태까지 성장하기 전 신속하게 작동해서 많은 양의 물을 분사하는 것을 특징으로 하는데, 이를 통해 화재를 초반에 진압하는 것이 목표인 헤드 형식이다. 이전까지 스프링클러의 역할은 물론 화재를 진압하는 것도 있었지만 그것보다는 화재 지역을 미리 살수하여 공공 소방대가 도착하기 전까지 화재 확산을 제어하는 데 초점이 맞춰져 있었다. 하지만 ESFR은 말 그대로 조기에 화재를 진압하는 것에 초점을 맞춰 설계되었다.

화재 에너지의 양이 많아진 창고 화재를 위해 개발된 ESFR 헤드는 인 랙 헤드와 달리 천장에만 설치하면 되고, 화재 진압에 사용된 물로 인한 피해를 줄일 수 있었다. 또 화물의 화재 위험도에 따라 분류해서 저장해야 하는 불편함을 해소하고 보다 적은 수의 헤드만으로 화재를 효과적으로 진압하고 제어할 수 있는 장점이 있었다. 하지만 ESFR 헤드가 결코 만능은 아니다. ESFR 헤드에 적응성이 있는 환경과 상황이 따로 있어서 치밀한 설계가 적용되어야 하고, 화재의 확산 속도가 헤드의 개방 속도보다 빠른 인화성 액체, 타이어, 종이, 석유화학 제품 등에는 적응성이 없는 한계가 있었다.

그럼에도 ESFR을 적용할 경우 화재 진압에 전보다 적은 수의 헤드만 필요하고 화재의 조기 진압뿐 아니라 다량의 물로 인한 피해도 줄일 수 있어서 인 랙 헤드의 설치 목적을 보완하는 장점이 있었다. 초기 화재를 강력한 방수량으로 진압한다는 목표를 달성하기 위해선 헤드가 보다 빠른 시간에 작동해야 했다. 또 화재 초기에 많은 양의 물을 방사해 화재 강도를 통제 가능한 범위에 두어야 하므로 좁은 범위에서 균일하게 물을 방사하는 능력이 필요했다.

스프링클러의 기준을 정한 NFPA 13 1989년 판본부터 장애물 간격에 대한 요건을 포함해 ESFR 헤드의 섹션이 추가되었다. 빠르게 반응해서 많은 양의 물을 분사하는 ESFR 헤드의 연구 과정에서 헤드의 특성을 구분 짓게 하는 측정 지표가 다듬어졌다.

이 지표들은 각자 스프링클러 헤드의 성능과 특성을 나타내는 RTI, RDD, ADD, K-Factor, 방출량, 방출 패턴 등 다양한 계수로 정리되었고 사용 환경과 목적에 맞춘 스프링클러의 설계에 활용되었다.

대표적 계수 몇 가지를 들어보자. RTI는 'Response Time Index'의 약자로, 화재 기류의 온도와 속도 및 작동 시간에 대한 스프링클러 헤드의 반응을 예상한 지수다. RTI 값은 헤드의 민감도와 열에 의한 반응 속도를 대변한다고 할 수 있는데, 값이 낮을수록 빠른 시간에 헤드가 작동한다. 구체적으로 RTI가 80을 초과하게 되면 표준 반응, 51~80에 속하면 특수 반응, 50 이하인 경우 조기 반응으로 구분한다. RDD는 'Required Delivered Density'의 약자로, 화재를 진압하기 위해 단위 면적당 필요한 살수 밀도다. RDD는 화재 시 열 방출률의 영향을 받는다. ADD는 'Actual Delivered Density'의 약자로, 실제 화재 기류를 극복하고 아래의 연소 면으로 닿는 물의 밀도라고 할 수 있다. ADD는 화재의 기류를 생성하는 화재 기둥plume의 강도와 열 방출률 그리고 헤드에서 방사되는 물방울의 크기에 영향을 받는다.

이해를 돕기 위해 간단한 예를 살펴보자. 스프링클러 능력 이상의 화재가 발생해 헤드 하나가 작동하는 상황을 가정하면, 시간에 따른 화재의 성장에 의해 화재 기류에 영향을 받는 ADD 값은 점점 작아지고 연소 면의 면적은 넓어지며 RDD 값은 점점 커지게 된다. 헤드 하나에서 나오는 물의 양은 상수이기 때문에 만약 설치 장소에 이렇게 높은 강도의 화재가 예상되면 이를 고려해 그 장소의 스프링클러 설계에는 ADD와 RDD 값을 조절해야 한다. 예상하는 화재가 거세고 스프링클러의 설치 목적이 화재의 확산 방지인 경우는 수조의 물의 양에 영향을 받는 RDD 값이 ADD 값보다 큰 헤드가 적합하다고 할 수 있다. 하지만 화재의 조기 진압을 목적으로 해야 한다면 RDD보다 ADD 값이 크고 빨리 작동할 수 있도록 RTI 값이 작은 ESFR 헤드를 사용하도록 설계해야 한다. RDD보다 ADD가 큰 설계가 필요하며, 조기에 작동해야 하므로 RTI 값이 작도록 설계되어야 하는 것이다.

7장

주택용 스프링클러 소화 설비

보고서 '아메리카 버닝'

케네디 대통령이 암살당한 후 취임한 36대 미국 대통령 린든 존슨Lyndon Johnson은 재선에 성공했다. 존슨은 1964년 미시간대학의 졸업식 연설을 통해 처음으로 '위대한 사회Great Society'라는 슬로건을 제창했다. 위대한 사회의 목표는 빈곤과 인종차별을 극복하는 것으로서 존슨은 재임 기간 동안 교육, 의료, 과밀한 도시, 농촌의 복지 문제에 관한 정책을 내놓았고 적극적으로 추진했다.

존슨은 화재와 관련해서도 1967년 전방위적인 화재 연구 및 안전 프로그램의 작성을 선언했고, 이에 따라 의회는 1968년 소방안전법Fire Research and Safety Act of 1968을 만들었다. 또 법의 실효성을 확보하기 위해 세부의 기술적 부분은 '국가화재예방통제위원회National

Commission on Fire Prevention and Control'에 위임했다.

위원회는 2년간의 연구 끝에 1973년 대통령에게 〈아메리카 버닝 America Burning〉이라는 보고서를 제출했다. 이 보고서는 미국 내에서 화재 피해는 개개인에게 낮은 확률로 발생하는 불운 정도로 인식되지만, 매년 1만 2000명이 화재로 인해 사망하고 110억 달러의 재산 피해가 발생한다는 구체적 통계치를 제시했다. 보고서에는 국가적 비용이 발생하는 재난인 화재를 연방정부 차원에서 관리해야 한다는 주장도 실려 있었다. 피해를 낮추기 위한 구체적 방안으로는 시민에 대한 화재 예방 교육 및 연구와 정책의 우선순위를 정하기 위한 화재 사례의 데이터 수집과 분석, 소방 장비의 개발과 최신 진압 기술에 대한 소방관의 교육 훈련, 화재의 인체 유해성에 대한 연구 등이 제시되었다.

특히 광범위한 화재 데이터의 수집과 분석을 통해 불규칙해 보이던 화재의 원인과 특성이 체계화되었다. 보고서에는 예상과 달리 그동안 관심 밖이었던 주거용 건물에서 발생한 화재에서 사망자와 부상자가 대부분 발생했고, 스프링클러를 주택에 적용함으로써 피해를 줄일 수 있다고 지적했다. 보고서에 따르면 구체적으로는 사람이 오래 머물고 가장 안심하는 공간인 주택에서 주로 잠을 자는 야간 시간대에 발생한 화재에서 많은 인명 피해가 발생했다. 주택에서 발생한 화재는 발화 후 일정 시간이 지난 후 화염의 크기가 커지는데, 그 과정에서 일어나는 화염의 복사열 정도가 임계점을 넘어서 실내의 모든 가연물이 화재에 참여하는 '플래시 오버flash-over' 현상이 인명 피해의 중요 변수라고 보고되었다.

주택용 스프링클러 설치 기준 NFPA 13D

1974년에는 미 연방 화재 예방 및 통제에 관한 법이 제정되었고, 이윽고 1975년 NFPA에서 주택용 스프링클러 설비에 대한 기준인 NFPA 13D가 제정되었다. 초판에는 기존의 상업용 건축물에 사용되던 스프링클러 설비의 기준이 준용되었지만 이후 개정판부터는 주택의 화재 특성이 설비 기준에 반영되었다.

기존의 스프링클러 기준과 비교해 주택 화재에 대응하는 스프링클러의 특징적인 점은 설치 목적이 구조물의 보호가 아닌 거주자의 생존에 초점이 맞춰져 있다는 것이다. 스프링클러 설비의 작동으로 사람이 화재가 난 주택에서 빠져나오는 동안 생존을 위해 요구되는 최소 조건도 정해졌다. 구체적으로 스프링클러의 작동으로 화재가 난 거실의 천장 최고 온도는 섭씨 288도 미만, 사람의 호흡이 이루어지는 높이 1.5미터에서의 온도는 섭씨 93도 미만을 유지해야 하고, 일산화탄소 농도는 3000ppm 이하로 유지되어야 했다. 또 다른 요구 사항으로 비용 부담의 주체가 개인인 점을 고려해 시스템 설치 및 유지 관리 비용이 저렴해야 했다.

거주자의 피난을 주목적으로 작동하는 주택용 스프링클러 헤드는 창고처럼 화재 기류의 영향을 극복하기 위해 물방울의 크기를 고려하거나, 공장처럼 여러 개의 헤드가 작동할 필요가 없었다. 주택용 스프링클러의 헤드는 보통 한 개만 작동하고 특정 방향에 집중하기보다는 전 방향으로 나가는 것이 적합했다. 또 욕실처럼 치명적 화재 확률이 적은 곳은 설치 장소에서 제외되었다. 이전까지 공장이나 창고, 상점 같은 용도에 설치되는 스프링클러 헤드는 얼마나 민감한지 보다는 설정한 온도에서 작동하는 신뢰성과 헤드 사이의 거리가 중요했다. 하지만 주택에서는 발화 후 빠른 시간에 발생하는 '플래시 오버' 현상이 일어나기 전 설정한 온도에서 빠르게 작동하는 것이 중요했다.

이런 요구 조건 아래에서 주택에는 헤드가 설정한 온도에 다다랐을 때 작동하기까지 걸리는 시간인 반응시간지수(RTI)가 가장 중요한 수치가 되었다. 1975년 NFPA 13D에서는 하나 혹은 두 세대의 주택과 조립식 주택을 대상으로 13밀리미터 구경의 오리피스의 작동 온도인 섭씨 57.2도~107.2도에서 작동하는 헤드를 설치하는 것을 기준으로 했다. 또 실제 주택에서 60회에 걸친 실증 시험을 통해 1980년에 화재가 난 장소에서 10분간 인명을 보호하는 저렴한 주택형 스프링클러 헤드가 개발되며 이를 중심으로 NFPA 13D도 개정되었다.

레지던스용 스프링클러 설치 기준 NFPA 13R

1989년 NFPA 13D의 보호 대상에서 빠져 있던 아파트, 호텔, 모텔 등 불특정 다수인이 거주하는 곳과 숙식을 제공하는 요양 시설 및 4층 이하의 공동 임대 주거 시설 등 가정집과 호텔의 특징을 동시에 지닌 중기 숙박 시설인 이른바 레지던스를 대상으로 한 NFPA의 스프링클러 설치 기준이 작성되었다. 레지던스는 화재 위험성은 주택에 준하지만 설치 비용이나 유지 보수의 비용 부담이 어려워 그동안 스프링클러 설치 대상에서 빠져 있었다.

따라서 레지던스의 스프링클러 설치 기준을 정한 NFPA 13R은 설치 비용을 절감하면서도 최대한의 목적 달성을 위해 합리적이고 실용적 기능을 하는 스프링클러의 완화된 기준을 예외적으로 정했다. 건물 내 거의 모든 장소에 배관과 헤드를 설치해야 하는 NFPA 13 코드에 비해 이 기준은 각 세대에 1980년 개발된 주택용 헤드를 설치하고, 세대 외부의 복도에서부터 로비까지는 헤드의 수도 다르게 적용할 수 있었다. 또 헤드의 완전한 기능을 위해 동절기에 대비해 건식 밸브나 부동액을 배관에 채운 헤드를 적용해야 하는 다락방이나 엘리베이터 기계실, 건물 내 창고 같은 장소는 과감하게 제외했다. 화재 위험에 취약한 장소에 거주하는 사람들에게 최소한의 안전을 보장하기 위해 마련된 NFPA 13R 역시 그 목적이 인명 보호라고 할 수 있다.

8장

스프링클러의 미래

스프링클러 개발 선구자들의 명맥

현대 스프링클러 설비의 초석을 마련한 프레더릭 그리넬은 자신이 설립한 제너럴 소화기사를 1919년 '그리넬사Grinnell Co.'로 사명을 변경했다. 그러다 2001년 거대 기업 타이코Tyco에 의해 심플렉스 타임 리코더사Simplex Time Recorder Company에 합병되어 다국적 기업인 '심플렉스그리넬SimplexGrinnell'이 되었다.

맨체스터에 소재한 프레더릭 그리넬의 특허 사용권을 양도받은 윌리엄 매더의 회사 매더 앤드 플랫은 섬유 산업에 필요한 기계 제조와 염색 사업에서 자동 스프링클러 사업으로 기업의 방향을 전환한 회사다. 이 회사에 소속된 존 워말드는 파플리와 함께 스프링클러 설비를 설치 운영한 경험을 바탕으로 최초로 스프링클러 설치에 대한 표준을 작성하고 호주에서 스프링클러 사업을 시작했다.

존 워말드가 스프링클러 사업을 시작하며 스탠리 러셀Stanley Russell 과 공동으로 설립한 회사 '러셀 앤드 워말드Russell & Wormald'는 소화기, 방화문, 스프링클러 설비를 제조해 판매했다. 이 회사는 러셀이 은퇴한 뒤 '워말드 브로스Wormald Bros'로 사명이 변경되었고, 1974년 모회사 격인 매더 앤드 플랫을 인수해 '워말드 인터내셔널Wormald International'이 되었다. 워말드 인터내셔널 역시 1990년 당시 보안과 화재 방어 분야의 거대 기업인 타이코 인터내셔널에 인수되었다.

결국 각기 시작점이 달랐던 프레더릭 그리넬과 윌리엄 매더, 존 워말드의 사업은 모두 타이코에 합병된 셈이다. 2016년 1월 25일 타이코는 '존슨 컨트롤스Johnson Controls'와 합병했다. 스프링클러의 확대를 위해서는 비용이 저렴해야 했고, 개발에 시간과 비용이 드는 설비의 특성상 다수의 영세 제조업체는 합쳐지고 다시 합쳐지며 막대한 자금력을 가진 몇 개의 대기업으로 남았다.

신뢰성과 효용성

불이 나면 온도 상승으로 물이 자동 분사되는 언뜻 단순해 보이는 스프링클러의 기능은 몇 가지 중요하고 구현하기 어려운 사항이 숨어 있다.

첫째는 신뢰성이다. 스프링클러는 설정한 온도에서 예상한 시간 안에 설계에 정한 공간에서 정확하게 작동해야 한다. 이는 대량으로 생산되어 같은 장소에 설치된 개별 헤드가 모두 제조사가 정한 성능

특성을 표시한 문서인 데이터 시트와 오차 없이 동일해야 한다는 것을 의미한다. 스프링클러의 신뢰성은 가전제품이나 자동차 같은 '작동'을 이용하는 대다수의 다른 기계와는 차원이 조금 다르다. 스프링클러는 한 번 설치되면 길게는 수십 년 동안 작동을 할 준비 상태에 있어야 한다. 일단 작동을 한 헤드는 교체해야 하므로 개별 헤드의 작동 여부는 일단 제조되어 설치되고 나면 확인할 수 없다. 이처럼 스프링클러의 작동은 불확정한 상태로 오랜 기간 유지되기 때문에 설정한 환경에서는 작동을 한다는 절대적인 믿음이 있어야 한다. 여기에다 계속적으로 작용하는 수압을 견뎌야 하고 경년經年에 따른 환경 변화에 영향을 받지 않는 내구성도 필요하다.

둘째는 설비의 효용성이다. 설치와 유지 관리에 막대한 비용을 수반하는 스프링클러는 불이 나서 작동을 하면 대형 화재를 막는 당초의 목적을 의도한 대로 수행해야 한다. 효용성의 유지를 위해 스프링클러 설비를 주기적으로 유지 보수해야 하는 것은 당연하다. 여기에는 스프링클러가 설치되는 공간에 대한 정확한 이해와 이를 바탕으로 치밀한 설계가 전제되며, 동적인 건물의 실제 사용에 맞춰 그때마다 공간을 재평가하고 설계를 재점검하고 시공을 수정하는 노력과 비용이 따라야 한다. 스프링클러의 효용성은 건물과 스프링클러라는 식재료로 만드는 일품요리에 비유할 수 있다. 실증 없는 배관, 펌프, 헤드, 밸브 등 스프링클러의 구성 요소에 대한 구체적 사양을 수리적 계산만으로 건물에 배치하는 설계는 단순히 다양한 식자재를 조리법이라는 절차에 따라 맛도 보지 않은 채 기계적으로 조리하는 것과 비슷하다. 이 경우 스프링클러의 완전한 효용성을 기대하기 힘들다.

지금까지 살펴보았듯이 NFPA, UL 등의 인증 기관은 보험사와 기업의 자금 지원을 통해 여러 해에 걸쳐 실제를 최대한 모사한 환경에서 실증한 데이터를 기반으로 제품을 인증하고 표준을 작성해 왔다는 점을 중요하게 생각해야 한다. 만약 법령과 설치 기준에만 매몰되면 비용 부담자들에게 특정 건물의 고유한 위험에 대비하는 실체적 고민보다는 단지 추상적 문자로 정한 기준만 충족하려는 도덕적 해이를 불러올 수 있다. 또 이 기준에만 매몰되어 설치 방법이 정해지면 특정 건물의 필요하지 않은 시설을 의무화하는 비효율의 문제가 발생한다.

모두 다른 건물에 동일 기준을 적용하는 것은 필연적으로 보수적인 설계를 하도록 만든다. 물론 법령과 기술 기준은 항상 변화하는 속성이 있다. 하지만 사회의 변화나 대형 사고에 앞서서 마련되지 않고 사후에 만들어지는 일은 늘 존재한다. 이러한 법령과 사양 중심의 의무적인 스프링클러 설치 경향은 결과적으로 스프링클러의 설계에 어떤 혁신이나 창의성을 허용하지 않는 악순환에 빠진다.

미래의 스프링클러

앞서 살펴보았듯이 스프링클러를 포함한 소방은 산업의 전면에 서서 다른 분야를 선도하는 혁신을 이루어 왔다기보다는 다른 산업에서 이루어진 혁신 기술의 수혜를 받아들이며 후행적으로 발전해 왔다. 미리 예견할 수 있는 화재 위험도 한 발 앞서 중요하게 인식하거나 준비된 적이 없으며, 보호할 수 있었던 수많은 희생자와 유산을 잃은 후에나 중요성이 부각되었다.

거의 모든 국가에서 소방 산업은 다른 산업에 비해 규모가 작다. 소수의 대기업이 장악하고 있는 소방 산업 시장은 창의적이고 도전적인 제조업체가 참여하기 힘든 환경을 조성했다. 이와 같은 조건들로 스프링클러에 대한 낮은 사회적 관심과 산업 종사자 및 화재를 담당하는 당국의 보수성은 스프링클러의 발전에 필요한 연구 개발을 낮은 수준에 머물게 하는 악순환을 만들었다. 하지만 사회가 고도로 발달할수록 안전에 대한 가치는 더 중요해지는 법이다.

현재 건물에 설치되어 있는 스프링클러는 건물의 모든 말단에 배관이 깔려야 하고, 계속 작동을 준비해야 하는 비효율성이 있다는 점에서 개선의 여지가 많은 설비다. 게다가 스프링클러에 적용할 만한 많은 기술이 성숙하고 있는 지금, 가까운 미래의 스프링클러의 모습을 상상해 본다면 다음과 같은 방향성을 가질 것이라 조심스레 예상해 볼 수 있다.

우선 화재를 열로만 감지하는 스프링클러의 헤드나 열, 연기, 불꽃 등 시스템과 연동된 화재 감지기는 고도로 발달한 센서가 그 기능을 대체하며 인간과 같은 화재 인지에 대한 판단력을 갖게 될 것이다. 또 사물 인터넷IoT의 발달로 모든 부분이 하나로 연결된 건물의 각 부분은 배관이 깔릴 필요 없이 최소량의 물이나 소화약제를 가진 기계가 이동해 아주 초기에 화재를 소멸시키는 진압을 하게 될 것이다. 마지막으로 인공지능 및 머신러닝 기술의 발전이 화재 감지 분야의 기술에 적용되어 건축물을 사용하는 인간의 행동을 분석하고 통제해 화재를 방지하거나 화재를 예상하는 방향으로 발전이 기대된다.

6부 경보 설비의 역사

― 건축물 화재의 파수꾼 ―

화재 피해를 최소화하기 위한 방법은 화재 초기에 불을 끄는 것이다. 화재 범위가 넓어질수록 화재의 세기와 확산 속도가 기하급수적으로 커지기 때문이다. 통제 가능한 수준을 넘어선 화재는 개별 건축물뿐 아니라 도시에 위협이 될 수도 있다. 이는 대피에서도 마찬가지다. 건물에서 나가는 경로까지 화재가 확산되면 대피하기 불가능해진다.

이와 같은 당연한 사실 때문에 양동이를 쓸 때나, 2층 이상의 건축물이 생겨난 이후부터 대형 건축물이 즐비한 현대까지 화재 사실을 주변에 알리는 것은 화재 진압과 대피를 위해 가장 중요한 일이었다.

오늘날은 소방 시설의 경보 설비가 화재를 알리는 기능을 하고 있다. 그 중 가장 대표적 설비인 자동화재탐지설비는 건물의 실내 구석구석에 설치되어 있는 감지기를 통해 화재를 감지하고, 감지기로부터 화재 신호를 받으면 경종을 울려 건물 안의 사람들에게 화재 사실을 소리로 알리고 다른 소방 시설을 작동시키는 신호를 발한다. 사람이 눈으로 먼저 확인한 경우를 제외하면 신고, 대피, 소화기 사용, 스프링클러의 작동 등 모든 화재 대응의 시작점에 자동화재탐지설비가 기능한다고 볼 수 있다.

실제로 화재가 발생해 경보 설비의 작동으로 발하는 화재 경보음은 듣는 사람의 생명을 좌우하는 중요한 정보일 경우가 있다. 그런데 누구나 한 번쯤은 오작동으로 인해 울리는 화재 경보음을 들은 경험이 있을 것이다. 이런 경험을 한 번이라도 하면 화재 경보음을 과소평가하거나 무시하는 경향을 보인다.

따라서 경보 설비에서 가장 중요한 사항은 실제 화재에서 확실하게 작동하고 화재 상황이 아닐 때는 작동하지 않는 신뢰성이다. 이 신뢰성을 기계 장치로 구현하기가 쉽지 않아서 지금의 자동화재탐지설비 시스템이 만들어지기까지 오랫동안 지난한 과정을 거쳐 왔다.

경보 설비를 대표하는 자동화재탐지설비는 기능을 기준으로 화재 사실을 인지하는 것과 화재 사실을 알리는 것으로 구분할 수 있다. 두 기능 중 먼저 구현된 것은 화재 사실을 알리는 기능이다.

불특정 다수에게 화재를 알리는 방법은 목소리에서 래틀 벨, 종탑의 종을 지나 사이렌으로 발전했다. 수동 소방펌프, 증기 소방펌프가 발명되어 화재 진압의 기능이 소방대에 집중된 후에는 화재 사실을 소방대에게 알리는 것이 중요해졌고, 종소리나 사이렌에서 전신, 전화, 이동통신 기술을 활용하며 방법이 진화했다.

하지만 화재의 피해를 최소화하려면 더 빨리 대응해야 하고 이를 위해서는 더 빠르게 화재 사실을 알아야 한다. 이러한 필요 때문에 화재 감시의 대상이 도시 전체에서 건물 안까지 확대되었고, 화재 사실을 판단하는 사람을 대신할 감지기가 발명되었다.

감지기는 녹는점이 낮은 금속을 활용하는 가장 간단한 원리에서부터 바이메탈, 밀폐된 구조물 안 공기의 열로 인한 체적의 변화 등 열의 변화로 작동하는 것, 연기를 감지해 작동하는 것, 화재 특유의 불꽃을 인식하는 감지기로 발전했다. 이러한 감지기와 건축물 안을 거미줄처럼 연결한 화재 통신망이 경종과 결합하여 지금의 자동화재탐지설비를 구성하게 되었다.

하지만 오늘날에도 여러 유형의 화재 감지기는 설계된 대로 한두 가지 물리적 변화만을 기준으로 작동하는 기계에 불과해 오감을 종합해 감각하는 사람처럼 화재를 판단할 수 없으며 완벽하게 신뢰할 수 있도록 작동하는 감지기는 사실 존재할 수 없다. 따라서 일정하게 신뢰성을 만족한 경우라도 자동화재탐지설비의 오작동은 필연적이다.

그러므로 경보 설비의 발전 과정을 통해 경보 설비의 한계와 경보음의 중요성을 아는 것은 중요하다. 6부에서는 '화재를 알리는 것'과 '화재를 감지하는 것'이라는 두 가지 목표를 이루기 위해 경보 설비가 어떤 과정을 거쳐 지금에 이르렀는지를 살펴본다.

1장
화재 발견의 골든 타임

화재의 성장과 시간과의 관계

불은 과거와 현재는 물론이고 미래의 인류에게도 없어서는 안 되는 필수적인 것이다. 그러나 현대 사회에서 화재 예방과 대응에 모든 노력을 기울여도 통제를 벗어난 불이 대형 화재로 발전할 위험성은 늘 존재한다. 아무리 많은 수의 사람이 도시 공간을 채우고 있어도 화재의 사각지대는 존재하고, 사각지대에서 발생한 화재는 짧은 시간에 손쓸 수 없을 정도로 커져 버린다. 역사에 기록을 남긴 초대형 화재도 처음에는 아주 작은 불씨에서 시작해 아무도 모르는 공간에서 성장했다.

화재는 사건마다 환경과 조건이 모두 다른 독립된 개별 사건이어서 똑같은 양상을 띠는 화재 사건은 존재하지 않고 재연도 불가능하다. 화재가 성장하는 데는 어떤 공간을 구성하는 조건들 외에도 진행된 시간 역시 아주 중요하게 작용한다. 모든 화재에 적용할 수는 없지만 NFPA에서 규정한 화재 성장 속도를 구하는 공식으로 일반적인 화재의 성장 속도를 가늠해 볼 수는 있다.

이 공식은 화재가 발생한 이후 시간의 경과와 화재의 규모를 알 수 있는 지표인 열 방출률Heat Release Rate(HRR) 간의 관계에 대한 식이다. 이 식에 따르면 대략 화재의 규모는 최초 발화된 시점부터 경과한 시간의 제곱에 비례해 성장한다. 그 때문에 일정 시간이 지나 이미 대형 화재로까지 성장해 버리면 화재를 진압하기 위해 모든 노력을 기울여도 화세를 꺾기는 어렵다.

결국 손을 쓸 수 없는 대형 화재는 화재 범위 내에 있는 모든 가연물의 에너지를 다 소모해 스스로 소멸하거나, 인간의 통제 범위에 들어올 정도로 약해질 때까지 막대한 인명 피해와 재산 피해를 남긴다. 이 때문에 화재를 통제하는 데 있어 가장 중요한 점은 화재를 빠르게 인지하는 것이다. 발화 후 화재가 통제 불능 단계에 이르기 전 최대한 빠른 시점에 개입하기 위해서다.

소방서, 119안전센터가 촘촘하게 배치된 도심이라도 도로 정체, 불법 주정차 등의 변수로 인해 소방차가 현장에 도착하고 화점에 접근하기까지는 10분 이상 걸린다. 그런데도 우리나라의 화재에 관한 사무를 담당하는 주무 부서에서는 출동한 소방대가 5분 이내에 도시 곳곳의 신고 현장에 도착하는 것을 목표로 정책을 추진했던 이유도 초기 화재가 매우 빠르게 성장하기 때문이다.

이 5분을 소방을 포함해 언론 매체에서는 화재의 '골든 타임'이라고 일컫는다. 이와 관련한 근거로 2017년 서울연구원이 발간한 《서울시 화재사고 현장 대응성 강화를 위한 소방력 운용 개선 방안〉 보고서를 들 수 있다. 2010년부터 2014년까지 발생했던 화재 2만 8032건을 분석한 이 보고서에는 소방대가 5분 안에 도착한 경우는 평균 피해액이 292만 원이었던 것에 비해 5분을 넘어서 도착한 경우는 1061만 원으로 집계되어 피해 규모가 세 배 이상의 차이를 보인 것으로 나타났다. 인명 피해에서도 전체 화재 중 5분 안에 도착한 2만 7281건(97.3퍼센트)에서는 사망자 수가 16명이었던 것에 비해, 5분을 초과해 도착한 751건(2.7퍼센트)에서의 사망자 수는 38명으로 두 배가 넘는 것으로 확인되었다.

화재의 시작과 대응까지의 과정

당연한 말이지만 화재의 성장 과정 중 초반에 화재를 진압하는 것이 중요한 것처럼 건물 밖으로 대피하거나 중요한 물건을 옮기는 등 화재에 대응하는 적절한 행동 역시 빠르면 빠를수록 유리하다. 화재에 대한 빠른 대처가 가능하기 위해서는 무엇보다 화재를 일찍 발견하는 것과 주변에 알리는 것이 선행되어야 한다.

누군가 화재를 발견한 다음 화재 사실을 주변에 알리고, 소리를 들은 사람들이 저마다 그에 맞는 행동을 하는 일련의 과정을 간단하게 화재의 발견, 전파, 대응 세 단계로 구분할 수 있다. 언뜻 보면 이런 세 과정이 이어지는 게 너무 자연스러워 별일 아닌 것처럼 느낄 수 있다. 하지만 우리가 경보 기능이 있는 소방 시설이 없다고 할 때 화재 사고의 과정을 잠시 상상해 보자.

대부분의 화재 사고는 아주 작은 불씨에서 시작한다. 그런데 불씨가 아주 작을 때는 연소 반응으로 인한 변화를 비교적 민감한 인간의 감각기관으로도 감지하기 어렵다. 불씨가 어느 정도 커진 다음에야 냄새를 맡거나, 희미한 연기를 보거나, 타는 소리를 듣거나, 열기를 느낄 수 있는 것이다. 하지만 각각의 감각은 다소 불완전해서 어딘가에서 불이 난 것 같은 냄새나 소리나 열기를 느꼈으나 그 감각이 희미하다면 그것만으로는 불이 났다고 확신하기 힘들다. 그래서 감각 중 가장 확실한 시감각으로 확인하기 위해 해당 장소로 이동해 주변을 살피게 된다. 확인한 결과 감각기관으로 느끼는 변화의 원인이 연소 반응 때문임을 확정한 순간 비로소 불의 '발견' 즉 인지가 이루어진다.

다음은 '전파' 단계다. 적절하게 사회화가 된 사람이라면 불이 난 사실을 소리로 전파할 것이다. 음성 신호로 불이 났다거나 대피하라는 등 어떤 행동을 촉구하는 의미로 소리를 질러서 주변에 알린다. 화재 인지 사실을 주변에 전파하는 동시에 연기와 불꽃을 피해 화재의 영향이 없는 안전한 곳으로 대피를 하거나 또는 적절한 대응을 하는 단계에 이르게 된다.

일상 공간에서의 화재는 비일상적 사건이기 때문에 화재 사실을 전파받은 사람들은 늘 화재 상황을 준비하는 소방 시설과 달리 화재에 대한 어떠한 준비도 되어 있지 않다. 이들은 소리로만 듣는 불충분한 위험 정보를 파악하고 정확한 정보를 확인한 다음 그 위험을 어떻게 처리할 것인지 판단해야 한다. 여기에도 시간이 걸린다.

화재로부터 인명 및 재산 피해를 줄일 목적으로 하는 일체의 행동이 이루어지는 단계를 '대응'이라고 한다. 대응 이전인 화재의 인지와 전파 단계는 오랜 기간 동안 순찰과 같은 목적이 분명한 행위를 하는 극소수의 사람을 제외하고 불특정 다수의 사람이 우연하게 화재를 발견하고 그 사실을 전파할 것이라는 막연한 가능성에 피동적으로 의존했다. 그래서 사람들은 오래전부터 '두 단계의 시간 단축'이라는 단순해 보이는 목표를 위해 자동으로 작동하는 기계를 만들기 위해 노력했지만 그것이 그리 간단한 일은 아니었다.

2장

도시의 화재경보

중세부터 근세에 이르기까지 인구가 도시로 계속 밀려들면서 도시를 구성하는 건축물은 크고 높아졌고, 건축물끼리는 서로 밀집하게 되었다. 건축물이 높아지고 내부 공간이 넓어지면서 늘어난 내용적만큼 내부에 수용하는 물건 또한 많아졌다. 이 과정에서 건축물 내 단위 면적당 가연물의 질량을 의미하는 화재 하중도 늘어났다. 이에 따라 도시에서 발생한 화재를 소화하기 위해서는 보다 많은 양의 물을 더 긴 시간 동안 공급해야 했다.

소방호스와 수동 소방펌프를 활용한 화재 진압 방법이 자리 잡을 때까지 주요한 진압 수단이었던 양동이는 도시의 변화에 적응할 수 있는 수단이 아니었다. 빈약한 화재 진압 능력에 비해 화재 하중이 커져만 가는 도시의 화재는 급속도로 확산되는 화재 성장의 특성 때문에 통제하기 불가능해졌고, 이에 따라 다른 건축물로 확산되기 쉬웠다. 결국 런던 대화재, 시카고 대화재와 같은 기록적인 초대형 도시 화재가 발생했다.

이와 같은 대형 화재에도 불구하고 사람들은 계속 도시로 모여들었다. 화재는 화재의 영향 범위 안에 있는 거주자의 생명이나 재산은 물론이고 도시 자체의 존립을 위협하는 가장 위험한 요인 중 하나였다. 이 때문에 마땅한 진압 수단이 없는 여건에서 더 큰 손실을 막기 위해선 초반에 화재를 진압하는 것이 중요했다. 화재를 빨리 진압하기 위해서는 화재를 빨리 인지하는 것이 전제되어야 한다. 위험한 건물 안에서 빠져나오려면 초기에 화재를 발견하고 화재 사실을 알리는 것은 굉장히 중요한 문제였다.

도시에서 화재를 처음 발견한 사람은 목소리로 화재 사실을 알렸다. 하지만 목소리는 음량이 크지 않고 오래 지속할 수도 없었다. 또 먼 곳까지 내용이 전달되기도 힘들었다. 이 때문에 도시에 불이 났을 때 목소리보다 효과적으로 화재 사실을 전파할 도구가 필요했다.

야경꾼이 울리는 래틀 벨

17세기 중반 식민지 시대 초기 미국에서는 화재 방어를 위해 해당 지역에서 평판이 좋은 인물과 자원봉사자로 구성된 야경꾼watchman이 활동했다. 야경꾼은 정부로부터 권한을 일부 위임받아 관할 구역을 순찰하며 집집마다 화재 진압용 양동이를 앞에 걸어 놓았는지, 나무 굴뚝이나 나무 지붕을 사용했는지 등 화재와 관련된 규제의 준수 여부를 점검하며 벌금을 부과했다.

야경꾼들에게는 나무로 만든 래틀 벨rattle bell이 지급되었다. 래틀

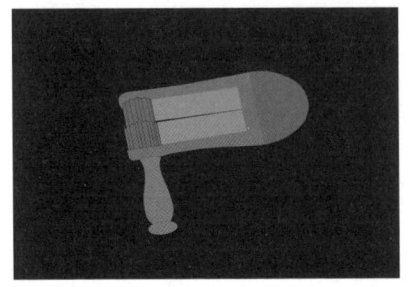

출처: 송병준

남북전쟁 시 쓰인 래틀 벨을 모사한 그림.

벨은 비상 상황이라는 사실을 소리로 불특정인에게 알리기 위한 도구로, 야경꾼은 순찰을 돌다가 화재를 발견하면 래틀 벨을 돌려 소리를 냈다. 래틀 벨은 긴 막대기처럼 생긴 손잡이부와 손잡이를 축으로 회전하는 돌출된 회전부로 나뉘어 있다. 손잡이의 위쪽으로는 돌아가지 않는 톱니가 있고, 회전부에는 톱니와 맞물리게 만든 얇은 나무 울림판이 있다. 하단의 손잡이를 잡고 무게중심이 한쪽으로 치우쳐 있는 회전부를 돌리면 끼어 있는 얇은 나무판의 탄성과 돌아가지 않는 톱니와 연속으로 접촉하며 '따르르' 하는 것처럼 들리는 독특한 소리가 났다.

야경꾼이 울리는 래틀 벨의 소리는 그 자체로 주변 사람에게 불이 난 비상 상황이라는 의미를 담고 있는 신호로서 기능했다. 그래서 래틀 벨 소리를 들은 사람은 직접 목격하거나 별다른 설명이 없어도 불이 났다는 사실을 즉각 인지할 수 있어서 보다 빠르게 대피하거나 화재를 진압하는 작업에 참여할 수 있었다.

목재 래틀 벨 다음으로 놋쇠로 만든 그릇 모양의 종을 앞뒤로 배치한 머핀 벨muffin bell도 만들어졌다. 머핀 벨은 앞뒤로 있는 그릇 모양 종 사이에 움직이는 추가 설치된 도구로, 손잡이를 잡고 앞뒤로 흔들면 추가 종을 연속으로 타격하면서 소리가 났다.

먼 곳까지 화재 사실을 전파하는 종탑

도시의 건축물이 높고 가까워짐에 따라 화재 사실을 알아야 하는 화재 영향권 안의 사람 수 또한 많아졌다. 이에 비해 화재 사실을 알리는 순찰자나 화재 발견자의 목소리, 휴대 가능하고 소리를 내는 도구의 전파력은 충분하지 않았다. 지상에서 사람이 내는 가냘픈 소리는 건물에 막히고 도시 구조물에 부딪혀 반감되었기 때문이다. 넓은 도시와 그 안의 큰 건축물에 거주하는 보다 많은 사람에게 화재 사실을 전파하기 위해서는 다른 수단이 필요했다.

종교적 목적의 중세 건축물에 주로 설치된 종탑bell tower은 도시에서 일어난 화재를 알리는 수단으로도 사용되었다. 교회, 사원, 수도원 등 종교적 용도의 건축물의 가장 높은 탑 꼭대기에는 먼 곳까지 소리를 전달하기 위해 종이 설치되어 있었다. 종탑의 종은 담당 수도승이 예배와 같은 종교 행사의 시작 등 진행 상황을 알리거나 해시계, 모래시계 또는 천체 관측 등으로 구한 정확한 시간을 바탕으로 정오처럼 특별한 시각 정보를 불특정 다수에게 제공하기 위해 울렸다.

높은 곳에서 울리는 낮은 진동수의 종소리 음파는 건물과 같은 장애물을 피해 멀리까지 퍼져 나가 지역사회 사람들에게 전달되기에 충분했다. 종소리는 반경 수 킬로미터까지 닿을 수 있어서 정오와 같은 시각 정보나 교회 행사를 알리는 용도뿐 아니라 멀리 퍼지는 종소리의 특성을 활용해 여러 사람이 알아야 하는 비일상적 사건을 전파할 목적으로도 사용되었다. 종지기는 불이 날 경우 특정한 패턴으로 타종을 해서 '화재가 났다'는 의미의 음성 정보를 지역사회에 알렸다.

화재 사실을 알리려 종탑을 활용한 사례로 독일의 경우를 들 수 있다. 중세 독일의 도시에서도 화재가 커져 통제할 수 없었던 경험을 하면서 화재 진압 능력을 키우기보다는 예방에 초점을 맞춘 제도적 규제가 마련되었다. 우선 화재를 유발한 사람은 엄격한 형벌에 처하는 것과 같은 전 시민 대상의 일반적 금지가 있었다.

예컨대 13세기 독일 작센 지방에서 중세 최초로 편찬된 법서인 《작센 슈피겔》에는 사람들이 무방비 상태로 잠을 자는 야간에 고의적으로 방화를 한 자에게는 극형 중에서도 가장 잔혹한 형벌인 화형이나 거열형에 처하도록 명시되어 있었다. 1276년 뤼벡과 아우크스부르크에서는 도시 자체의 화재 예방을 위해 소방과 경찰 목적의 자치법인 소방 규정Feuerlöschordnung을 만들기 시작해 여러 도시별로 규정이 정해졌다. 지방별로 정하는 이 규정은 20세기까지 이어졌다. 소방 분야 규정에는 화재 예방을 위한 시민의 의무와 화재 시 자구적 대응, 소방대에 관한 사항이 있었다. 공통적으로 명시된 구체적인 시민의 의무는 다음과 같았다. 목재나 짚으로 지붕을 올리는 것을 금지하고, 각 가정은 물을 채운 가죽이나 나무 양동이, 냄비 등을 비치해야 했으며, 설거지에 사용한 물은 화로가 완전히 꺼지기 전까지 버릴 수 없었다.

불이 났을 때 신고와 화재 진압을 하지 않을 경우에는 처벌받았다. 불을 사용해 작업하는 대장간, 도자기 제조업

ⓒ Daderot/CC 0
1863년에 도입되었던 뉴햄프셔주의 도시 화재경보를 위한 종.

자, 빵집, 목욕탕과 같은 건축물은 도시 외곽에 설치해야 했고 목수, 대장장이, 건축업자와 같은 특정 직업군에는 화재 방지와 화재 감시 같은 더 특별한 의무가 주어졌다.

도시 당국은 순찰자를 고용해 야간 순찰과 시민의 의무사항 준수를 감독했고, 성탑 경비병을 고용해 화재를 감시했다. 특히 1444년 빈의 소방 규정에는 슈테판 대성당의 종탑지기에게 화재가 발생하면 종을 울려 사람들에게 알리고 낮에는 붉은 깃발을, 밤에는 램프를 흔들어 화재의 방향을 고지하는 임무를 부여했다는 내용이 명시되어 있었다.

불협화음으로 경고하는 사이렌

사이렌의 시작

화재 등 재난을 알리는 종소리는 사이렌Siren의 발명으로 한 단계 더 진화했다. 초기 사이렌은 장난감의 한 종류인 실팽이와 유사한 원리로 소리를 냈다. 두 겹의 실 가운데에 단추를 꿰어 놓은 장난감인 실팽이는 양손으로 잡은 줄을 당기고 늦추는 동작을 반복하면 줄이 꼬였다가 풀리면서 단추가 회전한다. 이 단추가 플라이휠 역할을 해서 반대 방향으로 실이 더 꼬이도록 만들며 연속 동작을 한다. 단추가 고속 회전을 할 때는 '부웅부웅' 하는 소리가 나는데, 이 소리는 고속 회전을 하면서 단춧구멍으로 공기가 드나들 때의 진동 때문에 발생한다.

초기의 사이렌 역시 같은 원리로 소리가 났다. 사이렌 소리는 회전체의 회전 속도가 빠를수록 고음이, 느릴수록 저음이 났다. 직접적으로 공기 덩어리를 진동시켜 발생하는 사이렌 소리는 현이나 어떤 막이 떨며 공기를 간접적으로 진동하는 악기 같은 것보다 더 멀리 갈 수 있는 장점이 있었다.

사이렌의 원형은 1799년경 존 로빈슨John Robinson이 최초로 발명했다. 로빈슨은 스코틀랜드의 에든버러대학 교수이자 왕립학회 회장이며 제임스 와트와 초기 증기기관을 제작한 발명가였다. 그는 파이프 오르간같이 공기압으로 소리가 나는 악기로 쓰기 위해 사이렌의 원형을 고안했지만 따로 이름을 붙이지는 않았다.

1819년 프랑스의 과학자 샤를 카니야르 드 라투르Charles Cagniard de La Tour는 로빈슨의 것을 개선한 장치를 만들었다. 이것은 공기를 가두는 원통형 챔버 위쪽에 원반을 손잡이로 돌려 회전시키는 장치였다. 챔버 위쪽 부분과 회전하는 원반에는 마치 실팽이의 단추처럼 같은 간격으로 같은 수의 구멍이 뚫려 있는데, 구멍은 같은 방향으로 일정하게 비스듬한 각도로 뚫려 있었고, 크랭크를 돌리면 챔버 안으로 공기가 들어갔다. 기울어진 각도의 구멍이 서로 맞물리면 그 사이로 공기가 지나가면서 생긴 반발력으로 원반이 회전했다. 이때 구멍이 겹칠 때마다 단속적으로 나오는 공기가 기류를 만들며 소리를 발생시켰다. 회전 원반의 축은

ⓒ Alain.lerille/CC BY SA
샤를 카니야르 드 라투르의 사이렌 장치.

회전 속도 조절 장치와 연결되어 있어서 소리의 주파수를 변경할 수 있었다. 진동수를 잘 조절하면 물과 같은 유체 속에서도 진동을 전달할 수 있었다.

이 장치에 사이렌이라는 이름이 붙은 계기가 있었다. 스타벅스의 로고 속 이미지로 유명한 세이렌seiren은 상상 속 괴물로서, 호메로스의 《오디세이아》에

ⓒ Brian Chowfrom Vancouver, Canada/CC BY

세이렌의 이미지를 차용한 스타벅스의 예전 로고.

는 반은 새이고 반은 사람의 모습으로 묘사되었다. 중세 이후에는 상반신은 사람, 하반신은 물고기인 인어의 모습으로 변해 외양은 시대별로 조금씩 다르게 묘사되었지만 하는 행동은 유사했다. 세이렌은 바위가 많고 물살이 거센 바다 위에서 아름다운 노래로 선원을 홀려 배를 난파시키는 괴물이었다. 라투르는 이 장치가 물속에서도 소리를 전달할 수 있다고 해서 이름을 사이렌이라 명명했다. 하지만 신화 속 세이렌과 반대로 라투르는 이 도구를 바다 위 선원에게 소리로 위험을 경고할 목적으로 활용하고자 했다.

전기 모터의 기계식 사이렌

샤를 카니야르 드 라투르의 사이렌은 영국으로 전파되어 한 단계 진화했다. 트리니티 하우스Trinity House는 1514년 영국의 헨리 8세로부터 부두의 선박 운항과 관련한 사무의 독점권을 받은 것을 계기로 설립된 유서 깊은 조직이다. 1887년 트리니티 하우스 소속의 제임스 더글러스James Douglass와 조지 슬라이트George Slight는 선박의 안전

을 위해 등대에 설치할 목적으로 라투르의 사이렌을 개량했다. 이 사이렌은 라투르의 발명품처럼 같은 간격의 구멍을 뚫은 두 개의 동심 실린더 중 안에 있는 실린더를 돌려 소리를 내는 방식이었다. 선원의 안전을 목표로 했던 프랑스인 라투르의 의지가 영국에서 실현된 셈이다.

프랑스의 전기 기술자이자 발명가인 귀스타브 피에르 트루베Gustave Pierre Trouvé는 사람이 돌려서 소리를 내던 사이렌의 동력원을 전기 모터로 개량한 인물이다. 트루베는 지멘스가 개발한 초기 전동기를 활용해 삼륜으로 된 최초의 전기 자동차를 만든 것으로도 유명하다. 그는 전기차 외에도 아연을 사용한 배터리와 모터를 이용해서 많은 발명을 했는데, 1886년에는 야간 낚시를 나가는 선박의 안전을 위해 배터리와 소형 전기 모터로 돌아가는 최초의 기계식 전기 사이렌을 발명했다. 전동화된 기계식 사이렌은 20세기 초 미국에서 상업적 성공을 거두며 널리 활용되기 시작했다.

20세기 초 미국은 전기가 상용화되며 전기를 공급하는 전력망이 빠르게 구축되었다. 전기를 일상적으로 사용할 수 있는 여건 속에서 1905년 뉴욕주 로체스터에서 '스털링 사이렌 앤드 파이어 알람Sterling Siren and Fire Alarm'이라는 회사가 설립되었다. 이 회사는 최초로 재난 재해와 함께 적국의 공습, 소방, 선박 안전에 대한 경보를 도시에 알리기 위한 전기 기계식 사이렌을 생산했다.

스털링 사이렌 앤드 파이어 알람이 출시한 M 시리즈 사이렌은 내구성이 뛰어난 것으로 유명하다. 이 모델은 1980년대까지 미국 전역으로 퍼져 나갔고, 미시간주 맨체스터 소방서에서는 2022년 확인 시점 당시까지도 1917년에 생산된 M5 모델을 사용하고 있었다.

1922년 위스콘신의 제조업체인 '데코트Decot'사도 스털링사의 사이렌과 유사한 '레드 애로Red Arrow'를 제작해 판매했다. 위스콘신주 '소크 시티Sauk city'의 소방대장인 테어도어 데코트Theodore Decot는 다른 의용소방대원들처럼 평소에는 대장장이로

ⓒ JoJoes123/CC BY SA

워싱턴주 칼라마에 있는 스털링의 M10 모델 사이렌.

서 마차 제작과 우물 펌프를 설치하는 일을 했다. 자원봉사자로 구성된 소방대는 평상시에는 각자의 직업에 종사하다가 화재가 발생하면 소방서 건물 첨탑에서 울리는 종소리를 신호로 소집되는 식으로 운영되었다. 종소리로 지역 여기저기 흩어져 있는 의용소방대를 호출하는 데 한계가 있다고 느낀 데코트는 사이렌을 의용소방대를 불러 모을 새로운 도구로 채택했다. 하지만 기존의 사이렌 역시 도시 전체에 울려 퍼지는 데는 부족했다.

데코트는 여러 시제품을 제작하며 기존의 사이렌이 갖고 있던 두 가지 문제를 크게 개선했다. 하나는 더 먼 곳으로 소리를 보내기 위해 C와 G 스케일의 두 가지 출력음을 내는 것과, 또 하나는 더 많은 전력을 공급해 출력을 높이는 것이었다. 그 결과 데코트의 사이렌은 맑은 날 4마일(약 6.5킬로미터) 밖에서도 들을 수 있었다고 한다. 데코트의 레드 애로 사이렌은 위스콘신을 중심으로 역시 미 전역에 판매되었고 정오에 울려 시보의 기능도 했다. 또 토네이도 같은 자연 재난과 공습을 경고하고, 도시에 불이 났을 때 자원봉사자 소방대를 소집하는 기능을 했다.

ⓒ Robert Jarvis/CC BY
로스토프트 전쟁박물관에 소장 중인 2차 세계대전 시 공습을 경보한 사이렌.

복수의 실린더로 피치Pitch가 다른 두 종류 이상의 소리를 내는 방식은 당시 사이렌의 공통적 형식이었다. 사이렌의 앞쪽에 나팔horn을 부착해서 고압의 음파를 야외에서 멀리 퍼지는 데 유리한 저압의 음파로 바꿔 출력을 최대화할 수 있게 된 것이다. 사이렌의 음향은 경고의 의미를 보다 더 강하게 하기 위해 듣는 사람이 긴장감을 느낄 수 있도록 복수의 실린더에서 나는 소리를 삼중음tritone 간격으로 불협화음이 나도록 설계하기도 했다.

사이렌에서 나는 특유의 불길한 소리는 전달 범위 안에 있는 불특정인에게 사이렌 발동에 내재된 의미를 알리기에 적당했다. 기계식 사이렌은 도시 차원의 자연재해, 공습 경보 등 민방위의 영역과 등대 등 안전 용도, 또는 시보를 알리는 등의 용도로 사용이 일반화되었다.

이동하는 차량에도 장착되는 전자식 사이렌

최초의 전자식 사이렌은 1965년 당시 텔레비전과 라디오를 주력으로 생산하던 모토로라Motorola의 직원 로널드 채프먼Ronald H. Chapman과 찰스 스티븐스Charles W. Stephens이 발명했다. 전자식 사이렌은 커다란 실린더가 회전 운동을 하는 대신 전자 신호를 증폭 장치인 스피커로 출력하는 간단한 원리로 작동했는데, 기계식에 비해 간편하고 신뢰성이 높으며 큰 소리로 출력이 가능했다. 또 여러 종류의 소리를 한 기기에서 낼 수 있는 장점이 있어서 기계식 사이렌을 빠르게 대체해 나갔다. 특히 지상의 구조물에 고정해 설치하던 사이렌을 이동하는 차량에 장착할 수 있게 만들었다.

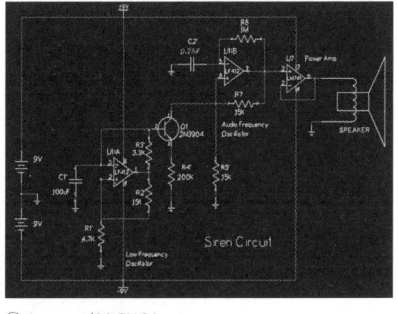
ⓒ Jomegat/CC BY SA
모토로라 특허 문서의 전자 사이렌 회로도.

현재 우리나라에서 운용 중인 다수의 소방차에는 전자식 사이렌과 모터로 도는 기계식 소형 사이렌이 모두 장착되어 있어서 상황에 맞게 선택해서 운용하고 있다.

사이렌 소리는 특이하고 고유해 소리를 들은 누구라도 경고의 의미를 내포한다는 것을 알 수 있어 소방 설비에서도 사용되었다. 현재 비상경보 설비의 화재 안전 기준에는 '자동식 사이렌 설비'가 사이렌 자체의 기준으로 남아 있으며, 경보 설비 중 비상 방송 설비를 사용해 안내를 하기 전 사람의 주의를 환기하기 위해 녹음된 사이렌 소리를 사용하기도 한다.

우리나라의 소방 사이렌

조선 시대에는 종루에서 감시하다가 화재를 발견하면 타종을 해서 소방대를 소집했다. 일제 강점기였던 1924년 남대문소방힐소(경성소방서의 전신)에 우리나라 최초로 모터 사이렌을 설치한 것을 시작으로 전국으로 확대되었다. 1930년대에는 전국 대부분의 읍면 단위 소방대에 사이렌 탑(소방망루 겸용)이 설치되었다.

우리나라는 민간에 시계가 많이 없었던 1920년대까지 큰 도시와

ⓒ 소방청

제조일이 확인된 우리나라 최고의 사이렌.

항구 등에서는 정오에 대포를 쏘아 표준 시간을 시보했다. 이를 오포午砲라고 하는데, 주기적으로 대포를 쏘는 것은 비용과 안전 문제가 있어서 읍면의 소방대에 설치된 사이렌이 오포의 시보 기능까지 맡게 되었다. 이런 이유로 사이렌이 설치된 철탑은 '오포대'로도 불렸다.

1970년부터는 전자식 확성기로 된 민방공 사이렌이 설치되기 시작했다. 전화망의 전국 보급 등 정보통신 기술의 발전에 따라 소방의 통신 방법도 변화했다. 대도시 지역의 소방 사이렌은 1980년대 이후 거의 사용이 중단되었고, 지방에서는 1990년대까지도 의용소방대원 소집 통보용과 주민 경보용 등의 용도로 종종 사용했다.

민방공 사이렌은 시민에게 일반적 통제를 위한 수단으로 자주 활용되었다. 1981년 12월 31일까지 야간 통행의 금지를 알릴 때, 1989년까지는 18시 국기 하강식을 할 때 민방공 사이렌이 울렸다. 사람들은 나이, 성별, 연령을 불문하고 통행 금지 사이렌이 울리기 전 서둘러 귀가해야 했고, 사이렌이 울리는 동안 국기가 보이는 방향으로 멈춰서 국기에 대한 경례를 해야 했다.

2017년까지는 지자체별로 지역 실정에 맞춰 추진한 민방위 훈련에서 사이렌이 사용되었다. 보통 14시에 공습 경보, 경계 경보, 경보 해제를 사이렌으로 발령했으며, 사이렌 소리를 들은 국민은 하던 일을 멈추고 민방위 훈련 안내 요원의 안내에 따라 행동해야 했다. 비교적 최근까지 사이렌은 우리나라에서 소리 전달 영역 내에 있는 사람들의 일반적인 제한을 신호하는 도구로 사용되었다.

2021년 기준으로 전국에는 약 59대의 소방 사이렌 탑이 남아 있으며, 그중 75퍼센트인 44대가 충남 지역에 있는 것으로 확인되었다. 그중에서 360도 네 방면으로 나팔이 부착되어 있는 개선된 형식의 기계식 사이렌은 현재 서천읍(서천119안전센터 청사 옥상)에 단 한 개만 남아 있다.

지금은 지역 전체를 대상으로 하는 고정식 사이렌을 도시의 시민들을 일은 거의 없다. 시민이 자주 접하는 사이렌 소리는 경찰, 소방 등의 차량에서 발하는 것으로서, 긴급하게 출동을 하는 상황임을 불특정인에게 알리고 긴급하게 움직이는 자동차의 위치를 주변에 전파하기 위한 용도로 사용되고 있다.

ⓒ 서천119안전센터

서천읍 서천119안전센터 청사 옥상에 남아 있는 기계식 사이렌. 360도 네 방향으로 나팔이 부착되어 있는 개선된 형식의 기계식 사이렌이다.

3장

화재의 신고

유급 소방대와 통신의 필요성

화재보험으로 시작된 공적 영역의 방화

1666년 9월 런던의 건축물 80퍼센트를 태워 버린 런던 대화재 이후 의사이자 경제학자, 건축가이던 니콜라스 바본은 국왕의 명을 받아 화재보험 회사를 설립했다. 화재보험은 화재 시 피해 금액을 보상해 주는 것 이외에도 사설 전문 소방대를 조직해 보험사의 표식을 붙인 보험 가입자의 건축물에 대해 화재를 방어하는 서비스를 제공했다.

이후 수많은 화재보험 회사가 난립하며 유사한 보험 서비스를 제공함에 따라 소방대 수도 많아졌다. 불이 나면 빠르게 확산되는 화재의 특성을 경험한 보험사는 자기 고객의 건물이 아닌 건축물의 화재에도 대응할 필요가 있음을 깨닫게 되었다. 각 보험사에 소속된 사설 소방대의 활동이 공공성을 띠기는 했지만 도시 전체적으로는 더 강력한 화재 진압 장비와 전문성 있는 공공 소방대가 필요했다.

증기 소방펌프의 등장과 유급 소방대 조직

1690년 네덜란드 출신의 얀 반 데르 헤이덴이 만든 소방호스와 소방호스를 사용하는 소방펌프가 처음 발명되고, 영국인 리처드 뉴샴이 이 소방펌프를 개선하여 1721년 특허를 취득한 것을 기점으로 소방펌프는 곧 영국 전역의 화재를 진압하는 주력 장비가 되어 현장에서 사용되었다.

수동 소방펌프가 보급되고 초기의 증기 펌프 소방차가 등장한 시점까지도 여전히 도시의 화재를 진압하는 주역은 물이 든 양동이를 옮기는 수많은 자원봉사자였다. 하지만 증기 소방펌프 차량의 기술과 활용 방법이 성숙해 가며 전문 소방펌프와 가죽 양동이는 화재 진압 능력에서 현격한 차이가 났다. 결국 도시 화재는 증기 소방펌프와 이를 전문적으로 운영할 수 있는 전문 소방대가 전담하게 되었다. 강력하지만 값비싼 화재 진압 장비인 증기 소방펌프는 누구라도 사용 가능한 장비가 아니었다. 평상시에는 녹이 슬어서는 문제가 생기고, 사용 중에는 온도가 너무 낮으면 작동을 못 하고 너무 높으면 폭발 위험이 있어서 유지 관리와 세심한 조작이 필요한 전문 장비였기 때문이다.

증기 소방펌프의 이런 특성에 따라 증기 펌프는 민간 영역보다는 상대적으로 큰 구매력을 가진 공공에서 주로 구입했고, 장비 조작이 가능한 전문 인력을 고용해 급료를 지급하며 운영하는 방식이 자리 잡아갔다.

구체적 사례를 들어보자. 미국에서는 1653년 보스턴 대화재와 남북전쟁 후 1678년 보스턴시에서 유급 소방관으로 구성된 소방서가 설치되었다. 소방서는 초기에는 영국에서 들여온 소방펌프를 주력 진압 장비로 활용하다가 1859년 11월 1일 막강한 증기기관을 동력으로 하는 소방차를 도입했다. 영국에서는 1824년 에딘버러, 1828년 맨체스터에 급료를 받는 공설 소방대가 조직되었다.

장비 면에서 공공 소방대의 증기 소방펌프는 양동이와 수동 소방펌프를 사용하는 사설 소방대를 완전히 압도했다. 인적 요소라는 측면에서도 화재 진압을 전담하며 경험을 축적한 유급 소방대의 화재 진압 역량이 다른 직업을 가지고 비상시에만 활동하는 의용소방대에 비해 월등한 것은 당연했다.

소방 통신의 필요성

기존의 펌프와 비교할 수 없는 힘을 가진 새로운 기술이 적용된 첨단 소방펌프가 활용되었지만 여전히 도시의 넓은 영역에 비해 전문 소방대의 능력이 닿는 범위는 제한적이었다. 도시의 화재를 효과적으로 방어하기 위해서는 도시의 어느 한 곳에 펌프 등 장비를 유지 관리하고 인력이 상주하여 공공 소방대의 능력이 최대한 넓은 도시 공간에 닿도록 해야 했다.

도시의 화재 진압은 개입 시점이 초기 단계를 지날수록 불리했다. 사람은 화재 사실을 빨리 인지하고 전문 소방대는 최대한 빨리 현장에 도착할 필요가 있었다. 도시에서 소방력이 공공 전문 소방대에 집중됨에 따라 전문 소방대의 능력을 최대한 활용하기 위해 화재의 시간과 위치를 알리는 통신 방법이 기술의 발전과 함께 진화해 갔다.

화재 사실과 방향을 알려 주는 종탑의 신호

공공 소방대에게 화재 사실과 장소의 방향을 알려 주기 위한 방법은 종소리를 이용하는 것에서부터 시작했다. 중세부터 교회의 행사나 정오 등 시각을 알려 주던 종탑의 종은 도시의 비교적 넓은 영역에서도 잘 들렸기 때문이다.

1828년 펜실베이니아주 의사당 건물은 부서진 첨탑을 복원하기 위한 공사를 진행하고 있었다. 공사 도중 미국 최초로 동전을 찍어 내는 증기력 프레스 기계를 설계한 벤저민 프랭클린 필Benjamin F. Peale이라는 사람이 첨탑의 종소리로 불이 난 곳의 방향을 소방대에게 알

ⓒ Ruhrfisch/CC BY SA

펜실베이니아주 의사당 건물.

ⓒ 미국역사박물관/CC 0

제너럴 테일러 호스 컴퍼니 넘버35라는 소속 소방대를 식별하기 위한 모자. 윗부분에 종소리 신호에 따른 방위가 표시되어 있다.

려 주는 방법을 적용해 보자고 제안했다.

제안의 구체적 방법은 첨탑에 감시원을 배치해 도시의 화재를 감시하게 하고, 화재를 발견하면 소방용 종을 울려 방향을 알리는 것이었다. 주 의사당을 기준으로 일정한 간격으로 종을 울리는데, 한 번 울리면 북쪽 방향을, 두 번 울리면 남쪽, 세 번은 동쪽, 네 번은 서쪽으로 미리 방위를 지정한 다음 그 횟수로 소방대에게 화재가 난 곳의 방향을 알려 주는 시스템이었다.

하지만 감시자의 육안으로 도시 전체의 화재를 인지하는 방법은 한계가 있었고, 주 의사당을 기준으로 한 세밀하지 못한 방향 정보는 화재 장소가 의사당과 멀어질수록 부정확해졌다. 즉 특정할 수 없는 장소에 있는 소방대가 화재 지점을 정확히 찾아가기에는 모호하고 불충분한 정보였던 것이다.

전신기의 출현과 소방

소방 시설에서의 전신기 발명의 의의

소방대에게 화재 사실을 통지하는 방법은 소리를 사용하던 전통적 방식에서 정보통신의 혁신 기술인 전기를 이용해 정보를 전달하는 방식으로 진화했다. 사람들은 통신과 관련해 혁신적 전환을 가져온 상징적 발명 중 하나로 새뮤얼 모스Samuel F. B. Morse의 전신기를 든다. 물론 소방과 관련한 다른 발명들처럼 전신 기술 역시 도시의 화재 방어를 목적으로 발명되지는 않았다. 하지만 전신기의 발명 과정에서 개발된 많은 진보는 화재 사실을 소방대에게 통지하려던 당시의 목표를 넘어 경보 설비 전반, 더 나아가 전기 모터를 사용하는 원심 펌프 등 소방 시설 전반에 지대한 영향을 미쳤다는 데 그 의의가 있다.

모스의 전신기 발명에 앞선 사례로 다음과 같은 것을 들 수 있다. 1816년 28세가 되던 영국인 프랜시스 로널즈Francis Ronalds는 런던에 있는 자기 집 잔디밭에 절연체를 설치하고 그 위에 8마일(약 12.8미터)의 철선을 설치한 다음 전기 신호로 장거리 통신을 할 수 있다는 가능성을 발견했다. 1821년 전류 측정의 단위로 잘 알려진 프랑스의 앙드레 마리 앙페르André-Marie Ampère 역시 단말기 사이를 복수의 전선으로 연결하고 각 전선의 끝에 문자를 매칭시킨 전신 시스템을 고안한 적이 있었다.

전신기의 최초 특허 기록은 1837년 5월에 영국의 윌리엄 쿡William F. Cooke과 킹스칼리지의 물리학 교수인 찰스 휘트스톤Charles Wheatstone이 전기로 신호를 주고받는 전신기에 대해 출원한 발명을 들 수 있다. 윌리엄 쿡과 찰스 휘트스톤의 발명은 특허 등록에 머무르지 않고 실제 상용화를 위한 시도로도 이어졌다. 특허가 등록된 13일 후에는 대중 앞에서 성공적으로 시연해 보였고, 1839년 4월에는 13마일(약 20.9미터) 떨어진 기차역과 역 사이에서 상업적 서비스를 시작했다. 이들은 본격적인 사업을 위해 미국 특허청에도 이 발명의 특허를 출원해 1842년 등록했다. 이 전신기의 장치 작동 방법은 원거리에서 전류를 조정해 멀리 떨어진 곳에 있는 다섯 개의 침을 이용해 기호화된 의미를 전달하면 수신 측에 있는 사람이 그 변화를 해석해 종이에 기록하는 방식이었다.

이처럼 모스의 전신기는 모스 개인의 위대한 업적이라기보다는 새로운 유형의 에너지인 전기를 활용하기 위해 18세기 말부터 축적된 여러 과학자의 노력 중 하나였다. 모스의 발명이 정보통신 기술 혁신의 상징이 된 이유는 짧은 발신 전류와 긴 발신 전류를 이용해 확실한 의미를 전달할 수 있는 통신 규약 체계를 고안한 점과 상용화 성공에 따른 결과라고 할 수 있다.

전기의 사용과 소방 시설

전신기의 발명과 관련한 일련의 과정, 특히 전자기 유도 현상과 관련한 발견과 발명은 소방에서 대단히 중요한 의의가 있다. 건물에 설치하는 자동화재탐지설비, 경종, 원심 소방펌프 등 전기를 사용하는 여러 소방 시설 역시 전자기 유도 현상과 여기에서 파생한 발전기와 전기 모터의 원리로 작동한다. 전신기는 전자기 유도 현상을 원시적으로 적용한 발명이다. 구체적인 전신기의 발명 과정 속에서 현재 건물에 설치된 대다수 소방 시설의 작동 원리 역시 간접적으로 알 수 있으므로 조금 더 자세히 살펴보자.

이탈리아의 해부학자이자 생리학자인 루이지 갈바니Luigi Galvani가 동물에서 발견한 전기는 18세기 말 19세기 초를 거치며 볼타 전지, 옴의 법칙, 줄의 법칙 등 여러 과학자의 혁신적 발견과 발명에 결실을 맺게 했다. 그 중 가장 핵심적인 것 하나는 자기장이 변화할 때 도체의 전압도 변하는 전자기 유도 현상의 발견이다. 전자기 유도 현상의 발견은 수차와 같이 회전 운동에서 전력을 얻는 발전기와 반대로 저장된 전력으로 회전 운동을 하는 모터를 만들 수 있게 했다. 발전기와 전기 모터의 발명은 인류가 보편적으로 전기를 사용하는 데 결정적 역할을 했다고 할 수 있다.

전기의 개념 정립과 전자석의 발명

1820년 덴마크의 물리학자 한스 크리스티안 외르스테드Hans Christian Ørsted는 볼타 전지를 이용해서 실험을 하던 중 전지에 연결된 전선 주변의 나침반 바늘이 움직이는 것을 목격했다. 전선에 전류가 흐르면 자석과 같은 힘을 가지게 된다는 한스의 실험 결과는 빠르게 퍼져 나갔다. 외르스테드의 실험 결과를 연구한 프랑스의 장 바티스트 비오Jean-Baptiste Biot와 펠릭스 사바르Félix Savart는 전류가 흐르는 전선에 자기장이 어떻게 생기는지를 증명하고 비오 사바르 법칙을 만들었다. 비슷한 시기 앙드레 마리 앙페르는 전류가 흐르는 전선 두 개 사이에서 작용하는 힘을 수학적으로 정리해 앙페르의 법칙을 정립했다.

유럽의 과학자들이 전기에 대한 개념을 정립하고 그 가능성에 대한 연구를 활발히 진행하던 때 영국에서는 군인 출신 윌리엄 스터전William Sturgeon이 전자석을 제작하는 데 성공했다. 37세라는 늦은 나이에 과학에 입문한 스터전은 왕립군사학교에서 과학, 철학 강사로 활동하면서 외르스테드의 실험 결과에 영향을 받아 연구를 진행했

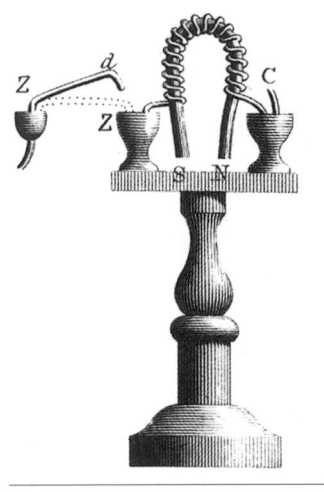

윌리엄 스터전이 1824년 발명한 전자석 삽화.

다. 스터전의 전자석은 손잡이가 달린 말굽 모양의 쇠를 구리선으로 감아놓은 것이었다. 그는 자기가 만든 전자석을 강의 시간에 학생들에게 선보였는데, 이때 전자석 무게보다 무거운 물체를 들어 올리는 것을 보여 주며 전류가 강할수록 자기력도 강해짐을 입증했다. 1822년 스터전은 영국인 피터 발로Peter Barlow의 전자기에 의해 구동되는 회전 장치를 개선해 정류자commutator를 부착한 전기 직류 모터의 원형을 만들기도 했다. 스터전의 발명은 이후 전자기 유도 현상의 발견과 전신기와 전기 모터, 발전기가 탄생할 수 있는 기반이 되었다.

전자기 유도 현상의 발견

1830년 미국의 시계 기술자였던 물리학자 조지프 헨리Joseph Henry는 나전선裸電線으로 도체를 감싸던 스터전의 전자석을 절연 전선으로 철심을 여러 번 겹쳐 감는 방법을 적용해 자력이 더 강력한 전자석을 만들었다. 헨리는 강력한 전자석을 이용해 원거리 통신을 하고자 1마일(1.6킬로미터) 거리의 두 장소를 전선으로 연결하고 전류를 조절해 먼 곳에 있는 전자석의 자력을 활성화하는 실험을 했다. 이 실험 도구는 이후에 등장하는 전신기의 원형인 모스의 전신 시스템 발명에 직접적 영향을 주었다. 이 실험을 진행했던 조지프 헨리는 원거리에서 전자석을 조작할 수 있음을 확인하고 이 원리로 초기의 전기 릴레이와 이를 활용한 초인종을 발명했다.

실험과 연구를 거듭하던 조지프 헨리는 전류가 흘러 자기장을 생성하는 것과 반대로 자기장의 세기에 따라 회로에 전류가 흐르는 것을 발견했다. 바로 전자기 유도 현상을 발견한 것이었다. 헨리는 이와 같은 공로를 인정받아 이후 프린스턴대학의 전신인 뉴저지대학의 학과장을 거쳐 1846년 스미소니언 연구소의 초대 이사가 되었다.

윌리엄 스터전의 전자석에 영향을 받은 조지프 헨리가 전자기 유도 현상을 발견한 것과 비슷한 시기, 영국의 마이클 패러데이Michael Faraday 또한 독자적으로 전자기 유도 현상을 발견했다. 패러데이는 1821년 덴마크의 외르스테드의 실험 결과를 연구하던 중 전류가 흐르는 전선이 자석 주위를 회전하는 현상을 목격했다. 10년 후 패러데이는 조지프 헨리와 마찬가지로 전기가 자기를 만들 수 있다면 자기로 전기를 만들 수도 있다는 가정을 세우고 실험을 했다.

실험 도구는 코일을 감은 철제 고리 두 개를 마주 보게 한 것으로, 한쪽 고리에 전류가 흐르면 떨어져 있는 다른 고리에 연결된 검류계를 통해 전류 변화량을 알 수 있도록 만든 장치였다. 한쪽 고리에 전류를 흘리면 자기장이 생겨서 다른 쪽 고리에도 전류가 흐른다는 가설을 실험으로 검증한 그는 코일 주변에서 자석을 움직여도 역시 검류계에서 감지할 수 있음을 실증하며 전자기 유도 현상을 발견했다. 천재적인 직관으로 이 현상을 인지하고 재현할 수 있는 실험 설계를 했지만 패러데이는 이 결과를 수학적으로 증명하는 데 이르지는 못했다. 결국 당시의 과학자들에게 생소했던 패러데이의 급진적 가설은 받아들여지지 않았다.

1831년, 패러데이가 전자기 유도 현상을 발견했던 해에 태어난 제임스 맥스웰James C. Maxwell은 패러데이와는 대조적으로 부유한 환경에서 케임브리지대학교를 다녔고 수학적 재능이 뛰어난 인물이었다. 패러데이의 성과를 연구하던 맥스웰은 개념에 그쳤던 그의 이론과 발견이 옳다는 것을 알게 되었다. 맥스웰은 패러데이의 전자기 유도 발견뿐 아니라 가우스의 법칙, 앙페르의 회로 법칙, 쿨롱의 법칙, 패러데이의 전자기 유도 법칙을 종합해 수학적으로 증명하며 1861년 20여 개의 방정식을 세상에 내놓았다.

전자기 유도 현상을 최초로 발견한 두 사람의 업적을 기리기 위해 현재 유도계수의 국제 단위인 헨리Henry(기호 H)는 조지프 헨리의 이름이, 전기 용량 단위인 패럿farad(기호 F)에는 마이클 패러데이의 이름이 붙었다.

이처럼 전자기 유도 현상의 발견 역시 어느 한 천재의 독창적 발상이라기보다는 선대 연구자들로부터 이어진 끊임없는 탐구가 만들어 낸 결실이라 할 수 있다. 당대의 발견은 궁극적으로 전자기학과 전기기술의 획기적 진보를 이루는 단초가 되었고, 그다음에는 전기의 힘을 물리적 힘으로, 혹은 반대의 작용을 하는 전기 모터와 발전기의 발명에 직접적인 영향을 미쳤다.

모스 전신 시스템

미국 매사추세츠 찰스타운 출신인 새뮤얼 모스는 뉴욕대학교의 미술 교수를 역임한 화가였다. 모스는 결혼한 지 7년이 되던 해인 1825년 2월 미국 독립전쟁의 영웅인 프랑스 라파예트 후작의 초상화를 그려 달라는 의뢰를 받았다. 그는 고향을 떠나 워싱턴D.C.에서 작업을 시작했다. 고향과 먼 곳에서 작업을 하던 모스는 어느 날 말을 타고 온 전령으로부터 아내가 아프다는 내용의 아버지가 쓴 편지를 받고 즉시 집으로 돌아갔다. 하지만 도착했을 때는 이미 아내가 셋째 아이를 낳고 나서 사망한 후였고 심지어 장례까지 치른 뒤였다. 모스는 이런 경험으로부터 빠른 통신 수단의 필요성을 절감하고 이를 직접 만들어 내고자 과학 분야에 뛰어들었다고 전해진다.

모스는 유럽에서 4년간 전기 분야 유학을 마치고 1836년 본국으로 향했다. 귀국하는 배 안에서 우연히 미국의 과학자 찰스 잭슨Charles Jackson과 승객들이 패러데이의 실험에 대해 대화하는 내용을 듣게 되었다. 이 실험은 자력이 없는 쇠막대에 전류를 흘리면 자성이 생겨나 쇳가루가 모인다는 내용이었다. 여기에서 영감을 얻은 모스는 그림을 그리던 작업실에서 몇 달 동안 숙식을 하며, 작업실에 있던 이젤과 연필, 시계의 부품 따위로 전신통신을 위한 송수신이 가능한 단말기를 만들었다.

이 장치는 전자석과 연결된 연필을 설치해 놓고 연필 아래로 종이가 일정한 속도로 지나가도록 만든 것이었다. 전선에 전류가 흐르지 않을 때는 연필이 움직이지 않아 지나가는 종이에 직선을 그리지만 신호를 줘서 전류 변화가 생기면 전자석과 연결된 연필이 움직이며 종이 위에 지그재그로 궤적을 남기는 원리였다.

모스는 같은 대학의 화학 교수였던 레너드 게일Leonard Gale의 도움을 받아 10마일(16킬로미터)의 전선을 이용해 실험을 수행해서 전기를 통한 원거리 유선 통신이 가능함을 입증했다. 레너드 게일은 앞서 서술한 조지프 헨리가 1마일 거리의 전자석을 원격으로 움직이던 실험에 참여했던 사람으로, 이 실험 외에도 신호 강도를 높이는 중계 시스템에 대한 조언을 하는 등 초기에 모스의 전신 시스템을 위해 많은 공헌을 했다. 조지프 헨리 역시 모스에게 5마일(8킬로미터)에 달하는 구리선을 제공해 주는가 하면, 모스가 50마일(80킬로미터) 거리의 전신 실험을 할 때는 의회에 실험을 지원해 줄 것을 요청하는 서신을 보내는 등 물심양면으로 모스의 전신기 발명을 도왔다.

또 다른 조력자인 기계공 알프레드 베일Alfred Vail은 신호를 받으면 연필이 움직이던 방식의 초기 단말기를 철심으로 종이에 구멍을 뚫는 방법으로 개선하는 데 영향을 주었다. 특히 베일은 복잡한 알파벳 기호 체계를 점과 선으로 단순화해 해석을 명료하게 하는 정보 규칙 체계를 고안해 모스 전신기가 성공할 수 있었던 결정적 아이디어를 제안했다. 모스의 전신기는 10마일 원거리 통신 실험의 결과와 주변에 있던 여러 사람의 도움으로 발명되었다.

모스는 1837년 12월 뉴욕과 워싱턴에서 전신기 시스템을 직접 시연하면서, 주와 주 사이 장거리 통신 방안으로 자신의 전신 시스템을 채택하고 조례로 예산에 반영해 달라고 의회에 요구했다. 하지만 대공황을 겪던 당시 미국의 국내 상황으로 인해 예산안은 통과되지 않았다. 미국에서 당장 사업을 할 수 없게 되자 모스는 미국 대신 유럽에서 전신 시스템에 대한 특허를 취득하고 그 권리를 판매하고자 했다. 그러나 프랑스에서는 이미 움직일 수 있는 목제 신호기를 통한 세마포어 통신semaphore telegraph을 원거리 통신 방식으로 채택한 상태였다. 세마포어는 1793년 프랑스의 클로드 샤프Claude Chappe가 개발한 것으로, 눈으로 기호를 확인하며 정보를 전달하는 방식이었다. 영국에서도 그들만의 독자적 방식으로 개발한 전신 시스템의 개통을 앞두고 있어서 모스의 시스템이 받아들여지지 않았다.

이처럼 초반에 어려움을 겪었던 모스의 전신 시스템 사업은 미국의 경기가 회복되며 서서히 활로를 찾아 나갔다. 모스의 전신 시스템은 1844년 처음으로 워싱턴과 볼티모어를 잇기 위한 통신 시스템으로 채택되어 예산이 반영되었다. 3만 달러 규모로 제출된 예산안에 테일러 대통령이 서명함으로써 모스는 의회로부터 전신 시스템의 건설 자금을 지원받았다. 당초에는 전신선을 파이프 안에 넣어 지하에 매립하는 방법으로 공사가 시작되었지만, 도중에 이미 구입한 전신선의 결함을 발견하는 바람에 설치 방법을 변경해야만 했다. 예정된 공사 기한에 맞추기 위해 가장 빠르고 경제적인 방법을 찾던 모스는 나무 전주를 세우고 전신선을 공중에 매다는 방법으로 공사를 진행해 극적으로 공사 기한을 맞추는 데 성공했다. 이런 과정을 거쳐 1844년 5월 24일 볼티모어 기차역과 워싱턴D.C. 사이에 세계 최초로 전신이 개통되었다.

볼티모어 기차역에 있는 알프레드 베일에게 워싱턴D.C.에 있는 모스가 최초로 타전한 문장은 미국특허상표청 장관의 딸이 성경에서 고른 민수기 23장 23절의 '하나님이 무엇을 행하셨느냐What Hath God Wrought'였다. 1845년 1월 1일 의사당에서 미국 법률에 의해 전신 사업이 시작되며 미국 전역은 빠르게 전신망으로 연결되었다.

전신 기반의 도시 화재경보 시스템

1847년 뉴욕시의 안전 부문 수석 엔지니어였던 소방관 출신의 코닐리어스 앤더슨Cornelius Anderson은 모스의 전신 시스템에 감명을 받았다. 그는 뉴욕의 연례 보고회에서 모스의 전신기를 활용해 소방서에서 전신으로 화재 신고를 받으면 오류로 인한 허위 경보 가능성이 적고, 도시의 모든 부분에서 확실하고 신속하게 화재경보를 전달할 수 있어서 결과적으로 예산을 절감할 수 있는 잠재력이 있으니 적극적으로 사용을 권장한다는 내용의 발언을 했다. 이에 뉴욕 의회가 휴 다우닝Hugh Downing과 로열 하우스Royal E. House에게 500달러의 공사비 예산을 승인함으로써 시청과 소방서 사이 전주가 세워지고 전선으로 연결되었다. 이것이 바로 최초로 도시의 방화 용도로 전신 통신을 사용한 사례라 할 수 있다.

전신 화재경보 시스템의 발명

보스턴의 젊은 의사이자 평소 소방에 관심이 많았던 윌리엄 채닝 William F. Channing은 모스의 전신 시스템을 이용하면 인간의 신경계와 유사한 작동 방식으로 도시의 화재경보 시스템을 구축할 수 있겠다고 생각했다.

윌리엄 채닝은 1845년 《보스턴 애드버타이저Boston Advertiser》라는 일간지에 이 아이디어를 기고했다. 도시 곳곳에 일련번호가 부여된 신호 송신용 발신기를 설치하고 한곳에 신호를 받는 수신기를 놓으면, 불이 났을 때 신호를 발한 발신기의 일련번호를 통해 화재가 난 곳의 위치를 파악할 수 있다는 것이었다. 채닝은 도시에서 발생하는 화재를 방어하기 위해 곳곳에 설치된 발신기와 여러 발신기의 전기 신호를 받는 수신기를 모스의 전신 시스템으로 연결한 화재경보 시스템을 구축하자고 주장한 셈이다.

윌리엄 채닝은 모지스 파머Moses G. Farmer라는 당대 최고의 전기 기술자의 도움을 받았다. 파머는 최초로 백금 필라멘트 백열등을 만들어 자신의 집 거실을 밝히는 데 사용하기도 하고, 또 질산 배터리로 전기 모터를 돌려 구동하는 소형 전기차를 구상할 정도로 뛰어난 전기 기술자였다. 그는 1859년에는 스웨덴 철도의 아버지 쇠렌 요르트Sören Hjorth, 현재 세계 굴지의 대기업을 창립한 지멘스 형제 및 몇몇 과학자와 공동으로 자기장 내에 전기 양도체 원판을 회전시켜 전류를 생성하는 장치인 자기 여기 다이나모 self-exciting dynamo, 自己勵起發電機를 구상하고 1960년에 완성한 공동 발명가이기도 하다.

윌리엄 채닝은 모지스 파머와 함께 보스턴시 당국에 자신이 고안한 화재경보 시스템을 구축할 것을 설득해서 1851년 3월 해당 법안이 통과되었다. 채닝과 파머는 보스턴의 교회, 학교, 소방서 등 주요 지점 40곳에 발신용 전신기 단말이 들어 있는 나무상자를 설치하고 전선으로 연결한 다음 코트 스퀘어 21가에 있는 건물에 경보를 수신하는 수신기를 설치한 사무소를 세웠다.

이 시스템은 1852년 4월 28일 시범 운영을 시작했다. 운영 하루만인 1852년 4월 29일 오후 8시 25분 코즈웨이가 모퉁

ⓒ Scott McManus/Alamy Photo

지금도 작동하는 보스턴의 화재 알람 박스. 채닝의 화재경보 시스템에서 발신기에 해당하며 게임웰에서 제작.

이에 있는 집에서 불이 난 것을 시민이 발견해 주변의 나무상자 속 발신기를 이용해 사무소로 화재 사실을 알리는 기록을 남겼다. 이후 1857년 5월 19일에는 채닝과 파머의 전신기 기반의 도시 화재경보 시스템에 관한 특허가 등록되었다. 해당 특허 출원서의 청구항에 따르면 이 시스템의 원리와 사용 방법은 다음과 같았다.

전체 시스템은 우편함처럼 생긴 나무상자 속 단말기, 단말기를 연결하는 전선, 전력을 공급하는 갈바닉 전지galvanic cell로 구성되어 있었다. 단말기는 도시 여러 곳의 중요 시설물에 설치되는 발신 단말기signal station와 신호를 받으면 경종이 울리는 경보 단말기alarm station, 화재 신호가 모여 어디서 발신했는지 식별할 수 있는 수신 단말기central station 세 가지가 있었다.

화재 사실을 발견한 사람이 도시 곳곳에 설치되어 있는 발신 단말기 나무상자 중 하나를 열어 손잡이를 돌리면 전류가 발생하면서 작동이 시작된다. 발신 단말기의 손잡이 중심축에는 마치 오르골처럼 돌기가 나 있어서 그 돌기에 의해 접점이 눌리고 떨어지며 해당 나무상자의 일련번호를 모스 부호로 변환해 발신했다. 신호를 수신한 사무실의 중앙 단말기에서는 경종이 울려 화재 사실을 인지하고, 동시에 신호를 보낸 나무상자의 일련번호를 통해 화재 위치를 확인할 수 있었다. 화재 신호를 접수한 사무소의 조작자는 다시 손잡이를 돌려 화재 사실과 위치를 소방서에 통보하고 주요 시설에 설치된 경종을 울리는 절차로 작동했다.

모스 전신기를 기반으로 한 윌리엄 채닝의 도시 화재경보 시스템 발명은 채닝의 구상대로 동물의 신경망처럼 도시 전체를 전선으로 연결해 도시 내 화재 사실을 빛의 속도로 전파할 수 있었다.

전신 화재경보 시스템의 발전

존 게임웰John N. Gamewell은 사우스캐롤라이나 지역의 우체국장이자 기자, 마을의 전신 교환원이면서 자원봉사자로 캠던 소방대에 속한 사람이었다. 그는 스미스소니언 연구소에서 윌리엄 채닝의 전신 화재경보 시스템에 대한 세미나에 참석해 큰 감명을 받은 후 미국 전역에 화재경보 시스템을 구축하겠다는 목표를 세웠다. 게임웰은 1855년에 채닝으로부터 특허권 중 미국 남부와 남서부에 대한 사업권 일부를 받았고, 1859년에는 전 재산인 3만 달러를 들여 특허에 관한 모든 권리를 양도받았다.

그런데 게임웰이 자신의 이름을 따서 회사를 설립하고 본격적으로 사업을 하려던 1861년에 남북전쟁이 발발했다. 이로 인해 게임웰의 화재경보 시스템에 관한 사업 권리를 미국 정부가 압수하는 사건이 벌어졌다. 전쟁이 끝난 후 정부가 압수했던 게임웰의 특허권이 경매 시장에 나온 것을 알게 된 보스턴의 소방대원이자 게임웰의 전 직원이었던 존 케너드John F. Kennard가 이 특허권을 80달러에 낙찰받았다. 케너드는 특허권을 다시 게임웰에게 양도했고, 게임웰은 케너드와 함께 1867년 '케너드 앤드사Kennard and Co.'를 설립해 화재경보 시스템을 제작, 판매하기 시작했다. 존폐의 기로에 있던 사업이 동료의 도움으로 간신히 회생할 수 있었던 셈이다.

게임웰의 처남 제임스 가디너James M. Gardiner는 채닝의 전신 시스템이 안고 있던 여러 결점을 보완하는 데 크게 기여했다. 채닝의 시스템은 중앙의 수신기와 여러 개의 발신기가 모두 직렬로 연결되어 있었다. 불완전한 갈바닉 배터리의 전력이 부족해지거나 전신선이 손상받으면, 전체 시스템이 멈추는 단점과 함께 신호가 동시에 들어올 경우 그것이 서로 뒤엉키면서 어디에서 신호를 보내는지 식별할 수 없는 문제가 있었다.

이에 가디너는 배터리의 방전이나 전기선의 결손 등 눈으로만 상태를 확인할 수 있었던 시스템의 결점을 회로 시험을 통해 이상이 있는 경우 경종으로 확인할 수 있는 시스템 점검 방법을 고안했다. 또 신호를 보내기 위해 특정한 발신기 나무상자의 문을 열면 다른 나무상자에서는 신호를 보낼 수 없도록 하는 방법을 고안해 특허를 취득했다.

또 채닝의 발신기는 손잡이를 돌리는 속도에 따라 모스 신호의 속도도 달라져 해석하기 어려운 단점이 있었다. 이 문제를 해결하기 위해 시계 제작 업자였던 가디너는 태엽을 동력원으로 적용했다. 태엽이 미리 감겨 있는 발신기를 열어 조작 레버만 당기면 마치 오르골처럼 감겼던 태엽이 풀리면서 균일한 속도로 모스 부호가 전달되는 방식이었다.

ⓒ don cload/CC BY SA
이튼칼리지 벽에 설치된 전신 화재경보 시스템 단말기. 상단에 게임웰의 로고가 표시되어 있다.

1879년 게임웰과 가디너는 번개 모양의 로고로 유명한 '게임웰 화재경보 전신회사Gamewell Fire Alarm Telegraph Company'를 설립하고 개선된 전신망 기반 도시 화재경보 시스템을 여러 지역에 판매했다. 이후 전신 기반 도시 화재경보 시스템 시장에 36개의 후발 주자가 난립했지만, 게임웰의 도시 화재경보 시스템은

1886년에는 250여 개 도시에, 1890년에는 500여 개 도시에 설치되며 전체 시장의 95퍼센트를 점유했다.

명맥을 이어 가고 있는 전신 화재경보 시스템

게임웰의 도시 화재경보 시스템에서 각 구역의 발신 단말기에서 보낸 신호들을 확인하고 소방서에 중계하는 중앙 처리는 중앙 수신기가 위치한 사무소의 근무자가 수행했다.·동물의 신경계와 유사한 시스템이라는 채닝의 비유에서 두뇌에 해당하는 가장 중요한 역할이었다. 사무소 근무자는 평상시 준비 상태에 있다가 특정 위치 정보가 담긴 모스 무전이 들어오면 발신기 번호를 식별한 후 해당 번호 카드를 찾아서 카드에 미리 편성되어 있는 발신함 인근의 소방대 번호를 보고 전신으로 호출했다.

보스턴의 사례는 다른 도시로도 퍼져 나갔고, 도시 전신 화재경보 시스템은 소방대로 화재 통지 시간을 상당히 단축한 것으로 평가받았다. 전신 화재경보 시스템은 1929년 12월 24일 후버 대통령과 영부인이 백악관 본관에서 직원과 자녀를 위한 크리스마스 파티를 하던 때, 본관과 떨어진 서동 2층 부근에서 화재가 발생한 사실을 재빨리 소방대에 알리는 역할을 했던 기록이 있을 정도로 핵심 소방 시설이었다.

지금도 보스턴 전역에는 약 3500여 개에 달하는 발신기 상자가 남아 아직도 기능을 하고 있다. 많은 시간이 흐른 만큼 여러 부분이 바뀌었지만, 레버를 돌리면 회전축에 나 있는 돌기를 통해 신호를 보낸 상자의 위치 일련번호를 전기 신호로 전송하는 원리는 아직도 채닝과 모스의 아이디어 그대로 사용하고 있다. 위성이나 스마트폰과 같이 통신 기술의 혁신적 발전이 있었음에도 윌리엄 채닝과 모지스 파머, 게임웰의 화재경보 시스템은 긴 시간을 지나서 현재까지도 공공 화재경보 시스템의 한 축을 보조적으로 담당하고 있다.

전화, 정보의 양과 질의 획기적인 변화

최초의 전화 발명자 안토니오 무치

소방대에 화재 사실을 통지하는 방법은 전신에서 전화의 발명으로 이어졌다. 지금도 마찬가지이지만 불이 났을 때 소방대가 출동하려는 장소뿐 아니라 장소의 상황을 인지하는 것 역시 아주 중요하다. 화재 상황이 어떤지 인지하는 것은 출동 즉시 수행하는 구체적 전술을 결정하기 때문이다. 소방대는 사람이 많이 갇혀 있는지, 가연물이 어떤 종류의 것인지, 불이 어디로 번지고 있는지에 따라 준비해야 할 것이 다르다.

소방대가 사용하는 절단기, 체인톱, 갈퀴, 로프 등의 장비는 비교적 부피를 많이 차지하고 각각 기능이 달라 서로 대체해서 사용할 수 없다. 물을 가득 채운 소방펌프차에는 이런 장비를 적재하는 공간이 충분하지 않아 해당 사건에 적합한 필요 장비를 미리 선택해서 실어야 한다. 따라서 사전 정보 없이 단순히 장소만 알고 출동할 경우 현장에 필요 장비가 뒤늦게 도착하거나, 초기 전술에 시행착오를 겪는 등 비효율적 소방 활동이 전개될 수 있다.

전화의 발명 덕택에 양적 질적 측면에서 정보의 차원이 달라졌다. 단순히 위치 정보와 발견 시간에만 국한되었던 전신 정보에 획기적 변화가 생긴 것이다. 이런 변화를 가져다준 전화의 최초 발명자를 정하는 데는 여러 논란이 있었다.

이탈리아 피렌체 출신의 안토니오 무치Antonio Meucci는 화학 및 기계공학을 공부한 후 세관 공무원, 극장 무대기사로 일하기도 한 인물이다. 그는 1834년 전화와 관련된 도구로 무대와 기계실을 파이프로 연결해 대화할 수 있는 장치를 개발했다고 전해진다. 무치는 이탈리아 통일에 관여한 혐의로 짧은 투옥 생활을 하고 나서 고국을 떠나 쿠바 하바나에서 군수품에 전기 도금을 하는 일로 성공해 많은 재산을 축적했다.

평소 전기를 의학적 용도로 사용하는 것에 관심이 많았던 그는 전기 충격으로 질병을 치료하거나 환자와 전지를 직렬로 연결해 질병을 진단하는 방법을 연구했다. 1849년 무치는 몸이 안 좋다고 호소하는 직원에게 전기 충격 요법을 시도했다. 이를 위해 직원의 입에 구리 단자를 물리고 반대편 방에서 배터리의 전원을 연결했는데, 그때 구리 단자를 입에 문 사람의 비명소리가 전선을 타고 들린 경험을 통해 전화 원리를 착안했다는 일화가 전해진다.

미국 뉴욕에 정착한 무치는 자기처럼 이탈리아에서 건너온 이민자들을 물심양면으로 도와주었다. 이민자들 중 이탈리아 장군 출신인 가리발디라는 사람이 이탈리아 망명자들에게는 무엇보다 일자리가 필요하다며 망명자를 고용할 수 있는 공장을 세우자고 제안했다. 이에 동조한 무치는 가리발디와 공동 출자를 해서 1850년경 자택 근처에 양초 공장을 세웠다. 같은 해 무치의 아내가 류마티스 관절염이 악화돼서 자택 침실을 벗어날 수 없는 지경이 되었다. 무치는 자택과 조금 떨어진 지하 연구실에서 침실에 있는 아내의 상태를 살필 목적으로 원격 음성 통신을 할 수 있는 장치를 발명하려 연구했고, 1854년 최초로 기계식 전화기를 완성했다.

무치는 자신의 발명품인 전화기에 투자할 사람을 찾았다. 하지만 대중은 한발 앞선 무치의 기술을 외면했고 이때부터 무치의 불운이 이어졌다. 양초 회사가 도산하며 자금난을 겪은 그는 자신의 발명을 출간해 달라고 의뢰한 출판사에 화재가 나며 원고 원본도 불타 버렸다. 1871년에는 60명이 사망하고 200명 이상의 부상자가 발생한 대형 선박 폭발 사고에 휘말리며 큰 부상을 입기도 했다. 3개월간 생사를 넘나드는 동안 무치의 아내는 병원비를 마련하기 위해 그의 모든 전기 장비와 전화 장비를 고철로 팔아 버렸다.

무치는 역경 속에서도 어렵게 투자자를 찾아 1871년 12월 '텔레트로포노사Telettrofono Company'를 설립했다. 하지만 투자자는 애초 약속과 달리 특허 등록비와 변리사 계약에 필요한 비용 청구를 거절했다. 임시특허 비용 20달러를 겨우 마련한 무치는 1871년 12월 28일 자신의 발명을 '사운드 텔레그래프Sound Telegraph'라는 이름으로 특허청에 임시특허를 출원했다.

무치는 전신기 회사인 '뉴욕 미국 지역 전신회사New York American District Telegraph Company'의 부사장 에드워드 그랜트Edward B. Grant를 알게 되어 투자를 받고자 발명의 설계도와 청구항의 번역본 등 특허에 관한 서류 일체를 전달했지만, 서류가 분실되면서 다시 한 번 투자 유치에 실패했다. 당시 임시특허는 매년 20달러를 내야 효력이 유지되었는데, 결국 이 돈조차 마련하지 못한 무치의 특허는 1875년에 효력이 만료되었다. 그 대신에 1875년 4월 6일 알렉산더 그레이엄 벨 Alexander Graham Bell이 제출한 무치의 발명과 거의 유사한 원리인 '다중 전신기'의 특허가 등록되었다. 1877년 뒤늦게 이 소식을 접한 안토니오 무치는 변호사를 선임해 자신의 특허권을 주장하는 소송을 제기했지만 소송 중 사망하고 말았다.

특허 등록 과정에서 의혹이 많았던 알렉산더 벨의 발명은 이 사건 이후에도 특허 분쟁이 끊이지 않았다. 대표적으로 두 시간 늦게 특허 서류를 제출한 것으로 알려진 엘리샤 그레이Elisha Gray와의 분쟁이 있었다. 그 후로도 벨이 취득한 전화 특허에 대한 분쟁은 600여 건에 달했다. 하지만 이미 막대한 부를 축적한 벨은 자금력을 바탕으로 법적 분쟁에 잇달아 승리했고 이 결과를 뒤집는 판결은 없었다. 그러나 2002년 이 특허권 분쟁과 관련된 객관적 증거의 사실관계가 밝혀진 후 미국 의회는 안토니오 무치를 최초의 전화 발명자로 인정했다.

전화기 사업에 성공한 그레이엄 벨

벨은 10대 시절 피아노의 연주음이 멀리 떨어진 곳에 있는 다른 피아노의 같은 음의 현을 진동시키는 공진 현상을 목격했다. 그는 이런 경험을 하면서 소리의 진동 변화를 전기 신호로 변환해 전신기의 전선으로 보내는 음성 통신에 대한 영감을 얻었다고 전해진다. 벨의 전화기 발명과 사업의 성공에는 뛰어난 전기 기술자인 토머스 왓슨 Thomas Watson과 전자기 유도 현상을 발견한 조지프 헨리, 전신 기반의 도시 화재경보 시스템을 만든 윌리엄 채닝의 영향이 지대했다.

벨은 모스 전신 한 회선으로 여러 메시지를 보낼 수 있는 다중 전신기를 개발하려 했지만 하나의 전선에 여러 정보를 입력할 방법을 찾지 못했다. 1874년 봄, 벨은 매사추세츠공과대학교에서 초기 녹음기였던 '포노토그래프phonautograph'를 이용해 소리의 진동을 전기 신호로 변환하는 실험을 했다. 실험을 위한 물품을 구하던 중 해당 지역의 전기 물품 상점에서 후일 전화 발명에 결정적 기여를 한 파트너인 토머스 왓슨과 운명적 만남을 했다.

벨은 1875년 특허를 출원하기 직전 스미소니언 연구소 소장이자 전자기 유도 현상을 발견한 조지프 헨리를 만나서 전신으로 사람의 목소리를 전달하려는 자신의 발상에 대해 자문을 구했다. 관련 지식이 모자라고 실험에 필요한 장비도 없다고 호소하는 벨에게 조지프 헨리는 아이디어를 실체화할 수 있도록 격려했다. 사실 벨은 헨리의 박물관 연구실에 들렀을 때 연구실 한쪽에 전시된 'DAS TELEPONE'을 특허 출원 직전에 목격하고 도용했다는 의혹도 받고 있다. 이 장치는 1858년 독일의 요한 필리프 라이스Johann Philipp Reis가 개발한 전화기와 유사한 것이었다.

벨의 발명과 별개로 브라운대학교는 이미 전부터 물리학 교수 블레이크를 중심으로 여러 과학자가 모여 전화기 개발을 진행하고 있었다. 이들 과학자 무리에는 도시 전신 화재경보 시스템을 만들었던 윌리엄 채닝도 있었다. 벨은 상업적이라기보다 학술적 목적으로 진행되던 브라운대학교의 전화기 개발에 대해 처음에는 대수롭지 않게 여겼지만, 이 단체의 연구 성과가 자신의 것보다 진보한 것임을 알고 뒤늦게 조언을 구했던 것이다. 1877년 윌리엄 채닝은 벨의 요청에 응해 전화기의 개선에 관한 자신들의 연구 결과를 서신으로 보내 벨의 발명품을 개선하는 데 큰 영향을 주었다.

세상을 바꾼 전화기 사용의 일반화

1876년 3월 7일 최종 특허가 등록된 벨의 전화기는 같은 해 필라델피아에서 열린 만국박람회에서 사람들의 눈길을 사로잡았다. 벨의 장인은 특허법 변호사이자 내셔널 지오그래픽 학회의 창립자로 유명한 가디너 그린 허버드Gardiner Greene Hubbard였다. 허버드는 벨이 신혼여행을 떠나 있을 때 그를 대신해서 새뮤얼 모스가 설립한 전신 회사 '웨스턴 유니언Western Union'에 전화기의 특허권을 10만 달러에 양수할 것을 제의했지만 전화기의 잠재력을 낮게 평가한 회사는 이 제안을 거절했다. 웨스턴 유니언이 거절함에 따라 1877년 벨은 토머스 왓슨과 함께 별도로 '벨 전화회사The Bell Telephone Company'를 설립하는 결정을 내렸고 이후 큰 성공을 거두었다.

벨의 엄청난 성공을 목격한 웨스턴 유니언도 전화기 시장에 뒤늦게 뛰어들었다. 후발 주자인 웨스턴 유니언은 당시 타인의 저작권에 대한 존중이 없는 등 도덕성은 떨어지지만 상업적 능력만큼은 탁월한 것으로 평가받던 발명가 토머스 에디슨Thomas Edison을 고용하고 그가 개발한 탄소 전화기를 시장에 출시했다. 벨은 웨스턴 유니언을 피고로 특허 소송을 제기해서 승소했고, 웨스턴 유니언은 1879년 전화 시장에서 철수했다. 전화 특허에 대한 권리를 분명히 한 벨 전화회사는 시장을 독점하며 1885년 'American Telephone and Telegraph Company' 즉 AT&T로 사명을 바꾸었다. AT&T는 2021년 기준 시가총액으로 세계 2위의 다국적 대기업으로 성장했다.

전화기는 혁신적 기기였지만 전화기들끼리 전선으로 물리적 연결망을 이루어야 통신이 가능했다. 전체 전화기 대수가 많지 않을 때는

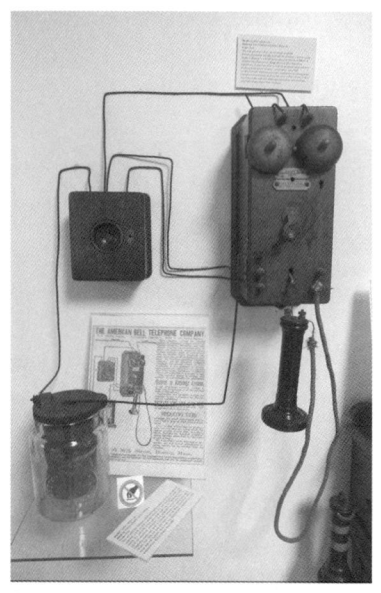

ⓒ Daderot/CC 0
매사추세츠 전화박물관에 전시 중인 1878년 벨 회사의 전화.

별문제가 없었지만 획기적 통신 수단인 전화의 수요가 증가하며 전화기 수가 기하급수적으로 늘어나자 그만큼 문제도 많아졌다. 각각의 전화가 서로 연결되려면 각 단말기를 연결하는 전선의 수가 전화기 수의 제곱에 비례해 증가해야 했기 때문이다.

본격적으로 전화기 사업을 하려면 이를 해결할 방안이 필요했다. 헝가리 출신의 기술자 티바다 푸쉬카스Tivadar Puskás는 각 전화 단말기까지의 회선을 한군데 모아 의도에 따라 전기적 스위치로 서로 연결하는 전화 교환 시스템을 발명했다. 이와 같은 교환기 시스템의 등장으로 전화망은 미 전역으로 퍼질 수 있었다.

이전 세대 주력 통신 기술인 전신은 어떤 메시지를 전송하려면 발신자가 언어로 된 내용을 다른 기호인 부호로 변환하여 이를 전기 신호로 보내고, 신호를 받은 수신자 역시 부호를 다시 언어로 해석해야 했다. 이 방법은 당연히 시간이 오래 걸리고 긴 시간 동안 부호로 전달되는 과정에서 메시지의 온전성에 신뢰가 떨어지는 한계가 있었다. 따라서 발신자와 수신자는 자신이 송신한 메시지를 전달받았는지, 자기가 받은 메시지가 맞는지 확인해야 했다. 또 전신과 전화는 시간당 전달하는 메시지의 양이 비교조차 되지 않을 정도로 차이가 났다. 전화는 같은 언어를 쓰는 사람들 사이에서 해석의 노력이 필요 없었고, 화자들은 메시지가 온전하지 못하다고 느끼면 즉시 재전송을 요청할 수 있어서 내용 전달의 온전성을 신뢰할 수 있었다. 획기적 통신 방식인 전화 기술은 산업뿐 아니라 인간 생활의 모든 영역으로 확산되며 세상을 변화시켰다.

긴급 전화의 시작

전화의 일반화는 도시의 공안公安이나 화재 등 사회 안전을 위한 통신 방법에도 큰 변화를 일으켰다. 전신 기반의 화재경보 시스템은 화재를 목격한 도시 주요 시설 주변의 발신기만 조작하면 되는 편리함은 있었지만 오작동 여부는 물론 화재가 구체적으로 어떤 양상인지는 알릴 방법이 없었다. 전화의 경우 화재를 목격한 사람이 수화기를 들고 자신이 본 대로 말하기만 하면 그것만으로도 충분할 정도로 구체적 정보였다.

도시 화재를 전파하는 수단은 목소리, 래틀 벨, 종탑, 사이렌, 전신 기반 도시 화재경보 시스템을 거쳐 이전과는 비교할 수 없는 효율적 수단인 전화의 등장으로 패러다임이 전환했다. 이로 인해 여러 나라가 위급한 상황을 공공에 알리는 수단으로 전화를 이용하기 시작했다. 각국이 긴급 전화를 운영하는 방식은 공통적으로 열 개에 가까운 자릿수의 일반 전화번호 대신 세 자릿수의 전용 회선으로 신고를 받는 방식으로 수렴되었다. 다만 이 회선의 번호는 국가마다 약간씩 달랐다.

영국은 1937년 경찰, 응급 상황, 소방과 관련한 도움을 요청하는 회선의 번호로 '999'를 채택했다. 미국은 1957년 전국 소방관서장 협의회에서 화재 사실의 신고를 접수할 단일 회선의 필요성이 나왔고, 영국처럼 999번을 사용하자는 주장이 제기되었다. 1958년 국가적 차원의 긴급 상황을 접수할 통합 번호의 필요성이 제기되며 관련 연구가 이루어졌고, 1967년 의회에서 긴급 전화 회선에 관한 법이 통과되었다. 같은 해 11월 미국 연방통신위원회인 'FCC Federal Communications Commission'에서 벨 전화회사의 자회사인 AT&T 관계자와 긴급 전화번호를 결정하기 위한 회의를 거친 후 1968년 초 '911'로 결정한 긴급 전화번호를 인디애나주 헌팅턴에서 최초로 운영할 것을 발표했다.

콘티넨털 전화의 자회사인 지역 전화 사업자 '앨라배마 전화회사 Alabama Telephone Company'의 대표 밥 갤러거 Bob W. Gallagher는 《월스트리트 저널》을 통해 미국 연방통신위원회의 새로운 긴급 전화번호 시범 운영에 관한 소식을 들었다. 갤러거는 AT&T 중심의 911 긴급 전화 서비스가 자신의 회사와 같은 지역 독립 전화 회사의 전화망을 제외한 사실에 반감을 가졌다. 갤러거는 보도자료를 먼저 내보내고 AT&T보다 한발 앞서 긴급 전화를 개통하기 위해 앨라배마 헤일리빌에 긴급 전화번호 시스템의 설치 작업을 24시간 쉬지 않고 며칠 동안 진행했다. 결국 최초의 911 긴급 전화번호 회선의 통화 기록은 AT&T가 아니라 앨라배마 전화 회사의 망을 사용해 1968년 2월 16일 앨라배마의 상원의원 랜킨 파이트가 헤일리빌 시장 제인스 위트의 사무실에서 하원의원 톰 배빌에게 건 통화가 되었다.

911은 이전 사용자에게 부여된 적이 없는 세 자리 번호다. 간단하고 기억하기 쉬우며 1번 다이얼이 두 개여서 당시 전화번호 입력 방식인 로터리 다이얼 rotary dial로도 전화 연결 시간이 짧아 긴급 전화번호의 요건에 부합했다.

비슷한 이유로 일본도 긴급 전화번호로 '119'를 채택했다. 일본은 관동 대지진을 계기로 교환수가 전화를 연결하는 수동식 교환 방식 대신 자동식 교환 시스템을 도입하며 긴급 전화의 개통을 검토했다. 긴급 전화번호를 검토하는 과정에서 처음엔 다이얼 시간이 짧은 '112'로 결정했지만 1과 인접한 2번 다이얼의 위치 때문에 착오 접속이 많았다. 결국 1927년부터 지역번호로 사용하지 않던 9를 번호에 넣어 지금의 119가 탄생하게 되었다.

우리나라에서도 1935년 10월 1일 경성 중앙전화국 본국의 전화 교환 방식이 자동으로 변경되며 전화로 제공하는 여러 서비스 번호를 새로 정했다. 이때 교환을 호출하는 114를 포함해 총 10개의 서비스 번호가 정해졌는데 화재 신고를 접수하는 번호로 일본의 119번을 그대로 따라 사용했다.

서비스 초기에는 자동식 교환과 수동식 교환 방식이 혼용되었다. 자동식 본국 회선 가입자는 119번으로 다이얼을 걸었고, 수동식인 광화문 분국과 용산 분국 사용자는 교환에게 '화재'라고 알려 소방서와 연결했다. 119 회선으로 거는 전화는 공중전화를 포함해 요금이 부과되지 않았다.

신고 방법의 진화

현재 우리나라는 유무선 전화망을 기반으로 신고를 접수받고 있다. 보통 18개의 시도 소방본부 청사에 전화망과 연결된 119 상황실이 마련되어 있으며, 산하 각 소방서의 상황실과 119 안전센터와 직통으로 연결하는 통신 체계를 갖추고 있다. 119 번호를 누른 신고 전화가 걸려오면 복수의 119 상황실 근무자 한 명과 무작위로 연결되고, 상황실 근무자는 신고 내용을 접수하며 상황을 판단해 신고자에게 빨리 출동할 수 있는 지역의 출동력에 출동 지령을 보내 출동하는 방식이다.

이동통신 기술의 보급으로 2022년 기준 접수되는 119 신고의 약 90퍼센트는 이동통신 단말기인 스마트폰을 이용한 신고다. 이 경우 신고자의 통신 단말기와 전화망을 무선으로 중계하는 중계기의 위치를 119 상황실 근무자가 알 수 있다.

보통 스마트폰으로 신고하면 소방에서 자신의 위치를 자동으로 알 수 있을 것이라 생각하지만 반드시 그런 것은 아니다. 신고자가 신고를 하는 시점에 스마트폰의 GPS와 와이파이 기능을 활성화한 경우에만 해당 기능을 통해 정확한 위치 정보가 119 상황실 근무자가 보고 있는 화면의 지도에 전달된다. 그러지 않은 경우는 신고자의 스마트폰과 마지막으로 연결된 중계기의 위치만 알 수 있다. 중계기 하나가 관할하는 넓이는 반경 1킬로미터에 달하기 때문에 신고자의 정확한 위치는 알 수 없다. 이 경우 정확한 위치 정보는 신고자가 말한 음성 정보에 의존할 수밖에 없다.

소방청과 각 시도에서는 고도로 발달한 이동통신 기술을 활용해 음성 정보 외의 경로로 정보를 수집하는 방안을 모색하고 있다. 대표적으로 신고자에게 역으로 영상전화를 걸어 영상 정보를 얻거나, 전용 앱으로 신고를 받고 사전 동의를 구한 신고자 이동통신 단말기의 위치 정보를 활용하는 방법, 문자로 신고를 접수받는 다매체 신고를 예로 들 수 있다. 하지만 홍보 부족과 신고자에게 직관적이지 않은 조작 등의 이유로 다매체 신고, 영상통화 신고, 전용 앱 신고는 적극적으로 활용되지 않고 있다.

지금까지 도시의 화재를 알리는 방법이 음성에서 래틀 벨, 타종, 사이렌, 전신, 전화로 발전해 온 과정을 살펴보았다.

그러나 이때까지 도시 화재의 인지는 어디까지나 건물 밖으로 나온 화재를 식별하는 것이 주였다. 건물 밖 사람이 화염과 연기를 보고 화재를 인지할 수 있으려면 이미 건물 안에서는 화재가 발생하고도 몇 분이 지나야만 한다. 화재를 통지하는 시간을 단축해 피해를 줄일 여지가 많이 남았다는 뜻이다. 사람의 관심은 이제 건물 밖이 아니라 건물 안에서 발생하는 화재를 빠르게 인지하는 쪽으로 향했다.

4장

건축물 내부의 화재경보

전기식 경종을 만든 바그너

　19세기 전까지 유럽에서는 건축물의 실내 화재경보를 위해 사람의 음성과 함께 손잡이를 돌리면 기어 장치에 의해 추가 종을 계속 타격하는 수동식 경종 cranked fire bell 을 사용했다.

　1836년 독일의 사업가이자 발명가이며 공무원인 요한 필리프 바그너 Johann Philipp Wagner 는 윌리엄 스터전의 전자석에 영감을 받아 신호를 주면 전자석의 힘에 의해 자동으로 경종을 울리는 전기식 경종을 만들었다. 그는 이 장치에 자신의 이름을 본따 '바그너의 망치 Wagnersche Hammer'라고 이름 붙였다. 바그너의 망치는 전원이 공급될 때 전자석에 자력이 생기고, 자력이 쇠로 된 공이를 끌어당겨서 그 힘으로 타격해 소리가 났다. 공이와 징이 붙는 순간에는 전류가 차단되는데, 이때 스프링 같은 탄성체의 힘에 의해 공이가 원위치로 가도록 설계되었다. 결국 전체 회로에 전원이 계속 공급되는 동안에는 이와 같은 작동을 반복하면서 '따르르르…' 소리가 날 수 있었다. 바그너의 망치는 19세기 후반 철도 건널목, 전화 수신 알림, 화재와 도난 경보기, 초인종의 용도로 널리 사용되었다.

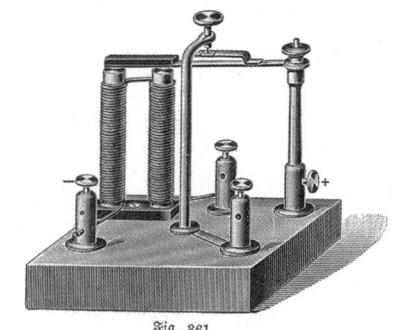

1900년경의 바그너의 망치.

현재 우리 주변에 설치된 경보 설비의 구성 요소 중 하나인, 보통 사람은 소방 벨로 알고 있는 경종에도 이 원리가 적용되었다. 일반적으로 보급된 경종의 경우 전원이 연결되면 모터가 연속으로 회전 운동을 하고, 모터와 연결된 캠이 회전 운동을 왕복 운동으로 바꿔 공이가 경종의 측면을 연속으로 타격하면서 '따르르르…' 소리를 내는 것이다.

소방에 영향을 끼친 도난 경보기

사실 전기식 경종은 화재보다는 도난 방지 용도로 먼저 개발되었다. 경종은 도난 방지 장치 작동 시퀀스의 가장 마지막에 작동하는 구성 요소로, 소리로 외부자의 침입 등을 장치 소유자에게 알리거나 침입자에게 경고하기 위해 쓰였다. 여기서 주목할 점은 외부자의 침입 등은 미리 설정한 창문이나 출입문이 열리는 것을 통해 자동으로 알 수 있도록 한 것이다. 이러한 장치는 어느 순간에 있을지 모를 침입에 대비해 24시간 해당 장소에서 작동하는 것이 핵심 기능이다. 초기의 도난 방지 시스템은 목적한 상황을 기계적으로 감시하고자 한 일련의 장치가 스프링클러 자동 동작과 화재 감지기의 작동에 영향을 미쳤다.

19세기 중반부터 미국은 세계에서 가장 빠른 속도로 산업이 발전했다. 미국의 산업은 자본을 씨앗으로 풍부한 자원과 교통에 유리한 지형, 저렴한 인건비, 엄청난 유입 인구라는 토양에서 증기기관, 전기, 내연기관 등 발전하는 혁신 기술을 비료로 삼아 급속도로 성장했다. 이 같은 생산력의 증대에 따라 편익은 커졌지만 그 과실이 모두에게 공평하게 나누어지지는 않았다. 계속 들어오는 이민자와 최하층 노동자에게는 가장 싼 인건비가 지급되고 숙련공과 기술자는 그보다는 조금 더 많은 임금을 받았지만, 대부분의 이익은 최상위에 있는 산업 자본가가 가져갔다. 당시의 산업 자본가는 부를 축적하는 데 탐욕스럽고 수단과 방법을 가리지 않아 '강도 남작robber baron'이라고까지 불렸다. 냉혹하고 비정한 경쟁 속에서 사회 분위기는 폭력성을 띠었고 범죄율은 증가했다.

빈부 격차는 집단의 거주지를 갈라놓았다. 남북전쟁 직전 급격한 성장을 이룬 뉴욕의 경우 부유층을 제외한 이민자와 하층민은 맨해튼의 빈민가에 공동으로 밀집해 살았는데, 이곳은 미국의 모든 도둑이 모여 사는 곳이라는 오명을 가지고 있었다. 물론 범죄의 증가는 뉴욕만의 문제가 아닌 사회 전반의 문제로, 이를 해결하기 위해 다양한 상품이 시장에 출시되었다.

1853년 매사추세츠 미들섹스 카운티의 목사 오거스터스 포프 Augustus R. Pope는 주택을 범죄로부터 보호하기 위해 장치를 설치한 문이 열리면 자동으로 전기식 경종이 울리는 원시적 방범 장치의 특허를 취득했다. 이 발명품은 출입문과 창문에 설치하는데, 문이 닫혀 있을 때는 작동하지 않다가 문이 열리면 회로가 닫히면서 배터리의 전력으로 바그너의 망치 원리에 의해 경종이 울리는 장치였다.

　보스턴의 에드윈 홈스 Edwin Holmes는 실, 램프 심지, 당시 유행하던 철사나 고래 뼈로 부풀린 스커트 등 가정용 공산품을 판매하는 상점을 운영하고 있었다. 그의 상점 근처에는 나중에 전화 사업의 대성공으로 백만장자가 된 알렉산더 벨과 왓슨이 만났던 찰스 윌리엄스 Charles Williams의 잡화점도 있었다. 그 잡화점은 단순히 상품을 판매하는 것뿐 아니라 전기와 전신에 관심 있는 사람이나 기술자가 모이는 장소였다.

　전기라는 새로운 분야에 관심이 많던 홈스는 잡화점에서 자주 시간을 보냈다. 홈스는 그곳에서 자신의 특허 발명품을 조작하던 오거스터스 포프와 만나 그의 발명이 가진 잠재력을 눈여겨보고 포프에게 특허권 매매를 제안했다. 홈스는 1500달러의 계약금과 현금 8000달러를 지불하고 특허권을 양도받았다. 특허를 이용해 새로운 사업을 구상한 홈스는 1859년 도난 경보 설비의 수요가 가장 많을 것 같던, 즉 도둑이 들끓던 뉴욕으로 가족과 함께 이주했다.

　홈스는 포프의 발명품을 개량해 '버글러 알람 Burglar-Alarm'이라는 직관적인 상품명으로 출시하고, 경찰과 교도소의 범죄 통계를 교묘히 이용해 사람들에게 공포를 조장하는 마케팅으로 큰 성공을 이루었다. 도난 경보 시스템은 시간이 지나며 발전을 거듭했다. 1863년 시계와 연동해 설정한 시간대에는 경보가 울리지 않도록 만든 경보기가 출시되었다.

에드워드 캘러한Edward A. Calahan은 전신망으로 주식 시세를 전송하는 사업을 하던 통신 사업자였는데, 집에 절도범이 침입해 피해를 입은 후 사업의 방향을 틀었다. 그는 전신 기술을 활용해 경보 장치를 설치한 집의 경보 설비가 작동하는지 여부를 한곳에서 볼 수 있는 시스템을 구축했다. 1874년 캘러한의 전신 방범 경보망 설치 사업에 참여했던 소규모 전신 회사 57개가 연합해 '미국 지역 전신American District Telegraph(ADT)'을 설립했다. 1877년에는 별도의 회선 없이 기존의 전화선을 이용해서 각 건축물의 경보 설비를 전신으로 연결해 뉴욕의 중앙 사무실에서 경보기의 작동 여부를 감시할 수 있는 네트워크가 구축되었다.

버글러 알람 판매자인 에드윈 홈스는 벨 전화회사에 들어가 대표 자리까지 올랐다. 홈스는 경영권을 매각하고 퇴임할 때 자신의 경보 시스템이 전화선 사용의 독점권을 보유할 수 있도록 조치하고 물러났다. 하지만 결국 AT&T가 1905년 홈스의 경보 시스템 사업을 인수했고 별도의 경찰 및 소방기관과 연결된 비상용 통신 사업부를 산하에 두었다. 통신 기반 시설을 활용한 홈스의 경보 시스템 역시 ADT처럼 AT&T의 감독을 받았지만 두 경보 회사는 서로 독립적으로 운영되었다.

도난 경보 시스템의 네트워크와 채닝의 전신 화재경보 시스템은 전신 기술을 통해 도시 전역을 거미줄처럼 연결한 데에는 공통점이 있다. 하지만 두 시스템은 사건이 일어났다는 신호가 발생하는 방식에서 차이가 났다. 즉 사람이 화재를 발견하고 판단하는 수동인지,

아니면 설정한 장치가 도둑이 들어오는 동작을 기계적으로 감지해 자동으로 이루어지는지에서 결정적 차이가 있었다.

1872년 보스턴 대화재

1852년 보스턴에는 전신 화재경보 시스템이 구축되어 있었다. 도심을 가로지르는 거리의 중요한 장소 곳곳에는 붉은 우편함처럼 생긴 발신 단말기가 배치되어 있어서 화재를 목격한 사람은 누구라도 나무상자를 열어 내부의 레버를 당기고 발신기의 위치 정보를 전신망을 통해 빛의 속도로 전파할 수 있었다.

하지만 전신 경보 시스템이 설치된 지 1년이 안 돼서 오경보가 잦았던 발신기 상자에는 자물쇠가 잠겼다. 화재를 목격한 사람은 발신기 상자의 열쇠를 가지고 있는 인근 주민에게 화재 사실을 알리고 나서야 열쇠로 상자를 열고 전신으로 소방서에 화재를 알릴 수 있었다. 도시 전신 화재경보 시스템으로 신고할 정도의, 즉 외부에서 목격할 수 있는 건축물의 화재는 화염과 연기가 건물 밖으로 나가고 있는 상황이므로 건축물 안에서는 이미 한창 성장한 상태였다. 전신망을 이용해 빛과 같은 속도로 통신할 수는 있지만 화재의 발견 자체는 너무 늦은 치명적이고 태생적 한계가 있었다. 거기에 더해 발신기를 사용하려면 열쇠를 가진 사람을 찾아서 열어야 하므로 화재의 발견을 더욱 지연시켰다.

1872년 보스턴에서는 미국 역사상 가장 큰 재산 손실을 기록한 대화재가 발생했다. 대규모 피해를 입은 이유는 여러 요인이 같은 시간, 같은 공간에 모여 상호 작용을 한 결과였다. 보스턴은 많은 인구가 유입되었지만 별다른 규제 없이 그 인구를 수용하기 위해 건물은 조밀해지고 도로는 좁아진 상태였다. 또 건물의 상당수가 화재에 취약한 목조로 되어 있었다. 건물의 지붕은 프랑스의 망사르드mansarde 양식이 유행했다. 망사르드 지붕은 경사가 완만하다가 급하게 꺾인 이중 지붕으로 지붕 아래 공간을 활용하기 좋았다. 당시 보스턴의 세법은 건축물 지붕 층에 저장한 화물에 대해서는 세금을 부과하지 않았다. 이 때문에 많은 건축물의 망사르드 지붕 아래 꼭대기 다락층에는 가연물인 화물이 가득 차 있었다. 화재보험 상품 중에는 건물과 건물에 보관되어 있는 화물의 가치를 상회하는 보험금을 보장하는 것도 있어서, 사람들은 건물을 올릴 때 화재 방어에 신경 쓸 필요가 없었다. 오히려 보험금을 노린 방화가 발생하는 원인이 되기도 했다.

당시 보스턴에는 수동 소방펌프와 증기력 소방펌프, 소방호스와 사다리를 적재한 마차를 운용하는 전문 소방대가 있었다. 하지만 대화재 직전인 1870년대에 말 인플루엔자가 유행하며 말이 끌도록 만들어진 소방대의 주요 장비를 옮기는 데 문제가 생겼다. 보스턴 소방의 최고 기술 책임자 존 담렐John Damrrel은 인플루엔자에 걸린 말을 대신하기 위해 임시로 펌프를 끌 사람들을 고용하기도 했지만 그들은 무거운 증기펌프를 끌기에는 역부족이었다. 담렐은 대화재 전 부실한 소화전을 보강하자는 주장도 했지만 소화전 증설은 대화재 이후에야 이루어졌다.

1872년 11월 9일, 보스턴의 상업 지구 섬머가 모퉁이 건물에서 화재가 발생했다. 섬머가와 링컨가에 위치한 전신 화재경보 시스템이 처음 화재 사실을 알렸지만 발신기 상자가 잠겼던 탓에 화재 통지까

ⓒ Allen, EL (Edward L.)/CC BY

1872년 11월 대화재 이후 보스턴의 모습.

지 20분 정도 지연되고 말았다. '엔진 컴퍼니 7Engine Co. 7', '호스 컴퍼니 2Hose Company 2' 등 소방대 차량이 현장에 도착했을 때는 이미 화재가 완전히 성장한 뒤였다. 현장은 존 담렐이 지휘했지만 명령 체계가 일원화되지 않았다. 흥분한 시민은 자체적으로 방화선을 만들기 위해 화약 사용을 신청했고 보스턴 시장은 이를 승인했다. 그런데 폭발한 화약이 방화선을 만들지 못하고 애먼 부상자만 발생시켰을 뿐 아니라 폭발로 인해 화재가 확산되었다. 담렐은 화재가 발생하기 전 소화전 등 도시의 화재 방어 시설을 확충할 준비를 하고 또 화재 진압에 헌신적으로 지휘 활동을 했음에도 대화재 이후 사람들의 비판을 받으며 자리에서 물러나게 되었다.

상업 지구 중심에서 일어난 화재는 기업, 은행, 교회, 신문사 등 도심의 주요 기능을 하던 776동의 건물을 파괴했다. 이로 인해 1000여 명의 이재민과 30여 명의 사망자가 발생했고 2만여 명이 일자리를 잃었다. 보스턴 대화재는 미국 역사상 가장 큰 재산 피해를 남긴 화재였다. 화재로 초토화된 보스턴의 잔해는 항구 주변의 매립에 쓰였고, 재건된 도시는 화재를 막기 위해 도로 폭이 넓어지고 직선화되었다. 당시 피해자들이 받은 막대한 화재보험금을 바탕으로 도시 전역의 건축물은 오히려 더 크고 넓어졌으며, 상업적 용도로 만들어진 다양한 건물로 인해 부동산 가치도 올라갔다.

대화재를 겪은 보스턴과 시카고를 포함한 대도시는 인구가 계속 유입되었고, 그로 인해 구매력이 늘어나 백화점, 극장, 경기장 등 사치품의 소비와 오락 등 공통의 욕망을 해소할 수 있는 용도의 불특정 다수가 모이는 공간을 만들어 냈다.

도시의 건물이 높아지고 커지면서 사람과 자본이 모인 도시의 화재 피해도 이전과는 비교할 수 없을 정도로 잠재적 규모가 커졌다. 양적, 질적으로 커진 도시의 화재 위험에 따라 초기 대응의 중요성도 점차 커졌다. 하지만 거리를 지나는 사람이 외부로 분출되는 연기와 화염을 목격하고 신고하는 전신 화재경보 시스템은 치명적 단점이 있었다. 바로 화재의 발견이 우연에 기대고 있다는 것이다. 너무 늦게 발견하게 되는 화재는 도시의 방화 수요 변화에 대응하기에는 불충분했다. 도시의 화재를 더 빨리 발견하는 것은 무엇보다 중요했다.

건축물의 화재경보

―

도시의 화재를 빨리 인지하기 위해서는 결국 건축물에서 발생한 화재를 빨리 알아차려야 했다. 도시를 대상으로 신경망처럼 기능하는 채닝의 도시 화재경보 시스템은 도시가 거대화됨에 따라 건축물 공간 안으로 이식되었다.

최초의 건물 내부 수동 화재경보 시스템auxiliary fire alarm system의 특허는 1887년 로드아일랜드 출신 찰스 로저스Charles D. Rogers가 취득했다. 이 발명은 전신 기반의 도시 화재경보 시스템을 건물 안으로 그대로 옮겨 놓은 것처럼 건물의 각 위치에 있는 발신기가 신호를 발하면 건물에 경종이 울리는 장치였다.

ⓒ Ben Schumin/CC BY SA

제임스매디슨대학교에 설치된 심플렉스의 풀다운 스테이션.

보스턴 소재 통신 회사의 책임자였던 조지 밀리켄George Milliken은 로저스의 수동 화재경보 시스템을 접하고 몇 가지 개선책을 제시했다. 밀리켄은 발명가로 전업하기 전 젊은 에디슨의 비범함을 알아차리고 5분 만에 전신 교환원으로 고용한 일화도 있던 인물이다.

밀리켄이 개선한 경보 시스템은 건물 안의 세부 공간을 모두 연결한 통신망으로, 발신기의 신호를 감지하고 중계하여 소방서까지 연동해 통신할 수 있었다. 밀리켄은 미국 전역의 도시 경보 시스템 시장을 장악하고 있던 게임웰사에 관리자로 이직하면서, 이 경보 시스템에 기반한 '게임웰 옥스Gamewell Aux'라는 건축물의 보조 화재경보 시스템을 출시하며 큰 성공을 거두었다. 이후 게임웰 옥스 시스템은 미국 전 지역으로 퍼져 나갔다. 초기의 건축물 화재경보 시스템은 도시 화재경보 시스템처럼 발신기 상자를 열고 손잡이를 잡아당겨 작동하는 방식이어서 '풀 스테이션Pull Station'이라 불렀다.

건축물 내부 화재경보 시스템의 경쟁 업체로 '심플렉스Simplex'가 있다. 심플렉스는 노동 시간 측정 시스템을 만드는 회사에서 출발했다. 매사추세츠주 가구 제조사의 기술자였던 에드워드 왓킨스Edward G. Watkins는 회사 직원의 출근 시간을 손쉽게 처리하는 방안을 고민하다가, 시계에 부착된 버튼을 눌러 출근 시간을 기록하는 기기를 만들었다. 그는 1894년 '심플렉스 타임 리코더사Simplex Time Recorder Company'를 설립해 독자적인 사업을 시작했다. 이 회사는 1980년대까지 시간 기록 장치 시장에서 독점권을 가지고 있었다.

심플렉스 타임 리코더사가 설립되기 전 뉴욕 출신의 재능 있는 발명가 윌러드 번디Willard L. Bundy도 근로 시간을 기록하는 장치를 만들어 1888년 특허를 취득한 바 있었다. 그는 시간 기록기 외에도 상점의 금전 출납기나 달력과 연동하는 시계에 대해서도 특허를 취득했다. 번디는 동생과 함께 1889년 9월 30일 뉴욕 빙햄턴에 심플렉스 타임 리코더사의 경쟁사인 '번디 매뉴팩처링 리코딩사Bundy Manufacturing Recording Company'를 설립했다. 이 회사는 주력 상품인 근로 시간 기록기의 성공으로 사업 규모가 커졌는데, 1900년 유사 제품을 취급하는 회사와 합병하며 'ITRInternational Time Recorder Company'로 사명을 바꿨다. ITR은 1911년 주식을 인수한 금융가 찰스 플린트Charles R. Flint의 주도로 다른 세 개 회사와 합병해 뉴욕 엔디콧에 1300명의 직원이 근무하는 'CTRComputing-Tabulating-Recording Company'이라는 회사가 되었다. 이후 CTR은 1924년 'IBMInternational Business Machines Corporation'으로 사명을 변경했다.

1910년대 CTR의 주력 상품은 시계와 카드에 천공을 해서 노동자의 작업 시간을 기록하는 장치였는데, IBM으로 사명을 바꾼 1920년대에는 타자기 등 사무용 기기 전반으로 사업 영역을 넓혔다. 1930년대 IBM의 시간 관련 장비 사업부에서는 산업 시설 및 공공 기관용 화재경보 시스템의 구성 요소들을 판매했다. 수신기, 유리를 깨뜨려 스위치를 누르는 형식의 발신기, 전기식 경종과 나팔 형태의 음향 장치가 구비되어 있어 구매자는 자기가 필요한 구성 요소를 선택해서 살 수 있었다.

1958년 근로 시간을 측정하는 사업 부문의 선두주자였던 심플렉스 타임 리코더사는 IBM의 시간 관련 장비 사업부를 인수하면서 IBM의 화재 방어 부서도 함께 인수했다. 심플렉스는 인수 초기에는 화재경보 시스템 시장에 IBM의 기존 제품에 상품명만 변경해서 판매했지만, 이후 저전압 직류 시스템으로 변경하는 등 독자적으로 개선한 제품을 출시했다.

1947년에는 미국 AT&T 산하 벨연구소 소속의 월터 브래튼Walter Brattain, 존 바딘John Bardeen, 윌리엄 쇼클리William Shockley 등 세 사람이 게르마늄을 활용해 그동안 전기 신호를 적극적으로 활용하기 위한 핵심 부품이지만 부피가 크고 수명이 짧으며 전력 소비가 많은 단점이 있던 진공관을 대체할 수 있는 트랜지스터를 발명했다. 트랜지스터는 크고 복잡한 전기 회로를 단순화했고, 논리적 배열을 통해 전자 기기가 조건부 작동을 할 수 있도록 만들어 전자 산업의 핵심 부품이 되었다. 트랜지스터의 발명과 확산은 전자 산업 전반에 큰 영향을 주었고, 시장에 출시되어 있던 거의 모든 전자 기기의 성능을 향상시켰다.

산업의 큰 변화에 따라 심플렉스의 주력 사업이던 근로 시간 측정 사업은 하향세를 면치 못한 반면에 화재경보 시스템 사업부는 날로 번창해 갔다. 1950년대 단순한 릴레이에 의해 작동하던, 즉 유리창을 깨고 레버를 당겨 사용하던 방식의 화재경보 시스템은 1960년대를 지나며 진화할 준비를 하고 있었다. 1970년대에는 열, 연기 감지기와 연동해서 사용할 수 있고, 또 전기식 경종 및 혼과 더불어 전등이 켜지고 꺼지는 시각 경보기와 연결되면서 심플렉스는 건축물 화재경보 시스템에 도난 경보, 시간 동기화 등 건축물 안전과 관련한 종합 시스템을 제공하는 업체로 거듭났다.

심플렉스 타임 리코더사는 2001년 1월 5일 타이코에 의해 인수되어 심플렉스그리넬 사업부가 되었다. 1976년에 스프링클러 시스템 업체인 그리넬 방화Grinnell Fire Protection를 인수한 타이코는 2016년에 존슨 컨트롤스Johnson Controls와 합병했지만 심플렉스그리넬은 자회사이자 하나의 브랜드로 남게 되었다. 심플렉스그리넬은 제조사라기보다는 경보 시스템 설치 회사의 성격을 갖고 있으며 경종, 감지기, 시각 경보기 등 시스템 구성 요소는 뒤에 나오는 일본 기업인 '호치키Hochiki'에서 제조하고 있다.

청각 장애인을 위한 시각 경보기

경종은 건축물 곳곳에 설치되어 있어서 건물 안에 있는 대부분의 사람이 화재를 알리는 소리를 듣고 정보를 받는 데는 문제가 없었다. 하지만 청각에 이상이 있는 사람을 위해 비상 상황을 알릴 수 있는 다른 방법이 필요했다. 이 때문에 미국은 1992년부터, 우리나라는 1998년부터 건축물 내부에 있는 청각 장애인에게 위험을 알리기 위해 시각 경보 장치Visual Notification Appliance를 별도로 설치할 것을 규정하고 있다. 시각 경보기는 청각 장애인을 위해 유사시 긴급 상황임을 강한 빛을 연속으로 깜빡이는 방법으로 시감각을 자극하는 장치다.

미국에서 청각 장애인을 위해 건축물에 시각 경보기 설치를 제도적으로 의무화하기 22년 전, 이미 시장에는 시각 경보기가 출시되어 판매되고 있었다. 1970년 미국의 소방용품 제조업체인 '스페이스 에이지 일렉트로닉스Space Age Electronics'에서 출시한 'AV32'라는 상품으로, 이 상품은 심플렉스 타임 리코더에 납품되기도 했다. 사람이 수동으로 조작하는 발신기가 작동해 전원이 연결되면 하부의 스피커에서 전자 부저음이 출력되고 이어 상부의 백열등 램프가 릴레이를 통해 점등과 소등을 반복하는 시청각 경보기였다.

1976년에 출시된 '휠록Wheelock'사의 7000번대 모델 시리즈는 야간에 사진을 찍을 수 있도록 순간적인 섬광을 내는 플래시flash가 음향 장치와 함께 설치되어 있어서 더 강렬한 시각 신호를 발할 수 있었다. 1990년 개정된 미국의 장애인법Americans with Disabilities Act of 1990에서는 청각 장애인의 대피를 돕기 위한 시각 장치에 더 높은 밝기의 섬광등strobe을 사용할 것을 요구했다.

5장

화재를 감지하는 장치들

　통신 규약의 미비와 시스템의 잦은 고장에도 빛의 속도로 화재 사실을 전달할 수 있는 전신 기반 화재경보 시스템은 소방대의 출동과 화재 대응까지 걸리는 시간을 크게 단축하는 공헌을 했다. 동물의 신경계처럼 도시 구석구석까지 뻗은 전선망을 통해 자극이 두뇌로 모이듯 화재 사실이 한곳에 모일 수 있는 경보 시스템은 소리를 매체로 화재 상황을 전파하던 래틀 벨, 타종, 사이렌과 같은 예전의 방식에 비해 혁신적이었다.

　하지만 외부에서 볼 수 있을 만큼 화재가 성장해야 발견이 가능한, 즉 화재의 인지 시점이 늦는 치명적인 한계가 있었다. 화재 사실을 더 빨리 알아야 할 필요 때문에 화재를 감시하는 대상이 도시에서 건축물로 바뀌었고, 도시의 전신망이 건축물에 이식되었다.

　이를 통해 화재 발견이 조금 더 빨라지기는 했지만 충분하지 않았고, 건축물 안에서 화재 사실을 인지하는 것은 별개의 문제였다. 불꽃과 연기를 직접 보지 않고 화재라고 판단할 수 있는 것은 아직까지 사람의 영역이지 기계의 영역이 아니었다. 사람이 볼 때 불꽃과 연기는 특징적 현상이기는 하지만 그것을 기계적으로 인식하는 장치를 만드는 것은 어려운 일이었다.

결국 화재의 발견은 사람의 몫이어서 중요 건축물은 화재와 범죄의 감시를 위해 별도의 임무를 맡은 사람이 특정 시간을 정해 순찰을 돌아야만 했다. 하지만 용도에 따라 여러 개의 공간으로 나누어진 건물 모든 곳에서 언제라도 발생할 수 있는 화재를 순찰만으로 감시하는 것은 불충분할 수밖에 없었다. 핵심 기능은 어느 곳에나 설치 가능하고 늘 감시해서 화재 상황을 정확하게 판단하는 것이었다.

발명가들은 침입자가 내부로 들어올 때 거치는 출입문이나 창문이 열릴 경우 작동하는 도난 경보 설비처럼 기계적 물리적 변화를 자동으로 감지하는 방식에 관심을 갖기 시작했다.

열 감지 장치

녹는점이 낮은 금속

화재로 인해 주변 환경이 변하는 가장 뚜렷한 물리적 증거 중 하나는 화재의 열에 의한 온도 상승이다. 불이 나면 온도가 평상시에 비해 확연히 오르기 때문에 초기 발명은 열의 변화로 화재를 감지하는 방법을 활용했다.

온도 감지용 기계 장치를 설치하는 가장 손쉬운 방법은 구조물 중간에 온도에 의해 고체에서 액체로 상태 변화가 일어나는 물체를 배치하는 것이다. 이때 물체의 상태 변화가 일어나는 온도가 너무 낮거나 너무 높으면 실용성이 떨어지기 때문에 당시 가장 적합한 물체는 납과 같이 녹는점이 낮은 금속이었다. 녹는점이 낮은 금속을 이용해 설정한 온도에서 작동하도록 만든 장치는 증기기관에서 시작했다.

증기의 힘을 사용하는 기계는 수증기의 압력 때문에 보일러가 폭발하는 사고가 큰 골칫거리였다. 증기기관 철도의 선구자인 리처드 트레비식Richard Trevithick과 그의 사촌 앤드루 비비안Andrew Vivian은 1804년경 증기기관의 보일러가 너무 높은 압력으로 올라가면 실린더 전체가 터지지 않도록 녹는 금속을 이용해 압력을 낮추는 안전 장치를 고안했다.

이 안전 장치는 밀폐된 증기기관 보일러의 일부분을 용융점이 낮은 금속으로 구성하는 것이었다. 보일러의 아래쪽 일부가 저융점 금속으로 만들어졌는데, 보일러 내부의 압력이 너무 높아지면 그 부분이 터져서 나온 증기가 보일러 아래쪽 화구의 불을 끄는 식이었다. 폭발에 대한 2차 안전 장치로 보일러 상단에도 녹는점이 낮은 금속으로 만든 플러그를 부착했다. 이 장치는 신뢰성이 낮고 작동하는 온도 범위를 정확하게 특정할 수 없다는 한계에도 불구하고 곧바로 증기기관의 필수 안전 장치가 되었다. 1823년 프랑스에서는 법에 따라 고압 보일러에 녹는점이 낮은 두 개의 금속으로 만든 부품을 적용할 것을 의무화했다.

1860년 미국 뉴욕의 치과의사 바너바스 우드Barnabas Wood는 비스무트, 납, 주석, 카드뮴의 비율을 고정해 섭씨 70~72도의 좁은 온도 범위에서 녹는 신뢰성이 높은 합금을 발명하고 여기에 자기 이름을 따서 '우드의 녹는 금속Wood's Fusible Metal'이라고 이름 붙였다. 이 합금은 녹는 온도가 비교적 일정해 초기에 자동으로 작동하는 스프링클러에 쓰였다.

1882년에는 스프링클러 설비의 선구자 중 하나인 프레더릭 그리넬도 전선 중간에 낮은 온도에서 녹는 금속을 설치한 링크를 발명했다. 하지만 녹는점이 낮은 금속이 열에 의해 녹아 없어지는 일은 비가역적이어서 활용이 일회에 그치는 한계가 있었다. 이런 점은 스프링클러의 헤드와 같은 사용에는 별 무리가 없었지만 계속 화재를 감지해야 하는 장치에는 도저히 적용할 수 없는 치명적 단점이었다.

바이메탈

정온동물인 인간에게 적절한 온도를 일정하게 유지하는 것은 아주 중요한 일이었다. 특히 불의 사용과 동시에 역사가 시작된 난방에서도 실내 온도를 아주 뜨겁지도 않고 차갑지도 않게 유지하는 것은 오랫동안 쉽지 않은 일이었다. 화재 감지기를 발명하는 데는 실내 온도를 자동으로 유지해 주는 온도 조절 장치의 개발이 큰 영향을 미쳤다.

초기의 온도 조절 장치는 여러 발명이 연관되어 있었다.

17세기 그리니치 천문대의 시간을 기준으로 시간 차를 이용해 선박 위치의 경도를 구했던 당시에는 배의 흔들림과 변화하는 해상 기온 등에 영향을 받지 않는 정밀 시계는 항해의 필수 장비였다. 몇 년에 몇 초에 불과할 정도로 오차 범위가 작은 태엽으로 움직이는, 이른바 크로노미터라는 항해용 시계를 발명한 인물은 영국 요크셔 출신의 시계공 존 해리슨John Harrison이었다. 그는 1759년 정밀 시계를

ⓒ Tatters ❋/CC BY SA

오차를 줄이기 위해 바이메탈이 적용된 존 해리슨의 H4 해양 시계.

만들기 위해 온도 변화를 상쇄하려고 열팽창률이 다른 두 개의 금속을 붙여 휠 밸런서wheel balancer라는 부품에 적용했다. 바로 바이메탈bi-metal의 발명이었다.

스코틀랜드인 앤드루 유어Andrew Ure는 처형당한 사형수의 사체에 전류를 보내는 실험을 할 정도로 호기심이 많았던 인물이다. 그는 1830년 직물 공장의 증기 보일러 온도를 유지하기 위해 바이메탈을 사용한 '서모스탯thermostat'의 원형을 발명했다. 서모스탯은 냉각수 따위가 흐르는 배관에서 온도가 뜨거우면 밸브를 열고 낮으면 밸브를 닫는 기능의 기계장치다. 비가역적으로 녹는 금속과 달리 작동을 반복할 수 있는 바이메탈의 기능은 사람들의 오랜 숙원이었던 난방 온도의 조절 장치에 사용하기 적합했다.

추운 겨울로 유명한 미국 북서부 위스콘신주 출신의 워런 존슨Warren Johnson은 주립학교 교사였다. 그곳은 겨울만 되면 학교의 보일러 담당자가 교실의 실내 온도가 적정한지 직접 돌아다니며 온도를 쟀다. 이때 온도가 낮으면 화구에 석탄을 넣거나 산소를 공급하는 공기 배관 밸브를 열었고 너무 뜨거우면 교실이 식을 때까지 기다렸다. 존슨은 보일러 담당자가 수시로 교실에 드나들자 수업에 방해를 받는 것이 불편했다.

전기 장치에 관심이 많았던 존슨은 직접 이 문제를 해결할 발명을 했다. 이 발명품은 태엽처럼 말아놓은 바이메탈의 끈, 그 끝에 연결된 시소 같은 막대, 위쪽으로는 나사산을 돌려 바이메탈의 장력을 조절하는 온도 설정 다이얼, 아래쪽으로는 전류가 흐르는 수은 그릇과 전자석으로 울리는 종으로 구성되었다. 적정한 온도 범위를 다이얼을 돌려 설정하고, 온도가 변한 경우 바이메탈이 휘어지거나 펴져 시소처럼 생긴 막대가 수은 그릇에 닿는다. 그러면 전류가 흘러 현재 온도가 낮거나 높음을 알리는 것이었다. 보일러 담당자는 교실마다 온도를 재러 갈 필요 없이 종소리를 듣고 그에 따라 석탄을 더 넣거나 화구의 공기 양만 조절하면 되었다.

1883년 존슨은 이 발명에 대한 특허를 'ELECTRICTELE-THERMOSCOPE'라는 이름으로 신청해 등록되었다. 1885년에는 아예 사업에 전념하며 '존슨 전기 서비스사Johnson Electric Service Company'를 설립했다. 이 회사는 1970년대 그리넬의 스프링클러를 인수하고, 2001년에는 심플렉스를 인수해 현재 다국적 초거대 기업인 '존슨 컨트롤스Johnson Controls'로 성장했다.

또 다른 초거대 다국적 기업인 허니웰Honeywell도 실내 온도 조절 사업에서 시작했다. 스위스 출신 앨버트 버츠Albert Butz와 미네소타 주 주립은행 총재이기도 했던 사업가 멘덴홀R. J. Mendenhall은 1884년 당시 유행하던 소화 기구인 유리병 투척 소화기를 만들어 파는 사업을 하기로 계획했다. 이들은 '멘덴홀 핸드 그레네이드 소화기사Mendenhall Hand Granade Fire Extingusher Company'를 설립했지만 제조 판매의 이력조차 남아 있지 않을 정도로 실패했다.

1885년 버츠는 존슨처럼 바이메탈을

© midnightcomm/CC BY

허니웰이 1953년 출시한 온도 조절 장치 모델명 T87 '더 라운드'.

이용한 실내 온도 조절용 장치를 발명했다. 나사로 온도 설정을 하고 실내 온도가 너무 내려가거나 올라가면 바이메탈이 휘어지며 접점이 붙거나 떨어져서 경종을 울리게 하는 것이었다. 버츠의 발명은 알람이 울리는 것에서 끝나지 않았다. 바이메탈의 움직임과 연동한 전자석이 온도 변화에 따라 보일러 화구의 급기구 덮개를 열고 닫아서 자동으로 온도 조절까지 할 수 있었다. 버츠의 발명을 본 멘덴홀은 특허를 신청하고 그와 관련한 새로운 사업을 하자고 부추겼다.

하지만 특허가 최종 등록된 이후 버츠는 1888년에 갑자기 특허권을 로펌에 양도하고 시카고로 떠났다. 로펌의 변호사는 특허권을 매매하는 대신 직접 제품을 팔기로 하고 버츠와 멘덴홀의 회사를 존속시키기로 결정했다. 버츠의 특허는 '통합 온도 조절 회사Consolidated Temperature Controlling Company'에서 '일렉트릭 서모스탯사Electric Thermostat Company'로 넘어가고 나서 다시 '미니애폴리스 열 조절기 회사The Minneapolis Heat Regulator Company'로 이어졌다.

젊은 엔지니어 마크 허니웰Mark Honeywell은 라디에이터에 연결된 수직 배관의 끝에 수은을 담은 접시 모양의 장치를 달아서 '수은 열 발생기Mercury Heat Generator'를 발명했다. 수은의 무게를 이용해 가정집 보일러가 과압이 되면 압력을 완화시키는 장치로, 이 발명 후 허니웰은 '허니웰 난방 전문회사Honeywell Heating Specialties Company'를 설립했다.

같은 사업 영역에서 경쟁하던 두 회사는 1927년에 합병하며 '미니애폴리스-허니웰 조절기 회사Minneapolis-Honeywell Regulator Co.'가 되었고, 1960년대 허니웰Honeywell로 사명을 변경했다. 허니웰사도 존슨 컨트롤스 인터내셔널처럼 이후 초거대 기업으로 성장했다.

왓킨슨의 상업용 열 감지 경보기

실내 온도의 조절도 중요한 문제였지만 1872년 시카고 대화재 이후 도시의 화재 역시 중요한 사회 문제로 대두되었다. 이처럼 화재에 사회적 관심이 뜨겁던 때 보스턴의 윌리엄 왓킨스William B. Watkins는 바이메탈을 이용한 열 감지 경보기를 발명했다. 온도가 올라가서 바이메탈이 휘어지면 전자석에 갈바닉 전지의 전류가 흘러 경종이 울리고 동시에 감겨 있던 태엽이 풀리면서 위치 정보를 담은 모스 부호를 전신망을 통해 타전하는 장치였다. 왓킨스는 발명품을 사업화하기 위해 1873년 '자동 화재경보기사Automatic Fire Alarm Company'라는 미국 최초의 민간 화재경보 시스템 회사를 설립했다.

이 회사는 섭씨 52도 정도에서 작동하는 개선된 열 감지 경보기를 건물의 사무실, 옷장, 엘리베이터 등에 설치하고 통신선을 연결했다. 개별 건축물에서 열 감지 경보기가 울림과 동시에 연동된 도시의 전신 화재경보 시스템을 통해 화재보험, 순찰대, 소방서에 직접 화재 사실을 전신으로 통지하는 통합 시스템을 판매했다. 윌리엄 왓킨이 설립한 회사는 뉴욕으로 이전하고 사명을 'AFA'로 바꾸었고, 현재까지도 화재 및 보안 솔루션을 제공하는 사업을 하고 있다.

업턴의 휴대용 화재 열 감지 경보기

지금의 단독 경보형 감지기와 유사하게 독립적으로 작동하는 최초의 전기식 열 감지 경보기는 프랜시스 업턴Francis R. Upton이 발명했다. 이 발명은 전신의 연결 없이 화재 사실을 독립적인 기계 음향으로 건물 내부에 알리는 것에 초점을 두었다는 점에서 의의가 있다.

매사추세츠 출신의 프랜시스 업턴은 과학을 전공한 인물로 에디슨의 파트너로 잘 알려져 있다. 업턴은 1876년 뉴저지의 에디슨이 설립한 연구소에 들어가 그와 함께 백열등, 전력량계, 대형 발전기 등을 발명하는 데 힘썼다.

에디슨은 천재적 직관력을 지녔지만 자신의 발상을 수학적으로 공식화하는 능력은 부족했다고 전해진다. 에디슨은 연구소를 설립하면서 자신에게 부족한 수학적, 이론적 능력을 갖춘 사람이 필요했고, 업턴은 그런 능력이 있는 사람이었다. 그는 도시의 전화 시스템 분야에서 에디슨의 조수로 채용되었다. 업턴은 에디슨의 전구 개발 과정에서 에디슨 효과의 발견과 열전자를 방출하는 필라멘트의 소재를 정하는 데 결정적 역할을 했으며, 에디슨의 많은 작업을 수학적으로 공식화하고 증명했다.

두 인물은 상호 보완적인 영향을 미쳤지만 문제 해결에 대한 접근 방식에서 차이가 있었던 것으로 전해진다. 예를 들어 전구의 부피를 구하는 문제에서 업턴은 많은 시간을 들여 미적분으로 전구의 부피를 구하는 방정식을 세웠던 데 비해 에디슨은 수은으로 전구를 채우고 무게를 잰 다음 수은의 무게와 비중을 계산해 5분 만에 부피를 구했다고 한다.

1890년에 등록된 업턴의 발명 특허명은 '휴대용 전자식 화재경보기PORTABLE ELECTRIC FIRE ALARM'였다. 업턴은 이 특허품을 상품으로 만들었다. 자체적으로 건물에 화재경보를 할 수 있는 이 상품은 임시 건축물에서도 유용하며, 소방서와 직접 유선으로 연결되지는 않지만 건물에 연결된 전신망을 통해 도시의 전신 화재경보망에 알릴 수 있었다.

이 장치의 가장 윗부분에 있는 원통형 부품 내부에 핵심 기능을 하는 바이메탈을 설치했는데, 온도가 올라가 바이메탈이 비틀어지면 끝에 있는 막대가 회로를 닫는 원리로 작동했다. 상단의 열 감지부 바로 밑에는 버섯 갓 모양의 경종 몸체가 있었다. 그 내부에 전자석과 경종을 울리는 해머, 그 아래에는 배터리로 구성되어 있어서 열 감지부에서 회로를 닫으면 전기의 힘으로 경종을 울리는 장치다.

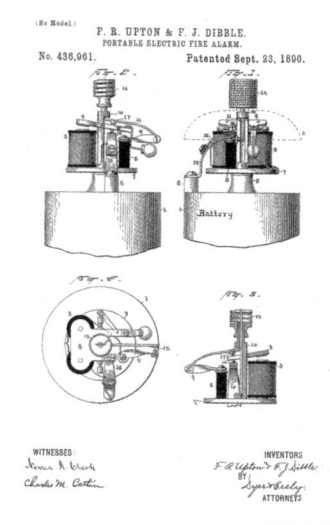

© Francis R. Upton & Fernando J. Dibble
출처: http://www.nkmfireprotection.co.uk/about-us/our-history

1890년 업턴의 열 감지기.

이로부터 10년 뒤 영국에서는 아주 간단한 원리의 열 감지기가 등장했다. 1902년 영국 버밍엄 출신의 조지 앤드루 다비George Andrew Darby는 영국에서 전기식 열 표시기 및 열 감지식 화재경보기를 발명해 특허를 등록했다. 이 장치를 설명한 특허 청구항에 따르면 감지기 몸체 자체가 회로의 스위치와 온도계 역할을 할 수 있다고 되어 있다. 시소처럼 생긴 긴 널의 한편에는 추와 회로의 접점이, 반대편에는 버터, 윤활유grease 등 열에 의해 녹거나 휘발하는 물질을 같은 무게로 놓았다. 온도가 올라가 버터 따위가 흐르거나 증발하면 추가 내려와 스위치가 켜지는 절차로 작동했고, 녹은 정도에 따라 달라지는 시소의 기울기를 통해 온도 변화를 확인하는 장치였다. 열 감지기 부분에서는 영국이 미국보다 뒤처져 있었다.

공기 팽창식 열 감지 장치

20세기 초를 전후로 대량 생산을 위한 공장이 많아지며 스프링클러 설비의 수요도 늘어났다. 단순했던 스프링클러 설비와 기능에도 여러 변화가 있어서 구성 요소가 많아지고, 그에 따라 기능도 확장되고 강화되었다. 다양해진 스프링클러 부품은 NFPA의 스프링클러 표준에 대한 기준이 점차 영향력을 미침에 따라 스프링클러의 구체적 형태와 기능이 뚜렷해져 갔다.

방화와 관련된 서비스의 제공과 함께 설비의 구성 요소를 직접 제작하던 ADT, 홈스 프로텍티브Holmes Protective, AFA, 그리넬, 자동 화재 예방Automatic Fire Protection 등 여러 회사는 서로 호환되는 스프링클러의 슈퍼바이저리Supervisory 부속, 화재경보 감시 시스템, 화재 감지기 등을 공급하는 계약을 맺었고, 스프링클러 시스템의 각각의 구성 요소도 발전하게 되었다.

각 구성 요소는 모두 제 기능이 있었지만 그 중 핵심은 평상시 화재를 감시하다가 자동으로 스프링클러 시스템을 작동시키는 데 방아쇠 역할을 하는 감지기였다.

이즈음 직접적인 열 변화를 통해 화재를 감지하던 기존의 감지기와 다른 유형의 화재 방지 방법이 등장했다. 바로 지금의 차동식 감지기와 같이 온도 상승에 따라 관이나 챔버 안에 가둔 공기의 팽창으로 작동하는 감지 방법이었다. 이 방식은 바이메탈 방식에 비해 여러 장점이 있었다. 관의 형태로 길게 만들어 감지 범위를 넓게 만들 수도 있고, 공기를 가둔 챔버에 미세한 구멍을 뚫으면 특정 온도에서 무조건 작동하는 것이 아니라 주변 온도에 천천히 적응해서 작동할 수도 있었다. 무엇보다 가장 큰 장점은 구조가 간단해 신뢰성이 크고 제작 비용이 낮다는 점이었다.

연기 감지 장치

새를 이용한 초기의 연기 감지기

실내 공간의 연소 반응 즉 화재가 발생하면 벌어지는 일 중에 뜨거운 열 이외에 가장 특징적인 것이 연기다. 연기는 주로 유기물질이 불완전 연소를 하면서 생기는 액상이나 고상의 탄소 그을음과 수증기, 기타 물질의 미립자와 기체 성분의 혼합물이다. 연기는 목적에 따라 적절하게 연료를 연소할 때는 잘 발생하지 않는다. 하지만 예상치 못한 화재에서는 다량으로 발생하고 열기로 인해 상승하는 경향이 있다. 따라서 연기는 사람이 시각적으로 화재를 인지하기 좋은 물리적 변화다. 연기를 이용해 화재를 인지하려는 장치는 1894년 독일에서 최초로 특허 등록된 발명품을 들 수 있다.

이 발명품은 새 두 마리가 들어 있는 새장이다. 새장 내부에는 평상시 새가 앉아 있는 횃대가 놓인 상부와 떨어진 새가 놓이는 하부로 나눌 수 있다. 하부 바닥은 경사가 있어서 새가 떨어지면

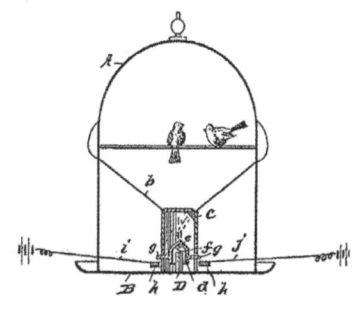

ⓒ 저작권자 미상
출처: https://www.safetycenter.ch/sites/default/files/2022-04/Fachartikel_Rauchwarnmelder_SFV_SwissFire118.pdf

1894년 독일에서 특허 출원된 연기 감지기.

사체가 저울 위로 모이도록 되어 있다. 화재로 인한 연기로 새가 죽으면 횃대에서 떨어지는데, 이때 저울 위에 새 두 마리가 쌓이면 저울의 스프링이 회로의 접점을 연결해 전자식으로 경보가 울렸다. 화재 이외에 다른 이유로 새가 죽는 경우에 대비해 장치의 신뢰성을 더 높이려고 스프링의 탄성을 한 마리가 떨어질 경우는 눌리지 않고 두 마리 모두 떨어졌을 때만 눌리도록 조정되어 있었다.

하지만 새장의 새가 죽어야만 작동한다는 점 때문에 윤리적 면에서 비난을 받았고, 결국 널리 쓰이지 않게 되었다.

이온화식 연기 감지기

스위스의 물리학자 하인리히 그라이나허 Heinrich Greinacher는 캐스캐이드 방식의 승압 회로인 그라이나허 회로 Greinacher Circuit를 고안한 인물이다. 이 회로는 훗날 원자폭탄에 적용된 '코크로프트 월턴 Cockcroft-Walton' 입자 가속기의 원형으로, 전압을 계단식으로 승압시키는 것이다. 그라이나허는 1920년대 이 회로로 높인 전압으로 챔버 안의 공기를 이온화시키는 기술을 개발했다.

2차 세계대전의 전운이 짙던 1930년대 후반 전 세계가 사회 경제적 불안 속에 있던 때 그라이나허와 또 다른 스위스의 물리학자 발터 예거 Walter Jaeger는 그라나이허의 기술을 이용하면 공기 중의 독가스를 감지할 수 있을 것이라 생각하고 독가스 감지 센서를 만들고자 했다. 예거는 양 전극 사이 이온화된 공기에 독가스 입자가 섞이면 전류의 변화가 일어날 것이라는 가설을 세우고 실험했지만 실험은 연거푸 실패했다. 그런데 독가스에 반응하지 않던 센서가 우연히 연구소 안 실험실에 있던 누군가가 피운 담배 연기에 반응하는 것을 목격하고 독가스 센서가 담배 연기 속 입자를 감지할 수 있다는 것을 확인했다.

1947년 예거는 이 발견을 계기로 독가스 대신 화재 연기를 감지하는 장치를 만들기 시작했다. 이들은 발명품을 상업적으로 판매하기 위해 '케르베로스Cerberus'라는 이름의 회사를 설립했다. 이 이름은 그리스 로마 신화 속 동물인 지옥견 케스베로스에서 따온 것으로, 지옥문 앞을 지키며 살아 있는 사람을 돌려보내는 케스베로스처럼 초기에 화재를 감지하는 이 발명품이 화재로 죽을 수도 있는 사람을 살린다는 것을 상징하고 있다. 하지만 이 감지기를 이용하기 위해서는 일반적으로 공급되는 전력망 이외의 별도 전력을 사용해야 하고 제반 비용도 많이 들어 결국 실패하고 말았다.

1937년 취리히 연방 폴리텍대학(ETH)을 졸업한 스위스의 물리학자 에른스트 마일리Ernst Meili가 케르베로스에 합류했다. 마일리가 발터 예거의 동료였던 프리츠 피셔Fritz Fischer의 조교로 1년간 근무했던 인연이 계기가 되었다. 그는 작은 전기 신호를 증폭하는 냉음극관 등을 연구해 연기 감지기를 개선했고, 1946년에는 회사의 전체 경영권을 인수했다. 마일리의 연기 감지기는 예거의 원래 아이디어대로 챔버 안 이온화된 공기의 조성 변화에 따른 전류의 변화로 화재를 감지하는 원리였다. 이 연기 감지기는 원래 광산 내부의 가연성 가스를 감지하기 위한 기기로도 개발되었다.

1967년 마일리가 등록한 특허 청구서에는 온도 변화식 화재 감지는 화재가 성장한 이후에야 반응하는 데 비해 자신이 발명한 이온화식 연기 감지 방식은 초기 연소 단계에서 감지 가능하다고 주장했다.

1951년 미국 시장에서 선보인 초기의 이온화식 연기 감지기는 비싼 가격 때문에 일부 산업 현장에 제한적으로 설치되었다. 하지만 1967년 인쇄 회로 기판Printed Circuit Board(PCB) 기술이 적용되며 생산성이 좋아진 케르베로스의 이온화 감지기는 일본에서만 150만 대, 전 세계적으로는 약 500만 대 이상 판매되고 설치되었다. 케르베로스는 1998년 지멘스 빌딩 시스템에 통합되었다.

연기 감지기의 보급과 광전식 연기 감지기

　1939년 미국은 프랭클린 루스벨트 대통령에게 보낸 아인슈타인의 서신을 계기로 맨해튼 프로젝트를 시작했다. 서신에는 미국이 선두로 원자폭탄을 개발해야 한다는 내용이 들어 있었다. 이 맨해튼 프로젝트를 진행하던 중 핵 연료를 만드는 공정에서 부수적으로 인공 방사성 물질인 아메리슘americium 241이 발견되었다.

　아메리슘 241은 극소량으로도 알파선이 충분히 나와 공기를 이온화시킬 수 있었고 비교적 안전한 물질이었다. 또 반감기가 432년으로 반영구적인 특성이 있어서 이온화식 연기 감지기에 사용하기 적합했다. 미국원자력위원회(USAEC)는 1963년 인공 방사성 물질인 아메리슘 241을 연기 감지기에 사용할 수 있도록 공식적으로 허용했고, 이를 계기로 이온화식 연기 감지기의 가격이

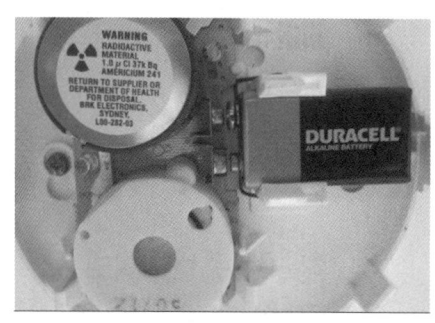
ⓒ MD111/CC BY SA
아메리슘 241을 사용한 연기 감지기 내부.

낮아졌다.

미시간주 폰티액 출신인 두에인 피어솔Duane Pearsall은 연기 감지기 분야의 발전을 이끈 주요 인물이다. 피어솔은 허니웰에서 냉난방기 기술자로 근무하다가 회사를 나와 1963년 음이온 발생기 제조업체 '스태티롤사Statirol Corporation'를 설립했다. 이 회사는 정전기가 발생하면 곤란한 신문 인쇄, 사진 인화를 하는 곳의 실내 공기를 음이온으로 채워 정전기를 방지하는 업체였다. 그런데 판매한 제품의 많은 수가 작동한 지 얼마 안 돼서 이온이 나오지 않는 불량이 발생했으나 원인을 찾지 못해 회사가 존폐의 기로에 서게 되었다. 피어솔은 제품의 고장 원인을 찾는 실험 도중 골초였던 실험실 직원이 담배를 피울 때마다 실험 장비에 신호가 들어오는 것을 발견했다. 이를 계기로 그는 회사의 주력 상품을 화재 감지기로 바꾸는 결단을 내렸다.

피어솔은 스탠리 피터슨Stanley B. Peterson과 함께 연기 감지기를 저가로 만들어 가정에 판매하기로 했지만 시제품의 가격은 여전히 200달러에 달했다. 그는 가정에서 사용하기 쉽도록 커피 한 잔의 무게와 나사 두 개로 누구라도 쉽게 설치 가능하도록 만드는 것을 목표로 세웠다. 배터리는 교체하는 방식이 되 배터리가 부족하면 경보를 울리도록 설계 방향을 잡고 3년여의 개발 끝에 기기의 테스트와 형식 승인을 마치고 1972년 최초의 제품을 출시했다.

최초의 단독형 이온식 연기 감지기의 상품명은 '스모크가드

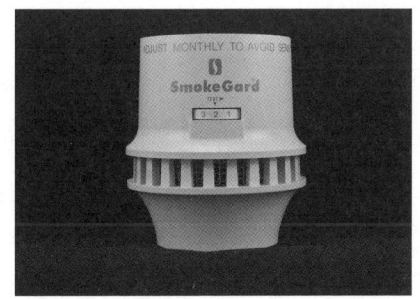

ⓒ WPI Archives and Special Collections/CC BY SA

1971년 가정용 연기 감지기 스모크가드.

700SmokeGard700'이었다. 이 모델은 9볼트의 규격화된 배터리로 작동하고 가격은 125달러로 책정되었다. 하지만 냉음극관과 인쇄 회로 기판 등 주요 기술의 발전이 적용되며 단가가 낮아져 소비자가 37.88달러까지 내려갔다. 가격이 낮아진 가정용 연기 감지기는 1976년 미국에서만 800만 대, 이듬해엔 1200만 대로 판매 대수가 급증했다.

스태티롤사가 보유한 연기 감지기의 특허는 1980년 '에머슨 일렉트릭Emerson Electric'에 양도되었다. 이 회사는 소매업자를 통해 모든 가정에 연기 감지기를 설치하자는 내용의 캠페인을 벌였다.

1972년에는 '일렉트로 시그널 랩Electro Signal Lab'의 도널드 스틸Donald Steele과 로버트 엠마크Robert Emmark가 암실 속 광원과 수광부 사이에 연기 입자가 있을 경우 변화되는 빛의 양에 따라 화재를 감지하는 광전식 연기 감지기를 발명했다. 광전식은 빛을 차단하는 연기의 성질을 이용하는 것으로, 빛을 발하는 부분과 빛의 양을 감지하는 부분 사이에 연기가 들어와서 발광부로부터 나온 빛이 일정한 기준 이상으로 산란하거나 차단될 경우 작동한다.

현재 많이 사용하는 일반적 연기 감지기 중 이온화식인 경우는 상대적으로 작은 입자의 연기에 작동해서 불꽃이 나는 작열 연소에, 광전식 감지기의 경우는 빛을 더 잘 산란시키는 큰 입자에 반응해서 불꽃 없이 연기만 나는 훈소 화재에 더 민감하게 반응한다. 이처럼 같은 연기 감지기라도 제조 방법에 따라 최대한 효과를 발휘할 수 있는 조건이 서로 달라, 설치 목적에 따라 적합한 장소에 적합한 감지기를 사용하는 것이 중요하다.

NFPA는 1967년 가정용 연기 감지기의 표준(NFPA 74)을 정했는데, 1976년에는 생명 안전 코드(NFPA 101)를 정하며 모든 가정에 화재경보기가 필수라고 규정했다. 이후 낮아진 가격과 홍보에 힘입어 연기 감지기 설치가 일반화되었고, 1984년에는 미국 전체 가정의 75 퍼센트가 화재경보기를 설치한 것으로 보고되었다.

불꽃 감지 장치

화재가 발생하면 열과 연기 외에도 불꽃이 발생한다. 불꽃 감지기는 불꽃에서 방사하는 빛의 변화가 일정량 이상이 되었을 때의 변화를 화재로 인지하는 원리다. 현재 사용하고 있는 감지 방법 중 가장 신뢰성이 높은 방식 중 하나라 할 수 있다.

불꽃 감지기는 1972년 미국 오하이오주 출신의 리처드 리카디 Richard C. Riccardi가 최초로 발명했다. 이 감지기는 화염에서 발하는 특유의 자외선 대역 파장을 수광부에서 감지하면 작동하는 원리였다.

열 감지와 연기 감지 방식은 화재가 일어나면 감지기가 있는 곳까지 열과 연기가 전달되어야 작동할 수 있어서 필연적으로 지연 시간이 발생한다. 하지만 불꽃 감지기는 비교적 먼 곳까지, 단지 수광부 범위 내에서 불꽃이 발생하면 작동할 수 있어서 화재를 더 빨리 감지할 수 있다. 초기의 불꽃 감지기는 햇빛이나 할로겐 램프, 용접 작업 같이 자외선이 발생하는 곳에서 오작동할 수 있었다. 이를 방지하기 위해 자외선 영역의 특정 파장 외에도 적외선 파장까지 모두 감지해야 작동하는 방식이 개발되었다.

6장

우리나라와 일본의 화재경보 시스템

　1912년부터 1926년까지 다이쇼 시대의 일본은 메이지 시대부터 들어온 서양 문물에 큰 영향을 받았다. 산업화에 따라 도시가 성장하며 3층 4층 건물도 많아졌고, 도시 거주자인 일반 대중은 서양 문화를 그대로 들여오거나 기존의 문화와 절충하는 분위기 속에 살았다. 서양 문물에 큰 거부감이 없던 여건 속에서 1899년 10월에는 도쿄시청이 개청되고, 같은 해 상수도가 완공되고 소화전도 설치되며 서양에서 들여온 증기 펌프와 사다리차 등이 능력을 발휘할 수 있는 조건이 갖춰졌다.

　당시 일본의 소방은 내무성 경시청 소속으로 소방 사무는 경찰 사무와 혼재되어 있었다. 그때 경시청 총감인 가메이 에이사부로亀井英三郎는 해외 시찰을 하며 미국 도시의 전신 경보 시스템을 목격하고 이 시스템을 도쿄에 도입하고자 했다. 에이사부로는 일본에서 독자적으로 이 시스템을 생산하기로 하고 미요시 모리하루三好守晴에게 개발을 의뢰했다. 모리하루는 1913년 도시 전기 화재경보 시스템을 개발하고 자신의 영문 이름 앞 글자를 따 MM식 화재경보기라는 이름을 붙였다.

하지만 도쿄 전체에 이 화재경보 시스템을 설치하기 위해서는 경시청 1년 예산에 준하는 엄청난 비용이 드는 게 문제였다. 에이사부로는 비용 문제는 보험 회사를 세워 기금으로 충당하기로 하고 경보 시스템의 구성품을 직접 생산하기 위해 1918년 도쿄의 특별구인 코지마치구에 '도쿄 호치키사Tokyo Hochiki Co.Ltd'를 설립했다.

이 시스템은 니혼바시 내 도로변의 가로등과 같은 공공 구조물에 설치된 '화재보지기火災報知機'라는 24개 발신기의 작동을 모스 부호를 사용해 경찰관서에 전신으로 보내는 것이었다. 발신기 스위치는 평상시 유리판으로 막혀 있어서 사용할 때는 유리를 깨고 눌러야 했다. 호치키사는 가정용 화재 감지기도 제조했는데, 이 상품은 도쿄를 중심으로 전국으로 전파되었다.

호치키사는 2차 세계대전 중에는 도시락통이나 소형 전기 스토브를 만들기도 했지만 전후 일본 소방청이 발족하고 새로운 소방법의 시행을 통해 다시 화재경보 설비 분야로 돌아왔다. 1952년에는 자동 화재 감지기를 생산하며 일본의 고도 경제 성장과 그로 인한 화재경보의 수요 증가로 새로운 공장을 세우며 성장했다. 이 회사는 1954년 지금의 정온식 감지기와 다이아프램 방식의 공압 차동식 감지기를 만들었고, 1965년에는 발신기의 신호를 중계기에서 고유 신호로 변환해 수신기에서 인식하는 R형 수신기를 최초로 개발했다. 호치키사는 심플렉스그리넬 경보 시스템에 들어가는 경종과 감지기 등 구성 요소를 제작하는 회사이기도 하다.

우리나라는 전후 건설된 근대적 건축물에 1961년 개정한 일본의 소방법 시행령을 복제해 만든 소방법 시행령이 1968년 1월 15일 시행과 동시에 일제히 적용되었다. 우리의 문화적 맥락과 사회상, 그에 따르는 고유의 건축 환경과 상관없이 용도와 규모만을 기준으로 무차별적으로 건축물 소방 시설의 설치 기준이 정해지고 의무화되며 여러 부작용을 낳았다.

7장

경보 설비의 생명은 신속성과 정확성

지금까지 화재의 통지와 감지 두 가지로 나누어 현재의 자동화재탐지시설로 대표되는 경보 설비의 역사를 간략히 살펴보았다.

경보 설비의 작동은 사람들에게 화재로부터 대피하라는 행동의 신호이자 연동된 소방 설비가 작동하게끔 알리는 신호로 화재 대응의 시작이라고 할 수 있다. 따라서 경보 설비에서 가장 필요한 기능은 신속성과 정확성이다.

신속성 측면에서 화재는 초기에 대응할수록 효과적이라는 대원칙 아래 화재경보는 소리 신호에서 전기 신호로, 사람의 판단에서 기계 장치의 작동으로 발전했다. 경보 설비는 화재 발생을 인지함과 동시에 경보음을 발하고 연동된 설비를 작동시키는 장치인 것이다.

하지만 정확성과 관련해서 경보 설비는 아직 극복해야 할 난제가 몇 가지 남아 있다.

경보 설비의 오작동 문제

우선 경보 설비 중 감지기의 화재 판단 방식의 한계를 들 수 있다. 사람이 화재인지 아닌지 정확하게 구분해 판단하는 것은 크게 어렵지 않다. 사람은 동시에 여러 감각으로 화재를 인식하기 때문이다. 불꽃과 연기를 시각적으로 인식할 수 있고, 불에 타는 소리나 폭발음을 귀로 감각할 수 있으며, 물질이 타는 냄새를 코로 맡을 수 있다. 하다못해 이렇게 수집된 감각 정보가 부족하면 능동적으로 움직여서 감각 정보를 더 모을 수도 있다. 사람은 자신의 경험과 지식으로 여러 감각을 종합해서 이런 현상이 일상적인 것인지 화재인 것인지 평가하고 판단한다.

하지만 기계를 통해 화재를 자동으로 판단해 감지하는 것은 화재로 인한 열과 연기 발생 같은 물리적 변화 중 보통 한 가지 변화를 감지하는 원리로 작동한다. 문제는 화재 상황이 아니어도 그러한 변화가 생길 수 있다는 점이다. 음식물의 조리, 흡연, 에어컨 및 공조 설비, 보일러, 모래, 먼지, 결로, 침수, 날벌레, 노후로 인한 부품의 열화, 부적절한 설치 등 여러 요인에 영향을 받아 감지기가 작동할 수 있다. 감지기가 일단 화재라고 판단하면 경보 설비는 절차에 따라 즉시 소리를 울려 사람들에게 경고음을 낼 뿐이다.

여기에 핵심적인 어려움이 있다. 바로 소리를 들은 사람이 행동으로 옮겨야 경보 설비의 목적이 완성된다는 점이다. 누구나 한 번쯤은 경보 설비가 발하는 소리를 들어본 적이 있을 정도로 경보 설비야말로 우리가 가장 많이 경험하는 소방 설비다. 하지만 그 소리가 실제 화재 상황으로 이어진 경험은 드물 것이다. 그만큼 오작동이 많았다는 말이다. 이 같은 경험이 개개인에게 누적되면 감지기가 연결된 시스템 전반에 대한 신뢰의 문제를 불러온다. 이것이야말로 가장 핵심적이고 이후에 치명적 결과를 낳는 문제다.

경보 설비의 경보음은 안전한 외부로 대피하라는 신호다. 건축물 안에서 일상생활을 영위하는 개인이 위험 신호를 듣는 즉시 하던 일을 멈추고 안전한 외부로 나가는 일련의 행위는 아주 중요하지만 상당히 부담스러운 일이기도 하다. 경보음에 대한 신뢰가 있어야 신호를 듣고 수고스럽지만 뒤따르는 행동을 할 수 있다. 그런데 감지기의 잦은 오작동은 경고음의 엄청나게 중요한 의미를 희석해 버리고 시끄러운 음향의 불편함만 남게 한다. 결국 관리 주체는 오작동이 잦은 경보 설비를 안전 의식과 함께 불활성화하게 된다.

2018년 인천 세일전자에서 일어난 화재로 9명이 사망하고 6명이 중경상을 입었는데, 당시 경비원은 오작동이 잦은 경보 설비의 전원을 끈 채로 두었다는 사실이 드러났다. 같은 해 경남 밀양의 세종병원에서 일어난 화재는 37명의 목숨을 앗아 갔다. 당시 한 생존자는 비상벨 소리가 10분이나 계속되었지만 간병인 등 병원 관계자들은 '오작동'으로 인식해 생사를 가를 수 있는 그 중요한 10분 동안 아무런 조치도 취하지 않았다고 증언했다.

실제 경보 설비의 작동으로 신고가 들어와 출동했던 사건 현장에서, 특히 오피스텔과 같은 성격의 불특정 다수인이 거주하는 건축물에서 건물 전체에 울리는 경보음에도 불구하고 야외로 대피한 사람이 불과 몇 명 안 되었던 경험이 많다.

관리자들은 개별 가구마다 설치된 연기 감지기가 담배 연기나 조리 중 음식 타는 냄새, 또는 알 수 없는 원인으로 한 달에 한두 번 정도 경보 설비가 오작동해 왔고 이를 시정하기 어려웠다는 공통적인 답변만 했다.

소방 조직에서는 실제 화재가 아닌 상황에서 경보기가 오작동하는 경우를 '비화재보'라고 일컫는다. 2022년 행정 사무 감사에서 서울시의회 도시안전건설위원회 김춘곤 의원이 내놓은 비화재보와 관련한 보고에 따르면, 2019년부터 2022년 9월 30일까지 서울소방의 전체 5만 6000여 건의 화재 출동 중 비화재보로 출동한 경우가 전체의 24퍼센트에 해당하는 약 1만 4000여 건이었고 매년 증가 추세에 있다고 한다. 이 보고서는 1회 출동 시 43만 원의 비용이 발생하는 비화재보로 인한 예산 낭비도 지적했다.

이와 같은 비화재보 문제는 비단 서울뿐 아니라 다른 모든 시도에서 유사하게 발생한다. 여기에는 감지기의 기계적 한계 외에 건축사의 자질, 경제성 우선의 분위기, 법 중심의 소방 시설 제도 등 여러 문제가 만든 우리나라만의 고유한 변수가 작용한다. 따라서 이 문제를 짧은 시간에 간단하게 풀어내기는 어렵다.

경고 신호에 대처하는 우리의 자세

이런 상황에서 가장 중요한 것은 모두의 안전을 위해 감지기의 신뢰성을 높이는 노력과는 별개로 오류가 다소 있더라도 경고의 의미를 과소평가하지 않는 태도다. 거짓말을 하지 말라는 양치기 소년 이야기의 또 다른 교훈은 위험에 대한 경고를 무시하지 않는 것이다.

적어도 감지기는 속이려는 의도를 가질 수 없는 기계다.

일단 경고음을 들었다면 그다음 취해야 할 행동은 빠르게 판단하는 것이다. 일반적으로 대피가 우선이다. 만약 건축물과의 관계에 따라 화재 진압, 물건의 반출 등의 의무가 있다면 그 의무의 이행 가능 여부를 빠르게 판단하고 할 수 없으면 역시 대피를 해야 한다. 여기서 꼭 염두에 두어야 할 것은 건축물의 소방 시설이 자신의 안전을 완전하게 보장해 주지 않는다는 점이다.

기술 발전에 따라 건축물의 화재 규모가 더 커져서 개별 건물 차원에서 최악의 상황을 가정해 화재 대응에 관한 모든 준비를 갖추는 것은 비효율적임을 떠나 불가능한 일이다. 이 때문에 소방 시설 대부분은 화재가 발생한 후 소방대가 도착해 본격적인 활동을 하기 전까지 제 기능을 발휘하도록 설계되어 있다.

화재를 진압하는 스프링클러, 옥내 소화전 설비에 사용하는 물 저장용 수조는 최소한 20분 동안 쓸 수 있도록 저장되어 있다. 또 화재가 확산되기 전에 사람이 대피하도록 알려 주는 경보 설비와 대피 방향을 안내하는 유도등은 정전이 되더라도 최소한 30분 동안 기능을 유지하도록 되어 있다.

건물의 대응 역량을 넘어서는 화재가 날 경우 화재를 피해 위험한 건물 밖으로 나가는 것은 경고의 소리를 들은 당사자들에게 달려 있다. 그러므로 대피를 하는 사람은 단순히 화재가 발생했다는 사실 정도가 아니라 구체적 상황과 그에 따른 위험 요소를 인지하는 것이 중요하다.

개개인이 화재에 능동적인 태도를 가져야 한다. 화재를 감지하는 소리를 듣는다면 그 의미를 절대 과소평가해서는 안 된다. 위험의 경고를 듣는다면 위험한 상황이 맞는지, 구체적으로 어떤 위험인지를 반드시 확인해야 한다. 만약 잦은 오작동을 하는 소방 시설이라면 소리에 무감각해지는 대신 왜 오작동을 하는지 살피고, 오작동에 책임이 있는 주체에게 시정을 요구해야 한다.

현대인은 화재가 나면 경보 설비가 작동하는 것은 당연하다고 생각한다. 이런 인식은 경보 설비에 얼마나 까다로운 조건이 필요한지, 그것을 구현하는 과정이 얼마나 복잡한지를 간과하게 한다. 실제로 신뢰할 수 있는 경보 설비를 개발하고 완성하기까지는 수많은 기술적 도전과 사회의 변화가 있었다. 경보 설비의 발전 과정을 통해 지금의 경보 설비가 실제로 어떤 기능을 하는지 가늠하고 그 한계가 어디인지, 더 나아가 사회가 안전해지려면 앞으로 어떻게 변화해야 하는지 아는 데 도움이 될 것이다.

경보 설비의 미래

감지기 작동의 정확성 즉 작동의 신뢰성은 아직 개선의 여지가 많으므로 앞으로도 상당 부분 발전할 것이다. 최근 IoT와 AI 기술의 발전으로 일반적인 CCTV에도 적용할 수 있는 화재 감시 기술을 예로 들 수 있다. 바로 CCTV 화면에 나오는 화염의 특징적인 움직임을 화재로 인식할 수 있는 기술로, 이런 신기술은 이미 발전해 온 다른 분야의 기술과 어떤 식으로든 영향을 주고받으며 발전할 것이다.

지금까지 살펴본 경보 설비의 발전사를 통해 앞으로 경보 설비 개선의 방향도 짐작해 볼 수 있다. 예를 들어 정확하지 않은 감지기는 사람처럼 정확하게 화재를 판단하려 할 것이고, 한 개가 아닌 여러 종류의 센서를 가지게 될 것이다. 어쩌면 지금처럼 건물에 고정되어 있는 한계를 극복하기 위해 로봇이나 드론처럼 이동 능력을 갖게 될 지도 모른다. 경보 설비의 경보음은 단순히 화재를 알리는 것만이 아니라 스마트폰처럼 개개인이 가지고 있는 단말기를 통해 정확한 상황을 빠르게 알리고 각자의 위치에 따라 최적의 피난 경로를 제시하고 피난 설비 등과 연계되는 방향을 상상해 볼 수도 있다.

감지기의 한계가 분명한 지금 가장 중요한 점은 화재 경보음의 중대한 의미를 과소평가하지 않는 것이다. 앞에서 살펴보았듯 비록 오작동하는 일이 잦을지라도 지금의 경보음이 우리에게 들리기까지 수많은 시행착오와 실패라는 지난한 과거가 있었다. 다시 한 번 강조하지만 화재 감지 장치가 작동했다는 것은 언제나 실제 화재 상황일 가능성이 있음을 잊어서는 안 된다. 화재 경보음은 나에게 닥친 치명적일 수 있는 위험을 알리는 소리이고 이때의 행동에 따라 자신의 생명을 지킬 수 있기 때문이다.

7부 피난 설비의 역사

― 비상 출구와 유도등 ―

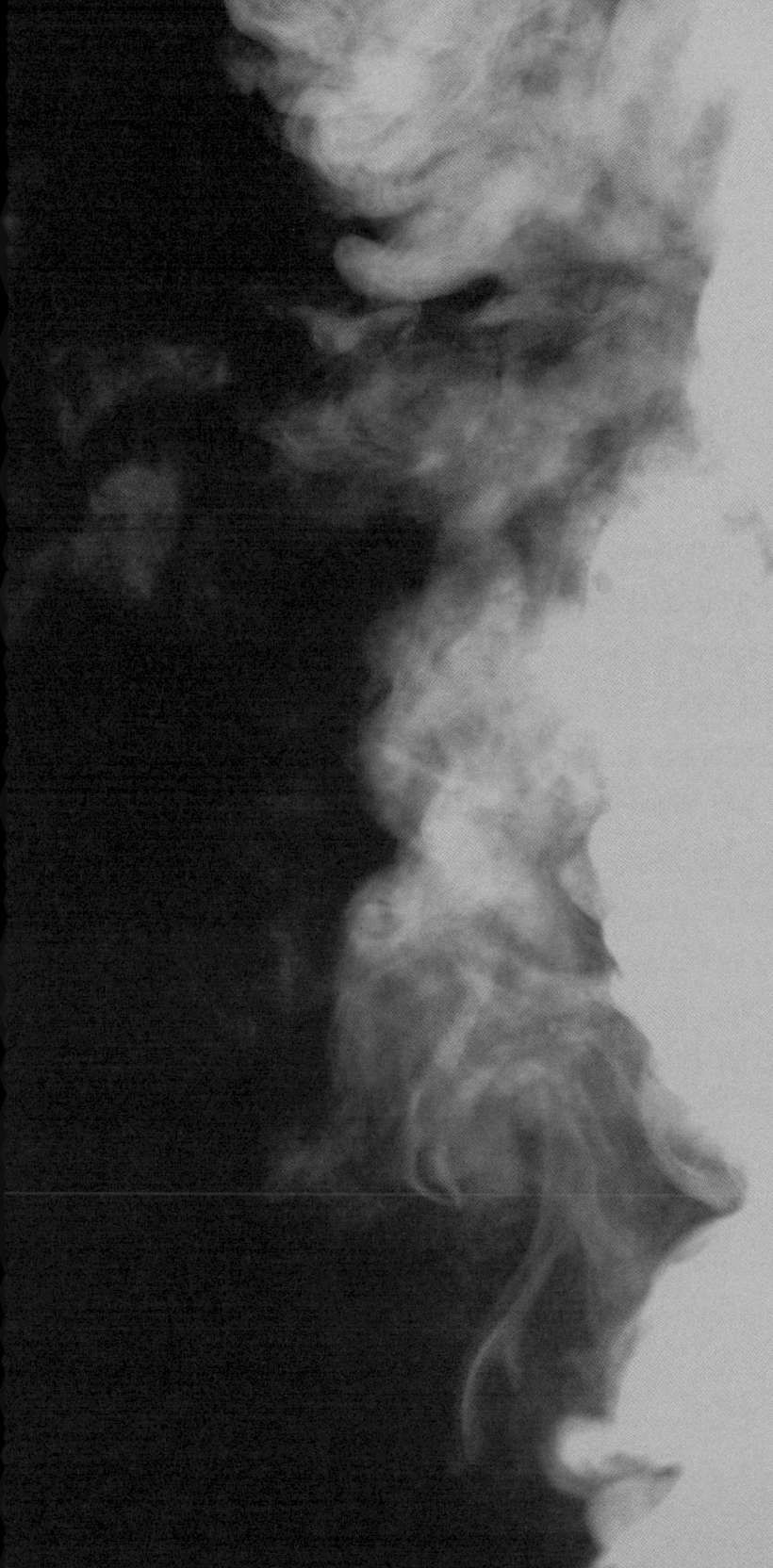

인류가 직면하는 대부분의 심각한 위험은 특정 공간에서 발생한다. 이로 인해 초기 인류는 주기적인 범람과 같은 예측 가능한 위험을 피한 곳에 정착했다. 예측 불가능한 위험 중 태풍이나 지진과 같은 단기적 위험은 견뎌 내야 하지만 화산 폭발, 가뭄, 전쟁, 약탈과 같은 장기적 위험에는 이동할 수밖에 없었다.

자연의 위험은 대부분 외부 공간에서 발생하므로 이에 대한 대응책으로 견고하고 안전한 건축물이 발달했다. 시간이 지나면서 건축물은 날씨와 무관하게 적정 온도를 유지하고 동물의 침입을 막는 기능을 갖추었는데, 이런 보호 기능은 주로 외부와 내부를 구분 짓는 외벽과 문에 의해 실현되었다.

그러나 화재 상황에서는 건물의 벽과 문이 이와 정반대 기능을 한다. 화재는 저절로 일어나기는 힘든 현상으로 대부분은 편리를 위해 실내에서 사용하는 것들과 관련해 발생한다. 모두 알다시피 화재에서 인간의 생명을 위협하는 가장 치명적 요인은 연기와 화염의 열이다. 연기와 열은 벽과 문으로 구획된 건물 안에서 위험성이 더 높아진다. 벽은 열을 가두어 실내를 더 뜨겁게 만들고 연기를 모으며, 문은 열과 연기로부터 피하는 사람을 가둬 놓는 역할을 한다.

오랜 기간 화재에 대비한 여러 노력은 자기 힘으로 도망갈 수 있는 사람의 안전보다는 움직일 수 없는 중요 시설인 건물 자체와 재산을 보호하는 데 초점이 맞춰져 있었다. 화재 방어가 인간의 생명을 보호할 목적으로 발전하기 시작한 것은 그리 오래된 일이 아니었다.

건축물 화재에서 인간의 생명을 보호하는 가장 확실한 방법은 건물 밖으로 나가는 것이다. 얼핏 간단해 보이는 이 말이 도시의 건물이 높아지고 커지는 것에 비례해 점점 더 어려워지고 있다. 세계 각국은 도시가 발전해 감에 따라 실내에서 발생한 화재로 인해 심각한 인명 피해를 경험하고 건물에서 사람을 대피시킬 수 있는 정책을 수립해 왔다.

각국의 규제는 사람의 생명을 보호하려는 공통의 목표가 있어 표면적으로는 유사해 보인다. 하지만 주거 문화와 생활 양식의 차이, 규제가 만들어질 당시의 사회상에서 비롯되는 세부적 차이가 있어서 다른 나라의 정책을 그대로 도입하는 것은 효과적이지 않을 수 있다. 따라서 규제의 효과를 높이려면 현재 우리의 규제가 외국의 것과 유사하거나 외국의 것을 그대로 본떠 왔다면 규제가 형성된 과정을 이해하는 것이 중요하다.

비상 출구는 일상적 출입구와 별개로 비상 상황에서 빠르게 밖으로 나가도록 하는 역할을 한다. 일반적 건물에서 일상을 살아갈 때는 비상 출구가 왜 있어야 하는지를 깨닫기는 쉽지 않다. 이런 이유로 비상 출구는 많은 인명 피해와 사후 규제를 통해 발전해 왔다. 안전과 관련한 규제는 피로 만들어졌다는 말이 비상 출구와 유도등의 영역에서 특히 잘 들어맞는다.

소방 관련 규제는 과거 여러 나라에서 발생했던 대규모 인명 피해를 불러온 사고들이 많은 사람에게 알려지고 사회 문제가 된 후 사고가 발생한 원인을 통제하기 위해 만들어졌다. 하지만 규제가 만들어진 후에도 같은 원인이 되풀이되며 많은 사람이 희생되는 사고가 끊이지 않았다.

비상 출구와 유도등의 역사는 소방이 재산에서 인명으로 보호 목적을 전환한 흔적을 가장 뚜렷하게 드러내는 부분이다. 7부에서는 비상 출구와 유도등이 지금의 모습을 갖추기까지 영향을 주었던 참혹한 사고와 그 원인을 극복하기 위해 한발 한발 개선된 과정을 살펴본다.

1장

도시 방화의 변천

고대와 근대의 도시 방화 정책

고대에는 도시 화재를 막을 수 있는 마땅한 방법이 없었다. 도시에 거주하는 시민에게 의무적으로 부과하는 일반적 금지 외에 별다른 수가 없었고 실효성도 적었다. 다만 불이 났을 때 화재가 도시 전체로 번지지 않도록 도시의 건축물을 서로 일정한 간격으로 떼어 놓기 위해 도로를 정비하는 방법이 종종 활용되었다. 이런 방법을 쓴 대표적 사례로 로마를 들 수 있다.

로마는 이탈리아반도 중간 지점, 지중해로 흐르는 테베레강 남쪽 유역의 '고대 라티움Old Latium'이라 불리던 평야에서 역사가 시작되었다. 온화한 기후와 비옥한 토양을 가진 천혜의 환경으로 인해 일찍부터 거주민의 생존에 필요한 양 이상의 잉여 생산물을 수확할 수 있었고, 다른 도시와 거리가 가까워서 교역에도 유리했다. 로마는 풍요로움 속에서 정치, 경제, 문화, 산업 등 여러 방면의 유산을 남기며 '영원한 도시la Città Eterna'로 불릴 만큼 번성했다.

잦은 전쟁과 혼란 속에서 로마는 기원전 31년경 아우구스투스가 공화정을 폐지하고 유일의 권력자인 황제로 등극하며 권력이 중앙으로 집중되었다. 국가의 여러 기능을 수행하는 행정은 세분화된 직책을 통해 시민 생활로 전달되었고, 화재를 포함한 경찰 기능은 '안찰관Aedilis'이 수행했다. 안찰관은 밤거리를 순찰하며 법과 질서를 유지하기 위해서라면 어디든 들어갈 수 있었고 직접 물리력을 행사할 수 있었다. 하지만 그것만으로 도시의 화재를 막을 수는 없었다.

서기 64년 7월 18일 밤, 전차 경기장 관중석 아래 올리브유와 옷감을 파는 상점에서 화재가 발생했다. 화재는 연이은 가뭄과 세찬 바람에 의해 강하게 성장해 상점이 모여 있는 팔라티노 언덕과 첼리오 언덕으로 번져 갔다. 당시 인구가 밀집한 로마에서 평민 이하의 대다수 사람은 석조 벽에 바닥과 천장을 나무로 만든 인술라insula라는 공동주택에 주로 거주했다. 1층은 점포이고 그 위층부터는 주택으로 사용하는 일종의 주상 복합 건물로 9층 높이도 있었다. 인술라와 인술라 사이에는 사람이 통행하는 좁은 도로가 나 있었지만 인술라의 2층은 1층보다 넓게 지어 서로 이웃한 인술라는 사실상 붙어 있었다.

화재는 붙어 있는 인술라를 따라 강한 바람을 타고 좁은 도로를 건너 도시 전체로 번졌다. 결국 9일 밤낮으로 지속된 불은 도시 로마의 절반을 완전히 잿더미로 만들었다. 화재로 폐허가 된 로마를 재건할 때 새로 짓는 건물과 그 사이를 가르는 도로에 화재 피해를 줄이기 위한 방안이 적용되었다. 트라야누스 황제는 재위 중 인술라의 높이 한계를 기존의 70로마피트(20.7미터)에서 60로마피트(17.75미터)로 낮추도록 했고, 건축 자재로 나무 기둥 대신 석재 기둥을 쓰도록 했다. 또 목재와 진흙 벽돌은 불에 타지 않는 화산재를 섞은 로마 콘크리트를 사용하도록 의무화했다. 좁고 구불구불한 도로는 넓은 직선으로 바뀌었고, 인술라끼리 서로 떨어지도록 각 인술라는 정원을 두도록 법으로 정했다.

고대를 지나 활발한 무역보다는 폐쇄적인 자급자족 경제 체제를 특징으로 하는 중세와 르네상스 시기까지도 도시의 방화 정책은 오랜 기간 원초적인 경찰 기능의 일환 정도에 머물렀다. 순찰자는 순찰을 돌며 범죄와 화재를 감시했고, 화재를 발견할 경우 소리로 화재 사실을 주변에 알렸다. 소리를 들은 주변의 불특정 다수인이 자발적으로 참여해 갈고리 등으로 건물을 철거하거나 물이 든 양동이로 화재를 진압했다.

근세 이전 도시의 건축물은 화재의 발생 가능성을 낮추기 위해 목재 대신 불연재인 석재 등을 사용해야 하는 규제가 있었다. 하지만 도시가 산업과 무역의 중심지로 성장하며 다른 지역에서 몰려드는 수많은 하층민과 그들이 짓는 건축물에까지 규제의 효력이 닿지 않았다. 도시는 공간적으로 팽창해 갔고 그 안은 가난한 하층민이 나무 판자로 만든 집으로 빼곡히 채워졌다.

집 중앙에 있던 주방용 모닥불과 종종 켜는 값비싼 기름 등불 등에 의해 가뜩이나 화재에 취약한 도시는 크고 작은 화재가 끊이지 않았다. 어느 시점부터 순찰자와 양동이만으로 화재를 감당하지 못하는 경험을 반복하며 도시의 큰 위협이던 화재를 진압하기 위해 강력한 수단이 필요해졌다. 이후 수동식 소방펌프가 등장해 발전하며 다른 나라로 전파되었다.

1666년 런던 대화재라는 기존과는 차원이 다른 규모의 피해를 겪으며 런던에서는 새로 건물을 지을 때 내화 성능이 있는 석조와 벽돌조를 사용하도록 했다. 주변 나라도 대화재 이후 큰 화재 사건을 겪으며 유사한 규제를 시작했다. 도시가 성숙해 가며 영국과 미국의 대도시를 이루던 목재로 지은 건축물은 점차 석조, 콘크리트, 강철로 바뀌어 갔고 수동 소방펌프의 사용도 일반화되었다. 하지만 방화 능력과 화재 진압 능력이 커진 만큼 산업의 발전에 따른 사회 변화로 인해 화재의 대상과 유형 또한 변해 갔다. 결국 도시의 화재 방어를 위한 수요의 총량은 점점 더 커졌다.

도시와 재산을 지키기 위한 방화

건축물의 방화

방적기, 증기기관, 제철 등 산업혁명을 대표하는 새로운 기술과 기계로 인해 도시는 공업화되고 대량 생산이 가능해졌다. 제조 산업은 많은 인력을 필요로 하는 산업으로 지방의 수많은 사람이 일자리를 찾아 도시로 향했고, 도시는 사람들로 넘쳐났다. 산업혁명에 따라 증기기관, 금속 제련 등 기술이 발전하며 수많은 인구를 수용하는 도시에 상수도 설비가 설치되었고, 도시 곳곳까지 물을 공급하는 상수도 배관을 따라 소화전이 들어섰다.

사람의 힘으로 구동하던 수동펌프도 신기술과 만나 이전과 비교할 수도 없는 강력한 성능의 증기기관 소방펌프로 진화했다. 산업혁명으로 인한 도시의 변화에 따라 도시 방화 대상의 초점도 도시 전체에서 개별 건축물까지 영역이 확장되었다.

도시에는 대량 생산의 핵심인 기계가 돌아갈 수 있고 동시에 많은 수의 노동자가 작업할 수 있는 공장 용도의 건물 및 대량 생산에 필요한 원자재와 생산된 상품을 보관하는 창고 용도의 건축물이 속속 등장했다. 이런 건물에는 일반 노동자가 일평생 일해도 접할 수 없는 자본이 집약되어 있어서 다른 어느 것보다 화재로부터 보호해야 할 필요가 있었다.

그런데 산업에서 가장 중요한 공장은 화재가 발생하기 쉬웠다. 직물 공장을 예로 들어보자. 가연성 물질인 섬유가 건조된 상태로 모여 있고, 공장 곳곳에 굴러다니는 보푸라기 뭉치는 불쏘시개와 같으며, 제조 공정에서 원자재와 기계는 기계적 마찰을 했다.

공장에서 불이 나면 순식간에 인간의 통제 능력을 벗어나기 때문에 화재 피해를 줄이기 위해 화재 초기에 직접 물을 분사해 진압하는 기계 장치가 발명되었다. 처음에는 화재로부터 보호해야 하는 물건 위로 구멍을 뚫은 배관을 설치해 불이 나면 감시자가 밸브를 열어 물이 나오게 했다. 이 같은 수동 방식은 배관에 뚫린 구멍을 구타페르카와 같은 천연수지로 막아 놓아 화재가 나면 따로 조작하지 않아도 녹아 내려서 물이 자동으로 나오는 장치로 진화했다. 이것이 바로 초기의 자동 스프링클러였다.

1874년 헨리 파믈리가 최초의 자동 스프링클러 설비의 특허를 취득했고, 1880년대 프레더릭 그리넬에 의해 많은 부분이 개선되며 현대적 스프링클러의 모습을 갖추게 되었다. 실내의 화재 위험을 직접적으로 보호하는 스프링클러 설비의 적용이 일반화되면서 적어도 화재 위험에 대한 제한을 극복해 현재의 초고층, 초대형 건물이 존재할 수 있게 되었다.

현재의 방화

1985년 화재 공학의 선구자 두걸 드라이스데일Dougal Drysdale은 가연성 물질이 어떻게 착화하고 연소하는지, 화재에서 열과 연기는 어떻게 움직이는지, 건축물 내에서 시작한 화재가 성장해 어떻게 전체 공간으로 번져 가는지 등 화재 역학에 관한 사항을 정리해 《화재 역학 입문Introduction to Fire Dynamics》이라는 책을 출간했다. 이때부터 체계를 갖추어 간 화재 공학은 하나의 학문으로 성장해 나갔다.

21세기 컴퓨터 공학은 그간 통제하거나 예측할 수 없는 것으로 여겨지던 변수와 위험 요소 중 일부를 수학적으로 계산할 수 있을 정도가 되었다. 건축물 내 화재 시 물리적 변화인 열 방출 속도, 연기의 발생과 이동, 피난 행렬의 흐름 등과 3차원 건축물 내부 소방 설비의 적용을 입체적으로 시뮬레이션할 수 있게 된 것이다. 또 개별 건축물의 특성을 고려한 설비의 성능을 중심으로 화재 방어 설계를 할 수 있게 되었다. 과거에는 예측 불가능한 자연 재난에 가깝던 화재가 이와 같은 과정을 거쳐 오늘날 정량화된 위험 요소들로 나누어졌다.

앞서 살펴보았듯이 화재는 도시의 존립을 위협하는 위험으로 인식되었기 때문에 고대부터 방화 정책을 마련하려는 노력이 이어져 왔다. 도시로 계속 인구가 유입됨에 따라 도시에서 화재가 발생할 가능성과 피해의 잠재적 심각성 역시 커져 갔기 때문이다. 도시는 위험의 변화에 따라 강력한 장비를 지닌 전문 소방대를 배치하고 경보 시스템을 갖추며 화재에 대응해 왔다. 이런 변화를 거쳐 오늘날은 예측할 수 없던 많은 위험 요인을 정량적으로 처리할 수 있게 되었다.

그러나 19세기 말까지도 도시의 방화는 건물의 외벽 바깥 영역에서 이루어지는 일이었다. 도시를 구성하는 대다수의 일반적 건물은 단 하나의 출입구만 있었고, 화재가 발생하면 그 안에 있는 사람들의 안위는 화재 안전에 있어 고려 대상이 아니었다. 각자의 목숨에 대한 책임은 각자 몫이었던 것이다.

2장
비상시 대피하는 통로, 출구

비상 출구의 의미와 시작

먼저 혼돈을 일으킬 수 있어서 다음 용어의 의미를 간단하게 정리한다.

- 출입구는 외부에서 건축물을 드나들기 위해 통과하는 곳이다.
- 문은 출입구에서 열고 닫을 수 있도록 만들어진 구조물이다.
- 비상 출구는 일상적 상황이 아닌 비상시에 대피 전용으로 사용하기 위해 원래 있던 출입구 외에 가외로 마련한 것을 말한다.
- 유도등과 유도 표지는 화재 등 재난 발생 시점에 건축물의 모든 공간에 있는 사람들에게 건물 밖으로 가는 경로를 표시해서 궁극적으로 출입구나 비상 출구, 법에서 정한 별도의 안전 공간으로 유도

하는 기능을 한다.
- 비상구는 '화재나 지진 따위의 갑작스러운 사고가 일어날 때에 급히 대피할 수 있도록 특별히 마련한 출입구'라고 표준국어대사전에서 정의하고 있다. 하지만 법에서 말하는 '비상구'는 이와는 다른 의미다.

ⓒ 최광모/CC BY SA
비상구 픽토그램.

'비상구非常口'는 '다중이용업소의 안전관리에 관한 특별법'에서 쓰이는 용어다. 일부 예외를 제외하고 모든 다중 이용업소에서 비상구는 주 출입구의 반대 방향이거나 구조상 그렇게 만들 수 없는 경우(우리나라의 경우 2007년 다중이용업소의 안전관리에 관한 특별법이 제정될 당시 소급 입법으로 기존의 모든 업소에 주 출입구 이외의 비상구를 만들어야 했지만 비상구를 만들기 곤란한 업소가 다소 있었다) 업소 바닥을 기준으로 긴 변 길이의 2분의 1 이상 주 출입구와 떨어진 곳에 의무적으로 만들도록 한 출구다.

현행 법령 중에는 이와 유사한 것으로 '건축물의 피난·방화 구조 등의 기준에 관한 규칙'에서의 '비상 탈출구'와 '영유아 보육법'에서의 '비상구'를 비슷한 성격으로 규정하고 있다.

서로 다른 법에서 규정하는 비상구는 공통적으로 출구의 유효 너비는 0.75미터이고 높이는 1.5미터 이상일 것, 문은 피난 방향으로 열릴 것, 유사시 실내에서 항상 열 수 있을 것, 비상구라는 표시를 할 것 등을 의무사항으로 두고 있다. 건축물 피난 방화 구조 기준에서의 비상 탈출구는 출입구와 3미터 떨어질 것, 다중이용업소 특별법과 영유아 보육법에서의 비상구는 출구 반대 방향이거나 주 출입구와 건축물 장변 길이의 절반 이상 떨어질 것을 요건으로 하고 있다.

이와 유사한 목적으로 만들고 기능이 비슷한 출입구에 대해 우리나라 건축과 관련한 법에서는 '출구出口'라는 단어를 사용하고 있다. 출구는 입구의 기능도 포함하고 있지만 피난의 관점에서 보면 피난의 최종 목적지로서의 의미가 더 커서 외부와 닿아 있어야 한다는 제한적 의미를 내포하고 있다.

다소 모호하지만 비상시를 위한 이와 같은 출구 개념은 20세기 초 각 국가의 도시에서 일어난 대형 화재를 겪으며 해당 국가의 문화적, 사회적 배경의 영향을 받아 서로 다른 과정을 거치며 각기 마련되었다.

19세기 이전에는 엄밀한 의미에서 화재에 대비하기 위해 이와 같은 비상 출구의 개념이 존재하지 않았다고 할 수 있다. 하지만 많은 수의 사람이 거대한 건축 구조물을 드나들 때 그 시간을 짧게 하고, 특정 통로에 많은 사람이 몰리지 않도록 고안한 피난 통로의 원형에 해당하는 개념을 구조물로 만든 사례는 존재했다. 비록 이 사례의 주 목적이 화재 위험에 대비하여 사람의 안전을 지키는 것이 아니더라도 결과적으로 그런 역할을 했고, 많은 요소가 시대를 넘어 20세기에도 적용되었다. 바로 로마 원형 경기장의 출입구를 뜻하는 보미토리움vomitorium이다.

비상 출구의 원형

콜로세움의 통로와 출입구

로마 대화재 이후 등극한 로마 황제 베스파시아누스Vespasianus는 집권 1년 후인 서기 70년에 네로 황제가 건설한 황금 궁전의 인공호수 자리를 메우고 자기 가문의 이름을 따서 플라비우스 원형 경기장을 건설했다.

황금 궁전에 세워진 콜로서스 네로니스Colossus Neronis라는 이름의 네로 청동상 때문에 '콜로세움'으로 불린 이 경기장은 많은 사람에게 스포츠, 음악, 연극을 보여 주기 위해 오락용 공간으로 설계된 다목적 종합 문화 공간이라 할 수 있다.

입석을 포함해 약 8만 명을 수용할 수 있었던 경기장에서는 신화적, 역사적 사건을 재연하는 연극이나 검투 대결이 열렸고, 대중의 관심을 집중시키거나 기독교인을 공개 처형해 공포심을 불러일으키는 정치적, 오락적 기능을 제공했다.

치밀하게 설계된 콜로세움은 한정된 시간과 공간에서 8만 명이나 되는 많은 사람에게 동시에 같은 것을 경험할 수 있도록 했다. 콜로세움의 천장은 천으로 만든 개폐식 가림막을 밧줄로 연결해 직사광선으로부터 관람자를 보호할 수 있었고, 수차와 도르래를 이용한 승강기 장치도 있었다. 또 흙으로 덮은 나무 경기장 바닥 아래에 히포게움hypogeum이라는 지하 구조물과 무대 사이에 80개의 수직 통로가 있어서 무대로 올라가는 검투사나 동물 등과 관람객을 공간적으로

ⓒ Joe Ross/CC BY SA
로마 콜로세움의 보미토리움 내부 계단.

분리시켜 서로 마주치지 않게 했다.

가장 중요한 것은 최대 8만 명에 이르는 관객이 짧은 시간에 각자 좌석에 도달할 수 있도록 한 구조였다. 이는 체계적 발권 시스템과 많은 통로 때문에 가능했다. 시민들 각각의 입장권에는 구역별로 분류된 출입구가 적혀 있어서 어느 동선에도 사람이 몰리지 않도록 했고, 동선 자체도 합리적으로 설계되어 있었다. 관람객은 경기장 어느 위치에 있든 경기장 외부에서 좌석까지, 좌석에서 외부까지 30분도 안 되는 시간에 드나들 수 있었다.

관람석과 외부를 잇는 통로 보미토리움

로마 원형 경기장에서 수많은 관중이 빠른 시간에 외부에서 경기장으로 들어오거나, 경기장 관람석에서 빠져나갈 수 있었던 것은 외부 공간에서 객석까지 연결된 통로인 보미토리움이 큰 역할을 했다.

한때 이 공간은 보미토리움이라는 이름 때문에 로마의 상류층이 사치스러운 음식을 먹고 토하는 곳이라고 잘못 알려지기도 했다. 보미토리움은 구역별 관람석과 외부 공간 사이의 통로를 의미하는 단어다. 다수가 공통적으로 즐기는 오락적, 유희적 기능으로 특화된 거대한 콜로세움에서 단시간에 많은 사람이 출입할 수 있도록 설계된 기능적 구조물인 것이다. 하지만 로마제국의 멸망 후 정치적 힘이 커진 교황청에 의해 공연과 같은 대중오락이 금지되었고, 콜로세움 역시 서기 608년을 전후로 사용하지 않은 채 방치되었다.

르네상스 이전 중세 유럽의 대규모 건축물은 수도원이나 교회 등 종교적 목적의 것, 성이나 방어벽 같은 군사적 성격의 것을 제외하고 콜로세움 이상의 규모를 갖춘 곳을 찾기는 어렵다. 더욱이 보미토리움은 많은 사람이 짧은 시간에 질서를 유지하며 드나들 수 있도록 설계했는데 이런 점은 오랜 기간 사람들에게 잊혀 있었다.

변화한 도시 건축물의 변하지 않은 출입구

19세기 말 급성장한 도시에서 한정된 자원인 대지와 그 대지를 사용하기 위한 대가인 지대地代가 늘어나며 건축물은 점점 수직으로 치솟았다. 또 가까운 거리에서 더 많은 사람과 상호 작용을 하기 위해 여러 용도의 공간이 한 건물에 모이며 건축물은 점점 넓어졌다.

늘어난 주거 수요에 따라 아파트 같은 새로운 유형의 건축물도 생겼다. 이 같은 변화로 인해 다른 공간의 경계가 만나는 지점, 즉 사람이 드나들기 위해 외부와 내부 사이에 보통 하나만 있던 문이 건물 안에서도 여러 개 생겨났다. 문과 문 사이에는 복도와 계단이 생겼고, 사람이 건물 깊숙한 곳에서 밖으로 나가기 위해 걸리는 시간은 이전보다 상당히 길어졌다.

도시인이 일하는 행동 양식은 새로웠고 생활방식도 상당히 달라졌다. 또 생존에 필요한 최소한의 돈벌이에 걸리는 시간이 줄어들며 어느 정도 여유 시간도 생겼다. 사람들은 그 시간을 즐겁게 보내고 싶었고 쓰다가 남은 돈으로 더 좋은 것, 생존과 무관한 목적의 물건을 가지고 싶어 했다. 많은 사람의 욕망은 자본을 불러 모았고, 그렇게 모인 자본은 욕망을 해소할 공간을 조성했다.

시카고 대화재 이후 시카고에서 활약하며 도심에 백화점 격의 '카슨, 피리에, 스콧 앤드 컴퍼니 빌딩Carson, Pirie, Scott and Company Building'을 세운 건축가 루이스 설리번Louis H. Sullivan이 '형태는 기능을 따른다'고 말한 것처럼, 욕망을 해소하기 위한 목적의 건축물은 욕망별로 형태가 달랐다.

도시에는 많은 사람이 동시에 스포츠 경기를 관람하는 경기장, 연극과 영화를 감상하는 극장, 사치품과 다종의 상품을 모아놓아 집중적으로 소비하는 백화점 등이 생겨났다. 이런 공간은 짧은 시간에 최대의 수익을 위해 가능한 한 크게 만드는 경향이 있었다. 하지만 이같은 건물은 화재에 대비해 피난 방안을 마련해야 하는 외재적, 내재적 동기가 거의 없었다.

대형화하고 고층화된 건물에서 화재가 날 경우 수많은 인명 피해가 예상되지만 그때나 지금이나 일어나지 않은 사고에 대비한 안전 비용은 비싸다고 인식되었다. 사고가 발생하지 않으면 안전 시설을 만드는 데 드는 돈은 무용지물을 구축하는 매몰 비용으로 여겼던 것이다. 사고 위험에 대해 전혀 신경 쓰지 않는 것은 사업자뿐 아니라 당국도 마찬가지여서 위험을 인지하지 못하거나 무시했다. 결국 내재적이고 구조적인 문제들 속에 위험이 누적되어 20세기 초를 전후로 엄청난 인명 피해가 발생한 사고로 이어졌다.

3장

비상 출구의 필요성을 알린 대형 사고들

비상 출구와 압사 사고

빅토리아 홀 압사 사고

1872년 영국 선덜랜드에 세워진 빅토리아 홀은 1851년 건축되어 국제 박람회를 개최한 '크리스털 팰리스'나 1871년 개관한 런던의 '로열 알버트 홀'처럼 동시에 많은 사람이 연주회나 공연 등을 관람할 수 있도록 설계한 건축물로 한 번에 3000명의 관객을 수용할 수 있었다. 고딕 양식의 벽돌조 건물인 빅토리아 홀은 공연이나 전시뿐 아니라 지역 주민이 서로 만나기 위한 약속 장소로 이용되는 등 지역을 대표하는 건축물이었다. 빅토리아 홀 건물 내부는 1층에 무대와 일반 좌석이, 2층에는 특별석과 그 위로 또 좌석(갤러리)이 있는 세

© public domain

빅토리아 홀 내부 모습.

© public domain

1883년 선덜랜드 빅토리아 홀에서 열린 페이 남매 쇼 광고 전단.

개 층 구조로, 현재 우리나라 대형 교회와 유사한 모습이었다. 무대 반대편으로는 출입구와 함께 입장권 등의 구매 여부를 확인하고 좌석이 있는 각 층으로 올라갈 수 있는 계단실이 있었다.

1883년 6월 빅토리아 홀에서는 지방을 순회하며 밀랍과 목각 인형극, 마술쇼를 하는 페이 남매의 공연이 예정되었다. 공연 예정은 전단지를 통해 지역 사회에 대대적으로 알려졌다. 아이들은 특별한 오락 거리에 흥분했고, 공연과 더불어 간식과 장난감 선물을 준다는 전단지 내용에 열광했다. 이 공연의 관람료는 주관자

ⓒ public domain

1883년 7월 1일 프랑스 주간지 《르 주르날 일뤼스트레Le Journal illustré》에 실린 쥘리앵G. Julien의 삽화. 빅토리아 홀 사고 모습.

의 배려에 따라 가난한 어린이도 부담이 없도록 어린이 1페니, 어른 3펜스로 책정되었다. 그런데 이 배려가 어른이 공연장에 가는 것을 부담스럽게 만들어 결국 사고의 피해를 더 키운 요인으로 작용했다.

공연 당일인 6월 16일, 빅토리아 홀의 관람석에는 흥분한 어린이 1100여 명이 모여들었지만 이 아이들을 통제할 어른의 수는 턱없이 적었다. 무대에서 공연이 끝나갈 무렵 페이 남매가 갑자기 이제부터 어린이들이 가지고 있는 티켓에 적힌 번호를 추첨해 출구에서 선착순으로 간식과 선물을 준다는 얘기를 했고, 말이 채 끝나기도 전에 어린이들이 일제히 일어났다. 전 층의 어린이 상당수가 동시에 공연장 출구로 달려갔고, 3층 갤러리와 2층 특별석의 어린이들 중 일부는 계단으로 내려가는 대신 아래층으로 바로 뛰어내렸다.

그런데 내려오는 계단의 끝과 출구 사이 복도에는 표 검사를 위해 한 번에 한 명만 드나들 수 있도록 볼트로 고정된 구조물이 있었다. 이곳에 많은 수의 어린이가 한꺼번에 몰려들었다. 구조물이 막고 있었지만 굴절된 계단 위 뒤쪽에 있는 흥분한 어린이들은 앞쪽의 사정을 알 수 없어 이동하는 것을 멈추지 않았다. 결국 22인치(55.88센티미터) 구조물의 좁은 폭과 위에서 내려오는 수많은 아이들 사이에 끼어 버린 3세부터 14세의 어린이 183명이 사망하는 사고가 발생했다.

비상 출구의 의무화

당시 사고는 지역 및 전국 신문은 물론 국제 간행물에 널리 보도되었다. 보도는 압사 사고 현장에 대한 비극적 묘사와 사고의 원인에 초점이 맞춰졌다. 보도 내용이 주목받으며 군중의 통행이 고려되지 않은 건물의 구조적 문제에 관심이 쏠렸고 시민들은 분노했다. 시민의 공분은 의회로 하여금 사람이 많이 모이는 공공 건축물에 주된 출입구 이외에 바깥으로 통하는 비상 출구를 의무적으로 두는 것을 주 내용으로 한 법을 제정하게 했다.

이때 제정된 법에서 말하는 비상 출구는 일상적으로 사용하는 주 출입구나 빅토리아 홀처럼 유료로 이용하는 건물에서 관람권 구입 여부를 확인하고 무단 출입 방지용 구조물이 있는 출구와는 별개로, 건축물 안에서 외부까지의 경로가 단축된 별도의 출구였다.

또 사고의 여파로 인해 출구 방향으로 열리면서 단순히 손잡이를 밀기만 하면 되는 '패닉 바Panic Bar'라고 불리는 문이 발명되기도 했다. 출구 문이 안쪽 방향으로 열릴 경우 뒤에서 사람들이 밀 때는 열 수 없다는 문제가 있었고, 또 복잡한 잠금 장치가 있는 문은 조작이 어려워 인명 피해가 많을 수 있다는 점에 착안한 발명이었다.

이 사고는 참혹한 결과를 통해 그동안 의식하지 않았던 건축물 출입구의 위험 요소를 최초로 알린 사건이었다. 이를 계기로 건물 설계를 할 때 경제성과 효율성 및 건물 본연의 기능을 반영하는 것 외에도 사용자의 안전까지 고려한 설계를 하는 전환점이 되었다.

ⓒ Scott Brody/CC BY SA

미국의 어느 학교에 있는 패닉 바 문. 중간의 튀어나온 부분을 누르면 위, 아래의 잠금 장치가 해제된다.

화재 사고에서 비상 출구의 문제들

화재 예방을 위한 물리적 기준 강화

미국에서도 출구 문제로 대규모 인명 피해가 발생하는 화재 사고가 잇달았다. 특히 대화재 이후 도시 재건에서 화재로부터 안전을 위해 만든 내화 구조 건물에서 발생한 수많은 인명 피해는 방화 정책이 건축물 자체나 재산에서 인명 보호까지 확대되는 계기로 작용했다.

미국 시카고에서는 1871년 10월 8일부터 3일간 도시 면적 9제곱킬로미터가 불에 타 폐허가 되고 300명에 가까운 사망자와 10만 명 이상의 이재민이 발생한 대화재가 일어났다.

이렇게까지 화재 피해가 커진 원인이 있었다. 사고 직전 2개월 동

ⓒ Library of Congress/CC 0

1871년 시카고 대화재 후 폐허가 된 도시.

안 비가 내리지 않아 도시 전체가 건조한 상태였고, 화재 당일 강한 남동풍이 불어 외곽의 화재가 도시 중심부로 확산된 기상 상황이 한몫했다. 하지만 가장 큰 이유는 건축물 대부분이 경골 구조balloon frame인 목재로 지어졌으며, 옥상의 방수 처리도 가연성 물질인 타르로 마감하는 등 건축물을 구성한 자재가 대체로 가연성이었던 점이다. 심지어 도로와 보도 등 도시의 구조물도 목재로 되어 있었고 도시 전반에 화재 대비가 전혀 없었다.

이 사고의 여파로 화재연구소Center for fire Research 등 화재 예방을 위한 전문 연구기관이 조직되어 건축 자재의 기준과 제한사항 등 같은 유형의 화재를 막으려고 건축물에 대한 여러 물리적 기준이 정해졌다.

폐허가 된 시카고는 상업적 수요가 모이는 곳이라는 지정학적 이유가 있어서 참혹한 사고 후에도 도시를 재건할 필요와 재건의 에너지가 모였다. 시카고에 모인 자본 덕택에 도시 재건 과정에서 들어설 건축물에는 철골, 커튼 월 등 다양하고 새로운 건축 기술을 모험적으로 적용할 수 있었다. 이 과정에서 소방과 관련해 철골 구조의 내화 방법이 개발되는 등 화재 사고를 대비한 방호 개념이 설계 때부터 건축물에 반영되기 시작했다.

이로쿼이 화재

대화재 이후 화재 예방을 위한 시카고 당국의 건축물 규제가 엄격해졌다. 이런 분위기 속에서 인디언 부족의 이름을 딴 '이로쿼이 극장Iroquois Theatre'이 당대 가장 현대적이고 고급스러운 극장 중 하나로 건축되어 1903년 11월 개관했다.

많은 돈을 들인 극장은 객석이 1700여 개에 이르렀고 높은 층고에 대리석 계단으로 되어 있었다. 극장 개관을 홍보하는 광고 전단지에는 "절대적인 화재 방어Absolutely Fireproof"라는 문구가 자신 있게 새겨져 있었다. 그 내용은 "극장에 27개의 출구가 있어 1700명의 관객이 5분 내로 대피할 수 있다"는 것과 "관람객의 금연", 기타 "최신 경보 설비와 소화 시설 구비" 등 화재 사고로부터 사람들을 안심시키는 문구가 포함되어 있었다.

그러나 화재로 드러난 실상은 문구의 내용과는 딴판이었다. 사실 이 극장은 건축 도중에 파업을 하는 바람에 개관한 후에도 공사를 했는데, 공사를 재개하며 많은 부분이 설계와 달라지고 누락된 사실이 나중에 드러났다.

1903년 12월 30일 뮤지컬 〈푸른 수염〉을 공연하는 중 무대막에서

ⓒ Henry Albert Ericson/CC 0

화재 후 이로쿼이 극장의 파노라마 사진.

ⓒ https://fireman.club//CC 0

뮤지컬 〈푸른 수염〉 공연 중 좌측 클로버 표시에서 화재가 시작되었다고 한다.

시작한 불이 천막을 타고 극장 전체로 번졌다. 대화재 후 건물에 적용된 화재에 대한 엄격한 기준도 극장 자본가에게는 유명무실한 것이었다. "절대적인 화재 방어"의 실체는 극장 전체를 통틀어 종이로 막대처럼 포장한 몇 대뿐인 분말 소화기가 전부였다. 홍보 문구에 적혀 있던 것과 달리 도움을 요청할 전화는 존재하지 않았고, 화재 사실을 알릴 수 있는 경보 시설도 작동 불능 상태였다. 화재 시 연기를 배출하는 환기 장치는 고장 난 채였다.

극장이 자랑한 대로 출구 수는 많았지만 출구에 이르는 경로는 복잡했다. 또 출구가 어두운 실내에서 잘 보이지 않았는 데다가 심지어 커튼에 가려져 있었다. 어려움 끝에 도착한 출구는 외부의 공짜 손님을 막기 위해 잠겨 있었다. 출구가 아닌 장식용 문도 여러 개 있어서 혼란을 가중시켰다. 결정적으로 대부분의 출구가 바깥이 아닌 안쪽으로 열리는 구조여서 뒤에서 미는 인파 때문에 맨 앞 사람이 문을 쉽게 열 수 없었다. 갤러리 층에서 출구로 가기 위해 내려가야 하는 계단은 사람 수에 비해 개수도 부족했고 폭도 좁았다. 또 층마다 다르게 책정된 관람료 때문에 다른 층을 오갈 수 없도록 철문까지 설치되어 있었다.

수많은 사람이 화염을 피해 높은 곳에 있는 개구부를 통해 외부로 뛰어내리다가 죽거나 다쳤다. 이들 중 생존자는 먼저 뛰어내려서 사망한 사람들의 시체 더미 위로 떨어진 사람들이었다. 이 사고로 최소 602명의 인명이 희생되었다.

비상 출구 요건의 구체화

사고 이후 시카고 당국은 즉시 170여 곳의 극장 운영을 중단시키고 긴급 소방 점검을 실시했다. 사고 시점 이후 얼마 지나지 않아 해당 유형의 건축물을 규제할 제도가 마련되었다. 무대와 관객을 화재로부터 분리하기 위해 불에 잘 타는 재질의 커튼은 석면 재질로 바꾸고 공연 시에만 개방하도록 했다. 극장 내부와 외부를 가르는 문은 외부에서는 열리지 않더라도 내부에서는 누구나 열 수 있도록 만들었고, 출구 방향으로 열리도록 했다. 또 영국의 빅토리아 홀 화재 이후 발명된 패닉 바 방식의 문을 설치할 것이 의무화되었다. 패닉 바

문은 현재까지도 미국의 화재 안전 기준에 남아 있어 다중 밀집 장소에 해당하는 건축물에 적용되고 있다. 또 극장 출구는 모두 명확한 표시가 의무화되었다.

트라이앵글 셔츠웨이스트 공장 화재

당시 사람들은 화재 사고에서 인명 피해가 컸던 주요인으로 피난 통로 및 출구가 열악한 것을 지적했다. 이를 막기 위해서는 건물을 내화 구조로 만드는 것이 최선이라 여겼다. 만약 화재가 나더라도 최신 기술인 내화 구조 건물의 안쪽은 안전할 것이라는 믿음이 있었기 때문이다.

ⓒ Kheel Center/CC BY
트라이앵글 셔츠웨이스트 화재를 진압하는 소방관들.

트라이앵글 셔츠웨이스트 Triangle Shirtwaist는 내화 구조의 건물인 뉴욕 맨해튼의 애쉬 빌딩 8층부터 10층까지 세 개 층에 블라우스 따위를 만드는 공장이었다. 이 공장은 가혹한 조건과 비위생적이고 열악한 환경에서 젊은 이주 여성들이 늘 바쁘게 일하고 있었다.

1911년 3월 25일 토요일, 이 공장에서 화재가 발생해 146명의 노동자가 사망했다. 이토록 사망자가 많이 발생한 데는 여러

ⓒ Kheel Center/CC BY

화염 속에서 잠긴 문을 열려고 하는 여성 이주 노동자들.

원인이 있었다. 소화 용도로 공장 안에 비치하던 물통에 물이 없어 초기 진화에 실패한 점, 의류를 생산하는 공장이어서 가연물이 많았던 점, 노동자들의 제조 공정이 이어지도록 기다란 테이블을 배치해 피난 경로를 방해한 점 등이 작용했다. 하지만 가장 큰 영향을 미친 것은 공장이 높은 곳에 위치해 있는 데다가 피난을 위한 출구가 대피할 인원에 비해 턱없이 부족했던 점이다.

불이 난 애쉬 빌딩은 내화 구조의 건물이었고 화물용 엘리베이터 두 개와 화재용 피난 계단 한 개, 도로까지 내려갈 수 있는 외부 계단 두 개 등 몇 개의 피난 경로가 있었다. 하지만 화재 사건 당시 건물의 대피 경로 대부분은 도난 방지를 위해 잠겨 있거나 화염으로 인해 사용이 불가능했다. 출구 없는 건물에서 일어난 화재는 사람들이 믿던 내화 구조도 소용이 없었다.

방화 규제의 실효성

30여 개의 출구가 있었음에도 엄청난 인명 피해가 발생한 이로쿼이 극장과 내화 구조의 건물에 복수의 피난 경로가 있었던 트라이앵글 셔츠웨이스트 공장은 엄격한 건축물 방화 규제 속에서 지어진 건축물이었다. 그러나 실제 불이 날 경우에는 최신 건축 기술과 엄격한 규제 속에서 설치된 피난과 방화를 위한 시설물도 그 실효성이 확보되지 않았다. 실제 기능을 고려하기보다는 단지 규제만 충족시키는 화재 방어 설비는 결과적으로 사람을 보호할 수 없음을 사망자 수로 증명했다. 특히 방화와 관련한 규제는 사회 전체가 그 규제를 수용할 수 있는지 여부에 따라 효과가 달라진다는 사실이 드러났다.

코코넛 그로브 나이트클럽 화재

1920년대 후반 미국을 중심으로 전 세계적인 경제 대공황이 일어났고, 1927년 그 여파로 온갖 사회 문제의 근원으로 인식되었던 음주를 금하는 법이 단행되었다. 이때부터 몰래 주류를 판매하며 영업을 시작한 코코넛 그로브Cocoanut Grove 나이트클럽은 금주법 제한이 끝난 1933년 가게를 확장하고 내부를 꾸며 보스턴의 가장 인기 있는 유흥업소가 되었다.

하지만 코코넛 그로브는 많은 위험 요인이 잠재해 있었다. 원래 창고와 차고 용도의 벽돌, 콘크리트 재질의 건물을 개조해 만든 클럽은 내부를 휴양지처럼 보이기 위해 인조 가죽, 등나무, 대나무, 커튼과

ⓒ Tomtheman5/CC BY SA

1993년에 만들어진 코코넛 그로브 기념비. 화재 안전 규제가 나라 전체로 퍼지도록 할 만큼 수많은 희생자를 낸 사고로 그들을 기리는 내용이 적혀 있다.

같은 가연물을 대량으로 사용했고, 가게 이름처럼 플라스틱으로 만든 코코넛 나무를 곳곳에 배치했다. 영업주는 이익을 위해 적정한 수용 인원을 초과하는 손님의 입장을 묵인했고, 요금을 내지 않고 나갈 수 없도록 비상 출구를 막아 놓았다.

 1942년 11월 28일 토요일, 이날은 지역의 보스턴대학교와 홀리크로스대학교의 미식축구 경기가 있었다. 강팀이었던 보스턴대학교 선수들은 승리를 예상하고 이곳에서 자축 파티를 열기 위해 예약을 해두었다. 예상 밖의 패배로 파티는 무산되었지만 그럼에도 불구하고 미국의 2차 세계대전 참전 이후 첫 추수감사절 주말이던 그날, 코코넛 그로브는 수용 가능한 인원의 두 배 이상인 천 명이 넘는 인파로 북적였다.

야자수 장식의 잎에서 시작된 불은 당시 냉방을 위해 에어컨 냉매로 썼던 가연성 기체 염화메틸을 연료로 삼아 성장하고 퍼져서 5분여 만에 클럽 전체를 화재의 영향권으로 만들어 버렸다. 실내는 어둡고 연기로 가득 차 있었고, 사람들이 밖으로 가기 위해 반드시 거쳐야 했던 주 출입구의 문은 여러 사람이 동시에 나갈 수 없는 회전문이었다. 게다가 입구 주변에는 시체가 쌓여 회전문의 작동을 막았다. 유리창은 나무판자로 덧대어 있어서 유리를 깨도 나갈 수 없었으며, 안으로 열리는 문은 밀려드는 인파에 떠밀린 사람들로 인해 열 수가 없었다.

소방관들이 도착했을 때는 이미 한쪽 출입구에는 200명가량이, 다른 쪽 출입구에는 100여 명가량이 뒤엉켜 쓰러져 있었다. 사상자는 보스턴 시립 병원과 매사추세츠 병원으로 옮겨졌다. 결국 492명이 사망한 이 사고는 이로쿼이 화재에 이어 단일 건물에서 사망자가 많이 발생한 두 번째 화재 사건으로 기록에 남았다.

유도 표지의 의무화

사고 이후 매사추세츠주 당국은 공용 시설물의 화재 안전에 대한 대대적인 규제를 만들었다. 가연성 실내 장식물의 사용과 안쪽 방향으로 열리는 출구는 금지되었고, 회전문 방식의 출구에는 다른 방식으로 열 수 있는 별도의 출구를 두도록 했다. 또 비상구는 항상 열 수 있도록 유지하는 것이 의무화되었다.

모든 출구에는 내부에 있는 사람이 출구 표지판을 항상 식별할 수 있도록 별도의 전원으로 전구를 밝혀 표지를 비추는 유도 표지를 설치하도록 했다. 매사추세츠주의 사후 조치는 다른 주로 퍼져 나갔고 이후 코코넛 그로브와 유사한 미국 전역의 유흥업소나 은행, 음식점 등 공용으로 사용하는 건물의 제한 사항을 정하는 기준이 되었다.

와인코프 호텔 화재

1913년에 건축된 조지아주 애틀랜타의 와인코프Winecoff 호텔은 가로 세로 약 20미터 정사각형 모양의 좁은 부지에 세워진 15층짜리 건물이었다. 이 건물 3층에서 15층까지는 한 층에 15개의 객실이 있었다. 호텔은 광고 전단지에 이로쿼이 극장처럼 '절대적인 화재 방어'를 내세웠다. 하지만 당시의 건축 규제에는 소방과 관련해 건축물의 층과 상관없이 부지 면적을 기준으로만 내부 계단의 개수를 정하던 허점이 있었다.

건축물의 층별 바닥 면적이 5000평방피트(460제곱미터) 이상이라면 건물 안에 복수의 내부 계단을 설치해야 한다. 하지만 면적이 그 이하라면 계단이 몇 층까지 이어지든 관계없이 건물 안 계단은 한 개만 있어도 무방했다. 규정의 빈틈을 이용한 이 호텔은 좁은 부지에 객실 수를 최대한 확보하고자 내부에는 'H'자 모양의 복도를 두고, 각 복도의 끝에는 엘리베이터 2대와 계단 한 개만 두었다.

이 호텔은 계단 문제를 제외하고 화재 방어와 관련해 당시 사람들이 생각하는 절대적인 화재 방어에 걸맞게 지었다. 건물을 지탱하는 철골 구조물은 콘크리트와 내화재로 피복되어 있었고, 호텔 프런트에는 공공 소방대와 연결된 화재경보 시스템을 갖추고 있었다. 또 소방호스를 연결할 수 있는 스탠드 파이프가 있었고, 건물 주변 두 블록이 안 되는 거리에 사다리차 2대를 포함한 네 개의 소방대가 있었다.

ⓒ Arnold Hardy/CC 0

화염을 피해 창문 밖으로 뛰어내리는 사람. 1947년 풀리처상 수상작.

그러나 실상은 달랐다. 복도는 가연성 도료로 칠해져 있었고 복도와 객실 사이 문과 계단실의 문은 목재였으며 스프링클러 설비는 없었다. 3층에서 시작된 불은 늦게 발견되었고 수동으로 울리는 화재경보기는 먹통이었다. 불이 호텔 안에서 커지는 동안 투숙객은 잠들어 있었고, 소방대는 뒤늦게 전화 신고를 받고서야 화재 사실을 인지했다. 불행하게도 투숙객은 그보다 늦게 사람들의 비명을 듣고서야 화재가 발생한 사실을 알 수 있었다. 대피가 시작되며 투숙객은 문을 열어 놓은 채 객실을 나갔다. 열려 있는 객실로 들어온 풍부한 산소가 복도와 객실 사이 창문인 트랜섬transom을 지나 내부에서 번져 나가는 화재로 공급되었다.

결국 최상부의 두 개 층을 제외한 건물 전체가 화재로 불타는 동안 객실에 있던 많은 수의 투숙객은 층 사이를 연결해 지상으로 통하는 한 개밖에 없는 계단에 접근조차 하지 못하고 뜨거운 화염을 피해 창 밖으로 뛰어내렸다. 이 화재로 119명이 희생되었다.

사고 후 트루먼 대통령의 지시로 개최된 전국적인 규모의 회의 결과 화재로 인한 인명 피해를 줄이기 위해 연기와 화염을 막는 대피로가 필요하다는 결론이 도출되고 1947년 연방법의 개정으로 이어졌다.

와인코프 호텔이 주장한 절대적인 화재 방어 문구는 거짓이 아니었다. 다만 그 문구를 이루고 있던 요소 중 내화 구조는 화재로부터 건물의 붕괴나 파손의 가능성을 따지는 화재보험의 보험료를 낮추는 요건이었을 뿐 사람을 보호할 수는 없음이 확인되었다.

화재 공학과 건축 자재 규제

이 화재를 조사하는 과정에서 나온 증언과 흔적을 통해 화재의 양상이 밝혀졌다. 화염의 복사열로 온도가 아주 뜨거워질 때 실내의 모든 가연물이 열분해를 해서 화재에 관여함으로써 화재가 가속화되었다는 결과가 나왔다. 바로 오늘날 플래시오버flashover라고 부르는 현상을 인식하기 시작한 것이다. 이는 조건에 따라 화재가 질적으로 달라질 수 있다는 점을 부각해 소방 분야에서 화재 현상을 구분하게 되는 변화를 불러왔다. 이 변화에 따라 UL에서는 실내 마감재 등 재료의 상대적 가연성과 그 위험성을 나누어 등급을 분류하기 시작했다.

인명 보호로까지 확장된 방화의 목적

NFPA 인명안전위원회

비극적인 트라이앵글 셔츠웨이스트 화재 사고를 조사한 결과 공장 소유주가 안전 규정을 무시하고 출구를 잠근 사실이 드러나며 공분을 불러일으켰다. 사람들은 사회적 약자인 이주 노동자가 처한 열악한 노동 환경에 관심을 가졌고, 그 관심은 무시당하던 노동자의 기본적 권리 신장을 요구하는 것으로 이어졌다. 노동 환경 개혁에 대한 대중의 요구로 뉴욕 당국은 공장 근로자의 안전을 위해 수십 개의 법률을 제정했다.

소방과 관련해서 이로쿼이 화재와 셔츠웨이스트 사고는 건축물 자체와 그 안의 물건을 보호하는 방화의 목적이 건축물 안에 있는 인명 보호로까지 확장하는 계기가 되었다. 미국방화협회 NFPA에서는 화재 안전 기준의 목적을 '화재로부터 건물을 보호하는 것'에서 '사람을 보호하는 것'으로 확장되었음을 천명하며 인명안전위원회 Committee on Safety to Life를 구성해 구체적인 기준 개정을 시작했다.

유도 표지

NFPA의 인명안전위원회는 1913년 건물 탈출 코드building exits code의 발표를 시작으로 같은 해 인명 안전 코드life safety code인 NFPA 101을 제정했다. 건물 탈출 코드는 비상시 건물 내 재실자의 안전을 목표로 건물의 규모와 용도에 따라 필요한 출구 수, 출구의 위치와 유형, 너비와 높이 등의 규격, 출구의 조명을 포함해 광범위한 사항을 규정했다. 인명 안전 코드는 그보다 더 광범위하게 건물과 구조물의 설계, 건축, 유지 보수 등 포괄적인 기준과 표준을 정했다.

1930년대와 1940년대를 거치며 NFPA에서 건물의 화재 방호와 인명 안전에 관한 사무를 담당하던 로버트 솔로몬Robert Solomon은 사람들 눈에 잘 띄는 색상의 대조와 여러 크기, 글씨체, 글씨

ⓒ Gazebo/CC BY SA
삼중수소가 유리관에 충돌할 때의 빛을 이용한 출구 표지판.

폭 등을 실험해 적색의 굵은 문자로 'EXIT'라고 표시한 '비상 출구 표지판'에 대한 기준을 만들었다. 이후 이 기준은 미 전역의 여러 주 및 지방 정부에 의해 채택되었다.

우리나라에서 발생한 화재와 비상 통로

대연각 호텔 화재

와인코프 화재가 일어나고 58년 뒤인 1971년에 우리나라에도 이와 꼭 닮은 대형 화재 사고가 발생했다. 1971년 12월 25일 오전, 서울 충무로에 위치한 대연각 호텔 1층에서 화재가 시작되어 실종자를 포함해 191명이 희생된 사건이다.

충무로는 서울에 사람이 많이 몰리자 자연스레 생긴 번화가 중 하나로, 일제 시대인 1926년에 우리나라 최초의 백화점 중 하나인 히라타 백화점이 개장한 곳이기도 하다. 히라타 백화점은 지금의 백화점이라기보다는 대형 할인 마트 같은 곳으로 일상용품이나 식료품을 대량으로 판매했다. 일제가 패망한 후 주인을 잃은 히라타 백화점이 허물어지고 1946년 그 자리에 백화점과 유사한 용도의 서울만물전이 들어섰다. 하지만 이듬해 화재가 발생해 안에 있던 상품과 건물 전체가 불타 버렸다. 이후 그 자리는 사람들이 판잣집을 지어 거주하다가 6.25 전쟁이 끝나고 나서 유흥 용도의 건물인 고미파 카바레가 가건물로 들어섰고, 그 역시 1959년 화재가 나서 전소했다. 1967년부터는 극동건설이 목이 좋은 그 자리에 대연각 빌딩을 건축했다.

대연각 호텔은 팽창하던 서울 도심에 급속도로 들어서던 고층 건물 중 하나로 지하층이 있는 21층 높이의 건물이었다. 당시로서는 초고층 건축물로 철근콘크리트조 슬라브 지붕 양식으로 지어졌고 와인코프 호텔처럼 내화 구조 건물이었다.

건축물은 위에서 볼 때는 'ㄴ' 자처럼 생겼다. 둘로 분리되어 건물 서쪽은 회사의 사무실이나 은행 등으로 사용했고, 동쪽의 6층부터 20층까지는 224개의 객실이 있는 호텔로 쓰였다. 건물의 호텔 쪽 1, 2층은 상가 점포, 3층은 바와 식당, 4층은 연회장, 5층에는 냉난방을 위한 기계 시설이 있었고 꼭대기인 21층은 나이트클럽이 있었다.

1962년 처음 제정된 건축법에서는 건축물의 용도와 거실 바닥 면적의 크기에 따라 최소한의 복도 폭을 확보하도록 했다. 호텔 등 숙박 시설에서 침실 용도인 거실과 면한 복도는 다른 용도로 사용하는 건물과 다르게 복도의 길이도 법에 의해 결정되었다. 호텔 용도의 건물은 주요 구조부가 내화 구조인지 불연재인지에 따라 보행 거리의 최대 길이가 달라지는데, 보행 거리의 최대 길이 안에는 다른 층으로 갈 수 있는 직통 계단이 있어야 했다. 대연각 호텔 건물은 1969년에 이미 완공되었지만 이런 건축법상의 요건을 충족하지 못해 완공 검사를 받지 못하다가 화재 한 달 전, 건축법이 다소 완화되자 검사를 마쳤다. 지하 주차장에는 수동식 개방형 스프링클러가 설치되어 있었지만 나머지 부분에는 스프링클러 설비가 없었다. 사무실과 호텔 부분에는 연결 송수관과 22층의 수조, 지하에 있는 펌프의 힘으로 물을 뿜는 옥내 소화전이 있어서 사무실 쪽은 계단 근처, 호텔에는 각 층 복도에 소화전 함이 설치되어 있었다.

대연각 호텔도 와인코프 호텔처럼 소방대가 가까이 있었다. 약 1

킬로미터 근처 소방차로 2분 거리에 서울 중부소방서가 있었다. 당시 공공 소방대는 6.25 후 미군의 잉여 장비를 사용하고 있었는데, 31미터 길이의 사다리차 한 대와 15미터 사다리차를 포함해서 소방차 세 대를 보유하고 있었다. 하지만 서울시에는 소화전 시설이 부족해 화재 진압은 소방차에 실려 있는 3800리터 남짓의 물에 의존하던 실정이어서 대연각 화재의 규모에는 충분하지 않았다.

호텔의 로비, 식당, 복도, 객실 등 내부의 바닥 대부분은 불에 잘 타는 카펫이 깔려 있었고 볏짚과 한지로 도배되어 있었다. 건물 자체는 콘크리트였지만 내부 구획은 합판을 이용했다.

건물 내부에는 호텔 쪽과 사무실 쪽에 각각 내부 계단이 한 개 있었고, 사무실 쪽에서 호텔에 있는 계단으로 들어갈 때 통하는 문은 철제로 되어 있고 비상구 유도 표지가 설치되어 있었다. 각 용도 간 수평 방화 구획을 위해 사무실 쪽과 호텔로 가는 계단 사이에는 철제문이 있었지만, 다수의 층은 호텔 내부에서 계단실로 통하는 자동 닫힘 장치가 적용된 목재 문으로 되어 있었다. 고층 건물임에도 옥외 비상 계단이 없었던 것이다. 결국 대연각은 와인코프 호텔처럼 각 층과 층 사이 수직으로 화재가 확산되는 것을 막을 장치가 없었고, 퇴로가 막힐 경우 옥상으로 대피한 사람을 구조할 방법이 없었다.

성탄절이 토요일이라서 주 6일 근무를 하던 당시로서는 흔치 않은 연말 연휴였다. 사고가 난 성탄절 오전은 서울의 가장 큰 번화가였던 명동에서 금요일을 보낸 사람들이 쉬고 있을 시간이었다.

화재는 오전 10시를 전후해서 로비층의 커피숍에 있는 가스 화덕에서 시작한 것으로 추정된다. 당시는 가스 취급도 사용자 마음대로여서 옥내에서 가스 용기를 사용하는 것이 일반적이었다. 가스로 인

ⓒ 서울특별시 소방재난본부/CC BY SA
대연각 호텔 화재.

한 화재는 확산 속도가 굉장히 빨라서 로비 전체의 가연물로 순식간에 번졌다. 3층, 4층까지 화재가 확대된 시점부터 건물 전체에 연기가 가득 찼고, 목재 문은 화재가 번지는 것을 막는 데 무용지물이었다. 계단실과 엘리베이터 샤프트는 화재와 연기를 상층으로 확산시키는 데 한몫했다. 냉난방과 화재 시 연기 배출을 위해 설치된 덕트들도 마찬가지였다.

소방차 40여 대, 소방대원 600여 명, 경찰과 군인 800여 명, 헬리콥터 8대가 동원되었지만 7층 정도가 한계인 고가 사다리차는 그 위층에 있는 사람들에게 닿지 않았다. 퇴로가 막힌 고층 객실 창문으로 살려 달라는 처절한 구조 요청과 화기火氣를 피해 사람이 뛰어내리는 광경이 TV 생중계를 통해 전국으로 전파되었다.

하지만 변변한 개인 보호 장비도 없는 소방관은 진입조차 불가능했고, 헬리포트가 없어 옥상으로 대원을 투입하거나 안전하게 구조 활동을 할 수도 없었다. 바람이 심하고 화재로 인한 상승 기류 탓에 공중에서 헬리콥터를 이용한 구조는 위험하고 여의치 않은 상황이었다. 진압과 구조에 아무런 손을 쓸 수 없자 답답하고 절박한 마음에 로프를 연결해 화살을 쏘는 방법도 동원되었지만 당연히 닿을 수 없었고 그런 방법으로는 사람을 구할 수 없었다.

서울시장, 내무부장관, 심지어 대통령까지 현장에 도착해 최대한 빨리 화재를 진압하라고 지시했지만 그런 것은 화재 진압에 아무런 도움이 되지 않았다. 화재 직전 호텔 건물에 270여 명의 사람이 있었던 것으로 추정되는데 그중 실종자를 포함해 191명이 사망했다.

사고 5일 뒤 대통령비서실은 대통령에게 내무부의 화재 예방 대책을 첨부한 〈소방대책 계획 보고〉를 상신했다. 이 보고서에는 전국의 4층 이상 건물 3406개소, 50인 이상 거주 건물 1만 2015개소에 대해 구조 설비, 피난 시설, 전기 시설 등 화재 예방을 위한 진단을 할 것과 시설 촉진에 관한 계획이 담겨 있었다.

실태 파악 후 1972년에 나온 〈소방제도 개선방안 보고〉에서 40여 가지의 세부 개선 사항이 대통령에게 보고되었다. 결과적으로 대연각 호텔 화재 사고 후 개념조차 없었던 방화 시스템이 의무화되었다. 일정 규모 이상의 건물에는 스프링클러 설비를 마련해야 했고, 일정 층 이상의 건물에는 헬기 착륙장을 설치해야 했다.

화재가 난 뒤 과거 대연각 호텔 자리에 있었던 서울만물전과 고미파 카바레에서도 큰불이 났던 일 때문에 터가 화재를 부르는 자리라는 등 크게 불태운다는 뜻의 大然閣이라는 이름을 잘못 지어서라는 등 흉흉한 소문이 떠돌았다. 하지만 다른 나라의 사례에서도 볼 수 있듯이 도시에 인구가 밀집됨에 따라 유동 인구가 많은 장소에 백화점이나 호텔 같은 건물이 생기는 것은 당연하고, 대형 건물일수록 화재 대비를 철저히 하지 않으면 인

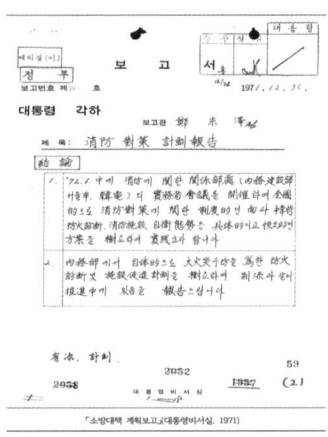

ⓒ 대통령기록관 누리집

대연각 화재 5일 뒤 대통령에게 상신된 소방대책 계획 보고.

명 피해가 클 수밖에 없다. 대연각 호텔 화재에서 인명 피해가 많았던 이유는 경제 발전의 가치를 최우선으로 하던 시대에 인명을 중시하는 안전 의식이 뒷전으로 밀려난 탓이 가장 크다.

그 증거로 1984년 발생한 부산 대아관광호텔 화재를 들 수 있다. 대연각 화재의 교훈으로 개선된 방화 대책이 적용되었지만 비슷한 원인에 의해 인명 피해가 컸다. 이 화재에서는 스프링클러가 전혀 작동하지 않았고, 호텔 내장재는 방염 성능이 없는 가연성으로 만들어졌으며, 경보 설비와 유도등도 제 역할을 하지 못했다. 또 건물 내 비상구 출입문 중 다수가 잠겨 있었다.

화재의 원인도 유사했다. 4층에 있던 헬스클럽의 점원은 난방용 석유난로에 연료가 떨어지자 번거롭다는 이유로 난로를 끄지도 않고 등유를 채워 넣다가 넘친 등유에서 화재가 시작되었다. 제도가 정비되어도 사회가 이를 받아들이지 못한다면 사고를 막는 데 한계가 있다는 사실은 최근까지 연이어 발생한 대형 사고를 통해 명확히 확인할 수 있다. 국가, 호텔 등을 건축한 사람들만 여기에 책임이 있다고 할 수는 없다.

'99 인천 인현동 화재 참사

코코넛 그로브 화재와 같은 문제를 공유한 화재 사고도 있었다. 1999년 10월 30일 토요일 오후 19시경, 인천의 번화가였던 인현동 라이브2라는 상호의 술집에서 화재가 발생해 56명이 사망하고 78명이 부상했다. 당시는 미성년자 음주 금지가 지금과는 다르게 인식되던 시절이었다.

학교가 몰려 있던 인현동은 고등학생이 모여 교복을 입고도 음주를 할 수 있는 술집이 많은 유흥가였다. 이 때문에 학생이 술을 마신 것과 피해 사실을 연결해서 비난하는 사람들이 있지만 학생이 술을 마신 것과 화재로 피해를 입은 것은 아무 상관이 없다. 설령 술을 마신 일이 위법하다 해도 그런 사고를 당하는 이유가 될 수는 없다.

사고가 난 때는 시험이 끝나고 학교 축제가 많았던 기간이어서 인현동 거리에는 사람이 많았다. 사고가 난 건물은 지하에는 노래방, 1층은 고기를 팔던 일반음식점, 2층에 라이브2호프, 3층은 당구장, 4층은 소유주가 주거용으로 사용하는 옥탑이었다.

당시는 노래방을 영화 〈에일리언〉이나 스타크래프트 게임의 저그처럼 그로테스크한 이미지로 꾸미는 것이 유행했다. 보통 광택이 있는 어두운 색으로 외계인의 둥지나 알 등을 표현했다. 복잡한 형상의 외피는 플라스틱 소재인 FRP로 조형하고 그 내부를 우레탄 폼으로 충진해 고정하고 페인트로 도색하는 것이었다. 하나같이 화재에 아주 취약한 소재였다. 이 건물의 노래방도 이 같은 유행에 따라 내부 인테리어 공사를 하던 중이었다.

노래방 아르바이트생의 부주의에서 시작된 화재는 급속도로 번졌고, 한 개밖에 없던 건물 내부 계단으로 많은 양의 유독한 연기가 위층으로 올라갔다. 지면과 접한 음식점에서는 바로 대피할 수 있었고, 3층 당구장에서는 지상으로 가는 계단은 사용할 수 없었지만 외부로 나 있는 통유리창을 깨고 뛰어내릴 수 있었다. 비록 부상자는 발생했지만 사망자는 없었다. 문제는 2층 라이브2호프였다.

라이브2호프는 1999년 3월 안전과 관련한 기준 미달로 영업장을 사용할 수 없는 상태였지만 인수한 업주가 무허가로 영업을 하던 중

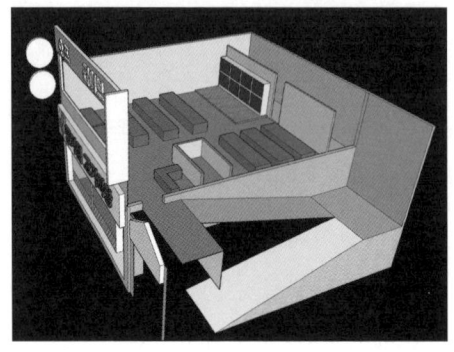
ⓒ 송병준
라이브호프 내부 3D 모델. 주 출입구가 하나밖에 없다.

이었다. 원래는 전체 면적이 56평으로 무대부가 있는 단란주점 구조였지만, 주 고객인 중고등학생을 최대한 많이 수용할 수 있도록 테이블과 의자를 빽빽하게 배치한 상태였다. 3층의 당구장처럼 도로면 방향으로 통유리창이 있었지만 햇빛을 가리기 위해 석고보드로 막아 놓았다. 영업장 내부와 바깥 공기가 드나들 수 있는 개구부는 주 출입구와 복도처럼 생긴 좁은 주방에 작은 환기구가 전부였다. 게다가 출구를 가리켜야 할 비상구 유도등은 출구가 없는 화장실을 가리키고 있었다.

업소를 채우고 있던 100여 명의 청소년이 화재를 인지한 후 나가려 했지만 유일한 출입구와 붙어 있던 카운터에서 종업원이 돈을 내고 나가라며 제지한 탓에 대피가 늦어졌다. 결국 연기가 심해져 지상으로 나가려고 주 출입구를 열었을 때 계단실은 사람이 나갈 수 있는 상황이 아니었다. 깨끗한 공기를 찾으려던 56명의 청소년 중 상당수는 주방의 자그마한 환기구 방향으로 층층이 쌓인 채 사망했다.

사고는 지역 사회에 큰 상흔을 남겼다. 해당 사고로 인해 인천 청소년의 상권은 동인천에서 주안역, 구월동으로 이동했다. 비슷한 시기 인천에서 고등학교를 다니던 이들은 갑자기 등교를 하지 않는 친구의 자리에 국화꽃이 놓여 있던 기억을 공유하고 있다. 이후 사고 장소 북쪽 거리에는 인천학생교육문화회관이 건립되었다. 인현동 화재 참사로 청소년이 유해 환경에 노출된 사회적 현상에 대한 처방으로 청소년에게 건전한 놀이 문화를 제공하기 위한 용도였다. 문화회관 한편에는 희생자들의 위령비가 있다.

불법을 자행해 피해를 키운 영업주는 5년 실형 복역 후 복음 성가 가수가 되었다. 사고 희생자 중 학생 한 명은 해당 업소의 아르바이트생이라는 이유로 보상을 받지 못했고 유가족은 장례 비용에 대한 청구를 받았다. 일각에서는 이 같은 조치에 대해 피해 청소년에게 불량 청소년이라는 오명을 씌우고 아르바이트를 했다는 이유로 보상을 하지 않음으로써 피해자와 유가족을 외면했다는 비판을 했다.

참사에 대한 국가의 대응은 전형적이었다. 조각나 있던 사고의 책임은 관공서의 사무 분장과 담당자들의 직위에 따라 책임이 전가되었고 분노의 여론은 잘라진 꼬리의 말단에 집중되었다. 결국 책임 있는 사람들은 다시 한 번 기회를 얻었고, 정작 보호받아야 할 청소년들에게는 그런 기회가 주어지지 않았다.

남동공단 세일전자 화재

트라이앵글 셔츠웨이스트 화재 사건에서 지적된 문제점과 유사한 화재도 있었다. 2018년 8월 21일 인천 남동공단에 소재한 세일전자에서 화재가 발생해 아홉 명이 사망하고 여섯 명이 부상을 입는 사고가 있었다. 잦은 오작동을 하던 자동화재탐지설비는 경비에 의해 경보를 발할 수 없도록 조작된 상태였고, 스프링클러 설비는 정상적으로 작동하지 않았다. 가장 흡사한 것은 작업자의 안전이 고려되지 않은 작업 환경이었다.

트라이앵글 셔츠웨이스트처럼 출입구가 막혀 있지는 않았지만, 작업자들이 유사시 지상으로 나가려면 거쳐야 하는 경로에는 제조에 필요한 물질이 적재되어 있었다. 해당 물질의 상당수는 법에 의해 별도의 장소에 보관해야 하는 것이었다.

화재 등 유사시 공장 내부에서 바깥으로 나가는 통로는 재실자의 생존을 위해 가장 중요한 구조물이다. 화재가 나면 연기가 많이 발생해 시야를 가리고 항상 비추던 조명이 꺼질 수도 있어서 일상적으로 통로를 다닐 때와는 완전히 다른 상황이다. 그 중요한 피난 경로에 물건이, 그것도 인화성이 강하거나 독성이 강한 물건이 적재되어 있었다는 사실은 화재 가능성을 전혀 고려하지 않았다는 것이고 문을 잠근 것이나 마찬가지였다.

지금도 운영 중인 많은 수의 영세한 공장이 과연 세일전자나 셔츠 웨이스트 공장과 얼마나 사정이 다를까 하는 의문이 든다.

4장

유도등, EXIT, 出口标志

일본 유도등의 변천

녹색 유도등의 유래

우리나라와 일본의 유도 표지, 유도등의 상징 색상이 녹색인 것과 달리 미국은 굵게 표기된 EXIT라는 단어의 상징 색상은 적색이다. 이것은 소방 시설을 먼저 받아들이고 독자적으로 개발한 일본에 의해 시작되었다. 여기서는 우리나라의 유도등이 현재의 모습으로 이어져 온 과정을 살펴보자.

화재 등 재난 상황이 발생하면 건축물 안은 여러 원인으로 전기 공급이 끊길 가능성이 높고, 이에 따라 전기 조명도 사용할 수 없을 개연성이 크다. 조명이 없는 건축물 내부는 대낮에도 생각보다 어두워 건축물 안에서 대피해야 하는 사람은 갑자기 컴컴한 환경에 놓일 가능성이 크다. 이 때문에 피난 기능을 위한 유도 표식에는 일상적 전원이 없어도 작동할 수 있는 별도의 등 기구나 자체 발광을 하는 기능이 반드시 필요하다. 형광등이 발명되기 전 초기의 유도 표지는 건축물의 주 전원과는 달리 별도의 전원과 연결된 백열등 같은 등 기구를 금속 표지 주변에 배치해 간접 조명으로 표지를 비췄다.

금속 표지를 전기 등으로 비추는 방식의 미국 유도등은 정확한 기원을 찾을 수 없으나 전기, 상수도 등 서양의 도시 기반 시설과 건축 양식을 받아들인 다이쇼 시대나 미 군정기에 일본에 들어온 것으로 추정한다. 도입된 지 얼마 안 된 유도등은 20여 년이 지나 녹색을 띠게 되었다.

1978년 일본화재학회에 수록된 〈유도등 녹색의 유래誘導灯緑色由来〉라는 글에 따르면, 1935년 일본 민방위 기구인 방공위장防空偽裝의 비상구 표식 색상에 관한 기초 실험 결과 유도등에 녹색이 선정되었다. 사회 통념상 적색은 위험, 녹색은 안전을 의미하므로 비상시 안전한 곳으로 이끄는 비상구의 유도 표식에는 녹색이 무난하다는 것을 근거로 들었다.

이런 배경 속에서 2차 세계대전 직후 최초로 일본 동경 소방서가 비상구 표식에 녹색 등을 사용하기로 정했다. 같은 해인 1978년도에 발행된 《일본 사인·디자인 연감》에도 비상구 표식 색상이 녹색으로 선정된 이유를 녹색이 안전함을 의미하는 보편적 인식에 근거한다고 기록되어 있다. 또 《일본 사인·디자인 연감》에는 비상구 표식의 제작 과정에 디자인 관계자의 참여가 배제된 채 전기 기술 관계자의 주도로 초기 디자인이 이루어졌다고 밝혔다. 그 때문에 비상구 표지의 기능은 화재가 날 경우 사람의 피난을 유도하는 기능보다는 거주자가 평상시에 그 위치를 확인하고 지각하기 위한 표식의 기능에 머물렀다고 평했다.

형광등 유도등

1857년 프랑스 물리학자 알렉산더 베크렐Alexandre E. Becquerel이 에디슨의 백열전구보다 앞서 방전 과정에서 발생하는 자외선을 형광물질에 투사해 빛을 얻는 원리의 형광등을 발명했다. 이 발명은 1938년에야 제너럴일렉트릭에 의해 특허를 취득하고 실용화되었다. 백열등에 비해 밝고 수명이 긴 형광등은 짧은 시간에 전 세계로 퍼져 나갔다.

1950년대 독일 바이엘사가 개발한 폴리카보네이트를 시작으로 투명 플라스틱이 등장하고 민간에서 부담 없이 사용할 수 있는 수준이 되면서, 외부 등이 표지를 간접적으로 비추는 기존의 유도등 방식이 내부의 형광등 등화가 발한 불빛이 반투명 유도 표지를 투과하여 발광하는 방식으로 변화했다.

비상구 픽토그램

1972년 5월 13일, 일본 오사카에 소재한 센니치 백화점에서 118명이 사망하고 78명이 부상한 화재 사고가 발생했다. 이듬해인 1973년 11월 29일에는 구마모토현의 다이요 백화점에서 103명이 사망하고 120명이 부상한 유사한 화재 사고가 다시 일어났다.

두 가지 화재 사고를 조사한 결과 다수의 사망자가 발생한 원인 중 하나로 비상구를 가리키는 피난 유도 표지가 연기 속에서 그 기능을 하지 못했다는 점이 지적되었다. 이 문제는 소방 관계자에 의해 국회에 제의되었다. 그에 따라 일본 소방청은 '非常口'라는 문자의 크기를 확대해 부착하는 것을 내용으로 당시의 소방법을 개정했다.

그러나 한자로 된 문자 기호인 非常口는 표지와의 거리나 시력에 따라 획이 겹쳐 보이거나 옅은 연기에서도 문자를 식별할 수 없는 등 문자가 의미하는 정보 전달이 일관되지 않은 문제가 있었다. 또 한문을 모르는 어린이와 외국인이 단번에 이해하기 어렵다는 점도 재차 지적되었다. 비상구라는 문자의 의미를 생각할 때 문자 형태를 크게 하면 할수록 표지 자체에서 위압감과 불안감이 형성될 수 있어서 여관이나 병원같이 거주자의 안정된 상태를 목적으로 하는 공간이나 상업적 공간에 적합하지 않다는 의견도 제시되었다.

이처럼 문자 기호와 차별화된 직관적 정보를 제공할 수 있는 비상구 표식의 필요성이 제기됨에 따라 일본 소방설비안전센터 방재시스템 연구위원회의 피난유도시스템 분과위원회는 일본 소방청 및 일본 조명협회와 협력해 새로운 비상구 디자인을 위해 공모를 실시했다. 공모 결과 3337점의 디자인 안이 나왔는데 주최 측은 이들 중 4점을 선정해 결정하기로 했다. 4점 중 코타니마츠 토시후미小谷松敏文가 제출한 작품이 최종 선정되었고, 일본 디자인학회장을 역임한 오타 유키오太田幸夫가 이 픽토그램을 부분적으로 수정했다.

오타 유키오는 자신의 저서에서 운동선수의 움직임을 관찰하여 픽토그램 속 사람의 다리 각도를 좁혀 보다 안정감을 부여하고, 무게 중심이 치우쳐 있어 밖으로 나가고 있다는 인상을 주지 못했던 느낌을 팔의 각도와 다리의 끝 선을 날카롭게 변화시키고 좌측의 발을 지면에서 떨어뜨려 역동적으로 바꿨다고 회고했다. 유키오가 수정한 픽토그램은 이후 비상구 그림의 형태, 공간과의 조화에 대해 자문과 실험을 거치며 비상구 픽토그램 안으로 최종 결정되었다. 1982년 일본 소방청은 이 안을 표준으로 채택했다.

국제 표준의 채택

공모전의 주최 측은 일본 소방청에 의해 채택되기 전 이런 과정을 거쳐 나온 비상구 픽토그램을 국제 표준으로 정하고자 1980년 5월 국제표준화기구(ISO) 사무국에 결과물을 제출했다. 그런데 ISO 사무국은 이미 수년 전 여러 국가에서 제출한 비상구 표지를 선정하는 중이었고, 그중 소련이 제출한 출구 유도등의 픽토그램을 잠정적인 ISO 안으로 정하고 검토 과정을 거치던 중이었다.

두 나라가 각각 독자적으로 만든 비상구 표식 표준안은 형태상 거의 동일한 수준으로 우열을 가리기 힘들었다. 일본은 소련 안과 일본 안 두 가지 표지를 일반 조명 아래, 미세 연기 속 등 여러 상황에서 가시성과 외관을 비교하는 실험을 실시하고 일본의 안이 우수하다고 입증된 결과물을 ISO 사무국에 제출했다. 그 결과 ISO 사무국은 기존에 결정된 소련의 안과 일본의 안을 포함하여 재검토를 결정했다.

표준안 채택이 확정적이었던 소련은 일본 정부에 항의문을 전달했고, 이에 일본 신문 매체는 유도등의 "日-蘇 대결"이라고 보도하는 등 비상구 표식의 국제 표준 채택을 둘러싸고 소련과 일본의 안이 치열한 경쟁을 벌였다. 국제 표준의 심의를 위해 ISO 사무국 주관으로 세 차례에 걸쳐 실무회의가 있었고, 세 번째 열린 1982년 4월 ISO 런

출처: https://www.slate.com/articles/life/signs/2010/03/the_big_red_word_vs_the_little_green_man.html

좌측이 일본 안, 우측이 소련이 만든 기존 ISO안.

던 회의에서 소련이 돌연 자국의 안을 취하했다. 결국 1987년 8월에 공식적으로 일본의 안이 국제 표준으로 결정되어 ISO 6309로 승인되었다.

여담으로 일본의 픽토그램 공모작을 수정했던 오타 유키오는 자신의 저서《픽토그램 이야기》에서 당시의 사건에 대해 "소련과 일본이 서로 협의한 적이 없는데도 '비상 출구'라는 것을 모두 이해할 수 있도록 시각화하는 목적"으로 만든 그림의 결과물이 매우 유사한 것은 놀라운 일이라고 언급했다. 또 "픽토그램 수정 안에서 하단의 문을 표시한 부분이 열린 형태로 되어 있는 의미에 대해, 하단을 밀폐하게 되면 그림 속 사람이 액자에 갇힌 그림처럼 객체화되고 보는 이와의 관계가 상실되며, 열린 상태로 표현하면 보는 이와 심리적으로 연결되어 달리는 사람이 자기 자신처럼 느끼게 된다"라고 픽토그램에 반영된 자신의 의도를 말하기도 했다.

우리나라 건축사와 유도등

일제의 수탈과 6.25 전쟁의 상처가 남은 우리나라는 도시를 재건하기 위한 목적으로 1958년 이승만 정부가 제정한 건설업법에 따라 계획적으로 건설사가 육성되었고, 경제 전반을 견인하는 건축 산업은 정부의 집중 투자로 빠르게 성장했다. 이후 군사정권 시기 단기간에 폭발적이고 압축적으로 경제가 성장하며 1960년대부터 도시에 현대적 건축물이 들어서기 시작했다.

이때부터 1980년대까지 건축에서 가장 중요한 가치는 건물의 단순한 기능과 속도, 경제성이었다. 복제되듯 획일적으로 세워진 건축물은 정상적인 근대화 과정을 거쳤다면 당연히 고려해야 할 건물로 인한 장기 전망, 주변과의 조화, 문화적 정체성 등을 따질 여력이 없었다. 이는 당장 일어나지 않은 안전과 관련한 문제에서도 마찬가지였다.

1960년대부터 들어선 현대적 건물에는 건물의 복도와 계단에 녹색 바탕에 흰색 글씨로 '비상구'나 'EXIT'라고 표기하거나 색이 반전되어 있는 유도 표지를 붙였다.

형광등은 1950년대 일부 부유층 가정의 조명용으로 수입되던 백열전구보다 수명이 길고 전력 소모가 적어 1960년대에 국산화되었고, 이후 정책적으로 권장되며 전국에 빠르게 보급되었다. 이에 따라 일부 건축물에서 형광등을 광원으로 하는 유도등을 사용하기 시작했다. 이때까지 유도 표지나 유도등은 제도적 의무와 상관없이 주로 건축물 자체적으로 설치된 것들이었다.

1968년 1월 15일 우리나라의 소방법 시행령이 시행되었는데, 이 법은 1961년 개정된 일본 소방법 시행령과 거의 똑같은 내용을 담고 있었다. 1968년 시행된 소방법에는 유도등과 관련해 특정 용도로 사용하는 일정 규모 이상의 건축물에는 유도등 및 유도 표지의 설치를 의무화했다. 세부적으로 유도등은 피난구, 통로, 객석용으로 구분되었고, 지하와 11층 이상에 설치하는 유도등은 정전이 발생해도 일정 시간 기능을 유지하도록 비상 전원 장치를 의무화했다.

하지만 건축물에 갑자기 적용된 소방 시설의 설치 의무는 한국의 문화와 산업, 사회 발전의 맥락과는 괴리가 있었다. 앞서 살펴보았듯이 유도 표지 같은 간단한 시설도 형상과 설치 위치 등 실제 기능을 위한 기준이 정해지기까지는 각기 다른 문화적 배경을 가진 사회에서 수많은 시행착오를 거치고 인명 피해를 겪으며 조정되는 과정이 있었다.

국가 주도로 법령에 근거한 소방 시설의 설치 의무, 기준 제정, 감독 등 소방 정책이 이루어지면서 경제성을 중시는 경향도 비교적 최근까지 이어져 왔다. 소방 시설은 실제적 기능이 고려되기보다는 법적 요건을 충족하는 선에서 최소한의 비용으로 설치하는 식이었다.

건축물은 일단 짓고 나면 오랫동안 존속하는 특성이 있어서 이와 같은 문제를 내재한 건축물이 아직도 도시의 많은 부분을 차지하고 있다. 오랜 기간 이어진 여러 문제는 우리나라에서 후진국형 화재 사고가 끊이지 않고 발생하는 원인이 되었고, 소방 산업과 제반 소방 환경이 열악해지는 데 큰 역할을 했다.

유도등의 한계

미국의 'EXIT sign'이나 중국의 '出口标志'와 달리 우리나라와 일본에서는 피난의 목적지인 출구로 향하는 설비에 '유도등誘導燈'이라는 이름을 붙였다. 이 설비는 피난 경로에 설치되는 등화 장치로 빛을 발해 출구 위치를 알려 준다. 유도등이라는 이름만 봐서는 다른 나라의 것과 차별화되어 마치 건물 안에 있는 사람을 출구까지 능동적으로 안내해 줄 것이라는 기대를 갖게 만든다. 하지만 사실 다른 나라의 설비와 구성 요소, 작동 원리, 기능 면에서 크게 다르지 않다.

적어도 등화로 사람을 유도하는 기능을 하려면 건축물의 공간과 문, 복도, 계단, 출구가 모두 유도등과 유기적인 관계가 있어서 확실한 출구 정보를 건물 내부에서 연속적으로 제시할 수 있어야 한다. 그래야만 비상 상황 시 사람들이 유도등만 의지해도 출구로 확실하게 나올 수 있고 그때 유도의 기능을 수행한다고 말할 수 있다.

하지만 급속한 경제 성장기에 지어진 우리나라 건축물 다수에 설치된 유도등은 사람이 실질적으로 피난하는 데 도움을 주는 기능에 중점을 두고 설계하고 설치된 것이 아니라, 강제적 효력이 미치는 법의 기준을 최소한 충족하고 최대한 경제성을 확보하는 지점에 맞춰 설치되었다. 소방 점검 사무를 담당할 때 현장에서 겪은 경험에 비추어 보면 아쉽게도 많은 수의 건물에서 유도등이 가리키는 방향이 다급하게 대피하는 사람이 한 번에 찾아야 할 복도나 계단, 출구와 부합하지 않는 경우가 너무도 많았다.

기준은 현실을 정확히 반영하지 않았고, 현실은 기준이 제시하는 취지를 달성하기엔 너무 열악했다. 여기서 더 큰 문제는 이런 상황이 아직도 현재 진행형이란 사실이다. 사회의 안전이라는 궁극적 목적을 실현하기 위해서는 현시점에서 건축물뿐 아니라 강제성을 띠는 규제가 사회와 산업의 변화에 부합하는지 원점에서 다시 살펴볼 필요가 있다.

유도등의 색과 기호

유도등의 색

유도등에 녹색을 사용한 근거로 다음 두 가지를 많은 글에서 소개한다. 첫 번째는 녹색에 대한 사회의 통념이 안전을 의미한다는 주장이다. 1930년대 일본에서 녹색을 유도등의 기준 색으로 정한 주장과 같은 맥락이다. 두 번째는 인간의 시감각 특성이 밝을 때는 빨간색이 잘 보이지만 어두운 곳에서는 녹색에 민감하다는 주장이다. 인간의 시감각에 관여하는 간상세포가 녹색의 파장 대역인 500나노미터일 때 가장 민감하다는 이른바 퍼킨제 효과 Purkinje Effect 때문에 녹색의 유도등이 적합하다는 이야기다. 이것이 야간이나 연기가 자욱해도 녹색을 식별할 수 있는 과학적 근거로 쓰이고 있다.

하지만 실제 경험해 보면 화재 현장은 연기, 열, 빛, 정전 등 여러 요인으로 인한 양과 질을 정할 수 없는 위험하고 변화무쌍한 환경이다. 이러한 실제 화재 환경을 감안하지 않고 단순히 어두운 상황만 가정한 점과 색상 이외의 다른 조건에 의해서도 달라질 수 있는 시감

색상 팔레트

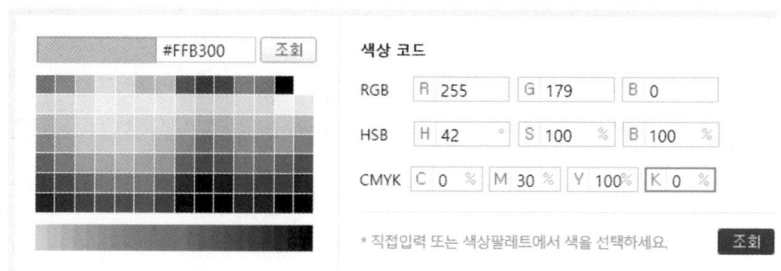

출처: 네이버 색상팔레트 캡처

실험 결과 제시한 시인성이 높은 색상.

각의 단편적 정보만을 바탕으로 한 점에서 이 근거는 불완전하다고 할 수 있다. 이런 관점에서 적어도 유도등 색상의 민감도 실험은 평상시나 어두운 상황, 연기가 있는 상황 등 화재를 모사한 여러 경우에도 잘 보이는 일반성을 충족해야 한다.

이와 관련한 실험으로 2019년 2월 동의대학교 산학협력단에서 제출한 〈지하철역 화재에 의한 재난 발생 시 시인성視認性이 높은 피난유도사인시스템 개발 최종보고서〉 내용 중 연기 속 색상의 투과성 실험 결과를 보자.

연기의 유무, 발광원과 측정 도구의 거리 등 여러 실험 조건하에서 가장 명도가 높고 시인성이 좋은 색상은 노랑 계열이었다. 또 빨강 계열의 색상이 적절히 포함될 때 연기 속에서 휘도輝度가 높은 것으로 나타났다. 2005년 일본의 대학교 부설 '광화상계측' 센터에서 실시한 실험인 〈연기의 농도 차이에 의한 色光의 차이〉에서도 연기 속에서 10분 후 인식되는 색의 순서는 노란색, 오렌지색, 녹색, 빨간색, 파란색 순으로 보인다는 결과를 제시했다.

유도 방식의 문제점

우리나라 유도등 설치 기준의 근거인 국제 표준에서 정한 출구 유도등 픽토그램 속 사람의 도안은 출구를 향해 왼쪽이나 오른쪽으로 뛰어가는 형상으로 되어 있다. 이 그림은 맥락을 모르는 사람으로 하여금 픽토그램 속 사람이 향하는 쪽이 피난 방향이라는 오해를 불러 일으킬 수 있다는 논란이 지속되었다. 이 논란의 결과 필요에 따라 별도의 화살표로 피난 방향을 제시할 수 있게 되었다. 하지만 표시된 화살표의 방향이 직진인 경우 그 의미가 직진인지 후진인지 혼란스러워 이 역시 불완전하다고 볼 수 있다.

동영상을 재생할 수 있는 소형 디스플레이의 가격이 예전의 형광등 유도등 가격과 비슷한 현시점에서 과연 과거에 정한 국제 표준 유도등의 픽토그램과 간단한 문자를 표시하는 지금의 방식이 아직도 가장 효과적인지, 또 그동안 왜 다른 방안이 논의되지 않았거나 채택되지 않았는지 생각해 볼 필요가 있다.

전통적 유도등의 기능 한계

새로운 유도등을 구상하는 것보다 더 중요한 점은 현재 기준에 따라 건축물에 설치된 유도등의 기능이 과연 최선인지에 대한 의문이다. 화재 등 재난 현장에서 위험한 환경을 조성하는 데 관여하는 변수가 많고 통제할 수 없으며 예측 또한 불가능하다.

예를 들어 피난 경로상의 어떤 공간에 연기나 화염, 장애물이 갑자기 발생할 수 있고, 또 평상시 지나갈 때는 몇 초 안 걸리던 경로도

출처: 송병준

연기 발생기를 통한 유도등 시인성 실험(2021.5.17). 연기 실험 시 50cm, 1m, 1.5m 거리에서 촬영한 사진.

피난 시에는 안 보이거나 많은 사람이 들어차서 지나가는 시간이 늘어나는 등 상황이 가변적이다. 하지만 현행 기준의 유도등은 한곳에 고정되어 불을 밝히기만 하므로 건물의 유동적 위험에 적절히 대응할 수 없다. 때로 피난하는 사람을 위험한 공간으로 유도할 수도 있다. 애초에 연기가 많은 곳에서는 유도등의 내용이 보이지 않고 조금만 멀리 떨어져도 방향조차 가늠하기 힘들다.

이런 이유를 종합적으로 고려할 때 유도등 자체의 광량이나 색상, 디자인의 변화로 문의 위치를 '표식'하는 기능의 강화만으로는 인명보호 효과가 반드시 높아진다고 보기는 어렵다.

유도하는 유도등

유도등이 단지 그 주변에 있는 출구나 출구로 통하는 통로, 문 등의 위치를 표식하는 기능에서 벗어나 사물을 연결하는 IoT 기술을 적용한 유도등 시스템이나, 소리로 사람을 이끄는 유도등 시스템, 건물의 상황을 인식하고 그에 따라 작동하거나 바닥을 비추는 유도등 등 진정으로 사람을 유도하는 기능을 갖추려는 시도와 제품도 이미 많이 출시되어 있다. 이 같은 시도에 따라 강력해지는 유도등의 유도 기능이 어떻게 진행될지 지켜보는 것은 흥미롭다.

하지만 가장 중요한 점은 유도등이나 비상구 등 사람의 대피에 관여하는 소방 시설과 건축물의 피난 방화 구조는 해당 건축물의 특성을 고려해 맞춤 설계되고 개별 시설이 유기적으로 결합했을 때 제 기능을 할 수 있다는 사실이다.

이를 위한 대전제로 사회 전반의 관심과 안전의 가치에 대한 비용 부담을 사회 전체가 감수해야 한다는 사회적 합의가 필요하다. 건물을 짓거나 관리, 소유하는 사람에게만 책임을 떠넘기는 방식은 필연적으로 안전 구축에 드는 비용을 후순위에 두게 만든다. 첨단 기술의 발전을 기다리거나 자신이 이용하는 건물의 안전을 타인의 몫으로 전가하는 것은 모두의 안전에 도움이 되지 않는다.

사회가 안전 비용을 지불하는 방법은 금전적인 것에 한정되지 않는다. 개개인이 안전에 관심을 가져서 평소 자신이 사용하는 건물의 드러나지 않았던 화재 위험 요소를 발견하거나, 자신의 안전을 지키기 위해 방화문을 꼭 닫는 등의 작은 실천과 습관으로 이어져야 한다. 이는 당연히 조금의 불편을 감수하는 자세가 필요하다.

안전을 위한 비용 증가는 관련 제도에는 합리성을, 관련 산업에는 활력을 불어넣고, 유도등의 외형과 기능에도 변화를 주는 선순환을 할 것이라 확신한다. 언젠가 각각의 유도등과 출구와 건축물 안의 사람이 모두 유기적으로 연결되어 화재가 나더라도 희생자가 한 명도 없는 미래를 기대해 본다.

8부 소방관의 역사

― 불을 끄는 사람들 ―

지금까지 현대의 소방으로 이어진 여러 장치의 발전사를 최초 발명을 중심으로 살펴보았다. 화재 방어와 관련한 기술은 선도적이고 독자적으로 발전했다기보다는 당대의 위대한 발견과 발명의 영향을 받았고, 또 수많은 희생자를 낸 사고를 겪으며 더디게 발전해 왔음을 알 수 있었다.

오늘날 우리는 주거 장소의 화재 안전을 위해 만든 소화 기구에서 시작해 도시의 안전을 위해 만든 래틀 벨, 종탑, 사이렌 등의 경보 설비와 수동 소방펌프, 증기 펌프, 소방호스, 소방차의 발명 및 주거지의 초기 화재를 자동으로 진압하는 스프링클러 설비에 이르기까지 여러 장치의 발전으로 초고층, 초거대 건물 안에서도 안심하고 생활할 수 있게 되었다.

소방 관련 엔지니어들의 치밀한 설계를 통해 만든 소방 시설은 그 기능을 발하는 시간의 영역이 최초에 화재가 발생한 시점부터 화재를 진압하기 위해 달려오는 소방관이 도착하는 데 걸리는 평균 시간에 최소한으로 맞춰져 있다. 예를 들어 스프링클러 수조의 물은 20여 분 동안 일정한 수의 헤드에서 방출하는 물의 양 이상이어야 하고, 건물 내 거주자에게 경고하는 경보 설비 역시 외부 전력이 끊긴 상황에서 일정 시간 이상 동작할 수 있도록 설치된다.

우리나라 소방 관련 법령에서 정하고 있는 소방 시설도 소방관이 도착한 후 그들이 활용하는 연결 송수관 설비, 비상 콘센트 설비, 무선통신 보조 설비 등을 제외하고 거주자가 사용하는 건축물의 소방 시설 대부분은 공공 소방대가 도착할 때까지의 시간에 기능이 집중되어 있다. 즉 소방과 관련한 모든 장치의 중심에는 최종적으로 화재를 통제하는 소방관이 있다고 할 수 있다.

많은 문화권에서 소방관은 신뢰받는 직업이다. 소방관의 업무는 공공성을 강하게 띠고 있지만 소방관의 신분을 공무원으로 정하느냐 아니냐는 나라마다 차이가 있다. 심지어 미국처럼 국가 내에서도 지역마다 운영 체계가 다른 경우도 있다. 하지만 자기가 속한 지역사회 구성원을 위해 기꺼이 봉사하는 것에서 시작한 의용소방대의 소방관이나, 국민의 생명과 재산을 자신의 근육에서 나오는 힘을 써서 직접 공권력으로 발동하는 공무원 신분의 소방관이나 운영 방식은 달라도 위험에 처한 사람을 돕는다는 사무의 본질로 인해 사람들은 소방관이라는 직업군을 호의적으로 바라본다.

소방관이 아닌 사람은 소방관을 영웅이나 초인이라고 여기며 일반인과는 다른 정신력과 체력을 가진 사람처럼 보는 듯하다. 물론 화재 현장에서는 경우에 따라 쓰러진 사람을 들고나올 수 있는 체력과 긴 시간 대량의 물을 뿜는 소방호스 끝 노즐의 반발력을 극복할 수 있는 초인적 힘도 필요하다.

소방관이 일반인과 달리 위험한 공간으로 발을 내딛고 그 안에서 활동할 수 있는 것은 각자의 내면에 있는 설명하기 힘든 무언가가 동기로 작용한다고 할 수 있다. 여기에 실전 같은 훈련과 교육이 더해지면 화재 현장에 진입할 수 있는 인적 준비가 갖춰진다.

그러나 그런 것만으로는 연기 때문에 한 치 앞이 안 보이고 열기 때문에 눈이 자동으로 감기는 현장으로 들어갈 수는 없다. 소방관이 화재 현장으로 진입할 수 있었던 것은 신체를 보호해 주는 장비를 갖추었기 때문에 가능하다.

8부에서는 소방관을 보호하는 개인 안전 장비의 간략한 연혁과 우리나라 소방공무원 조직의 역사, 소방 관련 자격, 소방공무원의 일과 애환에 대해 살펴본다.

1장

소방관의 개인 안전 장비

서양사를 구분하는 기준으로 근세에 해당하는 17세기까지는 언제 발생할지 알 수 없는 화재를 진압하는 사람은 위험한 직업군인 군인이나 대장장이, 광산 근로자처럼 갑옷, 화상 방지 장갑, 헬멧 같은 안전 장비 없이 평상시 입는 옷만으로 화재의 열을 견뎌 냈다. 하지만 뜨겁다는 감각은 덥다는 감각과는 다르게 사람이 참을 수 있는 성질의 것이 아니어서 불이 난 건물 안으로 그냥 들어가는 것은 불가능한 일이었다. 그때나 지금이나 화재가 난 건물에서 활동하기 위한 보호 장비에서 가장 필요한 기능은 단열이었다.

낙하물로부터 머리를 보호하는 헬멧

화재 진압을 위한 최초의 헬멧은 1730년경 뉴욕 소방대에 배치돼 뉴샴의 수동 소방펌프를 유지 보수하던 관리인 저코버스 터크Jacobus Turck가 만든 것으로 알려져 있다. 최초의 소방 헬멧은 챙이 좁고 윗부분이 평평한 긴 원통형의 스토브파이프 모자Stovepipe Hat처럼 생겼다. 이 헬멧은 가죽으로 만들었는데, 나중에 매슈 두보이스Matthew DuBois가 철심으로 가장자리를 보강해 형태를 유지하는 개선을 했다. 하지만 기능적으로는 크게 도움되지 않았다고 한다.

1825년경에는 순직 소방관을 위한 묘지 기념비에 새겨진 독수리가 소방의 상징처럼 인식되며 가죽 조각으로 만든 독수리가 헬멧 제일 위쪽을 장식하기 시작했다. 10여 년 뒤인 1836년 뉴욕의 자원봉사 소방관인 헨리 그레타캡Henry T. Gratacap이 윗면이 둥근 가죽 소방 헬멧을 만들었다. 그레타캡의 주업은 선박에 실릴 수하물 가방을 만드는 일이었는데, 이 때문에 가죽에 내구성과 내습성을 높이는 특수 처리 방법을 알고 있었다.

그레타캡의 소방 헬멧은 여덟 개의 가죽을 이어 붙인 윗면이 둥근 형태로, 이 헬멧은 19세기 후반 뉴욕시 소방국에 의해 표준 장비로 채택되었다. 그레타캡의 소방 헬멧은 기능 면에서 소방 업무에 적합했다. 둥글게 이어 붙인 강화된 가죽 헬멧은 낙하물로부터 머리를 보호했고, 뒤쪽으로 길게 나와 있는 챙은 열기와 열기로 데워진 뜨거운 물이 코트 안으로 들어오는 것을 막았다.

ⓒ Eugene Shellady/CC 0
1937년에 그린 소방관 모자. 독수리 이미지가 그려져 있다.

배지나 휘장 같은 제복 부착물

제조업을 하던 제스퍼 케언스Jasper Cairns와 헨리 케언스 Henry Cairns 형제는 소속과 이름 등 신분을 헬멧 앞쪽에 부착하는 아이디어를 제시했다. 1937년에는 이들 형제에 의해 헬멧의 소재로 알루미늄을 사용하게 되었고, 1962

ⓒ National Museum of American History/CC 0

그레타캡의 소방 헬멧. 꼭대기에 독수리 형상과 그 아래 소속을 표시하는 가죽 패치가 붙어 있다.

년부터는 폴리 카보네이트 플라스틱 소재가 일반적으로 쓰였다. 그레타캡과 케언스 형제가 만든 가죽 헬멧은 이처럼 소재는 바뀌었지만 형태는 큰 변화 없이 유지되었다.

보온, 방수, 내열 성능의 방화복

그레타캡이 가죽 소방 헬멧을 만들던 시기에 소방관은 허벅지까지 내려오는 가죽으로 만든 제복 외투에 양모 셔츠를 받쳐 입었으며 무릎까지 올라오는 가죽 장화를 신었다. 이런 장비는 열기로부터 보호보다는 보온과 약간의 방수 성능을 위한 것들이었다.

스코틀랜드의 화학자 찰스 매킨토시Charles Macintosh가 천에 천연고무를 접합시켜 방수가 되는 천을 만들고 시장에서 큰 성공을 거두며 이 제품은 전 세계로 퍼져 나갔다. 매킨토시가 설립한 회사에서 만든 레인코트의 흔적은 아직도 코트의 한 종류인 맥 코트라는 카테고리로 남아 있다.

미국의 소방관들도 1930년대부터 고무로 코팅한 긴 코트와 고무 장화를 사용하기 시작했다. 하지만 장화는 위에서 떨어지는 물이 틈 사이로 들어갈 수 있는 구조여서 곧 장화를 신고 그 위로 멜빵바지를 입는 형식으로 바뀌었다. 소방관의 복장은 전용 멜빵바지, 외투, 헬멧과 한 묶음으로 사용되기 시작했고, 2차 세계대전을 치른 후 기술 발전에 따라 소재가 보온, 방수 외 내열 성능을 갖추도록 진화했다.

'듀폰Dupont'은 1960년대 자동차 경주에서 충돌사고로 일어난 화재 때문에 레이서가 사망하는 사건과 우주 산업 같은 극한 환경에서 쓰일 기능성 소재의 개발 동력에 따라 아라미드Aramid 섬유와 아라미드 섬유 계열의 내열성이 있는 노멕스Nomex와 케블라Kevlar 등을 만들었다.

이 기술은 소방 분야에도 적용되었다. 1973년 NFPA의 분과위원회에서는 NFPA 19AT로 소방관용 방화복의 기준을 만들었고, 그해 가을 NFPA 1971로 건축 등 구조물에서의 근접 활동을 위한 방호복의 표준Standard on Protective Ensembles for Structural Fire Fighting and Proximity Fire Fighting이 발표되었다. 이 기준에 따르면 방화복은 크게 열을 견디는 외피와 방수 성능, 단열을 위한 공기층을 핵심 요소로 했다. 이후 기술 발전에 따라 개정되며 현재에 이르렀다.

소방관의 생명 장치 공기 호흡기

초창기 화재 진압을 업으로 하던 소방관은 평상시 수염을 길러서 화재가 난 건물 안으로 들어갈 때 수염에 물을 적셔 입에 넣고 필터로 활용했다는 이야기가 있다. 하지만 실내 연기는 젖은 수염 따위로 차단할 수 있는 것이 아니었다.

1825년 갈바니 전지로 유명한 루이지 갈바니의 조카 조반니 알디니Giovanni Aldini 역시 삼촌처럼 물리학자였다. 그는 삼촌과 마찬가지로 갈바니 전지를 이용한 실험에 몰두했지만 소방에도 관심이 많았다. 알디니는 열을 막을 수 있도록 석면으로 옷을 만들고 뜨거운 곳에서도 호흡할 수 있도록 석면과 철 이중으로 된 특수 마스크를 제작하기도 했다. 하지만 화재가 난 공간은 바깥 공기와 조성이 달라 이런 것만으로는 불충분했다.

1827년 스코틀랜드의 식물학자 로버트 브라운Robert Brown이 기체 속에서 먼지 따위를 구성하는 미립자들이 불규칙하게 운동하는 현상을 발견해 '브라운 운동'이라고 이름 붙였다. 이를 계기로 특징적인 움직임을 보이는 미립자들로부터 호흡기를 보호하기 위해 필터식 마스크가 개선되었다. 하지만 화재 현장에서 발생하는 연기 속 미립자의 양은 마스크로는 감당할 수 없었다.

런던 소방대의 제임스 브레이드우드James Braidwood는 머구리 잠수 장비 같은 호흡 장비를 발명했다. 이 장비는 수동 소방펌프 같은 공기 펌프에 호스를 연결해 건물 안에서 활동하는 소방대원이 쓰는 것으로, 머리를 덮는 마스크 안으로 깨끗한 공기를 공급했다. 또 이 마스크에는 두꺼운 유리로 만든 부분이 있어서 밖을 볼 수 있었다.

1863년 라쿠르A. LaCour가 캔버스 천에 고무를 코팅한 공기 주머니를 만들고 튜브로 소방관의 입까지 연결된 호흡 장치를 발명했다. 소방관은 공기 주머니를 가방처럼 메고 튜브를 깨물어 호흡했는데, 크기에 따라 10분에서 30분까지 숨쉴 수 있었다고 한다. 그러나 현재

라쿠르의 공기 호흡기.

소방공무원이 쓰는, 약 45분을 사용할 수 있는 공기 호흡기의 저장량이 2040리터인 점에 비추어 볼 때 30분 사용은 불가능했을 것이다.

공기 주머니는 풀무로 공기를 채운 다음 코르크 마개로 막아 사용 준비를 했으며 코를 막는 집게, 고글, 비상시 신호를 위해 손으로 누르는 호루라기까지 한 세트로 구성되었다. 이 장비는 1887년 미 해군에서도 사용했으며 뉴욕 외 다른 지역 소방서로도 전파되었다.

1875년에는 머리 전체를 뒤집어씌우는 두건 형태의 마스크가 발명되어 뉴욕 브루클린 소방대에서 사용했다. 이 마스크는 글리세린에 적신 목탄과 양모가 필터로 쓰였다.

1896년에는 목 뒤에 원통형으로 된 1리터 남짓의 용기에 100파운드의 압력으로 공기를 압축할 수 있는 장비가 등장했다. 이 장비는 실린더가 붙어 있는 두건 형식으로 안감에 양가죽을 덧댄 호흡 보호 장비였지만 1시간에서 2시간까지 사용 가능하다는 발명가 윌리스 바젠Willis C. Vajen의 주장과 달리 실제 실험에서는 5분 정도밖에 사용할 수 없었다. 하지만 획기적인 이 발명품은 미국뿐 아니라 해외에서도 호응이 좋아 바젠이 설립한 '바젠 베이더사Vajen-Bader Company'의 생산품은 영국, 칠레, 일본으로 팔려 나갔다.

연기로 꽉 찬 실내와 무관하게 공기 호흡기로 깨끗한 공기를 마실

수 있게 되면서 소방관의 활동 영역이 실내, 심지어 창문이 없는 지하실까지 확장되었다. 입을 가려 음성 대화가 불가능한 점은 호루라기를 달아서 간단한 의사소통을 할 수 있게 했다.

영국에서는 1819년경부터 잠수 장비를 제조하던 시브 고먼Siebe Gorman이 1914년부터 산업용 호흡 장비인 '프로토Proto'를 만들기 시작했다. 프로토는 등에 메는 천 가방 주머니에 산소가 들어 있는 두 개의 실린더와 주름

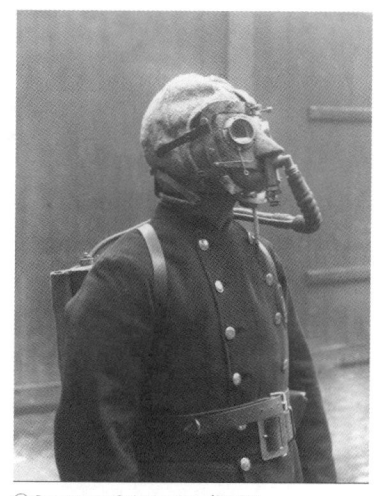

1908년 공기 호흡기를 착용한 런던 소방대 소방관.

관 두 개가 마우스피스로 연결된 안면 마스크가 있는 장비로, 탄광의 구조대원이나 소방대원이 사용했다. 런던 소방대는 1950년부터 1970년대까지 이 장비를 사용했는데, 1958년 1월 런던의 대표적 육가공 시장인 스미스필드 화재에서 두 명의 소방관이 순직한 것을 계기로 새 기능이 추가되었다. 실린더의 압력이 설정 이하가 되면 자동으로 휘파람 소리가 나는 기능을 보강한 것이다.

독일에서는 1889년 요한 하인리히 드래거Johann Heinrich Dräger가 산업용 액화 이산화탄소 용기의 밸브에 관한 특허를 기반으로 '드래거Dräger'를 설립한 이후 사업 분야를 액화 산소로 변경했다. 드래거는 산소를 이용해 호흡할 수 있는 장치를 실험하던 중, 1906년 프랑스의 쿠리에르 광산 폭발 당시 지원을 나간 독일의 광산 구조대가 이 장비를 사용해 성공적으로 구조 활동을 벌이는 것을 목격했다. 이를 계기로 드래거는 '펄모터Pulmotor'라고 하는 산소 호흡 장치를 출시했다.

산소 호흡 장치는 잠수를 포함해 화재나 광산 외에도 마취나 고고도 항공 분야에 쓰일 수 있는 잠재력이 있었다. 이 사업은 성공적으로 진행되어 1910년대 미국에서도 대리점을 차리게 되었다. 드래거의 산소 호흡 장치는 뉴욕시 소방국 구조대 'FDNY Rescue'에서 도입해 활용했다.

드래거는 1920년대에는 마취, 광산 분야로 진출했고, 1931년에는 높은 고도로 올라가는 열기구 탑승자를 위한 장치도 개발했다. 1953년에는 내쉬는 숨에 포함된 알코올 농도를 측정하는 장치를 개발할 정도로 기술력이 발전했으며 사업도 번창했다. 1969년에는 심해 잠수를 위한 압력 챔버와 잠수 장비를 개발했다.

소방과 관련해 드래거는 1965년에 플라스틱 고압가스 용기를 개발하고, 1969년에는 300바Bar의 압력으로 공기를 압축할 수 있는 장비를 개발했다. 소방관은 당시 법에 의해 현장 활동 시 최소한 1600리터의 공기를 보유해야 했다. 최대 충전 압력이 200바가 한계일 때는 4리터짜리 용기 두 개를 휴대해야 했지만 드래거의 개발로 인해 300바의 압력으로 충전된 6리터 용기 한 개만으로도 기준을 충족할 수 있게 되었다. 6리터 300바의 용기는 유럽 압축 공기 장비의 표준이 되었다.

뉴욕의 얼 스콧Earl M. Scott이 1932년에 설립한 항공 부품 생산업체인 '유니로이 액세서리즈사Uniloy Accessories Corporation'는 '스콧 항공Scott Aviation'으로 사명을 바꾸고 항공기 조종사를 위한 산소 호흡 장치를 생산했다. 1945년에는 소방용으로 SCBASelf Contained Breathing Apparatus(자급식 호흡 장치)를 생산했다. 1976년에는 미 항공우주국 NASA과 협력해 고압 호흡 장비를 개발했고, 1999년에는 스콧 항공과 스콧 헬스 앤드 세이프티Scott Health and Safety라는 회사로 분리되었다. 2001년에는 타이코 인터내셔널Tyco International에, 2017년에는 3M에 인수되었다. 2018년에는 '3M 스콧 파이어 앤드 세이프티3M Scott Fire & Safety'라는 브랜드로 사업을 이어 갔다. 이 회사는 2016년에 소방용 마스크 내부에 열화상 이미지를 볼 수 있는 장치를 개발하는 등 소방 장비를 주력으로 하는 허니웰과 함께 공기 호흡 장치 분야를 선도하고 있다.

우리나라의 경우 소방공무원의 개인 안전 장비는 소방 차량 같은 주요 장비에 비해 후순위로 보급되었다. 특히 1992년 지방의 소방 사무 책임이 광역자치 소방 체제로 바뀌며 개인 안전 장비의 보급률, 노후도, 품질은 해당 시·도의 재정 자립도에 크게 좌우되었다.

외국에서는 1960~1970년대에 이미 방화복이 보급되었다. 하지만 우리나라의 방화복은 허벅지까지만 내려오고 밸크로 대신 후크로 채워 여며야 하며 방화 성능이 없는 방수 코트를 2000년대 중반까지 사용했다. 품질 기준도 마땅히 없어 장갑의 성능은 제조사마다 천차만별이었다. 무전기 역시 충분하지 않아 교대 조마다 돌아가며 사용했고, 그나마 경력이 짧은 신입 직원에게는 돌아가지 않았다.

많은 부분이 개선되어 현재는 상하의로 나뉜 방화 방수복을 개인별 두 벌 이상 보유하고 있고 헬멧, 장갑, 방수화 역시 나날이 품질이 개선되고 있다. 200바가 최고 충전 압력이던 공기 호흡기 용기도 300바까지 충전이 가능해지며 종래에 20분 남짓하던 활동 시간이 30~40분으로 크게 늘었다. 개인별 비상경보 장치 역시 개별로 보급되었으며 열화상 카메라도 NFPA의 기준에 준하여 보급되는 상황이다.

현재는 개인 안전 장비를 단지 개별적으로 지급하는 수준이 아니라, 오염 물질이 묻어 있을 수 있는 방화 방수복 세탁의 위탁이나 개인 장비를 보관하고 사용하는 공간과 일상 공간을 분리하는 등 개인의 건강 관리 차원으로까지 관리가 이루어지고 있다.

2장

우리나라 소방의 역사

소방 조직의 역사

전란이 잦았던 삼국 시대의 각 나라 도시는 높은 지대에 성을 축조하여 성곽 안쪽에는 왕궁과 공공 기관만 두다가 나중에는 성곽 안쪽으로 촌락까지 들어오게 되었다. 이로 인해 가옥끼리 서로 가까워지면서 화재가 나면 가옥 하나로 끝나지 않게 되었다.

《삼국사기》에는 대규모 피해가 발생한 화재와 그에 따른 왕의 조치 등이 기록되어 있었지만 화재를 관리하는 방안에 대한 기록은 부족하다. 그러나 화재가 발생하면 해당 지역민과 동원된 군사력의 협력으로 그때그때 화재를 진압한 것으로 추정된다. 도시가 계속 성장해 인구가 모이고 건물이 밀집하면서 화재의 잠재적 위험성도 점점 더 높아졌다. 과거와 질적으로 달라진 통일신라 때도 도시의 화재를 대하는 방법은 크게 다를 것이 없었다.

고려 시대에도 화재의 예방과 관련한 정책은 크게 변하지 않았다. 도시의 방화나 화재 대응을 담당하는 별도의 상설 조직을 운영하지 않았고, 문종 때는 개경의 곡식 창고인 운흥창의 화재로 모아놓은 곡식이 모두 불타기도 했다. 그 후 개성과 지방의 창고에 별도의 관리를 두어 화재에 관한 사무를 전담시켰던 것으로 나온다. 이를 일컬어 금화원 제도라 하며 우리나라 소방에 관한 최초의 행정으로 보기도 한다. 하지만 대다수 건축물의 화재 예방은 실제로 불이 나지 않도록 관리한다기보다는 불이 날 경우 해당 시간 관아의 근무자에게 책임을 묻는 것과 화재의 원인을 제공한 자를 엄벌하는 형벌의 부수적 목적으로 행해졌다.

조선 시대에 들어서야 도시 방화를 위한 본격적인 정책과 진압 업무를 수행하는 조직체가 최초로 구성되었다고 할 수 있다. 도시가 성장하고 수공업이 발달하면서 상업도 따라 발전하게 되자 세종은 즉위 초 화폐 유통을 더 활성화하기 위한 목적으로 소지하기 간편한 지폐 저화와 동전을 정책적으로 보급하고 유통하고자 했다. 이를 위해 당시 화폐처럼 기능하면서 옷감으로 사용하던 면화, 삼베, 모시 등 포화布貨를 일제히 금지시켰다. 하지만 백성은 포화를 더 선호하며 정책에 반감을 가졌다. 정책과 백성의 갈등은 사회 불안으로 이어져 여러 사건 사고가 불거졌다. 방화도 그 중 하나였다.

세종 즉위 8년째인 1426년 2월 15일 한양성에서 방화로 추정되는 대화재가 발생했다. 당시 중부와 동서남북 5부로 나뉜 한양에서 중부 1630호, 동부 190호, 남부 350호 등 한양 전체 가옥의 10분의 1 정도인 2200채의 가옥이 소실되는 규모였다. 기록상으로는 형체를 확인할 수 있는 사람 32명이 사망한 것으로 보고되었지만 정확한 인명 피해 규모는 알 수 없었다. 며칠 동안 이어진 화재는 혼란을 불러왔고 이 틈을 타 절도 등이 빈번해지는 등 사회 불안이 가중되었다.

강원도에서 군사훈련을 참관하던 세종은 대궐로 돌아와 민심을 수습하기 위해 곧바로 피해 복구를 지원하라는 명을 내렸다. 폐허가 된 한양을 재건하며 화재 방지 대책이 수립되었다. 건물이 서로 붙어 있어서 화재 시 피해가 커지는 것을 막기 위해 도로를 넓혔고 건물 사이 방화벽에 해당하는 구조물이 만들어졌다. 관청과 가옥에는 우물을 더 파게 했다.

화재 3년 전 궁중의 화재를 대비하기 위해 병조에서 제기한 의견에 따라 화재의 준비 사항과 진압 방법 등을 명시한 금화 조건이 있었다. 하지만 이는 단지 화재에 대비한 일종의 소방 계획서에 불과했다. 화재에 대비해 사다리와 방화수 등을 준비하고 화재를 발견하면 종을 울려 알리라는 것과 군사 중 약간 명에게 진압 업무를 지정하고 명령 체계 등을 규정한 것이었다.

화재 후 금화 조건의 내용을 수행하는 상설 조직체인 금화도감禁火都監을 설치했다. 금화도감은 군사 업무를 담당하는 병조 소속으로 34명의 인원으로 구성되었고, 구성원 중 일부는 화재 관련 업무를 다른 업무와 겸임했고 나머지는 전담했다. 병조에 설치된 금화도감은 실제로 화재를 진압하는 조직이라기보다는 어떤 특별한 목표를 달성하기 위해 만들어진 태스크 포스 성격의 조직으로 볼 수 있다.

1431년 세종 13년에는 밧줄, 사다리, 갈고리, 도끼를 장비한 화재 진압대 격의 금화군이 편성되었다. 금화군은 화재를 발견하면 깃발을 올리고 북을 울려 화재 사실을 알렸고, 신패信牌를 패용해 통행이 금지된 야간에도 이동할 수 있었다. 이들은 불이 도시 전체로 번지는 것을 막기 위해 건물을 파괴하는 활동을 주로 했으며 물에 적신 천으로 불을 덮어 껐다.

1467년 세조 13년에는 금화군을 상시 근무 체제로 개편하고 화재 진압에 전문성이 없는 취약점을 극복하기 위해 50여 명 규모의 유급 상설 소방대 격인 멸화군이 조직되었다. 시간이 지나며 화재 방어가 정책의 후순위로 밀리며 금화군과 멸화군은 최소한의 진압 장비조차 보유하지 못할 정도로 관리가 안 되고 조직의 위상이 미미해졌다.

결국 임진왜란을 전후로 소방 조직에 대한 기록은 남아 있는 것이 없고, 도심 방화 사무는 병조의 군사 조직에서 민간인을 동원해 진압 활동을 하는 것으로 넘어갔다. 중종에 이르러서는 진압 도구조차 없을 정도로 공공의 소방력이 유명무실해졌다.

경종 3년인 1723년에는 팔로 작동해서 완용 펌프라고도 하는 수동 소방펌프인 수총기水銃器를 도입했다. 청나라에서 복제할 목적으로 들여온 수총기는 실물 모습이 기록으로 남아 있지 않다.

화재와 관련한 사무는 병조의 군사 조직이 맡아 오다가 갑오개혁 전까지 성종 때 조직된 포도청에서 담당했다. 조선 시대에는 화재를 진압하는 공공 소방대가 조직되었지만 기본적으로 화재를 예방하는 방법은 신라나 고려 시대처럼 방화나 실화를 저지른 화재 책임자에게 엄한 형벌을 내려 위협하는 것뿐이었다.

1894년 갑오개혁이 벌어지며 개화파와 일제는 경찰과 소방 업무를 담당하던 포도청을 해체하고 경무청을 설치해 한성 5부를 관할하게 했고, 지방은 23개 관찰부에 경찰관을 배치했다. 1895년에는 경무청의 사무를 명문화한 '경무청 처무 세칙'을 제정했는데 여기서 나온

"수화 소방"이라는 용어는 "난파선 및 출화·홍수 등에 관계하는 구호에 관한 사항"으로 정의했다. 이것이 우리나라에서 최초로 소방이라는 단어가 사용된 시점으로 보고 있다. 하지만 이들이 직접 화재를 진압한다기보다 현장에 모인 일반인을 지휘하거나 화재를 틈타 행해지는 범죄를 막는 경찰에 가까운 일을 했다.

을사조약 체결 후 우리나라에 일본인 수가 많아지자 1906년 통감부가 설치되었고, 통감부의 경무국 보안과에서 소방사무를 담당했다. 이와 별도로 개항지의 거류민居留民은 자구책으로 의용소방대 격인 소방조를 조직했고, 관민에게 돈을 걷어 수동 소방펌프를 구입해 배치했다. 소방조의 운영 방식은 다른 지역으로 전파되어 1914년 630여 개의 조가 편성되며 지방의 화재 진압을 담당했다.

순종이 즉위한 지 1년이 지난 1908년에는 왕궁 내 화재 방어를 위해 호위대 중 60명을 소방졸로 선발해 수동 소방펌프 4대 등 진압 장비를 갖추도록 하고, 일본의 교관을 초빙해 훈련시킨 왕궁 소방대가 조직되었다. 부산과 경성은 계속된 이주로 일본인 인구가 많아지면서 상수도가 설치되고 소화전도 생기며 차츰 근대 소방의 기틀이 마련되었다.

1910년대 들어 정식 공무원 격인 상비 소방수가 임명되었다. 제도권의 관할 아래 들어온 소방조의 구성은 조두組頭, 부조두, 소두 등 간부와 소방수라는 위계 체계가 있었다. 간부는 경무부장이 지정하고 소방수는 서장에게 지정할 권한이 있었다. 조두, 부조두, 소두 간부에 해당하는 직급에는 주로 일본인이 지정되었고 나머지 소방수에는 조선인이 많았다. 소방조는 장거리 여행이 제한되었고 1년에 두 번 서장에게 장비와 훈련 상태를 점검받았다. 별도의 제복은 없었고 출장,

비상소집, 비번일 근무, 당직, 소화전 점검에 대한 수당 및 피복비, 의료비와 3년 이상 재직 시 퇴직금을 받을 수 있었다.

소방조는 망루에 올라가 화재를 감시하고 화재 신고 전화를 받으면 출동했다. 이들은 사이렌과 경종, 나팔로 화재 사실을 알렸다. 평상시에는 펌프 조법, 사다리 훈련 등을 했고 경찰과 합동으로 순찰을 하거나 불조심 홍보 활동, 위험물의 사용이나 도심 건축물의 소방 관련 사항을 점검하는 업무를 했다.

1911년에는 경성 동현 경찰분서에 상비 소방서가, 이듬해에는 다섯 개의 상비 소방수힐소가 경찰서 내에 배치되었다. 1925년 조선총독부의 지방 관제 개정으로 경성소방서가 최초 설치된 것을 시작으로 1939년 부산과 평양, 1941년 청진, 1944년 용산, 인천, 함흥소방서가 개서했다.

소방서 조직은 펌프반, 수관반, 파괴반, 사다리반 등 기능과 장비를 기준으로 편성되었는데, 이는 미국이 펌프차, 호스, 사다리차, 구조대 등 기능별 소방대로 편성된 것과 유사하다.

주요 진압 장비는 순종 때 왕궁 소방대에 도입되었던 4대의 수동 소방펌프가 주력이었고, 1910년에 증기 소방펌프 5대가 도입되었다. 1912년에는 스웨덴제 초기 가솔린 내연기관 동력 펌프가 도입되었다. 1938년의 통계에는 소방 장비의 총 보유 현황이 나왔는데 내연기관 차량이 126대, 증기 펌프가 6대, 내연기관 펌프가 5대, 소방호스인 수관 614본과 수관을 옮기는 차량이 16대인 것으로 나타났다.

이후 중일전쟁을 시작한 일제는 전시 상황에 맞춰 '방공법조선시행령'을 제정했다. 이에 따라 소방조와 홍수 등 관련 사무를 하던 수방단을 통합하고, 민방위의 성격이 짙어진 경방단이 조직되었다. 소방조는 이 시점에 제도적으로 완전히 사라졌다. 경방단은 통일된 제복이 있었으며 경찰이나 지역장의 지휘를 받았다.

광복 후 미 군정이 임시정부를 부정하고 조선총독부의 조직과 인력을 거의 그대로 유지한 채 행정권을 이양받았다. 경방단이 해체되고 고위직을 독점하던 일본인이 대거 빠져나가는 과정에서 소방 행정은 일시적으로 맥이 끊어졌다.

이후 미 군정이 1945년 10월에 조직한 국립경찰에서 중앙의 소방 사무를 맡았고, 지방은 도지사 밑에 있다가 독립한 경찰부에서 소방 업무를 담당했다. 1946년 소방사무가 경찰에서 독립하며 오늘날의 기초 자치 단체 격인 시, 읍, 면 단위에서는 소방부를 운영하고, 중앙과 각 도道 단위에는 이를 총괄하는 소방청을 두어 자치 소방 제도 형태로 분리되었다. 하지만 일제 시대의 소방조 규칙은 변경된 내용 없이 시도의 규칙으로 제정되었다. 소방대는 도지사의 직권 및 경찰이나 소방서장의 신청으로 조직되었고 대장, 부대장, 부장, 반장, 대원의 체계로 이루어졌다.

1948년 대한민국 정부가 활동을 시작하며 소방 조직은 경찰에 흡수되었다. 1949년 계급제에 기반한 국가공무원법이 제정되며 소방공무원과 경찰공무원은 일반직 공무원으로 분류되었다.

6.25 전쟁 중에는 방공법 제정으로 소방 조직은 방공단에 흡수되었고, 미 군정 시 50여 개에 달하던 소방서는 1952년에 24개만 남고 나머지는 폐지되었다. 1953년 방공단이 해체되고 전쟁 중 급격히 늘어난 공무원이 대거 감원되면서 소방 인력이 부족해졌다. 얼마간의 공백 기간 동안 화재가 빈발하자 전쟁 후 증가한 수요에 따라 지나치게 충원되었던 경찰공무원 일부가 소방관서에 배치되었다. 1954년

의용소방대가 전국적으로 조직되었고 1958년 소방법 제정 시 의용소방대 규정이 명문화되었다.

일반직 공무원이었을 때의 소방공무원은 3급 소방령, 4급갑 소방감, 4급 소방사, 5급갑 소방사보, 5급 소방원으로 하여 다섯 개 계급으로 나뉘어 있다가 1969년 경찰공무원법이 제정되며 소방과 경찰은 일반직이 아닌 별정직으로 분리되었다. 이로써 경찰과 유사하게 소방공무원 계급도 소방총경, 소방경정, 소방경감, 소방경위, 소방사, 소방장, 소방원 7단계가 되었다.

소방사무의 성격은 지방 고유의 것이라는 논의에 따라 1970년 정부조직법이 개정되며 내무부의 사무 직제에서 소방사무가 삭제되었다. 이후 소방사무는 지방에서 전담했지만 서울과 부산을 제외한 지역은 재정이 빈약해 종전처럼 경찰 행정의 일환으로 소방사무를 처리했다.

소방사무가 지방으로 이양됨에 따라 내부무 소속 경찰공무원으로서 소방직을 맡은 국가공무원과 지방의 지방 소방공무원으로 신분이 이원화되었다. 1970년대 냉전의 그늘 아래에서 정부는 민방위기본법을 제정하여 내무부에 민방위본부를 설치하고 그 하위에 민방위국과 소방국을 두어 소방사무를 수행했다. 1977년에는 소방공무원법이 제정되며 경찰공무원과 분리해 독자적인 신분법을 갖게 되었지만 경찰조직과의 유사성은 현재까지도 영향을 미치고 있다.

서울과 부산에 소방본부가 설치되었고 나머지 시도는 조례로 민방위국에 소방과를 두어 소방사무를 처리했다. 1981년부터 직할시로 승격된 시에 순차적으로 소방본부가 설치되었고, 1991년 정부조직법과 소방법, 지방세법이 개정되어 소방의 재산을 시장 군수가 무상으로 대여하고 도지사가 관리하며 시군세이던 소방공동시설세가 도세로 전환되었다. 1992년 지방자치단체 행정기구와 정원에 관한 규정이 개정되며 도에도 소방본부가 설치되었고, 1995년부터 지방자치제가 본격적으로 시행되며 소방공무원 신분과 사무의 이원화는 공고해졌다.

급속한 경제 발전을 이루며 도시화의 심화, 건축물의 고층화와 지하화, 석유화학 제품의 사용, 화석 연료, 가스의 사용 등 화재 위험은 양적 질적으로 늘어나 소방사무의 수요는 나날이 증가했다. 하지만 소방공무원의 수가 충분하지 않자 자율적 소방력을 확보하기 위해 1983년 소방법 개정으로 청원소방원 제도가 도입되었다. 일정 용도나 규모 이상인 경우 건물주 등 관계인은 지금의 소방안전관리자처럼 청원소방원을 배치하고 해임할 때 신고했으며, 관할 소방서장은 청원소방원의 직무를 감독했다. 하지만 청원소방원은 1999년 소방법 개정으로 폐지되며 역사 속으로 사라졌다.

2004년 참여정부는 반복되는 후진국형 대형 참사의 발생에 대응해 재난을 중점적으로 관리하고자 소방방재청을 개청했다. 시도의 소방본부에서는 민방위재난관리국을 흡수하며 소방안전본부, 소방재난관리본부, 소방방재본부 등으로 개칭되는 변화가 있었다. 2005년에는 소방공무원법이 개정되며 소방준감 계급이 신설되어 소방사, 교, 장, 위, 경, 령, 정, 준감, 감, 정감, 총감까지 현재 쓰이고 있는 11단계로 나뉘게 되었다.

2014년 세월호 참사가 발생하며 국가재난관리의 전면적 혁신을 목적으로, 국무총리 직속으로 각기 존재하던 소방방재청, 해양경찰청, 안전행정부의 안전관리본부를 통합해 국민안전처를 신설했다.

전국적인 재난 대응 능력을 강화하기 위해 권역별로 수도권 119특수구조대, 영남 119특수구조대, 충청·강원 119특수구조대, 호남 119특수구조대가 신설되었고 여섯 개의 119화학구조센터가 보강되었다.

하지만 각 부처를 조정하고 총괄하는 총리의 기능과 현장성이 강한 국민안전처의 고유 기능이 잘 부합하지 않았다. 이질적인 세 조직의 통합에 따른 문제가 발생하며 각 기관을 독립시켜 기능을 강화하는 방안이 논의되었다. 2017년 7월 26일 정부조직법 개정으로 행정안전부 장관 소속으로 소방청이 신설되었고, 이후 2017년부터 2022년까지 소방공무원 2만 명이 충원되었다.

1995년 2만 508명이던 소방공무원의 수는 1998년 7월 IMF 경제 위기의 영향으로 행정자치부와 그 소속 기관 직제가 개정되며 소방조직도 축소되었다. 전국의 소방공무원은 이때 1431명이 감축된 사례를 제외하고 계속 순증해 2006년 3만 199명을 돌파하고 2014년에는 4만 406명, 2018년 5만 712명, 2020년에는 6만 768명으로 늘어났다. 2017년부터 시작된 소방공무원 2만 명 증원 정책이 소방공무원의 증가를 가속화시킨 셈이다.

규모가 점점 커지고 질적으로 변한 재난의 성격에 따라 소방사무 역시 국가사무로 전환되어야 한다는 의견과, 재정 자립도가 시도마다 달라 소방 차량과 같은 주요 장비부터 방화 장갑 같은 개인 안전 장비까지 보급률과 품질이 차이 나서 결과적으로 시도별 소방 서비스의 수준 편차가 발생한다는 지적이 있었다. 이에 따라 국가직과 지방직으로 나뉜 소방공무원의 신분을 국가직으로 일원화해야 한다는 목소리가 커졌다. 소방공무원의 1인 시위와 세월호 참사 후 소방 헬기의 추락으로 해당 사안이 쟁점화되었고, 호의적인 여론에 힘입어

2020년 4월 1일 소방 관련 법령이 재개정되며 소방공무원의 신분이 일원화되었다. 하지만 신분 일원화의 목적을 달성하기 위해 가장 중요한 예산과 인사권은 이원화된 채 그대로 남아 있어 실질적인 일원화는 아직 갈 길이 먼 것으로 평가받고 있다.

구급 사무는 부상자를 병원으로 이송하는 차원에서 시작되었다. 통행금지가 있던 때 부산과 대전 등 일부 소방관서가 야간에 응급환자를 이송한 것이 호응이 좋자 1982년 보건사회부와 협의로 야간 구급환자 신고센터 운영 규정이 제정되었다. 1982년부터 서울과 인천 등에 구급대가 편성되어 시범 운영하다가 1983년 법적으로 소방사무에 포함되었다.

구조대는 1986년 서울 아시안게임을 앞두고 서울 종로소방서와 중부소방서, 부산의 부산진소방서와 중부소방서 등 전국의 중심 소방서에 시범적으로 발족했고, 1988년 서울올림픽에 맞춰 정식으로 운영되기 시작했다.

2010년에는 유해 동물이나 연락이 안 되는 사람의 위치 추적, 가스 누출 확인, 문 개방, 소방 시설 오작동 등 당장 위험하지 않은 잠재적 위험 상황에서도 소방 활동을 하는 119 생활안전구조대가 운영되는 등 업무가 계속 확장되고 있다. 소방은 현재 육상에서 발생하는 거의 모든 재난에 대응하는 역할을 맡고 있으며, 현장 활동 외에도 화재 예방 등 업무의 외연이 넓어지는 중이다.

소방 산업과 소방 관련 자격

소방 산업은 건축물을 세울 때 들어가는 소방 시설을 설계, 시공, 감리하고 해당 시설의 구성 요소를 제조, 수입, 유통하는 데서 시작했다. 이후 소방관서에서 담당하던 소방 점검의 영역이 자체 점검 제도가 시행되면서 민간 자율로 넘어가 소방 시설에 대한 관리업의 규모가 커졌다. 첨단 기술이 발전함에 따라 제조품도 발전했지만 무엇보다 사회의 안전에 대한 가치가 점차 높아지면서 전체 소방 산업은 2022년 말 기준으로 8900여 개의 업체에 18만 명이 종사하며 연 17조 5000여 억 원의 매출을 올리는 규모로 성장했다.

소방 시설 설치와 관련한 업체는 과거에는 종합 건설사의 하청을 받았지만 소방 산업의 진흥에 관한 법률에 의해 하도급이 금지되는 등 구조적 여건이 개선되었다. 또 안전의 가치가 재평가되면서 소방 산업은 영세하고 힘들다는 인식에서 벗어나 전문 엔지니어 산업으로 여기는 등 사람들의 인식이 조금씩 개선되는 추세다.

이런 긍정적 변화에 따라 소방마이스터고등학교 등 특성화고가 신설되고, 대학에는 소방 관련 학과가 총 200여 개에 달하면서 소방 산업은 우수 인재를 유치하기 위해 발 빠르게 움직이고 있다.

우리나라에서 소방은 크게 화재, 구조, 구급 사무로 나뉜다. 화재는 진압 등의 활동을 하는 대응, 화재 발생을 저지하는 예방, 화재 이후 조사로 나눌 수 있다. 현장에서의 사무는 위험하고 사람의 안전 및 생명과 직접적인 관련이 있으므로 사무의 행위는 법으로 제한되고 자격이 있는 경우에만 행하도록 되어 있다. 예방 분야는 건축물에 설치되는 소방 시설과 관련된 것이 많아 공학 지식이 필요하며, 화재 예방을 위한 교육에서도 능력을 객관적으로 증명할 수 있는 일정한 자격증을 갖춰야 한다. 화재가 난 이후 화재 조사 역시 여러 학문이 얽혀 있는 과학적이고 전문적인 분야로 자격증이 있어야 수행할 수 있다.

소방과 관련해서는 앞에서 나눈 분야별 자격증이 존재한다. 일반적으로 현장과 관련한 자격은 소방공무원으로 근무하기 위한 자격 요건이지만 소방공무원이어야만 취득할 수 있다. 예방과 관련한 자격증은 민간에서도 취득할 수 있다. 자격의 분류와 응시 요건의 제한은 관련 법령에 근거하고 있으며, 사회 변화와 이에 따른 법 개정에 따라 조금씩 변화한 이력이 있다.

먼저 예방과 관련한 자격 제도로 가장 대표적인 것이 소방 시설의 설계, 시공과 관련해 기계와 전기 분야로 나뉜 소방시설산업기사, 기사 자격증과 소방시설관리사, 소방기술사가 있다. 각각의 자격은 위계가 있어서 응시 요건과 할 수 있는 행위의 범위가 저마다 다르다. 그중 소방기술사는 모든 규모의 건축물의 소방 설비에 관한 계획, 설계, 시공과 감리 등 전방위적 업무 영역을 수행할 수 있는 자격으로 업계에서 최고 대우를 받는다. 물론 난이도 역시 최고 수준이다.

화재 예방과 유사시 인명과 재산 피해를 최소화하기 위해 어린이집, 유치원, 학교, 장애인 복지시설 등 민간을 대상으로 소방 안전 교육과 훈련을 실시하는 인력을 배출하기 위한 자격인 소방안전교육사는 소방청, 소방본부, 소방서, 한국소방안전원, 한국소방산업기술원 등 기관에 배치할 수 있는 근거를 법에서 정하고 있어 한때 전망이 좋은 것으로 평가받았다.

일정 규모 이상의 건축물에 대한 소방 시설의 관리와 건물 전체의 화재와 관련한 업무를 수행하기 위해 건축주가 선임해야 하는 소방안전관리자 역시 예방과 관련한 자격이라고 볼 수 있다. 과거 방화관리자로 불리기도 한 소방안전관리자 자격은 3급, 2급, 1급, 특급으로 급마다 선임할 수 있는 건축물의 규모, 업무 범위, 권한 등이 차별화된다. 이 자격은 산업인력관리공단에서 주관하지 않고 한국소방안전원에서 실시하는 강습 교육과 시험으로 취득할 수 있다. 소방안전관리자의 자격은 업무와 관계있는 전기, 소방설비기사 등 다른 자격을 취득한 경우 동등한 능력이 있는 것으로 간주해 등급에 따라 소방안전관리자격증을 취득할 필요 없이 소방안전관리자로 선임될 수 있다. 그 밖에 역시 등급에 따라 권한이 다른 소방시설공사 감리 자격이 있다.

법 용어인 위험물은 상식적으로 생각할 때 위험성이 있는 모든 물질로 여길 수 있지만 위험물이라는 용어는 소방의 소관 법인 위험물안전관리법에서 정하고 있으며, 인화성 또는 발화성 등의 성질을 가진 물품으로 그 종류는 시행령에서 정하고 있다. 해당 물품은 다른 것들과 달리 유형별로 저장과 취급에 특별한 관리가 필요하다. 이에 대한 업무 능력을 검증하는 자격은 위험물기능사, 산업기사, 기능장이 있으며 역시 등급별로 행위의 범위와 권한에 차이가 있다.

화재가 난 후 조사와 관련한 자격으로는 화재감식평가산업기사, 기사가 있으며 이것은 화재 현장에서 원인과 피해 규모를 과학적으로 분석하고 평가하는 기술 자격이다.

앞에서 언급한 자격은 소방공무원이나 일반인 모두 취득할 수 있는 자격이지만 경우에 따라 실무 경력 등 까다로운 요건이 있다. 구급 업무는 의사, 간호사 같은 의료인과 응급구조사를 업무 요건으로 하고 있다. 응급구조사는 1급과 2급으로 나뉘며 1급은 전문대학이나 대학에서 응급구조학을 전공하고 졸업하거나 2급 응급구조사로 3년의 실무 경력을 요건으로 두고 있다. 2급의 경우 보건복지부 장관이 지정한 응급구조사 양성기관의 양성 과정을 마치고 시험에 합격해야 발급된다. 그런데 응급구조사 양성기관은 각 시도의 소방학교와 해양경찰교육원, 군 관련 교육기관으로 제한되어 있어서 전문대학이나 대학의 관련학과에서 교육 과정을 이수하지 않은 이상 일반인이 2급 자격을 취득하기는 사실상 어렵다.

구조 업무 관련 자격증에는 인명구조사 1급, 2급이 있다. 2급의 응시 자격은 소방학교나 교육훈련기관에서 4주 이상 교육 과정을 수료하거나 구조대원으로 1년 이상 근무, 소방의 외근 부서에서 3년 이상 근무를 요건으로 하고 있다. 1급의 경우 인명구조사 2급을 취득하고 2년이 경과한 사람 중 1급 교육 과정을 수료한 사람으로 자격을 정하고 있어서 민간인의 취득이 제한된다. 인명구조사 실기시험은 난이도가 매우 높은 것으로 소방공무원 사이에서 널리 알려져 있다.

화재 진압과 관련된 자격은 화재대응능력 1급, 2급이 있으며 이 자격 역시 소방공무원으로 1년 근무를 요건으로 두어 민간인이 취득할 수 없다. 1급의 평가는 2급 취득 후 2년이 경과한 사람 중 3주의 1급 화재 대응 과정을 수료한 사람이 지하층, 저층, 고층 등 일곱 가지 상황에서 모든 개인 안전 장비와 상황에 맞는 도구를 지닌 채 제한 시간 내 임무를 완수하는 시험으로 난이도가 약간 높은 편이다.

3장

우리나라 소방공무원의 일

소방사무

소방기본법에는 소방공무원이 수행하는 기본적 사무가 규정되어 있다. 화재를 예방·경계하거나 진압하는 일, 화재나 재난·재해 및 그 밖의 위급한 상황에서의 구조·구급 활동이다. 간단하게는 화재, 구조, 구급으로 분류할 수 있는데 세 분야의 핵심적인 공통점은 그런 일이 벌어진 공간에서 활동하는 현장성이라고 할 수 있다.

소방공무원이 아닌 일반 국민이 사실 이런 사건 현장에 휘말릴 확률은 그다지 높지 않다. 신고를 해 본 경험 역시 흔하지 않다. 심지어 소방공무원의 가족마저 구급 신고를 하면 나중에 사용에 대한 이용 요금을 부담하는 것으로 아는 경우도 있다. 우리나라의 경우 소방 활동은 국민의 기본적 권리를 보장하기 위해 공공에 의해 행해지므로 활동의 대가를 지불하는 일은 없다. 그만큼 소방공무원이 수행하는 업무가 대중에게 피상적으로 알려져 있다.

먼저 소방 활동이 이루어지는 전체 과정을 화재와 관련된 사건을 기준으로 살펴보자. 사고 발생을 인지하는 것은 능동적으로 달성할 수 없다는 특성이 있어서 거의 전적으로 신고에 의존한다. 최근에는 스마트폰이 119 신고 수단 중 가장 큰 비중을 차지한다. 과거에 이동통신이 활성화되지 않았던 때에는 유선전화로 신고하는 것이 일반적이었는데, 유선전화는 회선과 연결되어 있어야 하므로 전화가 놓일 공간이 따로 있었다. 이때 빠르게 번지는 건축물 내부의 화재 때문에 전화를 걸 수 있는 장소까지 가지 못해서 신고가 지연되고 소방대의 도착이 늦어지면 화재가 성장한 만큼 진화 활동이 어려워지고 피해가 커질 수 있다. 이 때문에 화재 초기에 빠르게 대응하기 위해 과거에는 신고를 먼저 하고 나서 대피해야 한다고 대시민 교육을 했다. 하지만 각자 스마트폰을 가지고 있어서 언제 어디서나 신고할 수 있는 현재는 타인에게 화재를 알리고 일단 대피한 후 신고하는 것으로 교육 내용이 변화했다.

스마트폰을 이용해 신고하면 스마트폰과 연결되어 있는 기지국의 위치를 기준으로 자동 분류되어 각 시·도의 소방본부에 설치되어 있는 상황실로 전화가 연결된다. 이 때문에 시·도의 경계에 있는 곳에서 신고할 경우 자신이 있는 곳의 관할과 다른 시·도의 소방본부와 연결되는 경우가 종종 발생한다. 기지국과 스마트폰의 연결은 반드시 거리나 신호 강도의 순서대로 연결되는 것이 아니기 때문이다.

이와 관련해서 일반 국민은 스마트폰으로 신고하면 자신의 위치를 자동으로 알 것이라 생각하지만 사실 이게 간단한 문제는 아니다.

일단 위치 정보는 개인 정보 중에서도 민감 정보여서 이를 본격적으로 활용할 수 있게 된 시점은 그리 오래되지 않았다. 예전에는 관련 기능이 있는 스마트폰이더라도 사용자가 GPS나 와이파이 기능을 활성화해 놓지 않았다면 기지국 위치 정보만 알 수 있었다. 이후 긴급한 경우 강제로 활성화할 수 있도록 관련 법령이 개정되었고, 2022년 4월에는 엄격하고 복잡했던 통신사에 신고 등의 절차가 간소화되어 신뢰성과 시간을 단축할 수 있게 되었다.

하지만 단말기 제조사마다 활성화를 할 수 있는지 여부가 약간씩 달라 100퍼센트라고 할 수 없다. 게다가 GPS 정보는 신고자의 전화가 실내에 있을 경우는 취득할 수 없다. 이러한 여러 사유로 인해 GPS나 와이파이 등 신고자의 정확한 위치를 알 수 없는 경우에는 기지국의 위치만 활용할 수 있다. 하지만 스마트폰 단말기와 연결된 기지국의 커버리지는 밀집한 도심이 아닌 농촌 같은 경우에는 반경 1킬로미터에 달하는데 그 범위 안에서 신고자의 위치를 바로 찾는 것은 불가능하다. 도심의 경우도 마찬가지다. 기지국의 커버리지로 추정하는 반경이 좁아져도 건축물 내부인 점을 고려하면 탐색의 물리적 범위가 결코 좁다고 할 수 없다.

실제 신고 접수에서 신고자의 위치를 즉각적으로 알 수 있는 방법은 신고자가 구술하는 정보를 통해서다. 신고 전화에서 정확한 위치를 말하는 것이 중요한 이유다. 또 신고자는 보통 자신의 위치를 경험적으로 알고 있어서 세부 정보를 제공해 줄 수 있다. 현재 어느 방향에 불법 주정차가 많다든지, 어느 골목으로 와야 한다든지 등은 출동에서 중요한 정보다.

신고 내용에는 구체적인 상황에 대한 정보가 있다. 이때 취득하는 정보는 모든 장비가 보관되어 있는 소방서에서 출동대가 나가기 전 준비할 장비를 결정하는 데 중요하다. 예를 들어 사람이 뛰어내릴 가능성이 있다는 정보는 출동대가 공기 안전 매트를 준비할 수 있는 근거가 된다. 따라서 어느 곳에 얼마의 사람이 갇혀 있는지, 어느 곳에서 화재가 진행 중인지, 불이 난 곳이 가스를 사용하는 주방인지 위험물을 보관하는 장소인지 등 신고자의 상황 정보는 출동할 소방대가 사전에 준비할 장비와 도착해서 진행하는 전술을 결정하는 중요 정보다. 하지만 이런 정보를 사진이나 영상이 아닌 신고자가 말하는 음성 정보에 의해 취득하는 데는 한계가 있다.

신고를 접수한 상황실 근무자는 신고 내용을 종합적으로 검토해 거리상 가깝거나, 해당 사고의 유형에 따라 관련 소방서와 곳곳에 있는 119안전센터에 지령을 내린다. 신고의 내용이 화재와 관련되어 있는 경우 소방서에서는 현장 지휘관과 통신, 안전 담당자가 탑승한 지휘차 및 화재 조사차가 출동하고, 소방서와 청사를 공유하는 직할 119안전센터에서 펌프차, 물탱크차 각 1대와 신고자와 거리상 가까운 119안전센터 2개소 정도에서 펌프차, 물탱크차, 구급차가 출동한다. 한 번 출동에 최소한 7대에서 9대의 차량이 움직이게 되는 것이다. 신고 내용에 따라 보통 소방서에 1대씩 편성되어 있는 구조대가 출동하거나, 직할센터에서 운용하는 고가차, 굴절차 등이 출동한다. 현장에서 지휘관이 판단한 화재 규모에 따라 다른 소방서나 심지어 다른 지자체의 소방력을 지원하는 대응 단계가 발령되기도 한다.

출동 지령은 소방서, 119안전센터의 청사 내·외부의 스피커로 방송하기 때문에 출동대에 편성된 대원은 소리를 듣는 즉시 하던 일을 멈추고 지령서를 통해 해당 신고의 정보를 확인한 후 장비 등을 챙겨 출동한다. 방송 지령부터 소방 차량이 차고를 탈출할 때까지 1분 내외가 걸린다.

신고자가 신고한 순간부터 소방대가 해당 위치까지 도달하는 시간은 평균적으로 10분 내외가 소요된다. 하지만 현장이 119안전센터와 거리가 멀 경우, 주차된 차량이 많은 경우, 소방대가 다른 출동으로 나가 있는 경우 등 변수에 의해 상당히 지연될 수 있다. 10분 남짓한 이 시간은 급격히 성장하는 특성이 있는 도심 화재에서 매우 중요하다. 현장에 있는 신고자 입장에서는 이 시간이 상당히 길게 느껴질 수도 있다.

각 소방본부에서는 신고 시점으로부터 현장에 도착하는 시간을 단축하기 위해 많은 노력을 기울이지만 화재 현장까지 도착하더라도 바로 불을 끌 수 있는 것은 아니다. 차량에서 필요한 장비를 챙길 시간, 화재 장소까지 이동하는 시간 등이 필요하다. 해당 장소에 주차 차량이 많을 경우 이 시간은 더 늘어날 수밖에 없다.

화재 진압은 펌프차 운전자를 제외한 나머지 인원이 수행한다. 일반적으로 119안전센터 한 곳의 진압 대원은 서너 명 정도다. 이들 중 보통 선임이 노즐을 잡고 선두에 서며 나머지 인원은 연장할 소방호스 등 관련 장비를 지참하고 뒤를 따른다. 화재 진압은 화점이라고 부르는 화염이 발하는 곳에 물을 뿜는 방법으로 이루어지는데, 건축물 내부의 화점까지 이동하는 것은 쉽지 않다. 가장 큰 요인은 연기로 인한 시야의 제한인데, 말 그대로 한 치 앞도 보이지 않는 상황이다. 또 시야를 제한하는 연기는 굉장히 유독해 만약 호흡 보호 장비가 벗겨질 경우 수초 이내에 치명적 상황에 놓이게 된다.

화점으로 진입하는 현장 대원은 공기 호흡기와 동료, 물이 차 있는 소방호스, 그리고 촉각에 의지해 화점으로 이동한다. 화점에 도달했다는 것은 열기와 불꽃을 보고 직감적으로 알 수 있다. 화점은 꽉 차 있는 연기를 뚫고 나오는 화염의 빛이 가장 긴 파장 대역의 색상인 아주 작은 암적색으로 보인다. 진압 대원은 구조 대상자와 화점을 찾아 한 치 앞이 보이지 않는 실내를 탐색하며 무전기로 실외와 통신한다. 무전으로 먼저 지시 사항을 듣고 구조 대상자의 발견 등 인명에 관한 사항, 위험 요소에 관한 사항을 보고한다. 또는 소방호스의 길이가 짧으면 소방호스를 연장해 달라거나 화점을 발견해 방수할 상황이 되면 소방호스와 연결된 소방펌프의 출력을 높여 물의 압력을 높일 것 등을 요청한다. 실내로 진입하며 소방호스가 여러 번 꺾여 마찰 손실이 늘어나기 때문에 소방펌프에서 뿜는 물의 압력이 노즐에서는 상당히 감소한다.

화점을 발견하면 관창이라고 하는 노즐을 조작해 물을 분사한다. 소방공무원은 이 행위를 보통 '방수'라고 칭한다. 이때 뜨겁고 건조한 콘크리트 실내의 벽과 타고 있는 물건에 뿌려진 물이 일제히 기화하면서 열을 전달하던 매개체가 공기에서 수증기로 바뀌며 상당한 열감이 느껴진다. 같은 온도라도 건식 사우나보다 습식 사우나가 뜨겁게 느껴지는 것과 같은 이유다.

시야가 어느 정도 확보되고 불꽃이 완전히 사라지면 화재를 진압했다는 '초진' 선언을 하는데, 그렇다고 이것으로 활동이 끝난 것은 아니다. 열이 어느 곳에 축적되어 있다면 물에 젖어 있어도 다시 불꽃이 나는 화재로 성장할 수 있기 때문이다. 이때부터 잔화 정리 작업을 한다. 모든 작업이 완료되면 지휘관은 '완진' 선언을 하고 그때부터 철수 준비를 하게 된다.

활동에 걸리는 시간은 화재 규모에 따라 다른데, 대형 화재의 경우에는 상당히 긴 시간 동안 작업해야 한다. 개인적인 경험을 예로 들면 인천 소래포구에서 화재 사고가 났을 당시 출동대에 편성되어 화재 진압에 나간 적이 있다. 골목과 구조물이 많았던 현장 특성과 교대가 여의치 않은 상황 때문에 24시간 넘도록 연속으로 활동했다. 폐기물 처리 시설의 화재에서는 일주일 정도 현장 교대를 하며 진압한 적도 있었다.

소방 활동은 무거운 개인 보호 장비를 착용한 채 수행해야 하므로 강인한 체력이 필요하다. 대부분의 사용 장비는 크고 무거워서 휴대할 수 있기는 하지만 차량에서 현장까지 옮기는 것만으로도 지치며 사용 중에는 위험할 때도 많다. 방수 성능이 요구되는 피복의 특성상 내부의 땀을 배출할 수 없어 활동을 시작한 지 얼마 지나지 않아 완전히 땀으로 젖게 된다. 중간중간 휴식 때에는 과거 수동 소방펌프를 움직였던 소방대원들처럼 충분히 마시고 먹어서 수분과 영양분을 공급해야 한다. 하지만 땀을 많이 흘리고 나면 입맛이 없는 데다가 장시간 이어지는 화재 현장에서 정상적 식사가 제공되기는 어렵다. 따라서 제공하는 측이나 먹는 측 모두 김밥과 컵라면 같은 간편식을 선호한다.

화재를 진압하고 나면 다시 119안전센터로 돌아와 다음 출동에 대비해야 한다. 차량에 물과 소화약제를 보충하고, 바닥에 끌려 더러워진 소방호스는 세척한 후 물을 빼서 널어놓고, 예비 소방호스를 목적에 알맞게 적재한다. 공기 호흡기 역시 세척해 널어놓고, 오염된 방화복은 세탁하고 여벌로 지급된 방화복을 준비해 놓는다. 이 작업이 끝나면 각자 몸을 씻고 휴식을 취할 수 있다.

가장 힘든 상황은 화재 진압을 하는 도중에 다른 곳에서 화재가 발생한 경우다. 소방공무원끼리는 쌍불이라고 하는 상황이다. 쌍불이 발생하거나 또는 화재 진압 후 복귀해서 수관을 세척하고 널고 물을 보충하는 등 다음 출동을 준비하는 중에 화재가 나면 녹초가 된 몸으로 다시 출동해야 한다. 화재는 예측할 수 없고 모든 상황을 감당해야 한다.

주간에만 일하는 사람들과 소속 직원의 수가 많은 소방서, 직할 119안전센터에는 다른 사기업처럼 별도의 구내식당이 있다. 나머지 일반적인 119안전센터에는 개별 채용된 한 명이 식사를 담당하는데, 문제는 조리 담당이 쉬는 날에도 소방공무원은 24시간 근무해야 한다는 것이다. 주로 주말인 이런 날은 배달을 시키거나 라면 같은 것으로 간단하게 해결하는데, 경우에 따라 자체적으로 조리를 하기도 한다.

소방서는 입직 경로가 다른 소방공무원들로 구성된다. 구급, 구조, 통신, 전산 등 일부 업무는 해당 분야에서 일정 기간 종사해야 하는 특별 채용으로 충원되며 나머지는 공개 채용 경로로 입직한 사람들이다. 각자의 분야에서 일하는 경향은 있지만 서로 완전히 분리되었다고 할 수는 없다.

소방공무원의 근무 여건

소방공무원은 근무 형태별로 크게 일반 공무원처럼 주 5일 40시간 근무를 기본으로 하는 이른바 내근과 현업 공무원으로 분류되는 외근으로 구분된다. 내근은 인사, 회계부터 장비에 관한 사무, 건축물의 소방 시설에 관한 사무 등 상당히 넓은 범위의 업무를 하며 외근은 화재, 구조, 구급으로 나뉜다. 전체 소방공무원을 통틀어 내근과 외근은 대략 1 대 4 정도의 비율이다.

소방은 시도마다 약간 다르지만 2009년까지 24시간 업무, 24시간 휴식을 취하는 2교대 근무 형식이었다가 3개 조가 하루에 오전, 야간 두 번의 교대를 하는 3조 2교대 근무를 수행해 왔다. 3조 2교대 체제에서는 첫 번째 주는 다른 일반 공무원처럼 주간 5일을 근무하고 주말 2일을 휴무하며 그다음 주부터 2주간 야간 근무-24시간 휴식을 반복하는 근무 체제다. 최근에는 일부를 제외하고 24시간 근무 48시간 휴무를 취하는 3조 1교대 체제가 대세가 되었다. 물론 3조 2교대나 3조 1교대나 각 조별 총 근무 시간은 동일하지만 48시간을 연속으로 쉴 수 있는 현재 체제에 만족도가 더 높은 것으로 나타났다.

급여의 경우 다른 공무원 직종에 비해 많이 받는다고 할 수 있다. 하지만 이는 어디까지나 교대 근무로 인해 다른 직종과 근무 시간에서 차이가 나는 데서 기인한다. 각종 수당으로 보전하는 우리나라의 독특한 공무원 보수 체계에서 소방공무원이 받는 다른 직종과 차별화된 수당은 방화활동비, 화재진압수당, 위험근무수당, 특수업무수당으로 각각의 금액이 그리 높은 수준이라고 할 수는 없다.

그렇다고 다른 직업에 비해 개인 시간이 부족한지 묻는다면 반드시 그렇다고 할 수는 없다. 평일 주간에 활동할 수 있는 특별한 장점이 있기 때문이다.

전반적인 근무 여건은 다른 상황과 비교하기 곤란해서 좋다 나쁘다를 판단하기 어렵다. 그것보다 특수한 부분을 먼저 살펴보는 것이 좋다. 우선 업무의 특성과 교대 근무의 여건에 따라 휴가, 연가 등 근무 환경과 관련해서는 상당히 경직되어 있다. 특히 근무 시간과 관련해서 세 명 중 누군가는 근무를 해야 하므로 누가 휴가를 가면 나머지 두 명이 한 사람의 빈자리를 나눠서 근무해야 한다. 소방공무원의 이동은 공간적으로도 제약이 있다. 비상에 대비해 장거리 여행 시 신고하게 되어 있으며, 여행을 가지 않더라도 일정 시간 내 출근할 수 있는 거리에 있어야 한다.

명확한 계급으로 인한 경직성도 있다. 소방에서의 계급은 각 개인의 정체성을 가장 극명하게 드러내는 지표로 작용한다. 가장 현실적인 예로 공적으로 개인을 소개할 때는 어떤 업무를 담당하는 누구보다는 소방○ ○○○처럼 계급과 이름으로 표시되는 것을 들 수 있다. 이는 주로 남성으로 구성된 소방 집단이 공유하는 군대라는 경험과 결합해 확실한 위계를 갖는 조직 문화에 영향을 준다.

개인적인 경험에 비추어 봤을 때 처음 입직한 2006년에 비해 현재는 거의 모든 근무 여건이 개선되었다는 것은 분명하다. 2교대를 하면서도 비번일에 소화용수 조사, 훈련 및 각종 행사에 동원되던 것이 3교대로 바뀌고 휴식 시간을 보장해 주는 것으로 변했다. 허벅지까지 오는 비옷처럼 생긴 방수복을 돌려 가며 입어야 했던 시절에서 방화복을 각자 두 벌씩 갖게 된 것처럼 개인 장비가 충족되고 품질도 좋아졌다. 낙후되었던 청사도 개선되고 재개발 등 도심 환경이 나아짐에 따라 화재 발생 빈도가 낮아진 점 등 많은 부분에서 개선이 이루어졌다.

소방공무원으로 산다는 것

지금까지 소방대원의 개인 안전 장비의 의의와 간략한 발전사, 우리나라 소방 조직의 역사, 소방공무원과 관련한 자격의 종류, 업무, 출동 체계, 직업의 특성에 대해 알아보았다. 어느 나라를 가더라도 사람들이 소방대원에게는 비교적 호의적으로 대한다. 외부에서 소방을 바라보는 긍정적 시선과 소방공무원을 직업으로 선택한 이들의 자발적 동기가 서로 맞닿아 있기 때문이라고 생각한다.

다른 공무원과 마찬가지로 소방공무원도 자신이 받는 급여 수준만 보고 공직을 선택하지는 않았을 것이다. 그보다는 자신이 업무를 수행함으로써 사회를 더 이롭게 할 것이라는 기대가 내적 동기로 작용해 공직에 들어섰을 가능성이 크다. 소방은 현장에서 직접 물리력을 행사하고 타인을 위해 고군분투하는 모습을 외부에 보여 주기 때문에 더 격려를 받는다고 생각한다.

이와 같은 일을 할 수 있는 마음은 봉사 정신 외에도 많은 것이 있고, 그 가치는 개인마다 달라서 각자의 소명의식이 소방공무원의 길로 이끌었을 것이다. 개인적으로 첫 출동에서 아픔을 호소하는 부상자의 목소리를 배경으로 다시 폭발이 일어날 것 같은 건물 안으로 들어간 경험이 있다. 처음엔 두려움으로 발을 뗄 수 없었지만 곧 움직일 수 있었다. 두려움이 실린 그 발을 떼는 일이 소방공무원으로서 정체성을 결정하는 것이라 직감했기 때문이다. 개인적으로 소방공무원이라는 직업은 나를 확인하고 보다 나은 사람으로 발전하기 위한 수단이라고 생각한다.

많은 소방공무원은 사람의 생명을 구하는 신성한 일을 자신이 수행한다는 것에 직업적 긍지를 느낀다. 이런 사람으로 채워진 소방 조직의 일원으로서 분야는 달라도 각자 자기 위치에서 제 역할을 다하는 동료들을 보며 자랑스러워지는 한편 스스로를 돌아보게 된다.

최근 임용된 젊은 직원들은 오래 근무한 사람 위주로 구성된 집단과 문화적 측면에서 차이를 느낀다고 한다. 혹자는 세대 간 문화 차이가 조직에 해를 미칠 수 있다고 말하기도 한다.

나 역시 구세대에 속한 사람으로서 신입직원 집단과 많은 부분이 다르다고 느끼고 솔직히 이해가 잘 되지 않을 때도 있다. 특히 과거에는 밖에 나가서 소방공무원임을 굳이 밝히지 않는 것이 일반적이었는데 지금은 SNS에 소방공무원으로서 일상의 모습을 드러내는 것 등이 그렇다.

하지만 한편으로는 이런 행동이 소방공무원으로서 직업적 자부심의 표현이며, 매일 저녁 몸을 만들기 위해 땀 흘리는 모습에서 세대는 다르지만 소방공무원으로서 분명히 같은 무언가를 공유하고 있다는 생각이 들었다. 사회 변화에 따라 발전한 소방과 관련한 발명품처럼 서로 다른 세대로 이어지는 소방공무원과 그들이 구성하는 소방 조직은 모습이 달라질지언정 가슴속 어딘가에는 같은 것을 공유할 것이기 때문이다.

도판 출처

CC BY: 저작권자와 출처 표기 후 상업적 이용을 포함한 모든 용도로 자유롭게 이용 가능
CC 0: 조건 없이 무료 사용 가능. 저작권을 따로 등록하지 않은 상태의 이미지
CC BY SA: 저작권자와 출처 표기 후 누구나 자유롭게 이용 가능. 2차 변형이 있어도 저작권은 원저작자에게 있음

1부

31쪽 파라셀수스의 초상화 © Wellcome Collection gallery/CC BY
https://commons.wikimedia.org/wiki/File:Portrait_of_Paracelsus._Wellcome_L0014988.jpg

32쪽 베허의 초상화 © Wellcome Collection gallery/CC BY
https://commons.wikimedia.org/wiki/File:Johann_Joachim_Becher._Line_engraving_by_W._P._Kilian,_1675._Wellcome_V0000426.jpg

47쪽 1800년대 나무 수도관 © Daderot/CC 0
https://upload.wikimedia.org/wikipedia/commons/9/99/Wooden_water_pipe%2C_said_to_have_been_laid_from_prior_to_1800%2C_from_corner_of_Chauncy_Street_and_Exeter_Place%2C_Boston%2C_unearthed_May_1921_-_Joseph_Allen_Skinner_Museum_-_DSC07898.JPG

48쪽 나무 수도관과 파이어플러그 Email:info@hiddenhydrology.org
https://www.hiddenhydrology.org/the-water-in-the-wood/
※ 문의 메일 발송했으나 회신 없음. 원저작권자와 연락이 닿지 않음.

49쪽 1907년 첫 상수도 공사 현장 © 서울아리수본부
※ 서울상수도사업본부 홍보민원과를 통해 이미지 제공 받음.

65쪽 1870년대 암 앤드 해머 전단지 © Boston Public Library/CC 0
https://upload.wikimedia.org/wikipedia/commons/0/03/Arm_and_Hammer_brand._

Best_in_the_world._(front)_-_8190848349.jpg
71쪽　미국 산림청 로고 © Clker-Free-Vector-Images/CC 0
https://pixabay.com/vectors/forest-service-usa-logo-42711/
76쪽　바쿠 지방의 유정 © Philip, James Charles/CC 0
https://digital.sciencehistory.org/works/zk51vj01p
79쪽　칼라바르콩 © List of Koehler Images/CC 0
https://garystockbridge617.getarchive.net/amp/media/physostigma-venenosum-kohlers-medizinal-pflanzen-237-bb6881
82쪽　허버트 아이즈너 © Ladyprof/CC BY SA
https://commons.wikimedia.org/wiki/File:Herbert_Eisner.jpg
86쪽　니미츠급 항공모함에서 수성막포 시스템 시험 © U.S. NAVY/CC 0
https://jenikirbyhistory.getarchive.net/amp/media/members-of-the-board-of-inspection-and-survey-inspect-sprinkler-nozzles-during-4ec8d5
91쪽　2019년 클로록스 상표 로고 © The Electro Creative Workshop/CC BY
https://commons.wikimedia.org/wiki/File:Clorox_Brand_Logo_2019.png
101쪽　2009년 남극 오존층 구멍 © NASA Goddard Space Flight Center/CC BY
https://commons.wikimedia.org/wiki/File:2009_Antarctic_Ozone_Hole_(3927062424).jpg

2부

126쪽　불을 피우는 그림 © Wellcome Collection gallery/CC BY
https://commons.wikimedia.org/wiki/File:Illustration_of_fire-making_Wellcome_M0005552.jpg
128쪽　아프젤리아 나무 열매 © Didier Descouens/CC BY SA
https://commons.wikimedia.org/wiki/File:Afzelia_africana_MHNT.BOT.2004.0.227.jpg
133쪽　1540년경 스퀴츠 © Photographed byUser:Bullenwächter/CC BY SA
https://commons.wikimedia.org/wiki/File:FireExtinguisher-1540_2.jpg
136쪽　1880년대 화재 진압용 양동이 © Photo byJoe Mabel/CC BY SA
https://upload.wikimedia.org/wikipedia/commons/e/e6/MOHAI_-_leather_fire_bucket.jpg
138쪽　런던 대화재 © public domain
https://ko.wikipedia.org/wiki/%ED%8C%8C%EC%9D%BC:Great_Fire_London.jpg
139쪽　핸드 인 핸드 화재생명보험사 표식 © Marathon/CC BY SA
https://www.geograph.org.uk/photo/5423230
141쪽　17세기 존 킬링의 소방펌프차 © 저작권자 미상/CC BY SA

　　　　https://commons.wikimedia.org/wiki/File:Keeling-fire-engine-illustration.jpg?use-lang=en#Licensing

142쪽　19세기 말 뉴샴의 소방펌프 © Flominator/CC BY SA
　　　　https://commons.wikimedia.org/wiki/File:Salem_April_2010_1010665.jpg

143쪽　미국 서부의 양철 재질의 화재 진압용 양동이 © Linnaea Mallette/CC 0
　　　　https://www.publicdomainpictures.net/en/view-image.php?image=291806&picture=antique-fire-bucket

145쪽　1939년경 발견한 래틀 벨 © 3388358/CC 0
　　　　https://www.rawpixel.com/image/3388358/free-illustration-image-antique-art-artwork

147쪽　1936년경 미국에서 발견한 이름이 적힌 가죽 양동이 © 3387419/CC 0
　　　　https://www.rawpixel.com/image/3387419/free-illustration-image-antique-art-artwork

152쪽　자카리아스 그레일의 장치 복원물 © Sándor Kovács
　　　　https://m.facebook.com/tuzoltokeszulekgyujtemeny/photos/elkészült-a-tűzoltó-hordó-másolata-zacharias-greyl-augsburgi-ezüstműves-mester-1/568630156656040/
　　　　※ 페이스북(https://www.facebook.com/tuzoltokeszulekgyujtemeny) DM 문의. 저작권자의 사진 사용 가능 회신 받음.

153쪽　앰브로스 고드프리의 발명품을 묘사한 삽화 © Fredrik Persson
　　　　https://firefighters.se/2022/09/30/forsta-brandslackaren-borjade-med-en-small-nu-fyller-den-engelska-uppfinningen-300-ar/
　　　　※ 메일(redaktor@firefighters.se)로 문의하여 저작권자의 사진 사용 가능 회신 받음.

154쪽　고드프리의 소화 장치를 재구성한 삽화　출처: 송병준

155쪽　소화 기구 '포자로가스' © N. B. Sheftal
　　　　https://topwar.ru/user/%D0%95%D0%B2%D0%B3%D0%B5%D0%B-D%D0%B8%D0%B9%20%D0%A4%D0%B5%D0%B4%D0%BE%D1%80%D0%BE%D0%B2/
　　　　※ 저널 액세스 안 됨. topwar.ru에서 topwar contact에 문의 글 남김.

158쪽　맨비의 휴대용 소화기 © Smith Archive/Alamy Stock Photo (구매 도판)
　　　　https://www.alamy.com/captain-manbys-invention-1816-by-courtesy-of-the-fire-protection-association-london-captain-george-william-manby-born-november-28-1765-in-denver-norfolk-england-died-november-18-1854-in-great-yarmouth-was-the-inventor-of-a-portable-fire-extinguisher-amongst-other-things-image268853077.html

159쪽　화재 절멸자 특허 도면 © William Henry Phillips
　　　　https://patentimages.storage.googleapis.com/74/05/cb/d42beca99f9154/US7269.pdf
　　　　※ 특허 기간이 만료된 특허 도면.

161쪽　1840년대 독일의 화학 소화기와 유리병 투척 소화기 등 © Wuselig/CC BY SA

https://commons.wikimedia.org/wiki/File:Technische_Sammlungen_Dresden_-_Feuer_-_Diverse_Feuerlöschmittel_-_DSC4496.jpg

163쪽 건축물 내부용 소다산 소화기 ⓒ Firetech117/CC BY SA
https://commons.wikimedia.org/wiki/File:Childs_soda-acid.JPG

165쪽 1880년 알몬 그레인저의 소다산 소화기 ⓒ Sam Kal/CC 0
https://www.publicdomainpictures.net/en/view-image.php?image=512983&picture=1880-fire-extinguisher

166쪽 미니맥스 소화기 ⓒ George Grinsted/CC BY SA
https://commons.wikimedia.org/wiki/File:Vintage_Fire_Extinguisher.jpg

171쪽 존 하든의 유리병 소화기 특허 도면 ⓒ John J. Harden
https://patents.google.com/patent/US297075A/en?oq=US297075
※ 특허 기간이 만료된 특허 도면.

176쪽 투척 소화기 레드 코멧 ⓒ Joe Mabel/CC BY SA
https://commons.wikimedia.org/wiki/File:Snohomish_-_Blackman_House_Museum_-_Comet_fire_extinguisher_02.jpg

180쪽 페트롤렉스 소화기 ⓒ Science Museum Group/CC BY SA-NC-SA 4.0
https://collection.sciencemuseumgroup.org.uk/objects/co8056613/petrolex-fire-extinguisher-type-b-1934-fire-extinguisher

182쪽 피렌의 차량용 사염화탄소 소화기 ⓒ WolfgangS/CC BY SA
https://commons.wikimedia.org/wiki/File:Carbon_tetrachloride_1930s_fire_extinguisher.jpg

184쪽 알렉산드르 로란의 거품 소화기 특허 도면 ⓒ Alexandre G. Laurent
https://patents.google.com/patent/US858188A/en?oq=US858188
※ 특허 기간이 만료된 특허 도면.

186쪽 초기 거품 소화기로 시험하는 장면 ⓒ National Archives at New York/CC 0
https://catalog.archives.gov/id/6281299

187쪽 이산화탄소 소화기 7.5파운드 ⓒ Firetech117/CC BY SA
https://commons.wikimedia.org/wiki/File:Walter_Kidde_7.5lb._CO2_fire_extinguisher_made_for_Bell_Telephone,_1928.jpg

190쪽 카일 파이어사 건조 분말 소화기 ⓒ Provost and Fellows of Eton College/CC 0
https://collection.sciencemuseumgroup.org.uk/objects/co45322/dry-powder-extinguisher-made-by-the-kyl-fyre-company-fire-extinguisher

191쪽 듀가스 소화기 특허 도면 ⓒ Lodias J. Dugas
https://patents.google.com/patent/US1839658A/en?q=(lodias+dugas+extinguisher)&oq=lodias+dugas+extinguisher

※ 특허 기간이 만료된 특허 도면.
192쪽 안티파이어사의 권총식 소화기 광고 ⓒ Collection of Brian W.
        https://ephemerasociety.org.au/letterhead-2/
        ※ 페이스북 메신저로 사용 가능 승인.

3부

217쪽 샤두프를 이용해 물을 끌어올리는 남자 ⓒ G. Pearson/CC 0
        https://commons.wikimedia.org/wiki/File:Shaduf2.jpeg
219쪽 아르키메데스식 나선 양수기 조각품 ⓒ Polleket/CC BY SA
        https://commons.wikimedia.org/wiki/File:Schroef_van_Archimedes.jpg
222쪽 병렬 피스톤 펌프의 예시 출처: 송병준
223쪽 헝가리 아쿠인쿰에서 발견된 물오르간 복원물 ⓒ Kaboldy/CC BY SA
        https://commons.wikimedia.org/wiki/File:Hidraulis_Aquincum2.JPG
225쪽 《다양하고 창의적인 기계들》 중 베인 펌프 삽화 ⓒ Ramelli, Agostino/CC 0
        https://digital.sciencehistory.org/works/mp48sc916
226쪽 베인 펌프 개념도 출처: 송병준
227쪽 기어 펌프 ⓒ Jahobr/CC 0
        https://ndla.no/subject:1:5a5cac3f-46ff-4f4d-ba95-b256a706ec48/topic:5d631e43-f324-41ad-9cb2-16a26fc391ac/topic:a322c488-0fef-4a61-8128-cfee23b95dc4/resource:1:123159
230쪽 로브 펌프 ⓒ MichaelFrey, Jahobr/CC BY SA
        https://commons.wikimedia.org/wiki/File:LobePump3DAnimation.gif
232쪽 피스톤 펌프와 플런저 펌프 ⓒ STORE NORSKE LEKSIKON/CC 0
        https://snl.no/stempelpumpe
233쪽 다이어프램 펌프의 예 ⓒ STORE NORSKE LEKSIKON/CC 0
        https://snl.no/diafragmapumpe
237쪽 파팽의 원심 펌프 ⓒ Harris, 1953
        https://www.researchgate.net/figure/Centrifugal-pump-1689-invented-by-Denis-Papin-Picture-from-Harris-1953_fig4_265247506
        ※ 저작권자 동의가 필요해 원저작권자를 찾았으나 추적 불가능하다는 회신 받음. 이 도판은 바트 반 에슈Bart Van Esch가 업로드한 것으로 해당 도판의 오리지널은 Harris, 1953이라고 함. 데니스 파팽이 발견한 원심 펌프(1689년)를 해리스가 촬영(1953년)하고 바트 반 에슈가 게재한 글에서 입수.
240쪽 배수 펌프의 임펠러 ⓒ Chris Allen/CC BY SA
        https://www.geograph.org.uk/reuse.php?id=3988046

241쪽 이스턴 앤드 아모스가 제작한 아폴드 원심 펌프 © Chris Allen/CC BY SA
https://www.geograph.org.uk/photo/3987171
242쪽 볼류트 펌프의 예 © Dr. Martin Heinrich/CC BY SA
https://commons.wikimedia.org/wiki/File:Main_components_of_a_centrifugal_compressor_in_isometric_view.svg
245쪽 안마당의 여주인과 하녀 © Pieter de Hooch/CC 0
https://creazilla.com/nodes/7094561-pieter-de-hooch-woman-and-maid-in-a-courtyard-wga11703-illustration
249쪽 마그데부르크 반구 © Rama/CC BY SA
https://commons.wikimedia.org/wiki/File:Magdeburg_hemispheres-CnAM_8075-IMG_6601-white.jpg
251쪽 보일과 훅의 진공 펌프 복원물 © Kinkreet/CC BY SA
https://commons.wikimedia.org/wiki/File:ReplIca_of_the_Hooke-Boyle_Air_Pump.jpg
260쪽 기원후 1세기 헤론의 아이올로스의 공 © Gts-tg/CC BY SA
https://commons.wikimedia.org/wiki/File:Hero's_Aeolipile,_1st_century_AD,_Alexandria_(reconstruction).jpg
261쪽 국립암호학 박물관에서 전시 중인 책《자연의 마법》© Daderot/CC 0
https://commons.wikimedia.org/wiki/File:Magia_Naturalis,_by_Giovanni_Battista_Porta,_first_published_1558,_this_edition_1644_-_National_Cryptologic_Museum_-_DSC07744.JPG0
262쪽 조반니 브랑카의 증기 회전 기관 삽화 © 저작권자 미상/CC 0
https://commons.wikimedia.org/wiki/File:PSM_V12_D032_Branca_steam_engine.jpg
263쪽 1663년 에드워드 서머싯의 엔진 © Evelyn Simak/CC BY SA
https://www.geograph.org.uk/photo/2220475
266쪽 드니 파팽의 초기 뼈 소화기 © Wellcome Collection gallery/CC BY
https://commons.wikimedia.org/wiki/File:Papin's_digester_-_the_first_form_of_pressure_cooker._Wellcome_M0011059.jpg
267쪽 파팽의 피스톤 펌프 단면도 © Colas Flament/CC BY SA
https://commons.wikimedia.org/wiki/File:Piston_Papin.jpg
268쪽 토머스 세이버리의 증기 펌프 도면 © 뉴욕공립도서관/CC 0
https://digitalcollections.nypl.org/items/c3f32792-cdde-956e-e040-e00a180653c0
270쪽 뉴커먼의 증기기관 도면 © 뉴욕공립도서관/CC 0
https://digitalcollections.nypl.org/items/c3f39e54-3149-2ae2-e040-e00a18066564
273쪽 제임스 와트의 증기기관 도면 © DigbyDalton/CC BY SA
https://commons.wikimedia.org/wiki/File:WattsSteamEngine.jpeg

276쪽 퀴뇨의 증기차 삽화 © 저작권자 미상/CC 0
https://commons.wikimedia.org/wiki/File:Fardier_a_vapeur.gif

278쪽 트레비식의 증기기관차 '캐치 미 후 캔' © creazilla.com/CC 0
https://creazilla.com/es/nodes/7950208-locomotora-fabricada-por-richard-trevithick-y-andrew-vivian-1801-clipart

279쪽 증기기관차의 표준이 된 조지 스티븐슨의 '로켓' ©저작권자 미상/CC 0
https://denstoredanske.lex.dk/George_Stephenson

283쪽 르누아르의 가스 엔진 © Johannes Maximilian/CC BY SA
https://commons.wikimedia.org/wiki/File:Lenoirmotor.jpg

289쪽 1925년형 모델 T 투어링 © ModelTMitch/CC BY SA
https://commons.wikimedia.org/wiki/File:1925_Ford_Model_T_touring.jpg

4부

303쪽 자크 베송의 〈위대한 기계와 도구〉 중 주사기 펌프 © Duschan1944/CC 0
https://de.m.wikipedia.org/wiki/Datei:Feuerspritze_Besson_1578.jpg

305쪽 한스 하우치의 주사기 펌프 © 저작권자 미상/CC 0
https://commons.wikimedia.org/wiki/File:Löschmaschine_Hans_Hautsch_1650.jpg

306쪽 얀 반 데르 헤이덴의 소방펌프와 소방호스 © 암스테르담 국립미술관/CC 0
https://www.rijksmuseum.nl/nl/collectie/RP-T-00-731

307쪽 얀 반 데르 헤이덴이 설계한 소방호스 © Duschan1944/CC 0
https://commons.wikimedia.org/wiki/File:Fire_hose_apparatus_designed_by_Jan_van_der_Heyden_in_De_Rijp_town_hall_01.JPG

318쪽 글렌필드가 만든 오래된 소화전 © Chris/CC BY SA
https://www.geograph.org.uk/photo/4424421

319쪽 탱커레이 진 병 © de:Benutzer:Calvin Ballantine/CC BY SA
https://commons.wikimedia.org/wiki/File:Tanqueray_gin_(classic_proof).png

321쪽 케임브리지에 있는 중세 제팅 공법의 건물 © Andrew Dunn/CC BY SA
https://commons.wikimedia.org/wiki/File:DoubleJettiedBuilding.jpg

326쪽 존 킬링의 수동 소방펌프 © 저작권자 미상/CC 0
https://commons.wikimedia.org/wiki/File:Keeling-fire-engine-illustration.jpg

328쪽 존 로프팅의 소방펌프 삽화 © Society of Antiquaries of London (구매 도판)
https://www.sal.org.uk/collections/explore-our-collections/collections-highlights/john-lofting-fire-engine/

330쪽 1780년대 뉴샴이 만든 수동 소방펌프 © H. Zell/CC BY SA
https://commons.wikimedia.org/wiki/File:Fire_engine_-_Newsham_and_Ragg_-_1780.

JPG

340쪽 뉴욕에 최초 도입된 수동 소방펌프 석판화 ⓒ Smithsonian/CC 0
https://www.rawpixel.com/image/9065699/image-art-vintage-fire

343쪽 딜리전트 파이어 엔진 ⓒ George G. Heiss/CC 0
https://commons.wikimedia.org/wiki/File:Diligent_Fire_Engine_c.1852.jpg

347쪽 셀러스와 펜녹의 리벳 소방호스 광고 ⓒ Philadelphia: A. McElroy & Co./CC 0
https://www.flickr.com/photos/internetarchivebookimages/14781555622/

349쪽 에이브러햄 위벨의 사다리 차량 삽화 ⓒ 저작권자 미상/CC 0
https://commons.wikimedia.org/wiki/File:Wivell_fire_escape_engaved_illustration.jpg

351쪽 버튼 엔진 웍스의 수동 소방펌프 ⓒ Daderot/CC 0
https://commons.wikimedia.org/wiki/File:Side-Stroke_Fire_Engine,_1872,_L._Button_%26_Sons,_Waterford_NY_-_Lyman_%26_Merrie_Wood_Museum_of_Springfield_History_-_DSC04148.JPG

352쪽 필라델피아의 소방대 하이버니아 파이어 엔진 컴퍼니 넘버1 ⓒ ID 9064992/CC 0
https://www.rawpixel.com/image/9064992/lithograph-hibernia-fire-company-no

355쪽 미국의 석판화가 너새니얼 커리어 작품〈소방관의 삶〉ⓒ ID 9065257/CC 0
https://www.rawpixel.com/image/9065257/lithograph-the-life-fireman-the-race

358쪽 1829년에 제작된 증기기관차 '노벨티'의 복원물 ⓒ JÄRNVÄGSMUSEET/CC BY
https://digitaltmuseum.org/021028422676/anglok

364쪽 1884년 신시내티의 아렌스 증기 소방펌프 ⓒ Logan Rickert/CC BY
https://www.flickr.com/photos/188857455@N02/51180387935/

365쪽 1882년 섄드 메이슨의 증기 소방펌프 ⓒ AlfvanBeem/CC 0
https://commons.wikimedia.org/wiki/File:1882_Horse-drawn_Shand,_Mason_%26_Co._steam_fire_engine_pic3.JPG

376쪽 1912년 아메리칸 라프랑스 케미컬 앤드 호스 왜건 ⓒ Fireman Creative/CC BY SA
https://commons.wikimedia.org/wiki/File:Engine_House_No_16_first_chemical_hose_1912_American_La_France_fire_truck.jpg

384쪽 소방박물관에 전시된 데니스 소방차 ⓒ sv1ambo/CC BY
https://commons.wikimedia.org/wiki/File:1934_Dennis_300-400_fire_truck_(12318252775).jpg

389쪽 소방박물관에 전시된 바퀴 달린 사다리 ⓒ sv1ambo/CC BY
https://commons.wikimedia.org/wiki/File:1950s_Merryweather_wheeled_escape_ladder_(12318257383).jpg

391쪽 턴테이블 방식의 마기루스 dl-24 ⓒ Barni1/ CC 0
https://pixabay.com/ko/photos/소방관-늙은-박물관-소방차-1201206/

393쪽 35 피르쉬 스페어 사다리 100피트 F-110 ⓒ ⓑⓘⓕⓒⓗ from memphis/CC 0
       https://www.flickr.com/photos/51992558@N00/6679623259/in/photostream/
398쪽 앨비스 Mk6 샐러맨더 공항 화재 진압 소방차 ⓒ Murgatroyd49/CC BY SA
       https://commons.wikimedia.org/wiki/File:Alvis_Mk6_Salamander.jpg
400쪽 프랑크푸르트 공항에 배치되었던 심바 8×8 ⓒ Woelle ffm/CC BY SA
       https://commons.wikimedia.org/wiki/File:F_LA_1185_02.JPG
401쪽 공항에 배치된 1세대 로젠바우어 팬더 ⓒ WikiABG/CC BY SA
       https://commons.wikimedia.org/wiki/File:Rosenbauer_Panther_Leipzig-Altenburg_Airport.JPG
402쪽 3세대 로젠바우어 팬더 ⓒ Rosenbauer/CC BY SA
       https://commons.wikimedia.org/wiki/File:Panther_Leipzig.062.jpg
405쪽 내연기관 펌프 '발동기 즉통' ⓒ 소방청
       http://www.nfa.go.kr/nfa/ebook/2021-autumn/sub01-03.html
       ※ 출처 표시 후 사용 가능 확인.
406쪽 미군의 잉여 지프 차량을 활용한 펌프차 ⓒ 저작권자 미상
       http://www.nfa.go.kr/nfa/ebook/2021-autumn/sub01-03.html

5부

426쪽 드루리 레인의 로열 극장 전경 ⓒ Yale Center for British Art/CC 0
       https://commons.wikimedia.org/wiki/File:Anonymous_-_View_of_Theatre_Royal,_Drury_Lane_-_B1977.14.10958_-_Yale_Center_for_British_Art.jpg
439쪽 저융점 금속이 적용된 러프턴의 스프링클러 헤드 출처: 송병준
441쪽 해리슨의 최초의 나사 조립식 스프링클러 헤드 ⓒ Gorham Dana
       https://nl.pinterest.com/pin/818247826019892188/
       ※ 1919년 고햄 다나의《자동 스프링클러 프로젝션Automatic Sprinkler Protection》에 실린 도판. 저자 사후 70년 이상으로 추정되어 사용.
442쪽 필립 프랫의 회전부가 있는 다공관 설비 ⓒ Philip W. Pratt
       US131370.pdf
       ※ 1872년 특허 청구서의 삽화. 특허 기간이 만료된 특허 도면.
446쪽 파믈리의 최초 유수 감지 장치 ⓒ NFPA
       https://nfsa.org/2020/09/01/what-is-nfsa-why-should-i-join/henry-parmalee-300/
       ※ 페이스북 메신저로 도판 사용 가능 회신 받음.
447쪽 파믈리의 초기 헤드를 모사 출처: 송병준
455쪽 유리 디스크가 삽입된 그리넬의 헤드 ⓒ Ergoiamtoo
       https://www.iroquoistheater.com/sprinklered-buildings-in-1903-chicago.php

※ 메일로 문의했으나 회신 없음.
456쪽 최초 유리 앰플이 적용된 스프링클러 헤드의 특허 ⓒ John Taylor
US842725.pdf
462쪽 그리넬 스프링클러 헤드의 변천 ⓒ www.radfiresprinklers.com
https://www.radfiresprinklers.com/history-of-firesprinklers/
※ 메일로 문의했으나 회신 없음.
471쪽 최초의 리타딩 챔버 원리가 등장한 발명 ⓒ Ralph Dowson & John Taylor
US384514.pdf
※ 구글 특허 검색으로 1888년 발명한 것으로 확인. 특허 기간 만료된 특허 도면.
482쪽 올드 타입 헤드와 표준 헤드의 방사 범위 출처: 송병준
486쪽 1956년 생산된 도요타의 지게차 ⓒ Mytho88/CC BY SA
https://commons.wikimedia.org/wiki/File:1956_Toyota_Model_LA_Forklift_01.jpg

6부

516쪽 남북전쟁 시 래틀 벨을 모사한 그림 출처: 송병준
518쪽 뉴햄프셔주의 도시 화재경보를 위한 종 ⓒ Daderot/CC 0
https://commons.wikimedia.org/wiki/File:City_Fire_Alarm_Bell,_made_by_Naylor_Vickers_%26_Co.,_No._1665,_1860_-_Nashua,_New_Hampshire_-_DSC07375.jpg
520쪽 샤를 카니야르 드 라투르의 사이렌 장치 ⓒ Alain.lerille/CC BY SA
https://commons.wikimedia.org/wiki/File:SireneCagniardLatourFace1.JPG
521쪽 스타벅스 로고 ⓒ Brian Chowfrom Vancouver, Canada/CC BY
https://commons.wikimedia.org/wiki/File:Found_an_old_Starbucks_logo_-starbucks_(16253373264).jpg
523쪽 스털링의 M10 모델 사이렌 ⓒ JoJoes123/CC BY SA
https://commons.wikimedia.org/wiki/File:SterlingM10Kalama.jpg
524쪽 2차 세계대전 시 공습을 경보한 사이렌 ⓒ Robert Jarvis/CC BY
https://commons.wikimedia.org/wiki/File:Lowestoft_siren.jpg
525쪽 전자 사이렌의 회로도 ⓒ Jomegat/CC BY SA
https://commons.wikimedia.org/wiki/File:Siren_circuit.png
526쪽 우리나라 최고의 사이렌 ⓒ 소방청
https://www.yna.co.kr/view/AKR20201022056000530
527쪽 서천119안전센터 옥상에 있는 기계식 사이렌 ⓒ 서천119안전센터
※ 저자를 통해 서천119안전센터에서 제공 받음.
531쪽 펜실베이니아주 의사당 건물 ⓒ Ruhrfisch/CC BY SA
https://commons.wikimedia.org/wiki/File:Pennsylvania_State_Capitol_Front_Panorama.

jpg
532쪽 제너럴 테일러 호스 컴퍼니 넘버35의 모자 ⓒ 미국역사박물관/CC 0
https://americanhistory.si.edu/collections/search/object/nmah_1318711
536쪽 윌리엄 스터전이 발명한 전자석 삽화 ⓒ 저작권자 미상/CC 0
https://picryl.com/amp/media/sturgeon-electromagnet-f16a73
543쪽 현재까지 작동하는 보스턴의 화재 알람 박스 ⓒ Scott McManus/Alamy Photo
https://www.alamy.com/traditional-boston-fire-alarm-station-box-manufactured-by-game-well-on-a-pedestal-in-front-of-beautiful-fall-trees-on-a-sunny-fall-day-image565326039.html?imageid=CDE466AD-334C-4CE5-8C98-5C20131D031E&p=2225916&pn=1&searchId=958681abf0c2f1c123b3ee52587295b9&searchtype=0
546쪽 이튼칼리지의 전신 화재경보 시스템 단말기 ⓒ don cload/CC BY SA
https://commons.wikimedia.org/wiki/File:Fire_alarm_telegraph_station_-_geograph.org.uk_-_1802092.jpg
554쪽 1878년 벨 회사의 전화 ⓒ Daderot/CC 0
https://commons.wikimedia.org/wiki/File:Coffin_telephone,_made_by_Charles_Williams_Jr._for_the_National_Bell_Telephone_Company,_1878_-_Telephone_Museum_-_Waltham,_Massachusetts_-_DSC08123.jpg
561쪽 1900년경의 바그너의 망치 ⓒ Kogo/CC 0
https://de.wikipedia.org/wiki/Wagnerscher_Hammer#/media/Datei:Wagnerscher_Hammer.png
567쪽 1872년 대화재 이후 보스턴의 모습 ⓒ Allen, EL (Edward L.)/CC BY
https://commons.wikimedia.org/wiki/File:1872_after_fire_Boston_byEdward_L_Allen_BPL_4926930574.jpg
569쪽 심플렉스의 풀다운 스테이션 ⓒ Ben Schumin/CC BY SA
https://upload.wikimedia.org/wikipedia/commons/9/9f/Simplex_pull_station.jpg
578쪽 바이메탈이 적용된 해리슨의 H4 해양 시계 ⓒ Tatters ❀/CC BY SA
https://commons.wikimedia.org/wiki/File:Clock_that_changed_the_world_(H4,_1759)_-_Flickr_-_Tatters_❀.jpg
579쪽 온도 조절 장치 모델명 T87 '더 라운드' ⓒ midnightcomm/CC BY
https://www.flickr.com/photos/midnightcomm/447335691/
583쪽 1890년 업튼의 열 감지기 ⓒ Francis R. Upton & Fernando J. Dibble
http://www.nkmfireprotection.co.uk/ about-us/our-history
※ 특허 연도 1890년. 메일 보냈으나 회신 없음.
585쪽 1894년 독일에서 특허 출원된 연기 감지기 ⓒ 저작권자 미상
https://www.safetycenter.ch/sites/default/files/2022-04/Fachartikel_Rauchwarnmelder_

SFV_SwissFire118.pdf
※ https://www.swissfire.ch/ 통해서 컨택. 사이트에 문의 글 남겼으나 회신 없음.
588쪽 아메리슘 241을 사용한 연기 감지기 내부 ⓒ MD111/CC BY SA
https://commons.wikimedia.org/wiki/File:InsideSmokeDetector.jpg
589쪽 가정용 연기 감지기 스모크가드 ⓒ WPI Archives and Special Collections/CC BY SA
https://commons.wikimedia.org/wiki/File:"Smokegard"_Home_Smoke_Detector.jpg

7부

615쪽 비상구 픽토그램 ⓒ 최광모/CC BY SA
https://commons.wikimedia.org/wiki/File:비상구_표지.jpg
618쪽 로마 콜로세움의 보미토리움 내부 계단 ⓒ Joe Ross/CC BY SA
https://www.flickr.com/photos/joeross/6691760823/
622쪽 빅토리아 홀의 페이 남매 쇼 광고 전단 ⓒ public domain
https://en.wikipedia.org/wiki/File:Victoria_hall_disaster.jpg
622쪽 빅토리아 홀 내부 모습 ⓒ Alamy Stock Photo (구매 도판)
https://www.alamy.com/the-terrible-disaster-at-sunderland-uk-1883-the-interior-of-the-victoria-hall-reimagined-by-gibon-classic-art-reimagined-image230419698.html
623쪽 빅토리아 홀 사고 모습 ⓒ public domain
https://jenikirbyhistory.getarchive.net/amp/media/victoria-hall-crush-0576b3
625쪽 학교의 패닉 바 문 ⓒ Scott Brody/CC BY SA
https://commons.wikimedia.org/wiki/File:Set_of_Crash_Bar_Doors.jpg
626쪽 시카고 대화재 후 폐허가 된 도시 ⓒ Library of Congress/CC 0
https://loc.getarchive.net/media/the-chicago-fire-1871-a41a0e
628쪽 화재 후 이로쿼이 극장 ⓒ Henry Albert Ericson/CC 0
https://commons.wikimedia.org/wiki/File:Panorama_of_the_Iroquois_Theatre,_after_the_fire.jpg
628쪽 뮤지컬 〈푸른 수염〉 공연 중 화재 ⓒ https://fireman.club//CC 0
https://commons.wikimedia.org/wiki/File:Chicago-iroquois-theater-fire-02-scene-on-the-stage-when-the-fire-started.jpg
630쪽 트라이앵글셔츠웨이스트 화재 ⓒ Kheel Center/CC BY
https://commons.wikimedia.org/wiki/File:Firefighters_spray_water_on_the_Asch_Building_trying_to_put_out_the_Triangle_factory_fire_blaze,_March_25,_1911_(5279335917).jpg
631쪽 화염 속 여성 이주 노동자를 묘사한 삽화 ⓒ Kheel Center/CC BY
https://commons.wikimedia.org/wiki/File:Drawing_"The_Locked_Door!"_refers_to_the_

Triangle_fire_and_depicts_young_women_throwing_themselves_against_a_locked_door_in_an_attempt_to_escape_the_flames._(5279750596).jpg

633쪽 1993년 코코넛 그로브 기념비 ⓒ Tomtheman5/CC BY SA
https://commons.wikimedia.org/wiki/File:Cocoanut_Grove_Memorial.jpg

636쪽 화염을 피해 창문 밖으로 뛰어내리는 사람 ⓒ Arnold Hardy/CC 0
https://en.wikipedia.org/wiki/Arnold_Hardy#/media/File:Woman_jumps_from_Winecoff_Hotel.jpg

638쪽 삼중수소를 이용한 출구 표지판 ⓒ Gazebo/CC BY SA
https://commons.wikimedia.org/wiki/File:Tritium-exit-sign.jpg

642쪽 대연각 호텔 화재 ⓒ 서울특별시 소방재난본부/CC BY SA
https://commons.wikimedia.org/wiki/File:1971년_12월_25일_대연각호텔_대화재_사고(大然閣_-大火災事故)2.jpg

643쪽 대연각 화재 5일 뒤 상신된 소방대책 계획 보고 출처: 대통령기록관 누리집

646쪽 라이브 호프 내부 3D 모델 출처: 송병준

654쪽 좌측 일본안, 우측 기존 ISO안(소련)
https://www.slate.com/articles/life/signs/2010/03/the_big_red_word_vs_the_little_green_man.html
※ 저작물 사용 허가 필요해 rights@slate.com 메일 문의 발송했으나 회신 없음.

659쪽 실험 결과 제시한 시인성이 높은 색상 출처: 네이버 색상 팔레트 캡처

661쪽 연기 발생기를 통한 유도등 시인성 실험 출처: 송병준
※ 2021.5.17. 연기 실험 시 50cm, 1m, 1.5m 거리에서 촬영한 사진.

8부

668쪽 1937년 그린 소방관 모자 ⓒ Eugene Shellady/CC 0
https://commons.wikimedia.org/wiki/File:Eugene_Shellady,_Fireman's_Hat,_1937,_NGA_13950.jpg

669쪽 그레타캡의 소방 헬멧 ⓒ National Museum of American History/CC 0
https://americanhistory.si.edu/collections/search/object/nmah_1334783

672쪽 라쿠르의 공기 호흡기 ⓒ gasmaskandrespirator.fandom.com/CC BY SA
https://gasmaskandrespirator.fandom.com/wiki/LaCour's_Device

673쪽 공기 호흡기를 착용한 런던 소방대 소방관 ⓒ Cassoway Colorizations/CC BY
https://commons.wikimedia.org/wiki/File:1920s_Vinatge_Firefighter_(27290167589).jpg

참고문헌

1부

1. 권태효. (2007). "세계 곳곳에 전승되는 불의 기원 신화". 《방재와 보험》.
2. 김민형 & 신창섭. (2014). "증점제를 함유한 미분무수의 목재화재 소화효과". 《한국안전학회지》 제29권 제4호.
3. 김탁환. (1995). "불의 기원과 사회적 의미". 《관악어문연구》 제20집.
4. 김태환 & 남상호. (2008). "한국소방산업의 발전과정과 향후과제의 고찰". 《한국화재소방학회 논문지》 제22권.
5. 박동하. (2000). 〈한국, 미국, 일본의 화재경보설비 기술기준의 비교 연구〉. 서울시립대학교 도시과학대학원 방재공학과.
6. 박성수. (2010). "할론뱅크시스템의 현황과 친환경 대체소화약제의 전망". 《방재와 보험》.
7. 소방청. (2022). 《2021 소방청 통계연보》. 소방청.
8. 이충훈. (2014). "혁명의 예견과 준비 : 라부아지에 화학혁명의 이념과 전망". 《불어문화권연구》 제24호.
9. 장영란. (2005). "불의 상징과 형이상학". 한국외국어대학교(글로벌캠퍼스).
10. 홍지연 외 3인. (2013). 고등학교 과학사 및 과학철학. 서울특별시 교육청.
11. 이강봉. (2019.4.4). "엠페도클레스 이론이 옳았다". 〈The Science Times〉. https://www.sciencetimes.co.kr/news/%EC%97%A0%ED%8E%98%EB%8F%84%ED%81%B4%EB%A0%88%EC%8A%A4-%EC%9D%B4%EB%A1%A0%EC%9D%B4-

%EC%98%B3%EC%95%98%EB%8B%A4/
12. 이종호. (2014). [이달의 역사] "프리스틀리, 과학을 위해 살고 과학을 위해 죽다".《동아사이언스》. https://www.dongascience.com/special.php?idx=611
13. 한국수자원공사. (2020.1.13.). "수돗물은 언제부터 공급되었을까? 상수도의 역사". K-water 공식 블로그. https://m.blog.naver.com/ilovekwater/221770225702
14. Finnerty, A. E. (1997). "Fire-extingguishing powders". U.S. Army Research Laboratory.
15. Robards, A. W. (1989). *Foams: Physics, Chemistry and Structure*. Springer.
16. Guise, A. B. (1955). U.S. Patent No. 2,719,590. United States Patent Office.
17. Ford, C. L. (1975). *An Overview of Halon 1301 Systems*. ACS Symposium Series 16. ACS Publications.
18. Ford, C. L. (1989). "An Overview of Halon 1301 Systems". E. I. du Pont de Nemours & Co.
19. Davy, H. & Pres, B. (1823). "On the application of liquids formed by the condensation of gases as mechanical agents". https://royalsocietypublishing.org/doi/epdf/10.1098/rspl.1815.0212
20. Philip, D. (2009). "The adequancy of guidance on agent concentrations in standards for gaseous fire extinguishing systems". *VdS Journal*.
21. Bein, D. P. (2007). "History of fire suppression in aircraft". Building and Fire Research Laboratory.
22. FenwalDivisionOfWalterKidde&Company. (1968). "Cargo Main-Cabin Fire Protecton System". Technical Proposal Fenwal PS-274.
23. Taylor, G. (1999). *Eliminating dependency on halons*. UNEP. OzonAction Programme.
24. William, G. L. (2007). "Powder panel and propellant discharge technologies". Building and Fire Research Laboratory.
25. Malolm, J. E. (1950). "Vaporizing Fire Extingushing Agents". Engineer Research and Development Laboratories.
26. Johnson Controls. (2018). Purple-K Dry Chemical Suppressing Agent. ANSUL.
27. Richardson, K. J. (2003). *History of Fire Protection Engineering*. National Fire Protection Association.
28. KerrFireFightChemicals. Monnex Class BCE Powder Data Sheet. A Kidde Company. https://kerrfire.co.uk/wp-content/uploads/sites/6/6786-Kerr-Fire-MONNEX-Datasheet.pdf
29. Schafer, K. S. (1999). *Methyl Bromide Phase-Out Strategie*. United Nations Environment Programme Division of Technology, Industry and Economics OzonAction Programme.
30. Carl, L. O. (1993). Blasenresonanzexplosion. Die Entwicklung einerIdee. *Safety Science* vol.16.

31. Hill, L. R. (2003). MATERIAL SAFETY DATA SHEET: Purple K Dry Chemical Fire Extinguishant. AMEREX CORPORATION.
32. Lakkonen, M. (2008). "The history of modern water mist fire protection". *International Fire Protection*, Issue 36.
33. Willson, M. (2012). "Changing times". *International Airport Review* vol.16.
34. Naval Research Laboratory. (2006). "Fulfilling the Roosevelts' Vision for American Naval Power (1923-2005)". Naval Research Laborator.
35. Naval Research Laboratory. (1975). *Halogenated Fire Suppressants*. ACS Symposium Series 16. ACS Publications.
36. Tuve, R. L. (1966). U.S. Patent No. 3,258,423 : METHOD OF EXTINGUISHING LIQUID HYDROCARBON FIRES. United States Patent Office.
37. Rossini, F. D. & Jessup, R. S. (1938). "HEAT AND FREE ENERGY OF FORMATION OF CARBON DIOXIDE, AND OF THE TRANSITION BETWEEN GRAPHITE AND DIAMON". *Journal of Research of the National Bureau of Standards*, Volume 21.
38. Ginsberg, S. F. (1968). "The History Of Fire Protection In New York City, 1800-1842". New York University.
39. Walski, T. M. (2006). "A history of Water distribution". JOURNAL AWWA. https://awwa.onlinelibrary.wiley.com/doi/abs/10.1002/j.1551-8833.2006.tb07611.x
40. U.S.ArmyResearchLaboratory. (1994). *Halon Replacements Technology and Science*. ACS Symposium Series 16. ACS Publications.
41. U.S. Department of the Interior Bureau of Reclamation Denver, Colorado. (2005). CO2 SYSTEM OPERATION and MAINTENANCE, Facilities, Instructions, Standards, and Techniques Volume 5-12.
42. Freygang, W. H. (1920). U.S. Patent No. 1,343,911 : MARINE FIRE INDICATING SYSTEM. United States Patent Office.
43. Wilson, B. A. & Willis, M. S. (2010). "Percy Lavon Julian: Pioneer of Medicinal Chemistry Synthesis". *LABMEDICINE* vol.41. https://academic.oup.com/labmed/article/41/11/688/2504925?login=false
44. stachemi. (2020.5.26.). "화학사 이야기-플로지스톤설(phlogiston theory)". STA CHEMI STORY. https://stachemi.tistory.com/114
45. Dlugogorski, B. Z. (2021, March). "Compatibility of aqueous film-forming foams (AFFF) with sea water". ScienceDirect. *Fire Safety Journal* Volume 120. https://www.sciencedirect.com/science/article/pii/S0379711221000151
46. Plante, D. (2020, June 13). "Baking Powder". What's Cooking America. https://whatscookingamerica.net/baking-powder.htm

47. EPA. (n.d.). "Carbon Dioxide as a Fire Suppressant: Examining the Risks". EPA. https://www.epa.gov/snap/carbon-dioxide-fire-suppressant-examining-risks
48. firewiki. (n.d.). "National Foam". fire.fandom.com. https://fire.fandom.com/wiki/National_Foam
49. Frederick D. Rossini and Ralph S. Jessup. (1938.10). "Heat and free energy of formation of carbon dixide, and of the transition between grafhite and diamond". National Bureau of Standards. https://nvlpubs.nist.gov/nistpubs/jres/21/jresv21n4p491_A1b.pdf
50. NationalFoam. (n.d.). "HISTORY". National Foam. https://nationalfoam.com/about-us/history/
51. Wallace, R. (2016, December 13). "SciTech Tuesday: Percy Julian and 'Bean Soup'". The national wwII museum. http://www.nww2m.com/2016/12/scitech-tuesday-percy-julian-and-bean-soup/
52. Pope, S. (2018, Feb 18). "The Wild and Crazy History of Baking Powder". My recipes. https://www.myrecipes.com/extracrispy/the-wild-and-crazy-history-of-baking-powder
53. АВТОР FIREENGINEER. (2019.4.4). ПЕННОЕ ПОЖАРОТУШЕНИЕ: ИСТОРИЯ РАЗВИТИЯ. ЧАСТЬ 1. FIREMARSHAL.RU. https://blog.firemarshal.ru/pennoe-pozharotushenie-istoriya-razvitiya-chast-1/
54. (n.d.). "A Brief History of the Hydrant". firehydrant.org. http://www.firehydrant.org/pictures/hydrant_history.html

2부

1. 이원주, 권신영 & 이창섭. (2015). "일상생활 환경에서의 소화기 비치 실태와 소화기 인식에 관한 연구".《한국화재소방학회논문지》 Vol. 29.
2. Granger, A. M. (1880). U.S. Patent No. 233,235 : Fire Extinguisher. United States Patent Office.
3. Laurent, A. G. (1907). U.S. Patent No. 858,188 : Hand Fire-Extinguishing Apparatus. United States Patent Office.
4. Babcock Fire Extinguisher Company. (1907). *Everything For Fire Protection*. Babcock Fire Extinguisher Company.
5. Dodelin, F. A. (1938). U.S. Patent No. 2,118,593 : Fire Extinguisher. United States Patent Office.
6. Dunlap, F. L. (1927). U.S. Patent No. 1,624,398 : Fire Extinguishing Composition. United States Patent Office.
7. Harden, J. J. (1884). U.S. Patent No. 297,075 : hand Grenade Fire Extinguisher. United States Patent Office.

8. Newman, J. S. (1984). "Experimental Evaluation of Fire-Induced Stratification". Factory Mutual Research Corporation,
9. Moore, T., Skaggs, S. R., Corbitt, M.R., Tapscott, R. E. & Dierdorf, D. S. (1994). "The Development of CF3I as a Halon Replacement". New Mexico Engineering Research Institute.
10. Johnson, P. E. (1958). "Report of Committee on Dry Chemical Extinguishing Systems". Factory Mutual Engineering Corporation.
11. Pruetz, J. D. & Herzog, N. M. (2017). "Savanna Chimpanzees at Fongoli, Senegal, Navigate a Fire Landscape". *Current Anthropology* Volume 58.
12. Truax, T. R. (1956). "The use of chemicals in forest fire control". U.S. DEPARTMENT OF AGRICULTI FOREST PRODUCTS LABORATORY. FOREST SERVICE.
13. US District Court for the Eastern District of Pennsylvania no. 4553. (1930.4.8). Amdyco Corporation v. Urquhart, 39 F.2d 943. US District Court for the Eastern District of Pennsylvania.
14. Phillps, W. H. (1850). U.S. Patent No. 7,269 : Fire Annihilator. United States Patent Office.
15. 헤르만 파르칭거. (2020). 《인류는 어떻게 역사가 되었나(사냥, 도살, 도축 이후 문자 발명에 이르기까지 인간의 역사)》. 글항아리.
16. Fire Buckets. (n.d.). *Fire and Rescue International* vol 4.
17. 국가법령정보센터. (n.d.). 소화기구 및 자동소화장치의 화재안전기준(NFSC 101). 법제처. https://www.law.go.kr/admRulSc.do?menuId=5&subMenuId=41&tabMenuId=183&query=%EC%86%8C%ED%99%94%EA%B8%B0%EA%B5%AC%20%ED%99%94%EC%9E%AC%EC%95%88%EC%A0%84%EA%B8%B0%EC%A4%80#liBgcolor0
18. 연합뉴스. (2019.5.20.). "국민 3명 중 2명 '화재 대피 방법 교육받은 적 없어'". 〈연합뉴스〉. https://www.yna.co.kr/view/AKR20190520067800004
19. Bartlett, A. (n.d.). "EVOLUTION OF THE FIRE EXTINGUISHER". Sydney Extinguishers. https://sydneyextinguishers.com.au/evolution-fire-extinguisher/
20. Alex. (n.d.). "History of the Fire Extinguisher-Who Invented the Fire Extinguisher". completepumpsandfire. https://completepumpsandfire.com.au/history-of-the-fire-extinguisher/
21. (n.d.). Fire Extinguisher Manufacturing Company. chicagology. https://chicagology.com/prefire/prefire223/
22. Guise, A. B. (n.d.). DRY CHEMICAL EXTINGUISHERS HAVE INTERESTING HISTORY. Fire Engineering. https://www.fireengineering.com/leadership/dry-chemical-extinguishers-have-interesting-history/#gref (해당 사이트가 개편되며 참조한 글이 사라졌다.)

23. catrushmore. (2014.6.26). Fire Extinguishers. github. https://github.com/catrushmore/chemicals/blob/master/work/CTet/fire%20extinguishers.txt
24. Fire Engineering. (n.d.). Foamiite Takes Over Amdyco. Fire Engineering. https://www.fireengineering.com/leadership/foaniite-takes-over-amdyco/#gref
25. Fire Fighting System. (2015.2.19). History of Fire extinguisher and extinguishing agents. Fire Safety Nation. https://firesafetynation.com/history-of-fire-extinguisher-and-extinguishing-agents/
26. FireRescue1 Staff. (2016.11.21). Fire extinguishers: The unlikely origin story. FireRescue1. https://www.firerescue1.com/fire-products/extinguishers/articles/fire-extinguishers-the-unlikely-origin-story-mr1p5NyHncUQE5Vy/
27. gdawg. (2022.3.8). 1938 PAPER AD 3 PG Pyrene Pressure Fastfoam Steamboat Fire Extinguisher. ebay. https://www.ebay.co.uk/itm/1938-PAPER-AD-3-PG-Pyrene-Pressure-Fastfoam-Steamboat-Fire-Extinguisher-/311979305895
28. Cheshire, H. (n.d.). Fire Extinguishers-A Brief Hisory(part2). FireArrest. https://firearrest.com/fire-extinguishers-a-brief-history-part-2/
29. Fox, C. D. (2020.5.7.). "Fire Buckets in 18th Century Boston". Bonhams skinner. https://www.skinnerinc.com/news/blog/fire-buckets-in-18th-century-boston/
30. Vasconcelos, C. (2017.5.4.). "The History of fire extinguishers". Genesis Fire Protection. https://genesisfireprotection.com/blog-post/the-history-of-fire-extinguishers/
31. UTC. (2018.8.6). Chubb Fire. alchetron. https://alchetron.com/Chubb-Fire
32. (n.d.). "Fire Extinguisher". In Wikipedia. Retrieved June 23, 2022. https://en.wikipedia.org/wiki/Fire_extinguisher#cite_note-4

    Du-Gas Engneering.

3부

1. 김경호. (2011). "복하천의 미래-인간이 물이 없으면 존재할 수 없다". 《하천과 문화》 Vol. 7
2. 김상욱 & 이승은. (2006). "위상수학의 시조 Euler". 《한국수학사학회지》 제19권 제1호.
3. 꿈. (2018.08.12.). "1세대 스팀 엔진 크로프튼 빔 엔진Crofton Beam Engines 구경을 해 볼까요?". 꿈의 블로그. https://m.blog.naver.com/PostView.naver?isHttpsRedirect=true&blogId=nhl81475&logNo=221337191342
4. 정광화. (1992). "진공기술 발전의 역사". 《한국진공학회지》 Vol.1, No 3.
5. 한근우. (2018). 《모든 움직이는 것들의 과학》. 도서출판 사과나무.
6. Engeda, A. (1999). "From the Crystal Palace to the Pump Room". *Mechanical Engineering*. Feb 1999.

7. Dalley, S. (2013). *The Mystery of the Hanging Garden of Babylon*. OXFORD University Press.
8. Engeda, A. (1998). "Early Historical Development of the Centrifugal Impeller". Turbomachinery Lab Mechanical Engineering Department.
9. Ewbank, T. (1849). *A descriptive and historical account of hydraulic and other machines for raising water, ancient and modern: with observations on various subjects connected with the mechanic arts: including the progressive development of the steam engine ... In five books, illustrated by nearly three hundred engravings*. New York: Greeley & McElrath.
10. Feldhaus, F. M. (1906.3.31.). "THE FORERUNN ERS OF T HE AUTOMOBILE". *SCIENTIFIC AMERICAN SUPPLEMENT* No. 1578.
11. Feldhaus, F. M. (1954). *DIE MASCHINE IM LEBEN DER VÖLKER*. Springer Basel AG.
12. Genta, G., Morello, L., Cavallino, F. & Filtri, L. (2014). *The Motor Car Past, Present and Future*. Springer Dordrecht Heidelberg.
13. Gillespie, G. C. (1922). "Early Fire Protection and the Use of Fire Mark". *The Pennsylvania Magazine of History and Biography*, Vol. 46, No. 3.
14. Harris, L. E. (1951). "Some Factors in the Early Development of the Centrifugal Pump 1689 to 1851". *Transactions of the Newcomen Society*.
15. Hornung, W. V. (1960). Die Entwiddung der Feuerlösdipumpe vom ausgehenden Mittelalter bis zum 18. Jahrhundert. *VFDB Zeitschrift*.
16. Hydraulic Institute. (2017). HYDRAULIC INSTITUTE A Century of Service to the Pump Industry. Cahaba Media Group.
17. Johnson, A. M. (1903.6). *CENTRIFUGAL AND ROTARY PUMP*. University of Illinois.
18. Jousten, K. (2016). *The History of Vacuum Science and Vacuum Technology*. Wiley-VCH Verlag GmbH & Co..
19. Prager, F. (1975). Kepler as inventor. *Vistas in Astronomy*. Vol 18.
20. Reti, L. (1972). "Leonardo and Ramelli". The Johns Hopkins University Press, *Technology and Culture*, Vol. 13, No. 4.
21. Reti, L. & Martin, F. G. (1963). "Francesco di Giorgio Martini's Treatise on Engineering and Its Plagiarists". The Johns Hopkins University Press, *Technology and Culture*, Vol. 4, No. 3.
22. Reynolds, O. (1895). U.S. Patent No. 541,455: Rotary Pump or Turbine. United States Patent Office.
23. Tomory, L. (2014). "The London water supply industry and the Industrial Revolution". EHA

24. van Esch, B. P. M (1997). "Simulation of three-dimensional unsteady flow in hydraulic pumps". University of Twente.
25. West, J. B. (2004). "Robert Boyle's landmark book of 1660 with the first experiments on rarified air". Historical Perspective. *Journal of Applied Physiology* Vol. 98, No. 1
26. Yannopoulos, S. I., Lyberatos, G., Theodossiou, N., Li, W., Valipour, M., Tamburrino, A. & Angelakis, A. N. (2015). "Evolution of Water Lifting Devices (Pumps) over the Centuries Worldwide". MDPI-Publisher of Open Access Journals, Water. Vol 7.
27. (1936.11.7.). "The Heat Engine in the Seventeenth Century". *NATURE*.
27. "The Heat Engine in the Seventeenth Century".(1936.11.7.). *NATURE*.
28. 아르키메데스. (n.d.). Wikiwand. https://www.wikiwand.com/ko/%EC%95%84%EB%A5%B4%ED%82%A4%EB%A9%94%EB%8D%B0%EC%8A%A4
29. 케플러의 기하학적 우주모델. (2012.11.26.). hoyocherry. https://hoyocherry.wordpress.com/2012/11/26/%EC%BC%80%ED%94%8C%EB%9F%AC%EC%9D%98-%EA%B8%B0%ED%95%98%ED%95%99%EC%A0%81-%EC%9A%B0%EC%A3%BC%EB%AA%A8%EB%8D%B8/
30. 브라키 스토크 론의 유명한 문제. (n.d.). ICHI.PRO. https://ichi.pro/ko/beulaki-seutokeu-lon-ui-yumyeonghan-munje-153473629076983
31. 박재용. (2020.01.13). 손바닥소설로 읽는 과학자 이야기 22.『언덕 위의 저택』. ibric.org. https://www.ibric.org/myboard/read.php?Board=news&id=312979
32. 박진희. (2012.02.01). "증기기관의 탄생". 사이언스올. https://www.scienceall.com/%EC%A6%9D%EA%B8%B0%EA%B8%B0%EA%B4%80%EC%9D%98-%ED%83%84%EC%83%9D/
33. 백곰. (2020.06.26). "로피탈 법칙의 기원". Nullius in Verba. https://m.blog.naver.com/jamie_0307/222012890385
34. 이종호. (2014.04.10). "[기술이 바꾼 미래] 증기기관의 시대를 열다". 《동아사이언스》. https://www.dongascience.com/special.php?idx=609
35. 이종호. (2021.09.04). "[이종호의 포스트 펜데믹 로드맵⑬] 자본주의를 탄생시킨 1차 산업혁명". WorldKorean. https://www.worldkorean.net/news/articleView.html?idxno=41209
36. 이종호. (2020.01.07). "증기기관 산업화 과정과 오늘날의 교훈". HelloDD. https://www.hellodd.com/news/articleView.html?idxno=70717
37. 정문재. (2013.03.07.). "[정문재의 크로스로드] 잊혀진 공동 주연". NEWSIS. https://n.news.naver.com/mnews/article/003/0005015215?sid=110
38. 최성우. (2016.02.19.). "증기기관 터 닦은 불운의 선구자들". The Science Times. https://www.sciencetimes.co.kr/news/%EC%A6%9D%EA%B8%B0%EA%B8%B0%EA%B4%80-%ED%84%B0-%EB%8B%A6%EC%9D%80-%EB%B6%88%EC%9A%B4%EC%9D%98-

%EC%84%A0%EA%B5%AC%EC%9E%90%EB%93%A4/

39. Damon Bailey. (2019.02.17). 베르누이 일가, 유례 없는 천재 가문. MANIA. https://mania.kr/g2/bbs/board.php?bo_table=freetalk&wr_id=1879963
40. "진공". (n.d.). 위키백과. https://ko.wikipedia.org/wiki/%EC%A7%84%EA%B3%B5
41. (2011). "1886년의 벤츠 특허". 유네스코국제기록유산센터. https://heritage.unesco.or.kr/1886%EB%85%84%EC%9D%98-%EB%B2%A4%EC%B8%A0-%ED%8A%B9%ED%97%88/
42. Otto von Guericke. (n.d.). biography.yourdictionary.com. https://biography.yourdictionary.com/otto-von-guericke
43. CTESIBIUS OF ALEXANDRIA. ANCIENT GREECE RELOADED ENTER THE WORLD OF MYTHS AND LEGENDS. (n.d.). https://www.ancientgreecereloaded.com/files/ancient_greece_reloaded_website/great_persons/ctesibius_of_alexandria.php
44. Papin, D. (n.d.). MacTutor. https://mathshistory.st-andrews.ac.uk/Biographies/Papin/
45. "History of Water Machines". (2003.10.29). gramatke.net. http://www.hp-gramatke.net/history/english/page0600.htm
46. "Denis Papin-encyclopedia". (n.d.). theodora.com. https://theodora.com/encyclopedia/p/denis_papin.html
47. Westonzoyland Pumping Station Museum. (n.d.). https://www.wzlet.org/about-us
48. Alden, M. (n.d.). "The History of Pumps". timetoast.com. https://www.timetoast.com/timelines/the-history-of-pumps
49. al-Hassan, A. Y. (n.d.). "Brief Notes on Critical Issues The Origin of the Suction Pump". History of Science and Technology in Islam. http://www.history-science-technology.com/notes/notes2.html#[1]
50. Bellis, M. (2019.07.15.). "Biography of Thomas Newcomen, Inventor of the Steam Engine". ThoughtCo. https://www.thoughtco.com/thomas-newcomen-profile-1992201
51. Ditzel, P. C. (1977.11.1.). "From Hand Tubs to Super Pumper". Fire Engineering. https://www.fireengineering.com/leadership/from-hand-tubs-to-super-pumper/
52. PSG. (n.d.). "Centrifugal Pump Basics: History". Empowering Pump&Equipment. https://empoweringpumps.com/psg-griswold-centrifugal-pump-basics-history/
53. Stein, R. J. (n.d.). "Roman Wooden Force Pumps". OpenEdition Books. https://books.openedition.org/pcjb/405
54. White, K. D. (n.d.). Some Thoughts on the Contribution of Science (Pure and Applied) to the Culture of the Hellenistic Age. "The Base Mechanic Arts"?. https://publishing.cdlib.org/ucpressebooks/view?docId=ft0000035f&doc.view=content&chunk.id=ch7&toc.depth=1&anchor.id=0&brand=ucpress

55. YJaeWon. (2019.01.25.). "베르누이 일가(The Bernoulli family)". JW MATHidea. https://jwmath.tistory.com/159
56. Pump. (n.d.). chestofbooks.com. https://chestofbooks.com/reference/American-Cyclopaedia-10/Pump.html
57. Captain Thomas Savery. (n.d.). https://www.britannica.com/biography/Thomas-Savery
58. Lienhard, J. H. (n.d.). "BLAKE, ENERGY, AND REASON". The Engines of our Ingenuity. https://uh.edu/engines/CD-EnergyIsEternalDelight/track1.html
59. Nicolas Léonard Sadi Carnot. (n.d.). Wikipedia. https://en.wikipedia.org/wiki/Nicolas_L%C3%A9onard_Sadi_Carnot
60. Beam engine. (n.d.). Wikipedia. https://en.wikipedia.org/wiki/Beam_engine

4부

1. 양동휴. (2014). "16세기 영국 가격혁명의 재조명".《서울대학교 경제연구소》53권 2호.
2. 소방청. (2021). "금화도감을 아시나요?". kfiworld.kfi.or.kr. http://kfiworld.kfi.or.kr/vol114/html/content203.html
3. 안전센터. (2005.9.9). 최초의 소방 및 국가별 소방제도의 변천. https://m.blog.naver.com/PostView.nhn?blogId=dev119&logNo=140017152527&proxyReferer=https:%2F%2Fwww.google.com%2F
4. 《The Fireman's Journal》. (n.d.). The Gutta Percha and rubber Manufacturing Co. & The La Fance Fire Engine Co.
5. Jordan, J. W. (1903). The fellowship fire company of philadelphia, organized 1738. *The Pennsylvania Magazine of History and Biography*, Vol. 27, No. 4.
6. Rhodes, J. A. (2006). *The Fire Service: History, Traditions & Beyond*. Booklocker.com, Inc.
7. King, C. B. (1863.3.20). On the suppression and extinction of fire. *Journal of the Society of Arts*, Vol. 11.
8. White, J. H. (n.d.). The Steam Fire Engine: A Reappraisal of a Cincinnati "First". Smithsonian Institution.
9. Young, C. F. (1866). *Fires, Fire Engines, And Fire Brigades: With A History Of Manual And Steam Fire Engines*. Spottiswoode And Co. New-Strert Square.
10. Garrioch, D. (2016). "1666 And London'S Fire History: A Re-Evaluation". *The Historical Journal*, Vol. 59, No. 2 (JUNE 2016). Cambridge University Press.
11. History of 9-1-1 in the US. (2012.2.16). Information Bulletin.
12. Utter, B. L. (2006). Standard of the Age A Brief History of the Button Fire Engine Works Waterford, New York. Waterford Historical Museum and Cultural Center.

13. Günther, C. (2011). Bach and the "Snake-Fire-Sprayers" Fire-Fighting Regulations and Equipment During Bach's Time in Leipzig. Immanuel Tietzen.
14. Tomory, L. (2017). *The History of the London Water Industry, 1580–1820*. Johns Hopkins University Press.
15. Goodenough, S. (1978). *The Fire Engine An Illustrated History*. Chartwell Books, INC..
16. Harnish, V. (2012). *The Greatest Business Decisions of All time*. Fortune Books.
17. Ewbank, T. (1849). *A descriptive and historical account of hydraulic and other machines for raising water, ancient and modern: with observations on various subjects connected with the mechanic arts: including the progressive development of the steam engine ... In five books, illustrated by nearly three hundred engravings*. New York: Greeley & McElrath.
18. Hand, L. E. (1998). A Descriptive And Historical Account Of Hydraulic And Other Machines For Raising Water. UMI Company.
19. *New York Herald*. (1858). Volunteer Firemen React to Steam Engines. The lost Museum Archive. https://lostmuseum.cuny.edu/archive/volunteer-firemen-react-to-steam-engines
20. BME Fire Truck. (2017.1). The history of fire engines: from primative Pumps to advanced technology. BME Fire Trucks. The History of Fire Engines: From Primitive Pumps to Advanced Technology - BME Fire Trucks
21. The 1840 Joel Bates "America" Fire Engine. (n.d.). Kutztown Area Historical Society https://www.kutztownhistory.com/featured-stories/joel-bates-hand-pumper
22. Historical firefighting equipment. (n.d.). wikimedia commons. https://commons.wikimedia.org/wiki/Category:Historical_firefighting_equipment
23. "당신은 소방차의 역사를 알고 계십니까?" (2020.11.30). MINGGUANG HAOMIAO. https://ko.hmvehicle.org/news/do-you-know-the-history-of-fire-trucks-40208365.html
24. FIRE TRUCKHISTORY. (n.d.). https://www.buyautoinsurance.com/fire-truck-history/
25. American La France - 1873-present - Elmira, New York. (n.d.). coachbuilt.com. http://www.coachbuilt.com/bui/a/american_lafrance/american_lafrance.htm
26. Gable, W. (2015.9.20.). "Way Back When In Seneca County: Silsby Made Seneca Falls The 'Fire Engine Capital'". fltimes.com. https://www.fltimes.com/lifestyle/way-back-when-in-seneca-county-silsby-made-seneca-falls-the-fire-engine-capital/article_40080f44-57df-11e5-ab53-232eb197954e.html
27. Jan van der Heiden. (2007.9.28.). WaybackMachine. http://www.bc-enschede.nl/wenglish/grassroots/heroesvillains/3tl3_0304/b%C3%B6sing_hageman/jan_van_der_heiden.htm
28. Society of Antiquaries of London. (2016.11.9.). "Fighting fire with the sucking worm fire engine". historycollections.blog. https://historycollections.blogs.sas.ac.uk/2016/11/09/

fighting-fire-with-the-sucking-worm-fire-engine/
29. Payton, R. (2016.2.29.). "Building a 17th century fire engine". museumoflondon.org.uk. https://www.museumoflondon.org.uk/discover/building-17th-century-fire-engine
30. "18th Centry material culture fire fighting". (n.d.). scribd.com. https://www.scribd.com/document/157724502/Fire-Fighting#
31. Brown, R. (2008.3). The Old Fire Engine - its history and whereabouts. www.marlowsociety.org.uk. http://www.marlowsociety.org.uk/marlow-history/the-old-fire-engine/index.php#content_top
32. BROOKS, J. (2022.6.15.). "Historical Beer Birthday: John Lofting". brookstonbeerbulletin.com. https://brookstonbeerbulletin.com/historical-beer-birthday-john-lofting/
33. "Dictionary of National Biography, 1885-1900/Newsham, Richard". (n.d.) Wikisource. https://en.wikisource.org/wiki/Dictionary_of_National_Biography,_1885-1900/Newsham,_Richard
34. Savage, W. (2018.5.9.). "An 18th-century Domestic Fire Engine". Pen and Pension. https://penandpension.com/2018/05/09/an-18th-century-domestic-fire-engine/
35. "Our Fire Engine Was Used & Did Good Service". (2021.7.13). Shaker Museum. https://www.shakermuseum.us/fire-engine-used-good-service/
36. "History of Firefighting in Philadelphia". (n.d.). firemanshallmuseum.org. https://www.firemanshallmuseum.org/history-firefighting-philly/
37. Diligent Fire Company / Veteran Fireman's Fire Hat. (n.d.). Smithsonian. https://www.si.edu/object/nmah_1318716
38. "Merryweather Fire Engines". (2020.8.9.). heritagemachines.com. https://heritagemachines.com/commercials/merryweather-fire-engines/
39. HME AHRENS-FOX. (n.d.). www.firetrucks.com. https://www.firetrucks.com/about-us
40. caderone, J. A. (n.d.). "Fire Apparatus: Past and Present". WaybackMachine. https://web.archive.org/web/20060427091932/http://www.firehouse.com/magazine/american/apparatus.html
41. Sharpe, S. (2019.11.4.). "The History of Dalmatians as Fire Dogs". American Kennel Club. https://web.archive.org/web/20060427091932/http://www.firehouse.com/magazine/american/apparatus.html
42. Calams, S. (2017.2.11.). "The history of Dalmatians in the fire service". FireRescue1. https://www.firerescue1.com/evergreen/articles/the-history-of-dalmatians-in-the-fire-service-Srstlg2H0RnXHI8L/

5부

1. 염철호, 조준배 & 심경미. (2008.12.31). 건축·도시공간의 현대적 공공성에 관한 기초 연구. 건축도시공간연구소.
2. 백창선. (2007). "스프링클러 헤드에 대하여". 《한국화재소방학회지》 제3권 제1호.
3. 류시현. (2011). "저장창고 스프링클러 설계 진화에 대한 역사적인 관점". 《위험관리정보》 제205호.
4. Murphey. D. (2019.5.1.). "FROM DA VINCI TO GRINNELL'S SPRAY SPRINKLER. A history of fire sprinklers". IFSEC INSIDER.
   https://www.ifsecglobal.com/fire-news/a-history-of-fire-sprinklers/
5. National Commission on Fire Prevention and Control. (1973). *America Burning: The report of the National commission on Fire Prevention and Control*. U.S. Governent Printing Office.
6. Dana, Gorham. (1919). *Automatic Sprinkler Protection*. New York, John Wiley & Sons, Inc..
7. Beattie, W. S. (2011). Evolution of the Fire Sprinkler. Fireline.
8. Tyco Fire Protection Products. (2015). General Products Catalog. Tyco Fire Protection Products.
9. Dana, Gorham. (1914). *Handbook of Sprinkler Devices*. Boston, T. Groom & Company, Inc..
10. Richardson, J. K. (2002). History of Fire Protection Engineering. National Fire Protection Association.
11. Golinveaux, J. (n.d.). Sprinkler Technology: Current state of the art and glimpse into the crystal ball. Tyco Fire Protection.
12. Somsedík, A. (2020). Stabilné Hasiace Zariadenia V Administratívnych Budovách: Fixed Firefighting Systems In Office Buildings. České Vysoké Učenie Technické V Praze.
13. E, F, Shipman. (1915). U.S. Patent No. 1,125,407. Automatic Alarm Valve. Dover, New Jersey: U.S. Patent Office.
14. H. W. Park. (1925). U.S. Patent No. 1,558,623. Automatic Device For Draining Wariable Pressure Alarm Systems. Scarsdale, New York: U.S. Patent Office.
15. Lessler, J. (1871). U.S. Patent No. 121,949. Ornamental Lawn Sprinkler. Buffalo, New York: U.S. Patent Office.
16. Pratt, P. W. (1872). U.S. Patent No. 131,370. Improvement in Fire-Extinguishers. Abington, Massachusetts: U.S. Patent Office.
17. H. S. Parmelee. (1874). U.S. Patent No. 154,076. Fire-Extinguishers. New Heaven, Connecticut: U.S. Patent Office.

18. W. B. Watkins. (1786). U.S. Patent No. 172,218. Automatic Electric Fire-Alarm And Extinguisher. Jersey City, New Jersey: U.S. Patent Office.
19. Grinnell, F. (1881). U.S. Patent No. 248,828. Automatic Fire Extinguisher. Providence, Rhode Island: U.S. Patent Office.
20. Grinnell, F. (1882). U.S. Patent No. 269,199. Automatic Fire Extinguisher. Providence, Rhode Island: U.S. Patent Office.
21. H. S. Parmelee. (1882). U.S. Patent No. 269,227. Automatic Fire Extinguisher. New Heaven, Connecticut: U.S. Patent Office.
22. A. M. Butz. (1886). U.S. Patent No. 341,092. Thermo Electric Damper Regulator And Alarm. Minneapolis, Minnesota: U.S. Patent Office.
23. W. Neracher. (1888). U.S. Patent No. 388,905. Automatic Fire Sprinkler. Cleveland, Ohio: U.S. Patent Office.
24. Grinnell, F. (1890). U.S. Patent No. 431,972. Automatic Fire Extinguisher. Providence, Rhode Island :U.S. Patent and Trademark Office.
25. W. S. Johnson. (1895). U.S. Patent No. 542,733. Heat Regulating Apparatus. Providence, Rhode Island :U.S. Patent And Trademark Office.
26. Grinnell, F. (1898). U.S. Patent No. 600,246. Automatic Fire Extinguisher. Providence, Rhode Island: U.S. Patent Office.
27. Mora, W. R. (2003). U.S. Firefighter Disorientation Study. San Antonio Fire Department.
28. 형광등. (2021). 밸브의 역사. 민경화의 밸브 이야기. https://blog.naver.com/keymin 20/222251357015
29. 한겨레. (2009.5.31). 산업혁명 이후 대량생산 시대의 노동착취.《한겨레》. https://www.hani.co.kr/arti/society/schooling/357886.html
30. Zografos, S. (n.d.). Architecture on Fire: Fire protection and the building. UCLPress.co.uk. https://www.ucldigitalpress.co.uk/Book/Article/86/110/6452/
31. Woodford, C. L. (2022.12.16). Fire Sprinkler. explainthatstuff.com. https://www.explainthatstuff.com/firesprinklers.html#invention
32. (n.d.). History of fire sprinklers and their development. canutesoft.com. https://canutesoft.com/information-and-resources/history-of-fire-sprinkler-systems
33. Museum Group Manchester. (n.d.). The Frederick Grinnell dynasty. The History of Mather & Platt Limited Pioneers & Engineers. https://sites.google.com/site/historyofmatherplattltd/l-invention-de-l-extinction-automatique/home/salford-iron-works/the-last-chairman-of-mather-platt-litd/the-guest-book-of-the-history-of-mather-platt-ltd/the-story-of-the-introduction-in-england-of-the-fire-sprinkler-system/the-familly-grinnell(현재 사이트 없어짐)

34. Wormald, J. (1923). "The introduction to England of automatic fire sprinkler 1881-1888". canutesoft.com. https://canutesoft.com/information-and-resources/history-of-fire-sprinkler-systems-1881-1888
35. Abernethy. D & McLeod. M. (2017). "What's Selling on eBay: September 2017". journalofantiques.com. https://journalofantiques.com/columns/whats-selling-ebay-september-2017/

6부

1. 김현주, 박재홍 & 서영건. (2010). "P형 수신기 기반 통합화재 자동 시스템의 설계".《한국컴퓨터정보학회논문지》vol 15. 한국컴퓨터정보학회.
2. 이영만. (2013).〈광전식 연기 감지기의 신뢰성 향상에 관한 연구〉. 한국산업기술대학교 산업기술대학원.
3. 주재형. (2013). "듀얼 화재 감지기 및 이를 이용한 화재 감지 시스템". 대한민국특허청.
4. 김재중, 곽동걸, 이태주, 박동훈 & 김진환. (2017). "불꽃감지기의 현황 및 문제점 분석에 관한 연구". 전력전자학회.
5. 임관묵, 박건철 외. (2020). "실시간 소방시설관리시스템 화재알람 분석 연구". 서울디지털재단.
6. 동원대학교 산학협력단. (2015). "자동화재탐지설비의 비화재보를 줄이기 위한 기술적 제언". 한국소방산업기술원.
7. 류호철 & 이병곤. (1994). "차동식 열감지기의 작동온도와 작동시간".《한국산업안전학회지》제9권 제1호. 한국산업안전학회.
8. 고양곤. (1991). 화재보험의 기원.《防災와保險》제51호. 한국화재보험협회. https://www.kfpa.or.kr/?menucode=20300&tmenu=material&page=354
9. 김아연. (2017). [통계뉴스] "'화재 골든타임' 5분을 지켜야 하는 이유".《동아일보》. https://www.donga.com/news/Society/article/all/20170622/85006462/1
10. 최성우. (2019). "세상을 바꾼 모스부호와 전신기". The Science Times. https://www.sciencetimes.co.kr/news/%EC%84%B8%EC%83%81%EC%9D%84-%EB%B0%94%EA%BF%A8%EB%8D%98-%EC%A0%84%EA%B8%B0%ED%86%B5%EC%8B%A0-%EB%AA%A8%EC%8A%A4%EB%B6%80%ED%98%B8/
11. 천년설화. (2016). "스타벅스 로고 변천사 - 그 속에 담겨진 창업 스토리 그리고 세이렌과 관련한 이야기, 진실". 네이버블로그. https://m.blog.naver.com/PostView.naver?isHttpsRedirect=true&blogId=fablove&logNo=220592426791&proxyReferer=https:%2F%2Fm.search.daum.net%2Fsearch%3Fw%3Dimg%26nil_search%3Dbtn%26DA%3DNTB%26enc%3Dutf8%26q%3D%25EC%2584%25B8%25EC%259D%25B4%25EB%25A0%258C%2520%25EB%25A1%259C%25EA%25B3%25A0

12. Journal Of Physical Studies. (2009). Critical Phenomena: 150 Years Since Cagniard de La Tour. *Journal Of Physical Studies*.
13. Keough, R. J. (2005). Federal Building and Fire Safety Investigation of the World Trade Center Disaster: Fire Alarm Systems. U.S. Department of Commerce.
14. Custer. R. L & Bright. R. G. (1974). Fire Detection: The State-Of-The-Art. U.S. Department Of Commerce.
15. Dana, Gorham. (1914). *Handbook of Sprinkler Devices*. Boston, T. Groom & Company, Inc..
16. Channing, W. F. (1855.3). The american fire-alarm telegraph: A lecture. REDDING & COMPANY. https://upload.wikimedia.org/wikipedia/commons/b/b2/The_American_fire-alarm_telegraph-_a_lecture_delivered_before_the_Smithsonian_Institution%2C_March%2C_1855_%28IA_americanfirealar00chan%29.pdf
17. Channing, W. F. & Farmer, M. G. (1857). U.S. Patent No. 17,355. Electro Magnetic Fire Alarm Telegraph For Cities. U.S. Patent Office.
18. Stephens, C. W. (1967). U.S. Patent No. 3,324,408. Electronic siren including a shock excited resonant circuit. U.S. Patent Office.
19. Etal, E. M. (1967). U.S. Patent No. 3,353.170. Ionization Fire Alarm System. U.S. Patent Office.
20. Enemark, R. B. (1970). U.S. Patent No. 3,497,303.Smoke Detector Including, Porous Housing Means. U.S. Patent Office.
21. Riccardi. R. C. (1973). U.S. Patent No. 3,755,799. Ultraviolet Flame Detector. U.S. Patent Office.
22. Steele, D. F. (1975). U.S. Patent No. 3,863,076. Optical smoke detector. U.S. Patent Office.
23. Upton. F. R & Dibble. F. J. (1890). U.S. Patent No. 436,961. Portable Electric Fire Alarm. U.S. Patent Office.
24. Pope, A. R. (1853). U.S. Patent No. 9,802. Burglar Alarm:Improvement in electro-magnetic alarms. U.S. Patent Office.
25. Reichel, L. T. (1911). U.S. Patent No. 989,420. Fire Alarm. U.S. Patent Office.
26. Winkle, T. (2018). "This is 9-1-1. What is your emergency?": A history of raising the alarm. National Musium of American History. https://americanhistory.si.edu/blog/9-1-1-history
27. (2017). A Brief Look at the History of Fire Alarm Pull Stations. LifeSafetyConsultants. https://www.lifesafetycom.com/a-brief-look-at-the-history-of-fire-alarm-pull-stations/
27. "A Brief Look at the History of Fire Alarm Pull Stations". (2017). LifeSafetyConsultants. https://www.lifesafetycom.com/a-brief-look-at-the-history-of-fire-alarm-pull-stations/

28. Catania, B. (2020). Antonio Meucci's "Teletrofono": The True Story Behind the Invention of the Telephone. *Accenti Magazine*. https://accenti.ca/antonio-meuccis-teletrofono-the-true-story-behind-the-invention-of-the-telephone/
29. (n.d.). Autonoomne ioonsuitsuandur. Safeline. http://www.safeline.ee/autonoomne-ioonsuitsuandur-oluline-labimurre-tuleohutuses/
30. Berg, Matt (2020). Boston Fire Alarm System, First Of Its Kind In The World, Received 1St Call 168 Years Ago. bostonglobe.com. https://www.bostonglobe.com/2020/04/29/metro/boston-fire-alarm-system-first-its-kind-world-received-first-call-168-years-ago/. *The Boston Globe*
31. Communications. (2018). patersonfirehistory.com. https://www.patersonfirehistory.com/communications--fa.html
32. SuperBanshee. (2017). Decot Sirens Updated. AirRaidSirens.net. https://www.airraidsirens.net/forums/viewtopic.php?t=20970
33. Early System Design : Early System Design And Construction. (n.d.). Bostonfirehistory.org. https://bostonfirehistory.org/fire-alarm/early-system-design/
34. Ernst Meili (physicist) - Ernst Meili (Physiker). (n.d.). second.wiki. https://second.wiki/wiki/ernst_meili_physiker
35. Kessinger, G. (2012). "Fire & Life Safety: What Changed the World?". SecurityInfowatch.com. https://www.securityinfowatch.com/alarms-monitoring/fire-life-safety/article/10817151/the-history-of-the-smoke-detector
36. (n.d.). FIRE ALARM HARDWARE. Bostonfirehistory.org. https://bostonfirehistory.org/fire-alarm/early-system-design/
37. (n.d.). Fire alarm systems. IBM. https://www.ibm.com/ibm/history/exhibits/swingera/swingera_4.html
38. (n.d.). Fire lookout tower. Wikipedia. https://en.wikipedia.org/wiki/Fire_lookout_tower
39. (n.d.). Fire-lite Alarms by Honeywell. slideshare.net. https://www.slideshare.net/gingerhill543/hangout-on-fa-comm-032714-no-spkr-notes-1
40. Leventon, E. (2014). "For Fire Alarms, Boston Still Relies on … the Telegraph?!". Boston.com. https://www.boston.com/news/local-news/2014/10/07/for-fire-alarms-boston-still-relies-on-the-telegraph/
41. O'Connor, J. J. (2009). "Francis Robbins Upton". MacTutor. https://mathshistory.st-andrews.ac.uk/Biographies/Upton/
42. (n.d.). History. AFA. https://afap.com/our-company/history/
43. (n.d.). History of the time equipment division and its products. IBM.com. chrome-extension://efaidnbmnnnibpcajpcglclefindmkaj/https://www.ibm.com/ibm/history/exhibits/

cc/pdf/cc_2407TED1.pdf
44. (2020). "HOW DOES A FIRE ALARM PULL STATION WORK?". Impact Fire. https://resources.impactfireservices.com/how-does-a-fire-alarm-pull-station-work
45. (1991). "Oral History Interview with Harry Decot about the Red Arrow Fire Siren". Ruth Culver Community library. https://content.mpl.org/digital/collection/RCCLPS/id/101
46. (2020). "OUR PLACE IN HISTORY". nkm fire protection ltd. http://www.nkmfireprotection.co.uk/about-us/our-history
47. (n.d.). "Pull station". old School Fire Alarm. https://oldschoolfirealarms.com/pull-stations/
48. (n.d.). "Samuel F. B. Morse Papers at the Library of Congress, 1793 to 1919". Library of congress. https://www.loc.gov/collections/samuel-morse-papers/articles-and-essays/invention-of-the-telegraph/
49. (n.d.). "Smoke detectors - History of Smoke detectors". Softschool.com. https://www.softschools.com/inventions/history/smoke_detectors_history/206/
50. goestojobs. (2014). "The Fire Alarm Box". THE.OFFICIAL.JOBSBLOG. https://goestojobs.tumblr.com/post/66806880435/the-fire-alarm-box
51. Prell, A. (2016). "The First Professional Fire Department in the United States". Redzone.com. https://www.redzone.co/2016/04/05/first-professional-fire-department-united-states/
52. bullproducts.co.uk. (2017). "The historical development of building site fire alarms". bullproducts.co.uk. https://www.bullproducts.co.uk/the-historical-development-of-building-site-fire-alarms/
53. 저자 미상. (2017). "The history of fire alarm". LifeSafetyConsultants. https://www.lifesafetycom.com/the-history-of-fire-alarms/
54. Kayleigh. (2019). The History of the Fire Alarm. 1logicFireandSecurity. https://www.logicfireandsecurity.com/2019/11/20/the-history-of-the-fire-alarm/
55. 저자 미상. (n.d.). The Importance of FIRE ALARM system. Fireengineering.com. https://www.fireengineering.com/
56. Doppelbauer, M. (n.d.). "The invention of the electric motor 1800-1854". Karlsruhe Institute of Technology. https://www.eti.kit.edu/english/1376.php
57. Canon, G. (2021). "Wildfire watchmen: the mountain tower where lookouts spot blazes". theguardian.com/. https://www.theguardian.com/us-news/2021/jul/03/wildfire-lookout-california-mt-tamalpais

7부

1. 동의대학교 산학협력단. (2017). "지하철역 화재에 의한 재난 발생 시 시인성이 높은 피

난 유도사인시스템 개발 최종 보고서". 국토교통과학기술진흥원.
2. 김세종, 이재영 & 권영진. (2008). "한국 건축법 방화관련 규정의 변천과정에 관한 문헌적 고찰" 춘계학술논문발표집. 한국화재소방학회.
3. 김대희, 황은경, 이재영, 신이철, 서동구 & 권영진. (2007). "화재사건에 따른 건축법의 변천과정에 관한 연구". 추계학술논문발표집. 한국화재소방학회.
4. 유호정. (2016). "미국 방재규정의 이해(2) -피난안전규칙-". 〈방재정보〉 제61호. 한국화재보험협회. https://www.kfpa.or.kr/webzine/201604/disaster_prevention_02.html
5. Longfellow, W. P. (1985). *A cyclopaedia of works of architecture in Italy, Greece, and the Levant.* New York, Scribner's sons.
6. Teague, P. E. (2009). Case Histories: Fires Influencing the Life Safety Code. *Life Safety Code Handbook.*
7. Arnold, D. (2017). The Fays: Tragedy and Trials. Yankee Gathering.
8. Sunderland City Council. The Victoria Hall Disaster 1883. LOCAL STUDIES CENTRE FACT SHEET NUMBER 5.
9. 神 忠久. (2015). 誘導灯の歴史《黎明期から現在まで》. 技術コラム.
10. andersonlock. (n.d.). "The Story of the First Fire Exit Bolt Lock". andersonlock. https://www.andersonlock.com/blog/lock-book/
11. imperiumromanum. (2019). What was vomitorium?. imperium romanum. https://imperiumromanum.pl/en/curiosities/what-was-vomitorium/

8부

1. 소방청. (2019). 《한국소방행정사》. 소방청.
2. 우성천. (2019). 《소방한국사》. 신광문화사.
3. 중앙소방학교. (2023). 2023 신임교육과정 표준교재. 소방청.
4. (2013). "역사기행) 태평성대 세종 때 일어난 화재사건". CN드림. A rief History of the Hydrant. firehydrant.org. http://www.firehydrant.org/pictures/hydrant_history.html
5. 3m. (n.d.). Fire Service and First Responders. 3M. https://www.3m.com/3M/en_US/fire-safety-and-first-responders-us/
6. (n.d.). Bunker gear. Wikipedia. https://en.wikipedia.org/wiki/Bunker_gear
7. (n.d.). LaCour's Device. gasmaskandrespirator.fandom.com. https://gasmaskandrespirator.fandom.com/wiki/LaCour's_Device
8. (n.d.). "The History of Personal Protective Equipment". universalclass.com. https://www.universalclass.com/articles/business/the-history-of-personal-protective-equipment.htm
9. barikprasen88. (2012). Fire Fighter Suit. slideshare.net. https://www.slideshare.net/barikprasen88/firefighter-suit-by-prasen

10. Boca Grande Fire Department. (n.d.). A Brief History of the Fire Service: . bocagrandefire.com. https://bocagrandefire.com/a-brief-history-of-the-fire-department/
11. Ryman, Gary. (2013). "Top Hats to Tupperware: Fire Helmet History". http://fire-men-book.blogspot.com. http://fire-men-book.blogspot.com/2013/06/top-hats-to-tupperware-fire-helmet.html
12. HunterMcC1. (2010). "The History of The leather Helmet". frozenleather.blogspot.com. http://frozenleather.blogspot.com/2010/12/history-of-leather-helmet.html
13. Long, Merritt. (2007). "History of the SCBA". My Firefighter Nation. https://my.firefighternation.com/m/group/discussion?id=889755%3ATopic%3A23691
14. Hashagen, Paul. (n.d.). "SCBA History: The Development of Breathing Apparatus". lishfd.org. https://lishfd.org/History/scba_history.htm
15. Taylor, Stephen J. (2015). "THAT FOULSOME AIR MAY DO NO HARM". Hoosier State Chronicles. https://blog.newspapers.library.in.gov/that-foulsome-air-may-do-no-harm/